Anonymous

Nachrichten über Industrie, Handel und Verkehr

aus dem statischen Department im K.K. Handels-Ministerium (Siebter Band)

Anonymous

Nachrichten über Industrie, Handel und Verkehr
aus dem statischen Department im K.K. Handels-Ministerium (Siebter Band)

ISBN/EAN: 9783743686199

Hergestellt in Europa, USA, Kanada, Australien, Japan

Cover: Foto ©Suzi / pixelio.de

Weitere Bücher finden Sie auf **www.hansebooks.com**

Nachrichten

über

Industrie, Handel und Verkehr

aus dem

Statistischen Departement

im

K. K. Handels-Ministerium.

VII. Band.

Wien, 1875.

Aus der kaiserlich-königlichen Hof- und Staatsdruckerei

In Commission bei Ferd. Meyer.

Tuchlauben Nr. 26.

Mittheilungen

der

k. und k. österreichisch-ungarischen

Consulats-Behörden.

Zusammengestellt

vom

Statistischen Departement

im

K. K. Handels-Ministerium.

III. Jahrgang.

Wien, 1875.

Aus der kaiserlich-königlichen Hof- und Staatsdruckerei.

Sachregister.

Bestand der k. und k. Consularämter.

Belgien.

Brasilien.

China.

Deutsches Reich.

Bremen.

Hamburg.

Preussen.

Sachsen.

Württemberg.

Frankreich (sammt Colonien).

Grossbritannien und Irland (sammt Colonien).

Niederlande.

Seite

Osmanisches Reich.

Aegypten.

Bosnien und Herzegowina.

Seite

Bulgarien.

Kleinasien.

Romanien.

Syrien.

Russland.

Schweden und Norwegen.

Schweiz.

Seite

Spanien (sammt Colonien).

Cuba.

Vereinigte Staaten von Amerika.

Uebersicht der k. und k. österreichisch-ungarischen Consularämter in sämmtlichen fremden Staaten.

(Richtig gestellt bis Mitte Januar 1875.)

Argentina.

Generalconsulat in Buenos Ayres, Max Ritter v. Hoffer-Hoffenfels, Legationsrath, Ministerresident für Argentina und Uruguay und Generalconsul. — Rudolf Heimendahl, Consul.

Belgien.

Consulat in Brüssel, Raphael Bauer, Consul.
" " Antwerpen, Georg Solari-Fröhlich, prov. Gerent.
" " Lüttich, Joseph Begasse, Consul.
" " Gent, Constantin Verhaeghe, Consul.

Brasilien.

Generalconsulat in Rio de Janeiro, Karl Wilhelm Gross, Generalconsul.

Untergeordnete Aemter:

Consulat in Bahia, C. Th. Stade, Consul.
" " Pernambuco, José Baron do Livramento, Consul.
Viceconsulat in Ceará (Fortalezza), Severino Ribeiro da Cunha, Viceconsul.
" " Maranhao, José Ferreira da Silva, Viceconsul.
" " Maroim, Adolf Lané, Viceconsul.
" " Rio Grande do Sul, Otto Ewald, Viceconsul.

Dependenz:

Consularagentie in Porto Alegre, Edmund Teltscher, Consularagent.

Viceconsulat in Santos, Karl Budich, Viceconsul.
" " Belem di Parà, F. Joaquim Fernandes, Viceconsul.

Chile.

Generalconsulat in Valparaiso, Johann Sosat, Generalconsul.

Untergeordnete Aemter:

Consulat in Copiapo-Caldera, Karl Becker, Consul.
" " Valdivia-Corral, Eduard Prochelle, Consul.
" " Coquimbo (unbesetzt).

(Das Generalconsulat in Buenos Ayres und das Consulat in Montevideo unterstehen der k. und k. diplom. Mission in Buenos Ayres. Die k. und k. Consularämter in den Republiken Chile und Peru unterstehen der k. und k. Gesandtschaft in Rio de Janeiro; jene in den Vereinigten Staaten von Columbien, sowie in den Republiken Costa Rica, Guatemala, Honduras, San Salvador, Venezuela, auf Hayti und S. Domingo, sowie in Hawaii (Sandwich-Inseln) unterstehen der k. und k. Gesandtschaft in Washington.)

China und Japan.

Generalconsulat in Shanghai, Ignaz Ritter v. Schaeffer, Ministerialrath, Minister-Resident bei den Höfen von China, Japan und Siam und Generalconsul.

(Die übrige Consularvertretung in China und Japan ist vorläufig den königlich englischen Acting-Consuls daselbst übertragen.)

Columbien.

(Vereinigte Staaten.)

Consulat in Panama, Ignaz Fürth, Consul.
„ „ Barranquilla, August Strunz, Consul.
„ „ Guayaquil, Alfred Simson, Gerent.
„ „ Bogota (unbesetzt).

Costa Rica.

Consulat in San José, Georg André, Consul.

Dänemark.

Generalconsulat in Kopenhagen, Johann Hansen, Generalconsul.

Ueberseeische Besitzung:

Consulat in St. Thomas (West-Indien), Francesco Fontana, Consul.

Deutsches Reich.

I. Baden.

Consulat in Carlsruhe, Joseph Bielefeld, Consul.
„ „ Mannheim, Karl Ladenburg, Consul.

II. Bremen.

Generalconsulat in Bremen, Ludwig Gottfried Dyes, Generalconsul.

III. Hamburg.

Generalconsulat in Hamburg, C. F. Baron Westenholz, Generalconsul.

Untergeordnete Aemter:

Viceconsulat in Altona, G. H. Sieveking, Viceconsul.
„ „ Harburg, F. Beste, Viceconsul.
Consularagentie in Cuxhaven, F. E. Glocke, Consularagent.
„ „ Geestemünde, Hermann Beurmann, Consularagent

IV. Hessen.

Generalconsulat in Darmstadt (unbesetzt).

V. Lübeck.

Consulat in Lübeck, J. Fehling, Consul.

VI. Preussen.

Generalconsulat in Berlin, Louis Ravené, Generalconsul.
„ „ Danzig, Karl Dragoritsch, Generalconsul ad pers.

Generalconsulat in Königsberg, Christ. Lud. Oehlmann, Consul.
" " Stettin, Eduard Lübecke, Consul.

Untergeordnetes Amt:

Consularagentie in Swinemünde, Heinrich Adermann, Consularagent.

Generalconsulat in Frankfurt a. M., Karl W. Baron v. Rothschild, Generalconsul.
Consulat in Leer, Hermann J. Klopp, Consul.
Consularagentie in Kiel, Ferdinand Mohr, Consularagent.
Generalconsulat in Köln, Eduard Oppenheim, Generalconsul.
Consulat in Breslau, Dr. Philipp Isaak Cohn, Consul.

VII. Sachsen.

Generalconsulat in Leipzig, Joseph Ritter v. Grüner, Ministerialrath und Generalconsul.

VIII. Württemberg.

Consulat in Stuttgart, Theodor Freiherr v. Dreifus, Consul.

Frankreich und Algerien.

Generalconsulat in Paris, Gustav Baron Rothschild, Generalconsul. — Dr. Leopold Walcher Ritter v. Moltheim, Ministerialrath, Generalconsul-Stellvertreter (zugleich Commerzkanzlei-Director der Botschaft daselbst).

Untergeordnete Aemter:

Consulat in Dunkerque, Numa Plaideau, Consul.
Viceconsulat in Calais, Jaques Vendroux, Viceconsul.
" " Boulogne sur Mer, Achilles Adam jun., Viceconsul.

Consulat in Nantes, Peter Tristan Briaudeau jun., Consul.

Untergeordnete Aemter:

Viceconsulat in Brest, Eduard Le Pomellec, Viceconsul.
Consularagentie in Lorient, Aug. Joh. Guizille, prov. Consularagent.

Consulat in Havre de Grace, Stephan Trotteux, Consul.

Untergeordnete Aemter:

Consularagentie in Caen (unbesetzt).
" " Cherbourg, Leon Manger, Consularagent.
" " Dieppe (unbesetzt).
" " Fécamp, Augustin Leborgne, Consularagent.
" " S. Malo, Franz G. Boismenu, Consularagent.
" " Honfleur, J. Fed. Thiss, prov. Consularagent.
" " Rouen, Prosper Pimont, prov. Consularagent.
" " S. Valery en Eaux, P. A. Lescigneur, prov. Consularagent.
" " S. Valery en Somme (unbesetzt).

Consulat in Bordeaux, Armand Lalande, Consul.

Untergeordnete Aemter:

Viceconsulat in Bayonne, Salomon See-Rodrigues, Viceconsul.
Consularagentie in La Rochelle, Peter G. Amirauld, prov. Consularagent.

Generalconsulat in Marseille, Anton Mauriz Ritter v. Sarnfeld, Generalconsul.

Untergeordnete Aemter:

Consulat in Lyon, Marius Cote, Consul.
" " Cette, Karl Scheidt, Consul.
" " Nizza (unbesetzt).
Viceconsulat in Bastia, Joseph Valery, Viceconsul.
" " Toulon, J. B. Jouve, Viceconsul.
Consularagentie in Port de Bouc, Leon Vidal, Consularagent.

Ueberseeische Besitzungen:

Generalconsulat in Algier, Johann Ghezzi, Generalconsul.

Untergeordnete Aemter:

Viceconsulat in Bona, Cölestin Bourgoin, Viceconsul.
" " Oran, Stephan Sgitcovich, Viceconsul.
Consularagentie in Bougie, Pedro de Alcantara Casa de Beig, Consularagent.
" " Mostaganem, Anton Pizzoli, Consularagent.
" " Philippeville, Tranq. Alby, prov. Consularagent.

Consulat in Saigon, Ferdinand Sörnsen, Consul.

Griechenland.

Consulat in Syra, Joseph Dubravcich, Consul.

Untergeordnete Aemter.

Viceconsulat in Nauplia, Bonifaz Bonafin, Viceconsul.
" " Piräus, Fortunat Ivich, Consul ad pers.
Consularagentie in Chalkis (unbesetzt).
" " Milo (unbesetzt).
" " Santorino (unbesetzt).
" " Zea (unbesetzt).
" " Skyatos (unbesetzt).

Consulat in Patras, Joseph Dworzak Ritter v. Walden, Generalconsul ad pers.

Untergeordnete Aemter:

Viceconsulat in Calamata, Franz Portelli, Viceconsul.
Consularagentie in Chitris und Scardamuta (unbesetzt).
" " Pyrgos, Johann Ghika, Viceconsul ad pers.
" " Zimora (unbesetzt).
" " Missolunghi (unbesetzt).

Consulat in Corfu, Eugen v. Csörgeö, Consul.

Untergeordnete Aemter:

Viceconsulat in Zante, Karl Moretti, Viceconsul.
Consularagentie in Cefalonia, Georg Sava, Viceconsul ad pers.
" " Cerigo, Anton Cavalini, Consularagent.
" " Sta. Maura, Peter Bratich, Consularagent.

Grossbritannien und Colonien.

Generalconsulat in London, Anton Baron Rothschild, Generalconsul. — Gustav Freiherr v. Schreiner, Ministerialrath, prov. Generalconsul-Stellvertreter (zugleich Commerzkanzlei-Director der Botschaft daselbst).

Untergeordnete Aemter:

Viceconsulat in Hull, Johann Thompson, Viceconsul.
" " Birmingham, Eduard Gem, Viceconsul.
" " Weymouth-Portland, R. N. Howard, Viceconsul.
" " Portsmouth-Southampton, A. L. van den Bergh jun., Viceconsul.
Consularagentie in Ramsgate, Heinrich Blyth Hammond, Consularagent.
" " Yarmouth, Thomas Small, Consularagent.

Consulat in Cardiff-Newport, Heinrich Kohen, Consul.

Untergeordnete Aemter:

Viceconsulat in Bristol, Charles Hill, Viceconsul.
" " Gloucester, John Soper, Viceconsul.
" " Falmouth, William Broad, Viceconsul.
" " Plymouth, William F. Collier, Viceconsul.
" " Swansea, Tom. P. Richards, Viceconsul.
" " Newport-Mon, A. Homfray, Viceconsul.
Consularagentie in Milford, T. T. Jackson, Consularagent.
" " Dartmouth, R. Ilingston, Consularagent.
" " Penzance, John Mathews, Gerent.
" " St. Mary, John Banfield, Consularagent.

Generalconsulat in Liverpool, Dr. Ferdinand Krapf Ritter v. Liverhof, Generalconsul.

Untergeordnete Aemter:

Consulat in Cork und Queenstown, Franz Michelli, Consul.
Viceconsulat in Dublin, Richard Welsch, Viceconsul.
" " Manchester, Sigmund Kohen, Gerent.
" " Northshields und Newcastle, Heinrich Ansen Brightman, Viceconsul.
" " Glasgow, James Galbraith, Viceconsul.
" " Edinburg und Leith, Georg Worms, Consul.
Consularagentie in Waterford, Joseph Strangmann, Consularagent.
" " Limerik, Robert Ryan, Consularagent.
" " Sligo (unbesetzt).
" " Belfast, Hugo Andrews, Consularagent.
" " Londonderry, J. O. Neil, Consularagent.

Ueberseeische Besitzungen:

Consulat in Malta, Ignaz Kohen, Consul.
" " Gibraltar, Richard Cowell, Consul.

Consulat in Sierra Leone (unbesetzt).
" " St. Helena, Georg Moss, Gerent.
" " Port Elizabeth, Nathanael Adler, Consul.
" " Capetown, William Anderson, Consul.
" " Port Louis, W. H. B. Wilson, Consul.
" " Bombay, William Gilmour Hall, Consul.
" " Calcutta, Heinrich Reinhold, Consul.
" " Colombo (Ceylon), Friedrich W. Schultze, Consul.

Dependenz:

Consularagentie in Point de Galle, Patrick Gordon Spence, Consularagent.

Viceconsulat in Aden, Victor Escher, Gerent.
Consularagentie in Madras (unbesetzt).
" " Cocanada, J. A. Will, Consularagent.
" " Kurachee, C. H. Alsen, Consularagent.
Consulat in Bassein, Rudolph Ziegler, Consul.
" " Akyab, P. D. Stange, Consul.
" " Rangoon, C. F. Overbeck, Consul.
" " Penang, Rütger Klünder, Consul.
" " Singapore, Alexander Conighi, Consul.
Generalconsulat in Hongkong, Gustav Freiherr v. Overbeck, Generalconsul.
Consulat in Sidney, Rudolph Kummerer, Consul.
" " Melbourne, Emil Thoneman, Consul.
" " Montreal, Eduard Schultze, Consul.
" " Halifax, William Cunard, Consul.
" " Belize, Alfred Seaman-Kindred, Consul.
" " Quebeck (unbesetzt).
" " St. Johns (unbesetzt).
" " Kingston (Jamaica), Johann Dieckmann, Consul.

Guatemala.

Consulat in Guatemala, Edmund Lehnhoff, Consul.

Haiti.

Consulat in Port au Prince, Emil Simmondos, Consul.

Hawaii.

Consulat in Honolulu, Dr. E. Hoffmann, Consul.

Honduras.

Consulat in Amapala, P. Juhl, Gerent.

Italien.

Generalconsulat in Venedig, Friedrich v. Pilat, Legationsrath und Generalconsul.

Untergeordnetes Amt:

Consulat in Bologna, Marchese Francesco Albergati, Consul.

Consulat in Ancona, Franz Graf Ferretti, Consul.

Untergeordnete Aemter:

Viceconsulat in Ravenna, Omer Runcaldier, Viceconsul.
" " Fermo, Nikolaus Graf Savini, Viceconsul.
Consularagentie in Rimini, Nikolaus Ghetti, Consularagent.
" " Sinigaglia, Raphael Mateucci, Consularagent.

Consulat in Bari, Julius Rákosi, Consul.

Untergeordnete Aemter:

Viceconsulat in Brindisi, Theodor Drasinos, Viceconsul.
" " Barletta, Peter Parlender, Viceconsul.
" " Molfetta, Joseph Pannuzio, Gerent.
Consularagentie in Gallipoli, Franz de Lucca, Consularagent.
" " Pescara, Giustino Farina, Consularagent.
" " Taranto, Ambrosius Corato, Consularagent.

Generalconsulat in Palermo, Ignaz Florio, Generalconsul.

Untergeordnete Aemter:

Viceconsulat in Catania, Tomaselli Alfio Scutto, Viceconsul.
" " Girgenti, Eduard Granet, Viceconsul.
" " Messina, Anton Flerès, Viceconsul.
" " Trapani, Joseph d'Ali, Viceconsul.
" " Siracus, Francesco Belfioro, Viceconsul.
" " Terranova, Santi Gioffré, Viceconsul.
Consularagentie in Lipari, Angelo Pajno, Consularagent.
" " Milazzo, Basil Ant. Zirilli, Consularagent.
" " Sciacca, Karl Dimisso, Consularagent.
" " Mazzara, Antonio Sciplino Gambino, Consularagent.

Generalconsulat in Neapel, Natale di Sorvillo, Generalconsul.

Untergeordnete Aemter:

Viceconsulat in Castellamare d'Itabia, Franz Storace, Viceconsul.
Consularagentie in Catanzaro, Emanuel Grimaldi, Consularagent.
" " Gaëta, Philipp Matterazzo, Consularagent.

Consulat in Florenz, Julius Turri, Consul.
" " Livorno, Cesare Bulizza, Consul.

Untergeordnetes Amt:

Viceconsulat in Porto Longone, Santi Scotto, Viceconsul.

Generalconsulat in Genua, Franz Ritter v. Soretič, Generalconsul.

Untergeordnete Aemter:

Consulat in Cagliari, Jakob Saggiante, Consul.
Viceconsulat in Savona, Sebastian Ricci, Viceconsul.
" " Spezia, Robert Angeli, Viceconsul.
Consularagentie in Carloforte, Dr. Franz de Plaisant, Consularagent.
" " Sassari, Emil Brusca, Consularagent.
" " Isola della Maddalena, Peter Susini, Consularagent.

Consulat in Mailand, Eugen Barone Cantoni, Generalconsul ad pers. und Leiter des Consulates.
Consulat in Civitavecchia, Lorenz d'Ardia, Consul.

Marokko.

Generalagentie in Tanger, John Drumond Hay, Generalagent.

Untergeordnetes Amt:

Consulat in Tanger, Dr. Max Schmidl, Consul.

Dependenzen:

Consularagentie in Larache, Lewis Forde, Consularagent.
„ „ Mogador, J. A. Elmalek, prov. Consularagent.
„ „ Rabat, Joseph Benator, Consularagent.
„ „ Saffy, Friedrich Kellner, Consularagent.
„ „ Mazagan, Christoph George, Consularagent.
„ „ Tetuan, Antonio Zamit y Romero, Gerent.
„ „ Casablanca, Jean Lapeen, Consularagent.

Monaco.

Consulat in Monaco (unbesetzt).

Niederlande.

Consulat in Amsterdam, Joseph Haupt, Consul.

Untergeordnete Aemter:

Viceconsulat in Vlessingen, Louis Groof, Viceconsul.
„ „ Helvetsluis, D. Mair, Viceconsul.
„ „ Nieuwe-Diep, Kaspar Dietrich Zurmühlen, Viceconsul.
„ „ Rotterdam, Friedrich v. Overzee, Viceconsul.

Ueberseeische Besitzung:

Consulat in Batavia (Java), Ambrosius J. W. van Delden, Generalconsul und Leiter des Consulates.

Untergeordnetes Amt:

Consularagentie in Surabaya, Thomas Laer, Consularagent.

Nord-Amerika.

(Vereinigte Staaten.)

Generalconsulat in New-York, Theodor A. Havemeyer, Generalconsul.
Consulat in Cincinnati, Otto M. Adae, Consul.
„ „ St. Louis, Robert Barth, Consul.
„ „ Chicago, A. Claussenius, Gerent.
„ „ Milwaukee, Moriz v. Baumbach, Consul.
„ „ Louisville, Theodor Schwarz, Consul.
„ „ New-Orleans, Adolph Bader, Consul.
„ „ Mobile, A. M. Schoenjahn, Consul.

Consulat in Galveston, Julius Kaufmann, Consul.
" " S. Francisco, Gustav Mücke, Consul.
" " Richmond, Fr. W. Hanewinkel, Consul.
" " Baltimore, J. D. Kremelberg, Consul.
" " Philadelphia, L. Westergard, Consul.
" " Boston, Johannes Schumacher, Consul.
Viceconsulat in Appalachicola, J. M. Wright, Viceconsul.
" " Norfolk (unbesetzt).
" " Charleston, Heinrich Mayer, Gerent.
" " Savannah, Andreas Low, Viceconsul.

Osmanisches Reich.

Rumelien.

Consulat in Constantinopel, Gustav Oesterreicher, Consul.

Untergeordnete Aemter:

Viceconsulat in den Dardanellen, Nikolaus Xantopulo, Viceconsul.
Consularagentie in Brussa, Robert Falkeisen, Viceconsul ad pers.
" " Ineboli (unbesetzt).
" " Tenedos, Cosmus Gersaglia, Gerent.

Consulat in Adrianopel, Joseph Waldhardt, Viceconsul und Gerent.

Untergeordnete Aemter:

Viceconsulat in Philippopel, Leopold Sachsl, Viceconsul.
Consularagentie in Burgas, H. Glücklich, Consularagent.
" " Dedeagatsch (Enos), B. G. Suhor, Consularagent (Aristides Coliva, Consulardelegirter in Enos).
" " Gallipoli, A. C. Siderides, Consularagent.
" " Rodosto, Anton Cadet, Consularagent.

Generalconsulat in Salonich, Gerhard Ritter v. Chiari, Generalconsul.

Untergeordnete Aemter:

Viceconsulat in Seres (unbesetzt).
Consularagentie in Cavalla, Michael Sponti, Viceconsul ad pers.
" " Porto Lagos (Xanti), Isidor Issandoro, Consularagent (Philipp Issandoro, Consulardelegirter in Xanti).

Consulat in Monastir, Franz Edler v. Knapitsch, Generalconsul ad pers. und Leiter des Consulates.

Bulgarien.

Generalconsulat in Rustschuk, Oscar Montlong, Generalconsul ad pers. und Gerent.

Untergeordnete Aemter:

Consulat in Widdin, Adolph Ritter v. Schulz, Consul.
" " Tultscha, Friedrich Ritter v. Pertazzi, Consul.
" " Sulina, Alois Viscovich, Consul.
" " Küstendje, Anton Licen, Gerent.

Viceconsulat in Varna, Adolph Tedeschi, Viceconsul.
" " Sofia, Joseph Lutterotti, Viceconsul.

Romanien.

Generalconsulat in Bukarest, Heinrich Freiherr v. Calice, diplomatischer Agent und Generalconsul.

Untergeordnete Aemter:

Consulat in Jassy, Johann Hanswenzl, Consul.

Dependenzen:

Viceconsulat in Roman, Gustav Baron d'Albon, Viceconsul.
" " Bottuschan, Ludwig Udrycky v. Udryce, Viceconsul.
" " Folticzeni, Gustav Udrycky v. Udryce, Viceconsul.

Consulat in Galatz, Karl v. Kwiatkowski, Consul.

Dependenz:

Viceconsulat in Ismail, Joseph F. Jerinich, Viceconsul.

Consulat in Ibraila, Rudolph Filek v. Wittinghausen, Consul.

Dependenz:

Viceconsulat in Fokschau, Elias Zagorski, Viceconsul.

Viceconsulat in Giurgewo, Anton Neumann, Viceconsul und Leiter des Viceconsulates.
" " Turnu-Severin, Cajetan Zagórsky, Viceconsul.
" " Plojesti, Hugo Preuss, Viceconsul.
" " Krajowa, Karl v. Mollnár, Viceconsul.
" " Berlad, Cornel Scholtz, Viceconsul.

Serbien.

Generalconsulat in Belgrad, Benjamin Kállay v. Nagy-Kálló, diplom. Agent und Generalconsul.

Bosnien und Herzegowina.

Generalconsulat in Serajevo, Dr. Svetozar Theodorović, Generalconsul.

Untergeordnete Aemter:

Viceconsulat in Banyaluka, Anton Strautz, Viceconsul und Leiter des Viceconsulates.
" " Livno, Joseph Dragomanović, Viceconsul.
" " Brčka, Nikolaus Omčikus, Major und Viceconsul.
Consulat in Mostar, Paul Reglia, Consul.

Dependenz:

Viceconsulat in Trebigne, Lukas Vercevich, Viceconsul.

Nord-Albanien.

Generalconsulat in Scutari, Konrad Wassitsch, Generalconsul.

Untergeordnete Aemter:

Consulat in Durazzo, Dr. Friedrich Karl Cariniani, Consul.
Viceconsulat in Antivari, Stanislaus v. Nettovich, Gerent.

Consulat in Priserend, Friedrich Lippich, Consul.

Süd-Albanien und Thessalien.

Generalconsulat in Janina, Peter Oculi, Consul und Gerent.

Untergeordnete Aemter:

Viceconsulat in Avlona, Louis Calzavara, Viceconsul.
" " Prevesa, Julius v. Jaxa-Dembicki, Viceconsul.
" " Volo, Johann Marichich, Viceconsul.
Consularagentie in Larissa (unbesetzt).

Klein-Asien.

Generalconsulat in Trapezunt, Alfons Ritter v. Questiaux, Consul und Leiter des Generalconsulates.

Untergeordnete Aemter:

Consularagentie in Samsun, Nikolaus Seput, Viceconsul ad pers.
" " Sinope, E. Michieli, Gerent.
" " Erzerum, James Zohrab, Gerent.
" " Battum (unbesetzt).

Generalconsulat in Smyrna, Dr. Karl Ritter v. Scherzer, Ministerialrath und Generalconsul.

Untergeordnete Aemter:

Viceconsulat in Tschesme (Chio), Domenico A. Brazzafolli, Viceconsul.
" " Rhodus, Alois Barissich, Viceconsul.
Consularagentie in Scalanuova, Philipp Barbon, Consularagent.
" " Güselhissar (unbesetzt).
" " Metelin, Dr. Theodor Bargigli, Viceconsul ad pers.
" " Aivali, Stephan Scvastó, Consularagent.
" " Samos (unbesetzt).
" " Stanchio, S. Gercovich, Consularagent.

Creta.

Consulat in Canea, Ferdinand Miksche, Consul und Gerent.

Untergeordnete Aemter:

Consularagentie in Candia, Johann Istar, Consularagent.
" " Rettimo, Theodor Trifilli, Consularagent.

Syrien.

Generalconsulat in Beirut, Julius Zwiedinek v. Südenhorst, Generalconsul.

Untergeordnete Aemter:

Viceconsulat in Aleppo, Moisé Ritter v. Picciotto, Generalconsul ad pers.
" " Damascus, Jean Bertrand, Viceconsul.
" " Larnacca (Cypern), Joseph Pascotini, Viceconsul.

Dependenz:

Consularagentie in Nicosia, Giovanni Pavlides, Consularagent.

Consularagentie in Saïda, Alexander Catafago, Viceconsul ad pers.
" " Saffed und Tiberia, Joseph Miklasievicz, Consularagent.
" " Acri und Caiffa, Johann Anton Scopinich, Consularagent.
" " Tripoli di Soria, Theodor Catziflis, Viceconsul ad pers.
" " Alessandretta, Bernhard Colacichi, Consularagent.
" " Bagdad (unbesetzt).
" " Latachia, Alphons Geofroy, prov. Consularagent.
" " Limasol, Constantin Francudi, Consularagent.
" " Mersina, Marcus Castravelli, Consularagent.

Palästina.

Consulat in Jerusalem, Bernhard Graf Caboga-Cerva, Ministerialrath und Generalconsul.

Untergeordnetes Amt:

Viceconsulat in Jaffa, Jakob Pascal, Viceconsul.

Aegypten.

Generalconsulat in Alexandrien, Joseph Ritter v. Cischini, Ministerialrath, diplom. Agent und Generalconsul.

Untergeordnete Aemter:

Consulat in Cairo, Karl Sax, Consul.
" " Port Saïd, Joseph Stefenelli v. Brendterhof und Hohenmauer, Consul.
" " Suez, Emil Otto Remy-Berzencovich, Consul.
" " Chartum, Martin Hansal, Consul.
Viceconsulat in Damiette, Anton Kahil, Gerent.
Consularagentie in Tanta und Mehalla (unbesetzt).
" " Mansura (unbesetzt).
" " Luxor, Macarius Scenude, prov. Consularagent.
" " Koseir (unbesetzt).
" " Ismailia, Alois Daveggia, Gerent.

Barbaresken.

Consulat in Tripolis, Alois Rossi, Consul.

Untergeordnetes Amt:

Consularagentie in Bengasi, N. Denis, Gerent.

Generalconsulat in Tunis, Karl Ritter v. Boleslawski, Consul und Gerent.

Untergeordnete Aemter:

Viceconsulat in Goletta, Alexander They, Viceconsul.
Consularagentie in Biserta, Paulus Tapia, Consularagent.
" " Gerbi }
" " Sfax } Georg Tapia, Viceconsul ad pers.
" " Galipia, Johann Conversano, Consularagent.

Consularagentie in Susa }
„ „ Monastir } Jakob Pistoretti, Viceconsul ad pers.
„ „ Media }
„ „ Tabarca (unbesetzt).

Persien.

Consulat in Teheran (unbesetzt).

Peru.

Generalconsulat in Lima, Christian Krüger, Generalconsul.

Untergeordnete Aemter:

Consulat in Arequipa-Islay, Robert Reinecke, Consul.
„ „ Tacna-Arica, Wilhelm Hellmann, Consul.
„ „ Iquique, C. H. Dreier, Consul.
Viceconsulat in Callao, Wilhelm Fernau, Viceconsul.

Portugal.

Generalconsulat in Lissabon, Georg v. Martyrt, Generalconsul ad pers. und Leiter des Generalconsulates.

Untergeordnete Aemter:

Consularagentie in Setubal, Johann Torlades O. Neil, Consularagent.
„ „ Lagos, Ferdinand Golvao, Consularagent.
„ „ Faro (unbesetzt).

Viceconsulat in Oporto, Joaquim de Souza Guimarães, Viceconsul.

Untergeordnete Aemter:

Consularagentie in Viana, Luiz Barbosa de Silva, Consularagent.
„ „ Figueira (unbesetzt).

Consulat in Funchal (Madeira), Karl Ritter v. Bianchi, Consul.
Viceconsulat in Ponta Delgada, auf St. Miguel (Azoren), Egyd Carlos Augusto Pinto, Viceconsul.
Consularagentie in Angra auf Terceira (Azoren), Philipp Dart, Consularagent.
„ „ Horta, W. H. Lane, Consularagent.
„ „ San Vincente (capo verde) (unbesetzt).
„ „ Santiago (capo verde) (unbesetzt).

Ueberseeische Besitzung:

Generalconsulat in Macao, Gustav Freiherr v. Overbeck, Generalconsul (siehe Hongkong).

Russland.

Generalconsulat in St. Petersburg, Georg Freiherr v. Wyneken, Generalconsul.
Consulat in Riga, Eugen Grimm, Consul.
„ „ Libau, F. W. Rosenkranz, Consul.
„ „ Reval, Karl Elfenbein, Consul.
Generalconsulat in Moskau, Stephan Ritter v. Herzfeld, Generalconsul.
„ „ Odessa, Dr. Karl Princig Ritter v. Herwalt, Generalconsul.

Untergeordnete Aemter:

Viceconsulat in Beltsch, Nikolaus Negruss, Viceconsul.
" " Kertsch, Nikolaus Kulissich, prov. Gerent.
" " Taganrog, Gregor Sbisa, Viceconsul.
Consularagentie in Berdiansk, Johann Ivancich, Consularagent.
" " Eupatoria (unbesetzt).
" " Mariupol, Anton Mazzorana, prov. Consularagent.
" " Theodosia (unbesetzt).
" " Nicolajeff, Ludwig Culissich, Consularagent.
" " Nowosielitza, Bernhard Exelbirth, Viceconsul und Leiter der Consularagentie.

Generalconsulat in Warschau, Ernst Baron Brenner-Felsach, Legationsrath und Generalconsul.

San Salvador.

Consulat in San Salvador (unbesetzt).

S. Domingo.

Consulat in Porto Plata (unbesetzt).

Schweden und Norwegen.

Generalconsulat in Stockholm, Karl Benediks, Generalconsul.

Untergeordnetes Amt:

Consulat in Gothenburg, Karl Meyer, Consul.

Consulat in Christiania, Peter Petersen, Generalconsul und Leiter des Consulates.
" " Bergen, Wollert Dankert Krohn, Consul.

Untergeordnete Aemter:

Consularagentie in Christiansand, Otto Karl Reinhardt, Consularagent.
" " Drontheim, Christian Thaulow, Consularagent.
" " Stavanger, J. Kjelland, Consularagent.

Consulat in Tromsoe, Andreas Aagaard, Consul.

Schweiz.

Consulat in Genf, Adolph Ritter v. Schaeck, Consul.
" " Zürich, Kaspar Schindler-Escher, Consul.
" " St. Gallen, August Schneider, Consul.

Siam.

Consulat in Bangkok, Wilhelm Masius, Consul.

Spanien.

Generalconsulat in Barcelona, August Lenk v. Wolfsberg, Generalconsul.

Untergeordnete Aemter:

Consularagentie in Rosas (unbesetzt).
" " Palamos (unbesetzt).
" " Mataro (unbesetzt).
Viceconsulat in Tarragona, Joaq. Rius y Ballestreri, Viceconsul.

Dependenzen:

Consularagentie in Villanova (unbesetzt).
" " Salon (unbesetzt.)

Viceconsulat in Valencia, Franz Royo y Salvador, Viceconsul.

Dependenzen:

Consularagentie in Vinaros, Joseph Reverter e Majo, Consularagent.
" " Denia, Miguel Moreno y Torres, Consularagent.
" " Alicante, Johann Maisonnave e Cutayar, Consularagent.
" " Torre Vieja, Hieronymus Sanchez Barcellona, Consularagent.

Viceconsulat in Cartagena, Andreas Pedreno, Viceconsul.
" " Malaga, Wilhelm Dörr, Viceconsul.

Dependenz:

Consularagentie in Almeira, José Martinez Neale, Consularagent.

Viceconsulat in Palma, Nikolaus Umbert, Viceconsul.

Dependenzen:

Consularagentie in Mahon, Spiridion de Ladico, Consularagent.
" " Ivizza, Wilhelm Wallis, Consularagent.

Generalconsulat in Cadix, Juan Duncan Shaw, Generalconsul.

Untergeordnete Aemter:

Consularagentie in Algeciras, Juan Duarte, Consularagent.
" " St. Lucas de Barameda, Karl Philippe, Consularagent.

Consulat in Coruña, Antonio Garrido, Gerent.

Untergeordnete Aemter:

Consularagentie in Ferrol, N. Perez, Gerent.
" " Vigo, Manuel Barana, Consularagent.
" " Ribadea, Franz de Torres, Consularagent.
" " Gijon, Dionys Acebal, Consularagent.

Viceconsulat in Bilbao, Raimundo Real de Asua, Viceconsul.

Untergeordnete Aemter:

Consularagentie in Santander, Adolph Wünsch, Consularagent.
" " St. Sebastiano, Bernhard Alcain, Consularagent.

Ueberseeische Besitzungen:

Generalconsulat in Havana (Cuba), G. H. Ch. Rohlsen, Gerent.

Untergeordnete Aemter:

Viceconsulat in Matanzas (Cuba), Florenz Lilling, prov. Gerent.
" " Trinidad (Cuba), Joaquim Theodor Meyer, Viceconsul.
" " St. Jago de Cuba, Karl Wilhelm Schuhmann, Viceconsul.

Consulat in St. Juan (Puerto rico), W. N. Latimer, Gerent.
" " Manila (Philippinen), J. C. Labhart-Lutz, Consul.

Uruguay.

Consulat in Montevideo, Edmund Wagenknecht, Consul.

Venezuela.

Consulat in Puerto Cabello, Eduard Baasch, Consul.
" " Maracaibo, Eduard Schmillinsky, Consul.
" " La Guayra (unbesetzt).

Handel und Schifffahrt von Danzig im Jahre 1873.

Danzig. Auf der Weichsel sind hier im Jahre 1873

	angekommen	abgegangen
Beladene Stromfahrzeuge	4387	3332
Unbeladene "	1783	2940
Zusammen	6170	6272
Dagegen in 1872	6599	6589

Den grössten Theil des Jahrs hindurch waren die Stromfrachten etwas höher als in 1872; nur im Herbste standen sie niedriger. Aber selbst diese höheren Frachten waren weniger lohnend als im Vorjahre, weil widrige Winde die Reisen auf der Weichsel erschwerten und ausserdem der Wasserstand in der Regel ein niedriger war.

Im hiesigen Hafen, resp. in Neufahrwasser, sind 1839 Seeschiffe, darunter 299 Dampfer, zusammen mit einer Tragfähigkeit von 500.266 Tonnen, angekommen, und 1820 Seeschiffe, darunter 302 Dampfer, mit einer Gesammttragfähigkeit von 498.402 Tonnen, abgesegelt. In 1872 umfassten die diesfälligen Einläufe 1844 und die Abfahrten 1873 Seeschiffe, so dass der Hafenverkehr in beiden Jahren nur geringe Unterschiede zeigte. Der Nationalität nach vertheilen sich die Fahrzeuge des Jahrs 1873 wie folgt:

Flagge	Ankünfte	Abfahrten
Amerikanische	3	3
Belgische	4	4
Dänische	104	104
Deutsche	1132	1115

Flagge	Ankünfte	Abfahrten
Englische	296	296
Französische	7	7
Holländische	110	110
Norwegische	95	96
Schwedische	77	75
Russische	11	10
	1839	1820

Von den angekommenen Schiffen hatten geladen: 295 diverse Güter, 5 Wein, 5 Zucker, 87 Eisen und derlei Fabrikate, 128 Häringe, 91 Salz, 22 Dachpfannen, Mauersteine und Schieferplatten, 48 Petroleum, 10 Theer und Pech, 2 Schwefel, 3 Bauholz, 5 Thonerde, 11 Asphalt und Harz, 394 Steinkohlen und Cokes, 1 Getreide und Saat, 57 Granitsteine, 9 chemische Rohstoffe, 13 Cement, 3 Artillerie-Munition, 191 Kalk und Kalksteine, Gyps und Kreide. In Ballast waren 353; für Nothhafen sind 106 Schiffe angekommen.

Die abgesegelten Schiffe dagegen hatten geladen und zwar: 269 Getreide und Saat, 39 Getreide und Beiladung, 1186 Holz, 38 Holz und Beiladung, 11 Kohlen und Cokes, 6 Artillerie- und Marine-Effecten, 3 Rüböl, 1 Häringe, 4 Melasse, 2 Knochen, 5 Oelkuchen, 58 diverse Güter. 98 gingen in Ballast. Am Schlusse des Jahrs 1873 blieben 150 Schiffe im hiesigen Hafen liegen.

Der Werth der Waaren berechnet sich wie folgt:

	Einfuhr Thaler	Ausfuhr Thaler
Seewärts	19,609.850	16,346.530
Stromwärts	14,380.730	7,905.270
Landwärts pr. Eisenbahn	15,946.250	16,963.260
Zusammen	49,936.830	41,215.060
Dagegen in 1872	50,034.510	39,804.360

Was insbesondere den Getreidehandel betrifft, so waren dessen Resultate ganz ungünstig. Wiederholt vorgekommene schwache oder schlechte Ernten in den Bezugsländern, verhältnissmässig zu geringe Zufuhren, bedeutende Zunahme des Consums in benachbarten Gebieten und dadurch hervorgerufene hohe Preise trugen daran Schuld.

Das Getreidegeschäft war zeitweise so unbedeutend, dass wochenlang und selbst zur Zeit der reichsten Zufuhren aus Polen, nämlich im Monate Juli, täglich kaum 100 Tonnen verkauft wurden. Gegen den Export gewöhnlicher Mitteljahre betrug der Ausfall bis 130.000 Tonnen.

Hauptabnehmer von Weizen, Gerste, Hülsenfrüchten und Oelsaaten war Grossbritannien mit 73.000 Tonnen; diesem zunächst folgten: Holland mit 11.000 T. verschiedenes Getreide, Belgien mit 7000 T. Weizen, Frankreich mit 3400 T. Oelsaaten, endlich Norwegen mit 2300 Tonnen Roggen. Für den heimischen Bedarf sind nach deutschen Häfen 14.500 Tonnen Getreide verladen worden.

Die höchsten Weizenpreise waren im August, die niedrigsten dagegen im April. Roggen war am theuersten im November. Im Terminhandel sind namentlich nach der neuen Ernte wenig Geschäfte vorgekommen.

Die Getreidebestände zu Ende des Jahrs bezifferten sich also:

	1873	1872
	Tonnen à 1000 Kilogr.	
Weizen	6600	1500
Roggen	960	1000
Gerste	530	1000
Hafer	90	1500
Hülsenfrüchte	290	1000
Oelsaaten	9750	1000

Wiewohl die Aussichten für den Holzhandel in den ersten Monaten des Jahrs 1873 sehr günstig waren, so traten doch später Verhältnisse ein, welche die Erwartungen sehr herabstimmten. Wassermangel in der Weichsel und in einigen anderen Flüssen verzögerte und vertheuerte das Verflössen der Hölzer; wozu noch die in den Sommermonaten unter den Flössern ausgebrochene Cholera-Epidemie, ferner die das Geschäft erschwerende Börsenkrisis kam.

Andererseits war aber die Nachfrage nach diesem Artikel das ganze Jahr hindurch eine sehr rege; es fanden sich noch Bestände aus dem Jahre 1872 vor, und diese im Verein mit den in den letzten Monaten des Jahrs hieher gelangten, höchst umfangreichen Zufuhren bewirkten endlich, dass befriedigende Resultate erzielt wurden.

Die Zufuhr betrug: stromwärts 2231 grosse Weichseltraften im Werthe von 7,374.400 Thaler, pr. Eisenbahn 278.406 Ctr. Bau- und Nutzholz im Werthe von 185.600 Thaler. Expedirt wurden, und zwar seewärts: 1222 Holzladungen mit ca. 161.763 Normallasten im Werthe von 6,129.100 Thlr.; mittels Eisenbahn: 423.966 Ctr. Bau- und Nutzholz im Werthe von 353.300 Thaler.

Die Ausfuhr umfasste folgende Gegenstände: 302.256 St. kieferne und tannene Balken und Mauerlatten, 18.982 St. kieferne Masten, Spieren, Mühlenruthen, Telegraphenstangen und Dielen, 473.780 St. kieferne Deckdielen und Dielen, 1,789.824 St. kieferne und eichene Eisenbahnschwellen und Klötze, 233.182 St. eichene Planken, Plankenden und Bretter, 77.178 St. eichene Balken, Pançons und Krummholz, 36.814 Schock eichene Stäbe, 1802 Faden Splittholz, 1.527 Schock Schindelnägel.

Im Steinkohlenhandel machte sich infolge der hohen Forderungen in den britischen Verschiffungshäfen ein entschiedener Rückgang gegen 1872 bemerkbar. Die Preise variirten im Verlaufe des Jahrs von 24—30 Thaler pr. Last von 40 Hektoliter (= ca. 3000 Kilogr.). Es wurden 161.787 Tonnen importirt. Als Durchschnittspreis für Cokes, von welchen 3956 T. importirt wurden, kann ein Betrag von 31 Thlr. pr. Last von 40 Hektoliter (= ca. 1700 Kilogr.) angenommen werden.

Der Umsatz in Salz war ein so lebhafter, dass die vorhandenen Speicherräume für die Vorräthe nicht ausreichten.

Die Zufuhr von Häringen aus Schottland, Norwegen und Holland betrug 117.276 T. im Werthe von 1,260.000 Thlr. Der Geschäftsverkehr in diesem Artikel unterschied sich wenig von jenem der Vorjahre. Die ersten neuen Häringe kamen zu Ende Juli an den Markt und wurden pr. Tonne mit 10—13 Thlr., je nach Grösse und Packung, bezahlt. Diese Preise gingen aber bald nach dem Eintreffen grösserer Partien auf 8—10 Thlr. zurück.

Der Import von Petroleum stieg im Jahre 1873 bis auf 301.480 Ctr. (ca. 9.800 Fass), wovon am Jahresschlusse ca. 115.000 Ctr. (ca. 37.000 Fass) als Bestand übrig blieben. Die Preise, anfänglich 7½ Thlr. pr. Ctr., fielen allmälig bis auf 4 Thlr. 20 Silbergroschen.

Die Preise für Eisen verfolgten im Jahre 1873 eine stetig weichende Richtung. Es wurden 187.085 Ctr. Roh- und 71.258 Ctr. altes Brucheisen, also zusammen 258.343 Ctr. (gegen 341.120 Ctr. in 1872) importirt.

Im Spiritushandel beschäftigte man sich blos mit der Befriedigung des hiesigen Bedarfs.

In Colonialwaaren war der Import stärker als in früheren Jahren. Kaffee stieg sehr im Preise. Es wurden von diesem Artikel 43.036 Ctr. (gegen 38.429 Ctr. in 1872) eingeführt. In Reis war das Geschäft ein gutes, wozu der wohlfeile Preisstand beigetragen haben dürfte. Das eingeführte Quantum belief sich auf 73.201 Ctr. (gegen 41.665 Ctr. in 1872). Pfeffer hatte hohe Preise. Von Baumwolle war der Import ebenfalls grösser als im Vorjahre.

Der Bernsteinhandel verliert, namentlich was rohen Bernstein betrifft, immer mehr an Bedeutung und Umfang. Die Preise erlitten in 1873 eine erhebliche Einbusse. Nur für verarbeiteten Bernstein gestaltete sich das Geschäft recht günstig und die Fabrikanten erhielten so viele Bestellungen, dass sie ihre Arbeiter fortwährend beschäftigen konnten.

Schifffahrtsverkehr im Hafen von Gibraltar während des Jahrs 1873.

Gibraltar. Im vorigen Jahre sind hier unter österreichisch-ungarischer Flagge 10 Dampfer und 1 Segelschiff eingelaufen.

Von den ersteren war blos 1 nach Gibraltar selbst bestimmt und brachte Steinkohlen aus Cardiff. Es ging von hier nach Port-Saïd.

Das Segelschiff importirte Tabak aus New-York und verliess nach vollendeter Löschung der ganzen Ladung den hiesigen Hafen in Ballast, um nach dem Herkunftsorte zurückzufahren.

Handelsunthätige Segelschiffe unter nationaler Flagge erschienen hier 18, darunter 2, die mit Steinkohlen aus Cardiff nach Triest, und 1, das mit gleicher Ladung nach Ragusa bestimmt war.

Zwei von diesen handelsunthätigen Fahrzeugen kamen aus Triest, und es segelte das eine derselben mit Fassdauben nach Bordeaux, das andere mit Mehl nach Bahia.

Unter fremden Flaggen hat in diesem Hafen die nachstehend ausgewiesene Bewegung von Kauffahrteischiffen stattgefunden:

Flagge	Dampfer	Segelschiffe	Zusammen
Englische	2115	447	2562
Französische	149	46	195
Deutsche	—	49	49
Italienische	38	151	189
Belgische	35	1	36
Holländische	31	51	82
Schwedisch-norwegische	—	48	48
Russische	17	16	33
Spanische	217	27	244
Portugiesische	—	28	28
Dänische	—	20	20
Türkische	1	—	1
Nordamerikanische	—	65	65
Andere	7	4	11
Im Ganzen	2610	953	3563

Es muss übrigens bemerkt werden, dass diese die fremde Schifffahrt betreffenden Daten nur annähernd der thatsächlich stattgefundenen Bewegung entsprechen, da in Gibraltar keine Behörde besteht, welche hierüber ganz authentische Angaben zu bieten vermöchte.

Schifffahrts- und Handelsverkehr von Finnmarken im Jahre 1873.

Tromsö. Im Jahre 1873 hat kein Handelsschiff unter österreichisch-ungarischer Flagge die Seehäfen dieses Consularbezirks besucht. Auch sind keine Waarenzufuhren mit Schiffen anderer Nationen aus nationalen Häfen eingetroffen.

Der Verbrauch von österreichisch-ungarischen Erzeugnissen, namentlich Wein, Manufactur- und Fabrikswaaren, scheint übrigens, wie in ganz Norwegen, so auch in dem hiesigen Landestheile bedeutend zugenommen zu haben; da indessen derlei Zufuhren, was diesen District betrifft, auf indirectem Wege, meistentheils über Nord-Deutschland, ohne specielle Angabe der Productionsländer bei der Einclarirung stattfinden, so lässt sich der Gesammtwerth derselben nicht feststellen.

Die diesseitigen Häfen wurden im Jahre 1873 von 871 Schiffen mit 38.168 Commerzlasten (79.388½ österreichisch-ungarische Aichungstonnen) besucht, und 815 Schiffe von 32.653½ Comzl. (67.918½ Aichungstonnen) segelten während desselben Zeitraumes nach dem Auslande ab.

Der einzige Artikel, der von hier nach dem Mittelländischen und Adriatischen Meere in nennenswerther Menge exportirt wird, ist der Stockfisch, von welchem folgende Quantitäten verschifft wurden:

Verschiffungshäfen	Schiffe	Aichungs-tonnen	Verladene Menge Woge
Tromsö	12	1.531	75.915
Hammerfest	17	2.417	109.037
Wadsö	14	1.445½	74.897
Wardö	10	1.073½	57.444
Zusammen	53	6.467	317.293

Wie viel von der Gesammtsumme des zur Ausfuhr gebrachten Rundfisches nach österreichisch-ungarischen Häfen bestimmt war, lässt sich deshalb nicht ermitteln, weil viele der Schiffe nach Plätzen im Mittelmeere auf Order ausclarirten, ohne dass irgend eine Angabe über die fernere Bestimmung dieser Fahrzeuge später hier eingetroffen wäre.

Da der Fisch in Triest einen vortheilhaften Absatz fand, so lässt sich annehmen, dass ein nicht geringes Quantum dieses Artikels dahin gekommen sein wird.

Von nachbenannten hiesigen Producten betrug die Ausfuhr im Jahre 1873 folgende Mengen:

Verschiffungs-häfen	Rundfische	Rothscheer	Seyfische	Ges. Fische	Thran Tonn.	Häringe Tonn.	Guano Pfd.
	W	o	g	e			
Tromsö	97.704	18.721	22.317	21.730	8.260	15.505	11.400
Hammerfest	131.431	10.898	16.564	98.404	14.512	1.872	.
Wadsö	75.209	10.731	2.000	40.642	8.546	5	1,109.250
Wardö	57.444	7.212	.	208.108	3.898	267	.
Zusammen	361.788	47.562	40.881	368.884	35.216	17.649	1,120.650

Diese Waaren vertheilten sich ihrer Bestimmung nach wie folgt:

Bestimmung	Rundfische	Rothscheer	Seyfische	Ges. Fische	Thran	Häringe	Guano
	W	o	g	e	Tonn.	Tonn.	Pfd.
Mittelländisches u. Adriatisches Meer	317.293	.	96	.	.	.	.
Russland . . .	.	45.658	10.030	345.764	.	3.192	.
Finnland . . .	.	600	2.400	.	.	100	.
Deutschland . .	798	192	.	9	34.303	4.535	912.650
Grossbritannien .	672	.	.	22.331	.	1.440	.
Holland	38.175	436	.	.	110	645	.
Belgien	4.850	.	.	.	.	.	.
Schweden . . .	.	540	28.255	780	.	7.681	.
Dänemark . . .	.	136	100	.	803	56	208.000

Die Ausbeute der Lofodener Fischerei betrug im Jahre 1873 ungefähr 19½ Mill. Stück Dorsche. Laut Angabe der von Seiten der Regierung eingesetzten Beaufsichtigungscommission wurden von obigem Quantum 11½ Mill. Stück gesalzen und dadurch zu Klippfisch gewirkt, 7½ Mill. wurden getrocknet und als Rundfische versendet, und ½ Mill. wurde von den Fischern selbst und den Bewohnern der Gegend verzehrt.

Das Quantum von 19½ Mill. ist als ein sehr ergiebiges zu betrachten, denn selten kommt in einem Jahre ein grösserer Fang vor.

Trotzdem wurden ungewöhnlich hohe Preise bezahlt, was namentlich durch die grosse Anzahl Käufer veranlasst wurde, die sich von südlicher gelegenen Gegenden dieses Landes eingestellt hatten.

Die Dorschfischerei in Finnmarken wurde ebenfalls mit günstigem Erfolge betrieben, indem sie ein grösseres Quantum als jemals früher lieferte. Man schätzt dasselbe auf ca. 14 Mill. Stück Fische.

Durchschnittlich wurden hiefür mässige Preise bewilligt, so dass die Abnehmer im Ganzen genommen einen lohnenden Einkauf machten, während die in Lofoden für das rohe Product angelegten übertriebenen Preise den Käufern nur schlechte Rechnung lieferten.

Die Seyfischerei in den Buchten und an der Küste wurde mit abwechselndem Glücke betrieben. Die hohen Preise, die man für diese Fischgattung am Ausschiffungsstande bewilligte, sprechen zur Genüge dafür, dass die Production im Jahre 1873 nur eine geringe Höhe erreicht hat.

Die Häringfischerei war durchschnittlich eine sehr günstige für den hiesigen District. Die Ausbeute stellte sich im Vergleich zum Vorjahre reichlicher heraus und da der Fang in den übrigen Districten dieses Landes und namentlich in der Gegend von Bergen und Stavanger, wo alljährlich grosse Fischereien stattzufinden pflegen, gänzlich fehlschlug, so wurden hierorts sehr gute Preise angelegt und bewilligt.

Die Expeditionen auf den Wallross-, Robben- und Weissfischfang wurden nicht mit gutem Erfolge gekrönt, indem sie im Ganzen genommen nur karge Resultate ergaben.

Handelsbewegung von Widdin im Jahre 1873.

Widdin. Die Einfuhr aus Oesterreich-Ungarn betrug im Jahre 1873 9325 Zollctr. im Werthe von 373.968 fl. Die vorzüglichsten Gegenstände dieser Einfuhr waren:

	Menge Zollctr.	Werth fl.
Baumwollwaaren	199	20.000
Bier	565	4.700
Branntwein und Spiritus	629	12.580
Chemische Producte	107	1.280
Colonialwaaren und Südfrüchte	446	8.950
Eisen und Eisenwaaren, Emailgeschirr	491	58.920
Roheisen	604	6.040
Häute und Felle	489	25.950
Flachs, Hanf, Werg	281	2.110
Garne und Twiste	667	53.360
Glas und Glaswaaren	137	4.110
Kerzen, Seife, Fackeln	192	2.880
Krämereiwaaren	134	6.700
Kurzwaaren	48	4.800
Leder und Lederwaaren	219	43.800
Leinwand und Zwilch	413	8.260
Manufacturwaaren	171	17.100
Material- und Spezereiwaaren	93	3.350
Mehl und Mahlproducte	286	2.860
Oel zum Genusse oder zu technischem Gebrauche	121	3.630
Petroleum	111	1.670
Papier	390	9.100
Reis	158	1.950
Seide und Seidenwaaren	3	4.500
Tabak	91	9.100
Zucker, Sirup und Candis	1816	47.000

Ueber Galatz und Ibraila sind theils von Triest, theils von Constantinopel 9513 Zollctr. Waaren für 423.335 fl. eingeführt worden, darunter namentlich:

	Menge Zollctr.	Werth fl.
Baumwolle	20	1.500
Baumwollwaaren	12	1.150
Branntwein und Spiritus	274	5.480
Chemische Producte	31	3.100
Colonialwaaren und Südfrüchte	1617	32.350
Effecten und Möbel	211	2.750
Eisen und Eisenwaaren, Emailgeschirre	502	60.250
Roheisen	213	2.130
Häute und Felle	1265	87.050
Garne und Twiste	370	29.600
Glas und Glaswaaren	284	8.620
Kerzen, Seife, Fackeln	395	5.950
Krämereiwaaren	255	12.750

	Menge Zollctr.	Werth fl.
Kurzwaaren	203	20.300
Leder und Lederwaaren	164	45.500
Leinwand und Zwilch	217	4.350
Manufacturwaaren	349	34.900
Material- und Specereiwaaren	181	6.360
Mehl und Mahlproducte	33	3.300
Oel zum Genusse oder zu technischem Gebrauche	270	8.100
Petroleum	665	9.975
Reis	321	3.850
Wein	243	2.430
Fische	1054	20.000

Von Widdin sind nach den oberen Donaugegenden 12.709 Zollctr. Handelsgüter im Werthe von 299.160 fl. verfrachtet worden. Die vorzüglichsten derselben sind:

	Menge Zollctr.	Werth fl.
Baumwolle	15	1.100
Baumwollwaaren	11	1.100
Branntwein und Spiritus	103	2.000
Leere Fässer	257	2.570
Häute und Felle	2924	200.000
Sumach und andere Gerbestoffe	410	1.500
Glas und Glaswaaren	44	1.300
Leder und Lederwaaren	530	6.500
Manufacturwaaren	7	1.000
Mehl und Mahlproducte	359	3.600
Schafwolle	7198	43.000
Tabak	141	20.000
Butter, Schmalz, Eier	111	5.300
Wein	161	1.000

Ebenso sind nach den unteren Donaugegenden 3316 Zollctr. im Werthe von 67.510 fl. abgegangen, und zwar hauptsächlich:

	Menge Zollctr.	Werth fl.
Branntwein und Spiritus	129	2.800
Colonialwaaren und Südfrüchte	71	2.840
Effecten und Möbel	221	3.200
Roheisen	158	1.580
Häute und Felle	707	3.900
Flachs, Hanf, Werg	142	1.420
Gemüse und Futterkräuter, Kartoffeln	111	400
Glas und Glaswaaren	165	5.000
Krämereiwaaren	62	6.000
Leder und Lederwaaren	11	2.850
Leinwand und Zwilch	166	3.500
Manufacturwaaren	32	4.800
Maschinen und Maschinenbestandtheile	100	1.000

	Menge Zollctr.	Werth fl.
Mehl und Mahlproducte	306	3.000
Papier	103	3.100
Butter, Schmalz u. dgl.	278	8.500
Zucker, Sirup und Candis	60	1.500

Die türkischerseits dem ganzen rechten Donau-Ufer entlang zum Schutze gegen die Cholera eingeführten scharfen Quarantänemassregeln haben den Handel von Widdin und seinen Dependenzen die längste Zeit des Jahrs hindurch gelähmt; erst im Herbste trat rücksichtlich des Exports von Rohproducten einige Besserung ein.

Dass es den hiesigen Manufacturisten nicht zum Besten erging, beruht wohl hauptsächlich auf der rapid zunehmenden Verarmung des türkischen Theils der Einwohnerschaft, welcher früher das Hauptcontingent an Kunden geliefert hat.

Auf die bulgarische Stadt- und Landbevölkerung, welche die zahlreichste und wohlhabendste ist, kann der Manufacturwaarenhändler nicht rechnen, da sich dieselbe bei der ihr eigenthümlichen übertriebenen Geldgier und Sparsamkeit nicht den geringsten Luxus erlaubt.

Der Absatz in Colonialwaaren gestaltete sich befriedigend. Von Rohproducten wurde insbesondere Wolle nach Oesterreich-Ungarn ausgeführt und lieferte zufriedenstellende Resultate.

Das Geschäft in Fellen und Häuten, insbesondere in Lamm- und Schaffellen, wovon jährlich viele tausend Ballen nach Oesterreich-Ungarn gehen, war flau. Der Grund hievon ist in der durch den Börsensturz hervorgerufenen Geldkrisis zu suchen, welche jedoch gegen Ende des Jahrs abnahm, als Capitalien, die früher im Börsenspiele engagirt gewesen, dem auf soliderer Basis ruhenden Waarenhandel zuflossen.

Das gegen Schluss des Jahrs ungarischerseits eingetretene Verbot der Einfuhr thierischer Rohproducte hiesiger Provenienz hat so manche gewinnversprechende Combination diesseitiger Rohproductenhändler vereitelt.

Dieselben verfielen jedoch auf den guten Einfall, die Felle, welche aus dem besagten Grunde nicht abgesendet werden konnten, den Winter über hier gerben zu lassen, und es dürften diese Vorräthe bei der dermaligen lebhaften Nachfrage nach Leder und insbesondere nach Corduan mit Gewinn an Mann gebracht werden.

Handels- und Schifffahrtsbewegung von Beirut im Jahre 1873.

Beirut. Die Gunst der wirthschaftlichen Verhältnisse, welche im Jahre 1872 ermunternd und fördernd auf den Handel Beiruts eingewirkt hatte, hat im Jahre 1873 nicht fortgedauert. Grosse Trockenheit beeinträchtigte die Getreideernte des Landes, beschädigte an vielen Orten die Sesam- und Baumwollpflanzungen und entzog dadurch dem Export einen Theil seiner wesentlichen Artikel.

Gleichzeitig war das Erträgniss der Seidenzucht nur ein mittelmässiges und demnach die Ausfuhr auch auf diesem Gebiete der Production im Vergleich mit dem Vorjahre rückgängig.

Die bedeutenden Getreidevorräthe, welche jedoch zur Zeit der neuen Ernte im Innern des Landes noch vorhanden waren, und die verhältnissmässig hohen Preise, zu welchen die syrische Seide im Jahre 1873 auf den europäischen Märkten Abnehmer fand, liessen die Ungunst der wirthschaftlichen Zustände erst zu Ende des Jahrs ihre volle Wirkung auf den Handel Beiruts ausüben, so dass sich diese in der Handelsbilanz des Jahrs 1874 wahrscheinlich noch fühlbarer machen werden, als in jener von 1873, wenngleich die Abnahme der Ausfuhr im letzteren Jahre immerhin schon als eine beträchtliche bezeichnet werden muss.

Während nämlich der Gesammtwerth der Einfuhr nach Beirut, welche sich in 1872 auf 31,487.950 Frcs. belief, im Jahre 1873 noch den Betrag von 30,346.000 Frcs. erreicht hat, ist der Gesammtwerth der Ausfuhr von 19,153.000 Frcs. (in 1872) auf 13,900.000 Frcs. gesunken.

Bei dem Verkehr der Handelsschiffe in der Echelle von Beirut hat sich gegen das Vorjahr keine wesentliche Veränderung ergeben. Es sind hier während des Jahrs 1873 im Ganzen 189 Dampfer mit 169.286 Tonnen und 129 Segelschiffe mit 20.365 T. ein- und ausgelaufen, welche sich nach der Flagge in folgender Weise vertheilen:

Flagge	Dampfer		Segelschiffe	
	Zahl	Tonnen	Zahl	Tonnen
Oesterreichisch-ungarische	52	54.165	6	1.626
Französische	51	50.427	13	4.932
Englische	34	30.207	80	9.209
Russische	52	34.487	.	.
Italienische	.	.	22	3.937
Dänische	.	.	2	16
Schwedische	.	.	1	184
Walachische	.	.	1	92
Amerikanische	.	.	4	1.405
Zusammen	189	169.286	129	21.401

Von den Segelschiffen waren 2 österreichisch-ungarische mit 522 Tonnen und 1 italienisches mit 285 T. in Ballast, alle andern Fahrzeuge dagegen kamen und gingen beladen.

Ausserdem brachten noch 2859 kleine türkische Segelschiffe von 62.679 T. aus den griechischen und türkischen Häfen: Holz, Getreide, Früchte, Töpferwaaren und Colonialproducte nach Beirut, und exportirten als Rückfracht: Früchte, Baumwolle, Schafwolle, Sämereien und Tabak nach den kleinasiatischen Häfen, sowie nach den Inseln des Archipels und Griechenlands.

Auf die einzelnen Länder, welche sich im Jahre 1873 an dem Ein- und Ausfuhrhandel Beiruts betheiligt haben, entfallen von dem Gesammtwerthe des ersteren folgende Beträge: Oesterreich-Ungarn und Deutschland 3,360.000 Frcs., Amerika 1,854.000, Belgien 50.000, Aegypten 600.000, England 16,452.000, Frankreich 5,040.500, Griechenland 29.000, Italien 1,292.000, Schweiz 1,678.500 Frcs.

So wünschenswerth es auch wäre, den Antheil Oesterreich-Ungarns und Deutschlands an der obigen Gesammtsumme von 3,360.000 Frcs. getrennt zu kennen, so bieten doch die Mauthregister, sowie die Manifeste der Lloyddampfer in dieser Richtung nicht die genügenden Anhaltspunkte.

Ueberhaupt lassen sich bei dem gänzlichen Mangel einer officiellen Statistik in diesem Lande keine genauen Angaben über den diesseitigen Waarenverkehr machen, und haben deshalb die bezüglichen Daten, die grösstentheils nur privativen Mittheilungen hervorragender Kaufleute auf dem hiesigen Platze entnommen sind, lediglich Anspruch auf approximative Richtigkeit.

Ueber die vorzüglichsten Gegenstände der letztjährigen Einfuhr ist Folgendes zu bemerken:

Baumwoll- und Leinenmanufacturen aller Art wurden für 16,467.500 Frcs. importirt. Hievon entfallen auf England 14,200.000 Frcs., auf die Schweiz 1,500.000 Frcs., auf Deutschland 500.000 Frcs., auf Frankreich 250.000 Frcs., auf Oesterreich-Ungarn hingegen nur 17.500 Frcs.

Die Einfuhr von Tuch im Gesammtwerthe von 1,280.000 Frcs. vertheilt sich also: Oesterreich-Ungarn ca. 450.000 Frcs., Deutschland 650.000 Frcs., Frankreich 150.000 Frcs., England 30.000 Frcs.

Seidenwaaren wurden für 1,060.000 Frcs. zugeführt, und zwar aus Frankreich für 850.000 Frcs., aus Deutschland für 110.000 Frcs. und aus der Schweiz für 100.000 Frcs.

Fesse im Betrage von 240.000 Frcs.; davon aus Oesterreich-Ungarn für 225.000 Frcs., aus Frankreich (Algier) für 15.000 Frcs.

Eisenwaaren, wie: Nägel, Eisendraht, Schlösser, Thürbeschläge etc., für 545.000 Frcs.; davon aus Frankreich für 365.000 Frcs., aus England für 80.000 Frcs., aus Deutschland für 65.000 Frcs. und aus Oesterreich-Ungarn für 35.000 Frcs.

Leder und Lederwaaren für 519.000 Frcs.; davon aus Frankreich für 442.000 Frcs., aus Deutschland für 40.000 Frcs., aus Griechenland für 29.000 Frcs. und aus England für 8000 Frcs.

Glas- und Thonwaaren für 245.000 Frcs.; davon aus Oesterreich-Ungarn für 150.000 Frcs., aus Frankreich für 65.000 Frcs., aus Italien und Belgien für je 15.000 Francs.

Kurzwaaren und Quincaillerien für 325.000 Frcs.; davon aus Oesterreich-Ungarn für 145.000 Frcs., aus Frankreich für 90.000 Frcs., aus England für 75.000 Frcs. und aus Belgien für 15.000 Frcs.

Schreib-, Druck- und Cigarrettenpapier und Papierwaaren im Betrage von 490.000 Frcs.; davon aus Oesterreich-Ungarn für 380.000 Frcs., aus Frankreich für 80.000 Frcs. und aus Italien für 30.000 Frcs.

Eisen wurde für 560.000 Frcs., insgesammt aus England, Bauholz im Betrage von 100.000 Frcs., lediglich aus Oesterreich-Ungarn, importirt.

Reis für 1,785.000 Frcs.; davon aus Italien für 1,170.000 Frcs. und aus Aegypten für 615.000 Frcs.

Kaffee im Betrage von 410.000 Frcs.; davon aus Aegypten für 300.000 Frcs. und aus Frankreich für 110.000 Frcs.

Zucker im Betrage von 1,726.000 Frcs; davon aus Aegypten für 300.000 Frcs. und aus Frankreich für 1,426.000 Frcs.

Arzneimittel und Mineralwässer im Betrage von 268.000 Frcs.; davon aus Oesterreich-Ungarn für 50.000 Frcs., aus Frankreich für 130.000 Frcs., aus England für 80.000 Frcs. und aus Deutschland für 8000 Frcs.

Zündwaaren im Betrage von 152.000 Frcs.; davon aus Oesterreich-Ungarn für 142.000 Frcs., aus Frankreich für 10.000 Frcs.

Petroleum im Betrage von 1,784.000 Frcs. kam insgesammt aus Amerika.

Spiritus für 82.500 Frcs.; davon aus Frankreich für 77.500 Frcs. und aus Oesterreich-Ungarn für 5000 Frcs.

Von dem Gesammtwerthe der vorjährigen Ausfuhr aus dem Hafen von Beirut entfallen auf: Oesterreich-Ungarn 45.000 Frcs., Frankreich 10,288.000 Frcs., Aegypten und die Türkei 1,235.000 Frcs., Amerika 1,250.000 Frcs., England 488.000 Frcs., Deutschland 255.000 Frcs., Italien 140.500 Frcs., die Schweiz 125.000 Frcs., Russland 50.000 Frcs., Griechenland 25.000 Frcs.

Die vorzüglichsten Ausfuhrartikel waren:

Rohseide und Seidenstoffe im Betrage von 7,735.000 Frcs.; davon ging nach Frankreich für 7,200.000 Frcs., nach Deutschland für 250.000 Frcs., nach ägyptischen und anatolischen Häfen für 160.000 Frcs. und nach der Schweiz für 125.000 Frcs.

Gegen das Vorjahr zeigt sich in diesem Artikel eine Abnahme des Ausfuhrwerthes um nahezu 900.000 Frcs., obgleich die syrische Seide in Marseille mit 78—92 Frcs. pr. Kilogr. bezahlt wurde.

Seidencocons im Betrage von 2,212.500 Frcs.; davon nach Frankreich für 2,200.000 Frcs. und nach Italien blos für 12.500 Frcs. Hier zeigt sich im Vergleiche mit 1872 sogar eine Verminderung um 1,050.000 Frcs., obgleich das Ausland 30—33 Pstr. pr. Oka Cocons loco Beirut bezahlte.

Rohe ungewaschene Wolle im Betrage von 1,495.000 Frcs.; davon nach Frankreich für 175.000 Frcs., nach Amerika für 1,200.000 Frcs., nach England für 80.000 Frcs. und nach Italien für 40.000 Frcs. Die Preise schwankten zwischen 1500—1600 Pstr. pr. 200 Oka (4¼ Zollctr.).

Tabak aus dem Libanon für 1,000.000 Frcs., sämmtlich mit der Bestimmung nach Aegypten.

Gesalzene Felle für 350.000 Frcs.; davon nach Frankreich für 250.000 Frcs., nach Aegypten für 45.000 Frcs., nach Italien für 25.000 Frcs., nach Griechenland für 25.000 Frcs. und nach Deutschland für 5000 Frcs.

Schwämme im Betrage von 340.000 Frcs.; davon nach Frankreich für 325.000 Frcs. und nach Oesterreich-Ungarn für 15.000 Frcs.

Erdpech im Betrage von 168.000 Frcs.; davon nach England für 60.000 Frcs., nach Amerika für 50.000 Frcs., nach Aegypten für 30.000 Frcs. und nach Italien für 28.000 Frcs.

Alle übrigen aus Beirut im Jahre 1873 ausgeführten Artikel repräsentiren nur geringere Werthe, doch muss hier ausdrücklich bemerkt werden, dass, während sich in Beirut der Import nahezu des ganzen mittleren und südlichen Syrien von Lattakia bis Jaffa concentrirt, die Ausfuhr aus dem inneren Gebiete ihren Weg nach dem Auslande nicht blos über Beirut, sondern zum grossen Theile auch über die anderen syrischen Häfen nimmt.

So sind Lattakia und Tripoli die Austrittsechellen für die Bodenproducte des Orontesgebietes von Dschisz-el-Schoyr bis Homs, Saida für jene der fruchtbaren Niederung von Merdsch-Ajim, St. Jean d'Acre und Caifa für den Getreideüberfluss der Ebenen von Esdrelom und des Hauran.

Trotz der nur mittelmässigen Ernte wurden z. B. im Jahre 1873 aus den beiden letztgenannten Echellen 200.000 Kilo Weizen im Werthe von 1,000.000 bis 1,200.000 Frcs. und 60.000 Kilo Gerste im Werthe von 180.000 bis 200.000 Frcs. exportirt. Tripoli exportirte an Südfrüchten allein 40.000 Kisten im Werthe von nahezu 500.000 Francs.

Durch diesen Export der Nebenhäfen fliessen dem Lande die nöthigen Summen zur Deckung des Ausfalles zu, der sonst durch den Mehrbetrag der Einfuhr Beiruts im Vergleiche zur Ausfuhr in der Handelsbilanz Syriens sich ergeben würde — eine Bilanz, die bei halbwegs günstigen Ernten noch immer als eine active bezeichnet werden kann.

Leider stehen der Entwicklung der Bodencultur in Syrien, wie sie bei dem gänzlichen Verfalle der einst blühenden einheimischen Industrie so dringend nothwendig wäre, um einer stets wachsenden Verarmung der Landbevölkerung Einhalt zu thun, noch immer sehr ernste Hindernisse entgegen.

Das grösste davon ist die ungenügende Rechtssicherheit des Grundbesitzes infolge der noch nicht durchgeführten Katastrirung des Landes, des Abganges eines regelmässigen Grundbuches und der hinter den Ansprüchen der Neuzeit weit zurückgebliebenen agrarischen Gesetzgebung.

Nicht minder schwer lastet auf dem Lande die arge Vernachlässigung der Strassen- und Brückenbauten. In ganz Syrien besteht ausser der von einer französischen Gesellschaft vor 12 Jahren vollendeten Chaussée von Beirut nach Damascus nicht eine einzige Fahrstrasse, obwohl Hunderttausende von Piastern für Versuche einzelner Gouverneure auf diesem Gebiete ausgegeben wurden, die jedoch zu keinem nennenswerthen Resultate führten, und verfallene Brücken auf den besuchtesten Verkehrswegen gehören hier keineswegs zu den Seltenheiten.

Es ist natürlich, dass der Transport der Bodenproducte aus dem Innern an das Meer unter solchen Verhältnissen ein kostspieliger ist und bei eintretender schlechter Witterung während des Winters oft wochenlang unterbrochen bleibt.

Ein weiterer Uebelstand ist die ungleiche Besteuerung von Grund und Boden, welcher an vielen Orten eine veraltete und ungerechte Schätzung zu Grunde liegt.

Alle diese Umstände zusammengenommen, ganz abgesehen von dem Mangel jeder Anregung zu einer besseren Bodenbewirthschaftung durch Lehre und Beispiel, haben es dahin gebracht, dass die Lage des Landmanns in vielen Districten Syriens bereits eine sehr bedenkliche geworden ist, da er die Abgaben nicht mehr erschwingen kann und mancher deshalb in bitterer Noth die Scholle, die er sein Eigenthum nannte, zu verlassen und sein Heil in der Auswanderung zu suchen gezwungen ist.

So erklärt sich die in den inneren Districten immer merklicher hervortretende Entvölkerung des Landes. Allen diesen Uebeln aber könnte rasch abgeholfen werden, wenn den wirthschaftlichen Interessen grössere Beachtung zugewendet, die lang projectirten Strassen- und Eisenbahnbauten, eine allgemeine Vermessung des Bodens und so manches andere Werk mit Energie in Angriff genommen würde.

Trotz alledem wäre die Betheiligung Oesterreich-Ungarns an dem syrischen Waarenaustausche noch einer Steigerung fähig. Während des Jahrs 1873 hat aber leider eine Abnahme unserer Einfuhr nach Syrien in jenen wenigen Artikeln stattgefunden, in welchen wir sonst den hiesigen Markt beherrschten.

Darunter gehören zunächst die österreichischen Tuche, wovon im Jahre 1873 ein Werth von 700.000—800.000 Frcs. nach Beirut importirt wurde, während der diesfällige Werth im Jahre 1872 über 1 Mill. Frcs. betragen hat.

Zum Theil kommt diese Abnahme wohl auf Rechnung verminderten Absatzes in Tüchern überhaupt, zum Theil ist sie aber auch der steigenden Concurrenz der deutschen Fabrikate zuzuschreiben.

Die deutschen Tücher, obwohl von geringerer Feinheit, bestechen den syrischen Käufer vor Allem durch ihren schönen Glanz und verhältnissmässige Billigkeit.

Die österreichische Tuchfabrikation wird energische Anstrengungen machen müssen, wenn sie den orientalischen Markt nach wie vor sich erhalten will.

Der Einfuhr österreichischer Glaswaaren erwachsen aus den Bestimmungen des österreichisch-türkischen Mauthtarifs einige Schwierigkeiten, da dieser zwischen ordinären leichten und ordinären schweren, sowie zwischen feinen und halbfeinen Waaren keinen Unterschied macht.

Dadurch sind die hierlands gesuchtesten Glaswaaren wie: ordinäre Trinkgläser, Wasserkrüge und zumal die viel begehrten Flaschen für die Narghiles (türkische Wasserpfeife) in der Concurrenz mit französischem und belgischem Fabrikat im Nachtheile.

In Bauholz, Arzneiwaaren, Zündhölzchen, türkischen Fessen, Stahl, Spiegeln und Papier hat der österreichisch-ungarische Import nach Beirut im Jahre 1873 keine Abnahme erlitten.

Bei emsigem und umsichtigem Eingehen in die Bedürfnisse des hiesigen Marktes könnte aber Oesterreich-Ungarn noch verschiedene andere Artikel, wie z. B. Eisenwaaren und Quincaillerien, in grösserer Menge mit Vortheil in diesen Gegenden absetzen.

Erleichtert würde die Ausdehnung des Importes jedenfalls, wenn der österreichisch-ungarische Handelsstand auch dem Exportgeschäfte aus Syrien, das gegenwärtig so gut wie gar nicht gepflegt wird, seine Aufmerksamkeit zuwenden wollte, da hierdurch eine innigere Verbindung mit den österreichisch-ungarischen Märkten und eine Entwicklung des Trattengeschäftes mit denselben erzielt würde.

Leider steht hiebei die ungenügende Postverbindung mit Oesterreich-Ungarn, sowie der Umstand, dass die Dampfschiffe des österreichisch-ungarischen Lloyd von den syrischen Echellen nur Beirut und Caifa befahren, hindernd entgegen.

Mit Befriedigung muss erwähnt werden, dass im Jahre 1873 einzelne österr.-ungarische Handelsreisende im Auftrage inländischer Häuser die Verhältnisse des syrischen Marktes eingehend erforscht, Muster österreichisch-ungarischer Fabrikate den hiesigen Consumenten zugänglich gemacht und deren Bestellungen entgegen genommen haben — ein Vorgang, der, vielseitig nachgeahmt, für die Hebung unseres Handels gewiss von grossem Nutzen sein wird.

In den Bank- und Creditverhältnissen Syriens ist während des Jahrs 1873 keine Neuerung eingetreten. Noch immer ist die Filiale der ottomanischen Bank in Beirut das einzige bedeutende und unabhängige Geldinstitut des Landes, das aber den Kaufleuten hier keinen Contocurrent eröffnet und für den Handel nur durch Escomptirung von Wechseln und Gewährung von Vorschüssen auf Waarenvorräthe von einigem, wenn auch beschränktem Nutzen ist, da es seine Thätigkeit vorzüglich der Eincassirung und Auszahlung von Geldern für Rechnung der Regierung zuwendet.

Neben der ottomanischen Bank bestehen einzelne Privatbanken mit beschränktem Capital und geringer Sicherheit, welche dem Kleinhandel, dem Gewerbstande und den kleinen Grundbesitzern Darlehen gegen hohe Zinsen (1½—2 pCt. pr. Monat) gewähren.

Durch Errichtung einer Pfandleihanstalt und einer Hypothekenbank würde einem dringenden Bedürfnisse des Landes abgeholfen werden.

Der Preis der wichtigsten Consumtionsartikel während Jahrs 1873 war folgender: Mehl aus Damascus 2—2½ Pstr. (à 9 kr.), aus Beirut 1¾—2 Pstr., Rindfleisch 5—7 Pstr., Hammelfleisch 5—9 Pstr., gesalzene Butter 12½—15 Pstr., Kaffee 20—21 Pstr., Zucker 6—6¼ Pstr., Oel 6½—7 Pstr., Seife 5½—6 Pstr., Alles pr. Oka (2¼ Zollpfd.); Kohlen 85—105 Pstr. und Holz 32—36 Pstr. pr. 200 Oka.

Die Course der 3 Monat-Wechsel variirten zwischen 126—127 Pstr. pr. Pfd. Sterling auf London, 197—200 Para pr. Franc auf Marseille, und 11—11⅜ Pstr. pr. Silbergulden ö. W. auf Wien.

Nambafte Fallimente haben in Beirut auch während des Jahrs 1873 nicht stattgefunden.

Schifffahrt und Handel von Akyab im Jahre 1873.

Akyab. Das Jahr 1873 hat sich im Allgemeinen für den Ausfuhrhandel dieses Platzes, sowie für das Gedeihen der Provinz als kein günstiges erwiesen. Bei den schlechten Preisen, welche auf den europäischen Märkten für Reis in Aussicht standen, mussten die Exporteure darauf bedacht sein, möglichst billig einzukaufen, die Pflanzer erhielten daher in der ersten Zeit für ihr Product nur sehr niedrige Preise, die ihnen keine Rechnung liessen, während die Ernte nur ein mittelmässiges Quantum geliefert hatte.

Als es sich im März schon zeigte, dass die zum Export verfügbare Menge hinter den gehegten Erwartungen zurückblieb, trat freilich eine rasche Steigerung der Preise ein, die den Producenten schliesslich noch einigen Gewinn brachte, dagegen wieder den Exporteuren schadete, die ohnehin schon mit ungünstigen Conjuncturen zu Hause zu rechnen hatten.

Manche der späten Abladungen würden grosse Verluste verursacht haben, wenn nicht gegen Ende des Jahrs die europäischen Märkte infolge des schlechten Ausfalls der Getreide-Ernte und späterhin durch die Nachrichten über die in Bengalen bevorstehende Hungersnoth einen raschen Aufschwung genommen hätten.

Das Geschäft eröffnete ungewöhnlich früh, indem schon um die Mitte Januar regelmässige Zufuhren eintrafen und zu einem Preise von 4 s. 6 d. pr. englischen Ctr. abgesetzt wurden.

Bis Mitte März blieben die Anfuhren sehr gut, dann zeigte sich aber plötzlich eine bedeutende Abnahme, und sobald sich herausstellte, dass dies die Folge der verringerten Vorräthe im Lande sei, wurde der Begehr drängend und Preise gingen in sehr kurzer Zeit auf 5 s. 10½ d. pr. Ctr.

Der Vorrath von Reis im Lande war schon im Juni gänzlich erschöpft und sind daher nach der Regenzeit im letzten Jahre keine Abladungen mehr gemacht worden.

Das Quantum der Ausfuhr ist 134.474 Tons, wovon 123.474 T. nach Europa und 11.000 T. nach indischen Häfen (Madras-Küste und Chittagong) abgeladen worden. Der Werth dieser Ausfuhr berechnet sich auf 6,500.000 Rupees oder 650.000 Pfd. Stlg. Die Verschiffung nahm 136 europäische Schiffe in Anspruch, welche folgenden Flaggen angehörten:

Flagge	Schiffzahl	Register-Tonnen	Wirkliche Ladung in Tonnen
Oesterreichisch-ungarische .	2	1.369	1.800
Amerikanische	5	4.236	5.890
Belgische	1	1.047	1.568
Dänische	1	794	1.106
Englische	36	24.845	35.751
Französische	5	2.879	3.931
Holländische	1	1.256	1.875
Italienische	52	32.662	43.601
Deutsche	8	5.052	7.063
Norwegische	14	8.953	12.547
Schwedische	11	5.668	8.342
Zusammen . .	136	88.761	123.474

Die 2 österreichisch-ungarischen Schiffe kamen in Ballast, das eine aus London, das andere aus Singapore, und gingen von hier mit 10.850 und resp. 8952 Säcken Reis beladen auf Order nach Falmouth ab.

Das Importgeschäft des Jahrs 1873 bot wenig Bemerkenswerthes dar. Eine directe Einfuhr aus Europa fand nicht statt, mit Ausnahme von einigen Ladungen Steinkohlen für den Bedarf der hiesigen Dampfmühlen. Der indirecte Import war eher geringer als in früheren Jahren, da die Eingebornen infolge der schlechteren Preise für ihr Product weniger kauffähig waren.

Für die europäische Schiffahrt waren die Verhältnisse unseres Platzes auch nur ungünstig; es war im Ganzen wenig Frage nach Schiffen, und die Frachten, welche im Februar und März noch 3 L. 17 s. 6 d. pr. englische Ton betragen hatten, fielen im April auf 2 L. 15 s. und waren auch im Mai nur 3 L., wie sich denn überhaupt unsere Reishäfen gegen Ende der Saison fast immer als wenig lohnend zeigen.

Die beste Zeit für frachtsuchende Fahrzeuge in unseren Häfen ist der Februar, wo sich gewöhnlich eine lebhafte Frage für Schiffsräume zeigt.

Zwei Schiffe verunglückten im vergangenen Jahre vor unserem Hafen: ein deutsches in Ballast und ein schwedisches mit Reis beladen, beide in derselben Nacht und aus derselben Ursache, indem sie durch starke Strömung auf die vor der Mündung unseres Flusses befindliche Barre geriethen und sofort voll Wasser liefen. Die Mannschaft von beiden Schiffen rettete ihr Leben, musste aber ihre Effecten im Stiche lassen.

In den Verhältnissen des Ackerbaues der Provinz hat sich nichts geändert. Die Hoffnung, welche man hegte, durch Einbürgerung von Rangoon-Reissorten dem hiesigen Reisbau einen Aufschwung zu geben, scheint nicht in Erfüllung zu gehen. Die Pflanzer weigern sich, weitere Versuche mit diesen Sorten zu machen, da der Ertrag derselben dem der einheimischen Sorten zu sehr nachstehe. Anscheinend ist der schwere und anhaltende Regen, wie er in hiesiger Provinz alljährlich vorkommt, die Ursache des geringeren Ertrags, da der Rangoon-Reis weniger Wasser verlangt.

Der Bau des neuen Leuchtthurms auf Oysterreef machte 1873 nur sehr langsame Fortschritte und dürfte dessen Vollendung noch mehrere Jahre in Anspruch nehmen.

Schifffahrts- und Handelsverkehr von Bahia im Jahre 1873.

Bahia. Während des Jahrs 1873 liefen hier 802 Handelsfahrzeuge von 682.900 Registertonnen unter folgenden Flaggen ein:

Flagge	Dampfer	Segelschiffe	Gesammtzahl
Englische	193	167	360
Deutsche	33	78	111
Brasilianische	49	51	100
Französische	39	18	57
Portugiesische	3	42	45
Amerikanische	25	8	33
Schwedisch-norwegische	.	29	29
Holländische	.	19	19
Dänische	1	15	16
Spanische	1	13	14
Italienische	1	8	9
Oesterreichisch-ungarische	.	6	6
Russische	.	1	1
Belgische	.	1	1
Chilenische	1	.	1
Zusammen	346	456	802

Von den österreichisch-ungarischen Fahrzeugen kamen 3 mit Mehl aus Triest, 2 in Ballast, während das sechste blos wegen Krankheit seines Capitäns diesen Hafen berührte. Bei der Ausfahrt ging 1 dieser nationalen Schiffe mit Zucker nach London, 2 fuhren mit gleicher Ladung nach dem Canal, und 1 war ebenfalls mit Zucker nach Lissabon bestimmt; das letzte endlich segelte mit dem Reste seiner in Mehl bestehenden Herfracht nach Rio de Janeiro.

Bahia exportirte in der 12monatlichen Periode vom 1. October 1872 bis 30. September 1873 folgende Producte: 30.093 Kisten und 390.080 Fässer Zucker, 21.821 Ballen Baumwolle, 51.748 Säcke Kaffee, 21.616 Säcke Cacao, 185.760 Colli Tabak, 138.809 St. Häute, 24.850 Packen Holz.

Grossbritannien, Frankreich, Deutschland, Portugal und Italien sind die Länder, welche von diesen Waaren am meisten erhielten; ausserdem gingen bedeutende Partien auf Order nach dem Canal.

In Bezug auf Eisenbahnen hat sich während des Jahrs 1873 nichts geändert, die Dampferverbindungen haben jedoch eine Vermehrung durch die Porto-Linie (Progresso Maritimo genannt) erfahren, auf welcher allmonatlich 1 Dampfer verkehrt. Ausserdem expedirt die Hamburg-Südamerikanische Dampfschifffahrts-Gesellschaft monatlich 1 Dampfer mehr.

Die Colonien Muniz, Theodoro, Carolina und Leona, welche von März bis September 1873 mit 1803 Colonisten bevölkert wurden, zählten am Schlusse dieses Jahrs nur noch bei 150 Seelen und gehen rettungslos ihrem Untergang entgegen, weil fast keine der nöthigen Grundbedingungen für eine zukunftversprechende Colonisation vorhanden ist.

Personalnachrichten.

— Seine k. und k. Apostolische Majestät haben den Handelsmann J. C. Labhart-Lutz in Manila zum unbesoldeten Consul daselbst mit dem Rechte zum Bezuge der tarifmässigen Consular-Gebühren huldreichst zu ernennen geruht. (Allerhöchste Entschliessung vom 20. November 1874.)

— Seine k. und k. Apostolische Majestät haben den Handelsmann und Gerenten des österreichisch-ungarischen Viceconsulats zu Rotterdam, Friedrich v. Overzee, zum unbesoldeten Viceconsul daselbst mit dem Rechte zum Bezuge der tarifmässigen Consulargebühren huldreichst zu ernennen geruht. (Allerhöchste Entschliessung vom 23. November 1874.)

— Seine k. und k. Apostolische Majestät haben dem österreichisch-ungarischen General-Consul in Lissabon Georg v. Martyrt die Truchsessenwürde allergnädigst zu verleihen geruht. (Allerhöchste Entschliessung vom 5. December 1874.)

— Seine k. und k. Apostolische Majestät haben den k. und k. Consularagenten in Novoselitza, Bernhard Exelbirth, zum unbesoldeten Viceconsul und Leiter der k. und k. Consular-Agentie in gedachter Stadt mit dem Rechte zum Bezuge der tarifmässigen Consulargebühren allergnädigst zu ernennen geruht. (Allerhöchste Entschliessung vom 15. December 1874.)

— Seine k. und k. Apostolische Majestät haben allergnädigst zu gestatten geruht, dass der k. und k. Consul Wilhelm Filek v. Wittinghausen den ottomanischen Medjidie-Orden dritter Classe annehmen und tragen dürfe. (Allerhöchste Entschliessung vom 16. December 1874.)

— Seine k. und k. Apostolische Majestät haben die Errichtung eines Honorar-Viceconsulats in Berlad allergnädigst zu genehmigen und den ehemaligen Starosten Cornel Scholtz zum unbesoldeten Viceconsul daselbst mit dem Rechte zum Bezuge der tarifmässigen Consulargebühren huldreichst zu ernennen geruht. (Allerhöchste Entschliessung vom 20. December 1874.)

— Seine k. und k. Apostolische Majestät haben die Versetzung des Viceconsuls Stefan Bratich in den bleibenden Ruhestand allergnädigst zu bewilligen und demselben zugleich in Anerkennung seiner langjährigen ausgezeichneten Dienstleistung den Titel eines k. und k. Consuls taxfrei zu verleihen geruht. (Allerhöchste Entschliessung vom 30. December 1874.)

— Seine k. und k. Apostolische Majestät haben den beim k. und k. Generalconsulate in Rustschuk in Verwendung stehenden Consulareleven Hugo Kutschera zum Viceconsul allergnädigst zu ernennen geruht. (Allerhöchste Entschliessung vom 30. December 1874.)

— Der k. und k. Generalconsul Georg v. Martyrt in Lissabon ist von seiner Urlaubsreise zurückgekehrt und hat die Leitung der Amtsgeschäfte wieder übernommen.

— Der k. und k. Consul Alfons Ritter v. Questiaux in Trapezunt ist von seinem Urlaube zurückgekehrt und hat die Leitung der Dienstgeschäfte wieder übernommen.

— Der neu ernannte k. und k. Viceconsul für Malaga, Wilhelm Dörr, hat die Amtsgeschäfte daselbst bereits übernommen.

Leipziger Neujahrsmesse 1875.

Leipzig, 20. Januar 1875. Die mit voriger Woche beendigte Leipziger Neujahrsmesse ist eine der unbedeutendsten gewesen und liess nach fast allen Richtungen die Abnahme des Verkehrs auf dieser ohnehin am wenigsten wichtigen der drei hiesigen Messen wahrnehmen.

Es spricht sich das auch im Fremdenverkehr aus, indem nach amtlicher Angabe diesmal beim Fremdenbureau des Polizeiamtes nur 6017 Fremde, dagegen in der Neujahrsmesse 1874 6476, also diesmal um 459 weniger angemeldet worden sind. Anmeldescheine an Personen, welche länger als drei Tage verweilten, wurden 3410, in der vorjährigen Neujahrsmesse 3748, ausgestellt, diesmal also um 338 weniger.

Verkäufer und Käufer lassen nach und nach diese Messe unbesucht, die in eine Zeit fällt, wo es zu spät für die Wintersaison und zu früh für die Frühjahr- und Sommersaison ist, um Einkäufe zu machen.

Unmittelbar nach der Messe werden ja den Käufern durch die Handelsreisenden die neuen Muster für Frühjahr- und dann für Sommerartikel in der Heimat zur Auswahl und Bestellung vorgelegt.

In früherer Zeit, vor der Entwicklung der Eisenbahn- und Dampfschiffverbindung, war das allerdings anders. Damals kamen zur Neujahrsmesse viele Käufer aus den Ländern der unteren Donau, vom Schwarzen Meere und aus Polen, um sich bereits mit Frühjahr- und Sommerartikeln zu versorgen, weil der Transport gewöhnlich mehrere Wochen, zuweilen Monate dauerte, während er jetzt meist nur nach Tagen zählt.

Früher hatten baumwollene Rock- und Hosenstoffe in der Neujahrsmesse ihren Hauptabsatz, weil sie für ferne östliche Länder gebraucht wurden, und ausser der für den Transport nöthigen langen Zeit auch noch zu berücksichtigen war, dass dieselben erst weiter in Verarbeitung genommen werden mussten, um sie in die für jene Märkte erforderlichen Kleider zu verwandeln.

Diesmal ist der Absatz in derlei Artikeln hier nur unbedeutend gewesen und werden dieselben erst später, hauptsächlich im Wege der Bestellung direct von den Productionsorten bezogen.

Einigermassen namhafte Geschäfte wurden in fabricirtem Leder gemacht, von dem aber auch nur höchstens 10.000 Ctr. am Platze gewesen sein werden. Prima Sohlenleder von Trier, Malmedy, St. Vith etc. fehlte in directer Zufuhr ganz; von dem, was sonst von guter starker Waare am Markte war, wurde ein nicht unbedeutender Theil von einem französischen Lieferanten erworben.

Die Preise sind um diese Jahreszeit bei der meist sehr mangelhaften Trocknung wenig massgebend, zumal der Frost es erschwert, den Grad der Feuchtigkeit zu taxiren, welchen die Waare besitzt. Für Luxemburger werden dieselben mit 65—66 Thlr., für Siegener mit 46—66 Thlr., für Eschweger in besserer Qualität mit 53—54 Thlr., für leichteres mit 46—48 Thlr. angegeben; starke Waare galt bis 60 Thlr. pr. Ctr.

Deutsches Zahmsohlleder von starker Sorte wurde mit 56—57 Thlr., geringere Qualität mit 50—52 Thlr. bezahlt, Vacheleder zu 50—58 Thlr., geringeres zu 50 bis 52 Thlr., Hamlock zu 44—50 Thlr. verkauft. Für Kipsleder sind 17—22 Ngr., für braunes Kalbleder 35 Ngr., für Gera'er Waare 36—50 Ngr. pr. Pfd. gelöst worden.

Deutsches Rossleder ging nur in besserer Qualität zu 20—25 Ngr., schwarzes Blankleder zu 16 Ngr., helles derlei Leder zu 17½ Ngr. ab. Braunes Schafleder war gefragt und wurde bis 66 Thlr. bezahlt; das sehr reichlich zugeführte alaungare Schafleder ist um 5—6 Thlr. gegen den Herbst im Preise zurückgegangen, da die Käufer hiefür aus Böhmen und Süddeutschland ausblieben.

Mit Tuchwaaren, Buckskins und den dazu gehörenden Stoffen war der Markt, soweit besonders glatte ½- bis ¾-Dicktuche in Betracht kommen, wie Sagan, Finsterwalde, Goldberg, Görlitz, Guben, Bischofswertha etc. sie liefern, noch immer zu reichlich befahren, obgleich eine gewisse Einschränkung der Erzeugung, namentlich von farbigen Tuchen aus Döbeln, Lengenfeld, Nossen, Schwiebus, Wittenberg, Kirchberg, bemerkbar gewesen ist und mehrere der in der Gründerperiode errichteten Tuchwaarenfabriken bereits in's Stocken gerathen sind, auch mehr Fabrikanten als sonst es vorgezogen haben, nicht mit Lager, sondern nur mit Mustern auf kurze Zeit zur Messe zu kommen.

Für die Tuchbranche bietet die Neujahrsmesse nur selten noch einen lebhaften Verkehr und unter dem Drucke der gegenwärtig auf dem Manufactur- und Fabrikwaarenhandel lastenden Conjunctur war vollends kein solcher zu erwarten.

Es fehlten viele Käufer aus Süddeutschland; Schweden und Norwegen war durch die Unwegsamkeit der Eisenbahnen und die Einstellung der regelmässigen Dampfschifffahrt abgeschnitten; die Schweiz, Bremen und Hamburg waren fast gar nicht vertreten, ebenso die kleine Kundschaft aus dem deutschen Zollvereine.

Nur die Holländer hatten sich diesmal zahlreich eingefunden und brachten einiges Leben in den sonst stillen Verkehr auf den Lagern von schwarzen Tuchen und halbschweren Buckskins. Um grössere Partien zu verwerthen, mussten jedoch Concessionen an den Preisen gemacht werden.

Im Allgemeinen zeigten aber die Fabrikanten von Musterwaaren geringe Neigung zum Entgegenkommen, da bei diesen weniger das Rohmaterial und mehr die Erfindung, der Geschmack und die solide Ausarbeitung der feinen Gattungen in Frage kommen.

Luckenwalde und Grossenhain zeichneten sich in dieser Beziehung besonders aus. In gut ausgearbeiteten Mustersachen erzielten auch Crimmitschau und Werdau einigen Absatz.

Die Aufmerksamkeit der Fabrikation verdienen insbesondere die englischen Kammgarnstoff-Fabrikate, welche stark nach Nordamerika exportirt werden und die auch auf unserem Continent für längere Zeit gute Aussichten haben.

Mit richtiger Beurtheilung dieser Umstände hat die deutsche Fabrikation nunmehr angefangen, dem französischen und englischen Geschmacke sich anzuschliessen und wurden von verschiedenen Seiten her die sog. imitirten Kammgarnstoffe auf den Markt gebracht.

Aber erst neuerlich haben rheinische Fabriken, um der englischen Fabrikation in Kammgarnstoffen entschieden Concurrenz zu machen, mit nicht geringem Aufwande, aber auch mit günstigem Erfolge ganze Etablissements für Kammgarnstoffe in Betrieb gesetzt.

Ueber andere Branchen ist von der Neujahrsmesse kaum Erwähnenswerthes zu berichten, da Grossogeschäfte darin während derselben fast gar nicht vorkommen.

Dahin gehören Rauhwaaren, bezüglich welcher nur zu bemerken erübrigt, dass die Januar-Auction von amerikanischem Bisam mit einer neuen Preissteigerung von ca. 15 pCt. gegen Herbst und von mehr als 30 pCt. gegen Januar vorigen Jahrs verlaufen ist; ferner kurze Waaren, Leinengewebe, auch wollene und Strumpfwaaren. Von letzteren haben blos sog. Phantasie-Artikel einige Beachtung gefunden.

Böhmische Glaswaaren sind gar nicht vertreten gewesen und finden zum Neujahr hier überhaupt keinen Absatz.

Das Messgeschäft in Häuten und Fellen war theils wegen mangelhafter Auswahl, theils wegen hoher Ansprüche der Inhaber weder ein irgend belangreiches, noch ein derart regelmässiges, dass sich massgebende Thatsachen davon berichten liessen. Die abwartende Stimmung, welche jetzt im Waarenhandel vorherrscht, machte auch auf diesem Gebiete sich geltend.

Diese Neujahrsmesse war die erste nach der mit dem Jahre 1875 in's Leben getretenen Einführung der neuen Reichswährung und Markrechnung im Handel und Verkehr. Da man aber in der Hauptsache fast nur alte Münzen sieht und namentlich das neue Gold gar nicht im Verkehre vorkommt, so scheint der Uebergang nur langsam sich Bahn brechen zu wollen.

Der Cours österreichischer Bank- und Staatsnoten, welcher seit 1. Januar d. J. zu 100 fl. ö. W. in Mark (statt 150 fl. für 100 Thlr.) berechnet wird, hat sich in neuerer Zeit ziemlich unverändert behauptet und werden gegenwärtig 100 fl. B. N. mit 182 bis 183·10 Mark notirt.

Handels- und Schifffahrtsverkehr von Cardiff im Jahre 1873.

Cardiff. Die Ergebnisse des Handels, der Schiffahrt und Industrie von Südwales im Allgemeinen und von Cardiff im Besonderen sind während des Jahrs 1873 in vieler Hinsicht wohl befriedigend gewesen, obschon das Fehlschlagen in manchem Geschäftszweige nicht in Abrede gestellt werden kann.

Dem Steinkohlenhandel gebührt unbedingt der erste Rang. Schon seit Beginn des Jahrs erhob sich eine ungemein lebhafte Nachfrage nach den in Südwales zu Tage geförderten Steinkohlen und die Betheiligung Cardiffs in dieser Richtung war hervorragender als diejenige der Nachbarhäfen.

Allem Anscheine nach war die Quantität der gewonnenen Kohle beträchtlicher als in irgend einem vorausgegangenen Jahre, und demzufolge wurde eine weit grössere Menge sowohl nach dem Auslande als auch küstenweise verschifft.

Allerdings ergaben sich von Monat zu Monat Schwankungen, welche sich aber durch die zwischen Arbeitgebern und Arbeitern bezüglich der Löhnungen obwaltenden Streitigkeiten und durch andere Ursachen von minderem Belange hinreichend erklären.

Namentlich brachen zahlreiche Uneinigkeiten dieser Art zu Anfang des Jahrs aus, und auch die grosse Arbeitseinstellung in den Eisenwerken dieses Bezirks beeinflusste das Kohlengeschäft in nicht geringem Grade, da in vielen Kohlengruben, welche den Bedarf für die Eisenhämmer lieferten, die Thätigkeit gänzlich aufgehört hatte.

Gegen Jahresschluss wurden die Bergleute wieder regelmässiger und ruhiger in ihren Verrichtungen, und da die Nachfrage vom Auslande stetig zunahm, entfiel auch jeder Grund zu der Befürchtung, dass das Angebot den Begehr übersteigen würde; weshalb die Preise ungeachtet der sich widersprechenden Voraussetzungen Vieler den gewonnenen Standpunkt behaupteten.

Die Lieferung von Steinkohlen nach Cardiff und den Nachbarhäfen stieg beträchtlich im Laufe des Jahrs 1873, was durch die regelmässigere Ausbeutung bestehender und die Eröffnung neuer Kohlengruben veranlasst wurde.

Unter den neuerer Zeit in's Leben getretenen Gesellschaften sind die „Cardiff- and Swansea-Company für geruchlose Dampfkohlen" und die „Newport and Abercam Black Vein- (schwarze Ader-) Company" zu erwähnen.

Der letzte Monat des genannten Jahrs zeichnete sich, unbeeinträchtigt durch das sehr liberale Einhalten der Weihnachtsfeiertage seitens der Arbeiter, jedenfalls als der geschäftigste und rührigste aus. Von Cardiff allein wurden im Laufe des December 275.794 Tonnen Steinkohlen (gegen 183.985 Ton. im nämlichen Monate des Vorjahrs) nach dem Auslande und 74.619 (gegen 67.663) Ton. küstenweise versendet.

Im grossen Ganzen kann man wohl das Jahr 1873, was das Kohlengeschäft betrifft, als das vortheilhafteste bezeichnen, das dieser Bezirk je erlebt hat, denn nicht nur die Ausfuhr war bedeutender als in frühern Perioden, auch die herrschenden Preise gestatteten einen Ertrag wie noch nie zuvor.

Arbeitgeber und Arbeiter zogen aus dieser günstigen Sachlage den gleichen Nutzen, indem die erstern von jeder neu geförderten Tonne einen erhöhten Gewinn und die letztern einen Lohn erzielten, der alles Aehnliche bei weitem übertraf.

Dadurch geschah es, dass die Werkleute trotz der durch gegenseitiges Uebereinkommen auf 9 Stunden des Tags herabgesetzten Arbeitszeit dennoch eine höhere Entlohnung als vordem zu Wege brachten.

Südwales verschickt seine Kohlen hauptsächlich nach dem Auslande, während in den Häfen Nord-Englands die Kohlenverladung zu gutem Theile blos küstenweise stattfindet.

Frankreich, das unter den europäischen Staaten als einer der stärksten Abnehmer für Dampfkohlen von Südwales gilt, machte in 1873 namhafte Bestellungen.

Auch darf nicht vergessen werden, dass die wirksame Fürsprache der Parlaments-Mitglieder Forthergill und Vivian im Hause der Gemeinen dem hierländigen Kohlengeschäfte einen wesentlichen Vorschub geleistet hat.

Die Commission, welche vom Parlament ernannt wurde, um über die Eigenschaft und Beschaffenheit der Steinkohlen von Südwales im Vergleiche mit denen Nord-Englands und anderer Bezirke zu berichten, wies klar nach, dass die ersteren den Vorzug verdienen, und bewirkte dadurch einen ausgedehnteren Absatz derselben nicht nur in England, sondern auch in allen Hauptländern der Erde.

Das Eisengeschäft dieses Districts blieb während des ganzen Jahrs 1873 flau, und infolge des Arbeitstillstandes in sämmtlichen Eisenwerken während des ersten Vierteljahrs, der hohen Arbeitslöhne und der vertheuerten Preise für Brennmaterial und Rohstoffe war der Umsatz keineswegs so blühend als in früheren Jahren.

Nicht wenig trug dazu auch der theilweise Rücktritt amerikanischer Käufer vom hiesigen Markte bei, und wenn nicht die Russen noch rechtzeitig einiges Leben in das Geschäft gebracht hätten, würden die meisten Werke, welche Schienen erzeugen, genöthigt gewesen sein, ihre Arbeit aufzugeben.

Die Zahl der amerikanischen Käufer ist während des ganzen Jahrs gering gewesen, und es steht zu befürchten, dass dieselbe nie wieder die frühere Höhe erreichen werde.

Die amerikanischen Kunden stellten nicht nur ihre Aufträge für hiesiges und englisches Eisen ein, sondern traten sogar als erfolgreiche Concurrenten der hierlands fabricirten Eisenwaaren auf und liessen kein Mittel unbenützt, um transatlantische Käufer zur Anschaffung einheimischer statt englischer Waaren zu bewegen. Man ist jetzt im Stande zu beurtheilen, wie weit ihnen das gelungen.

Auch Belgien, welches das Gedeihen des Eisengeschäfts in Grossbritannien bemerkte, ging mit grosser Energie an die Herstellung von Eisensorten, und es glückte ihm, viele hiesige Kunden abwendig zu machen, namentlich was Stangen und Gusseisen anbelangt.

Belgische Producenten machten sogar Miene, solche Waaren an der englischen Küste zu landen, um durch wohlfeilere Preise das inländische Erzeugniss von den hiesigen Märkten zu verdrängen.

Frankreich und andere Länder breiteten ebenfalls ihre Fabrikation aus.

Die Ausfuhr von Eisen aus Cardiff, Newport und Swansea, die zu Anfang des Jahrs nur gering war, nahm immer mehr und mehr zu, als das Jahr zur Neige ging.

Um auf den früher erwähnten Strike in den Eisenwerken dieses Bezirks zurückzukommen, bedarf es hier der folgenden Auseinandersetzung:

Mit dem Neujahrstage von 1873 begann fast überall eine Periode des Wohlstands; aber in Südwales wurden der gewerblichen Thätigkeit und namentlich der Eisen-Industrie an diesem Tage schwere Wunden geschlagen.

Am 1. Januar 1873 trafen nämlich in Cardiff die Besitzer der Eisenwerke und die Delegirten ihrer Arbeiter zusammen. Die ersteren, welche sich auf eine augenblickliche Flauheit stützten, schlugen bei diesem Anlass vor, den Lohn aller in den Eisenwerken Beschäftigten oder in den Kohlengruben Arbeitenden um 10 pCt. herabzusetzen.

Die Arbeiter ihrerseits waren der Ansicht, dass die Geschäftslage es wohl rechtfertige, wenn sie auf die Beibehaltung der damals giltigen Arbeitslöhne beständen, und behaupteten, dass, wenn die Producenten beim Abschluss gewisser Lieferungsverträge zu niedrige Preise erzielten, man von ihnen nicht verlangen könne, den Verlust zu theilen.

Sie waren so sehr davon überzeugt, den allgemeinen Sachverhalt richtig beurtheilt zu haben, dass sie sich erboten, die ganze Frage einem Schiedsgerichte zu überlassen.

Von den Arbeitgebern machten zwar einige das kaum glaubliche, nichtsdestominder thatsächliche Zugeständniss, den Abgeordneten der Arbeiter Einsicht in ihre Bücher zu gewähren, damit sie sich persönlich von dem Abschlusse der Contracte zu sehr billigen Preisen überzeugen könnten; jedoch wiesen alle einstimmig das Schiedsgericht zurück, indem sie bemerkten, dass kein Beschluss desselben sie veranlassen könne, sich bei der Ausführung ihrer dreimonatlichen Contracte einem Nachtheile auszusetzen, wie er bestimmt eintreten müsste, wenn die Arbeiter nicht eine Lohnverringerung um 10 pCt. annähmen.

Daraufhin trat eine Arbeitsunterbrechung von so grossartigem Umfange ein, wie sie in den Annalen der Strikes noch nie vorgefallen. Drei Monate hindurch feierten 70.000 Mann, einschliesslich von 10.000 Bergleuten, welche in den Kohlengruben der Eisenfabrikanten zu arbeiten pflegten. Entbehrungen und Elend wurden dadurch hervorgerufen.

Die feiernden Bergleute genossen gegenüber den Arbeitern aus den Eisenhütten den Vortheil, dass ihre Genossenschaft bereits bei der Arbeitseinstellung von 1871 in diesem Bezirke gebildet wurde; welcher Umstand ihnen während des Strike von 1873 dermassen zu statten kam, dass sie die Fehde mit den Brodherren ohne eine sehr empfindliche Einbusse fortführen konnten.

Die Kohlengrubenarbeiter zeigten sich daher am entschlossensten und widersetzten sich der vorgeschlagenen Schmälerung auf das Entschiedenste.

Unter den Eisenarbeitern dieses Bezirks war aber das Genossenschaftswesen etwas Neues. Nur wenige derselben hatten sich dem Vereine angeschlossen, so dass die Zahl der zum Empfange von Unterstützungen während der Arbeitseinstellung berechtigten Personen nur klein war.

Ganz abgesehen von der Frage, auf wessen Seite das Recht in diesem Streite stand, feierten die Eisenarbeiter offenbar nicht freiwillig, wenn sie auch vielfach dieselbe Ansicht mit den Bergleuten theilten; denn aus Mangel an Kohlen musste die Thätigkeit der Hochöfen aufhören.

Es würde zu weit führen, alle die Erscheinungen erschöpfend darzustellen, welche der Streit angenommen: bald boten die Arbeiter einen Vergleich an, bald die Arbeitgeber. Theoretiker aus allen Theilen des Landes eilten nach Südwales, um ihre unfehlbaren Heilmittel an Mann zu bringen, allein nichts führte zum erwünschten Ziele.

Die Gewerbsleute dieses Bezirks, die ein besseres Recht hatten, sich Gehör zu verschaffen, versuchten die Angelegenheit aufs Neue vor ein Schiedsgericht zu bringen; jedoch wollte ihnen das nicht gelingen.

Hr. Richard, eines der Parlamentsmitglieder dieses Bezirks, dessen öffentliche Aeusserungen den Eindruck gemacht hatten, als ob er die besondere Geschicklichkeit besässe, das Princip der Schiedsgerichte unter schwierigen Umständen in Anwendung zu setzen, wurde zu Hilfe gerufen; aber es ergab sich, dass seine Theorien sich nur für die Rednerbühne eigneten, und was auch seine Beweggründe gewesen sein mögen, er lehnte jedwede Einmischung in die Fehde ab.

Endlich kam Hr. Alexander Bogden, der Haupttheilhaber in der Llynoi and Ogmare Company, zu einem Uebereinkommen mit seinen Arbeitern, infolge dessen dieselben wieder an die Arbeit gingen, nachdem sie sich für eine nominelle Zeit die Herabsetzung der Löhne gefallen liessen.

Dies war die erste schwere Niederlage, welche die Arbeitgeber erlitten; denn sie hatten anfänglich erklärt, dass die Herabsetzung für die Dauer von wenigstens 3 Monaten in Wirksamkeit bleiben müsse.

Hr. Bogden wurde infolge seines Vorgehens getadelt; aber schliesslich erreichte die Arbeitseinstellung ihr Ende, indem die andern Arbeitgeber dieselben Bedingungen zugestanden. Nach langen Verhandlungen wurden sie einig, ihre Werke den Arbeitern wieder zu eröffnen, und nach Ablauf einiger Tage die alten Sätze für den Lohn in Kraft treten zu lassen.

Dem Gebiete, auf welchem der jüngste Streit zwischen Capital und Arbeit sich ergab, liegt eine Geschichte zu Grunde, die nichts an Interesse zu wünschen übrig lässt. Die gewerbliche Betriebsamkeit, welche durch die Arbeitseinstellung des Jahrs 1873 in Unordnung gerathen war, ist von ausserordentlichem Umfange, ungeachtet mit ihrem Aufbau erst vor einem Jahrhundert begonnen wurde.

Es war nämlich um das Jahr 1748, als man den Mineralreichthum von Südwales zuerst erkannte. Damals wurde der reiche Bergwerksbezirk von Dawlais gegen eine Jahresrente von nur 29 L. auf 99 Jahre verpachtet.

Die öffentliche Meinung über den Werth der Mineralschätze von Südwales hatte gewaltige Wandlungen erfahren, als nach einer Reihe von Jahren blos ein Theil desselben Bezirks um 50.000 L. jährlichen Pachtzinses vermiethet wurde.

Der erste Eisenbesitzer von Dawlais war Hr. Lewis aus Llanislian, ein geborner Walesman, dessen Name indessen fast durch den seines Werkführers John Guest verdunkelt wurde, der von Brosday herkam, um die Leitung der neuen Werke zu übernehmen, und dessen Nachkommen noch vielfach durch Interesse an Dawlais geknüpft sind.

Im Jahre 1784 wurden wochentlich in ganz Glamorganshire und Monmouthshire blos 60 Tonnen Eisen erzeugt, im Jahre 1873 betrug die Production in einer Woche, gering angeschlagen, 11.000 Tonnen. Der Fortschritt ist kolossal, obschon um 1784 beinahe alle die grossen Werke, welche heutzutage Tausende von Menschen beschäftigen, bereits im Keime bestanden.

In Dawlais existirte 1 Hochofen, dessen Eigenthümer jedoch einen zweiten bei Pentyrch und einen dritten bei Caerphilly besass. Die angrenzenden Werke von Pennydarran wurden im Jahre 1782 ins Leben gerufen.

Ein einzelner Hochofen befand sich bei Nantyglo; in Cyfarthfa waren 2 Hochöfen nebst einer Schmiede, ein anderer Hochofen bei Hirwain, einige Meilen westlich von Merthyr und Dawlais, welche Orte schon damals als Mittelpunkte des Eisenbezirks galten.

Wenn man ferner erwähnt, dass in 1784 auch noch die „Plymouth“-Werke, südöstlich von Merthyr, eröffnet wurden, und dass bald darauf die „Tredega“-Werke unter sehr günstigen Bedingungen gepachtet wurden, so dürften fast sämmtliche grossen Eisenhämmer in ihrem ursprünglichen Entstehen genannt sein.

In Bezug auf die „Tredega“-Werke bleibt noch zu erwähnen, dass der Name Forthergill zuerst mit denselben in Berührung kam, indem die Hrn. Homfray, Forthergill und Forman die drei Geschäftstheilhaber waren.

Aber ein anderer Name errang sich bald darauf anlässlich der Eisenwerke von Südwales einen ausgezeichneten Klang. Hr. Bacon, in 1784 Pächter der Werke von Cyfarthfa, die jedoch bald darauf in andere Hände übergingen, verliess die Gegend und gründete ein Compagniegeschäft mit den Hrn. Cockshott und Bowser. Diese Gesellschaft übergab die Cyfarthfa-Werke dem Hrn. Richard Crawshay, der das Haupt dieser Familie war, und für den Eisenkönig (Iron King) von Südwales angesehen wird.

Die Geschäftstheilnehmer Crawshay's waren die Hrn. Cockshott und Stephens; überhaupt wurde Cyfarthfa vielen der angesehensten Eisenfabrikanten dieses Bezirks zur Wiege.

Merthyr, früher ein winziges walisisches Bergdorf, verwandelte sich in eine dichtbevölkerte Stadt; die Hütten im Tredegar-Thal erstrecken sich nunmehr bis nach Sirowhy. Die Mutteranstalt von Nantyglo nahm die Werke von Blaina und Beauford unter ihre Flügel. Das Ebbew-Thal trat mit Victoria als Zweig zu dem eisenerzeugenden Gebiete hinzu und der Name „Rhymney“ wurde auch jenseit der walisischen Grenzmarken bekannt.

Vorkehrungen, um die Eisenausfuhr zu fördern, traten nach und nach in den Hauptstädten von Südwales ins Leben. Namentlich Cardiff verdankt dem Unternehmungsgeiste des Vaters des gegenwärtigen Marquis von Bute seine Riesendocks, durch welche die Erzschätze des Landes zuerst der Welt zugänglich gemacht wurden.

Der hohe Werth der Steinkohlen von Südwales sowohl für die Fabrikation von Eisen, als für andere Zwecke wurde mehr und mehr erkannt, und die Capitalisten fanden sich bereit, ihre Fonds in Südwales anzulegen.

An Arbeitskräften herrschte kein Mangel und wenn auch gelegentlich die Arbeit unterbrochen wurde, wobei es zu heftigen Auftritten und zur Zerstörung von Eigenthum kam (was übrigens bei der letzten Arbeitseinstellung nicht der Fall war), so geschah dies doch meistens in Verbindung mit politischen Vorgängen und liefert keinen richtigen Massstab für die gegenseitige Stellung von Capital und Arbeit in jenen früheren Tagen.

Vorzüglich die Eisenfabrikanten haben seit dem Vorhandensein dieses Industriezweiges das Geschick von Südwales überwiegend beherrscht. Ihr Einfluss machte sich auch während der Einführung und Entwicklung anderer Gewerbzweige sehr fühlbar und, wie sie selbst darlegten, wurde bis zum Jahre 1873 kein einziger Versuch gemacht, über ihr Urtheil bezüglich gerechter Soldbestimmung sich zu beschweren oder eine aussenstehende Instanz anzurufen.

Die Einfuhr von Cardiff hat zwar im Jahre 1873 um etwas zugenommen, ist aber noch immer im Vergleich zum Ausfuhrhandel von untergeordnetem Belang.

Dieselbe bestand hauptsächlich in Eisenerz aus Spanien, Mehl aus den Vereinigten Staaten von Amerika, Grubenholz aus Frankreich und Esparto aus Algier.

Eine Zeit lang zeigte die Einfuhr von Eisenerz für die Hochöfen dieser Gegend eine rasche Steigerung, weil aber die Nachfrage damit nicht gleichen Schritt hielt, war der Markt bald überschwemmt.

Theils aus diesem Grunde, theils auch anlässlich des Bürgerkriegs in Spanien verkleinerte sich dieser Zweig des Einfuhrhandels zusehends.

Die hier für die Waaren-Ein- und Ausfuhr bestehenden Baulichkeiten und Einrichtungen haben sich trotz ihrer Grossartigkeit für den in so grossem Masse gestiegenen Güterverkehr als unzureichend erwiesen. Der hiesige Handelsstand hat demnach mit grosser Wärme und Dringlichkeit die Errichtung neuer Docks, Hafendämme u. dgl. in Vorschlag gebracht; und diesen Bemühungen verdankt man es, dass die Trustees des Marquis von Bute bereits Schritte gethan haben, um vom Parlamente in London die Ermächtigung zum Baue 2 neuer Docks mit den nothwendigen Lager- und Speicherräumen zu erlangen.

Der Plan der Trustees umfasst den Bau von 2 neuen Docks und einem Fluthafen (tidal harbour). Das grössere der beiden Docks wird eine Fortsetzung des seit ein paar Jahren im Werden begriffenen südlichen Bassin bilden. Seine Wasserfläche wird grösser als die des gegenwärtigen Ostdocks (East dock) sein und die Quais werden eine Länge von mehr als 8700 Fuss haben.

Das kleinere Dock und der Fluthafen im Westen der Stadt machen die Ableitung eines Theils des Flusses Taff zur Bedingung. Das Dock wird in der Nähe der dort vorhandenen grossen Holzlager zu stehen kommen, und speciell für die mit Holz einlaufenden Schiffe bestimmt sein. Es wird eine Wasseroberfläche von 17½ Acker und Quais in einer Länge von 4350 Fuss besitzen.

Die Vollendung dieser Werke wird jedenfalls eine weitere, bedeutende Zunahme im Handel dieses Hafenplatzes zur Folge haben.

Der Bau der beiden in Cardiff befindlichen sog. West- und Ostdocks wurde im Jahre 1834 begonnen. Der Gründer derselben war der erwähnte thätige und willenskräftige Marquis John of Bute, der sein ganzes Vermögen diesem Zwecke gewidmet hatte, ohne jedoch dessen vollständige Erfüllung zu erleben.

Nach seinem Tode nahmen sich die eingesetzten Trustees dieses Unternehmens eifrigst an, das im Ganzen 1 Mill. Pfd. Sterling kostete.

Das westliche Dock, das ca. 1050 Fuss östlich vom Glamorgancanal liegt und sich von Norden nach Süden erstreckt, wurde zuerst eröffnet; ihm folgte das östliche, das in einer Entfernung von 810 Fuss mit jenem fortläuft.

Schliesslich wurde erst vor einigen Jahren die Bildung des südlichen Bassin auf einer Schlammebene (muddy flat), südlich von den genannten beiden Docks, in Angriff genommen. Letztere werden vom Flusse Taff gespeist, jenes dagegen von der Flut gefüllt. Nähere Daten finden sich in folgender Zusammenstellung:

Name	Länge	Breite	Tiefe	Wasserfläche nach Ackern	Schwellentiefe Springflut		Ebbe	
	Fuss				Fuss	Zoll	Fuss	Zoll
West-Bute-Dock . .	4.000	200	19—13	19	28	8½	18	8½
Bassin	300	200	.	1	.	.	.	.
Ost-Dock	4.300	300—500	25	43	31	8½	21	8½
Bassin	380	250	.	3	.	.	.	.
Seeschleuse	220	55	.	.	31	0	22	0
Innere Schleuse . .	200	50	.	.	31	8	21	8
Süd-Bassin	1.000	500	36	11	35	8½	25	8½
Seeschleuse	300	70	.	.	35	8	26	8
Verbindungsschleuse	380	60	.	.	22	0	.	.

Ausserdem bestehen hier noch 4 Trockendocks (dry docks) für die Ausbesserung der Schiffe; das erste am obern Ende des Westdocks, 269 Fuss lang und 40 Fuss breit, mit einer Tiefe von 12½ Fuss über der Schwelle; das zweite an der Westseite des östlichen Docks, 435 Fuss lang, 48 Fuss breit und 18 Fuss über der Schwelle tief; das dritte am obern Ende des südlichen Bassin, 450 Fuss lang, 60 Fuss breit und 22 Fuss über der Schwelle tief; das vierte ausserhalb und westlich vom Westdock, 240 Fuss lang, 45 Fuss breit und 18 Fuss während der Flut und 9 Fuss zur Ebbezeit tief. Oestlich vom Eingange zu den Ost und Westdocks befindet sich auch ein Gitter-

(Gridiron-) Dock, 230 Fuss lang, mit 21 Fuss Wassertiefe zur Flut- und 12 Fuss zur Ebbezeit.

Auch in Swansea, wo infolge des zunehmenden Handelsverkehrs grössere Schiffe zur Verwendung gelangen, hat sich die Nothwendigkeit herausgestellt, die Einfahrt zu den Docks um Vieles zu vertiefen und dürfte diese Arbeit baldigst in Angriff genommen werden.

Man geht ausserdem noch mit dem Gedanken um, zwei neue Docks in der Fabiansbay anzulegen. Endlich sind dort im Laufe des Jahrs 1873 zwei neue Schifffahrtsgesellschaften entstanden.

In welchen Proportionen Cardiff, das vor kaum einer Generation ein nur spärlich bevölkerter Marktflecken mit einer zum guten Theile brachliegenden Umgegend war, emporwuchs, lässt sich aus der Zunahme seiner Bevölkerung erkennen.

Man zählte nämlich im Jahre 1801 1018 Einwohner; 1851 18.351; 1861 23.945; 1871 39.670; 1872 mit Einschluss der Vororte 60.223; 1873 ebenfalls sammt den Vororten 70.103.

Einen weitern Beleg für die zunehmende Wichtigkeit Cardiffs liefert der Umstand, dass die vereinigten Handelskammern (associated chambers of commerce) Grossbritanniens es zum Sitz ihrer jährlichen provinzialen Zusammenkunft erkoren haben.

Die Rhederei dieses Bezirks erfreute sich während des Jahrs 1873 einer billigen Ansprüchen genügenden Prosperität. Verfrachtungen erzielten lohnende Preise und die Nachfrage war stetig.

Die Concurrenz zwischen Segel- und Dampfschiffen im Verkehr mit Indien und China, welche infolge der Eröffnung des Suezcanals zu Gunsten der letzteren entschieden zu sein scheint, wurde durch die hohen Kohlenpreise beeinflusst, so dass die Dampfer in Betreff der Hauptartikel keinen Vorsprung abgewannen.

Segelschiffe waren infolge dessen in der Lage, ihre Stellung zu behaupten, und die Eigenthümer von Dampfern mussten mit mässigem Gewinne vorlieb nehmen. Im Vergleiche zu dem für die Rheder gleichfalls sehr günstigen Jahre 1872 erweisen sich die für grössere Entfernungen erzielten Frachtenpreise befriedigend und waren im Durchschnitte höher.

Auch in diesem Bezirke verfehlten nicht die von Hrn. Plimsoll, Parlamentsmitglied in London, im Frühling und Sommer des Jahrs 1873 auf die Rheder gemachten Angriffe, einen grossen Eindruck hervorzurufen; aber noch ist nicht abzusehen, welche praktische Vortheile seinen wohlmeinenden Bestrebungen entspringen werden.

Die auf die Schifffahrt bezüglichen Anordnungen und Gesetze müssen erst zusammengefasst und vereinfacht werden, ehe der britische Seemann die verschiedenen Bestimmungen derselben, die doch darauf abzielen, sein Leben und Eigenthum zu schützen, besser zu verstehen und zu würdigen vermag.

In der That findet man bereits auf den meisten englischen Schiffen, was nur irgend eine Parlamentsacte in dieser Hinsicht fordern kann; allein im Augenblicke der Gefahr erweisen sich häufig alle diese Vorsichtsmassregeln als unzulänglich, da gewöhnlich panischer Schrecken die Mannschaft erfasst und diese noch nicht Uebung genug besitzt, um von den dargebotenen Mitteln einen zweckmässigen Gebrauch zu machen.

Im Jahre 1873 sind hier 4574 Dampf- und Segelschiffe langer Fahrt mit einer Tragfähigkeit von 2,022.833 Tonnen angekommen, gegen 4944 Schiffe von 1,898.662 Ton. in 1872; 4432 Schiffe von 1,709.298 Ton. in 1871, und 4920 Schiffe von 1,858.157 Ton. in 1870.

Im Einzelnen gestaltete sich der Verkehr des Jahrs 1873, wie folgt:

Flagge	Im Ganzen Schiffe	Im Ganzen Tonnen	Darunter Dampfer Zahl	Darunter Dampfer Tonnen
Oesterreichisch-ungarische	166	83.127	9	9.563
Britische	2.316	1,226.340	1.037	658.582
Italienische	390	177.844	1	380
Französische	919	166.320	49	25.190
Schwedisch-norwegische	248	100.062	12	6.697
Amerikanische	72	73.156	1	700
Deutsche	172	72.472	18	11.681
Spanische	83	37.195	15	8.758
Niederländische	62	33.481	21	8.781
Griechische	43	14.656	1	418
Russische	27	13.473	3	1.039
Dänische	45	11.532	3	719
Belgische	19	8.725	9	3.616
Portugiesische	7	2.270	.	
Peruanische	1	838	.	.
Argentinische	1	630	.	.
Chilenische	2	562	.	.
Brasilianische	1	150	.	.
Zusammen	4.574	2,022.833	1.179	736.124

Was die Tonnenzahl betrifft, so nimmt nach der englischen die italienische Flagge den ersten Rang ein; dieser zunächst steht die französische. Der fünfte Platz in der Reihenfolge ist der österreichisch-ungarischen Flagge angewiesen. Am Dampfschiffs-Verkehr betheiligten sich wie gewöhnlich Grossbritannien, Frankreich und Deutschland am stärksten.

Die Ergebnisse der nationalen Schifffahrt stellten sich also heraus:

	Einläufe Schiffe	Einläufe Tonnen	Abfahrten Schiffe	Abfahrten Tonnen
Beladene Schiffe	58	25.703	160	79.882
Leere „	108	57.424	3	1.790
Zusammen	166	83.127	163	81.672
Dagegen in 1872	191	98.911	194	102.559

Herkunft	Schiffzahl	Tonnen	Herkunft	Schiffzahl	Tonnen
Aden	1	967	Jbraila	3	1.044
Akyab	2	1.778	Jagal	1	862
Alexandrien	5	2.225	Kertsch	1	434
Baltimore	3	1.640	Küstendsche	3	1.179
Bari	1	317	London	3	2.852
Berdiansk	6	2.278	Marianopel	6	3.246
Bordeaux	48	21.770	Mersina	1	331
Cartagena	3	1.758	Messera	1	390
Cette	2	786	Montevideo	2	760
Constantinopel	4	1.267	Mostaganem	1	452
Dünkirchen	1	707	New-York	16	9.194
Galatz	2	644	Nicolajeff	2	905
Hongkong	1	712	Odessa	12	6.724

Herkunft	Schiffzahl	Tonnen	Herkunft	Schiffzahl	Tonnen
Oran	7	2.665	Schiedam	1	605
Philippeville	6	2.132	Sulina	10	6.273
Piräus	1	620	Taganrog	3	1.500
Poti	1	509	Valencia	1	516
Rangoon	1	920	Venedig	1	679
Samsun	2	1.173	Zarate	1	313

Bestimmung	Schiffzahl	Tonnen	Bestimmung	Schiffzahl	Tonnen
Aden	1	967	New-York	1	452
Alexandrien	10	4.053	Odessa	3	1.429
Barcellona	2	628	Oran	1	273
Buenos-Ayres	1	240	Piräus	1	626
Carloforte	2	1.001	Point-de-Galle	4	3.885
Constantinopel	35	18.954	Pola	3	1.222
Corfù	1	464	Port-Saïd	7	3.498
Demerara	1	398	Salonich	3	997
Galatz	2	537	Vicente (Cap Verde) .	13	7.836
Gravosa	12	6.048	Singapore	2	1.284
Hongkong	2	1.210	Sira	1	534
Jamaica	2	758	Smyrna	1	356
Manilla	2	1.467	Suez	1	967
Marseille	1	316	Triest	37	17.166
Montevideo	1	422	Tunis (Goletta di) . . .	1	329
Newport	2	1.238	Venedig	7	3.117

Die Anzahl der im Jahre 1873 ein- und ausgelaufenen nationalen Fahrzeuge zeigt gegen 1872 eine Abnahme um 25 Schiffe von 15.784 Tonnen und resp. 31 Schiffe von 20.887 Tonnen; die von denselben vermittelte Kohlenausfuhr betrug 93.128 T. im Werthe von ca. 1,375.973 fl., gegen 102.203 T. im Werthe von 1,530.564 fl. im Vorjahre.

Der Grund der hiernach sich ergebenden merklichen Abnahme des Kohlenexportes unter nationaler Flagge (um 9075 Tonnen und 154.591 fl. Ladungswerth) beruht auf dem Umstande, dass die Preise der Seefrachten in den nordamerikanischen Häfen während des ganzen Jahrs verhältnissmässig viel höher standen, als in denen Europa's, so dass unsere Capitäne, ebenso wie jene anderer Nationen, es vorzogen, anstatt wie sonst in Cardiff eine Rückfracht zu suchen, nach den ersterwähnten Häfen sehr häufig in Ballast abzusegeln, nachdem die importirte Ladung gelöscht war.

Ferner darf nicht unberücksichtigt bleiben, dass viele nationale Schiffe, welche früher regelmässig zum Kohlenexport von hieraus verwendet wurden, deren Brauchbarkeit jedoch bereits gelitten hatte, von ihren Eigenthümern lieber losgeschlagen wurden, als sie mit namhaften Kosten herstellen zu lassen.

Vergleicht man den österreichisch-ungarischen Schiffsverkehr in 1873 mit jenem der 5 letzten Vorjahre, so zeigt sich Folgendes:

Jahr	Einläufe		Abfahrten	
	Schiffe	Tonnen	Schiffe	Tonnen
1868	183	91.006	177	90.204
1869	221	109.191	222	107.127
1870	203	103.463	206	104.261
1871	145	75.179	143	64.909
1872	191	98.911	194	102.559
1873	166	83.127	163	81.672

Von den im Jahre 1873 beladen eingelaufenen Schiffen kamen 48 von 21.286 Tonnen aus Bordeaux mit 21.589 T. Holz; 5 von 1920 T. aus Oran mit 1008 T. Eisenerz und 956 T. Esparto; 3 von 1758 T. aus Cartagena mit 2580 T. Eisenerz und 100 T. Esparto; 1 von 407 T. aus New-York mit 2500 Quarter Weizen, und 1 von 432 Tonnen aus Küstendsche mit 3600 Quarter Gerste. Der Werth der von diesen Schiffen hier gelöschten Ladungen betrug 404.286 fl., gegen 286.150 fl. in 1872.

Die von den nationalen Fahrzeugen bei der Abfahrt erzielten Frachtpreise für Steinkohlen bezifferten sich im Durchschnitte, wie folgt: Alexandrien 21—23 s., Barcelona 21 s. 9 d., Buenos-Ayres 43 s., Carloforte 16 s., Corfù 20 s., Constantinopel 14—20 s., Demerara 18 s., Galatz 19—21 s., Goletta (Tunis) 19 s. 6 d., Gravosa 19 s.—21 s. 6 d., Hongkong 40 s.—41 s. 6 d., Jamaica 14—15 s., Manilla 23 s. 6 d., Marseille 15 s. 2½ d., Montevideo 23 s., Odessa 18 s. — 19 s. 6 d., Oran 17 s., Piräus 18 s. 6 d., Point-de-Galle 24—26 s., Pola 18 s., Port-Saïd 16 s. 6 d.— 23 s., Salonich 18—19 s., Vicente (Cap Verde) 14—19 s., Singapore 30 s., Sira 17 s. 6 d., Smirna 17 s. 6 d., Trapezunt 22 s., Triest 17—20 s., Venedig 22 s. — 22 s. 6 d.

Der Schiffsverkehr unter österreichisch-ungarischer Flagge in sämmtlichen Häfen dieses Consularbezirkes hat im Jahre 1873 folgende Ergebnisse geliefert:

Einläufe.

Häfen	Beladene		Leere		Auf Order		Gesammtzahl	
	Schiffe	Tonnen	Schiffe	Tonnen	Schiffe	Tonnen	Schiffe	Tonnen
Cardiff	58	25.703	108	57.424	.	.	166	83.127
Bristol	23	14.771	.	.	.	.	23	14.771
Dartmouth	.	.	.	.	3	1336	3	1336
Falmouth	.	.	.	.	141	69.536	141	69.536
Gloucester	27	12.185	.	.	.	.	27	12.185
Newport	2	889	31	14.239	.	.	33	15.128
Plymouth	2	1148	.	.	32	16.222	34	17.370
Swansea	14	5768	12	6.093	.	.	26	11.861
Zusammen	126	60.464	151	77.756	176	87.094	453	225.314
Dagegen in 1872	120	60.455	178	92.938	206	102.904	504	256.297

Abfahrten.

Häfen	Beladene Schiffe	Tonnen	Leere Schiffe	Tonnen	Auf Order Schiffe	Tonnen	Gesammtzahl Schiffe	Tonnen
Cardiff	160	79.882	3	1.790	.	.	163	81.672
Bristol	.	.	25	14.320	1	502	26	14.822
Dartmouth	.	.	.	.	3	1.336	3	1.336
Falmouth	.	.	.	.	141	69.536	141	69.536
Gloucester	.	.	26	11.689	.	.	26	11.689
Newport	35	23.756	1	343	.	.	36	24.099
Plymouth	1	419	1	729	31	15.586	33	16.734
Swansea	23	8.012	1	595	.	.	24	8.607
Zusammen	219	112.069	57	29.466	176	86.960	452	228.495
Dagegen in 1872	236	123.002	60	30.791	198	99.586	494	253.379

Im Jahre 1873 ist im diesseitigen Consularbezirke das nationale Fahrzeug „Mathilde" verunglückt, ohne dass jedoch dabei der Verlust eines Menschenlebens zu beklagen gewesen wäre.

Menge und Werth der in 1873 importirten vorzüglicheren Artikel sind aus nachstehendem Ausweis ersichtlich, welchem des Vergleiches halber die entsprechenden Belange des Vorjahrs beigefügt sind:

	1873			1872		
	Menge		Werth, fl.	Menge		Werth, fl.
Zucker	10	Tonnen	2.500	270	Tonnen	67.500
Weizen	11.911	"	1,429.420	7.188	"	858.960
Roggen	223	"	15.610	800	"	56.000
Gerste	589	"	41.230	2.045	"	143.150
Hafer	14.883	"	967.395	13.348	"	867.620
Mais	239	"	28.680	744	"	89.280
Mehl	4.639	"	556.680	2.011	"	241.320
Maismehl	.		.	221	"	17.680
Hafermehl	95	"	11.400	5	"	600
Bohnen	489	"	29.340	247	"	14.820
Erbsen	45	"	4.500	440	"	44.000
Kartoffeln	24.847	"	1,242.350	15.620	"	781.000
Kleie	.		.	144	"	9.720
Aepfel	.		.	363	"	18.150
Pomeranzen	13.415	Kisten	53.660	10.732	Kisten	42.928
Rosinen	1.903	Fässer	28.545	220	Fässer	3.300
Zwiebeln	558	Tonnen	27.900	549	Tonnen	27.450
Heu	41	"	1.640	1.230	"	42.928
Obst	.		.	72	Körbe	6.480
Fische	.		.	500	Tonnen	200.000
Schweinefleisch	.		.	150	Fässer	4.500
Frisches Fleisch	.		.	150	"	4.500
Butter	.		.	1.088	"	27.050
Oelkuchen	80	Tonnen	10.400	.		.
Bier	300	Fässer	9.900	.		.
Malz	.		.	40	Tonnen	6.400
Wein	91	Fässer	9.100	20	Fässer	3.000
Grubenholz	116.107	Tonnen	1,509.391	71.946	Tonnen	935.298
Bauholz	8.656	Stück	346.240	21.912	Stück	657.360
Eisenbahnschwellen	50.416	"	151.284	.		.
Werkholz	.		.	1.115	"	22.300
Bretter	82.606	"	12.304	27.617	"	2.530
Schindeln	.		.	600	Tonnen	12.600
Fichtenstämme	.		.	195	Stück	6.800
Ulmen	3.522	"	105.660	.		.
Eschen	88	"	1.760	.		.
Kehrbesen	200	Dtzd.	1.200	.		.
Kalksteine	605	Tonnen	18.150	1.417	Tonnen	42.510
Ziegeln	2,002.942	Stück	26.039	2,029.000	Stück	25.360
Blocksteine	353	Tonnen	2.118	540	Tonnen	3.240
Pflastersteine	126	"	630	1.836	"	9.180
Granit	796	"	5.970	2.319	"	17.542
Asphalt	150	"	3.000	.		.
Sandsteine	25	"	325	1.100	Yard	1.650
Gaskohlen	1.850	"	17.500	.		.
Schwefel	1.034	"	155.100	.		.

	1873		1872	
	Menge	Werth, fl.	Menge	Werth, fl.
Thon	.	.	297 Tonnen	2.970
Dachschiefer . . .	92 Tonnen	3.760	3.763 „	150.520
Cement	3.400 Fässer	12.900	1.574 Fässer	5.509
Salz	850 Tonnen	12.750	549 Tonnen	8.235
Pech	145 „	5.800	2.090 „	83.600
Superphosphate . .	389 „	27.230	633 „	44.310
Kalkphosphate . . .	.	.	667 „	46.690
Kreosot	.	.	380 Fässer	5.320
Dünger	1.807 Tonnen	180.700	402 Tonnen	40.400
Theer	253 „	10.120	4 „	58
Eisenerz	352.114 „	3,521.140	235.132 „	2,351.320
Roheisen	9.715 „	485.750	23.129 „	1,156.450
Schienen	1.111 „	111.100	163 „	16.300
Spiegeleisen . . .	360 „	25.200	.	
Spitzeleisen . . .	.	.	2.628 „	105.120
Maschinen	61 Stück	18.300	.	.
Gitterwerk	20 Tonnen	3.000	.	.
Eisenzinder . . .	110 „	1.650	4.828 Tonnen	72.520
Schweisseisen . . .	88 „	17.600	.	.
Altes Eisen	.	.	230 „	9.200
Rahmen	100 Stück	1.250	.	.
Eisensteine	.	.	1.111 „	11.110
Bearbeitetes Eisen .	50 „	2.000	.	.
Stahlspäne	208 Tonnen	10.400	3.558 „	177.900
Zinn	1 Block	50	808 „	60 600
Blei	.	.	150 „	35.250
Verschiedene Metalle	.	.	390 „	39.000
Kupfererz	73 Tonnen	18.250	.	.
Esparto	14.102 „	1,410.200	5.667 „	566.700
Farbholz	.	.	417 „	4.795
Vitriolsteine	9.864 „	789.120	1.926 „	134.080

Der Gesammtwerth der Einfuhr zur See bezifferte sich im Jahre 1873 mit 13,478.257 fl., zeigt also gegen 1872 mit einem Importwerthe von 10,452.903 fl. eine Zunahme um 3,025.354 fl.

Die Kohlenausfuhr von Cardiff seit dem Jahre 1859 ist aus nachstehender Zusammenstellung zu entnehmen:

Jahr	Tonnen	Jahr	Tonnen
1859 . . .	998.187	1867 . . .	1,966.097
1860 . . .	1,142.252	1868 . . .	2,099.707
1861 . . .	1,127.232	1869 . . .	2,192.586
1862 . . .	1,332.531	1870 . . .	2,301.761
1863 . . .	1,485.655	1871 . . .	2,059.438
1864 . . .	1,481.657	1872 . . .	2,603.260
1865 . . .	1,450.941	1873 . . .	2,627.065
1866 . . .	1,837.161		

Von den, in den letzterwähnten 2 Jahren von hier verschifften Kohlen entfallen die verhältnissmässig grössten Mengen auf nachbenannte Gebiete:

	1873 Tonnen	1872 Tonnen
Aegypten	143.507	148.394
Argentinische Republik	85.600	10.799
Brasilien	204.770	216.525
Chili	13.504	17.634
China	43.832	70.000
Dänemark	21.145	14.739
Deutschland	61.782	84.073
Englische Besitzungen	555.728	669.754
Frankreich	589.725	606.611
Griechenland	22.057	31.273
Italien	198.481	238.248
Japan	5.081	13.335
Oesterreich-Ungarn	35.541	48.098
Peru	74.150	45.117
Portugal	113.608	80.163
Romanien	9.890	15.906
Russland	24.784	92.192
Spanien	284.488	277.843
Türkei	93.035	101.932
Uruguay	93.911	55.491

Presskohlen wurden exportirt nach: Aegypten 5.677 Tonnen; Brasilien 3.737 T.; englischen Besitzungen 34.611 T.; Frankreich 5.410 T.; Holland 2.414 T.; Italien 9.019 T.; Peru 2.247 T.; Spanien 5.998 T.; Türkei 10 T. — zusammen 69.123 T., gegen 63.244 Tonnen im Vorjahre.

Nachstehende Tabelle gewährt einen Ueberblick der während der Jahre 1869 bis 1873 in den Häfen von Südwales nach dem Auslande verschifften Quantitäten von Steinkohlen:

Häfen	1873 Tonnen	1872 Tonnen	1871 Tonnen	1870 Tonnen	1869 Tonnen
Cardiff	2,627.065	2,603.260	2,059.438	2,301.761	2,192.586
Newport	302.455	333.396	371.232	385.386	335.958
Swansea	615.405	584.767	664.398	600.601	585.968
Llanelly	94.684	114.172	123.206	117.431	126.663
Zusammen	3,639.609	3,635.595	3,218.274	3,405.179	3,241.175

Die während der bezeichneten 5 Jahre in den Kohlen exportirenden Haupthäfen Grossbritanniens (mit Ausnahme der obengenannten) vorgenommenen Verladungen nach dem Auslande beziffern sich, wie folgt:

Häfen	1873 Tonnen	1872 Tonnen	1871 Tonnen	1870 Tonnen	1869 Tonnen
New-Castle	3,113.250	3,222.735	3,301.779	2,809.643	2,431.642
North-Shields	151.168	188.935	167.140	150.355	97.692
South-Shields	141.472	124.067	118.852	177.949	140.610
Blyth	284.334	267.946	287.137	208.317	176.371
Amble	40.501	49.786	40.289	47.939	39.367
Sunderland	1,335.490	1,414.340	1,491.784	1,219.078	1,161.793
West-Hartlepool	419.812	480.753	693.511	611.323	592.054

Häfen	1873 Tonnen	1872 Tonnen	1871 Tonnen	1870 Tonnen	1869 Tonnen
Seaham	89.556	82.077	89.024	59.212	53.340
Middlesbro'	28.020	41.339	40.778	34.343	37.254
Hull	294.875	449.995	339.490	224.612	168.697
Goole	111.041	52.394	25.349	27.012	15.399
Liverpool	581.163	713.620	694.772	536.999	559.606
Glasgow	147.946	140.241	118.680	103.800	74.089
Port Glasgow . . .	9.529	16.995	15.873	18.228	17.742
Greenock	134.890	115.034	115.169	132.561	110.390
Grangemouth	146.379	125.507	133.486	106.092	100.293
Alloa	79.005	87.878	104.099	96.815	96.535
Charlestown	138.223	144.506	138.436	131.398	123.275
Borrowstoness . . .	39.116	53.254	22.183	7.225	9.211
Ayr	5.265	9.077	4.264	2.925	2.506
Troon	177.888	173.309	159.562	132.852	120.678
Androssan	56.110	73.602	51.053	52.402	75.765
St. David's	50.431	58.367	55.514	62.582	56.382
Grimsby	276.180	297.846	273.872	233.788	216.624

Der gesammte Kohlenexport Grossbritanniens betrug im Jahre 1873 11,492.764 Tonnen, mithin um 524.126 T. weniger als in 1872.

Die seit dem Jahre 1865 in Cardiff durch Küstenfahrer ausgeführte Menge Steinkohlen ist aus folgender Tabelle ersichtlich:

1865	898.525 Tonnen	1870	810.684 Tonnen
1866	887.353 „	1871	860.028 „
1867	876.957 „	1872	933.328 „
1868	819.183 „	1873	964.268 „
1869	897.899 „		

Die nachstehende Uebersicht giebt die in den Häfen von Südwales während der Jahre 1869—1873 küstenweise gemachten Kohlenverschiffungen an:

	1873 Tonnen	1872 Tonnen	1871 Tonnen	1870 Tonnen	1869 Tonnen
Cardiff	964.268	933.328	806.028	810.684	897.899
Newport	779.606	742.645	789.083	719.971	775.880
Swansea	255.124	236.768	211.191	213.889	246.456
Llanelly	150.414	170.453	161.324	161.773	148.652
Zusammen . .	2,149.412	2,083.194	1,967.626	1,906.317	2,068.887

Die Kohlenpreise variirten während des Jahrs 1873 in den Häfen von Südwales, wie folgt:

	s.	d.		s.	d.
Januar	24	.	Juli	24	6
Februar . . .	24	6	August . . .	24	6
März	24	6	September .	25	.
April	24	6	October . .	25	.
Mai	24	6	November . .	22	.
Juni	24	6	Dezember . .	23	.

Die Eisenausfuhr von Cardiff gestaltete sich seit dem Jahre 1859 folgendermassen:

1859 . . .	182.847 Ton.	1867 . . .	136.633 Ton.
1860 . . .	169.467 „	1868 . .	147.249 „
1861 . . .	132.493 „	1869 . . .	251.864 „
1862 . . .	172.352 „	1870 . . .	257.395 „
1863 . . .	157.892 „	1871 . . .	258.570 „
1864 . . .	152.563 „	1872 . . .	249.267 „
1865 . . .	160.854 „	1873 . . .	154.570 „
1866 . . .	142.295 „		

Diese Ausfuhr hat sonach in 1873 um 28.277 Tonnen weniger als in 1859 betragen.

In den 2 Jahren 1872 und 1873 wurden folgende Mengen Eisen nach den bezeichneten Richtungen versendet:

	1873	1872
	Tonnen	
Oesterreich-Ungarn	623	2.010
Aegypten	3.878	2.350
Argentinische Republik	917	519
Belgien	1.694	310
Brasilien	6.389	15.868
Dänemark	8.099	1.107
Deutschland	9.797	32.240
Englische Besitzungen	10.157	20.705
Frankreich	6.556	200
Griechenland	.	397
Niederlande	4.701	3.020
Italien	6.559	5.151
Mexico	.	1.438
Peru	116	.
Portugal	3.207	2.817
Romanien	.	1.511
Russland	24.530	23.677
Spanien	6.099	3.534
Schweden und Norwegen	9.694	.
Türkei	7.005	.
Uruguay	2.412	.
Vereinigte Staaten von Amerika . . .	42.137	136.643

Das im Jahre 1873 aus den andern Häfen von Südwales verschiffte Quantum Eisen betrug, und zwar aus: Newport 130.194 Tonnen, Swansea 40.494 T., gegen resp. 224.035 T. und 38.866 Tonnen im Vorjahre.

Die Preise schwankten also: Eisenschienen 10 L. bis 11 L. 10 s.; Stabeisen 11 L. 5 s. — 13 L.; Stahlschienen 16 bis 18 L.

Die Eisenfabriken dieses Bezirkes befassten sich in 1873, ebenso wie in den früheren Jahren, besonders mit der Erzeugung von Eisenschienen.

Die Zahl der übrigen Gewerbszweige in Südwales ist unverändert geblieben. Der Production der andern Eisenartikel und dem Betriebe der vielen kleineren Branchen dieses Faches, wie sie in andern Eisenbezirken bestehen, hat man in Südwales noch wenig Augenmerk zugewendet. Die Erzeugung von Stahlschienen häufte sich sehr, und die damit beschäftigten Fabriken hatten das ganze Jahr hindurch vollauf zu thun.

Was das Geschäft in Weissblech anbelangt, das für diesen Kreis von um so höherem Belange ist, als aus demselben $^4/_5$ der durchschnittlichen Production von ganz Grossbritannien hervorgehen, so war die Nachfrage nach diesem Artikel zu Anfang des Jahrs nicht unbefriedigend, und die Preise verfolgten eine steigende Tendenz. Für J. C. Coke fordert man ca. 35 s.

Obgleich während der ersten 3 Monate der Strike in den Eisenhütten dieses Bezirkes ernstlich in die Erzeugung von Weissblech eingriff, blieben doch die Preise trotz erschlaffender Nachfrage fest und unerschüttert.

Der vorhandene Begehr genügte übrigens, um die couranten Notirungen, die nur geringe Abweichungen gegen früher zeigten, bis zum Herbste aufrecht zu erhalten; allein im August und September erfolgte ein Sturz des J. C. Coke-Bleches bis auf 32 s., im October ein zweiter auf 29 s. 6 d., und im November war selbst das um 1 s. verringerte Angebot willkommen.

Im December nahm jedoch der Markt eine Wendung zum Besseren; die Preise hoben sich wieder bis 30 s. 6 d., und bewahrten diesen Standpunkt bis zum Jahresschluss.

Eine lebhafte Nachfrage aus den Vereinigten Staaten von Amerika verlieh dem Handel eine erspriessliche Regsamkeit, und das Jahr endete für das Weissblechgeschäft mit günstigen Aussichten.

Die Preise des Weissbleches fluctuirten, wie folgt: J. C. Coke 30 bis 40 s., Charcoal 36 bis 46 s.

Das Kupfergeschäft hat im Jahre 1873 trotz der heftigen Schwankungen in den Preisen, trotz der Verwicklungen und Schwierigkeiten mit den Arbeitern, der Spärlichkeit und Theuerung des Brennstoffes, dennoch einen unverkennbaren Anlauf genommen.

Die grosse Speculation in diesem Artikel war vielleicht der bemerkenswertheste Charakterzug des Jahrs 1873. Aehnliches ist seit 1865 nicht geschehen worden, und um eine Reihe gleicher Fluctuationen aufzufinden, müsste man wohl bis zum Jahre 1858 zurückgreifen.

Obgleich zu Anfang 1873 die Tonne Kupfer um 25 L. über dem in 1870 erreichten niedrigsten Punkte stand, war doch der Verlass auf die Zukunft noch stark genug, um eine 25percentige Steigerung zu bewirken, die aber in der Folge mehr als eingebüsst wurde.

Zu Anfang des Jahrs war der Marktpreis für Chili-Stangen 85 L. pr. Tonne und ein weiterer Fortschritt um 3 L. griff früh im Januar Platz.

Von da bis Mitte März war das Geschäft ziemlich zaudernd und haltlos. Die Preise neigten sich einer Krise zu.

Im März erwachte jedoch von Neuem eine vielseitige Nachfrage, und von der Zeit an gestaltete sich die Vorwärtsbewegung flink und unausgesetzt.

Bis Juni, wo 108 L. gezahlt wurden, ohne dass die Anzeige grosser Sendungen aus Chili, Japan und vom Cap der guten Hoffnung die Speculation gedämpft hätte, rechtfertigten sich die Erwartungen. Allein um die Mitte dieses Monats fingen die Preise zu weichen an und gegen Ende Juli ereignete sich ein Preisrückgang um 7 L. pr. Tonne.

Im August, als die stufenweise Zunahme der Vorräthe Aufmerksamkeit und Bedenklichkeit zu erregen begann, war die Bewegung nach abwärts, gegen 90 L. hin, eine ungemein schnelle, wobei die vorübergehende Besserung um 10 L. in einer einzigen Woche wieder verloren ging.

Der Bankerott zahlreicher Speculanten, die Erhöhung des Bankscoonto und die allgemeine Ungewissheit über die Zukunft veranlassten während der Monate September und October ein solches Sinken der Preise, dass sogar 77 L. acceptirt wurden.

Zu Ende October wurde es augenscheinlich, dass die Consumenten und Speculanten die feste Meinung angenommen hatten, der Preis des Kupfers habe mit 80 L. einen sicheren Halt gewonnen, und von dieser Zeit an bis Mitte December wurden die Abschlüsse fast unverändert zwischen 80 und 85 L. zu Stande gebracht.

In der zweiten Hälfte des genannten Monats machte sich eine merkliche Wiederbelebung geltend; bedeutende Quantitäten wurden verkauft und die Nachfrage war anhaltend. Die Preise stiegen um 8 L. pr. Tonne und das Jahr schloss mit 91 L. für Chili-Stangen.

Kupfererz und Regulus blieben während der ersten 5 Monate des Jahrs 1873 mit 17 bis 18 s. pr. Einheit notirt, gingen dann im Juni und Juli etwas zurück und standen Anfangs August nur mehr auf 15 s. 6 d. bis 16 s.

Gegen Ende dieses Monats stellte sich indessen eine Besserung ein und die Preise behaupteten sich am Jahresschluss auf 16 s. 6 d. bis 17 s.

Die Ausfuhr von Chili war in 1873 geringer als im Vorjahre. In den Jahren 1870 bis 1873 wurden in Südwales importirt:

		1873	1872	1871	1870
Kupfererz . . .	Ton.	37.371	26.138	27.808	36.406
Regulus	„	19.537	21.818	20.577	29.109
Kupfer	„	1.725	6.690	3.797	3.986
Zusammen . .	Ton.	58.633	54.646	52.182	69.501

Der Kupferexport im Jahre 1873 betrug 2.452 Tonnen, gegen 2.691 Tonnen in 1872. Der Werth des verkauften ausländischen Kupfererzes belief sich auf 309.662 (gegen 295.915) L., jener des inländischen auf 51.772 (gegen 71.379) L.; mithin zusammen auf 361.434 (gegen 367.294) L.

Es ist die Wahrscheinlichkeit für eine bedeutende Ausdehnung der Schieferlager von Nordwales durch die Ausbeute jenes Theiles von Merionetshire vorhanden, der, zu den Cambrian-Flötzen gehörend, westlich von dem Corris'schen Steinbruche und nördlich vom Flusse Dovey liegt.

Schon vor einiger Zeit wurde der Werth dieses Schieferstockes entdeckt, jedoch zunächst aus Mangel an Unternehmungslust kein Versuch damit gewagt; die bereits bekannten Schachte von Carnavonshire in Festiniog zogen eben die ungetheilte Aufmerksamkeit auf sich.

Die Nachfrage nach Schiefer war auch in 1873 sehr bedeutend, und die Bestellungen zu einer Zeit so zahlreich und nachdrücklich, dass die Preise in Folge dessen zu einer beispiellosen Höhe stiegen.

Zwei breite und von einander getrennte Schieferadern durchlaufen die vorerwähnten Brüche; beide wurden gründlich untersucht und von vielen der ersten Fachmänner in Augenschein genommen. Die Bildung des Schiefers soll glatt und eben, und dieser selbst von dauerhafter Qualität sein.

Die Ader ist gegen 160 Fuss dick, zur Seite eines hohen Hügels gelegen und für die Eröffnung einer Anzahl von Galerien nach gewöhnlicher Weise sehr geeignet, da eine überschwängliche Wasserfülle dieses Gebiet durchfliesst, was der Arbeit mit Maschinen zu Statten käme.

Unfälle in den Bergwerken trugen sich diesmal seltener als in den vorhergehenden Jahren zu. Dank einer sorgfältigen Ueberwachung der Stollen von Seite der untergeordneten Organe und einer besseren, rationell wissenschaftlichen Behandlung der Gruben, in welchen sich explodirende Gase entwickeln, ist auch kein einziges Ereigniss eines Schlagwetters eingetreten.

Uebrigens kann es dort, wo der Bergbau in solchem Umfange wie in Südwales betrieben wird, nie ohne vereinzelte Unglücksfälle abgehen; und so gab es auch im Jahre 1873 Calamitäten, wobei der Verlust von Menschenleben zu beklagen war.

Die traurigste Begebenheit dieser Art trug sich jedoch nicht in einer Kohlenmine, sondern in einem der grössten Eisen- und Stahlwerke der Welt zu.

In der Nacht des 17. Juli fand nämlich eine Explosion in dem Bessemer-Department der Dowlais-Werke statt, wodurch 19 Individuen schwer verletzt wurden, deren mehrere ihren Wunden erlagen.

Diese Explosion, schrecklich in ihrer Art, wurde dadurch veranlasst, dass sich 5 Tonnen flüssiger Stahl in eine mit Wasser gefüllte Grube ergossen. Der dadurch den Werken der Compagnie zugefügte Schaden wurde auf 3000 L. geschätzt.

Ein ähnliches Missgeschick entsprang am 30. August aus einer Gasexplosion in der Worcestermine bei Swansea, welche der Silmens'schen Stahlfabrik zugehört; vier Menschenleben fielen derselben zum Opfer. Die Explosion brach während der Nacht aus, sonst würde wohl der Menschenverlust grösser gewesen sein.

Der Ernteertrag des Jahrs 1873 blieb im diesseitigen Gebiete hinter dem Durchschnitte zurück, obschon bis zur Zeit der Einheimsung die Aussichten zu besserem Erfolg berechtigt hatten. Infolge dessen gingen die Fruchtpreise in die Höhe und die Besitzer hielten ihre Vorräthe in Erwartung einer weitern Steigerung zurück.

Die Vermehrung der landwirthschaftlichen Vereine und die Veranstaltung von Ackerbau-Ausstellungen und Wettpflügen ermangeln keineswegs, der Agricultur eine ihrer Absicht entsprechende günstige Wendung zu verleihen. Die Landwirthe in Südwales scheinen indessen der Cultur von Wurzelgewächsen und dem Mästen des Schlachtviehes mehr Aufmerksamkeit und Sorgfalt zu widmen, als dem Getreidebau.

Die nachstehenden ziffermässigen Angaben veranschaulichen die Resultate der Landwirthschaft in der Umgegend von Cardiff und in der Grafschaft Glamorgan für die Jahre 1872 und 1873:

	1873	1872
	Bebaute Grundfläche, Acker	
Weizen	15.297	15.356
Gerste	12.092	14.573
Hafer	12.503	13.170
Kartoffeln	2.713	2.614
	Stückzahl	
Pferde	12.129	12.016
Schlachtvieh	50.562	47.077
Schafe	298.001	285.267
Schweine	75.728	18.324

Schifffahrts- und Handelsverkehr von Sulina im Jahre 1873.

Sulina. Für das Jahr 1873 beziffert sich die Gesammtzahl der hier ein- und ausgelaufenen Fahrzeuge wie folgt:

	Einlauf		Auslauf	
	Zahl	Tonnen	Zahl	Tonnen
Segelschiffe	1413	255.823	1400	250.008
Dampfer	478	283.651	478	283.651
Im Ganzen . .	1891	539.474	1878	533.659

Von den zur Einfuhr gelangten Waaren sind nur Steinkohlen nachweisbar, welche in einer Gesammtmenge von 76.939 Tonnen hieher gebracht wurden und ans Ufer gestellt einen Werth von 150.000 fl. repräsentirten.

Ausgeführt wurden: 3,706.795 Quarter Cerealien jeder Art; 7860 Tonnen Mehl, gesalzene Fische, Petroleum, Theer, Käse etc.; 3732 Ballen Schafwolle und Häute; 39.580 Colli verschiedene Waaren — Alles zusammen im Werthe von beiläufig 58 Mill. fl.

In den Hafen von Sulina sind, um daselbst Operationen vorzunehmen, und ohne die Donau hinaufzufahren, 319 Fahrzeuge von 184.396 Ton. eingelaufen, nämlich: 171 Segelschiffe von 70.239 Tonnen und 148 Dampfer von 114.157 Tonnen.

Die in Sulina selbst stattgefundene Verladung und Ausfuhr von Cerealien umfasste 1,594.154 Quarter im Werthe von 11,600.000 fl.

Der Handelsverkehr des Jahrs 1873, wenn in seiner Gesammtheit betrachtet, erscheint höher als der Durchschnitt der Jahre 1859—1872.

Die Anzahl der handelsthätigen Schiffe war in 1873 kleiner als in jedem früheren Jahre, mit Ausnahme natürlich derjenigen Epochen, wo die Donau aus politischen oder strategischen Gründen gesperrt war. Der gesammte Tonnengehalt dieser Fahrzeuge überragt jedoch den 14jährigen Durchschnitt.

Das Verhältniss zwischen der Segel- und Dampfschifffahrt wird mit Rücksicht auf die Tonnenzahl für die erstere immer kleiner und für die letztere immer grösser, sowohl was die Donauschifffahrt im Allgemeinen als was speciell den Verkehr im Hafen von Sulina betrifft.

Nach Percenten ausgedrückt, stellt sich der Tonnengehalt der auf der Donau überhaupt verkehrenden Fahrzeuge in folgendem Verhältnisse heraus:

	Dampfer	Segelschiffe
1861—1865 . . .	3·96 pCt.	96·04 pCt.
1866	9·34 „	90·66 „
1867—1870 . . .	20·98 „	79·02 „
1871	33·60 „	66·40 „
1872	38·75 „	61·25 „
1873	53·15 „	46·85 „

Für den Hafen von Sulina ergab sich im Jahre 1873 das proportionelle Verhältniss des Tonnengehalts der Dampfer zu jenem der Segelschiffe wie 61·96 zu 38·04.

Uebrigens erhöhte sich die Tragfähigkeit der Fahrzeuge, wenn man das Jahresmittel als Grundlage annimmt, in stetiger und regelmässiger Weise, wie aus folgender Zusammenstellung hervorgeht:

Jahr	Auslauf aus der Donau Schiffzahl	Tonnengehalt	Mittlerer Tonnengehalt eines Schiffes
1861	3084	450.770	146·2
1862	3051	450.018	149·2
1863	3099	519.332	167·6
1864	3448	585.894	169·9
1865	2676	442.229	165·3
1866	2431	427.449	175·8
1867	1960	394.020	201·0
1868	3008	641.122	213·1
1869	2881	676.960	269·6
1870	2541	600.970	236·5
1871	2254	549.720	243·8
1872	2218	498.290	224·6
1873	1878	533.659	284·3

In gleicher Weise trat eine Zunahme der mittleren Tragfähigkeit auch bei jenen Schiffen ein, welche im Hafen von Sulina handelsthätig waren, ohne die Donau hinauf zu fahren. Die nachstehende Aufstellung liefert hiefür den ziffermässigen Beweis:

Jahr	Auslauf aus Sulina Schiffzahl	Tonnengehalt	Mittlerer Tonnengehalt eines Schiffes
1861	216	81.662	378·0
1862	294	102.746	349·3
1863	399	138.035	345·9
1864	515	175.217	340·2
1865	313	108.385	346·3
1866	361	133.934	371·0
1867	301	117.093	389·0
1868	368	148.710	404·1
1869	520	223.925	430·6
1870	474	218.322	460·6
1871	343	156.878	457·3
1872	185	82.078	443·7
1873	319	184.396	578·0

Betrachtet man die Anzahl der Schiffe nach ihrer Eintheilung in verschiedene Classen des Tonnengehalts, dann zeigt sich eine Abnahme bei den Fahrzeugen von geringen Dimensionen und eine Steigerung bei denjenigen von grosser Tragfähigkeit.

Es hat sich nämlich im Laufe der Jahre 1861—1873 die Anzahl der Kauffahrer zwischen 90 und 100 Tonnen von 900 auf 350, zwischen 100 und 200 Tonnen von 1200 auf 700 vermindert; die Schiffe, deren Tragfähigkeit 200—400 Tonnen beträgt, blieben der Zahl nach fast unverändert, nämlich 500 bis 700 in einem Jahre, wogegen die Schiffe mit 400—500 Tonnen von 40 auf 140 und diejenigen über 500 Tonnen von 30 auf 250 stiegen.

Die allgemeine Schifffahrtsbewegung im Hafen von Sulina ergab für 1873, im Vergleich zum Vorjahre, folgende Resultate:

Flagge	1873 Zahl	1873 Tonnen	1872 Zahl	1872 Tonnen
Oesterreichisch-ungarische:				
Segelschiffe	51	16.049	74	23.833
Dampfer	85	40.625	74	32.561

Flagge	1873		1872	
	Zahl	Tonnen	Zahl	Tonnen
Deutsche:				
Segelschiffe	2	500	7	1.479
Dampfer	2	1.183	.	.
Belgische: Dampfer	7	4.054	.	.
Dänische: Dampfer	1	778	.	.
Französische:				
Segelschiffe	1	172	2	410
Dampfer	42	30.242	38	25.077
Englische:				
Segelschiffe	76	23.918	66	18.658
Dampfer	300	193.234	233	129.431
Griechische:				
Segelschiffe	557	94.157	806	141.930
Dampfer	.	.	1	257
Niederländische:				
Segelschiffe	.		1	177
Dampfer	.		2	1.230
Italienische:				
Segelschiffe	155	57.942	129	46.618
Dampfer	8	3.863	4	1.158
Norwegische:				
Segelschiffe	3	974	8	2.202
Dampfer	1	678	.	.
Moldauisch-Walachische:				
Segelschiffe	41	6.121	53	6.767
Russische:				
Segelschiffe	64	9.068	72	9.527
Dampfer	25	6.836	16	3.536
Samiotische: Segelschiffe	3	295	4	458
Türkische: Segelschiffe	450	40.812	628	52.981
Schwedische: Dampfer	4	2.158	.	.
Zusammen	1.878	533.659	2.218	498.290

Von diesen Schiffen haben folgende im Hafen von Sulina Handelsoperationen vorgenommen, ohne die Donau hinauf zu fahren:

Flagge	1873		1872	
	Zahl	Tonnen	Zahl	Tonnen
Oesterreichisch-ungarische:				
Segelschiffe	20	9.114	32	13.469
Dampfer	9	8.575	8	1.640
Deutsche: Segelschiffe	.	.	1	275
Belgische: Dampfer	1	527	.	.
Dänische: Dampfer	1	778	.	.
Englische:				
Segelschiffe	43	15.556	22	7.065
Dampfer	134	102.352	39	27.166

Flagge	1873 Zahl	1873 Tonnen	1872 Zahl	1872 Tonnen
Griechische: Segelschiffe	8	2.265	19	4.727
Italienische:				
Segelschiffe	91	41.979	58	25.830
Dampfer	2	1.247	.	.
Norwegische:				
Segelschiffe	7	979	4	1.299
Dampfer	1	678	.	.
Russische: Segelschiffe	1	227	2	607
Moldauisch-walachische:				
Segelschiffe	1	124	.	.
Zusammen . .	319	184.401	185	28.078

Die Schifffahrt unter österreichisch-ungarischer Flagge repräsentirt für 1873 ungefähr 12% der gesammten Hafenbewegung; es macht sich jedoch eine stetige Abnahme sowohl in der Zahl als im Tonnengehalte der nationalen Segelschiffe wahrnehmbar. In keinem der früheren Jahre wurde der hiesige Hafen von einer geringeren Anzahl unserer Segelfahrzeuge besucht, als es in 1873 der Fall gewesen ist.

Dagegen bleibt sich der Verkehr der österreichisch-ungarischen Dampfer, was deren Zahl anbelangt, ziemlich gleich, wohl aber steigt der Tonnengehalt infolge der grösseren Dimensionen der in neuerer Zeit gebauten Lloydschiffe. Diese und die Fahrzeuge der I. österreichischen Donaudampfschifffahrts-Gesellschaft sind die einzigen Repräsentanten der nationalen Dampfschifffahrt in diesen Gewässern.

Der folgende Nachweis über die aus der Donau ausgelaufenen österreichisch-ungarischen Handelsfahrzeuge dürfte geeignet sein, den Standpunkt, welchen hier die nationale Segel- und Dampfschifffahrt während der letzten 13 Jahre eingenommen hat, klar zu machen:

Jahr	Segelschiffe	Tonnengehalt	Percente der gesammten Schiffsbewegung	Dampfer	Tonnengehalt	Percente der gesammten Schiffsbewegung	Zusammen Schiffe	Zusammen Tonnen	Percente der gesammten Schiffsbewegung
1861 . .	148	38.032	9·7	130	31.422	53·2	278	69.454	14·9
1862 . .	140	40.718	10·2	120	29.298	55·3	260	70.016	15·5
1863 . .	211	58.974	13·1	143	37.866	54·7	354	96.840	18·6
1864 . .	236	65.220	12·1	73	19.993	40·7	309	85.213	14·7
1865 . .	128	32.353	8·3	82	23.007	43·7	210	55.360	12·5
1866 . .	116	33.799	9·4	88	27.133	39·2	204	60.932	16.5
1867 . .	85	25.249	8·0	87	28.025	35·1	172	53.274	13·5
1868 . .	104	34.489	7·1	89	30.770	19·4	193	65.259	10·2
1869 . .	129	45.727	9·1	86	30.226	17·2	215	75.953	11·2
1870 . .	123	45.803	9·9	100	40.574	29·0	223	86.377	14·3
1871 . .	112	39.735	10·9	84	33.998	18·1	196	73.733	13·4
1872 . .	74	23.833	7·7	74	32.561	16·8	148	56.394	11·3
1873 . .	51	16.049	6·4	85	40.625	17·8	136	56.674	10·6

Der Rückgang der österreichisch-ungarischen Segelschifffahrt muss grossentheils der fühlbaren Abnahme in der Zahl der in den vorzüglichsten Donau-Echellen etablirten nationalen Handelshäuser zugeschrieben werden, bei welchen die Schiffe eine Stütze und Verwendung fanden.

Wenn von den im hiesigen Gebiete vorgekommenen See-Unfällen die Rede ist, muss vorerst des, namentlich bei den Dampfern mehr und mehr sich einbürgernden Missbrauchs gedacht werden, die Schiffe ohne alle Rücksicht auf die Sicherheit der Fahrt mit Waaren, und zwar zunächst mit schwerwiegenden, wie: Getreide, Kohlen u. dgl., zu überladen.

Die Segelschiffe bewahren noch gewisse Verhältnisse in der Bauart, welche deren Länge mit der Breite und Höhe in Einklang bringen, so dass sie dem Ungestüm der See besser zu widerstehen vermögen. Bei den Dampfern haben sich jedoch diese Proportionen einerseits wohl zum Frommen ihrer Schnelligkeit und Tragfähigkeit, andorseits aber auch zum augenscheinlichen Nachtheil ihrer Festigkeit gründlich geändert. Es ist nicht selten, für den Waarentransport bestimmte Dampfer zu sehen, deren Länge um das Zehn- und Zwölffache, ja selbst noch mehr, die Breite überragt.

Bei den Segelschiffen ist das übermässige Beladen gefährlich, aber es besteht da wenigstens eine gegebene Grenze, und selbst wenn man das Fahrzeug zu stark belastet, sorgt man doch dafür, demselben einige jener maritimen Eigenschaften zu belassen, welche es im Sturme schützen sollen.

Beim Dampfer dagegen rechnet man auf die Kraft seiner Maschine, sowie darauf, dass er infolge des allmäligen Verbrauchs an Kohlen immer leichter werde, und so beladet man ihn über die Massen.

So z. B. kann man hier mehrmals im Jahre Dampfschiffe von 400 Fuss Länge und mit 1000 Tonnen Tragfähigkeit sehen, welche derart überladen sind, dass ihr Verdeck nicht mehr als 1 Schuh über den Wasserspiegel emporragt, denen man also, wenn ein heftiges Unwetter sie überfällt, den Untergang fast mit Gewissheit vorhersagen kann.

Auf der Donau und an den umliegenden Küsten ereigneten sich während der Jahre 1860—1873 124 Schiffbrüche, von denen 69 auf beladene, 31 auf leere Kauffahrer, 14 auf beladene und 9 auf leere Lichterschiffe, endlich 1 auf einen Schlepper entfallen. Nach den einzelnen Jahren vertheilen sich diese Unfälle also:

Jahr	Kauffahrer Beladen	Kauffahrer Leer	Lichterschiffe Beladen	Lichterschiffe Leer
1860	13	3	.	.
1861	5	7	.	.
1862	11	3	3	3
1863	3	3	.	.
1864	4	.	2	.
1865	5	2	1	.
1866	2	.	.	1
1867	3	1	2	.
1868	8	2	1	1
1869	5	1	.	.
1870	4	2	1	.
1871	.	3	3	.
1872	4	1	.	4
1873	2	3	1	.

Die Lichterschiffe verunglückten alle im Bereiche des Donaustromes. Von den Seefahrzeugen erlitten 22 ebendaselbst, 35 auf der hiesigen Rhede, 43 an der Küste des Delta Schiffbruch. Bei den auf der Donau verunglückten Fahrzeugen war

Zusammenstoss oder Eisbruch, auf dem Meere irriger Lauf oder ein unvermeidlicher Umstand die Veranlassung der Unfälle.

Die Waarenausfuhr aus der Donau umfasste in den Jahren 1872 und 1873 folgende Gegenstände:

Waarengattung		1872	1873
Weizen	Quarter	1,242.869	1,003.281
Mais	„	1,085.023	1,071.500
Roggen	„	130.107	61.006
Gerste	„	832.260	1,247.486
Bohnen	„	6.934	4.216
Hirse	„	5.169	4.502
Hafer	„	9.832	94.783
Rübsamen	„	97.769	214.342
Leinsamen	„	1.439	5.236
Kleie	„	577.435	172.770
Mehl	„	3,854.399	2,421.520
Bretter	Stück	732.618	774.734
Bauholz	Flösse	17	8
Querbalken	Stück	25.170	.
Fassdauben	„	191.845	112.500
Petroleum	Oka	1,618.679	1,663.845
Theer	„	429.867	454.610
Käse	„	313.043	227.338
Talg	„	224.323	3.784
Häute	„	27.466	9.581
	Ballen à 250 Oka	.	2.786
Schafwolle	„	1.139	2.786
	Oka	105.002	.
Knochen	„	350	306
Tabak	„	.	5.440
	Ballen à 120 Oka	.	673
Verschiedene Waaren	„	34.690	39.580
	Oka	559.696	436.651
Eisen	Tonnen	.	58

Der Werth dieser Ausfuhren beziffert sich für 1873 also:

Cerealien	56,000.000	fl.
Holz	820.000	„
Petroleum	407.000	„
Thierische Producte	123.000	„
Tabak	13.000	„
Verschiedene Waaren	400.000	„
Zusammen	57,763.000	fl.
Exportwerth in 1872	56,570.000	„
Zunahme in 1873	1,193.000	fl.

Die nachbenannten Waaren wurden im Jahre 1873 in den bezeichneten Häfen verladen und direct verschifft:

		Braila	Galatz	Tultscha
Gerste	Quarter	801.387	75.143	6.413
Hafer	„	7.540	.	.
Rübsamen	„	31.997	.	.
Mehl	Oka	.	31.997	.

Die Beförderung der Cerealien von Braila und Galatz veranlasst eine ziemliche Lebhaftigkeit in der localen Flussschifffahrt. Die diesfällige Fracht wechselte im Jahre 1873 zwischen 7—10 d. pr. Quarter. Die Schiffe, welche diesen Transport besorgen, gehören grösstentheils griechischen Gesellschaften.

Das Jahr 1873 rief in dieser Beziehung eine neue Speculation ins Leben.

In der Voraussicht, dass die Donau zufrieren würde, wie es auch wirklich geschah, und bei der Nothwendigkeit, mit dem Schifffahrtsmaterial an sicheren Plätzen zu überwintern, boten die Eigenthümer der Lichterschiffe, Schlepper etc. den Händlern ihre Fahrzeuge als Depositum und gegen eine geringe Vergütung an.

Das Anerbieten wurde angenommen und das Material nach Sulina geschafft, wo der Hafen fast immer eisfrei bleibt, und wo nun während des Winters und so lange die Schifffahrt auf der Donau geschlossen war, die Schiffsmiethen und Verladungen stattfanden.

Bezüglich der Menge der nach der Donau eingeführten Waaren, mit alleiniger Ausnahme von Steinkohlen, fehlt es an irgendwelchem Nachweise. Von letzteren wurden im Ganzen 76.939 Tonnen importirt und zwar: 72.842 T. aus England, 3365 T. aus der Türkei, 608 T. aus Frankreich, 124 T. aus Russland.

An Schiffsfracht bezahlte man im Jahre 1873 $5^1/_2$—7 s. Die Wassertiefe an der Barre von Sulina hielt sich beständig zwischen 20 und 21 Fuss engl.; im Canal verringerte sich dieselbe während des Sommers bis auf 13 Fuss.

Der locale Handel und die Bodenproduction Sulina's sind ganz geringfügig. Das Wenige, was das Delta an culturfähigem Boden bietet, wurde seit mehreren Jahren durch das Ungemach des Winters und durch grosse Trockenheit im Sommer dermassen benachtheiligt, dass im Jahre 1873 die Ernte gänzlich fehlschlug.

Die Bevölkerung der Landbau treibenden Dörfer, solchergestalt verarmt und des nöthigen Saatkorns entbehrend, sieht sich genöthigt, zu Hirsemehl als Nahrungsmittel seine Zuflucht zu nehmen.

Ausser der Bodencultur ist der Fischfang einer der Industriezweige dieses Districts. Das Product desselben im Jahre 1873, bestehend in gesalzenem Fisch, Caviar, Fischleim u. dgl., erreichte einen Werth von 150.000 fl. und wurde der leichteren Verbindung wegen, wie gewöhnlich, nach Tultscha gesendet, von wo es nach den Donau-Fürstenthümern gelangt und dort in den Verbrauch übergeht.

Dass die Concurrenz einerseits der Segelschiffe gegen die Dampfer, anderseits der Fahrzeuge von geringer Tragfähigkeit gegen diejenigen von grossem Tonnengehalte von Jahr zu Jahr schwieriger sich gestaltet, empfindet wohl am meisten die Handelsmarine jener Länder, deren Dampfschifffahrt entweder noch in engen Grenzen sich bewegt, oder wo es im Allgemeinen nur Segelschiffe von kleineren Dimensionen giebt.

Ein Beispiel hiefür liefert die Schifffahrt unter griechischer Flagge, welche an den erwähnten zwei Nachtheilen leidet.

Die Donau, welche für die griechischen Kauffahrer sowohl wegen der Nähe und Opportunität, als auch wegen des Uebergewichts der griechischen Handelshäuser in den diesseitigen Gebieten stets als eine der Hauptquellen des Gewinnes galt — die

Donau sieht die Anzahl der sie besuchenden Schiffe dieser Nationalität von Jahr zu Jahr kleiner werden.

Von 1861—1864 fuhren jährlich ungefähr 1300 griechische Fahrzeuge in die Donau ein; in 1865 und 1866 waren es blos je 1000; von 1867—1872 je 700, und im Jahre 1873 gar nur 577.

Dass ein ähnliches Verhältniss auch rücksichtlich der österreichisch-ungarischen Segelschifffahrt zu Tage trat, ist bereits früher hervorgehoben worden.

Schifffahrtsbewegung von Hongkong im Jahre 1873.

Hongkong. Im Jahre 1873 hat hier bei dem auswärtigen Verkehr folgende Schiffsbewegung stattgefunden:

Einlauf.

	Unter britischer Flagge Zahl	Tonnen	Unter anderen Flaggen Zahl	Tonnen	Im Ganzen Schiffe	Tonnen
Schiffe mit Ladung . .	1544	1,080.435	19.482	1,908.181	21.026	2,988.616
„ in Ballast . .	48	33.254	8.302	403.080	8.350	436.334
Zusammen . .	1592	1,113.689	27.784	2,311.261	29.376	3,424.950

Auslauf.

	Unter britischer Flagge Zahl	Tonnen	Unter anderen Flaggen Zahl	Tonnen	Im Ganzen Schiffe	Tonnen
Schiffe mit Ladung .	1371	951.593	19.342	1,810.696	20.713	2,762.289
„ in Ballast . .	210	143.522	8.036	490.586	8.246	634.108
Zusammen . .	1581	1,095.115	27.378	2,301.282	28.959	3,396.397
Gesammtergebniss beim auswärtigen Verkehr	3173	2,208.804	55.162	4,612.543	58.335	6,821.347

Rechnet man dazu noch den Localverkehr, bei welchem 5801 Schiffe von 181.551 Tonnen ein- und 5753 von 179.881 T. ausgelaufen sind, so stellt sich eine Totalsumme von 69.889 Handelsfahrzeugen mit 7,182.779 T. heraus, welche im Jahre 1873 mit diesem Hafen in Berührung kamen.

Ihrer Nationalität nach vertheilen sich die beim auswärtigen Verkehr verwendeten Kauffahrer in nachstehender Weise:

Einlauf.

Flagge	Mit Ladung Schiffe	Tonnen	In Ballast Schiffe	Tonnen	Gesammtanzahl Schiffe	Tonnen
Oesterreichisch-ungarische	2	1.098	.	.	2	1.098
Amerikanische	75	113.635	9	5.793	84	119.428
Anamitische	1	500	1	500	2	1.000
Belgische	6	5.692	1	1.676	7	7.368
Britische	1.544	1,080.435	48	33.254	1.592	1,113.689

Flagge	Mit Ladung Schiffe	Tonnen	In Ballast Schiffe	Tonnen	Gesammtanzahl Schiffe	Tonnen
Chinesische	10	6.302	.	.	10	6.302
„ Junken	18.802	1,420.854	247	368.744	27.049	1,789.598
Dänische	29	10.528	4	1.216	33	11.744
Niederländische	14	6.483	.	.	14	6.483
Französische	134	168.002	7	3.751	141	171.753
Deutsche	227	94.927	14	5.657	241	100.584
Hawaii'sche	2	413	.	.	2	413
Italienische	.	.	2	1.898	2	1.898
Norwegische	5	1.515	1	180	6	1.695
Peruanische	4	4.374	11	9.591	15	13.965
Portugiesische	1	311	1	533	2	844
Russische	9	8.534	.	.	9	8.534
Siamesische	83	36.490	.	.	83	36.490
Spanische	74	26.266	4	3.541	78	29.807
Schwedische	4	2.257	.	.	4	2.257
Zusammen	21.026	2,988.616	8350	436.334	29.376	3,424.950

Auslauf.

Flagge	Mit Ladung Schiffe	Tonnen	In Ballast Schiffe	Tonnen	Gesammtanzahl Schiffe	Tonnen
Oesterreichisch-ungarische	.	.	2	1.098	2	1.098
Amerikanische	58	96.390	26	22.844	84	119.234
Anamitische	.	.	1	500	1	500
Belgische	2	2.261	5	5.107	7	7.368
Britische	1.371	951.593	210	143.522	1.581	1,095.115
Chinesische	9	5.795	1	507	10	6.302
„ Junken	18.867	1,425.011	7744	333.619	26.611	1,758.630
Dänische	20	7.443	11	3.893	31	11.336
Niederländische	10	4.165	4	2.318	14	6.483
Französische	107	156.271	37	18.230	144	174.501
Deutsche	143	63.853	109	40.323	252	104.176
Hawaii'sche	1	202	.	.	1	202
Italienische	.	.	2	1.898	2	1.898
Norwegische	3	875	2	640	5	1.515
Peruanische	1	900	27	24.257	28	25.157
Portugiesische	.	.	2	834	2	834
Russische	4	4.496	7	5.749	11	10.245
Siamesische	44	18.512	41	18.205	85	36.717
Spanische	71	23.365	13	9.187	84	32.552
Schwedische	2	1.157	2	1.377	4	2.534
Zusammen	20.713	2,762.289	8246	634.108	28.959	3,396.397

Was den Verkehr chinesischer Passagiere im Hafen von Hongkong anbelangt, so bezifferte sich derselbe in 1873 mit 807.723 Personen, darunter 407.414 bei der Ankunft und 400.309 bei der Abreise; 7105 Passagiere verblieben somit zu Ende des Jahrs noch in diesem Hafen.

In Bezug auf Herkunft und Bestimmung vertheilen sich die angekommenen und abgegangenen Passagiere also:

Von oder nach:	Angekommene	Abgegangene
	Passagiere	
Häfen ausserhalb China und Japan	25.355	28.768
Häfen in China und Japan	291.316	288.925
dem Hafen von Macao	60.379	53.945
Häfen der Colonie	30.364	28.671
Zusammen . .	407.414	400.309

Ein Vergleich der Ergebnisse von 1873 mit denjenigen des Vorjahrs ergiebt im Allgemeinen eine Abnahme der Schiffzahl um beiläufig 8·5 pCt., was auf den ersten Blick für die Prosperität von Hongkong kein günstiges Prognostikon zu stellen scheint; bei genauerer Prüfung findet man jedoch, dass der gesammte Tonnengehalt der Fahrzeuge den des Jahrs 1872 um circa 1½ pCt. übertrifft.

Daraus ergiebt sich die Schlussfolgerung, dass der hiesige Schifffahrtsverkehr sich nicht nur auf der früheren Höhe erhalten hat, sondern in stetigem Wachsthum begriffen ist, wenngleich die Anzahl der Schiffe infolge des grösseren Tonnengehalts der einzelnen Fahrzeuge bedeutend verringert erscheint.

Dies wird im Laufe der nächsten Jahre vielleicht noch in höherem Maasse der Fall sein, indem sich infolge der Eröffnung des Suezcanals im ganzen Handelsverkehr Ostasiens ein Umschwung vollzieht, der von den weittragendsten Folgen für die Schifffahrt ist und voraussichtlich schon in kurzer Zeit die Segelfahrzeuge beinahe gänzlich zu Gunsten der ausschliesslichen Anwendung der Dampfkraft aus dem hiesigen maritimen Verkehr verdrängt haben wird.

Ein Dampfer muss aber, wie bekannt, von einer bestimmten Grösse und Maschinenkraft sein, um auf längeren Reisen und im grossen oceanischen Verkehr bei allen möglichen Witterungsverhältnissen eine bestimmte Fahrgeschwindigkeit einhalten zu können. Je grösser das Schiff bei angemessener Maschinenkraft ist, desto besser wird es im Stande sein, diese Bedingungen zu erfüllen, desto geringer wird der Kohlenverbrauch im Verhältniss zum Tonnengehalt sein, desto billiger werden sich die Transportkosten für die verladenen Güter stellen.

Die Folge davon ist, dass die Grösse der Oceandampfer mit der fortschreitenden Technik stetig zunimmt, bis dieselben das für praktische Zwecke höchste Maximum der Tragfähigkeit in Verbindung mit möglichst niedrigen Betriebskosten erreicht haben werden.

Der Verkehr österreichisch-ungarischer Schiffe in den hiesigen Gewässern hat sich während der letzten Jahre auf die geringe Anzahl von 2 Fahrzeugen beschränkt, was allerdings nicht geeignet ist, ein besonders erfreuliches Bild von der wachsenden Ausdehnung des österreichisch-ungarischen Schiffsverkehrs in Ostasien darzubieten, wenn man bedenkt, dass im Jahre 1865 bereits 25 nationale Fahrzeuge im Hafen von Hongkong ein- und ausgelaufen sind.

Der Grund hiefür ist allerdings zum grossen Theil in der fortwährend zunehmenden Verdrängung der Segelschifffahrt aus dem oceanischen Verkehre durch die Dampfschifffahrt zu suchen, welche durch den infolge verbesserter Maschinen stark verminderten Kohlenverbrauch, durch erhöhte Tragfähigkeit, grössere Pünktlichkeit und Schnelligkeit in den Stand gesetzt ist, mit der ersteren erfolgreich zu concurriren und sie eventuell sogar aus dem Felde zu schlagen.

In richtiger Erkenntniss der veränderten Sachlage haben zuerst die Engländer und Amerikaner, nach ihnen aber auch die Franzosen und Deutschen sich rasch die gegebenen Verhältnisse zu Nutzen gemacht, und sind bestrebt gewesen, ihre Segelflotten mit möglichst geringem Zeitverlust durch schnellfahrende Schraubendampfer von grösserem Tonnengehalt zu ersetzen.

Personalnachrichten.

— Seine k. und k. Apostolische Majestät haben den derzeitigen Gerenten des Honorar-Viceconsulats in Manchester, Sigismund Cohen, zum unbesoldeten Viceconsul daselbst mit dem Rechte zum Bezuge der tarifmässigen Consulargebühren allergnädigst zu ernennen geruht.

(Allerhöchste Entschliessung vom 17. Januar 1875.)

— Seine k. und k. Apostolische Majestät haben den Kaufmann Andreas Heinrich Julius Baass zum unbesoldeten Consul in Sidney mit dem Rechte zum Bezuge der tarifmässigen Consular-Gebühren allergnädigst zu ernennen geruht. (Allerhöchste Entschliessung vom 22. Januar 1875.)

— Seine k. und k. Apostolische Majestät haben die Versetzung des k. und k. Consuls Rudolf Filek v. Wittinghausen von Ibraila nach Adrianopel, ferner des k. und k. Consuls Paul Reglia von Mostar nach Ibraila allergnädigst zu genehmigen und den k. und k. Viceconsul in Banjaluka Anton Strautz zum k. und k. Consul in Mostar huldreichst zu ernennen geruht.

(Allerhöchste Entschliessung vom 1. Februar 1875.)

— Seine k. und k. Apostolische Majestät haben den beim k. und k. Generalconsulate in Trapezunt in Verwendung stehenden Consulareleven Victor Freiherrn v. Schweiger-Dürnstein zum Viceconsul auf seinem bisherigen Posten allergnädigst zu ernennen geruht.

(Allerhöchste Entschliessung vom 4. Februar 1875.)

— Seine k. und k. Apostolische Majestät haben den früheren diplomatischen Agenten und Generalconsul Gustav Freiherrn v. Schreiner zum ausserordentlichen Gesandten und bevollmächtigten Minister am kais. brasilianischen Hofe allergnädigst zu ernennen geruht.

(Allerhöchste Entschliessung vom 6. Februar 1875.)

— Seine k. und k. Apostolische Majestät haben zu gestatten geruht, dass der k. und k. Consul Richard Franceschi den kais. türkischen Medjidié-Orden dritter Classe; die k. und k. Viceconsuln Dr. W. Seewald und Julius Günner den kais. türkischen Osmanié-Orden vierter Classe, und der k. und k. Viceconsul Marco Nencovich das Ritterkreuz des Ordens der italienischen Krone annehmen und tragen dürfen.

(Allerhöchste Entschliessung vom 10. Februar 1875.)

— Der k. und k. Ministerresident bei den Höfen von China, Japan und Siam und Generalconsul, Ignaz Ritter v. Schaeffer, hat seine Amtsthätigkeit begonnen.

— Der k. und k. Viceconsul Julius Günner hat am 31. Januar 1875 die Leitung des k. und k. Consulats in Durazzo übernommen.

— Der neuernannte k. und k. Viceconsul in Rotterdam, Friedrich v. Overzee, hat von Seiten der k. niederländischen Regierung das Exequatur erhalten und seinen Posten sofort angetreten.

— Der k. und k. Generalconsul Natale di Sorvillo in Neapel ist mit Tod abgegangen.

Verhältnisse des Handels und der Industrie im Königreiche Sachsen während des Jahrs 1873.

Leipzig. Sachsen und die ihm benachbarten kleinen Staaten haben im Jahre 1873 nothwendigerweise alle die Folgen mitertragen müssen, welche der Zusammenbruch der im Vorjahre auf allen Gebieten des Handels, der Industrie und des Verkehrs — mit alleiniger Ausnahme der Landwirthschaft — zur Herrschaft gelangten maass- und ziellosen Ueberspeculation mit sich brachte.

Obwohl schon im Herbste 1872 manche Wahrnehmungen und die eingetretene Knappheit des Geldes (der Discont stieg und hielt sich längere Zeit auf 6 pCt.) als Mahnung zur Vorsicht hätte aufgefasst werden sollen, setzte sich die gewagte Conjunctur noch in das erste Quartal 1873 fort, bis jene grosse Börsenkrisis eintrat, welche seitdem der geschäftlichen Bewegung ihre Signatur gegeben hat.

Diese Krisis ging von den grossen, leitenden Börsenplätzen Mittel-Europa's aus, und Sachsen, wo man an den Unternehmungen der Gründungsperiode (1871 und 1872) zwar reichlich genug, doch immer noch mit einer gewissen Bedächtigkeit Antheil genommen hatte, wurde daher auch nach Verhältniss von dem die Werthe vernichtenden Börsensturz mit heimgesucht.

Welche Schädigung dabei erlitten worden sein mag, ist mit einiger Sicherheit um so weniger zu ermitteln, als die durch die Krisis herbeigeführten Verluste auch solche Kreise des Verkehrs und der Bevölkerung mit betreffen, welche dem Speculationstreiben weniger oder gar nicht zugänglich zu sein schienen.

Auch in Sachsen macht sich der dem Wohlstand nachtheilige weitere Umstand fühlbar, dass sich unter dem Einflusse der im Vorjahr erlebten schwungvollen Verhältnisse der Verbrauch der Bevölkerung in grösserem Maasse gesteigert hat als die Production von Werthen, mittels welcher jener zu bestreiten ist, und welche noch einen Ueberschuss zur Mehrung des Stamm- oder Betriebscapitals liefern.

Einzelne Industrien haben sogar infolge der im Jahre 1872 unter ungünstigen Verhältnissen durchgeführten Ueberproduction, indem Rohstoffe und Fabrikations-Materialien durch die lebhafte Nachfrage sehr vertheuert wurden, wozu noch die von den Arbeitern rücksichtslos geforderte und durchgesetzte Steigerung der Löhne sich gesellte, an Concurrenzfähigkeit mit ihren Nebenbuhlern auf auswärtigen Märkten momentan Einbusse erlitten.

Das gilt namentlich gegenüber der französischen Industrie, welche die Benachtheiligung, die sie während des Krieges und unmittelbar nach demselben durch die deutsche und insbesondere auch durch die sächsische erfahren, grossentheils wieder ausgeglichen hat.

Die Börsen (Geld-, Bank- und Creditgeschäfte) sind natürlich auch in Sachsen dem Impuls gefolgt, welcher in den ersten Monaten eine günstige weitere Entwicklung namentlich des Börsengeschäftes anzukündigen schien, dann aber plötzlich in die bekannte Krisis umschlug.

Jetzt hatte der Creditgeber es nur seiner Vorsicht zu danken, wenn er im Conto-Currentgeschäfte mit früher völlig zahlungsfähigen Debitoren nicht durch Zahlungs-Einstellungen oder im Lombardgeschäfte bei der rapiden Entwerthung etwa verpfändeter oder im eigenen Besitze befindlicher Effecten nicht von ansehnlichen Verlusten betroffen wurde.

Dagegen sind die Discontoverhältnisse während des Jahres 1873 den diesseitigen Geldinstituten durchschnittlich günstig gewesen.

Der Wechseldiscont, in Sachsen in der Regel bis $^1/_2$ pCt. höher als bei der preussischen Bank, stellte sich nach den Sätzen der Leipziger Bank im Jahre 1873 wie folgt:

am 20. Januar .	5	pCt.	am 28. Juli . .	$5^1/_2$	pCt.
„ 8. Februar .	$4^1/_2$	„	„ 8. August .	5	„
„ 1. April . .	$5^1/_2$	„	„ 25. September	$5^1/_2$	„
„ 3. Mai . .	6	„	„ 28. October .	6	„
„ 3. Juni . .	$6^1/_2$	„	„ 28. November	$5^1/_2$	„

Die Umsätze sind bei den Instituten von älterer Gründung vielfach grösser als in 1872 gewesen.

Der wesentlich lebhaftere Verkehr in Wechseln documentirt sich durch die Erträgnisse der Reichs-Wechselstempelsteuer, welche 1873 im Ober-Postdirections-Bezirke Dresden 42.541 Thlr. (11.209 Thlr. mehr als in 1872) und im Ober-Postdirectionsbezirke Leipzig 137.122 Thlr. (20.131 Thlr. mehr als im Vorjahre) erreicht haben.

Es berechnet sich hiernach für 1873 aus dem Betrage der in Sachsen erhobenen Wechselstempelsteuer von zusammen 179.663 Thlr. (nach dem Maassstabe von $^1/_2$ pr. Mille) der Wechselverkehr auf ca. 179,663.000 Thlr.

Die Geschäftsgebarung der hauptsächlichsten Banken und Creditinstitute Sachsens, sowie der hierlands durch Filiale vertretenen fremden Zettelbanken waren folgende:

Sächsische Bank zu Dresden (Actiencapital 10 Mill., Reservefond 1 Mill. Thlr.): Gesammtumsatz 962,838.800 Thlr.; Abschreibungen für zweifelhafte Ausstände 44.776 Thlr. 23 Gr.; Reingewinn 1,251.343 Thlr. 19 Gr. 4 Pfg.; Gesammtdividende 12 pCt. wie in 1872.

Leipziger Bank zu Leipzig (Actiencapital $4^1/_2$ Mill. Thlr. in 1873, von 1874 an 6 Mill.; Reservefond 450.000 Thlr.): Gesammtumsatz 516,902.280 Thlr.; Abschreibung für eine Unterschlagung 33.740 Thlr.; Reingewinn 467.717 Thlr.; Gesammt-Dividende $9^9/_{15}$ pCt. (1872: $10^2/_3$ pCt.).

Allgemeine Deutsche Credit-Anstalt zu Leipzig (Actiencapital 10 Mill. Thlr.; Reservefond 3,036.668 Thlr.): Gesammtumsatz 610,000.000 Thlr.; Gewinn 1,087.632 Thaler 1 Gr.; Gesammtdividende $9^3/_4$ pCt. (1872: 15 pCt.).

Leipziger Cassenverein (Actiencapital 1 Mill. Thlr.; Reservefond 23.149 Thlr.): Gesammtumsatz 327,350.936 Thlr.; Reingewinn 90.098 Thlr.; Abschreibungen 7700 Thlr.; Gesammtdividende $7^1/_2$ pCt.

Weimarische Bank (Actiencapital 5 Mill. Thlr.; Reservefond 334.114 Thlr.): Gesammtumsatz ohne Berücksichtigung der Cassenumsätze 264,179.515 Thlr.; Verlust auf Effectenconto 67.948 Thlr.; als Specialreserve zurückgestellt 96.600 Thlr.; Reingewinn 61.391 Thlr.; Gesammtdividende 5 pCt. (8 pCt. im Jahre 1872).

Leipziger Discontogesellschaft (seit 1. April 1872 Actiencapital nominell 8 Mill., eingezahlt 3,200.000 Thlr.; Reservefond 81.244 Thlr.): Gesammtumsatz ca. 101 Mill. Thlr.; Verlust auf Effectenconto 61.218 Thlr.; Gewinnüberschuss 40.833 Thlr., welche auf dem noch von Verlusten bedrohten Consortialconto zur Abschreibung kamen.

Leipziger Vereinsbank (Actiencapital 7,000.000 Thlr., wovon 40 pCt. = 2,800.000 Thlr. eingezahlt, durch Beschluss der Generalversammlung aber für 1874 auf 2,400.000 Thlr. reducirt worden sind; Reservefond 15.000 Thlr.): Gesammtumsatz 78,498.638 Thlr.; Gewinnüberschuss 37.828 Thlr., welche zur Deckung von Verlusten auf Consortialconto in Reserve gestellt wurden.

Leipziger Wechsler- und Depositenbank (Actiencapital 2 Mill. Thlr.; Reserve-Fond 5215 Thlr.): Verlust auf Effectenconto 34.303 Thlr.; Abschreibung für zweifelhafte Forderungen 40.000 Thlr.; für eine unerledigte Consortialbetheiligung zurückgestellt 4000 Thlr. Der Abschluss auf Gewinn- und Verlustconto ergab ein Verlustsaldo von 4380 Thlr.; es konnte sonach diese im zweiten Jahre bestehende Bank für 1873 keine Dividende zahlen.

Leipziger Wechslerbank (zweites Jahr; Actiencapital 1,500.000 Thlr., welches 1874 auf 1,050.000 Thlr. in 5250 Actien à 200 Thlr. normirt wurde; Reservefond 15.000 Thlr.): Gesammtumsatz 53,437.805 Thlr.; Gesammtgewinn 46.079 Thlr. 26 Gr. 2 Pfg.; die Verluste auf Effecten- und Debitorenconto haben denselben jedoch auf 16.730 Thlr. 21 Gr. 7 Pfg. verringert, die als Specialreserve pro 1874 vorgetragen wurden.

Gera'er Bank (Actiencapital 2 1/2 Mill. Thlr.; Reservefond 146.154 und Special-Reserve 21.500 Thlr.): Gesammtumsatz 182,071.620 Thlr.; Gewinnüberschuss 246.260 Thlr.; Dividende 8 1/2 pCt.

Sächsische Creditbank in Dresden (Actiencapital 3,000.000 Thlr., dasselbe wird aber durch Rückkauf von Actien auf 2 Mill. Thlr. herabgesetzt; Reservefond 160.779 Thaler): Gewinnüberschuss, nachdem auf Effectenconto und zweifelhafte Forderungen 106.038 Thlr. abgeschrieben wurden, 26.498 Thlr., die ebenfalls auf Specialbetheiligungsconto abgeschrieben worden sind. Keine Dividende.

Oberlausitzer Bank zu Zittau (eingezahltes Actiencapital 160.000 Thlr; Reserve-Fond 5000 Thlr.): Gesammtumsatz 110,601.000 Thlr.; Reingewinn 83.196 Thlr. 2 Gr., welcher aber als Sicherstellung für Depotdifferenzen und als Abschreibung für Consortialbetheiligungen eingestellt wurde.

Die Leipziger Börsennotirung der obigen Banken und Creditinstitute im Jahre 1873 war folgende:

	2. Januar	30. Juni	1. September
Sächsische Bank	175 1/4 G.	146 1/2 Br.	144 1/2 Br.
Leipziger Bank	142 „	135 1/2 bez. G.	136 3/4 „
Allgemeine Deutsche Creditanstalt	178 1/2 „	164 „ „	165 bez. G.
Leipziger Cassenverein	123 „	121 3/4 Br.	122 „
Weimarische Bank	117 „	113 bez. G.	112 1/2 G.
Leipziger Discontogesellschaft . .	110 1/4 „	93 G.	92 „
Leipziger Vereinsbank	96 1/4 Br., incl. Divid.	83 3/8 „	86 1/2 Br.
Leipziger Wechsel- und Depositenbank	100 bez. G., incl. Divid.	91 „	88 „
Leipziger Wechslerbank	93 G., incl. Divid.	75 bez. G.	77 1/2 bez.
Gera'er Bank	152 Br.	135 1/2 Br.	134 1/2 Br.
Sächsische Creditbank	135 1/2 G.	91 3/8 bez. G.	84 3/4 G.
Oberlausitzer Bank	104 „	90 Br.	84 1/2 Br.

	30. September	1. December	31. December
Sächsische Bank	133 bez. G.	143 G.	146 1/2 bez. G.
Leipziger Bank	135 bez.	132 „	131 3/4 „ „
Allgemeine Deutsche Creditanstalt	146 bez. G.	147 bez. G.	146 7/8 „ „
Leipziger Cassenverein	113 1/2 G.	118 1/4 bez.	117 1/2 G.

	30. September	1. December	31. December
Weimarische Bank	$102\frac{1}{2}$ bez. G.	106 G.	105 G.
Leipziger Discontogesellschaft . .	$92\frac{1}{2}$ „ „	83 bez. G.	$82\frac{3}{4}$ bez. G.
Leipziger Vereinsbank	$80\frac{1}{2}$ „ „	$85\frac{1}{2}$ „ „	$85\frac{3}{8}$ bez. Br.
Leipziger Wechsel- und Depositen-bank	78 „ „	$79\frac{7}{8}$ „ „	76 bez. G.
Leipziger Wechslerbank	68 „ Br.	$74\frac{1}{2}$ „ Br.	$71\frac{1}{4}$ „ „
Gera'er Bank	120 „	$121\frac{1}{2}$ Br.	$128\frac{1}{2}$ Br.
Sächsische Creditbank	$70\frac{5}{8}$ „	75 G.	$72\frac{3}{4}$ bez. G.
Oberlausitzer Bank	73 Br.	$65\frac{1}{4}$ bez. G.	72 „ „

Die ausgedehnte und sehr mannigfaltige sächsische Baumwollindustrie hat 1873 im Allgemeinen nicht die befriedigenden Ergebnisse des Vorjahrs geliefert. Die im letzten Quartal 1872 in der Weberei bereits drückend fühlbar gewordene Concurrenz der Elsasser Fabrikation machte sich in immer grösserem Umfange geltend und die Webereibranche kam dadurch in eine sehr ungünstige Lage.

Das neue Reichsland hat mehr Baumwollspindeln und mechanische Webstühle als das übrige Deutschland.

Wäre nicht infolge der sehr herabgedrückten Preise ein namhafter, wenn auch wenig lohnender Absatz nach den überseeischen Märkten zu bewirken gewesen, so würde eine wesentliche Verminderung der Fabrikation nicht zu vermeiden gewesen sein.

Auch die im Jahre 1873 flott abgesetzten baumwollenen Strumpfwaaren wurden von dem flauen Geschäftsgange mitbetroffen und namentlich schwere Waare blieb stark vernachlässigt.

Für voigtländische weisse Waare liess der Absatz ebenfalls viel zu wünschen übrig.

Dagegen hat sich für die Baumwollspinnerei das Jahr 1873 wieder verhältnissmässig günstig gestaltet, indem bei einer stetigen Tendenz und eben solcher Nachfrage die ersten vier Monate fast ohne Preisveränderung vergingen, worauf infolge der Aussichten auf eine ergiebige amerikanische Baumwollernte und der gedrückten Conjunctur bezüglich der Gewebe eine langsam und meist mit dem Rohstoffe gleichen Schritt einhaltende rückgängige Bewegung der Preise begann.

Während im Januar Orleans $10\frac{1}{2}$ und Dhollerah $7\frac{3}{4}$ d. galt, wurde dafür zu Ende December nur noch $8\frac{5}{8}$ und resp. $5\frac{5}{8}$ d. gezahlt. Der Geschäftsgang war ein ruhiger und bewegte sich in den Grenzen des wirklichen Bedarfs. Gegen Ende des Jahrs wurde der Begehr schwächer und der Schluss war still.

Die Chemnitzer Baumwollen-Actien-Spinnerei (mit einem Actiencapital von 621.333 Thlr.) erzielte 53.220 Thlr. Netto-Ueberschuss und zahlte den Inhabern von Stammactien ($333.333\frac{1}{3}$ Thlr.) 9 pCt., denen von Prioritätsactien 15 pCt. Dividende. Versponnen wurden 2,687.537 Pfund Baumwolle und daraus 2,432.820 Pfund Garn und Zwirn erzeugt.

Der letztere Artikel befand sich das ganze Jahr hindurch in einer gedrückten Lage. Doch konnte die Sächsische Nähfadenfabrik (Actiengesellschaft) zu Witzschdorf bei Chemnitz noch 8 pCt. Dividende (9 pCt. in 1872) gewähren.

Die Dresdener Nähmaschinen-Zwirnfabrik (Actiengesellschaft) verwendete ihren Reingewinn von 1520 Thlr. zu Abschreibungen.

Für den sehr bedeutenden Zwischenhandel Leipzigs mit englischen Schafwoll- und Baumwollgarnen scheint das Jahr 1873 einen ungünstigen Wendepunkt anzukündigen. Schon in 1872 hatten sich die Bemühungen der französischen Spinner bemerkbar gemacht, ihre einfachen wollenen Kammgarne in Sachsen einzuführen, wo zweifache französische wollene Kettengarne zu ganz wollenen Waaren schon seit Jahren viel Absatz gefunden haben.

Die billigen Preise der englischen Gespinnste gestatteten indessen, der französischen Concurrenz entgegen zu treten.

In den Monaten October und November 1872 wurden daher neue Contracte mit englischen Spinnern abgeschlossen, und als im December 1872 in England die Wolle erheblich stieg und infolge davon die englischen Spinner ihre Preise erhöhten, glaubte man mit dem billiger erworbenen grossen Lager 30er Weft im Jahre 1873 günstig operiren zu können.

Allein weder in Sachsen noch in Böhmen, welches ein starker Abnehmer für englische 30er Weft ist, wollte das Geschäft sich beleben.

Man versuchte wohl, durch Concessionen am Preise im Februar Verkäufe zu bewirken, dies gelang jedoch nur theilweise; denn bei dem allgemein schlechten Geschäftsgange fabricirte Böhmen vorzugsweise billige Baumwollartikel und bessere aus Eisengarn.

In Sachsen wendeten sich viele Fabrikanten, um Absatz zu gewinnen, den billig offerirten französischen Kammgarnen zu, während die in letzter Zeit theils neu errichteten, theils sehr vergrösserten mechanischen Webereien in der Lage waren, mit Umgehung Leipzigs ihre Garne auf Spulen direct von Bradford zu beziehen. Diese Form eignet sich aber nicht für den Garnhandel, weil dieselbe nach dem Bedarfe einer Fabrik eingerichtet werden muss.

Die französischen Garne, welche ohne Oel gesponnen werden und sich daher leichter und besser färben lassen, sowie bei guter Haltbarkeit und Fülle des Fadens eine schöne glatte Waare liefern, befriedigten umsomehr, als sie zugleich billiger wie die entsprechende englische Waare gewesen sind.

Nachdem die Franzosen ihre Preise aus eigenem Antriebe noch mehr ermässigt hatten, wurde der Consum französischer Wollgespinnste noch allgemeiner, so dass die Leipziger Garnhändler genöthigt waren, zu irgendwelchen Preisen von ihren grossen Lagern abzugeben, wodurch der Nutzen, welchen sie seinerzeit erwartet hatten, sich in Nachtheil verwandelte.

Der Bezug von englischen Wefts unterblieb daher umsomehr, als die von den Franzosen verdrängten englischen Spinner auf hohen Preisen bestanden. Erst im Sommer gelang es, aus England von Inhabern starker Garnvorräthe um ca. 2 s. pr. Gross billiger zu beziehen.

Obgleich diese Preise sich denen der französischen Gespinnste näherten, war doch ein flotter Absatz schon aus dem Grunde nicht zu erzielen, weil die Franzosen sich neuerdings nachgiebig zeigten.

Die Versuche von Leipziger Häusern, ihren Handel auf französische Garne auszudehnen, scheinen wenig Erfolg gehabt zu haben, da die Franzosen mit den consumirenden Fabrikanten direct arbeiten, anstatt, wie die Engländer, den Absatz durch Commissionshäuser vermitteln zu lassen, welche oft zugleich Speculanten sind, die Verhältnisse verwirren und ungesund gestalten.

Die Hoffnung, dass die gezwungene Zurückhaltung der englischen Wollspinnereien einen starken Druck auf Schafwolle ausüben werde, erfüllte sich nicht in zureichendem Grade und es blieben die englischen Wollgarnpreise bis Ende 1873 von einer Art, dass Beziehungen nicht rathsam erschienen.

Der Umsatz Leipzigs in englischen Wollgarnen ist für das Jahr 1873 annähernd noch auf 3000 Ballen à 1200 Pfund zu veranschlagen; derselbe kann jedoch bei den geschilderten Schwierigkeiten und der rückgängigen Conjunctur fast aller Sorten ein- und zweifacher Garne kaum gewinnbringend gewesen sein, dies aber noch weniger für die englischen Spinner und Garnhäuser, die thatsächlich mit enormen Verlusten gearbeitet haben.

Früher setzte Leipzig ca. 7000 Ballen um und ist der beträchtliche Ausfall zum grösseren Theile mit französischen, theilweise auch mit deutschen Kammgarnen, sowie mit englischen Garnen auf Spulen für die mechanischen Webereien gedeckt worden.

Herbeigeführt wurde dieser Ausfall durch die vorerwähnten Verhältnisse und die veränderte Geschmacksrichtung in Kleiderstoffen, zu welchen englische Garne nicht tauglich sind.

Man hat zwar in England Versuche gemacht, Garne nach französischer Art zu spinnen, würde aber dazu nöthig haben, das ganze bisherige Spinnsystem umzugestalten.

In Frankreich arbeitet man diese Garne nicht nur mit anderen Maschinen, sondern es sind dort ausserdem die Kämmerei und Spinnerei getrennte Geschäfte, so dass eines von dem anderen bei wechselnden Conjuncturen Nutzen zieht, während in England der Spinner bisher zugleich Kämmer ist und deshalb ungünstige Conjuncturen allein zu tragen hat. Ueberdies sind in Frankreich bezüglich der Mitverwendung kurzer Wollen grosse Fortschritte gemacht worden.

Englische Baumwollgarne, doublirte 40er, 60er, 80er, 100er, 120er, 140er, von welchen 60er die Hauptnummer ist, bilden in Leipzig noch immer ein grosses Geschäft, indem man dieselben zur Erzeugung von halbwollenen Waaren benöthigt, der Schuss möge aus englischem oder anderem Kammgarn bestehen.

Der Umsatz der 60er hat jedoch dadurch eine nicht unwesentliche Beeinträchtigung erfahren, dass dafür 30er Water deutschen Gespinnstes von zahlreichen kleinen Fabrikanten verwendet wurde, die bei dem allgemein gedrückten Geschäftsgange sich gezwungen sahen, billige Artikel zu produciren.

An Baumwollgarn hat Leipzig im Jahre 1873 ca. 5000 Ballen (à 1200 Pfund) im Werthe von etwa 3½ Mill. Thlr. umgesetzt; das Jahr ist indessen auch dieser Branche nicht günstig gewesen, da, mit wenigen Ausnahmen, die Preise von Januar bis December allmälig um 3—4 Sgr. pr. Pfd. zurückgingen, was hauptsächlich eine Folge der Ueberproduction in England und des dadurch herbeigeführten fortwährend dringenden Angebots war.

Die französische Concurrenz hat also im Jahre 1873 den Umsatz der englischen Kammgarne und den Zwischenhandel Leipzigs mit diesem Artikel so wesentlich beeinträchtigt, dass man hier für die bezüglichen Geschäfte bleibende Nachtheile befürchtet, zumal auch die Zunahme und Erweiterung der mechanischen Webereien in Sachsen und Thüringen den schon erwähnten vermehrten Bezug von Garnen auf Spulen in directem Wege mit sich bringt, der für die kleinere Fabrikation erforderliche Bedarf aber nicht gross genug ist, um für Leipzig bei der im Garngeschäfte bestehenden grossen Concurrenz noch einen Umsatz übrig zu lassen, der einen befriedigenden Nutzen in Aussicht stellte.

Der Eingang von Baumwollgarn bei dem Hauptzollamte Leipzig betrug im Jahre 1873 zusammen 50.702 Zollcentner (gegen 34.997 Ctr. in 1872), wovon 36.218 Ctr. zur Verzollung gelangt sind. Im ganzen Reichsgebiete wurden 436.400 Ctr. Baumwollgarne importirt und 97.800 Ctr. ausgeführt.

Die in Deutschland in hervorragender Weise entwickelte Wollenindustrie ist auch in Sachsen und Thüringen in fast allen Zweigen stark vertreten. Der milde Herbst und Winter von 1872 auf 1873 benachtheiligte den Absatz von Winterwaaren; Tuche litten ausserdem durch das Darniederliegen des Exportgeschäfts, welches nur für den Orient einiges Leben entwickelte.

Grosse Fallimente in dieser Branche bewirkten ferner eine Ueberfüllung des continentalen Markts, welche die Concurrenz aufs Aeusserste erschwerte.

Im Allgemeinen wird der Consum der Tuche auch durch die Mode stark vermindert, die den mannigfaltigen Wollstoffen und gemusterten Artikeln den Vorzug gibt, in deren Erfindung und Herstellung die Tuchmanufactur jetzt wetteifert. Für diese Gattung Artikel war das Geschäft im Frühjahr und Sommer befriedigend.

Wollene Flanelle und Futterstoffe hatten, erstere auch durch Export, ziemlich regelmässigen Absatz, wenngleich bei den hohen Preisen des Rohmaterials und den gesteigerten Arbeitslöhnen der Nutzen sich niedriger gestellt haben mag.

Unter welchem Drucke die Tuchmanufactur gearbeitet hat, ergiebt sich auch daraus, dass z. B. die Sächsische Tuchfabrik (vormals Fedor Zschille & Co.) in Grossenhain nur 2 pCt. (im Vorjahre 3 pCt.) Dividende, die Bautzener Tuchfabrik und Kunstmühle (vormals C. G. E. Mörbiz; Actiencapital 650.000 Thlr. und dazu 40.000 Hypotheken) nur $2^1/_2$ pCt. Dividende für das Geschäftsjahr 1873 offeriren konnte.

Die Geschäfte der Wollspinnerei waren analog der Conjunctur in derlei Waaren und wurden ausserdem von dem mehr oder minder günstigen Einkauf des Rohmaterials bedingt.

Der Absatz wollener Strumpfgarne war infolge des milden Winters ein schleppender, desgleichen der von Garnen an die Tuchfabrikanten.

Die Sächsische Wollgarnfabrik (vormals Gebrüder Eckhardt) in Grossenhain schloss mit 29.000 Thlr. Verlust ab.

Für die Kammgarnspinnerei eröffnete das Jahr ebenfalls unter gedrückten Verhältnissen und zu Tagespreisen, welche im Hinblick auf den Marktwerth des Rohmaterials wenig Aussicht auf Nutzen übrig liessen.

Im zweiten Quartal besserte sich jedoch das Geschäft trotz der Wiener Börsenkrisis, die nur den Absatz solcher Spinnereien beeinträchtigte, welche wie die Sächsische Kammgarnspinnerei zu Harthau stark mit österreichischen Abnehmern arbeiteten.

Es entstand lebhafte Nachfrage und infolge dessen eine Preiserhöhung, welche sich trotz der Concurrenz der französischen Kammgarne bis in den Herbst befriedigend erhielt. Dann aber trat unter der Einwirkung der Börsenkrisis in Deutschland und Nordamerika Geschäftsstille ein, die bis zu Ende des Jahrs anhielt.

Die Gesammteinfuhr während des Jahrs 1873 in das deutsche Zollgebiet war 329.200 Ctr. (1872: 344.300 Ctr.), die Ausfuhr 104.900 Ctr. (1872: 144.900 Ctr.). Der Werth des Exports von Wollengarn aus Frankreich stellte sich 1873 auf 32,732.000 Francs, gegen 31,122.000 Frcs. im Vorjahre.

Beim Hauptzollamte Leipzig wurden in 1873 33.624 Ctr. eingeführt und davon 27.618 Ctr. versteuert.

Mit der Leinenindustrie will es in Sachsen seit längerer Zeit im Allgemeinen nicht recht vorwärts gehen. Die Schuld liegt an der Mehrzahl der Industriellen, welche zu fest am Hergebrachten halten.

Das letztere war auch der Grund, welcher die berühmten sächsischen Damastgewebe eine Reihe von Jahren hindurch unter der Concurrenz englischer und namentlich auch schlesischer Fabrikate leiden liess, die mehr dem Geschmacke und den Gewohnheiten der Gegenwart sich anschlossen. Neuerdings hat man mit Nutzen begonnen, jenem Beispiele zu folgen.

Der Export glatter sächsischer Leinen nach Polen und Russland geht zurück, das Geschäft nach überseeischen Märkten ist fast erloschen. In der Zittauer Handelskammer selbst kam man auf die gedrückte Lage dieser Branche zu reden, die auch durch gesteigerten Arbeitslohn leide und der böhmischen Concurrenz den Markt nicht mehr verschliessen könne.*)

*) Böhmische und mährische Leinen haben überhaupt angefangen, im deutschen Zollgebiet Absatz zu gewinnen. Insbesondere wird die Solidität und Güte der von den Firmen Oberleitner & Söhne und Sigl in Mährisch-Schönberg gelieferten Waare geschätzt.

Man erörterte sodann die Fragen: Was der Oberlausitzer Leinenindustrie fehle? Ob in der Lausitz selbst zu erreichen sei, was ihr fehle? Auf welche Art und wo es zu erreichen sei?

Als Hauptmängel wurden hervorgehoben, dass keine in Einem Betriebe vereinigte Waarenbleicherei und Appreturanstalt vorhanden sei und dass es auch vielfach an einer rationellen Garnbleiche fehle.

Lausitzer Leinen stehen, was die Güte der Garne betreffe, anderen Fabrikaten nicht nach, allein infolge davon, dass die Appretur und das Aufmachen derselben in vielen kleinen, nicht mit allen Hilfsmitteln des neuesten Betriebes versehenen Etablissements bewirkt werde, erhalte die Waare ein ungleiches Aeussere und sei deshalb von dem lohnenden Grosshandel ziemlich ausgeschlossen.

Die Handelskammer veranlasste infolge dessen eine Versammlung aller Leinen-Industriellen der Oberlausitz, welche von 68 Firmen beschickt wurde und eifrig auf die Sache einging. Es wurden 1700 Thaler gezeichnet, um Erörterungen anzustellen, wo am besten in der Lausitz ein Etablissement der oben bezeichneten Art zu errichten sein würde, und wie man für dasselbe eine in der vorgeschrittensten Technik bewanderte Kraft gewinnen könne. Das Weitere wurde einem dazu gewählten Comité in die Hand gegeben.

Die Thätigkeit desselben, sowie die Opferwilligkeit der Firma A. Dürninger & Co. in Herrnhut hat seitdem dahin geführt, dass eine solche Bleich- und Appretur-Anstalt bei Herrnhut in Angriff genommen wurde und eine zweite für die Sohland-Wehrsdorfer Gegend beabsichtigt ist.

Zugleich wurde Director Windel aus Bielefeld, der bisher der grössten dortigen Appretur und Bleiche vorstand, zur Leitung des neuen Etablissements, an dem er sich auch finanziell betheiligt, gewonnen.

Die nicht florirende Situation der sächsischen Flachsindustrie spricht sich auch in dem Beschlusse der Generalversammlung der Annaberger Actiengesellschaft für Flachsindustrie aus, ihr Actiencapital von 350.000 Thlr. auf 233.300 Thlr. herabzusetzen.

Der Actienverein für Flachs- und Leinenindustrie in Dresden, welcher am 31. December 1873 seine erste neunmonatliche Geschäftsperiode abschloss, konnte seinen Actionären nur 2 Thlr. Dividende offeriren. Der Actienverein besitzt die Flachsgarn-Maschinenspinnerei zu Karbitz in Böhmen (an der Aussig-Teplitzer Eisenbahn) mit 2208 Flachs- und Wergspindeln.

Dieses Etablissement ist zum Absatz seiner Erzeugnisse zunächst auf Oesterreich angewiesen, wurde aber bei der Störung des österreichischen Markts durch die Folgen der Krisis genöthigt, mit seinen Erzeugnissen das deutsche Zollgebiet aufzusuchen, trotz der Zölle, Fracht und anderen Spesen, welche die Waare vertheuern und das Erträgniss schädigen.

Im deutschen Zollgebiete war das Geschäft in Flachsgarnen insoweit nicht ungünstig, als die Preise sich sehr gleichmässig hielten und nur bei vorübergehender lebhafter Frage für einzelne Nummern kleine Steigerungen erfuhren. Consumenten versahen sich in der Meinung, die Preise zurückgehen zu sehen, in der Regel nur für den nächsten Bedarf.

Im Allgemeinen ist die Flachs-, Hanf- und Jute-Industrie in Deutschland eifrig auf Verbesserungen bedacht, und die böhmischen und mährischen Industriellen mögen immerhin ihre Interessen aufmerksam wahrzunehmen suchen.

Die Fabrikation von Besatzartikeln: Fransen, Schnüren u. dgl., ist immer von der Mode abhängig, welche dieselbe zur Zeit nicht begünstigt. Aber auch ausserdem verliert der Artikel durch die enormen Eingangszölle in Nordamerika und die in Frankreich lebhaft sich entwickelnde Concurrenz von seinem Export nach beiden Märkten.

Bei der grossen Erweiterung der Papierfabrikation Sachsens in den letzten paar Jahren hat diese Branche sich eine Concurrenz geschaffen, welche bei wesentlich verminderter Nachfrage, wie sie 1873 eingetreten ist, den Arbeitsgewinn stark schmälern musste. Die Thode'sche Fabrik zu Hainsberg hat 9 pCt. Dividende (gegen 14 pCt. im Vorjahre), die Peniger Patentpapierfabrik (sonst Flinsch) 4 pCt., die Vereinigten Bautzener Papierfabriken, welche zugleich eine Papierhandlung auch mit nicht selbst fabricirten Papieren in Berlin betreiben, 13 pCt., die Dresdener Papierfabrik 10 pCt. (1872: 11 pCt.) abgeworfen. Dagegen haben mehrere kleinere Etablissements keine Dividende erzielt.

Die zu Dresden bestehenden sieben Fabriken zur Fertigmachung photographischer Papiere (das Papier selbst wird bekanntlich einzig und allein zu Rives in Frankreich producirt und die Fertigmachung für die Photographie hauptsächlich in Dresden und ausserdem noch in Friedberg bei Frankfurt a/M. besorgt) haben ihre sämmtlichen Etablissements zu einer Actiengesellschaft mit einem Capital von 1,380.000 Reichsmark vereinigt.

In den letzten Jahren hat übrigens im Deutschen Reiche die Papierindustrie ganz ungewöhnlich an Umfang zugenommen; denn während es vor 1868 nur 242 mit Papiermaschinen ausgestattete Etablissements gab und deren jährliche Papiererzeugung auf 1,600.000 Ctr. veranschlagt wurde, zählt man jetzt 423 solche Fabriken mit einer Jahresproduction von 3,600.000 Ctr.

Die Bierbrauerei-Unternehmungen haben auch in 1873 bei tüchtiger Leitung guten Nutzen abgeworfen. Die Societäts-Brauerei (Waldschlösschen) bei Dresden gab 14 pCt., die Brauerei „zum Felsenkeller" in Dresden 28 pCt., die Actienbrauerei „Reisewitz" ebendaselbst 20 pCt., die Vereins-Bierbrauerei in Leipzig 18 pCt., die Brauerei „Schloss Chemnitz" (allerdings unter Zuschlag eines Antheils aus dem Erlös eines Grundstückes) 18 pCt. Dividende.

Nach den Zolllisten für 1872 hat die Einfuhr von fremdem Bier in das deutsche Zollgebiet 140.781 Ctr. betragen, davon 107.000 Ctr. aus Oesterreich. Die Ausfuhr umfasste 776.871 Ctr., wovon nichts nach Oesterreich ging.

Für die Tabak- und Cigarrenfabrikation war das Jahr 1873 kein günstiges. Zwar begann dasselbe mit einem lebhaften Geschäftsgange, dem aber nach wenig Monaten eine ungewöhnliche Stagnation folgte.

Der Nichteintritt der befürchteten Steuererhöhung übte einen starken Druck auf die ungemein hoch getriebenen Preise von beinahe allen Gattungen Tabak. Die überfüllten Lager der Fabrikanten, Speculanten und Händler und das Hereinbrechen der Börsenkrisis legten das Geschäft lahm.

Die Preise für Rohtabak, welche sich in Holland, Bremen und Hamburg sehr vertheuert hatten, gingen bald bedeutend (theilweise um 25 pCt.) zurück, wodurch an den im Hinblick auf die Steuererhöhung aufgehäuften Vorräthen starke Verluste erlitten wurden.

Nachdem die Fabrikanten ihre Lieferungsaufträge erledigt hatten, wurde auf Lager gearbeitet. Allein für die aus theurem Material erzeugten Cigarren mussten nunmehr auch billigere Preise notirt werden. Das Mille von Mittelwaare und darüber war zu Ende des Jahrs nur um Preise, die sich gegen früher um ca. $^1/_2$—1 Thlr. billiger stellten, an Mann zu bringen. Der Jahresschluss war für den Tabakhandel notorisch flau.

Auf die Arbeiterverhältnisse wirkte diese Conjunctur insofern günstig ein, als die bei der Cigarrenfabrikation beschäftigten Leute sich gegen ihre Arbeitgeber im Allgemeinen fügsamer zeigten.

Die Resultate der Actienunternehmungen entsprachen der Conjunctur. Die Dressler'sche Cigarren- und Cigarrettenfabrik in Dresden konnte nur 5½ pCt., die „Union" in Dresden (vormals Leonhard Kronenberg) nur 5 pCt. Dividende gewähren.

Nach den Zollregistern sind im Jahre 1873 bei dem Hauptzollamte Leipzig allein 46.578 Ctr. ausländische rohe Tabakblätter, also um 10.735 Ctr. weniger als in 1872, verzollt worden.

In Sachsen ist der Tabakbau ganz unbedeutend. In 1872—1873 haben 599 diesem Culturzweige gewidmete Ares in Allem 281 Ctr. getrocknete Blätter ertragen, die einen mittleren Marktwerth von 8·8 Thlr. pr. Ctr. repräsentiren.

Der Gesammtwerth der während des angegebenen Zeitraumes in Deutschland producirten 902.644 Ctr. trockener Blätter berechnet sich bei einem Mittelpreise von 11·5 Thlr. pr. Ctr. auf ungefähr 10,470.660 Thlr.

Für die grossartige Industrie des Maschinenbaues und der Werkzeugfabrikation ist das Erträgniss des Jahrs 1873 sehr hinter dem des Vorjahrs zurückgeblieben. Zwar fehlte es in allen den vielseitigen Branchen nicht an reichlichen Aufträgen; allein die rückgängige Conjunctur in Eisen und anderen Metallen hat den Etablissements, welche namhafte Materialvorräthe besassen, Nachtheil gebracht.

Die Ansprüche der Arbeiter verursachten Störungen; finanzielle Schwierigkeiten schädigten das Erträgniss. Infolge dessen konnte die Maschinenbau-Gesellschaft in Chemnitz (vormals Münnich & Co.), welche im Jahre 1872 eine Dividende von 20 pCt. vertheilt hatte, in 1873 keine gewähren. Die Chemnitzer Werkzeug-Maschinenfabrik (vormals Zimmermann) gab 1872—1873 eine Dividende von 15 pCt., dagegen in 1873—1874 nur 8 pCt. Die Dampf- und Spinnerei-Maschinenfabrik in Chemnitz, welche in früheren Jahren 11 pCt. ergeben hatte, lieferte für 1872—1873 noch 10 Percent Dividende. Die deutsche Werkzeug-Maschinenfabrik (vormals Sondermann & Stier) warf für 1873—1874 7 pCt., die Lausitzer Maschinenfabrik in Bautzen (vormals Petzold) 6½ pCt. Dividende ab.

Das Geschäft in rohen Häuten und Fellen zur Lederbereitung, welches in Leipzig besonders cultivirt wird, war 1873 minder belangreich als im Vorjahre. Soweit dasselbe zollamtlich controlirt wird, sind in Leipzig 53.110 Ctr. rohe Häute und Felle eingegangen, um 7430 Ctr. weniger als in 1872.

Die Preise für Ochsen- und besonders für Pferdehäute erhielten sich jedoch das ganze Jahr hindurch hoch. Kuhhäute erlitten gegen Ende desselben eine Preisverminderung; Kalbfelle blieben bis auf geringe Sorten gut gefragt und Schaffelle sehr gesucht.

Die Preise für fabricirtes Leder von guter Gerbung hielten sich bis gegen Ende des Jahrs hoch; überhaupt war das Geschäft in garem Leder, obgleich die Löhne, sowie Gerbe- und Zubereitungsmaterialien im Werthe stiegen, im Ganzen genommen ein gutes.

Die Dresdener Lederfabrik, welche hauptsächlich Kid-Kalbfelle für den englischen Markt fabricirt, war wohl durch die Nothwendigkeit, ihre Preise zu erhöhen, und bei der infolge dessen eingetretenen Verringerung der Aufträge gezwungen, einige Monate lang ihre Thätigkeit einzuschränken; indessen war sie bald wieder in der Lage, täglich ca. 1000 Stück Kidfelle fertig zu machen und abzusetzen. Sie hat im ganzen Jahre 249.667 Stück an Mann gebracht (94.000 weniger als 1872), einen Reingewinn von 27.449 Thlr. erzielt und ihren Actionären 5½ pCt. Dividende ausbezahlt.

Für den Rauhwaarenhandel bildet bekanntlich Leipzig einen Centralpunkt des Weltverkehrs in dieser Branche. War auch das Geschäft des Jahrs 1873 nicht ganz so ausgedehnt und etwas weniger lohnend als im Vorjahre, so befriedigte es doch im Allgemeinen und ist dieses Fach von der Krisis wenig in Mitleidenschaft gezogen worden.

Der Leipziger Grosshandel in Uhren (Pendulen, Taschenuhren, Regulatoren etc.) hatte unter der Ungunst der Conjunctur viel zu leiden. Eine beträchtliche Ueberproduction lastete auf diesem Geschäfte und die Preise zeigten schliesslich einen fühlbaren Rückgang. Regulatoren waren noch nie so billig zu kaufen gewesen.

Der Handel in Colonialwaaren hat 1873 den Umsatz des Vorjahrs übertroffen. Kaffee erreichte schon zu Ende 1872 einen ausserordentlich hohen Preisstand und hielt zufolge der in Nordamerika und Europa (mit Rücksicht auf die geringen Ernten in Ceylon und Brasilien) gebildeten Consortien zum Treiben des Artikels mit geringer Unterbrechung bis Ende des Jahrs eine steigende Richtung ein, so dass guter ordinärer Java bis auf 14 Sgr. stieg. Leipzig hat in 1873 113.455 Ctr. Kaffee eingeführt und davon 103.288 Ctr. (um 7518 Ctr. mehr als in 1872) verzollt und zollfrei bezogen.

Das Geschäft in Reis befand sich zwar während des grössten Theils des Jahrs in etwas gedrückter Lage, indessen wurde doch der Umsatz durch vermehrten Consum hochfeiner Javasorten belebt. Die Verwendung von Bruchreis zu verschiedenen industriellen Zwecken brachte einen regelmässigen Abzug und eine kleine Erhöhung des Preises für diese Sorte mit sich. Gegen Ende des Jahrs bewirkten die Nachrichten von der in einigen Theilen Indiens drohenden Hungersnoth eine festere Stimmung. Leipzig hat im Jahre 1873 37.532 Ctr., davon 36.102 Ctr. (um 6204 Ctr. mehr als in 1872) verzollt und zollfrei, bezogen.

Von Gewürzen haben Piment, Pfeffer, Ingber, namentlich aber Nelken einen weit höheren Preis als in den letzten Jahren erreicht. Nelken waren fast um 100 pCt. theurer. Ostindischer Sago hat nach Aufhebung des Einfuhrzolles bei seinem billigen Preise angefangen, dem deutschen Kartoffelsago erfolgreiche Concurrenz zu machen.

Der Productenhandel war, mit Ausnahme der Zeit vor der Ernte und der Herbst-Monate, ziemlich ruhig und ohne besondere Anregung. Das sächsische Geschäft folgt übrigens nur der Stimmung der grossen Getreidebörsen von Berlin und Breslau.

Die Roggenpreise waren im Januar 62—63 Thlr. und Ende Mai 65—67 Thlr. für 1000 Kilgr. gute Waare, während geringe russische Frucht 59—62 Thlr. notirte. Die vorzügliche Qualität der neuen Roggenernte brachte für diese Korngattung 75 Thlr. im August, 77—77½ Thlr. im October und November und 74½ Thlr. im December.

Die Weizenpreise, welche im Januar auf 80—84 Thlr. pr. 1000 Kilgr. netto standen, erhöhten sich nach und nach und erreichten in den letzten Monaten vor der Ernte durch den Einfluss der Befürchtung, dass die ungünstige Witterung an Qualität und Quantität einen Ausfall herbeiführen werde, den Gipfelpunkt mit 99—100 Thlr. (Juni und Juli), wichen aber bis Ende des Jahrs wieder auf 91 Thlr. zurück.

Gerste hat sich an der Leipziger Productenbörse, ebenso wie anderwärts, das ganze Jahr hindurch in guter Frage mit anhaltend steigender Tendenz erhalten. Die im Januar bis März bezahlten Preise von 54—64 Thlr. pr. 1000 Kilgr. netto gingen im April auf 58—66 Thlr., im Juni bis August auf 60—70 Thlr. und hielten sich, da diese Frucht so ziemlich in ganz Deutschland gelitten hatte, bis zu Ende des Jahrs, je nach Qualität und Dringlichkeit der Frage, zwischen 64 und 74 Thlr.

Hafer erhöhte seinen ursprünglichen Marktwerth von 42—45 Thlr. pr. 1000 Kilgr. bis Ende des Jahrs langsam aber stetig auf 56—60 Thlr.

Von Oelfrüchten wurde Raps im Januar mit 102—103 Thlr. Br. notirt, dann ruhte der Artikel bis Juni, wo ungarisches Erzeugniss an der Börse mit 93 Thlr. Br. notirt wurde; Landesproduct behauptete sich dann für den Rest des Jahrs auf dem Mittelpreise von 86 Thlr.

Der Rhein und Süddeutschland hatten ihren Bedarf durch Bezüge aus Ungarn gedeckt, so dass dahin nur wenig aus Sachsen versandt wurde.

Rüböl eröffnete im Januar mit $22^{3}/_{4}$ Thlr. pr. 100 Kilgr., hielt sich bis zur neuen Ernte zwischen 21—22 Thlr. und wich dann langsam bis zum Schlusse des Jahrs auf 20—$19^{3}/_{4}$ Thlr. zurück.

Ungarischer Mais, im Januar mit 56 Thlr. pr. 1000 Kilgr. bezahlt, litt unter der Concurrenz des amerikanischen Products, das zu 55—56 Thlr. angeboten war.

Das Spiritusgeschäft ist in 1873 ein vortheilhaftes gewesen, hauptsächlich durch den starken Bedarf des Auslandes, während Oesterreich-Ungarn und Frankreich wegen Misswachs des Rohproducts nicht massenhaft exportiren konnten. Frankreich musste sogar zeitweise von Deutschland beziehen; Italien, die Schweiz und Süddeutschland waren starke Käufer.

Während der ersten drei Monate, der Zeit der lebhaftesten Spiritus-Erzeugung, standen die Preise bei reichlicher Zufuhr auf 17 Thlr. 25 Ngr. (Januar), 18 Thlr. (Februar) und 17 Thlr. 27 Ngr. (Ende März). Im April blieb der Werth des Artikels unverändert, fing aber im Mai zu steigen an.

Im Juni wurde $20^{1}/_{6}$ Thlr. G., im Juli 22 Thlr. 20 Ngr. G., im August 24 Thlr. 20 Ngr. G., Anfangs September 28 Thlr. 5 Ngr. G. bewilligt. Die Notirungen im October waren 24 Thlr. 20 Ngr., im November 21 Thlr. 10 Ngr. bis 21 Thlr. 20 Ngr. und schlossen im December mit 19 Thlr. 22 Ngr. G.

Der Umsatz von Producten auf dem Leipziger Platze, soweit die Zu- und Abfuhr mit Hilfe der Eisenbahn bewerkstelligt worden ist, gestaltete sich in 1873 wie folgt:

	Eingang	Ausgang	Gesammte Zu- oder Abnahme gegen 1872
	Ctr.	Ctr.	Ctr.
Weizen	391.118	270.097	+ 259.308
Roggen	753.533	519.027	+ 316.015
Gerste	200.521	129.791	+ 159.728
Hafer	252.974	194.240	+ 188.993
Mais	15.252	12.397	?
Hülsenfrüchte	82.319	38.074	+ 45.547
Oelsaat und Sämereien . . .	47.947	58.085	+ 8.298
Mehl	300.367	280.615	+ 231.270
Rüböl	26.932	23.467	— 31.393
Spiritus	355.852	468.200	+ 306.815

Die hierländige Förderung von Steinkohlen und der Verkehr mit diesem Mineral ist auch in 1873 gegenüber dem Vorjahre wieder gestiegen, und zwar um 4,372.680 Centner oder 10·07 pCt. Diese Zunahme vertheilt sich auf die drei sächsischen Abbau-Bezirke wie folgt: Zwickauer Bezirk 2,992.970 Ctr., Lugauer 660.060 Ctr., Dresdener 719.650 Ctr.

Im erstgenannten Bezirke wurden im Jahre 1873 45,942.550 Ctr. Steinkohlen gefördert und dabei 9310 Arbeiter beschäftigt, deren Jahresverdienst sich durchschnittlich mit 311 Thlr. 15 Ngr. pr. Mann berechnete. Da mit der eigentlichen Kohlengewinnung 3887 Mann beschäftigt waren, so betrug die Leistung eines einzelnen Mäners im ganzen Jahre rund 11.820 Ctr.

Die Gesammtproduction Sachsens an Steinkohlen, welche in 1872 58,925.228 Centner ausmachte, ist im Jahre 1873 auf ca. 63 Mill. Ctr. angewachsen. Die Abfuhr von Kohlen stieg um 1,434.748 Ctr. nach der Magdeburg-Leipziger Eisenbahn, 2,131.610 Centner nach den Stationen der sächsischen Staatsbahn, 645.570 Ctr. nach der bayerischen Staatseisenbahn, 568.980 Ctr. nach der Thüringischen Eisenbahn, 468.340 Ctr. nach der bayerischen Ostbahn; dagegen hat die Versendung auf der Leipzig-Dresdener Eisenbahn um 119.170 Ctr. abgenommen.

Die Vervollständigung des sächsischen Eisenbahnnetzes und der Anschlüsse desselben an Bahnen der Nachbarländer wird mit Eifer angestrebt. Die hierländigen Staatsbahnen und die unter Staatsverwaltung stehenden Privatbahnen erhielten durch die am 1. November 1873 geschehene Eröffnung der Strecke von Löbau über Dürrhennersdorf nach Ebersbach zum Anschlusse an die böhmische Nordbahn einen Zuwachs um 9·373 Kilometer.

Die gesammte Länge dieser Bahnen betrug zu Ende 1873 mit Einschluss der gepachteten Strecken 993·091 Kilometer, wovon 395·347 Kilometer eingeleisig und 597·744 K. doppelgeleisig sind. Dem Staate gehören davon 925·096 Kilometer und 67·995 Kilometer sind gepachtet. Die in Staatsverwaltung stehenden Privatbahnen (Gössnitz-Gera, Altenburg-Zeitz, Greiz-Brunn, Zittau-Reichenberg) haben eine Länge von 97·063 Kilometer; sämmtliche vom Staate selbst betriebenen Eisenbahnen, einschliesslich der Oberhohndorf-Reinsdorfer und der Brückenberger Kohlenbahn bei Zwickau, betragen 1109·1 Kilometer.

Das Anlagecapital, welches seit 1842 bis zum Schlusse des Jahrs 1873 für die im Staatseigenthum befindlichen Eisenbahnen aufgewendet wurde, beträgt im Ganzen 94,293.106 Thlr.

Die Gesammteinnahme der Staatsbahnen betrug im Jahre 1873 14,157.346 Thlr., wovon auf den Personen- und Gepäckverkehr 3,861.267 Thlr., auf den Transport von Fahrzeugen und Thieren 177.257 Thlr., auf den Güterverkehr 9,910.084 Thlr., auf den Ertrag aus sonstigen Quellen 208.738 Thlr. entfallen.

Die gesammten Ausgaben bezifferten sich also: Bahnverwaltung 1,394.274 Thlr., Transportverwaltung 5,532.973 Thlr., allgemeine Verwaltung 274.826 Thlr., Bahnzins 288.815 Thlr., Erneuerungsfond 1,486.670 Thlr., somit im Ganzen 8,977.558 Thlr.; wornach 5,179.788 Thlr. als Ueberschuss verblieben. Die Rentabilität der Staatsbahnen im Jahre 1873 berechnet sich somit auf 5·54 pCt., gegen 5·75 pCt. in 1872 und 7·07 pCt. in 1871.

Die Anzahl der in 1873 auf den Staatsbahnen beförderten Personen war 10,949.681, auf den in Staatsverwaltung stehenden Privatbahnen 902.243, zusammen also 11,851.924. Der Personenverkehr hat gegen 1872 um 19·5 pCt. zugenommen. Frachtgüter wurden im Ganzen 163,625.870 Ctr. befördert, davon 144,905.974 Ctr. auf den Staats- und 18,719.896 Ctr. auf den Privatbahnen.

Die Gesammtmenge der auf den sächsischen Staatsbahnen in 1873 beförderten Stein- und Braunkohlen betrug 75,218.987 Ctr., darunter 20,297.590 Ctr. Braunkohlen aus Böhmen, d. i. um 7,548.675 Ctr. mehr als in 1872, wo (nach der sächsischen Eisenbahnstatistik) nur 12,848.915 Ctr. böhmische Braunkohlen auf den Staatsbahnen eingeführt wurden.

Von den im Jahre 1873 aus Böhmen gekommenen Braunkohlen blieb fast die Hälfte (9,825.010 Ctr.) auf den Stationen der vom Staate betriebenen Bahnen. Die andere Hälfte ging im Durchgangsverkehr nach anderen Bahnen, und zwar: 2,862.320 Centner nach der Leipzig-Dresdener Bahn, 2,828.270 Ctr. nach der Berlin-Anhalter Bahn, 1,338.740 Ctr. nach der Magdeburg-Halberstädter Bahn.

Die Einfuhr von schlesischen Steinkohlen auf den Staatsbahnen, welche in 1872 2,493.318 Ctr. betrug, hat sich im Jahre darnach auf 4,253.197 Ctr., also um 70·58 pCt. gesteigert.

Der im Verhältniss zu den sächsischen Steinkohlen wesentlich billigere Preis der schlesischen Kohle ist die Ursache dieser Erweiterung ihres Absatzes in westlicher Richtung. Es gingen von diesen über Görlitz eingeführten Kohlen 2,787.303 Ctr. nach den sächsischen Staats- und den in Staatsverwaltung stehenden Privatbahn-Stationen und zwar vorzugsweise nach Reichenberg, Bautzen, Dresden, Löbau, Pirna, Zittau.

Die übrigen 1,465.894 Ctr. passirten die sächsischen Bahnen im Durchgangs-Verkehr, vorzugsweise nach und über die Leipzig-Dresdener Bahn, ferner nach der Süd-Norddeutschen Verbindungsbahn, der böhmischen Nordbahn, der Aussig-Teplitzer Bahn und den bayerischen Ostbahnen.

Die Leipzig-Dresdener Eisenbahn hatte in 1873 auf ihren im Betriebe befindlichen Linien: Leipzig-Riesa- und Leipzig-Döbeln-Dresden, Grossenhain-Pristewitz, Nossen-Freiberg, Magdeburg-Leipziger Verbindungsbahn (zusammen 250 Kilometer) eine Brutto-Einnahme von 4,005.128 Thlr. (gegen 3,770.682 Thlr. in 1872). Personen wurden 3,433.402 (665.211 mehr als in 1872) befördert; der Güterverkehr betrug 408,620.745 Meilen-Centner (1872: 318,983.841 Meilen-Centner).

Mit den Einnahmen aus dem Betriebe der Cottbus-Grossenhainer Bahn, an Zinsen, durch Vermiethung von Locomotiven, an Pachtgeldern etc. erhöhte sich die Einnahme auf 4,400.467 Thlr.; die Ausgabe betrug 2,622.060 Thlr. und der Ueberschuss 1,778.407 Thlr. Nachdem davon statutengemäss 4 pCt. Zinsen für 75.000 Actien à 100 Thl. und die Zinsen von sechs Anlehen gedeckt wurden, blieben 931.147 Thlr. zur Verfügung der Generalversammlung und sind, nach Deckung der Tantième an den Bevollmächtigten, noch 1272 Thlr. Dividende (mit Hinzurechnung der Zinsen 1672 Thaler, d. i. ebensoviel wie in 1872) pr. Actie gezahlt worden.

Der Postverkehr des Königreichs Sachsen entwickelte sich im Jahre 1873 wie folgt:

	Oberpostdirections-Bezirk Dresden	Oberpostdirections-Bezirk Leipzig
Portopflichtige Briefsendungen (Briefe, Postkarten, Drucksachen, Waarenproben)	15,298.758 Stück	10,183.860 Stück
Portofreie derlei Sendungen . . .	518.850 „	610.860 „
Portopflichtige Packet- u. Geldsendungen	1,873.242 „	3,901.158 „
Portofreie derlei Sendungen	33.642 „	39.132 „
Expedirte Postvorschüsse	162.378 „	295.830 „
Postmandate	11.844 „	25.290 „
Postanweisungen	266.133 „	427.162 „
Postreisende	134.294	239.694
Im Abonnement bezogene Zeitungen .	7,788.362 Exempl.	11,788.301 Exempl.

Der Elbeschifffahrt ist der Wasserstand der Elbe während des Jahres 1873 nicht günstig gewesen. Grössere und mittelgrosse Elbkähne sind nur bei einem Wasser-Stande bis zu — 50 Centimeter am Dresdener Pegel herab im Stande, mit voller Ladung zu fahren, der mittlere Wasserstand des Jahres war aber — 100 Centimeter. Während der Monate August bis December mussten daher die Ladungen auf die Hälfte und darunter reducirt werden.

Es hat indessen ungeachtet der Wiederkehr niedriger Wasserstände und der Concurrenz der Eisenbahnen die Elbeschifffahrt dennoch in den letzten Jahrzehnten an Bedeutung gewonnen.

In Sachsen bestehen vier Elbeschifffahrts-Gesellschaften:

a) Die Sächsisch-böhmische Dampfschifffahrts-Gesellschaft mit 18 Personen-Dampf-Schiffen;

b) die Elbedampfschifffahrts-Gesellschaft mit 5 Remorqueuren und 24 Frachtschiffen, zusammen von 157.000 Ctr. Tragkraft;

c) die Ketten-Schleppschifffahrts-Gesellschaft mit 12 Ketten-Dampfschleppschiffen und einem kleinen Dampfschlepper auf der von dieser Gesellschaft betriebenen und mit der Kette belegten 5 Meilen langen Strecke der Saale;

d) die Frachtschifffahrts-Gesellschaft mit 24 Frachtschiffen von zusammen 109.400 Centner Tragkraft.

Dazu kommt noch die gewöhnliche Segelschifffahrt mit 400 Fahrzeugen von zusammen 1,300.000 Ctr. Tragfähigkeit.

Die Sächsich-böhmische Dampfschifffahrts-Gesellschaft zu Dresden zahlte für 1873 — 74 eine Dividende von 9 pCt. (1872 konnten 13 pCt. und 1871 sogar 18 pCt. gewährt werden); die Elbedampfschifffahrts-Gesellschaft 17 pCt. (im Vorjahr 20 pCt.); die Kettenschleppschifffahrts-Gesellschaft $6^1/_2$ pCt. (im Vorjahre $5^1/_2$ pCt.); die Fracht-Schifffahrts-Gesellschaft $4^1/_2$ pCt. Dividende.

Eine neue Wasserstrasse, welche Leipzig mit der Saale und Elbe verbinden soll, ist bereits seit langen Jahren projectirt und neuerdings von der Leipziger Handels-Kammer eifrig gefördert worden. Ein Elster-Saale-Canalverein hat sich bereits gebildet. Der Canal von der Elster, unweit Leipzig über Barneck, Gross- und Klein-Dölzig bis Wallwitzhaven in Preussen wird 3 Meilen weit geführt werden und sind die Kosten desselben auf ca. 2 Millionen Thlr. veranschlagt.

Die sächsische Industrie ist mit dem Absatz ihrer Erzeugnisse auch sehr wesentlich auf überseeische Märkte angewiesen. Authentische Daten darüber gewähren die Register der Vereinigten Staaten von Amerika.

Darnach wurden in dem Fiscaljahre vom 1. October 1872 bis 30. September 1873 aus dem Bezirke des Consulats zu Chemnitz Strumpfwaaren, baumwollene und schafwollene Artikel, Posamentirwaaren, Spitzen, Stickereien, lederne Handschuhe, musikalische Instrumente, Spielwaaren, Stickgarn etc. für 5,576.303 Thlr. oder 3,847.649 Doll. 15 Cents (gegen das Vorjahr um 839.211 Doll. 59 Cts. weniger) exportirt.

Aus dem Leipziger Consulatsbezirke betrug dieser Export 4,789.638 Thlr. 24 Ngr. oder 3,304.580 Doll. 75 Cts. (um 497.834 Doll. 62 Cts. weniger als in 1871—1872). Unter den Leipziger Exportartikeln befanden sich auch Pelzwaaren, Droguen und Apothekerwaaren, Schweinsborsten und Menschenhaare.

Der Export aus dem Dresdener Consulatsbezirke hatte einen Werth von 1,634.435 Thaler 26 Ngr. und kam ungefähr dem Betrage des Vorjahrs gleich.

Zu den drei Leipziger Messen sind 1873 an vereinsländischen messzollpflichtigen Waaren im Ganzen 392.831 Ctr. (gegen 391.976 Ctr. in 1872) zugeführt worden, darunter Baumwollwaaren 69.020 Ctr.; Garne, Eisenwaaren, Glaswaaren, Spiegel, Kurzwaaren, Leder 6850 Ctr.; Leinenwaaren 28.384 Ctr.; Porzellan und Steingut 8493 Ctr.; Seidenwaaren 2929 Ctr.; halbseidene Waaren, Tuche und Buckskins 47.362 Ctr.; andere wollene Waaren 103.697 Ctr.

Vom Auslande wurden von zollpflichtigen Waaren, Manufacturen, Halbfabrikaten, Rohstoffen 475.152 Ctr. (64.797 Ctr. mehr als in 1872) nach Leipzig eingeführt und davon 413.349 Ctr. zum Verbleib im Zollverein verzollt; 33.127 Ctr. wurden an Ausländer verkauft und exportirt, sowie nach vereinsländischen Packhofplätzen unter Verschluss versandt.

Der Cours der österreichischen Bank- und Staatsnoten war im Januar und Februar 1873 für 150 fl. ö. W. $92^1/_2$ — $^1/_4$ Thlr. G., Mitte Mai $87^3/_4$ Thlr. Br., Ende Mai $90^1/_4$ Thaler G., im Juli und August 90 — $90^1/_4$, in den letzten drei Monaten des Jahres $89^1/_2$—88—$88^1/_2$ Thlr.

Schifffahrt und Handel von Falmouth im Jahre 1873.

Falmouth. Im Jahre 1873 hat der Verkehr von Handelsschiffen in diesem Hafen gegenüber den Ergebnissen des Vorjahrs eine Verminderung erfahren, welche jedoch nur als eine zufällige zu betrachten ist. Nach Flaggen gesondert, vertheilen sich die hier eingelaufenen Schiffe (mit Ausschluss der Küstenfahrzeuge) folgendermassen:

Flagge	Schiffzahl	Tonnengehalt
Oesterreichisch-ungarische	159	74.934
Englische	1609	728.366
Deutsche	448	140.673
Italienische	318	134.719
Norwegische	192	72.161
Griechische	127	35.943
Dänische	117	23.211
Holländische	114	27.069
Französische	92	32.297
Spanische	81	26.278
Schwedische	75	28.444
Amerikanische	49	44.879
Russische	48	24.279
Portugiesische	8	1.681
Zusammen	3437	1,394.934
Dagegen im Jahre 1872	3945	1,618.257
Abnahme in 1873	508	223.323

Das Jahr 1873 war der Montanindustrie der Grafschaft Cornwallis nicht sonderlich günstig. Die fortwährenden Schwankungen in den Preisen von Kupfer und Zinn, wobei die fallende Tendenz vorherrschend war, namentlich aber die hohen Arbeitslöhne und der abnorme Marktwerth von Kohlen und Eisen haben einen fühlbaren Druck auf diesen Zweig der wirthschaftlichen Thätigkeit ausgeübt.

Viele Bergwerke von alter Berühmtheit haben bereits zu arbeiten aufgehört, und bei noch mehreren erwartet man eine Unterbrechung ihrer Thätigheit für so lange, als die jetzigen Verhältnisse bestehen bleiben.

In Bezug auf den Kohlenhandel herrschen mancherlei Ansichten; allgemein jedoch und mit Zuversicht hoffte man, ein für so viele Interessen wohlthätig wirkender bedeutenderer Rückgang in den Preisen werde nicht mehr lange auf sich warten lassen.

Die Aufdeckung und Ausbeutung von Erzlagern dauert in zunehmendem Masse fort, so zwar, dass, wenn die Eisenbahnverbindungen mit den Bergwerksdistricten hergestellt sein werden, daselbst bereits eine grosse Menge des im vorhinein gewonnenen Productes zur Fortschaffung bereit liegen wird.

Die Rührigkeit auf diesem Gebiete, sowie in den Thongruben der Grafschaft bieten einigermassen ein Gegengewicht für die durch die niedrigen Kupfer- und Zinnpreise hervorgerufene Beunruhigung.

Die Arbeitslöhne bewahrten auch in 1873 den hohen Standpunkt des Vorjahrs; nach allgemeiner Ueberzeugung musste aber hierin namentlich in den Minendistricten ein baldiger Rückschlag eintreten. Um diese Meinung zu begründen, verweist man auf die gedrückten Preise für Kupfer und Zinn, auf die dadurch veranlasste Einstellung der Arbeiten in vielen der ältesten Werke, auf die unerwartete Rückkehr einer grossen Anzahl Mechaniker, Berg- und Feldarbeiter, welche nach den Vereinigten Staaten ausgewandert waren, um ihre materielle Lage zu verbessern, statt dessen aber nur Enttäuschung fanden.

Die Pilscherfischerei an der diesseitigen Küste erwies sich im Jahre 1873, was die Menge des gefangenen Fisches (eine Art Häring oder Sardelle) anbelangt, ziemlich erfolgreich, allein der Marktpreis der Waare unterlag grossen Schwankungen, was der wenig sorgfältigen Behandlung des Fisches in den letzten Jahren zugeschrieben wird.

Die gesammte Ausfuhr in diesem Artikel betrug 31.019 Fässer zum Preise von 25—51 s. pr. Hogshead, gegen 18.406 F. à 38—85 s. im Vorjahre. Von obiger Menge gingen: 14.643 F. nach Genua, 4120 F. nach Livorno, 470 F. nach Civitavecchia, 6263 F. nach Neapel, 594 F. nach Bari, 1862 F. nach Ancona und 2158 F. nach Venedig.

Handels- und Schifffahrtsverkehr von St. Petersburg im Jahre 1873.

St. Petersburg. Der Zusammenbruch einer auf's Aeusserste getriebenen Speculation in Werthpapieren, namentlich in Actien industrieller Unternehmungen, welcher, in Wien beginnend, auch an den übrigen Börsenplätzen Europa's und selbst Nordamerika's schwere Krisen herbeiführte, hat zwar Petersburg nicht in gleich empfindlicher Weise berührt, aber der Rückschlag der verhängnissvollen Vorgänge auf den fremden Geldmärkten machte sich doch auch hier in mancher Beziehung fühlbar und äusserte sich namentlich in dem Mangel des ohnehin bereits erschütterten Vertrauens.

Die dadurch in vielen Handels- und Industriezweigen verursachten periodischen Stockungen wurden jedoch reichlich aufgewogen durch eine massenhafte Getreide-Ausfuhr, welche hauptsächlich den Verkehr in unserem Hafen belebte und während der ganzen Saison eine rege Schifffahrt und hohe Frachten unterhielt.

Der Einfuhrhandel stand dagegen in mancher Hinsicht früheren Jahren nach. Leider sind es nicht allein zufällige oder vorübergehende Umstände, welche diesen Rückschritt herbeiführten, sondern tiefergreifende Ursachen, die vielleicht auf eine fernere Abnahme in der Importation hindeuten.

Seit der Ausdehnung des russischen Eisenbahnnetzes und dessen Anknüpfung an die auswärtigen Linien wird nämlich Moskau immer mehr der Mittelpunkt des Handels und der Industrie Russlands.

Diese steigende Bedeutung äussert sich besonders in der Einfuhr vieler Artikel, welche Moskau gegenwärtig nicht, wie früher, über Petersburg, sondern per Eisenbahn direct aus dem Auslande bezieht und somit das Importgeschäft St. Petersburg's wesentlich beeinträchtigt.

Als Ausfuhrhafen wird letzteres allerdings noch immer eine bedeutende Rolle spielen, was allein schon der ansehnliche Getreide-Export in 1873 bekundet; aber bei dem Importgeschäfte sinkt Petersburg in mancher Beziehung zu einem Transit- und Speditionsplatze herab.

Während der Schifffahrtsperiode des Jahrs 1873, welche vom 28. April bis 16. November dauerte, sind im Hafen von Kronstadt 2659 Handelsfahrzeuge, u. zwar: 1717 Segelschiffe und 942 Dampfer erschienen. Mit Hinzurechnung von 6 Segelschiffen und 1 Dampfer, die im genannten Hafen überwintert hatten, sowie von 28 Küstenfahrzeugen, welche nach dem Auslande verkehrten, ergiebt sich eine Gesammtbewegung von 2694 Schiffen, die sich der Flagge nach folgendermassen vertheilen:

Flagge	Gesammtzahl	Darunter Dampfer
Oesterreichisch-ungarische	1	.
Englische	890	429
Deutsche	489	202
Holländische	318	18
Norwegische	270	25
Dänische	254	39
Schwedische	216	166
Russische	168	25
Französische	54	31
Belgische	8	8
Amerikanische	19	.
Italienische	7	.

Ausser obigen Schiffen waren noch 659 Küstenfahrzeuge, unter welchen sich 254 Dampfer befanden, im inländischen Verkehre thätig.

Das einzige in 1873 hier angekommene österreichisch-ungarische Schiff, der „Federico B.“ von 206 russischen Lasten, traf am 5. October mit einer Ladung von 2241 Ballen Baumwolle aus Pernambuco ein, und segelte darauf am 29. October mit Brettern beladen nach Hull ab.

Aus österreichisch-ungarischen Häfen sind keine Schiffe direct angekommen und unsere Bezüge zur See beschränkten sich auf die Einfuhr einiger aus Triest über England und Holland hier angebrachten Artikel, worüber indessen, eben der indirecten Importation wegen, eine specificirte Angabe nicht zu liefern ist.

Ueber die vorzüglicheren Gegenstände des Imports im Allgemeinen ist Folgendes zu bemerken:

Der Verbrauch von Baumwolle ist in stetem Steigen begriffen, und hier sowohl als in Moskau sind wieder einige neue Spinnereien eingerichtet und in Gang gebracht worden.

Es liegt nahe, bei der raschen Entwicklung der einheimischen Baumwollen- und überhaupt Manufactur-Industrie auch eine verhältnissmässige Zunahme des Verbrauches von Indigo anzunehmen. Aus der Einfuhr dieses Artikels wäre solches jedoch nicht zu schliessen, indem die Gesammt-Importation zur See und zu Land nach approximativer Angabe sich um ca. 1000 Kisten gegen das Vorjahr verringerte.

Dieser Ausfall ist übrigens leicht erklärlich, wenn man berücksichtigt, dass die im Jahre 1872 von den Importeuren bei Indigo erlittenen empfindlichen Verluste gerade nicht zu erneuerten grossen Beziehungen ermunterten.

Daraus ist aber eine Abnahme in der Consumtion dieses Farbstoffes durchaus nicht zu folgern, zumal es sich schwer ermitteln lässt, was Moskau direct aus Ostindien oder über die westliche Landgrenze bezog.

Die hohen und feinen Mittelsorten von Bengal-Indigo waren ziemlich selten und gesucht und fanden auch guten Absatz; die niedrigen Qualitäten blieben dagegen vernachlässigt und waren häufig nur mit Verlust zu realisiren.

Im Ganzen haben die Preise wenig geschwankt und wurde Bengal-Indigo je nach Qualität mit 90—127 Rubel pr. Pud bezahlt.

Infolge minder günstiger Berichte aus Calcutta hielt man indessen auch hier auf höhere Preise für die feineren Nuancen, während die niedrigen Sorten nach wie vor wenig Beachtung fanden.

Dies geht namentlich aus dem zu Ende des Jahrs unverkauft gebliebenen Vorrath hervor, welcher grösstentheils aus geringeren Qualitäten bestand und auf ca. 1100 Kisten geschätzt wurde.

Java-Indigo fand hier wenig Absatz und der grösste Theil des eingeführten Quantum's ging transito nach Moskau, wo der eigentliche Markt für diese Gattung ist. Nur einzelne kleine Partien von gut und fein Mittel wurden hier zu 120—140 R. pr. Pud je nach Qualität umgesetzt. Von Java ist nichts in erster Hand geblieben.

Andere Farbstoffe, die noch vor wenigen Jahren stark in Verbrauch waren, wurden nach und nach durch billigere Surrogate ersetzt. Dies ist unter Anderem aus der rasch abnehmenden Einfuhr von Garancine ersichtlich. Dieselbe betrug 1871: 1221 Fässer holländische und 964 Fässer französische; 1872: 393 und resp. 805 Fässer; 1873: 195 und resp. 433 Fässer. Anilin und Alizarin sind die Stoffe, durch welche Garancine und Krapp, zumal in Moskau, verdrängt wird.

Die Einfuhr von Kaffee betrug 211.794 Pud, gegen 217.776 Pud in 1872. Die hiesigen Preise für diesen Artikel folgten nur der Steigerung auf den auswärtigen Märkten. Laguayra-Trillades stieg von 12 bis 17 R. pr. Pud, andere Gattungen im Verhältniss.

Obwohl das Jahr mit kleinen Vorräthen schloss, glaubte man doch, dass dieser hohe Preisstand sich kaum halten und die geringste Baisse im Auslande auch hier alsbald Nachklang finden würde.

Infolge der in 1872 ergiebig ausgefallenen Runkelrübenernte im Auslande ist die Einfuhr von Colonialzucker im Jahre 1873 wieder bis auf ein Minimum zusammengeschrumpft und bestand nur aus 400 Fässern oder ca. 12.000 Pud gestossene Raffinaden aus Holland, gegen 385.000 Pud in 1872.

Da dieses kleine Quantum auch nur zu besonderen Zwecken bezogen wurde, für welche sich Rübenzucker nicht gut verwenden liesse, so ist es nicht thunlich, dessen Marktpreis zu bestimmen.

Laut Verordnung vom 10. Juni 1872 ist der Einfuhrzoll auf Rohzucker mit Inbegriff von Crushed von 2 R. 50 Kop. auf 2 R. 40 Kop. pr. Pud erniedrigt. Bei dem gegenwärtigen Stande der Preise fällt diese geringe Differenz freilich nicht ins Gewicht; wenn aber der Zoll bis zum 1. Januar 1878 bis auf 2 R. pr. Pud herabgesetzt sein wird, dürfte sich unter gewissen Marktverhältnissen weit eher wieder eine Veranlassung zur Importation von Colonialzucker ergeben.

Im Laufe des Januar sank inländischer Rübenzucker von 6 R. allmälig bis auf $5^1/_2$ R. pr. Pud, stieg im September bei mangelndem Vorrathe in raschen Sprüngen bis 6 R. 20 Kop., ging aber nach Eintreffen frischer Zufuhren bald wieder auf 6 R., zu welchem Preise das Jahr schloss.

Die Einfuhr von Reis betrug 465.681 (gegen 122.080) Pud.

Von Häringen wurden folgende Mengen importirt:

	1873	1872
Norwegische	28.904 Tonnen	73.580 Tonnen
Schottische	26.980 „	13.275 „
Holländische	3.770 „	1.525 „
Zusammen . .	59.654 Tonnen	88.380 Tonnen

Der am letzten December 1873 unverkauft gebliebene Vorrath bestand aus 6500 Tonnen norwegische Häringe; die beiden anderen Sorten wurden geräumt.

6*

Die Einfuhr von Tabak betrug nach den Angaben des hiesigen Zollamts:

	1873		1872	
Zu Land	57.702	Pud	77.930	Pud
Zur See	24.314	„	32.998	„
Im Ganzen . .	82.016	Pud	110.928	Pud

Diese Zahlen scheinen nicht ganz genau zu sein, indem ein so bedeutender Ausfall in der Importation gegenüber dem wachsenden Verbrauch kaum wahrscheinlich ist.

Allerdings kommt dabei auch die Zunahme in dem Consum inländischer Waare in Betracht, denn die Tabakcultur hat sich in den letzten Jahren etwas gehoben und soll namentlich das Gouvernement Tschernigoff im Jahre 1873 ein sehr gutes Gewächs geliefert haben. Immerhin dürfte aber weder die Qualität noch die Quantität genügen, um den obigen Ausfall zu decken.

Von Blei wurden 551.070 (gegen 640.359) Pud, darunter 16.074 (gegen 6454) Blöcke und Mulden deutsches, importirt.

Die Preise dieses Metalles erfuhren im Laufe des Jahrs eine namhafte Steigerung und gingen von 27 auf 32 R. pr. Berkowetz für englisches Locket Blacket und die besseren Marken von deutschem Blei. Einkäufe für die Regierung mögen wohl zu dieser Hausse beigetragen haben.

Der schliessliche Vorrath in erster Hand wurde auf 20.000 Pud angeschlagen.

Von Zinn kamen 14.202 Blöcke und 2922 Fässer Stangen, gegen 8374 Blöcke und 2330 Fässer in 1872.

Der Preisrückgang in England und Holland und vielleicht auch Ueberführung des Marktes hatten auch hier den Werth dieses Metalls herabgedrückt. Bis zur Mitte der Saison behauptete sich Banca-Zinn auf 18½ R. und Stangenzinn auf 18 R. pr. Pud, dann aber wichen die Preise allmälig bis auf 16 und resp. 15½ R. zurück.

Der Vorrath von Banca-Zinn in erster Hand belief sich am Schlusse des Jahrs auf ca. 3000 Blöcke und 300 Fässer Stangen.

Petroleum zeigte folgende Bewegung:

Einfuhr von raffinirtem Petroleum	141.574	Fässer
„ „ rohem Petroleum	9.488	„
	151.062	Fässer
Vorrath vom Jahre 1872	36.931	„
	187.993	Fässer
Verbrauch in 1873	118.662	„
Vorrath zu Ende 1873	69.331	Fässer

Der letztjährige Consum war gegen 1872 um 34.692 Fässer, gegen 1871 um 13.412 Fässer grösser. Die Preise wichen im Laufe des Jahrs allmälig von 3½ bis 3¼ R. auf 2½—2¼ R. pr. Pud.

Die Einfuhr von Steinkohlen und Cokes betrug in ganz Russland 49,479.188 Pud, in Petersburg allein 20,371.638 Pud (gegen 64,782.600 und resp. 22,955.804 Pud im Vorjahre).

Der Hausse in England folgend, sind auch hier die Steinkohlenpreise in den letzten Jahren von 12½—14 Kop. auf 18½—20 Kop. pr. Pud gestiegen.

Die Theuerung dieses für die industrielle Betriebsamkeit so wichtigen Brennmaterials hat denn auch hier mehr Interesse und ernsten Eifer für die Ausbeute der inländischen Kohlenminen wachgerufen, welche früher, zunächst mit Rücksicht auf die Schwierigkeiten des Transports, nur in geringer Ausdehnung betrieben wurde. Die bisher bekannten ergiebigsten Minen befinden sich im Don'schen und Moskau'schen Becken; dieselben lieferten in 1872 ein Quantum von ca 50 Mill. Pud.

Der Umfang der Getreideausfuhr in 1873 übersteigt alle früheren Perioden und selbst das Jahr 1871, welches bis dahin die grössten Belange in dieser Beziehung aufzuweisen hatte.

Die letztjährigen Verschiffungen betrugen: 2,546.284 Tschetwert Roggen, 1,425.547 Tschetw. Hafer, 988.119 Tschetw. Weizen, 783.239 Tschetw. Leinsaat, 139.843 Tschetw. Roggenmehl, 27.906 Tschetw. Buchweizengrütze, 45.131 Tschetw. Gerste, somit im Ganzen 5,956.069 Tschetw., gegen 3,030.272 Tschetw. in 1872, 4,604.131 Tschetw. in 1871, 3,910.155 Tschetw. in 1870, 2,774.530 Tschetw. in 1869, 3,305.375 Tschetw. in 1868, 3,689.193 Tschetw. in 1867.

Diese ungemein grosse Ausfuhr von Getreide hat die unverminderte Bedeutung Russlands als Kornkammer Europa's in Jahren, wo dessen westlichere Theile ein Misswachs traf, in ein helles Licht gestellt.

Namentlich der Export von Roggen hat eine hohe Ziffer erreicht; aber trotz der lebhaften Frage und der bedeutenden Verschiffungen, zumal nach Stettin, entstand dennoch bei reichlichem Anbot keine eigentliche Conjunctur in dieser Fruchtgattung und vom Anfange der Schifffahrt bis gegen Ende Juli hatte der Markt sogar zeitweise eine weichende Tendenz.

Während dieser Periode wurde dann auch das Hauptquantum für das Ausland zu 7 1/4—7 1/2 R. pr. Tschetwert gekauft.

Im August aber nahm der Markt in Folge starker Steigerung einen raschen Aufschwung bis 8 R., ohne jedoch diesen Preis bis zu Ende der Saison zu überschreiten.

Der Schluss der Schifffahrt vermochte dem lebhaften Getreide-Export kein Ziel zu setzen; man expedirte grosse Partien theils über Reval und andere der Schifffahrt noch nicht verschlossene Häfen nach Stettin und Holland, theils pr. Eisenbahn über die preussische Grenze, während auch bedeutende Quantitäten Roggen über die südlicher gelegenen Linien nach Ungarn dirigirt wurden.

Unterdessen hatte das Contractgeschäft auf Lieferung in 1874 schon zeitig angefangen, wobei im Laufe des Herbstes und des Winters ungefähr 600.000 Tschetwert Roggen zu 8 R. pro Mai, zu 7 3/4 R. pro Juni, zu 7 3/4 R. pro Juli und zu 7 1/2 R. pro August mit 4—5 R. Handgeld pr. Tschetwert für 116—117 Pfd. schwere Waare gekauft wurden.

Aber nicht zufrieden mit dem alten Gebrauche auf lange Termine, schloss man selbst Contracte auf Lieferung im Januar, Februar und März 1874, um dann das Korn über andere eisfreie russische Häfen der Ostsee ins Ausland zu spediren.

Die Platzspeculation liess es nicht an Thätigkeit fehlen und trieb den Preis für Roggen bis 8 1/2 R. pr. Tschetwert hinauf.

Nie zuvor hat der hiesige Kornmarkt eine so rastlose und fieberhafte Thätigkeit entwickelt, wie im Jahre 1873. Aber dieser Ueberspannung musste nothwendigerweise eine Erschöpfung und Reaction folgen.

Die Ueberführung manchen Stapelplatzes im Auslande hat nämlich eine Baisse herbeigeführt, welche sich auch unserem Markte mittheilte, und vielfache Aufträge zum Wiederverkauf bereits auf Contract gekaufter Partien haben den Preis von Roggen wieder bis auf 8 R. pr. Tschetw. herabgedrückt. Der Platzvorrath betrug mit Schluss des Jahrs 115.000 Tschetwert.

Die Qualität des 1873er Gewächses war bei weitem nicht so schön wie diejenige der Frucht vom Vorjahre, indem die schwerste Frucht 117—118 Pfd. nicht überstieg. Auch an Quantität blieb diese Ernte gegen 1872 nicht unbedeutend zurück, da die Einsammlung in manchen Districten nur sehr mittelmässig ausfiel.

Von Weizen wurden 988.119 Tschetw. exportirt, gegen 840.583 Tschetw. in 1872. Das Hauptquantum dieser Ausfuhr bestand aus sibirischen Sorten, die gut geriethen und verhältnissmässig billig abgelassen wurden. Sie fanden willige Käufer, zumal für den Continent, zu $12^1/_2$—$13^3/_4$ R. pr. Tschetw., während die höheren Gattungen, sowie Saxonka und Samara $14^1/_4$—$14^1/_2$ R. bedangen und nur nach England verschifft wurden.

Am Schlusse des Jahrs verblieb ein Vorrath von 64.000 Tschetw. unverkauft am Platze.

Der Export von Hafer betrug 1,425.547 Tschetwert, gegen 535.249 Tschetw. in 1872. Dass die Ausfuhr einen so unerwartet grossen Umfang erreichte, ist der regen und anhaltenden Frage aus England zuzuschreiben, wodurch grosse Zufuhren aus dem Inlande herangelockt wurden.

Der Preis, Anfangs bis $4^1/_2$ R. pr. Tschetw. hinaufgetrieben, wurde durch den grossen Zuwachs von Vorräthen wieder herabgedrückt und stand gegen Schifffahrts-Schluss auf $3^3/_4$ R. Geringere Sorten stiegen und sanken in ähnlichem Verhältniss. Der Platzvorrath verringerte sich bis Ende des Jahrs auf 72.000 Tschetwert.

Von Leinsaat wurden 783.239 Tschetwert exportirt, gegen 642.662 Tschetw. im Vorjahre. Dieselbe wurde zu $10^1/_2$—$14^1/_2$ R. pr. Tschetw. je nach der Qualität gekauft und verschifft. Schliesslicher Platzvorrath 21.000 Tschetwert.

Die Ausfuhr von Talg belief sich in 1873 auf 687.632 Pud, gegen 455.739 Pud in 1872. Im Laufe des erstgenannten Jahrs kam auf dem Londoner Markte eine speculative Bewegung in Talg gar nicht vor und das Geschäft in diesem Artikel, dessen Gang am hiesigen Platze früher von dem wechselnden Erfolge der englischen Hausse und Baisse vorgezeichnet wurde, konnte diesmal einen regelmässigen, von London unabhängigen Verlauf nehmen.

Infolge der starken Production, namentlich in Oesterreich-Ungarn, trat indessen keine irgendwie bedeutende Exportfrage für den Continent auf und nur der regelmässige Bedarf der diesseitigen Stearinfabriken konnte einen grösseren Fall unserer Talgpreise zurückhalten.

In den ersten Sommermonaten ging der Marktwerth von gelbem Lichttalg erster Qualität von 48—46 R. und, nach einer vorübergehenden kleinen Besserung im Herbste, gegen Schifffahrtsschluss auf 45 R. pr. Berkowetz zurück. Der schliessliche Platzvorrath wurde annähernd auf 20.000 Pud geschätzt.

Von Pottasche wurden in 1873 323.805 Pud ausgeführt, gegen 290.109 Pud in 1872. Bis zum Monate März erfreute sich der Artikel einer sehr animirten Stimmung, und nachdem bis dahin schon ca. 7000 Fässer Prima Kasan'sche Pottasche zu steigenden Preisen (bis 31 R. pr. Berkowetz) contrahirt waren, erschien die Erwartung eines ferner behaupteten hohen Werthes um so gerechtfertigter, als auch die Berichte aus dem Inlande nur hohe Einstehungspreise und geringfügige Zufuhren meldeten.

Gegen Eröffnung der Schifffahrt trat aber bei fehlenden auswärtigen Aufträgen ein Umschlag in der Stimmung ein, der ungeachtet aller Anstrengungen der Inhaber einen Rückgang des Preises bis 25 R. herbeiführte, wozu im October noch willige Abgeber blieben. Das Geschäft in Pottasche wurde ausserdem noch durch die niedrige Qualität eines grossen Theils der frischen Zufuhren erschwert.

Die Ausfuhr von Hanf betrug 718.334 Pud, gegen 1,199.463 Pud im Vorjahre. Die beträchtliche Abnahme im Export dieses Artikels gegen frühere Perioden ist hauptsächlich dem Umstande zuzuschreiben, dass Hanf aus den südlicher gelegenen Productionsdistricten jetzt mehr und mehr pr. Eisenbahn nach den westlichen Grenzen des Reiches versandt wird und so auf kürzerem Wege ins Ausland gelangt.

Die Preise von Reinhanf schwankten während des Sommers zwischen 35 und 36 R. und schlossen zu Ende der Saison mit 35 R. pr. Berkowetz. Ausschuss und Halbreinhanf folgten derselben Bewegung mit einem entsprechenden Unterschied im Preise.

Schliesslicher Vorrath ca. 15.000 Pud. Die Hanfernte ist sowohl an Qualität wie an Quantität gut ausgefallen.

Von Flachs wurden 1,612.122 Pud verschifft, gegen 1,403.564 Pud in 1872. Die Preise, namentlich von Motschinetz, haben im Laufe des Sommers einen bedeutenden Rückgang erlitten. Der Localvorrath betrug am Schlusse des Jahrs ca. 250.000 Pud. Die neue Ernte ist reichlich ausgefallen, ergab aber eine durchschnittlich geringe Qualität.

Von Juchten wurden in 1873 9229 Pud verschifft, gegen 14.441 Pud in 1872. Bei theuerem Rohmaterial im Innern blieb der Werth des Fabrikats fest behauptet.

Von Borsten wurden in 1873 60.216 Pud gebrackt, gegen 63.240 Pud in 1872. Bei stillem Geschäfte sind Preise langsam zurückgegangen.

Von Pferdehaaren wurden 13.780 Pud gebrackt, gegen 20.083 Pud in 1872.

Es ist hauptsächlich dem grossen Umfange des Getreide-Exports zuzuschreiben, dass unsere Wechselcourse, ungeachtet einer beträchtlichen Einfuhr von Silber, sich mit nur geringen Fluctuationen auf einem mässig hohen Standpunkte behaupten konnten und sogar mit einer steigenden Tendenz schlossen.

Auch hat die Staatsbank in der richtigen Voraussetzung, dass eine fernere Steigerung der Course eine Entwerthung des Edelmetalls zur Folge haben würde, die Scala, wornach sie Münzen und Barren in Zahlung nimmt, etwas herabgesetzt und zwar die halbe Imperial von 5 R. 98 Kop. auf 5 R. 87 Kop., den Silberrubel von 1 R. 15 Kop. auf 1 R. 10 Kop., die fremden Münzen und Barren im Verhältnisse.

Der Zweck dieser Massregel ist, einen zu grossen Zufluss von Edelmetall abzuwehren, womit die Bank ihre Reservefonds nicht zu theueren Preisen vergrössern wollte.

Der hohe Stand, den der Disconto an den Hauptbörsen Europa's periodisch erreichte, hat unseren Geldmarkt nur wenig berührt. Eine geraume Zeit fanden Primabriefe selbst zu 6 und 5½ pCt. willige Nehmer. Gegen Ende des Jahrs stieg der Disconto allerdings auf 6¾—7¾ pCt., je nach der Qualität des Papiers, aber diese Hausse war nicht die Wirkung auswärtiger Einflüsse, sondern eher durch innere Verhältnisse verursacht.

Waarenverkehr von Spanien im Jahre 1873.

Barcelona. Der Werth der Hauptgegenstände des allgemeinen Imports und Exports von Spanien beziffert sich für das Jahr 1873, im Vergleich zu 1872, wie folgt:

	1872 Pesetas	1873 Pesetas*)
Import	317,734.392	311,810.068
Export	467,386.989	564,153.150
Zusammen	785,121.381	875,963.218

Darnach ist im Jahre 1873 eine Zunahme des Verkehrswerthes um 90,841.837 Pesetas eingetreten; doch muss hier berücksichtigt werden, dass in obigen Summen viele minder wichtige Ein- und Ausfuhrgegenstände nicht mitbegriffen sind, auf welche ungefähr 15 pCt. der von den Hauptartikeln eingehenden Zölle entfallen.

*) 1 Peseta = ca. 40 Neukreuzer.

Von dieser Annahme ausgehend, stellt sich der Importwerth des Jahrs 1872 um 47 und jener von 1873 um 46 Mill. Pesetas höher, als er es in den nächstfrüheren Perioden war. Bezüglich des Werths der Ausfuhr kann man annehmen, dass er in 1872 um mehr als 50 pCt. und in 1873 um mehr als 80 pCt. denjenigen der Einfuhr überstieg.

Dabei darf man übrigens nicht ausser Acht lassen, dass der im Wege des Schleichhandels veranlasste Verkehr in Kriegszeiten, wie dies eben jetzt der Fall ist, die Ziffer des Importwerths um ein Bedeutendes erhöht. Denn wenn die Ausfuhren im Verhältniss zu den Einfuhren wirklich ein so günstiges Resultat ergäben, müsste ja weit mehr Baargeld im Lande sein, als dies thatsächlich der Fall ist.

Die Hauptgegenstände der Einfuhr im Jahre 1873 sind:

		Menge	Werth Pesetas
Baumwolle	Kilogr.	26,977.889	64,746.933
Zucker	„	41,648.984	30,086.932
Hanf- und Leinengarne	„	4,864.962	23,546.418
Wasserfahrzeuge	Metr. Tonnen	34.304	22,188.020
Stockfische	Kilogr.	33,300.040	17,395.018
Hölzer		.	14,931.718
Steinkohlen und Cokes	Tonnen à 1000 K.	417.232	14,603.155
Häute und Felle	Kilogr.	8,773.697	14,533.166
Schiffsausrüstungen, Harze etc. . . .	„	29,834.151	10,841.362
Eisen und Eisenbestandtheile . . .	„	46,965.387	10,138.054
Chemische Producte, Farben u. Firnisse	„	24,458.614	8,709.286
Cacao	„	6,883.295	8,554.831
Branntwein	Hektoltr.	158.092	8,495.924
Maschinen und telegraphische Apparate	Kilogr.	9,287.514	7,925.549
Schafwollgewebe	„	581.861	7,191.574
Rohseide	„	122.268	5,827.940
Baumwollgewebe	„	505.463	5,175.656
Schafwolle	„	1,162.977	4,608.654
Farben und Firnisse	„	2,003.846	4,264.652
Seidengewebe	„	34.148	2,834.755
Kaffee	„	2,576.908	2,546.076
Hanf- und Leinengewebe	„	362.420	2,485.115
Weizen	„	70.155	16.837

Von obigen Artikeln weisen die folgenden im Vergleiche zum Jahre 1872 eine Vermehrung in nachstehendem Ausmaasse auf:

		Menge	Werth Pesetas
Wasserfahrzeuge	Metr. Tonnen	19.220	17,447.219
Branntwein	Hektoltr.	45.655	2,672.653
Häute und Felle	Kilogr.	734.988	2,117.978
Zucker	„	6,174.502	1,996.883
Schafwolle	„	476.962	1,761.201
Schiffsausrüstungen, Harze etc.	„	5,034.029	1,577.106
Rohseide	„	27.860	1,399.190
Kaffee	„	709.910	547.270
Chemische Producte	„	1,757.644	348.026
Zimmt	„	56.429	322.341

Dagegen hat sich bei den nachbenannten Artikeln die diesfalls ausgewiesene Verminderung ergeben:

		Menge	Werth Pesetas
Weizen	Kilogr.	28,389.021	6,547.035
Wollgewebe	„	218.693	4,916.130
Garne	„	37.776	3,574.869
Weizenmehl	„	7,241.115	2,510.785
Hölzer	„	.	2,471.942
Eisen und Eisenbestandtheile	„	8,130.375	2,470.988
Seidengewebe	„	23.292	2,211.755
Baumwolle	„	822.056	1,972.934
Vieh	Stück	73.195	1,728.446
Baumwollgewebe	Kilogr.	117.764	1,194.248
Gemischte Gewebe	„	64.983	989.811
Gerste, Roggen, Mais	„	5,275.266	897.385
Farben etc.	„	447.247	708.977
Hanf- und Leinengewebe	„	47.816	688.499
Cacao	„	516.209	649.239
Posamentirwaaren	„	32.912	525.240
Steinkohlen und Cokes	Tonnen à 1000 K.	85.912	493.080
Glas- und Krystallwaaren	Kilogr.	464.252	441.228
Papier	„	236.617	452.531
Knopfwaaren	„	24.935	49.663

Bei der Ausfuhr des Jahrs 1873 entfielen auf folgende Gegenstände die verhältnissmässig grössten Mengen:

		Menge	Werth Pesetas
Wein	Liter	252,442.744	184,689.527
Weizen	Kilogr.	197,629.888	55,336.366
Gemeines Oel	„	52,128.698	52,128.698
Blei in Stangen	„	70,869.773	39,299.801
Weizenmehl	„	93,876.564	37,454.700
Korkpropfe	Mille	2,139.219	32,088.285
Kupfererze	Kilogr.	256,959.788	20,762.268
Rosinen	„	32,050.501	24,036.824
Orangen	Mille	699.956	10,499.340
Vieh	Stück	121.733	9,236.914
Gemeines Salz	Kilogr.	214,912.547	8,640.813
Branntwein	Liter	12,735.463	8,278.636
Mandeln	Kilogr.	4,212.694	7,240.855
Safran	„	78.821	6,305.920
Rohes Espartogras	„	46,773.418	5,612.089
Quecksilber	„	1,201.001	4,763.967
Schafwolle	„	2,411.857	4,713.684
Haselnüsse	„	5,440.119	4,462.671
Rohseide	„	88.959	4,206.588
Conserven	„	2,206.693	3,861.730
Seife	„	4,685.357	3,521.516
Papier	„	1,726.034	2,857.755

		Menge	Werth Pesetas
Erbsen	Kilogr.	3,328.260	2,695.891
Cacahuete	"	6,718.144	2,515.694
Verschiedene Erze	"	34,100.285	2,485.745
Galmei	"	46,481.050	2,439.963
Reis	"	4,879.940	2,440.255
Kupfer in Stangen	"	1,285.981	1,928.988
Johannisbrod	"	3,927.942	1,384.998
Teigwaaren	"	2,013.274	1,187.815
Weintrauben	"	3,802.897	1,140.869
Korkplatten	"	306.831	61.366

Im Vergleich zum Jahre 1872 ergab sich eine Zunahme bei:

		Menge	Werth Pesetas
Weizen	Kilogr.	149,078.570	42,147.910
Oel	"	31,705.527	31,705.527
Wein	Liter	56,942.016	20,694.035
Weizenmehl	Kilogr.	45,641.291	18,960.624
Korkpropfe	Mille	1,106.710	15,100.150
Orangen	"	118.346	2,680.211
Branntwein	Liter	5,751.586	3,514.053

Haselnüsse wurden gegen 1872 um 1,950.356 Kilogr. weniger ausgeführt, wohl aber zeigt der Werth dieses Artikels der höheren Preise wegen eine Zunahme um 28.385 Pesetas.

Dagegen hat sich bei: Blei- und Kupfererzen, Quecksilber, Vieh, Schafwolle, Eisen, Rosinen, Teigwaaren und Esparto eine Verminderung des Werths herausgestellt.

Wirthschaftliche Verhältnisse des Staates Virginia im Jahre 1874.

Richmond. Im Allgemeinen bot das Jahr 1874 eben kein erfreuliches Bild dar. Wenn auch in einzelnen Artikeln die Ein- und Ausfuhr sich ein wenig erhöhte, so war doch das Verkehrsergebniss nicht lohnend; denn nicht nur blieben die Folgen der 1873er Krisis auch hier fühlbar, wie es ja mehr oder weniger allenthalben der Fall ist, sondern durch kleine Ernten verschiedener Producte und niedrige Preise anderer, verbunden mit ungünstigem Wetter für die Bearbeitung des Bodens, blieb das für den Staat Virginia die Hauptgrundlage des Wohlstandes bildende wirthschaftliche Interesse fortan gedrückt. Andererseits hat wohl das Fabrikswesen einige Zunahme erfahren, florirt aber nicht in dem Maasse, als dies in andern Staaten der Fall ist.

Grund und Boden wird in verschiedenen Theilen Virginia's zu sehr niedrigen Preisen zum Kaufe angeboten, aber trotzdem wenden sich nur einzelne Einwanderer hieher.

Aus solchen Gründen herrscht unter der hierländigen Bevölkerung grosse Armuth; es fehlt ihr an Geld, um die Steuern zu bezahlen, und somit kann der Staat die einzelnen Zweige der wirthschaftlichen Thätigkeit nicht höher besteuern, als es bisher geschehen ist. Deshalb wurden auch im Jahre 1874 von der Schuld des Staates nur 2 pCt. Zinsen bezahlt.

Die unerwartete namhafte Steigerung der Tabakpreise, als Folge der im vorigen Jahre hier und besonders im Westen vorherrschenden Unmöglichkeit, bei der beständigen Dürre auch nur eine mässige Ernte zu erzielen, war für Viele, die ihre Producte nicht bereits verkauft hatten, von grossem Vortheil.

Die finanzielle Krisis des letztjährigen Herbstes wurde für mehrere Eisenbahnen und zwar namentlich für die erst in 1874 vollendete Chesapeake- und Ohio-Bahn nach dem Westen, sowie auch für die Richmond-Air-Linie nach dem Süden die Quelle grosser Schwierigkeiten, welche noch nicht überwunden sind.

Die Erwartungen, welche man an diese Verbindungen knüpfte, haben sich daher nicht in dem gehofften Maasse verwirklicht; nichtsdestoweniger bleibt aber die frühere Ansicht über den günstigen Erfolg der Chesapeake- und Ohio-Bahn vorherrschend, sobald nur die jetzige Krisis überstanden und insbesondere auch der Anschluss an die westlichen Bahnen in Huntington hergestellt sein wird, von wo jetzt nur Dampfer nach Cincinnati gehen, welche jedoch häufig bei niedrigem Wasserstande des Ohio nicht verkehren können, so dass dann der Transport unverlässlich wird.

Die Weizen- und Mais-Ernte war auch im Jahre 1874 eine kleine, die Qualität meistens gering. Im Vergleich mit den Ernten, wie sie vor dem Kriege erzielt wurden, ist der Abfall in Weizen ganz bedeutend, daher beziehen unsere Müller viel von dieser Frucht aus dem Westen, wozu die Chesapeake- und Ohio-Bahn gute Gelegenheit bietet.

Auf der Getreidebörse wurden nur 526.468 Bushel Weizen zum Verkaufe angeboten, gegen 535.110 Bushel in 1873. Preise standen zwischen 1·30—1·90 Doll. pr. Bushel.

Von Mehl wurden in 66 Schiffen 193.001 Fass im Werthe von 1,584.730 Doll. (gegen 124.770 Fass im Vorjahre) exportirt; davon gingen nach Südamerika 182.012 Fass, nach England 10.989 Fass.

Wie gewöhnlich wurden auch diesmal namhafte Quantitäten über nördliche Häfen nach Südamerika und andern Ländern verladen; dieser Zweig des Ausfuhrhandels nimmt mit jedem Jahre zu.

Von Mais wurden 259.568 Bushel, gegen 189.602 Bushel in 1873, ausgeboten. Preise fluctuirten bedeutend, da in manchen Theilen Mangel herrschte; weisse Frucht bedang 73 Cents bis 1·10 Doll. pr. Bushel.

Von Hafer wurden 151.632 und von Roggen 3080 Bushel im Laufe des Jahrs auf der Getreidebörse offerirt.

Die Tabakernte von 1873 war grösser, aber die Qualität erwies sich nicht so gut, als man erwartet hatte; daher waren Preise zu Anfang 1874 verhältnissmässig niedrig und die Pflanzer trafen weniger Vorkehrungen für den Anbau einer vollen Ernte, als es sonst der Fall gewesen wäre.

Später jedoch, als die Tabakpreise um 100—150 pCt. und selbst darüber stiegen, konnte bei der anhaltenden Dürre das Versäumte nicht mehr nachgeholt werden, so dass das Resultat der 1874er Ernte gegenüber derjenigen des Vorjahrs nur ungefähr die Hälfte betrug.

Die Preise aller Sorten stiegen während des Jahrs zeitweise sehr bedeutend; diejenigen der farbigen Tabake für den inländischen Consum stellten sich ganz wesentlich höher.

In dem Inspectionsjahre vom 1. October 1873 bis 30. September 1874 wurden im ganzen Staate 62.321 Fass inspicirt, gegen 63.110 Fass in 1872/73; die Verschiffungen betrugen 30.880 Fass Tabak und 6937 Fass Stengel (gegen 30.896 Fass Tabak und 5920 Fass Stengel im Vorjahre).

Von diesem Quantum wurden von hier in 19 Schiffen direct nach Europa 8851 Fass Tabak und 638 Fass Stengel im Gesammtwerthe von 1,444.657 Doll. verladen, und zwar nach: Oesterreich-Ungarn 1796 Fass Tabak, Frankreich 1204 F. Tabak, England 2761 F. Tabak, Italien 536 F. Tabak, Bremen 2054 F. Tabak und 638 F. Stengel.

Der Rest von 22.529 F. Tabak und 6299 F. Stengel war grösstentheils für Europa bestimmt und wurde über nördliche Häfen verladen.

Der Vorrath von Tabak am 1. October 1874 war 10.507 Fass, gegen 10.536 F. zur selben Zeit des Jahrs 1873.

Die directen Verschiffungen anderer Waaren blieben immer unbedeutend; indessen wurden im Jahre 1874 nach Cuba 3 Ladungen (1172 Tonnen) Kohlen, nach Frankreich und England 3 Ladungen Holz exportirt, was so zu sagen die ersten Früchte der Vollendung der Chesapeake- und Ohio-Eisenbahn sind, die sich im Laufe der Zeit wohl mehr und mehr entwickeln werden.

Eine directe Einfuhr aus andern Ländern fand nur in unbedeutendem Verhältnisse statt, wenngleich Versuche gemacht wurden, diese Branche weiter auszudehnen.

Von Salz wurden aus Liverpool in 14 Schiffen 49.801 Säcke importirt, gegen 72.490 Säcke in 1873.

Kaffee kam direct aus Rio in einer Menge von 8947 Säcken und im Werthe von 223.888 Doll.

Aus England wurden direct 294 Tons sog. Cotton ties (eiserne Bänder zum Packen der Ballen) eingeführt.

Von Plaster betrug die Einfuhr aus Nova Scotia 5920 Tons, von Guano im Ganzen 6070 Tons.

Geld war zu 8—10 pCt. in guter Frage. Manche unserer Bonds blieben auch im Jahre 1874 gedrückt, besonders solche, von denen keine Zinsen bezahlt wurden; andere, wie Richmond City, waren zu höheren Coursen gesucht, und 8pCt.-Bonds der Stadt warfen eine Prämie von ca. 2 pCt. ab.

Die Städte Richmond, Petersburg und Lynchburg bezahlten die halbjährigen Zinsen pünktlich und stellte sich der Werth der 6pCt.-Anleihen dieser Städte auf 85, 75 und resp. 78 pCt.

6pCt.-Eisenbahn-Bonds hatten einen Werth von 60—75 pCt., 8 pCt. einen solchen von 70—90 pCt.

Die Banken von Richmond, sowie mehrere Versicherungsgesellschaften bezahlten im Jahre 1874 eine Dividende von 8 und 10 pCt.

Die directe Ausfuhr von Baumwolle aus Norfolk nach Europa hat 1874 bedeutend zugenommen.

Schifffahrts- und Handelsverkehr von Rio de Janeiro im Jahre 1873.

Rio de Janeiro. Im Jahre 1873 trafen hier aus fremden Häfen 1163 Segelschiffe und 422 Dampfer, im Ganzen also 1585 Handelsfahrzeuge mit einer Gesammttragfähigkeit von 1,277.507 fremden Tonnen ein (gegen 1560 Schiffe von 978.856 T. in 1872). Der Flagge nach waren es 68 brasilianische und 1517 fremde Kauffahrer.

Aus Triest kamen theils direct, theils über nördliche Häfen Brasiliens, im Ganzen 11 Schiffe; aus anderen österreichisch-ungarischen Seeplätzen hat ein Einlauf von Handelsfahrzeugen nicht stattgefunden.

Die vorzüglichsten Expeditionshäfen, mit Rücksicht auf die Anzahl der von dort angekommenen Schiffe, sind: Antwerpen (23 Sch.), Baltimore (67 Sch.), Bordeaux (29 Sch.), Cardiff (86 Sch.), Capverdische Inseln (62 Sch.), Hâvre (38 Sch.), Hamburg (39 Sch.), Liverpool (136 Sch.), London (52 Sch.), Lissabon (29 Sch.), Marseille (25 Sch.), Newcastle (40 Sch.), New-York (46 Sch.), Oporto (20 Sch.), River Plata (361 Sch.), Southampton (20 Sch.), Tarragona (23 Sch.), Valparaiso (25 Sch.), Westerwick (21 Sch.).

Die aus fremden Häfen eingetroffenen 1585 Schiffe vertheilen sich ihrer Nationalität nach, wie folgt:

Flagge	Schiffzahl	Flagge	Schiffzahl
Oesterreichisch-ungarische	9	Schwedische	54
Englische	509	Dänische	48
Deutsche	188	Italienische	46
Französische	178	Holländische	32
Amerikanische	176	Argentinische	18
Portugiesische	104	Russische	9
Norwegische	69	Griechische	5
Spanische	68	Türkische	4
Brasilianische	68		

Die Küstenschifffahrt lieferte im Jahre 1873 folgende Ergebnisse:

	Segelschiffe	Dampfer	Im Ganzen	
			Schiffe	Brasil. Tonnen
Einlauf	1647	519	2166	405.254
Auslauf	1822	488	2310	490.236

Nach fremden Häfen gingen 888 Segelschiffe und 390 Dampfer, zusammen 1278 Fahrzeuge von 1,285.581 brasil. Tonnen (gegen 1221 Schiffe mit 1,023.949 brasil. Tonnen in 1872). Direct nach Triest ging 1 Schiff, nämlich die nationale Brigg „Polixeni", mit 2000 Sack Kaffee.

Die österreichisch-ungarische Flagge war hier im Jahre 1873 im Ganzen durch 13 Kauffahrer vertreten, von denen 4 zumeist mit Mehl beladen aus Triest kamen und nur das vorerwähnte eine Fahrzeug ebendahin beladen auslief; 4 dieser Schiffe befanden sich am 1. Januar 1874 noch im hiesigen Hafen. Aus Triest liefen überhaupt 11 Schiffe ein, welche 19.658 Fass Mehl, 550 Kisten Stahl, 55 Kisten Papier und 250 Kisten Liqueur importirten.

Der Kaffee-Export belief sich auf 138.517 engl. Tonnen, gegen 137.765 Tonnen in 1872. Die Verschiffungen der beiden Jahre vertheilen sich wie folgt:

	1873	1872
	Englische Tonnen	
Triest	143	.
Gibraltar (auf Order), Lissabon (auf Order), Marseille, Genua, Levante	19.877	16.436
Canal (auf Order) und England	15.815	16.229

	1873	1872
	Englische Tonnen	
Hamburg und Altona	7.540	7.007
Antwerpen	2.345	4.335
Hâvre und Bordeaux	5.102	3.629
Dänemark, Schweden und Norwegen, Russland	2.946	3.643
Diverse Häfen	3.222	5.786
Zusammen nach Europa	56.990	57.065
Vereinigte Staaten und Californien	81.527	80.700
Gesammtausfuhr	138.517	137.765

Die Umsätze von Zucker im Jahre 1873 betrugen 220.900 Säcke, 1154 Kisten und 300 Fässer, wovon 220 Kisten und 2335 Säcke für Europa, der Rest für den Consum, den River Plata und Rio Grande do Sul bestimmt war. Häute wurden 92.976 Stück gesalzene und 15.471 Stück trockene (gegen 67.171 und resp. 6378 Stück in 1872) versendet.

Der Export von Baumwolle erreichte im Ganzen 29.413 Ballen (gegen 28.914 B. im Vorjahre), die Ausfuhr von edlen Metallen 1,964.500 (gegen 4,847.000) Milreïs, u. zw.: 1,961.500 Milreïs Gold und 3000 Milreïs Silber. Nach dem River Plata waren 1,137.200 (gegen 3,456.000) Milreïs bestimmt.

Von steiermärkischem Stahl kamen 550 Kisten (gegen 1722 Kisten in 1872) direct aus Triest. Die Preise dieses Artikels standen zwischen 17.000 bis 18.000 Reïs pr. Quintal von 128 brasil. Pfd.

Die Zufuhr von Mehl betrug im Ganzen 341.467 Fässer und Säcke, darunter 19.658 Fässer österreichisch-ungarisches Erzeugniss. Von letzterem langten 14.191 Fässer direct und 5467 Fässer auf dem Wege über Bahia und Pernambuco aus Triest hier ein.

Im Jahre 1872 wurden 296.007 Fässer und Säcke Mehl importirt, unter welchen sich 20.963 Fässer von österreichisch-ungarischer Provenienz befanden.

Die am Schlusse des Jahrs 1873 vorräthig gebliebenen 28.365 Fässer Mehl bestanden lediglich aus fremdländischer Waare.

Die Schlusspreise der einzelnen Mehlsorten stellten sich 1873 im Vergleich zum Vorjahre folgendermassen:

		31. December 1873	31. December 1872
Oesterreichisch-ungarisches Mehl	Reïs	24.000—25.000	26.000—28.000
Amerikanisches	„ „	19.000—23.000	20.000—25.000
Chilenisches	„ „	18.000—19.000	18.000—19.000

Von Kohlen wurden 243.364 Tonnen (gegen 208.924 T. in 1872), von Salz 1,064.669 (gegen 1,873.640) Alqueires importirt.

Die höchsten und niedrigsten Frachten für Segelschiffe stellten sich also: Canal auf Order: 42 s. 6 d. (im December) und 27 s. 6 d. (Januar, dann März bis Juni); Gibraltar auf Order bis Triest: 45 s. (December) und 27 s. 6 d. (April); New-York: 35 s. (August) und 20 s. (März bis Juni, dann October bis December).

Die Zolleinnahmen von Rio de Janeiro erreichten 1873 gegenüber dem Vorjahre nachstehende Beträge:

	1873 Milreïs	1872 Milreïs
Einfuhrzölle	29,627.000	28,433.000
Ausfuhrzölle	8,912.000	7,458.000
Zusammen	38,539.000	35,891.000

Die Wechseltransactionen auf Europa lieferten in beiden Jahren folgende Gesammtergebnisse:

		1873	1872
England	Pfd. Stlg.	17,070.000	13,905.000
Frankreich und Antwerpen	Francs	43,200.000	25,985.000
Hamburg	Reichsmark	9,490.000	5,283.000

Die höchsten und niedrigsten Wechselcourse waren im Jahre 1873 u. zw.: auf London 27 1/8 (im März) und 25 1/4 (im Juli); auf Frankreich 375 (Juli) und 340 (Februar), auf Hamburg 480 (August) und 440 (Februar bis April).

Der officielle Werth der gesammten Ein- und Ausfuhr Brasiliens, vertheilt auf die einzelnen Stapelplätze, beziffert sich für die Jahre 1871/72 und 1872/73 also:

Häfen	Einfuhr 1. Juli 1871 bis 30. Juni 1872 Milreïs	Einfuhr 1. Juli 1872 bis 30. Juni 1873 Milreïs	Ausfuhr 1. Juli 1871 bis 30. Juni 1872 Milreïs	Ausfuhr 1. Juli 1872 bis 30. Juni 1873 Milreïs
Rio de Janeiro	85,074.116	76,065.525	69,269.737	102,088.782
Bahia	21,596.002	22,723.218	22,531.906	17,963.637
Pernambuco	22,714.878	29,532.092	22,549.209	25,461.756
Maranhao	4,406.295	4,074.269	5,374.209	3,834.346
Pará	7,981.825	7,739.435	11,108.931	12,581.201
Rio Grande do Sul	6,891.182	3,805.392	7,448.001	11,833.900
San Paulo	2,109.319	2,819.517	13,545.488	21,476.112
Paraná	140.143	77.882	3,868.566	3,184.794
Parahyba	19.187	2.212	3,148.605	2,584.562
Ceará	3,423.458	3,211.371	4,756.320	5,034.469
Santa Catharina	561.671	605.905	763.857	283.519
Alagoas	115.378	272.731	9,154.896	4,634.260
Sergipe	62.235	111.800	1,458.974	2,060.869
Espirito Santo	1.568	10.889	441.326	.
Rio Grande do Norte	140.445	73.415	1,648.628	1,129.914
Piauhy	482.158	527.998	.	469.620
	155,719.860	151,653.651	177,041.653	214,621.741

Personalnachrichten.

— Seine k. und k. Apostolische Majestät haben den bisherigen Geranten des Honorar-Viceconsulats in Aden, Victor Escher, zum unbesoldeten Viceconsul daselbst mit dem Rechte zum Bezuge der tarifmässigen Consulargebühren allergnädigst zu ernennen geruht.

(Allerhöchste Entschliessung vom 8. Februar 1875.)

— Seine k. und k. Apostolische Majestät haben die Versetzung des k. und k. General-Consuls in Smyrna, Ministerialrathes Dr. Karl Ritter v. Scherzer, als Generalconsul-Stellvertreter zu dem k. und k. Generalconsulate in London, unter gleichzeitiger Ernennung zum Commerz-Kanzleidirector bei der k. und k. Botschaft in letztgedachter Stadt, sowie die Versetzung des k. und k. Generalconsuls Stefan Ritter v. Herzfeld in gleicher Eigenschaft von Moskau nach Smyrna allergnädigst zu genehmigen; ferner den k. und k. Legationsrath Anton v. Le Bidart zum k. und k. Generalconsul in Moskau allergnädigst zu ernennen geruht.

(Allerhöchste Entschliessung vom 14. Februar 1875.)

— Seine k. und k. Apostolische Majestät haben dem k. und k. Generalconsul in Scutari, Konrad Wassitsch, das Ritterkreuz des Leopold-Ordens taxfrei allergnädigst zu verleihen geruht.

(Allerhöchste Entschliessung vom 14. Februar 1875.)

— Seine k. und k. Apostolische Majestät haben den Handelsmann und Schiffsrheder Jules Havenith in Antwerpen zum unbesoldeten Consul daselbst mit dem Rechte zum Bezuge der tarifmässigen Consulargebühren allergnädigst zu ernennen geruht.

(Allerhöchste Entschliessung vom 15. Februar 1875.)

— Seine k. und k. Apostolische Majestät haben den Handelsmann Louis Thönemann in Melbourne zum unbesoldeten Consul daselbst mit dem Rechte zum Bezuge der tarifmässigen Consulargebühren allergnädigst zu ernennen geruht.

(Allerhöchste Entschliessung vom 16. Februar 1875.)

— Seine k. und k. Apostolische Majestät haben den George d'Auzac in Nizza zum unbesoldeten Consul daselbst mit dem Rechte zum Bezuge der tarifmässigen Consulargebühren allergnädigst zu ernennen geruht. (Allerhöchste Entschliessung vom 21. Februar 1875.)

— Seine k. und k. Apostolische Majestät haben den bei dem k. und k. Honorar-Generalconsulate in Neapel verwendeten Honorar-Viceconsul Francesco di Sorvillo zum unbesoldeten Generalconsul in gedachter Stadt mit dem Rechte zum Bezuge der tarifmässigen Consulargebühren allergnädigst zu ernennen geruht. (Allerhöchste Entschliessung vom 3. März 1875.)

— Seine k. und k. Apostolische Majestät haben zu gestatten geruht, dass der k. und k. Generalconsul Ritter v. Herzfeld den kais. russischen St. Annen-Orden zweiter Classe mit der Krone, und der k. und k. Generalconsul Dr. Svetozar Theodorović das Officierskreuz des kön. italienischen Mauritius- und Lazarus-Ordens annehmen und tragen dürfe.

(Allerhöchste Entschliessung vom 10. März 1875.)

— Der k. und k. Generalconsul Gerhard Ritter v. Chiari hat am 17. Februar d. J. die Leitung des k. und k. Generalconsulates in Janina an den k. und k. Viceconsul M. Ghinopulo übergeben, um auf seinen neuen Posten nach Salonich abzugehen.

— Der k. und k. Consul J. D. Kremelberg in Baltimore ist nach Ablauf seines Urlaubs auf seinen Dienstposten zurückgekehrt.

— Die Leitung der k. und k. Consularagentie in Tetuan wurde dem Antonio Zanuty-Romero, und derjenigen in Larache dem Lewis Fardo übertragen.

— Der k. und k. Consul und Leiter des k. und k. Generalconsulates in Trapezunt, Alfons Ritter v. Questiaux, ist mit Tod abgegangen.

Wirthschaftliche Verhältnisse von Rheinland-Westfalen im Jahre 1873.

Köln. Das Jahr 1873 begann mit einer kolossalen Anspannung aller industriellen Thätigkeit. Die lebhafte Nachfrage nach Bergwerks- und Hüttenproducten, sowie nach Fabrikserzeugnissen aller Art hatte auch die Actiencourse zu einer ungemeinen Höhe emporgetrieben.

Die Speculation überbot sich vollständig, vielfach gehoben durch das neue Actiengesetz, in dessen Folge eine Unzahl neuer Unternehmungen auftauchte, deren Actien sofort an deutschen Börsen willig aufgenommen wurden.

Die Preise aller Bergwerks- und Hüttenfabrikate erhöhten sich ebenso namhaft wie die Arbeitslöhne, durch welche die Selbstkosten vertheuert wurden.

Trotz alledem war der Absatz ein ungemein grosser, und es hatte den Anschein, als ob das Jahr 1873 zu den glänzendsten in der Geschichte der modernen Industrie und namentlich des Actienwesens werden sollte.

Die Unmasse von Effecten, die theils von den neuen, theils von den alten Gesellschaften emittirt wurden, führte schliesslich in Verbindung mit den Operationen, die zur Aufbringung der französischen Kriegscontribution nöthig wurden, und nicht minder infolge der Entnahme bedeutender Metallbestände vom Markte für Münzzwecke, zu einer Geldcalamität, die ihren Anstoss von Wien aus empfing und bald alle Börsen Deutschlands in Mitleidenschaft zog.

Die Course aller Effecten sanken ebenso rasch, als sie früher gestiegen waren. Die Inhaber von Actien sahen sich bald in die Nothwendigkeit versetzt, zur Deckung ihrer Verbindlichkeiten die grössten Opfer zu bringen; und so trat an die Stelle des früheren unbegrenzten Vertrauens ein Fernhalten von allen Börsespeculationen, das immer weitere Kreise zog und dem Jahre 1874 eine höchst traurige Erbschaft überbrachte.

Unter dem Einflusse der riesig gesteigerten Nachfrage waren die Kohlenpreise so in die Höhe gegangen, dass für eine Waggonladung guter Kohlen 30—32 Thlr. bezahlt wurde. Infolge dessen und auch wegen des herrschenden Mangels an Arbeitern vertheuerten sich die Löhne in empfindlicher Weise. Der Kölner Bergwerksverein zahlte z. B. einem Häuer um 23½ pCt. mehr als im Jahre 1872 und um 71 pCt mehr als in 1869.

Im Jahre 1873 wurden im Oberbergamtsbezirke Dortmund 324,398.280 Ctr. Steinkohlen im Werthe von 59,257.941 Thlr. gefördert, was gegen 1872 eine Zunahme um 29.599.080 Ctr. und 18,740.982 Thlr. bildet.

Im Oberbergamtsbezirke Bonn wurden 103,510.019 Ctr. Steinkohlen im Werthe von 26,947.253 Thlr. producirt, gegen 101,192.361 Ctr. für 17,769.380 Thlr. im Vorjahre. An Braunkohlen wurden in diesem Oberbergamtsbezirke 3,288.506 Ctr. für 244.690 Thlr. (gegen 3,489.019 Ctr. für 200.832 Thlr.) gefördert.

Unter den obwaltenden Verhältnissen war es natürlich, dass die grossen Bergwerks-Actiengesellschaften, die sich mit der Ausbeutung von Kohlengruben befassen, gute Geschäfte machten. Es vertheilte z. B. an Dividende: der Kölner Bergwerksverein 25 pCt., die Vereinigungsgesellschaft im Wormkohlenrevier 14½ pCt., Neu-Essen 40 pCt., Pluto 25 pCt., Wilhelmine Victoria 20 pCt., Gelsenkirchen 23 pCt. u. s. w.

Auf den Flüssen und Eisenbahnen war der Kohlentransport ungemein lebhaft. Es gingen zu Schiffe von Ruhrort 22,890.298 Ctr. ab, gegen 23,029.390 Ctr. im Vorjahre; von Duisburg 9,419.575 (gegen 8,782.017) Ctr. Nach Holland wurden von Ruhrort 14,850.236 Ctr., von Duisburg 2,825.555 Ctr., zusammen 17,675.791 Ctr.; nach Belgien von Ruhrort 1,031.540 Ctr., von Duisburg 329.095 Ctr., zusammen 1,360.635 Ctr. versendet.

Der gesammte Kohlentransport auf dem Rhein, der im Jahre 1867 noch 39,334.207 Centner betragen hatte, stellte sich im Jahre 1873 auf 12,294.812 Ctr., eine Folge der gestiegenen Eisenbahnconcurrenz und des Vordringens der Saarkohlen.

Die Köln-Mindener Eisenbahngesellschaft transportirte im Jahre 1873 87,144.100 Centner Kohlen; die Rheinische Eisenbahngesellschaft 60,727.980 Ctr.; die Bergisch-Märkische Gesellschaft 137,712.571 Ctr.

Im Saarbrückener Revier, wo sich die meisten Kohlengruben im Besitze des Staates befinden, wurden 85,372.390 Ctr. (gegen 82,755.999 Ctr. in 1872) gefördert.

Das Jade- und Wormrevier, welches die Gegenden von Aachen, Stolberg und Eschweiler umfasst, hatte eine Gesammtproduction von 21,028.096 Ctr. Kohlen, gegen 20,834.204 Ctr. im Vorjahre.

Bei der regen Entwicklung der Eisenindustrie war es natürlich, dass auch die Förderung der Eisenerze einen bedeutenden Aufschwung nahm.

Im Oberbergamtsbezirke Dortmund ist diese bei den wenigen dort vorhandenen Eisensteingruben nicht sehr namhaft; sie betrug 1873 10,838.421 Ctr.

Im Oberbergamtsbezirke Bonn wurden im Jahre 1873 41,384.443 Ctr. im Werthe von 8,694.995 Thlr. gefördert.

Der Schwerpunkt der Eisenerzförderung beruht auf dem Siegen'schen, das im genannten Jahre 6,695.458 Ctr. lieferte.

Im Lahngebiete, besonders in der Gegend von Wetzlar kommen bedeutende Eisenerzlager vor, deren Product auf der Deutz-Giessener Bahn, auf der Leure-Ruhrbahn und auf der rechtsrheinischen Bahn in's Ruhrgebiet geschafft werden.

An sonstigen Bergwerksproducten wurden im Jahre 1873 folgende Mengen gewonnen:

		Oberbergamtsbezirk	
		Bonn	Dortmund
Zinkerze	Ctr.	925.722	500.740
Bleierze	„	1,231.156	35.803
Kupfererze	„	786.752	.
Nickelerze	„	209	.
Antimonerze	„	341	.
Manganerze	„	328.189	.
Schwefelkies	„	2,509.431	.
Vitriol- und Alaunerze	„	31.385	200.214

Die Salzgewinnung hat im Oberbergamtsbezirke Bonn 34.449 Ctr., im Dortmunder Bezirke 320.329 Ctr. betragen.

Die Eisenindustrie von Rheinland-Westfalen hat in der ersten Hälfte 1873 flott producirt, da die grossen Werke ihre Abschlüsse zu hohen Preisen für das ganze Jahr gemacht hatten. In der zweiten Hälfte änderte sich aber die Sachlage ganz bedeutend, da die Preisrückgänge erheblich auf den Gang des Geschäfts einwirkten.

Im Kreise Hagen wurden Anfangs 30—32 Thlr. für 1000 Pfd. strahliges Eisen gezahlt; bald jedoch sank der Preis auf 27 Thlr., und am Ende des Jahrs waren die Producenten schon mit 18 Thlrn. zufrieden. Gewöhnliches Coakseisen fiel von 23 auf

13 Thlr., Spiegeleisen von 48 auf 22 Thlr., Holzkohlen-Roheisen von 36 auf 28 Thlr., Stabeisen von 60 auf 40 Thlr., Eisenschienen von 53 auf 40 Thlr., Rohstahl von 69 auf 50 Thlr. u. s. w.

Die grossen Eisenhütten-Gesellschaften, deren Geschäftsjahr von Juni des einen bis Juli des andern Jahrs reicht, erfuhren durch die eingetretene Preisverminderung ihrer Lagerbestände so starke Verluste, dass sie, wie z. B. der Hörder Hüttenverein, der Köln-Müsener Verein, der Bergische Gruben- und Hüttenverein, ihren Reservefond angreifen mussten, um ihren Verbindlichkeiten nachkommen zu können.

Im Kreise Siegen, der durch seine Eisenindustrie in erster Linie steht, wurden 2,111.235 Ctr. Roh- und Stahleisen, 53.780 Ctr. Stabeisen, 94.349 Ctr. Walzeisen, 53.516 Ctr. Schmiedeeisen, 202.525 Ctr. Eisenblech, 25.855 Ctr. Rohstahl und 9300 Ctr. Raffinirstahl hergestellt. Die Gesammtproduction der Siegener Hochöfen und Walzwerke hatte einen Werth von 9,650.483 Thlr.

Im Kreise Dortmund, der für die Eisenindustrie ebenfalls von grosser Wichtigkeit ist, lieferten die Hochöfen 2,297.075 Ctr., die Eisenerzgiessereien 210.065 Ctr., die Frisch- und Streckwerke 1,322.658 Ctr.

Die Gesellschaft „Union" in Dortmund producirte auf ihrem Werke Heinrichhütte 39,120.915 Kilo Roheisen, das Hörder Eisenwerk 982.685 Ctr., die Aplerbecker Hütte 746.827 Ctr., die Gesellschaft für Eisenindustrie zu Styrum 167.943 Ctr. Stabeisen und Grubenschienen.

Die Gesellschaft „Phönix" zu Laar bei Ruhrort erzeugte auf ihrem Werke zu Berge-Rorbeck ca. 28½ Mill. Kilo Roheisen und Stahleisen, und auf ihrem Werke zu Kupferdreh 3,348.310 Kilo. Ihr Walzwerk zu Eschweiler lieferte 2,278.329 Pfd. Bessemer Stahlschienen, 5,165,482 Pfd. Eisenbahnschienen, 1,187.769 Pfd. Schienenbefestigungsmittel, 9,392.239 Pfd. Façoneisen, 2,149.211 Pfd. Grubenschienen u. s. w.

Von besonderer Wichtigkeit für die Schienenfabrikation sind die Werke der Actiengesellschaft „Gutehoffnungshütte", des „Phönix" zu Laar, der Gesellschaft „Union" in Dortmund, des Hörder Hüttenvereins, sowie mehrere Werke im Kreise Hagen, die Puddelstahlschienen anfertigen.

Die Gussstahlfabrikation ist im Jahre 1873 eine sehr lebhafte gewesen, und zwar theils für militärische, theils für Eisenbahnzwecke. Eine hervorragende Stelle nimmt die Krupp'sche Gussstahlfabrik in Essen ein, die auf dem Festlande unerreicht dasteht und durch ihre grossartigen technischen Einrichtungen jeder Concurrenz die Spitze bieten kann. Im Jahre 1873 beschäftigte sie über 12.000 Arbeiter und fertigte 125 Mill. Kilo Gussstahl an.

Die Gesellschaft „Phönix" in Laar hat ein neues Gussstahlwerk in Thätigkeit treten lassen, um sich den Absatz auf diesem Industriegebiete ebenfalls zu sichern. Der Bochumer Verein für die Gussstahlproduction stellte im Jahre 1873 64,700.600 Kilo Gussstahlfabrikate her; der Hörder Verein 306.507 Ctr., die Gesellschaft für die Stahlindustrie zu Bochum (früher Daeler & Co.) 17,542.700 Pfd. u. s. w.

Die Fabrikation von Puddelstahl musste im Jahre 1873 einigermassen beschränkt werden, da die Preise der Rohmaterialien theilweise sehr hoch standen. Dasselbe gilt von Cementstahl und Holzkohlen-Rohstahl-Artikeln, die mehr oder weniger in der Abnahme begriffen sind.

Die Fabrikation von Draht (besonders von Telegraphendraht), Eisenblechen, Dampfkesseln u. s. w. ist in der ersten Hälfte des Jahrs ziemlich bedeutend gewesen, hat aber eine erhebliche Verminderung erfahren.

Unsere Maschinenfabriken hatten infolge des grossartigen Aufschwungs der gesammten Industrie stets rege Beschäftigung zu guten Preisen. In jeder Stadt finden sich Maschinenfabriken, die für bestimmte Zweige arbeiten, so in Eupen für Spinnmaschinen, in Kalk für Aufbereitungsmaschinen u. s. w.

Die Harkort'sche Brückenbau-Gesellschaft in Duisburg hat ihre finanziellen Verhältnisse verbessert und erfreut sich jetzt einer ausgedehnten Thätigkeit; sie verarbeitete 1873 ca. 1½ Mill. Kilo der verschiedensten Eisensorten.

Die Eisenbahnwagenfabriken in Rheinland-Westfalen, deren Zahl ziemlich bedeutend ist, waren mit genügenden Aufträgen versehen.

Die Klingenfabriken in Solingen haben vorwiegend für den Staat gearbeitet und Haubajonette für die neuen Gewehre verfertigt. In Luxuswaffen ist die Nachfrage nicht sehr stark gewesen.

Die Eisenwaarenfabriken in Remscheid und Hagen, welche Werkzeuge, Hausgeräthe, landwirthschaftliche Maschinen u. s. w. anfertigen, haben im Grossen und Ganzen bei dem Absatze im Inlande, sowie bei der Ausfuhr nicht zu klagen gehabt; namentlich sind Sensen und Pflugschaaren gut gegangen. Andere Artikel, wie Werkzeuge für Handwerker, für die Landwirthschaft u. s. w., fanden minder befriedigende Abnahme.

Die Fabrikation von Näh-, Strick- und Haarnadeln war theilweise gut, zum Theil auch mittelmässig. Die Aachener Nähnadelfabriken klagten über die Anhäufung der Vorräthe auf den transatlantischen Märkten.

Die gesammte Eisenproduction im Oberbergamtsbezirke Dortmund stellte sich im Jahre 1873 also: Roheisen, mit Einschluss von Rohstahleisen, 10,557.439 Ctr., Roheisen in Gussstücken 279.257 Ctr., Gusswaaren zweiter Schmelzung 1,808.866 Ctr., Schmiedeeisen, Stabeisen, Blech, Draht 8,689.377 Ctr., Rohstahl 1,157.933 Ctr., Gussstahl 4,313.088 Ctr.

Der Oberbergamtsbezirk Bonn lieferte: Roheisen 12,061.723 Ctr., Gusseisen erster Schmelzung 1,342.366 Ctr., Gusseisen zweiter Schmelzung 443.949 Ctr., Production der Eisen-, Frisch- und Streckwerke 6,447.487 Ctr., Rohstahl 461.987 Ctr., Gussstahl 56.320 Ctr., Eisen für Cementstahl 468.067 Ctr., Eisenbahnschienen 1,246.741 Ctr., Eisenbahnachsen und Räder 411.981 Ctr., Profileisen zu Bauzwecken und Brücken 740.792 Ctr., Platten und Schmiedestücke 252.334 Ctr., andere Eisen- und Stahlsorten 2,334.420 Ctr., Schwarzblech 724.295 Ctr., Stahlblech 970 Ctr., Weissblech 111.007 Ctr., Eisendraht 337.939 Ctr.

An sonstigen Metallen wurden hergestellt u. zw.: im Oberbergamtsbezirke Dortmund: Rohzink 289.182 Ctr., Nickel 1600 Ctr.; im Oberbergamtsbezirke Bonn: Zink in Blöcken 325.530 Ctr., Bleiglätte 849,940 Ctr., Kupfer 32.297 Ctr., Silber 585·972 Centner, Gold 3·746 Ctr.

Der Geldwerth betrug bei: Zink 2,704.807 Thlr., Blei 6,325.552 Thlr., Kupfer 542.541 Thlr., Silber 1,701.815 Thlr., Gold 172.338 Thlr.

Die Zink- und Blei-Industrie vertheilt sich auf verschiedene Theile von Rheinland-Westfalen.

In der Eifel sind es der Mechernicher und der Commerner Verein, am Rhein die Rheinisch-Nassauische Gesellschaft in Stolberg, welche Blei produciren.

Zink wird von der letztgenannten Gesellschaft, von dem Verein „Berzelius" in Bensberg, von der Gesellschaft für die Zinkindustrie zu Stolberg und in Westfalen und von der Gesellschaft „Vieille Montagne" zu Moresnet bei Eupen producirt.

Das Zink- und Bleigeschäft war 1873 infolge der hohen Preise ein gutes, nahm aber gegen Ende des Jahrs, was den Absatz von Zink betrifft, ab, während Blei lebhaft gefragt blieb.

Die Fabriken von Bronze-, Messing- und Neusilberwaaren, die ihren Hauptsitz in Iserlohn, Altena und Lüdenscheid haben, machten theilweise gute Geschäfte, bis die allgemeine Flauheit auch sie in ihre Kreise zog und die Preise bei wenig belebtem Absatze sanken.

Die chemischen Fabriken, sowie die Etablissements für die Erzeugung feuerfester Steine litten ebenfalls unter den gegen die Mitte des Jahrs eintretenden unglünstigen Verhältnissen. Die Glas-, Krystall-, Porzellan- und Steingutfabriken waren gut beschäftigt.

Die Tuchfabriken in Rheinland-Westfalen erfreuten sich nicht jenes lebhaften Absatzes, den sie in früheren Jahren genossen hatten. Namentlich war die Abfuhr nach den Vereinigten Staaten unbedeutend, was theilweise eine Folge der Ueberhäufung der dortigen Märkte war.

Die Leinenindustrie ist in einzelnen Branchen ziemlich lebhaft gewesen, auch hatten die Garnspinnereien gute Aufträge. Es fehlte mitunter an Arbeitern, was von erheblichem Einflusse auf den Gang der Production war. Die Flachsspinnerei in Düren fabricirte mit 16.000 Spindeln 384.600 Bündel Garne.

Gut beschäftigt war auch das Etablissement der Viersener Spinnerei, besonders in der ersten Hälfte des Jahrs, während sich in der zweiten schon die Einwirkungen der ungünstigen Geschäftslage geltend machten. Das hier Gesagte gilt auch von den Bielefelder Spinnereien und Webereien. In fertiger Wäsche war der Absatz normal.

Die Crefelder Seidenindustrie hat infolge der ausländischen Concurrenz, welche auf die Preise drückte, einen schweren Stand gehabt, suchte jedoch durch gute Waare den Markt zu behaupten. Dem Berichte der dortigen Handelskammer zufolge standen in Thätigkeit:

		1872	1873
In Sammt und Schlingdraht	Stühle	19.114	13.857
In festkantigen Sammtbändern	„	1.410	1.335
In Stoffen	„	12.371	10.992
In Stoffbändern	„	415	351

Derselben Quelle zufolge stellte sich der Werth des bewerkstelligten Umsatzes in folgender Weise heraus:

		1872	1873
Mit Deutschland	Thlr.	10,314.100	10,021.750
„ England	„	8,477.940	7,668.430
„ Frankreich	„	1,142.625	1,001.670
„ andern Ländern Europa's	„	1,890.330	1,506.210
„ aussereuropäischen Ländern	„	3,920.220	2,257.130
Zusammen . .	Thlr.	25,745.215	22,455.190
Abnahme in 1873 . .	„	.	3,290.025

Die Baumwollspinnereien und Webereien hatten mit ungünstigen Verhältnissen zu kämpfen, da die Preise fortwährend wichen, während gleichzeitig der Absatz eine erhebliche Einbusse erlitt.

Der Absatz von Möbelstoffen, Bändern und Litzen war auch nicht so lebhaft wie früher. Das Gleiche gilt von seidenen, halbseidenen und wollenen Stoffen aus Elberfeld und Barmen.

Die Seifen-, Soda-, Kerzen- und Eau de Cologne-Fabriken waren gut beschäftigt. Der Consum von Mineralwasser hat zugenommen. Auch der Bierexport ist erheblich gestiegen. Die Spiritusfabrikation war lebhaft; gegen Ende des Jahrs sanken jedoch die Preise.

Die Zuckerraffinerien in Köln und Uerdingen haben gegen Ende des Jahrs in Melis ein gutes Geschäft gemacht. Die französische Concurrenz wurde schwer empfunden.

Die Tabakfabrikation litt unter den hohen Preisen des Rohproductes.

Die Fabriken von Goldleisten und Tapeten haben bis gegen Mitte des Jahrs gute Geschäfte gemacht, dann aber verringerte sich die Nachfrage infolge der schwächer gewordenen Bauthätigkeit.

Der hiesige Hafenverkehr ist infolge der verringerten Geschäftsthätigkeit gegen denjenigen des Vorjahrs zurückgeblieben. Es wurden nämlich im Ganzen 5,229.478 Centner zu- und abgeführt, gegen 5,318.980 Ctr. im Jahre 1872, so dass eine Verminderung von 89.502 Ctr. eingetreten ist.

Die Rheinische (Kölner) Dampfschifffahrts-Gesellschaft transportirte im Jahre 1873 in 2244 Schiffen 160.480 Passagiere und 158.557 Ctr. Güter, gegen 165.314 Passagiere und 131.039 Ctr. Güter in 1872.

Die Dampfschifffahrts-Gesellschaft für den Nieder- und Mittelrhein beförderte 506.509 (gegen 523.573) Personen und 505.276 (gegen 467.728) Ctr. Güter.

Die Kölnische Dampfschifffahrts-Gesellschaft hat rheinaufwärts 269.134 Ctr. und rheinabwärts 387.440 Ctr. befördert.

Die Rheinische Tauerei-Gesellschaft, die ihren Sitz in Köln hat, konnte ihre Thätigkeit vorerst nur bis Mühlheim am Rhein ausdehnen.

Die Köln-Mindener Eisenbahn-Gesellschaft transportirte im Jahre 1873: 6,348.061 Personen und 184,430.529 Ctr. Güter; die Rheinische Eisenbahn-Gesellschaft: 9,504.665 Personen und 143,797.038 Ctr. Güter; die Bergisch-Märkische Gesellschaft: 14,542.871 Personen und 300,232.764 Ctr. Güter.

Landwirthschaftliche und gewerbliche Verhältnisse des Königreichs Württemberg im Jahre 1874.

Stuttgart. Die im Allgemeinen günstigen Aussichten auf das Erträgniss der Feldfrüchte wurden theils durch Rückschläge der Kälte, theils durch die später eingetretene anhaltende Trockenheit in ihrer Wirkung wieder ziemlich herabgestimmt.

Das Wintergetreide kam gut und kräftig aus dem Winter. Der Frost im April und die kalten Tage im Mai thaten demselben keinen erheblichen Schaden. Die trockene Hitze im Juli trieb aber an den meisten Orten einer allzu raschen Reife zu, was der Qualität der Körner nicht zum Vortheil gereichte und auch den Strohertrag namhaft schmälerte. Dennoch war der Körnerertrag nach Menge und Güte im Ganzen über dem Durchschnitt, der Strohertrag unter demselben, theilweise ihn erreichend, und übertrifft die letztjährige Ernte diejenige von 1873 in Menge und Güte.

Weniger günstig als beim Dinkel gestaltete sich das Verhältniss bei Weizen und namentlich bei Roggen. Ersterer hatte durch Fröste, letzterer in der Blüte durch Frost und Regen zu leiden und wurde daher in der Qualität gering.

Die Frühjahrsbestellung war seit Jahren nicht so günstig gewesen und das Aufgehen der Samenfrüchte konnte rasch und gleichmässig erfolgen. Die Frostnächte im April und die rauhe nasskalte Witterung im Mai thaten aber dem Wachsthum des Hafers und der Gerste empfindlichen Eintrag. Letztere konnte sich zwar später theilweise wieder erholen und erreichte, wenn auch nicht in der Güte, so doch in der Quantität nahezu das Mittel, manchmal etwas mehr, während der Hafer unter demselben blieb; im Strohertrag blieben aber beide Fruchtgattungen zurück.

Am besten hielten sich von den Samenfrüchten der Sommerweizen und der Sommerroggen, während bei den Hülsenfrüchten die Körner meist klein blieben und vielfach einschrumpften.

Den Wurzel- und Knollengewächsen war der Jahrgang im Allgemeinen günstig, dagegen befriedigte das Erträgniss der Futtergewächse in geringerem Maasse und Hopfen lieferte nur einen halben Ertrag.

Die verfrühten Nachrichten von günstigen Ernteaussichten veranlassten die Producenten ihren Hopfen anfänglich zu 70, 80—100 fl. zu verkaufen. Bald zeigte es sich aber, dass die Schätzungen zu hoch waren, worauf im September der Marktwerth des Artikels auf 175 fl. stieg, um später wieder um 15—20 fl. zu fallen.

Nach langen Jahren vergeblichen Hoffens fiel wieder einmal die Ernte des Weinstocks günstig aus. Die unzulängliche Weinproduction der nächstfrüheren Perioden hatte zur Folge, dass nicht nur viel Wein vom Auslande eingeführt, sondern auch das Naturgewächs auf künstliche Weise vermehrt, theils geradezu Wein fabricirt wurde.

Zwar traf Ende April der bekannte Rückschlag des Wetters die in reicher Entwicklung begriffenen Reben sehr hart; in der Folge trat jedoch anhaltend sehr günstige Witterung ein, die Pflanzungen blieben von Krankheiten verschont und die Aussichten auf den Herbst besserten sich von Tag zu Tag, wie denn auch schliesslich das Ergebniss alle Erwartungen übertraf.

Die Traubenernte war zwar der Quantität nach keine volle, gestaltete sich aber erheblich grösser als in den Vorjahren zurück bis 1868. In der Qualität blieb das Gewächs innerhalb der Grenzen eines guten Mitteljahrs. Was aber den letzten Herbst zu einem besonders gesegneten machte, das sind die hohen Preise des Weins und dessen rascher Absatz.

Als gleichfalls nicht ungünstig kann man die Ergebnisse des Obstbaumes bezeichnen. Das Obst war bei dem Mangel an Getränken sehr gesucht und ausserdem fand eine lebhafte Einfuhr aus der Schweiz und Baden statt. Ein schlimmer Gast war die Blutlaus, die an vielen Orten in bedenklichem Grade um sich greift. In der That bedarf es des grössten unausgesetzten Fleisses in consequenter Vertilgung dieses Insects, wenn nicht viele Obstbäume zu Grunde gehen sollen.

Der Hagelschlag war gegen das Vorjahr gering.

Noch zu Anfang 1874 boten die hohen Preise aller Viehproducte dem Landwirth die lohnendste Einnahme, im Laufe des Jahrs sollte es jedoch anders kommen. Die reichlichen Futterernten der letzten Jahre, in Verbindung mit dem starken Absatz nach Elsass und Frankreich, wo noch grosse Lücken auszufüllen waren, und weiter der starke Consum im Inland waren Ursache, dass Jedermann seinen Viehstand vermehrte.

Die geringe Futterernte in 1874 führte jedoch eine Menge übergehaltenes Vieh auf den Markt, der Absatz ins Ausland stockte, ohne Zweifel, weil die Viehbestände endlich ergänzt waren, so dass schliesslich im Durchschnitt ein Abschlag von 40 bis 50 pCt. eintrat, welcher hauptsächlich das Fettvieh traf.

Nicht ganz so ungünstig wirkten diese Verhältnisse auf die Schafzucht, einmal, weil sich da die Bestände nicht so rasch vermehren lassen, und dann weil die guten Wollpreise einigermassen in die Lücke eintreten konnten.

Am besten hielt sich die Schweinezucht, obgleich sich der Rückschlag auch auf diese erstreckte.

Die Preise der Pferde wurden von diesen Verhältnissen nicht berührt, und erhielten sich auf ihrer früheren Höhe. Mit wenigen Ausnahmen blieb der gesammte Viehstand von Krankheiten und Seuchen verschont.

Auch bei dem Marktwerthe des Getreides trat ein Umschwung gegen früher ein. Die anfänglich noch hohen Preise sanken gegen die Ernte zu infolge der allerwärts guten Aussichten und des starken Angebotes amerikanischer Früchte auf dem Markte.

In den letzten Jahren war es hauptsächlich die geringe Concurrenz von Seiten der östlichen Getreideländer, welche unsere Cerealienpreise so hoch steigen liess. Die gute 1874er Ernte jener Länder verursachte jedoch ein Sinken der Preise um mehr als 60—80 pCt., wofür der Landwirth allerdings in der Menge der geernteten Früchte einen theilweisen Ersatz findet.

Auch der Reps erzielte infolge der auswärtigen Concurrenz nur mässige Preise. Hafer allein behielt seinen hohen Stand, während Gerste gleichfalls zurückging.

Der Mangel an Arbeitern war im Jahre 1874, wenn auch nicht mehr so drückend, doch immerhin noch sehr fühlbar. Eine Besserung ist jedenfalls darin zu verspüren, dass die Arbeiter artiger und weniger anspruchsvoll geworden sind. Von einem Rückgang der Löhne ist noch wenig zu bemerken; er kann aber kaum ausbleiben, wenn die Stockung auf dem industriellen Gebiete noch länger anhält.

Für die Wintersaat sind die Aussichten nicht besonders günstig, dagegen ist die Repssaat fast überall viel versprechend, und der Zustand der Obstbäume und des Weinstocks giebt gute Hoffnung.

Von der Gesammtoberfläche des ertragsfähigen Bodens pr. 2,750.016 Morgen waren, wie im Vorjahre, 2,469.599 Morgen oder 89·8 pCt. angebaut; 280.417 Morgen oder 10·2 pCt. lagen brach. Die angebaute Fläche lieferte folgende Erträgnisse:

Fruchtarten	Ertrag pr. Morgen in einem Mitteljahr	Ertrag pr. Morgen im Jahre 1874	Gesammtertrag im Jahre 1873	Gesammtertrag im Jahre 1874
	Scheffel			
Winterdinkel	6·56	7·37	3,257.815	4,756.117
Hafer	4·61	4·98	1,839.641	2,038.362
Sommergerste	3·92	4·28	1,045.549	1,294.195
Winterroggen	2·90	3·20	268.592	344.838
Winterweizen	3·19	3·50	85.660	126.624
Wintermengfrüchte	4·73	5·27	233.668	334.542
Wintergerste	3·80	3·94	18.158	20.051
Sommerdinkel	4·69	5·46	14.943	21.540
Sommerroggen	2·66	2·79	51.066	58.193
Sommerweizen	2·67	3·14	38.337	44.717
Sommermengfrüchte	4·61	4·84	191.377	194.741
Hirse	4·61	5·83	2.514	2.819
Buchweizen	4·61	5·01	415	379
	Centner			
Rother Klee	35·95	34·75	7,412.865	7,713.553
Luzerner	37·59	39·62	2,112.665	2,141.264
Esparsette		26·52	1,111.319	1,084.344
	Simri			
Gesunde Kartoffeln	138·21	146·69	26,945.423	35,180.758
Kranke "	.	14·61	4,611.204	3,512.214
	Scheffel			
Reps	2·51	2·77	64.230	50.575
Rübsen		1·46	18.874	11.503
Mohn	2·29	2·01	13.254	16.602
	Pfund			
Flachs	98·09	66·33	1,769.602	1,278.975
Hanf	133·55	130·12	2,950.663	3,027.341

Fruchtarten	Ertrag pr. Morgen In einem Mitteljahr	Im Jahre 1874	Gesammtertrag Im Jahre 1873	Im Jahre 1874
	Centner			
Hopfen	3·71	3·32	73.733	53.388
Tabak	8·59	9·69	11.414	7.693
Steckrüben	140	140	2,462.793	2,355.728
Weisse Rüben	140	140	657.738	644.805
Riesenmöhren	109·34	92·18	35.175	29.497
Runkelrüben	159·29	177·60	9,223.436	10,147.753
	Stück			
Kopfkohl (Kraut)	2.814	1.922	46,208.283	37,373.822
	Scheffel			
Erbsen	2·33	2·34	23.974	22.178
Linsen	2·30	2·12	22.382	22.965
Gartenbohnen	3·00	2·51	8.307	6.306
Ackerbohnen	3·00	2·51	34.999	26.414
Wicken	2·86	2·88	107.029	97.753
Welschkorn	3·48	4·14	16.267	23.772

Der Obstertrag berechnet sich auf 2,983.230 Simri Kernobst und 169.148 Simri Steinobst, während der Ertrag einer mittleren Ernte nach dem Durchschnitt der Jahre 1852—1861 zu 4,297.925 und resp. 771.709 Simri anzunehmen ist.

Der Heuertrag lieferte 30·34 Ctr. pr. Morgen, gegen 29·82 Ctr. in einem Mitteljahr. Das letztjährige Gesammterzeugniss beträgt 25,691.845 Ctr. an Heu, gegen 28,784.384 Ctr. im Vorjahre.

Für Handel und Gewerbe sind die Verhältnisse gleich schlecht wie im Vorjahre geblieben und zeigen sich vorerst auch keine Anzeichen zu einer Besserung.

Die Zahl der Concurse hat eine noch nie dagewesene Höhe erreicht, der Verkehr in Liegenschaften beschränkte sich fast nur auf Zwangsverkäufe und die Klage über schlechten Geschäftsgang ist eine ganz allgemeine.

In den letzten Monaten des Jahrs hat der Concurs der Maschinenfabrik in Kirchheim und neuerdings der Concurs der württembergischen Commissionsbank, obwohl diese beiden Institute niemals einen hervorragenden Credit genossen haben, den Beweis geliefert, dass die Krisis ihren Höhepunkt noch immer nicht erreicht haben dürfte.

Im Geldverkehr wirkt der dermalen sich vollziehende Uebergang zur neuen Reichswährung ausserordentlich störend.

Verkehr österreichisch-ungarischer Handelsfahrzeuge in den Häfen Grossbritanniens im Jahre 1874.

London. Der Schiffsverkehr unter österreichisch-ungarischer Flagge in sämmtlichen Häfen des Vereinigten Königreichs gestaltete sich während des Jahrs 1874 und im Vergleich zu 1873 folgendermassen:

Ankünfte in	1874 Handelsthätig beladene Schiffe Zahl	Tonnen	Ladungswerth, fl.	1873 Handelsthätig beladene Schiffe Zahl	Tonnen	Ladungswerth, fl.
England	215	106.206	11,061.622	256	126.543	14,613.872
Irland	100	53.764	5,704.185	98	55.061	7,133.195
Schottland	29	13.335	1,476.040	25	13.560	1,712.660
Zusammen	344	173.305	18,241.847	379	195.164	23,459.727
Handelthätige Schiffe in Ballast	260	131.362	.	263	125.884	.
Handelsunthätige Schiffe	199	99.229	.	279	140.715	.
Gesammtverkehr	803	403.896	18,241.847	921	461.763	23,459.727
Abnahme	118	57.867	5,217.880	.	.	.

Abfahrten von	1874 Handelsthätig beladene Schiffe Zahl	Tonnen	Ladungswerth, fl.	1873 Handelsthätig beladene Schiffe Zahl	Tonnen	Ladungswerth, fl.
England	370	188.091	2,736.470	385	202.727	5,210.763
Schottland	42	20.951	149.960	18	14.785	310.690
Zusammen	412	209.042	2,886.430	403	217.512	5,521.453
Handelsthätige Schiffe in Ballast	204	111.173	.	211	116.073	.
Handelsunthätige Schiffe	199	99.440	.	279	139.736	.
Gesammtverkehr	815	419.655	2,886.430	893	473.321	5,521.453
Abnahme	78	53.666	2,635.023	.	.	.

Von den im Jahre 1874 beladen eingelaufenen Fahrzeugen kamen: 127 aus New-York, 55 aus Bordeaux, 21 aus Oran, 16 aus Baltimore, 10 aus Memel, je 9 aus Odessa und Alexandrien, je 6 aus Philadelphia und Buenos Ayres, je 5 aus Taganrog und Boston, je 4 aus Triest und Poti. Von den mit Ladung abgesegelten nationalen Fahrzeugen gingen: 101 nach Triest, 53 nach Constantinopel, je 34 nach Alexandrien und New-York, 32 nach Odessa, 18 nach Venedig, 17 nach Port-Saïd, 15 nach St. Vincent, 9 nach Ancona, je 8 nach Cardiff, Newcastle und Corfù.

Schifffahrts- und Handelsverkehr von Galatz im Jahre 1873.

Galatz. Im Hafen von Galatz sind während des Jahrs 1873 nachstehende österreichisch-ungarische Handelsfahrzeuge eingelaufen:

Segelschiffe	Zahl	Tonnen
Mit Ladung	24	5.537
In Ballast	2	749
	26	6.286

Seedampfer	Zahl	Tonnen
Lloyddampfer, alle beladen	44	29.304
Propeller der I. k. k. priv. Donau-Dampfschiff-fahrts-Gesellschaft, Linie Galatz-Odessa, alle beladen	33	8.235
	77	37.539
Gesammtverkehr .	103	43.825

Dieses Ergebniss der Schiffsbewegung unter nationaler Flagge übertrifft das Vorjahr, wo 88 Schiffe von 41.829 Tonnen in diesem Hafen erschienen, um 15 Schiffe und 1.996 T., steht aber gegen 1871 mit 105 Einläufen um 2 Schiffe nach.

Der Verkehr der einzelnen Schiffsgattungen unter österreichisch-ungarischer Flagge weiset von 1869 bis 1872 nachstehende Ziffern aus:

Jahr	Segelschiffe		Lloyddampfer		Donaupropeller	
	Zahl	Tonnen	Zahl	Tonnen	Zahl	Tonnen
1869 . . .	38	8185	45	26.128	37	9.070
1870 . .	26	6739	67	41.602	32	9.295
1871 . . .	24	5982	41	31.470	40	10.650
1872 . . .	24	5949	39	29.130	25	6.750

Daraus geht hervor, dass das Jahr 1873 bezüglich der Segelschiffe nur vom Jahre 1869 übertroffen wird, bezüglich der Lloyddampfer die zwei letzten Vorjahre übersteigt und hinsichtlich der Donaupropeller gegen 1870 und 1872 ein günstigeres Ergebniss lieferte, im Vergleich zu den andern Vorjahren jedoch nachsteht.

Die Ursache des Ausfalles bei den Dampfern war auch diesmal die 10tägige Quarantäne, welche die ottomanische Regierung im Monate Juni aus Anlass der Cholera-Epidemie gegen die Provenienzen aus Russland und Romanien in Sulina einführte, und welche später auch auf die aus Oesterreich-Ungarn kommenden Schiffe ausgedehnt wurde. Dieselbe blieb, trotzdem die Cholera in Romanien bereits erloschen war, bis Ende des Jahrs aufrecht erhalten und hat einen regeren Verkehr zwischen Galatz und Odessa empfindlich gehemmt.

Von Flussdampfern der I. k. k. priv. Donau-Dampfschifffahrts-Gesellschaft, welche den Personenverkehr und Waarentransport zwischen Wien, Pest, Baziasch, Orsova, Galatz, Tultscha und Ismail vermittelten, sind 413 (darunter 32 Eildampfer) und ausserdem 192 Schleppschiffe eingetroffen.

Der Localverkehr zwischen Galatz und Ibraila, welcher durch den der Donau-Dampfschifffahrts-Gesellschaft gehörenden Dampfer „Austria" unterhalten wurde, erfreute sich einer entsprechenden Lebhaftigkeit.

Unter fremden Flaggen sind 841 Schiffe von 206.120 Tonnen hier eingelaufen, darunter folgende mit Ladung:

Flagge	Segelschiffe		Dampfer	
	Zahl	Tonnen	Zahl	Tonnen
Griechische	178	28.804	.	.
Türkische	114	15.563	.	.
Russische	14	2.631	21	7.955
Englische	22	5.542	92	49.976
Französische	.	.	37	18.307
Belgische	.	.	5	3.712

Flagge	Segelschiffe Zahl	Segelschiffe Tonnen	Dampfer Zahl	Dampfer Tonnen
Romanische	8	1.069	.	.
Italienische	12	2.824	4	1.691
Deutsche	2	500	.	.
Schwedische	.	.	3	1.553
Zusammen .	350	56.933	162	83.194
Schiffe in Ballast . . .	291	48.775	38	17.218
Gesammtverkehr .	641	105.708	200	100.412

Der Verkehr der fremden Schiffe in den 4 Vorjahren war folgender:

		Zahl	Tonnen	Im Ganzen Zahl	Im Ganzen Tonnen
1869	Segelschiffe	647	125.258	897	220.338
	Dampfer	250	95.080		
1870	Segelschiffe	608	116.773	831	206.519
	Dampfer	223	89.746		
1871	Segelschiffe	710	128.494	930	238.617
	Dampfer	220	110.123		
1872	Segelschiffe	740	129.226	971	245.934
	Dampfer	231	116.708		

Vergleicht man hiermit das Ergebniss des Jahrs 1873, soweit es sich auf die fremden Flaggen bezieht, so zeigt sich, dass es dem Jahre 1869 um 56 Schiffe nachsteht, das Jahr 1870 um 10 Schiffe übersteigt, von 1871 und 1872 aber bedeutend übertroffen wird. Der Ausfall gegen das Jahr 1872, welches von allen 4 Perioden die höchste Ziffer ausweist, besteht in 130 Schiffen (99 Segelschiffe und 31 Dampfer) und 39.814 Tonnen.

Die allgemeine Schifffahrtsbewegung, ohne Rücksicht auf die Flagge, stellt sich für die Jahre 1870—1873 vergleichsweise wie folgt:

Jahr	Schiffe	Tonnen	Jahr	Schiffe	Tonnen
1873	944	249.945	1871	1033	286.719
1872	1059	287.763	1870	956	264.155

Das Schifffahrts-Ergebniss von 1873 ist sonach das ungünstigste, wäre aber jenem des Jahrs 1870 gleichgekommen oder hätte es sogar übertroffen, wenn der Verkehr der Dampfer auf der Linie Odessa-Galatz in seiner Regelmässigkeit nicht durch die erwähnte Quarantäne gestört worden wäre, indem dadurch ein Ausfall von 14 russischen Dampfern entstand, die während 3 Monaten ihre Fahrten auf dieser Linie eingestellt hatten.

Die Schifffahrtsbewegung von 1873 muss nach zwei Abschnitten betrachtet werden und zwar für die Zeit vom Beginne der Schifffahrt bis Ende Juli, als Periode der hiesigen Geschäftsstockung infolge Mangels an Getreide, und für jene vom 1. August bis Jahresschluss, während welcher die Schiffsfrequenz sich steigerte und eine grössere Thätigkeit eintrat.

Der Schiffsverkehr im hiesigen Hafen während des I. Semesters 1873 muss im Vergleiche zu demselben Zeitabschnitt in früheren Jahren als schwach bezeichnet werden, was darin seinen Grund hatte, dass die Cerealienvorräthe aus der nur mässigen 1872er Ernte sehr gering waren, wodurch die Nachfrage nach Schiffen sich verminderte.

Es ist eine auffallende Thatsache, dass mehrere der eingetroffenen Segel- und Dampfschiffe, um nicht leer auszulaufen, andere Rohproducte dieses Landes und Bauholz als Rückladung nahmen. Der Verkehr liess viel zu wünschen übrig, und wenn auch in einem oder dem anderen der Zwischenmonate der Besuch etwas zunahm, stand das Ergebniss noch immer gegen die gleichen Monate des Jahrs 1872 zurück.

Wenngleich die Donau im Winter 1872/73 eisfrei geblieben war, trafen dennoch erst im März Seeschiffe, darunter meist griechische und türkische, und 16 englische Dampfer hier ein. Die Frequenz steigerte sich etwas im April, infolge der Nachfrage aus England, Triest und Marseille nach Getreide, und auch Segelschiffe von grösserer Tragfähigkeit trafen ein.

Die dem Exporte nachtheiligsten Wirkungen der anhaltenden Stagnation, als Folge des Mangels an disponiblem Getreide, zeigten sich namentlich in den Monaten Mai, Juni und Juli, wo die Schiffsfrequenz noch mehr abnahm.

Besonders war dies im Juni der Fall, welcher Monat eine so geringe Ziffer (66 Schiffe mit 20.280 Tonnen, davon 12 mit 5446 T. unter österreichisch-ungarischer Flagge) ausweiset, wie man sich dessen seit Jahren auf diesem Platze nicht erinnern kann. Selbst die Anzahl der englischen Dampfer (blos 7) war fast auf Null gesunken.

Zu diesen Unannehmlichkeiten kam noch die den regelmässigen Dampferverkehr auf den Linien Galatz-Odessa und Galatz-Constantinopel störende Quarantäne in Sulina.

Die erstere Linie wurde in der Zeit vom Juni bis Anfangs September blos durch die Seepropeller „Metternich“ und „Giurgevo“ befahren; im September nahmen wohl die russischen Dampfer ihre Fahrten wieder auf, stellten sie jedoch mit Ende October gänzlich ein.

Gleiche Störungen boten sich auch den die Linie Galatz-Constantinopel unterhaltenden Dampfern des österreichisch-ungarischen Lloyd dar. Diese mussten Anfangs auf ihrer Fahrt nach Constantinopel die Quarantäne in Sulina durchmachen und konnten nur durch Beistellung eines dritten Dampfers den Tarif einhalten. Diesen Observationsmassregeln, welchen sie dann in Constantinopel sich unterzogen, waren sie bis zum Schlusse der Schifffahrt unterworfen.

Erst gegen Ende August, wo das neue Getreide eintraf, hob sich der Schiffsverkehr, und es langte eine ansehnliche Anzahl Segelschiffe und Dampfer hier an. Die Frequenz steigerte sich noch im September, in welchem Monat allein 10 österreichisch-ungarische Segelschiffe eintrafen und ausser der englischen auch die seit Jahren hier nicht gesehene schwedische Flagge durch Dampfer vertreten war.

Der Hafenverkehr im October (155 Schiffe mit 43.715 Tonnen) war der lebhafteste in der 1873er Schifffahrtssaison; die grosse Nachfrage nach Getreide für Triest und die Häfen des Adriatischen Meeres zog eine nicht geringe Anzahl Schiffe zur Befrachtung für diese Richtung hieher.

Ausser Tarif langte auch der Lloyddampfer „Said“ an, welcher vom Export-Hause Ulysses Negroponte für mehrere Getreideladungen nach Triest gemiethet worden war. Von November bis Mitte December, dem gewöhnlichen Schlusstermine der See-Schifffahrt, nahm die Frequenz wieder ab, da die Getreidepreise auf den französischen und englischen Märkten sehr wichen und hiesige Eigenthümer mit ihrer Waare zurückhielten.

Im Allgemeinen kann der Schiffsverkehr des Jahres 1873, wenn auch mehrere Momente hindernd ihm entgegentraten, im Hinblick auf das schwache Ernte-Ergebniss von 1872 dennoch als regsam bezeichnet werden. Die Hauptbewegung fällt auf die zweite Jahreshälfte, wo die Anklünfte von fremden Dampfern und von Segelschiffen grösserer Tragfähigkeit, sowie von Fahrzeugen unter nationaler Flagge (17 Segelschiffe) eine ansehnliche Steigerung erfuhren.

Dass der Verkehr des Auslands mit Galatz bezüglich der fremden Segelschiffe grösserer Tragfähigkeit in Abnahme ist, dagegen bei den Dampfern sich erhöht, ist eine Thatsache, die bereits seit einigen Jahren wahrgenommen wird.

Das Jahr 1873 zeigt gegen die nächstfrüheren 3 Perioden abermals einen Rückgang bezüglich der Segelschiffe von grösserer Tragfähigkeit, wie aus nachstehender Darstellung ersichtlich ist:

Flagge	1870	1871	1872	1873
Englische	111	68	26	27
Italienische	39	33	31	20
Norwegische	22	7	3	.
Französische	13	4	2	.
Belgische	1	.	.	.
Schwedische	1	.	.	.
Mecklenburgische	1	.	.	.
Deutsche	9	8	5	2

Die diesen Flaggen an Tragfähigkeit nächststehenden russischen und romanischen Segelschiffe erhielten sich auf gleichem Stande.

Die griechischen und türkischen Segelschiffe stellten, wie alljährlich, auch diesmal das stärkste Contingent zum Schiffsverkehr. Die Ziffer der diesfälligen Ankünfte ist trotz der mehrmonatlichen Geschäftsstockung immerhin hoch zu nennen, indem sie dem stärkeren Verkehrsjahre 1871 fast gleich steht. Es kamen nämlich hier an:

	1870	1871	1872	1873
Griechische Segelschiffe	203	330	335	301
Türkische Segelschiffe	173	220	293	235

Die Nachfrage nach griechischen Segelschiffen gegenüber den anderen Flaggen war auch in 1873 aus dem Grunde grösser, weil ihre Befrachtung nach Triest und anderen Häfen des Adriatischen und Mittelländischen Meeres der billigen Fracht halber convenirt; anderseits bringen sie fast durchschnittlich die frischen und trockenen Früchte, sowie die verschiedenen Colonialwaaren diesem Platze zu.

Der Verkehr der türkischen Segelschiffe beschränkt sich meist auf die Häfen des Schwarzen Meeres und die am rechten Ufer gelegenen oberen Donaustationen, wohin dieselben über See grosse Quantitäten Bauholz und Donau aufwärts Colonial- und andere Waaren transportiren.

Die Dampfer des österreichisch-ungarischen Lloyd waren mit der Waaren-Beförderung sowohl im Import als im Export reichlich beschäftigt; an letzterem betheiligten sich dieselben auch mit dem Transporte von bedeutenden Quantitäten Cerealien und Mehl, letzteres aus der hiesigen Mahldampfmühle des Geschäftshauses Lambrinides & Consorten.

Der Personenverkehr mittels dieser Dampfer war sehr lebhaft, mehr aber in der Thalfahrt nach Constantinopel, da die vom Auslande nach dem Orient zurückkehrenden Passagiere es vorzogen, die Quarantäne in der türkischen Hauptstadt durchzumachen, anstatt in Rustschuk, wo die Contumazanstalt viel zu wünschen übrig liess.

Hiebei muss erwähnt werden, dass mehrere auf dem Donauwege hier eingetroffene Constantinopler Kaufleute, welche entweder die Wiener Weltausstellung besucht oder Waareneinkäufe im Auslande gemacht hatten, aus Anlass der Quarantäneplackereien es vorzogen, von hier mittels Eisenbahn über Jassy und Kischeneff nach Odessa, gegen welche Stadt in Constantinopel keine Quarantäne angeordnet war, sich zu begeben, von wo dieselben sodann ihre Reise nach der türkischen Hauptstadt auf den russische Dampfern fortsetzten.

Der Verkehr des Seepropellers „Metternich“ und aushilfsweise des „Giurgevo“ auf der Linie Galatz-Odessa war sehr belebt, da diese Dampfer 3 Monate hindurch die Linie allein befuhren. Ihre Thätigkeit wurde besonders in der zweiten Hälfte des Jahres sehr stark in Anspruch genommen, indem mit dem Wiederaufleben des Export-Geschäftes auch die Einfuhr nach Galatz sich erhöhte.

Der Dampfer hatte auf seinen wochentlichen Fahrten nach Odessa jedesmal ganz volle Ladung mit aus Oesterreich-Ungarn und Deutschland hier eingetroffenen Transit-Waaren und oft reichte der Schiffskörper zur Fassung aller Güter nicht aus, so dass ein Schlepp mitgenommen werden musste, dessen Inhalt der Dampfer nach seinem Eintreffen in Odessa von Sulina, wo das Schleppschiff zurückgelassen worden war, abholte und direct in den ersteren Hafen brachte, um sodann seine Rückkehr nach Galatz auszuführen, wobei derselbe bedeutende Quantitäten Wolle und andere Rohproducte Russlands, meist als Transitgut, nach Galatz schaffte.

Ausser unseren nationalen Lloyddampfern fuhr auch die französische Gesellschaft der Messageries maritimes mit 2 Dampfern auf der Linie Galatz-Constantinopel; diese beschäftigten sich übrigens weniger mit dem Waarentransporte als mit dem Personenverkehr, der ziemlich stark war.

Endlich betheiligten sich am Seeverkehre die mehreren englischen Gesellschaften gehörenden zahlreichen Schraubendampfer von 1000—1400 Tonnen Tragfähigkeit, welche seit Jahren die grösste Thätigkeit bei der Schiffsbewegung entwickeln und die Hauptfactoren der enormen Ein- und Ausfuhr von und nach England und dem Mittelmeere sind. Der Personenverkehr auf diesen Schiffen ist von geringem Belang, nur in einzelnen Fällen bringen sie Deckpassagiere mit. Infolge des mehrmonatlichen Stillstandes im Exportgeschäfte steht die Anzahl der Dampfschiffe dieser Gattung, welche im Jahre 1873 hier verkehrten, gegen das Vorjahr um 57 zurück.

Die Schiffsfrachten waren von Anfang März bis Ende Juli wegen der anhaltenden Geschäftsstockung niedrig und nahmen erst im August, als der Schiffsverkehr einen Aufschwung gewann, eine steigende Tendenz an. Die höchsten und niedrigsten Sätze waren wie folgt:

Segelschiffe nach:	Niedrigster Stand	Höchster Stand
England	5 s.	9 s.
Triest	27 kr.	65 kr.
Marseille (von August an)	4·75 Francs	5·50 Francs
Dampfer nach:		
England	5 s. 6 d.	10 s.
Triest (von August an)	6 s.	7½ s.
Marseille (von August an)	7 s. 6 d.	8 s.

Die Schwankungen in den Frachten von März bis Ende Juli gestalteten sich also:

Segelschiffe nach:			
England	5 s. 6 d.	bis	6½ s. pr. Quarter.
Triest	27 kr.	„	40 kr. pr. Star.
Dampfer nach:			
England	5 s. 6 d.	„	7½ s.

Dieselben hoben sich im August für Segelschiffe nach England auf 8 s. 6 d. und für Dampfer ebendahin auf 9—10 s.; für Segelschiffe nach Triest auf 60—65 kr.

Die Ladungen nach Marseille waren bis August vereinzelt und selbst bis Jahresschluss wurden wenige Geschäfte mit diesem Hafen gemacht. Der Exportverkehr theilte sich vielmehr zwischen den Häfen Englands und des Adriatischen Meers, die Frachten stiegen oder sanken, entsprechend dem Bedarfe, nach diesen beiden Richtungen, besonders für Dampfer, indem durch diese der grösste Theil der hiesigen Getreide-Expeditionen bewirkt wurde. Diese Frachten hielten mit geringen Variationen bis zum Schlusse des Jahres fest an, wie aus obiger Darstellung ersichtlich ist.

Ausser dem Schiffsverkehr zur See ist auch die Fluss-Schifffahrt auf der Donau zwischen Wien, Pest, Galatz und Ismail für diesen Hafen von grosser Wichtigkeit.

Unter allen Fluss-Dampfschifffahrts-Gesellschaften, welche im Hafen von Galatz als Haupt-Importstation Romaniens vertreten sind, steht wohl die I. k. k. priv. Donau-Dampfschifffahrts-Gesellschaft obenan, und zwar sowohl vermöge der Menge der Ladungsgüter, als auch wegen der Güte ihrer Schiffe, deren Eleganz und Comfort für die Passagiere allbekannt ist, und welche die regelmässigen Fahrten auf der genannten Linie unterhalten.

Die Zahl der hier einlangenden Eilschiffe wurde im Jahre 1873 von wochentlich 2 auf 1 (den „Orient") beschränkt, da die seit 1. September 1872 in regelmässigem Betrieb stehende Eisenbahn ihnen im Personenverkehr eine empfindliche Concurrenz macht.

Während der Zeit der Wiener Weltausstellung fand sich die Gesellschaft in ihren Hoffnungen auf eine zahlreiche Beförderung von Ausstellungsbesuchern aus Galatz, beziehungsweise auch aus Odessa sehr getäuscht, indem die Reisenden die Schnelligkeit der Eisenbahn (38 Stunden 57 Minuten von Galatz nach Wien) vorzogen und selbst die Odessa'er Kaufleute sich über Kischineff-Lemberg nach Wien begaben. Oft trat der Fall ein, dass der Eildampfer bei seiner Abfahrt von Galatz nicht einen Passagier an Bord hatte.

Der Vortheil der Eildampfer erstreckt sich somit nur auf die Linie Pest-Baziasch-Rustschuk im Anschlusse an die Bahn bis Varna, welche Route den Reisenden von Constantinopel mehr zusagt, als der Seeweg Varna-Galatz.

Dagegen war der Verkehr der ebenfalls auf das Eleganteste eingerichteten drei Personendampfer: „Friedrich", „Tegetthoff" und „Radetzky" in der Passagierbeförderung und im Waarentransporte lohnender, indem die Personen, welche zur Reise nach Wien und in die ausländischen Bäder die Donaufahrt wählten, sich wegen des billigeren Fahrpreises und der billigeren Kost lieber auf diese als auf die Eildampfer einschifften. Die Anzahl solcher Passagiere war nicht gering und würde sich noch vergrössert haben, wenn nicht die Cholera Mehrere von ihrem Reiseplan zurückgehalten hätte.

Der Waarentransport mittels der Flussdampfer war infolge der allgemeinen Krisis bis Juli schwach und nahm erst von da angefangen zu, Beweis die geringe Anzahl von Schleppschiffen, nämlich 192 gegen 306 im Vorjahre.

Der sehr rege Exportverkehr, welcher dann bis zum Schlusse der Schifffahrt anhielt, deckte theilweise den bedeutenden Ausfall in der ersten Jahreshälfte, so dass das Gesammtergebniss als befriedigend betrachtet werden kann.

In zweiter Linie betheiligte sich eine türkische Dampfschifffahrts-Gesellschaft mit ihren beiden Dampfern „Abdul Aziz" und „Mekmet Akif" an der Fluss-Schifffahrt. Diese Dampfer, welche in Wien gebaut und mehr dem türkischen Gebrauche gemäss eingerichtet sind, machten im Laufe des Jahres 96 Fahrten auf der Linie Tultscha-Widdin; sie fügten unserer Gesellschaft einen empfindlichen Abbruch im Personenverkehre auf dem rechten Donau-Ufer zu. Dieselben beschränkten sich übrigens mehr auf die Passagierbeförderung; ihr Waarentransport war ganz unbedeutend.

Zu erwähnen bleibt noch die sehr frequente Bewegung der Kerlaschen, Barken, Tscham's und Schleppschiffe in der Anzahl von 2043 mit 174.963 Tonnen, welche den Waarentransport auf beiden Donau-Ufern von Kalafat und Widdin bis Sulina und auf dem Pruthflusse vermitteln; sowie endlich der Verkehr mehrerer Remorqueure, welche Privatgesellschaften gehören und den Schleppdienst auf der Donau und dem Pruth versehen.

Der Gesammtwerth der unter österreichisch-ungarischer Flagge importirten Güter beziffert sich mit 14,177.426 fl., darunter Waaren für 10,226.310 fl. und Baargeld-Sendungen im Betrage von 3,951.116 fl.

Die Segelschiffe brachten 1857 Tonnen Kalk, 2657 T. Steinkohlen, 550 T. Asphalt, 491 T. gesalzene Fische, 430 T. Pflastersteine, 185 T. Glaswaaren, 150 T. Colonial-Waaren, 780 T. diverse Waaren, 160 Kilo Weizen, alles zusammen im Werthe von 274.170 fl.

Die durch die Lloyddampfer importirten Waaren erreichten einen Werth von 3,098.940 fl. und bestanden in Folgendem: 4251 Ballen Manufacte, 1687 Colli Baumwollwaaren, 4848 Colli Südfrüchte, 1675 Fass Olivenöl, 546 Fass gesalzene Oliven, 320 Fass gesalzene Fische, 1395 Colli Colonialwaaren, 918 Colli Gemüse, 7061 Colli getrocknete Früchte, 961 Kisten Limonen und Pomeranzen, 794 Fässer Zucker, 225 Colli Zuckerwerk, 65 Colli Kartoffeln, 120 Fass Johannisbrod, 330 Kisten Seife, 100 Fass Mastix, 259 Kisten Wein, 515 Fass Petroleum, 112 Kisten Liqueur, 200 Colli Zinnstangen, 1109 Tonnen Roheisen, 864 T. Eisenröhren, 1399 Ballen rohe Felle, 3622 Ballen Leder und Lederwaaren, 2557 Kisten Stearinkerzen, 425 Ballen Tabak, 1279 Colli diverse Waaren. Ausserdem führten diese Dampfer beim Einlauf 817 Passagiere und Geldgrupps pr. 2,923.000 fl. mit sich.

Mittels der Donaudampfschiffe wurden aus den oberen Donaustationen, aus Ismail und Tultscha, dann aus Odessa diverse Waaren im Gesammtgewichte von 114.220 Zollcentner und im Werthe von 6,853.200 fl., ferner 1,027.916 fl. an Baargeld-Sendungen in Galatz eingeführt.

Unter den ersteren befanden sich: 3312 Ctr. Baumwollwaaren und Manufacturen, 5466 Ctr. Möbeln, 19.364 Ctr. Eisen-, Glas- und Porzellanwaaren, 7562 Ctr. Zucker, Kurzwaaren und Lederarbeiten, 1636 Ctr. Liqueur, Spiritus, Fische und Bier, 1451 Ctr. Wein, 9478 Ctr. Maschinen; ferner Farbwaaren, Felle, Häute, Fettwaaren, Leinenwaaren, Mehl und Mahlproducte, Droguen, Specereiwaaren, Mineralwässer, Papier, Caviar, Talg, verschiedene Colonialwaaren, Parfumerien, Arbeiten aus Stein und Asphalt, Holzwaaren, 61 Wägen, 13 Claviere.

Der Import unter fremden Flaggen betrug 141.404 Tonnen und umfasste folgende Waaren: 41.847 T. Steinkohlen, 5848 T. Holzkohlen, 3512 T. Kalk, 13.760 T. Bau- und Pflastersteine, 2804 T. Asphalt, 8651 T. Colonialwaaren, 20.307 T. Eisenstangen, 8450 T. Eisenröhren, 7985 T. Ziegeln, 5920 T. Brennholz, 740 T. Cement, 3565 T. Reis, 1870 T. Südfrüchte, 1765 T. Olivenöl, 976 T. gesalzene Oliven, 1192 T. Johannisbrod, 185 T. Caviar, 1900 T. gesalzene Fische, 535 T. Petroleum, 315 T. Erdgeschirre, 3000 T. Citronen und Pomeranzen, 360 T. Glaswaaren, 1920 T. Baumwollwaaren, 350 T. Stearinkerzen, 1106 T. Rum und Liqueure, 210 T. Meersalz, 152 T. Seife, 615 T. verarbeitetes Leder, 1320 T. Ackerbaumaschinen, 920 T. diverse Waaren. Der Werth aller dieser Gegenstände macht ca. 42,421.200 fl. aus.

Der Import unter nationaler Flagge, vertheilt mit Rücksicht auf die einzelnen Gattungen Fahrzeuge, welche denselben vermittelt haben, gestaltete sich in den 4 Jahren 1870—1873 also:

	1870	1871	1872	1873
Segelschiffe . . .	172.900 fl.	326.732 fl.	276.122 fl.	274.170 fl.
Lloyddampfer . .	9,144.577 „	7,141.023 „	4,105.589 „	6,022.140 „
Donaudampfer . .	9,044.383 „	14,794.329 „	15,440.870 „	7,881.116 „
Im Ganzen .	18,361.860 fl.	22,262.084 fl.	19,822.581 fl.	14,177.426 fl.

Diese Uebersicht zeigt, dass der Gesammtimport unter österreichisch-ungarischer Flagge im Jahre 1873 jenem der anderen Vergleichsperioden bei weitem nachsteht. Der Lloyd weiset wohl gegenüber dem Jahre 1872 ein günstigeres Ergebniss (circa 2 Mill. fl. mehr) aus; dagegen blieb die Donau-Dampfschifffahrts-Gesellschaft mit ihren diesfälligen Resultaten um das Doppelte zurück, was in dem schwächeren Waarenverkehr (114.220 gegen 190.041 Zollctr.) und dem bedeutenden Ausfalle bei den Baargeldsendungen (1,027.916 fl. gegen 4,143.155 fl.) seinen Grund hat.

Einerseits die durch die allgemeine Geschäftsstockung erfolgte Geldkrisis und die damit verbundene Einschränkung des Credits, andererseits auch der durch den Geldmangel veranlasste geringe Absatz der mit Jahresbeginn in Ueberfluss vorräthig gewesenen Waarenmengen wirkten in der ersten Jahreshälfte sehr nachtheilig auf den sonst so grossen Import, welcher mittels der Donaudampfschiffe vermittelt wird.

Dazu kam noch die unheilvolle Börsenkrisis in Wien, welche durch ihren starken Einfluss auf diesen Platz den Import noch mehr bedrohte und die Geschäftsbeziehungen zwischen Galatz und dem Wiener Markte für längere Zeit lahmlegte.

Erst mit der Hebung des Exports um die Mitte Juli schwang sich auch die Einfuhr auf, so dass 2 Drittel der importirten Waarenmengen auf den zweiten Semester entfallen.

Der Import auf der Donau war in den Monaten October und November am lebhaftesten, und starke Ladungen nahmen als Transitgüter ihre Richtung nach Odessa und Constantinopel.

Unter den mittels der Donaudampfer aus Oesterreich-Ungarn importirten Gütern treten Eisen- und Glaswaaren, sowie Möbeln und andere Holzwaaren in den Vordergrund; seit wenigen Jahren concurrirt auch Berlin und Breslau mit feineren Möbeln, welche von der besseren Classe der Bevölkerung zu guten Preisen gekauft werden. Die Quantität von Möbeln und Spiegelglas ist aber gegen jene der Wiener Fabriken geringer. Eisenmöbel als: Betten, Stühle und Bänke, sowie die Stühle und Canapés aus gebogenem Holze von Gebrüder Thonet in Wien, welche grossen Anklang finden, werden meist aus Oesterreich bezogen.

Lederwaaren kommen grösstentheils aus Oesterreich-Ungarn, theilweise auch aus Deutschland; Papier aus Wien und Fiume, auch aus Berlin; Cigarrettenpapier aus Wien (W. Knepper), weniger aus Paris, ca. 15 pCt. von der Gesammtmenge.

Droguen und Specereiwaaren werden aus den Wiener Etablissements von Wittmann & Freyler, Phil. Röder, Petzolt & Süss und auch von L. Duvernoy in Stuttgart bezogen.

Stärke aus Wien und Pest concurrirt stark mit dem englischen Fabrikate der „Rice Starch Company Patent Nr. 1" und von Orlando Jones & Co., wovon hier das Packet zu 2 Oka mit $2^1/_2$ Francs bezahlt wird.

Kurzwaaren und Lederartikel, darunter Schuhwaaren von Pollak, ferner Seidenwaaren werden meist aus Oesterreich-Ungarn importirt.

In Parfumerien haben W. Rieger und Gellé frères noch immer den Vorrang, desgleichen auch in Seife und Glycerin, finden aber dennoch grosse Concurrenz durch das Fabrikat von Sarg in Wien.

Bezüglich des Absatzes in Stearinkerzen muss betont werden, dass der bisherige Hauptabgeber, die Wiener Apollokerzenfabrik, hierin nur wenig Geschäfte macht, da die Imitationswaare mit gleicher Etiquette aus Bayern und Holland den hiesigen Markt gewonnen hat.

Dieser Artikel hat durch seine Billigkeit (1 Pfund engl. kostet 40 kr., das Wiener Fabrikat 50 kr.) bei den hiesigen Kaufleuten Eingang gefunden, welche denselben den unkundigen Abnehmern als Wiener Erzengniss verkaufen.

Auch die hiesige, einer Actiengesellschaft gehörige Kerzenfabrik concurrirt stark mit den ausländischen Fabriken sowohl in Kerzen als auch in Seife, und zwar nicht blos auf diesem Platze, sondern auch im Innern des Landes. Der Preis per Zollpfd. Kerzen beträgt im en gros-Verkaufe 99 Bani, per Oka schwarze Seife 1 Franc 15 Cent. und in Würfelform 1 Franc 20 Cent. Russische Seife wird übrigens vorgezogen und per Oka um 10—15 Bani theurer bezahlt.

Im Jahre 1873 sind auch die Kerzen der Società Industriale Triestina durch ein hiesiges österreichisches Commissionsgeschäft eingeführt worden, und wenn dieselben auch in Qualität und Packung die Käufer nicht vollkommen befriedigten, so ist doch auf einen regelmässigen Absatz zu rechnen, wenn die Preise mit dem Fabrikate anderer Provenienz gleichen Schritt halten. Dasselbe gilt auch von Seife der Triester Fabrik C. L. Chiozza & Figlio, deren Erzeugnisse mehr Anerkennung finden.

Wein von Palugyay in Presburg und Jalics in Pest, Liqueur von Funk in Graz und auch aus Zara, Champagner aus Graz und Pest, Bier aus Klein-Schwechat, seit 1873 auch aus der Pilsener Brauerei finden guten Absatz.

Gleich günstig gestaltet sich der Umsatz von Zündhölzchen, worin die Wiener Fabriken A. M. Pollak, B. Fürth und Sam. de Majo den Bedarf des Landes versorgen. Proben aus Belgien und England fielen durch.

Blech- und Holzinstrumente aus den drei Wiener Fabriken: Uhlmann, Bock und Ziegler behaupten seit Jahren die Märkte Romaniens und werden dem Bukarester Fabrikate bei weitem vorgezogen.

Mit Tuch, confectionirten Waaren u. dgl. versorgen die Fabriken in Wien, Pest und Brünn vor allen anderen Concurrenten des Auslands fortwährend den hiesigen Markt; ebenso werden die Wiener Wägen vorgezogen. Unsere Pianos haben eine bedeutende Concurrenz durch Pariser und deutsche Erzeugnisse gefunden.

Mineralwässer kommen meistens aus Oesterreich-Ungarn. Mehl und Mahlproducte aus Pest sind gesucht und concurriren mit dem hiesigen Fabrikate.

Die Wiener Oefen (Dobb's System) finden fortwährend reichlichen Absatz und werden, mit Ausnahme der am alten Gebrauche festhaltenden Landbevölkerung, von den Bewohnern in Galatz und den umliegenden Städten zu guten Preisen aus den hiesigen Niederlagen gekauft.

Die deutschen Staaten, Frankreich, Belgien und die Schweiz haben sich mit ihren mannigfaltigen Industrie-Artikeln, von welchen Seiden-, Kurz-, Glas-, Farb-, Talg-, Eisen- und Baumwollwaaren, Droguen, Maschinen, Parfumerien und Pianos hervorgehoben werden, ebenfalls in entsprechender Weise an der Einfuhr auf dem Donauwege betheiligt.

Der Verkehr der Lloyddampfer zeigt gegen 1872 ein namhafteres Ergebniss. Unter den importirten Gegenständen sind es Manufactur- und Baumwollwaaren englischen und schweizerischen Fabrikats, Leder und Lederwaaren aus Syra und Skio, Stearinkerzen aus Frankreich, welche die Hauptmengen bilden.

Daran reihen sich die verschiedenen Colonialwaaren, wovon diese Dampfer eine bedeutende Quantität dem hiesigen Platz zuführen. Dieselben bringen auf jeder Fahrt je nach der Jahreszeit grosse Mengen frischer Südfrüchte und Gemüse, deren Verkauf hier durch griechische Händler geschieht.

Der Import der Segelschiffe unter österreichisch-ungarischer Flagge hielt sich jenem des Vorjahrs gleich. Kalk kam aus Dalmatien, Steine aus Malta, Colonialwaaren aus Griechenland und die anderen Artikel, als: Steinkohlen und Glaswaaren, aus England.

Die Zustände, welche — wie früher erwähnt — die österreichisch-ungarische Handelsbewegung schädigten, haben in gleichem Masse auch den Import unter fremden Flaggen beeinflusst. Die diesfällige Einfuhrmenge war 141.404 Tonnen, gegen 245.347 T. in 1872; die Abnahme beträgt sonach über 100.000 T.

Vergleicht man die einzelnen Artikel selbst, so zeigt sich dabei ein bedeutender Ausfall, besonders bei den verschiedenen Colonialwaaren, mit welchen der Platz wegen Mangels an Käufern hinlänglich versorgt blieb.

Die Einfuhr von Steinkohlen war schwächer als im Vorjahre (41.847 gegen 68.995 Tonnen); dagegen stieg der Bezug von englischem Stangeneisen zu den vielfachen hiesigen Bauten und von Eisenröhren zur Anlegung der Wasser- und Gasleitung in Galatz; desgleichen von Pflaster- und Bausteinen zum Bau des ziemlich vorgeschrittenen Canals und des neuen Molo im Hafen.

Die Nachfrage nach Ackerbaumaschinen von Clayton & Shuttleworth und Ramson Sims & Co. war gering, da die Gutspächter solche noch von früheren Jahren her besitzen und die mittelmässigen Ernte-Aussichten einen erhöhten Bedarf nicht erforderten.

Mit Zucker war der Platz gut versehen; der Preis erhielt sich auf dem früheren Stande, 5 Piaster pr. Oka in Hüten; die Waare kam zumeist aus Frankreich.

Dagegen machte sich der Mangel an Kaffee sehr fühlbar, so dass die Oka, die früher 12 Piaster von der besten Qualität gerollten Ceylon kostete, auf 18—20 Piaster stieg und später sogar mit 24 Piaster (6 Francs) bezahlt wurde. Der Vorrath verringert sich zusehends durch den grossen Bedarf und wenn nicht eine günstige Ernte eintritt, wird der Consum dieses im Orient üblichsten Getränkes kleiner werden.

Die Einfuhr von Reis war gering (3565 Tonnen); Preis für Genueser 20—22, für indischen 19½ Piaster per 10 Oka.

Das Geschäft in englischen Manufacturen war schwach und blieb gegen andere Jahre sehr zurück; der Platz war von früher her hinreichend versorgt und das Depôt konnte nicht erschöpft werden, weil infolge des herrschenden Geldmangels und der Einschränkung des Credits wenig Käufer für grössere Partien aus dem Innern des Landes sich hier einfanden, ungeachtet dem Begehr vollkommen genügt werden konnte.

Nach Russisch-Bessarabien wurde mehr verkauft als nach den umliegenden Districten der Moldau; ferner gingen nicht unbedeutende Partien nach Bukarest.

Die im Einlaufe verzeichneten 26 österreichisch-ungarischen Segelschiffe mit 6286 Tonnen, davon 21 mit 4746 T. beladen und 5 mit 1540 T. in Ballast, sowie die 44 Lloyddampfer und 33 Donaupropeller, diese durchweg beladen, endlich die bei den Ankünften erwähnten 413 Flussdampfer und 192 Schleppschiffe der I. k. k. priv. Donau-Dampfschiffahrts-Gesellschaft haben den hiesigen Hafen auch wieder verlassen.

Die von hier in Ballast abgegangenen 5 Segelschiffe nahmen die Richtung nach Ibraila, wo sie ihre Rückfracht erhielten.

Die unter fremden Flaggen eingelaufenen 641 Segelschiffe mit 105.708 Tonnen und 200 Dampfer mit 100.412 T. sind von Galatz bis zum Jahresschlusse sämmtlich wieder abgegangen, u. z. von den ersteren 461 mit 76.635 T. beladen und 180 mit 29.073 T. in Ballast, von den letzteren 153 mit 74.685 T. beladen und 47 mit 25.727 T. in Ballast.

Ausserdem verliessen diesen Hafen 2015 Kerlaschen, Barken, Tschams und Schleppschiffe, wovon 706 mit Ladung gingen, während die übrigen 1309 leer theils in den Pruth, in geringer Zahl auch in den Serethfluss wegen Getreide-Einladung fuhren.

Die Schifffahrt schloss gegen Ende December, da keine Exportgeschäfte mehr gemacht wurden.

Die durch die österreichisch-ungarischen Segelschiffe vermittelte Waarenausfuhr hatte einen Werth von 487.275 fl. und umfasste: 7868 Kilo Mais, 3888 Kilo Weizen, 3514 Kilo Roggen, 1155 Kilo Gerste, 500 Kilo Rübsamen, 50 Tonnen und 10 Fass gesalzene Fische, 225 T. diverse Waaren, 180 T. Pflastersteine, 200 Fass Asphalt.

Der von diesen Schiffen verfrachtete Weizen und Mais vertheilte sich seiner Bestimmung nach wie folgt:

Bestimmung	Weizen Kilo	Mais Kilo
England	.	4555
Marseille	1250	.
Triest	.	465
Lussinpiccolo	1257	1500
Megline	400	460
Gelsa	525	.
Dalmatien (auf Order)	456	.
Zengg	.	888

Der Roggen ging nach Lussinpiccolo, die Gerste nach England, der Rübsamen nach Marseille. Die übrigen Waaren als Rest der importirten Ladung waren nach Ibraila bestimmt, wo auch die Rückfracht genommen wurde.

Die österreichisch-ungarischen Lloyddampfer verschifften Waaren für 3,738.601 fl., wovon 1,976.460 fl. auf das exportirte Getreide entfallen, und Geldgrupps im Gesammtbetrage von 827.182 fl.

Unter den ersteren befanden sich: 16.640 Kilo Weizen, 21.035 Kilo Mais, 12.988 Kilo Roggen, 1235 Kilo Gerste, 670 Kilo Hafer, 4288 Säcke Weizenmehl, 85 Säcke Fisolen, 60 Tonnen Bausteine, 1231 Ballen rohe Häute, 114 Ballen Stroh, 250 Stück Bauholz, 10 Colli Oel, 204 Fass Caviar, 203 Schläuche Rindsfett, 110 Körbe Grünzeug, 153 Fass Wein, 357 Fass Schuh-Holzstiften, 18 Fass Butter, 65 Colli Käse, 467 Colli altes Kupfer, 269 Colli Tabak, 100 Colli Asphalt, 150 Tonnen Kalk, 1302 Colli diverse Waaren, 709 Ballen Manufacturen, 210 Fass Zucker, 198 Ballen verarbeitetes Leder, 160 Fass gesalzene Fische, 10 Kisten Mineralwässer, 22 Ballen Sackleinwand, 432 Kisten Seife. Ausserdem sind mit diesen Schiffen 918 Passagiere abgegangen.

Die Donaudampfer exportirten 281.094 Ctr. diverse Waaren, 29.362 Ctr. Getreide, 6400 Ctr. Kohlen und Holz, 8 Wägen und 5 Pferde.

Unter den verschiedenen Waaren befanden sich: Baumwolle und Baumwollwaaren, Schafwolle, Bau- und Tischlerarbeiten, Bier, Branntwein und Spiritus, Colonialwaaren, Eisen und Eisenwaaren, leere Fässer, Felle und Häute, Fische, Garn und Twiste, Gemüse, Glas und Glaswaaren, Hadern, Kerzen und Seife, Kurz-, Leder- und Leinenwaaren, Manufacturen, Maschinen, Materialwaaren, Mehl, Oel, Petroleum, Papier, Porzellan, Reis, Tabak, Butter, Schmalz, geräucherte Esswaaren, Wein, Zucker, Zwetschken, Cement.

Der Gesammtexport dieser Schiffe repräsentirt einen Werth von 4,534.190 fl., wozu noch Baargeldsendungen im Betrage von 1,083.899 fl. kommen, so dass die schliessliche Summe sich auf 5,618.089 fl. stellt.

Der Gesammtwerth des durch die nationale Flagge vermittelten Exports beziffert sich nach Obigem auf 10,671.147 fl., darunter: Waaren für 8,760.066 fl., und Baargeldsendungen pr. 1,911.081 fl.

Die fremden Schiffe exportirten 211.066 Kilo Weizen, 215.013 Kilo Mais, 32.913 Kilo Roggen, 16.204 Kilo Gerste, 15.077 Kilo Hafer, 5509 Kilo und 33.043 Oka Rübsamen, 461 Kilo gereuterte Getreideabfälle, 1,011.461 Oka Weizenmehl, 38.300 Oka Maismehl, 1148 Kilo Leinsamen, 20 Kilo Hanfsamen, 304.393 Oka Fisolen, 250 Tonnen Steinkohlen, 1090 Fässer Wein, 24.233 Oka Käse, 41.250 Oka Petroleum, 1000 Oka Hadern, 4948 Stück rohe Häute, 14 Ballen Schaffelle, 131.955 Oka getrocknete Zwetschken, 21.300 Oka Kleien, 466 Fass Pech, 592.166 Oka Spiritus, 483.533 Oka Roheisen, 30.850 Oka Nüsse, 25.000 Oka Butter, 273.937 Oka Rindsfett, 523 Colli Colonialwaaren, 54.000 Oka Salz, 450 Körbe Gemüse, 1,303.494 Stück Bauholz, nämlich: 833.227 Pfosten, 376.420 Bretter und 93.847 Balken.

Alles zusammen hatte einen durchschnittlichen Werth von 17,420.895 fl., wovon 4,692.110 fl. auf die fremden Schleppschiffe, Tschams, Barken und Kerlaschen entfallen, mit welchen von obigen Waarenmengen nachstehende Artikel ausgeführt wurden: 38.932 Kilo Weizen, 98.776 Kilo Mais, 4179 Kilo Roggen, 39.172 Kilo Gerste, 4048 Kilo Rübsamen, 78.901 Oka Weizen- und 15.800 Oka Maismehl, 31.795 Oka getrocknete Zwetschken und 517 Fass Wein.

Die Ausfuhr aus Galatz während des Jahres 1873 ergab im Ganzen einen Werth von 28,092.042 fl. und übertrifft das Jahr 1872 mit 23,592.309 fl. um 4,499.733 fl.

Der Export unter nationaler Flagge, vertheilt auf die einzelnen Gattungen Fahrzeuge, welche denselben vermittelt haben, gestaltete sich in den 3 Jahren 1871 bis 1873 also:

	1871	1872	1873
Segelschiffe	318.345 fl.	280.715 fl.	487.275 fl.
Lloyddampfer	1,407.801 „	2,277.372 „	4,565.783 „
Donaudampfer	6,346.973 „	4,202.871 „	5,618.089 „
Im Ganzen .	8,073.119 fl.	6,760.958 fl.	10,671.147 fl.

Es zeigt sich somit das Jahr 1873 als das günstigste und übertrifft das bisher die höchste Ziffer ausweisende Jahr 1871 um ca. 2·6 Mill. fl., wobei zu bemerken ist, dass bei der Donau-Dampfschifffahrt im letzteren Jahre ein grösserer Betrag an Geldgrupps als an Waarenwerth vorkam. Der Lloyd weiset gegenwärtig die höchste Ziffer auf.

Der Export unter fremder Flagge war ebenfalls günstiger, indem das Jahr 1872 mit 16,781.351 fl. um 639.544 fl. nachsteht.

Das Exportgeschäft lag, wie alle Geschäftszweige in diesem Hafen, während der Zeit von Anfang März bis Juli darnieder; der Einfluss der Getreidezufuhren aus Nord-Amerika und Californien nach England macht sich mehr und mehr fühlbar.

Ueberdies wirkte auch die allgemeine Geldkrisis, welche den Credit beschränkte, und selbst die am besten stehenden Exporthäuser zur Behutsamkeit mahnte, nachtheilig auf den hiesigen Platz.

Gegen Ende Juli hob sich das Exportgeschäft durch die Zufuhr einer nicht geringen Quantität neuen Rübsamens, und im August, wo die Zufuhren von Ghirka und Roggen begannen.

Grosse Nachfrage herrschte für Triest, wohin auch meistens die gute Waare ausgeführt wurde. Der Export nach England war schwächer, indem viel Getreide aus den Häfen Russlands dorthin verschifft wurde.

Die Getreideverschiffung unter fremden Flaggen gestaltete sich in den 3 Jahren 1871 bis 1873 wie folgt:

	1871	1872	1873
	Galatzer	Kilo	
Weizen	158.815	244.219	211.106
Mais	130.667	190.862	215.013
Roggen	35.976	36.793	32.923
Gerste	10.816	16.209	16.204
Hafer	.	.	15.077
Zusammen .	336.274	488.083	490.323

Das Jahr 1873 weiset sonach gegen die Vorjahre eine Zunahme aus.

Die Getreide-Ausfuhr mittels der österreichisch-ungarischen Lloyddampfer nach Triest und England bezifferte sich auf 52.568 Kilo, gegen 90.969 Star oder 18.194 Kilo in 1872, hat sich also beinahe um das Dreifache gesteigert. Seit einigen Jahren is die erfreuliche Wahrnehmung gemacht worden, dass die hiesigen Exporteure unsere Lloyddampfer mit Vorliebe beladen, wobei sie nicht nur die grössere Reinlichkeit des Schiffskörpers, sondern auch die sorgfältigere Führung und Ueberwachung in Betracht ziehen.

Das Ausfuhrgeschäft in Getreide kann nach obiger Darstellung im Allgemeinen als befriedigend betrachtet werden, hätte sich aber noch günstiger gestaltet, wenn nicht die Ernte, welche zu Anfang des Jahrs ein sehr reiches Erträgniss verhiess, durch die misslichen Witterungsverhältnisse in den Sommermonaten stark benachtheiligt worden und dadurch natürlich mittelmässig ausgefallen wäre.

Nebst der Ausfuhr von Cerealien, dem Hauptproducte dieses Landes, war das Exportgeschäft in Colonial- und anderen Waaren von Galatz nach den Stationen der unteren Donau und nach Odessa sehr regsam und betheiligten sich daran die Dampfer der I. k. k. priv. Donau-Dampfschifffahrts-Gesellschaft.

Diese hatten bei jeder Abfahrt während der Herbstsaison volle Ladung; am meisten zeigte sich dies im October, wo dieselben 80.238 Zollctr. diverse Waaren ausgeführt haben.

In diese Zeit fällt auch der nennenswerthe Export von gesalzenen Fischen nach Serbien und den oberen Donaustationen; diese Fische wurden mittels russischer Barken aus Wilkow in sehr bedeutenden Mengen nach Galatz gebracht und hier in Fässer gelegt oder in Säcke verpackt.

Erwähnenswerth ist noch die Einfuhr von Bauholz, das zumeist aus der Bukowina hieher geflösst wird. Im Jahre 1873 erreichte dieselbe die hohe Ziffer von 1,303.494 Stück, wovon das Meiste nach Constantinopel mittels türkischer und griechischer Schiffe und aus Mangel an anderer Ladung auch auf englischen Dampfern befördert wurde. Im Juli kam ein Probefloss mit Pfosten aus den Wäldern der Herrschaft Nadworna in Galizien auf dem Pruth hieher und fand grossen Anklang.

Die Getreidepreise waren im Jahre 1873, je nach der Nachfrage und den Einwirkungen der Productionsverhältnisse im Auslande, verschiedenen Schwankungen unterworfen.

Bei Beginn der Schifffahrtssaison standen dieselben infolge geringen Vorraths und starken Bedarfs für den hiesigen Consum auf beträchtlicher Höhe, und zwar pr. Kilo: Ghirka 290—330 Galatzer Piaster, Mais 145—155 Pstr., Roggen 152—162 Piaster, Gerste 95—98 Pstr. Anfangs Juli trafen die ersten Partien neuen Rübsamens ein, welche auch gleich zu 240 Pstr. pr. Galatzer Kilo verkauft wurden. Von Mais, der einzigen disponiblen Waare, wurden 23.000 Kilo zu 150 Pstr. verkauft, in Weizen und Roggen aber wegen Mangels an Waare nichts gemacht, selbst nicht zu den guten Preisanboten von 285—320 und resp. 200 Pstr.

Im August wurde Weizen mit 320—350 und Roggen mit 250 Pstr. bezahlt; Ende October bedang Ghirka durchschnittlich 270—300, Roggen 180—200, Mais 150—175, Gerste 112—116, Hafer 90—98 Pstr. Diese Notirungen erhielten sich mit geringen Veränderungen bis zum Schlusse der Schifffahrt.

Aus nachstehender Uebersicht sind die niedrigsten und höchsten Getreidepreise zu entnehmen:

	Niedrigster Stand	Höchster Stand
	Galatzer Piaster	
Ghirka	270	350
Weicher Weizen	270	300
Mais	145	175
Roggen	145	200
Gerste	95	114
Hafer	90	98

Für die Wechselcourse am hiesigen Platze sind wie immer die englischen und französischen Märkte, mit welchen die Haupt-Importgeschäfte gemacht werden, massgebend. Im Jahre 1873 waren die diesfälligen Transactionen mit Marseille geringer, weil der Export dahin abgenommen hat. Belangreicher gestalteten sich dieselben mit Wien, indem die Ausfuhr nach Oesterreich-Ungarn diesmal sehr rege war.

Die höchsten und niedrigsten Course stellten sich folgendermassen:

	Minimum	Maximum
	Galatzer Piaster	
London, Pfund Sterling	96 3/4	98 1/2
Marseille, Franc	3 33/40	3 36/40
Wien, Gulden	8 1/2	9

Die Banque de Roumanie ist auf dem hiesigen Platze noch immer das einzige Bank-Institut, welches hauptsächlich in Wechselgeschäften mit den verschiedenen europäischen Handelsplätzen operirt und Baarsendungen nach und aus dem Innern vermittelt. Auch mehrere Privatbanken beschäftigen sich mit diesen Operationen, darunter die österreichischen Firmen M. Abramovitz, Isaac Löbel, Isaac O. Rottenberg, P. Procopiu.

Von Goldmünzen coursiren fortan die türkischen Lire, französische, österreichische, ungarische, belgische und italienische 20-Francsstücke mit ihren Halb- und Viertel-theilen.

Von Silbermünzen sind Irmiliks, Rubel, österreichische Thaler, Zwanziger und 25-Kreuzerstücke vom hiesigen Platze ganz verschwunden, indem sie laut Regierungs-Verordnung am 1. September 1873 ausser Cours gesetzt wurden und die bedeutende Reducirung des Piastercourses zur Frankenrechnung allzu grosse Verluste nach sich zog.

Die jetzt coursirenden Silbermünzen sind: die französischen und italienischen 5-Francsstücke und ihre Kleintheile, sowie die romanischen 2 und 1 Lei nou- und die 50-Banistücke; von Kupfermünzen die 10- und 5-Banistücke, womit der Platz ganz überschwemmt ist.

Die Aussercourssetzung der fremden Silbermünzen, welche die hiesige Regierung gegen Einstellung des Rechnungsmodus in Piastern nach und nach auf ein Minimum zu entwerthen suchte, hat das Einheitsmass in Lei nou und Bani (gleichstehend mit Franc und Centimes) herbeigeführt und dem Verluste ein Ende gemacht, welcher besonders die Landbevölkerung, wegen Unkenntniss der erlassenen Verordnungen, von Beginn des Jahres 1873 an bei den Wechseln traf.

Dieselbe rechnet zwar noch gegenwärtig in Piastern, kann jedoch durch die jetzige Einheit des Geldes nie beirrt werden, weil ihr der Galatzer Piaster zu 25 Bani gerechnet wird, desgleichen der Franc in runder Zahl mit 4 Pstr. und das 5-Francsstück mit 20 Pstr., während dieses letztere früher nur zu 19 1/2 Pstr., also mit 1/2 Pstr. Verlust, gewerthet wurde.

Der Transithandel über Galatz theilt sich in jenen auf dem Wasserwege in der Richtung von und nach Constantinopel, Odessa und den von Galatz ab liegenden untersten Donaustationen Tultscha, Ismail und Sulina, und in jenen zu Land nach den verschiedenen Städten im Innern der Moldau, für welche Galatz der einzige Donau-Hafen ist.

Der Verkehr auf dem Wasserwege, welcher 1873 sehr thätig war und ein befriedigendes Ergebniss lieferte, wurde durch die österreichisch-ungarischen Lloyddampfer und die Dampfboote der I. k. k. priv. Donau-Dampfschifffahrts-Gesellschaft vermittelt.

Die Gesammtmenge der bei der Donau-Dampfschifffahrts-Agentie vorgekommenen und auf den obigen Linien beförderten Durchzugsgüter betrug 105.637 Zollctr. Waaren und 1186 Baargeldsendungen (meist Silber) im Werthe von 1,534.425 fl., welche von den oberen türkischen Stationen hieher kamen und nach Constantinopel weiter gesendet wurden.

Der Transitverkehr, beziehungsweise der Export aus Galatz in das Innere der Moldau und nach Romanisch-Bessarabien war ebenfalls ziemlich lebhaft; bedeutende Mengen Colonial-, Manufactur- und Eisenwaaren, Roheisen, Maschinen, Kurz- und Glaswaaren, Möbeln, confectionirte und andere Waaren wurden dahin abgesetzt. Trotzdem machte sich gegen 1872 ein Ausfall bemerkbar, indem die nördlichsten Districte des Landes ihren Waarenbedarf aus dem Auslande mehr über Galizien und Czernowitz direct beziehen, weil sie dieselben mittels Eisenbahn viel schneller erhalten und dabei die mehrseitigen Commissionsspesen ersparen.

Bei dem Frachtenverkehr zu Land trat im Vergleiche zu den Vorjahren für den hiesigen Handelsstand der Vortheil zu Tage, dass die Eisenbahn das ganze Jahr hindurch einen regelmässigen Betrieb unterhielt und man nicht auf die bisher einzig zur Disposition gestandenen Frachtwägen angewiesen war.

Obwohl hie und da in den Districten neue Verbesserungen der Strassen vorgenommen wurden, ist dennoch der Transport mittels der Bauernwägen sehr schleppend, da dieselben noch immer die alten sind und auf kurze Distanzen mehrere Tage brauchen, wodurch die Waaren verspätet an ihrem Bestimmungsorte eintreffen.

Die Beförderung mittels dieser Wägen beschränkt sich mehr auf Romanisch-Bessarabien, wo noch keine Eisenbahn besteht, und bleibt auch für die von Galatz nicht zu weit entfernten Ortschaften im Gebrauche, während dagegen für weiter gelegene Districte und nahe an der Bahn liegende Plätze die Schienenstrasse vorgezogen wird.

Zu diesen beiden Landtransportmitteln gesellt sich noch die Wasserstrasse des Pruth, auf welchem ansehnliche Cerealienmengen aus den nahe an diesem Flusse gelegenen productenreichen Gegenden nach Galatz gebracht und umgekehrt viele Waaren von hier dahin ausgeführt werden.

Im Jahre 1873 war jedoch dieser Verkehr schwächer als in 1872, weil sich der zur Ausfuhr disponible Waarenvorrath durch die schlechte Ernte auf ein kleineres Quantum verringert hatte.

Der Schiffsverkehr auf dem Pruth, welcher Remorqueure, Schlepper, Granitzen und Tschams in sich begreift, war in den Jahren 1872 und 1873 folgender:

	Ankünfte im Pruth		Abfahrten aus dem Pruth	
Jahr	Zahl	Engl. Tonnen	Zahl	Engl. Tonnen
1872	788	56.241	747	53.833
1873	541	37.657	565	39.707

Bei den Ankünften wurde in beiden Jahren eingeführt: 119.340 Oka Eisen, 1,914.759 Oka diverse Waaren, 103.300 Oka Salz, 171.175 Oka Kalk, 10.000 Fass Fische, 50 Tonnen Steinkohlen, 352 Kilo Saatgetreide, 12.118 Stück Bretter, 454 Stück Bauholz, 152 englische Tonnen Steine, 32.755 Stück Backsteine.

Die Ausfuhr aus dem Pruth bestand in folgenden Waaren:

		1872	1873
Mais	Kilo	74.695	98.501
Weizen	„	91.710	35.948
Roggen	„	7.137	8.627
Gerste	„	3.300	5.506
Leinsamen	„	109	326
Bohnen	Oka	2.100	1.020
Butter	„	31.258	.
Käse	„	75.783	11.584

		1872	1873
Wein	Oka	102.400	.
Mehl	„	10.327	.
Wolle	„	7.552	.
Spiritus	„	.	61.320
Linsen	„	.	100
Diverse Waaren	„	1000	.
Bausteine	Stück	58.000	.
Bauholz	„	113	3.216
Bauholz	Bund	.	2.181
Brennholz	Stingine	291	814
Steine und Sand	Engl.Ton.	1.708	529

Der Getreidetransport auf der Wasserstrasse des Sereth, welcher sonst von Nomolossa abwärts hieher stattfand, ist durch die neben dem Flusse sich hinschlängelnde Eisenbahn gänzlich eingestellt; nur Bauholz wird noch auf demselben herabgeflösst.

Das Haupttransportmittel zu Land war im Jahre 1873 die Eisenbahn, für Galatz speciell die Linie Roman-Galatz in einer Ausdehnung von 237 Kilometer, auf welcher sich der gegenseitige directe Verkehr sehr lebhaft zeigte.

Die 269 Kilometer lange Linie Bukarest-Galatz ist für diese Stadt von weniger Bedeutung und mehr auf den Personenverkehr beschränkt. Die zwischen Roman und Bukarest verkehrenden Züge berühren nicht Galatz, sondern die 19 Kilometer von hier entfernte Station Barbos.

Diese durch die Strousberg'schen Ingenieure gemachte Anlage hat Galatz viel geschadet und wurde dieser Umstand zu wiederholten Malen in den hierländischen Journalen zur Sprache gebracht, jedoch bis jetzt ohne Erfolg.

Der milde Winter von 1872 auf 1873 gestattete der Unternehmung, auf der Linie Galatz-Roman die noch vorzunehmenden Ausbesserungen an den Brücken und den Dämmen in den Niederungen auszuführen, wobei der niedrige Wasserstand der Flüsse eine wesentliche Erleichterung gewährte.

Die Bahn wurde auf solche Weise in einen ordentlichen Zustand gebracht und es hat sich im Laufe des Jahrs 1873 ausser einigen Entgleisungen kein erheblicher Unfall ereignet.

Der regelmässige Betrieb führte daher eine grössere Frequenz als im Jahre 1872 herbei und auch der Waarentransport, der früher lahmgelegen, steigerte sich.

Der Personenverkehr war sehr lebhaft; die nach dem Auslande Reisenden zogen diesen Weg, der Schnelligkeit wegen, der Fahrt mittels Dampfschiff auf der Donau vor. Dies zeigte sich besonders während der Zeit der Wiener Weltausstellung, wo Hin- und Retourkarten zu ermässigten Preisen zur Ausgabe gelangten.

Beim Waarentransporte stellte sich ein ebenso günstiges Ergebniss heraus; ansehnliche Getreidemengen, in Säcke gefüllt, langten mittels Eisenbahn aus den oberen Districten der Moldau hier ein. Oftmals ereignete es sich, dass, weil die eigenen Züge nicht hinreichten, diejenigen der österreichischen Linie Czernowitz-Roman in Anspruch genommen wurden.

Ausser Getreide wurden auch andere Bodenproducte dieses Landes, als: Wein, Hülsenfrüchte, Brennholz, Steine etc., mittels Güterwägen diesem Hafen zugeführt, sowie auch umgekehrt Colonialwaaren und Manufacte für den Bedarf im Innern des Landes aus Galatz exportirt.

Nur mit dem Transithandel aus dem Auslande nach Galatz wird auf diesem Wege zurückgehalten, weil da ein Zoll von 7½ pCt. zu entrichten ist, während auf dem Wasserwege nur ½ pCt., das der Commune Galatz zugute kommt, vom hiesigen Empfänger der Waare gezahlt wird.

Der Dampfer „Austria" der Donau-Dampfschifffahrts-Gesellschaft, welcher den Localverkehr zwischen Galatz und Ibraila unterhielt, hat im Laufe des Jahres 1873 1148 Fahrten gemacht und 50.086 Passagiere befördert, davon 5785 mit Billeten erster und 44.301 mit solchen zweiter Classe. An Waaren wurden 5413 Centner von Galatz nach Ibraila expedirt.

Für diese Strecke wird die Eisenbahn während der Schifffahrtssaison nicht benützt, weil sowohl der Fahrpreis höher ist, als auch die Fahrt wegen der verlängerten Anlage des Dammes zwischen Galatz und Barbos mehr Zeit in Anspruch nimmt.

An die Galatz-Ibraila'er Localfahrt reiht sich die gleiche Verbindung zwischen Galatz, Tultscha und Ismail, welche im Jahre 1873 infolge einer aussergewöhnlich starken Frequenz sowohl beim Personenverkehr als auch bei dem Waarentransporte vollauf thätig war.

Handelsverkehr der Herzegowina im Jahre 1874.

Mostar. Die letztjährigen Handelsverhältnisse der Herzegowina haben sich im Vergleich zum Vorjahre nur wenig geändert; im Ganzen genommen wurde sogar ein Rückgang wahrnehmbar.

Der Waarenverkehr litt im Allgemeinen an einer nicht geringen Flauheit, welche zunächst die Detaillisten traf, welche ganz und gar von den Speculanten im Grossen abhängig sind, während diese letzteren wieder in einem Abhängigkeitsverhältnisse zu den Bank- und Handelshäusern in Wien und Triest stehen, von wo alle hierlands in Verkehr gelangenden Waaren direct bezogen werden.

Die Fehlernten der letzten paar Jahre, deren nachtheilige Folgen die Bevölkerung noch heute empfindet; die Verminderung in dem Stande der Viehherden, welche durch die nicht enden wollenden Seuchen, durch den Mangel an Wiesen und künstlichen Weideplätzen, sowie durch das Ungemach des Wetters hervorgerufen wurde; der Abgang jedweder einheimischen Industrie; endlich das Nichtvorhandensein von commerziellen Associationen und Geldinstituten, welche die nicht leichte Bürde von Commissions- und anderen derlei Gebühren verringern und gleichzeitig den Aufschwung der Handelsthätigkeit wesentlich fördern würden — alle diese Umstände zusammen haben die im Allgemeinen herrschende Nothlage der Bevölkerung verursacht, welche von Mangel an Credit, Stillstand in den Geschäften und damit verbundener Abschwächung des Güterverkehrs auf den Haupthandelsplätzen dieses Landes begleitet ist.

Die Einfuhr umfasst im Allgemeinen folgende Gegenstände: Manufacturen aus Seide, Schafwolle, Leinen und Baumwolle; gegerbte Felle und Häute; rohes und bearbeitetes Eisen; Stahl; Spirituosen; feine und gemeine Seife; Glaswaaren; Verzehrungsgegenstände; Olivenöl; Quincaillerien; Specereien und Arzneiwaaren.

Zur Ausfuhr gelangen: nicht gegerbte Häute; Schafwolle; rohes Wachs; Talg; Schlachtvieh; Tabak.

Die Erzeugnisse der einheimischen Industrie beschränken sich auf rohe Gewebe aus Schafwolle und Ziegenhaar, Messer und Scheeren und einige geistige Getränke der geringsten Gattung.

Im Jahre 1874 gestaltete sich die Waaren-Ein- und Ausfuhr folgendermassen:

Einfuhr.

	Werth, fl.
Colonialwaaren	97.757
Papier und Papierarbeiten	9.446
Häute und Lederwaaren	482.974
Quincaillerien	4.116

Einfuhr.	Werth, fl.
Baumwollwaaren	70.107
Verzehrungsgegenstände	10.014
Obst	11.127
Garne und Gewebe aus Schafwolle	3.891
Eisen und Eisenwaaren	29.210
Cerealien und Mehl	118.087
Arznei- und Specereiwaaren	3.640
Modewaaren	473
Unedle Metalle und derlei Waaren	27.560
Holz- und Steinarbeiten	5.798
Honig	985
Maschinen und Instrumente	825
Oel und Petroleum	46.154
Fische	1.092
Chemische und mineralische Producte	50.614
Spirituosen	75.121
Seidenwaaren	1.217
Seife	987
Terracotta und Arbeiten daraus	1.514
Glaswaaren	90.939
Feine und gemeine Weine	9.112
Gesammtwerth	1,152.760

Ausfuhr.	Werth, fl.
Pökelfleisch	6.186
Thierische Producte und Hadern	1.297
Gemeine Früchte	8.613
Schafwolle und gemeine Schafwollwaaren	19.721
Gemeine Metallwaaren	11.897
Thonwaaren	16
Gemeine Holzarbeiten	1.930
Rohe Felle	74.616
Talg	5.994
Tabak	5.432
Gesammtwerth	135.702

Handel und Schifffahrt von Rangoon im Jahre 1873.

Rangoon. Der Anbau der für die Ausfuhr bestimmten Producte ist in fortwährender Zunahme begriffen und war die Ernte im Jahre 1873 sehr ergiebig. Der Export von Reis aus diesem Hafen stellt sich im Vergleich zum Vorjahre wie folgt:

Bestimmung		1873	1872
Europa	Tons	298.270	291.310
Amerika	„	531	673
China, Strasse von Malacca und indische Häfen	„	66.918	84.105
Australien	„	3.150	.
Im Ganzen	Tons	368.869	376.088

Im Jahre 1873 kamen die Zufuhren von Reis erst spät an den Markt. Die Saison eröffnete zu Ende Januar mit 5 s. 6½ d. bis 5 s. 7½ d. pr. Cwt. Natsain-Reis, frei an Bord.

In der zweiten Hälfte Februar wurden grössere Vorräthe angebracht und verschiedene Firmen versuchten dann die Preise zu drücken; der Begehr war jedoch so lebhaft, dass es erst im März gelang, den Marktwerth um 1 d. pr. Cwt. zu reduciren.

Bis Mitte April bezahlte man 5 s. 5½ d. bis 5 s. 6½ d.; um diese Zeit wurde aber der Bedarf sehr dringend, und da die Zufuhren sich bei weitem als ungenügend erwiesen, so erreichten Preise gegen Mitte Mai ihren höchsten Stand von 5 s. 11 d. bis 6 s. pr. Cwt., frei an Bord.

Der Begehr wurde indess wegen ungünstiger Berichte aus Europa bald schwächer, und man offerirte 5 s. 6½ d. pr. Cwt., doch kam nur wenig Product an den Markt.

Anfangs Juni belebte sich der Bedarf ein wenig, und um bessere Anfuhren heranzuziehen, wurden 5 s. 9½ d. bis 5 s. 10 d. geboten; allein die Frage verminderte sich allmälig und zu Ende des genannten Monats konnte man wieder zu 5 s. 4½ d. pr. Cwt. kaufen.

Im August war es auf dem Reismarkte ungewöhnlich still, da ungünstige Nachrichten aus Europa, verbunden mit grossem Mangel an verfügbaren Schiffen, alle Operationen hemmten, so dass die Sendungen beinahe ganz aufhörten. Das Wenige, was ankam, wurde zu 5 s. ½ d. pr. Cwt. begeben.

Durch die bessere Conjunctur des Artikels in Europa belebte sich das Geschäft im September und durch Anbote von 5 s. 4½ d. bis 5 s. 5¼ d. wurden wieder ziemlich regelmässige Anfuhren auf den Markt gezogen; doch waren die Vorräthe in den näher gelegenen Rangoon-Districten bereits im October nahezu erschöpft, und mussten deshalb die Eingebornen das Product von entfernten Plätzen holen, was die Käufer nöthigte, 5 s. 8 d. zu bewilligen.

Gegen Anfang December kam kein Natsain-Paddy mehr zu Markte und die Berichte über die Hungersnoth in Bengalen gaben Anlass zu lebhafter Frage für geringere Sorten; einige Käufer sahen sich, um den Rest ihrer Schiffsladungen zu completiren, gezwungen, für Ngakyonk-Qualität 6 s. 6¼ d. frei an Bord zu zahlen.

Während der eigentlichen Saison (von Februar bis Juli) folgten geringere Sorten Reis den Fluctuationen des Natsain-Marktes. Preise waren ca. 6—7 d. pr. Cwt. niedriger als Natsain, doch im November, um welche Zeit so ungemein hohe Preise in Europa bezahlt wurden und unsere Districte ihre Vorräthe von Natsain-Paddy erschöpft hatten, entstand wieder lebhafte Frage für geringere Sorten zu Verschiffungen nach Europa und die kleinen Quantitäten, welche davon angeboten wurden, fanden eifrige Käufer zu 8 s. 4 d., frei an Bord.

Dieser Zustand dauerte indess nicht lange, denn am 19. December, als die ersten Nachrichten von einem bedeutenden Rückgange der europäischen Märkte bekannt wurden, hörte der Bedarf für Europa sofort auf und die vorhandenen Lager wurden von Agenten der englischen Regierung zur Verschiffung nach Calcutta aufgekauft.

Der starke Bedarf für Bengalen hatte zur Folge, dass die Eingebornen sich beeilten, ihre Ernte-Operationen zu vollenden, und bereits in der letzten Hälfte December sowohl Natsain als auch geringere Sorten von neuem Paddy an den Markt kamen.

Die Ausfuhr von Baumwolle zur See umfasste in den Jahren 1872 und 1873 folgende Mengen:

	1873 Ballen	1872 Ballen
Nach Europa	14.532	44.961
„ China, Malacca-Strasse und indischen Häfen	7.944	11.212
Zusammen	22.476	56.173

Der Anbau von Baumwolle wurde in beiden Jahren in grösserer Ausdehnung als früher betrieben; dagegen zeigt der Export in 1873 gegen das Vorjahr eine bedeutende Abnahme. Der Grund war, dass die niedrigen Preise in Europa keine Veranlassung zu grossen Unternehmungen boten, weshalb der grösste Theil der Ernte auf dem Landwege über Bhâmo nach dem westlichen China, wo dieser Artikel stets in guter Frage steht, gesendet wurde.

Der hiesige Markt war deshalb sehr flau. Kleine Aufuhren kamen im Januar zu Markte und fanden Absatz zu $4\,^{9}/_{16}$ d. pr. Pfd. Der Bedarf bis Mitte März war sehr schwach und wurden geringe Quantitäten zu $4\,^{3}/_{8}$ bis $4\,^{4}/_{8}$ d. gekauft; zu Ende des genannten Monats offerirte man $4\,^{7}/_{16}$ d. Im April war kein Geschäft, im Mai und Juni dagegen wurden kleine Partien zur Verschiffung nach Calcutta zu $4\,^{2}/_{8}$ und $4\,^{1}/_{16}$ d. begeben. Im August zeigte sich etwas Frage für China via Calcutta und bezahlte man 5 d., doch fiel der Preis bald wieder auf $4\,^{2}/_{8}$ d. Geringe Zufuhren von September bis Ende des Jahrs fanden Käufer zu $4\,^{1}/_{4}$ bis $4\,^{4}/_{8}$ d., frei an Bord.

Die Ausfuhr von Cutch gestaltete sich also:

		1873	1872
Nach Europa	Cwt.	124.754	107.621
„ China, Strasse von Malacca und indischen Häfen . .	„	101.361	72.730
Im Ganzen . .	Cwt.	226.115	180.351

Zu Anfang des Jahrs 1873 waren die Zufuhren sehr klein und fluctuirten die Preise bis März zwischen 17 s. 4 d. und 17 s. pr. Cwt. f. a. B. Durch grosse Sendungen im letztgenannten Monate sahen sich Käufer veranlasst, ihre Anbote auf 15 s. 6 d. und im April auf 15 s. herabzusetzen, doch liessen diese Preise den Verkäufern keinen Nutzen, weshalb die Anfuhren derart abfielen, dass Käufer sich gezwungen sahen, ihren Preis um $2-2\,^{1}/_{2}$ d. pr. Cwt. zu erhöhen.

Der Bedarf wurde im September etwas besser, da jedoch nur schlechte Qualität an den Markt kam, so bezahlte man zwischen September und November nur 13 s. 7 d. bis 14 s. $6\,^{1}/_{4}$ d., je nach Qualität. Die Saison schloss bei steigender Frage mit 15 s. 11 d.

Teak-Bauholz wurde wieder grösstentheils nach Bombay und anderen indischen Häfen exportirt. In 1872 segelten 14 Schiffe mit zusammen 14.528 Tons (à 50 Kubikfuss), und in 1873 13 Schiffe mit 10.841 Tons nach Europa. Im letzteren Jahre zahlte man durchschnittlich 80 Rupies pr. Tonne (gegen 70 Rupies in 1872), frei an Bord.

Das Gouvernement hat die Forste, welche früher an Händler verpachtet waren, an sich gezogen, wodurch Teak-Bauholz in 1873 spärlicher wurde und infolge dessen höhere Preise erzielte.

Kohlen wurden in ziemlicher Menge zugeführt, aber nur wenig davon kommt hier zum Wiederverkauf; die Besitzer von Reismühlen, sowie die Agenturen der Dampfschifffahrtslinien beziehen ihren Bedarf selbst aus Europa, da sich für die hiesigen zahlreichen Fahrzeuge, welche vorderhand zu Hause für die hiesige Reisausfuhr gemiethet werden, keine Ausfracht bietet und viele derselben daher bereitwillig Kohlen zu einer billigen Fracht annehmen. Preise folgten im Allgemeinen den Fluctuationen der europäischen Märkte.

Bengal-Kohle ist für den hiesigen Bedarf nicht beliebt, es wird deshalb nur wenig davon importirt, obgleich der Preis derselben um ca. 50 pCt. billiger ist, als in den letzten paar Jahren für gute englische Kohle bezahlt wurde.

Die Einfuhr von Salz betrug 23.399 Tons (gegen 26.389 Tons in 1872) und der schliessliche Vorrath an unverzollter Waare 5474 (gegen 2586) Tons. Preise behaupteten sich für englisches Salz durchschnittlich auf 4 Rup. pr. 100 Viss oder 365 Pfd., einschliesslich des Einfuhrzolls, mit geringen Schwankungen je nach Grösse der Zufuhren und Lager.

Das feinkörnige Liverpooler Salz hat hier den Vorzug, diesem zunächst das deutsche Erzeugniss von Stassfurt. Grobkörnige Waare von Pirano, wovon in 1873 mehrere Ladungen versuchsweise zugeführt wurden, erwies sich als gänzlich unverkäuflich und musste erst hier gemahlen werden. Man machte einen Preisunterschied von 4 Annas (¹/₄ Rup.) pr. 100 Viss zwischen dem bevorzugten Liverpooler Salz und den anderen Sorten.

Der Import von Manufacturwaaren erfuhr in 1873, ebenso wie im Jahre vorher, bezüglich der Menge der Zufuhren eine sehr beträchtliche Vermehrung, war jedoch in pecuniärer Hinsicht keineswegs günstig. Der kaufmännische Unternehmungsgeist, auf einer schnelleren Entwicklung des Verkehrs mit dem westlichen China fussend, war der Absatzfähigkeit des hiesigen Marktes weit vorausgeeilt, indem der Handel mit dem nordwestlichen Binnenlande sich nicht in dem Maasse entwickelte, als man von vielen Seiten erwartet zu haben scheint, und die dadurch entstandene Ueberfüllung des Marktes mit Waaren aller Art musste natürlich drückend auf die Preise wirken.

Für die Handelsroute von dem britischen Küstenlande nach dem westlichen China wird Rangoon ohne Zweifel der Ausgangspunkt, es steht daher dem hiesigen Einfuhrgeschäfte eine bedeutende Entwicklung bevor; aber die Ausdehnung des zu durchziehenden Gebietes und die zu Gebote stehenden, verhältnissmässig noch geringen Verkehrsmittel bedingen, dass dieselbe eine langsame sei.

Shirtings, Garne, Seidentücher und wollene Tuche sind diejenigen Artikel, welche von der Ueberfüllung des Marktes am meisten zu leiden hatten, und mit seltenen Ausnahmen standen die Preise fast immer in abträglichem Verhältnisse zu dem Kaufwerthe des Erzeugnisses in Europa.

Ausserdem waren die Verkäufe durch die ungünstigen Coursverhältnisse für Rimessen auf London noch weiter beeinträchtigt.

Die folgende vergleichsweise Zusammenstellung zeigt, nach Flaggen gesondert, die Anzahl der Schiffe, welche sich während der Jahre 1872 und 1873 am diesseitigen Ausfuhrhandel betheiligten:

Flagge	1873 Schiffe	1873 Engl. Tonnen	1872 Schiffe	1872 Engl. Tonnen
Oesterreichisch-ungarische	9	5.688	5	3.861
Amerikanische	6	5.968	13	12.998
Dänische	2	799	2	830
Deutsche	37	22.381	32	21.241
Englische	193	146.301	282	224.196
Französische	11	4.280	6	2.055
Holländische	5	3.174	7	6.336
Italienische	91	55.068	40	14.739
Portugiesische	1	311	2	622
Norwegische	23	15.477	14	8.824
Russische	6	4.091	6	4.768
Schwedische	8	4.631	5	2.386
Siamesische	3	528	3	528
Spanische	.	.	1	691
Türkische	1	753	.	.
Zusammen	396	269.450	418	304.075

Die österreichisch-ungarische Flagge hat sich im Reishandel einen sehr guten Namen erworben, und es steht zu erwarten, dass jedes Jahr mehr nationale Schiffe aufgenommen werden.

Suchende Schiffe fanden lohnende Beschäftigung. Frachtsätze von hier nach England und dem Continent variirten in 1873 zwischen 2 L. 17 s. 6 d. bis 4 L. (gegen 3 L. 10 s. und 4 L. im Vorjahre) pr. Tonne von 2240 Pfd. engl.

Der Post- und Telegraphendienst wird zur allseitigen Zufriedenheit betrieben. Seit ungefähr einem Jahre ist eine Telegraphenlinie nach Elephant-Point an der Mündung unseres Flusses eröffnet, welche einem langgefühlten Bedürfniss abgeholfen hat, indem die Schiffscapitäne sofort bei der Ankunft ihre Orders empfangen können, ohne den weiten Weg pr. Boot bis zur Stadt unternehmen zu müssen.

Eine Verlängerung der Linie von Henzadah bis Bassein ist zu Ende 1873 dem Verkehr übergeben worden, und eine weitere, für den Seeverkehr sehr wichtige Ausdehnung derselben, nämlich bis Diamond-Island, wodurch Rangoon mit letzterer Insel via Bassein in telegraphische Verbindung träte, stand in Aussicht.

Personalnachrichten.

— Seine k. und k. Apostolische Majestät haben den Handelsmann L. F. Tollens in Rio Grande do Sul zum unbesoldeten Viceconsul daselbst mit dem Rechte zum Bezuge der tarifmässigen Consulargebühren allergnädigst zu ernennen geruht.

(Allerhöchste Entschliessung vom 6. März 1875.)

— Seine k. und k. Apostolische Majestät haben den mit der Leitung des k. und k. Generalconsulates in Rustschuk betrauten, mit dem Titel und Range eines Generalconsuls bekleideten Consul Oscar Montlong zum Generalconsul daselbst allergnädigst zu ernennen geruht.

(Allerhöchste Entschliessung vom 15. März 1875.)

— Seine k. und k. Apostolische Majestät haben den bei dem k. und k. Generalconsulate in Belgrad verwendeten, mit dem Titel und Range eines Consuls bekleideten Viceconsul Johann Cingria zum Consul unter Belassung auf seinem bisherigen Posten allergnädigst zu ernennen geruht. (Allerhöchste Entschliessung vom 28. März 1875.)

— Seine k. und k. Apostolische Majestät haben dem k. und k. Legationsrathe und Generalconsul Friedrich v. Pilat das Ritterkreuz des Leopold-Ordens, ferner dem k. und k. Consul Benedict Row das Ritterkreuz des Franz Joseph-Ordens allergnädigst zu verleihen geruht.

(Allerhöchste Entschliessung vom 6. April 1875.)

— Der neu ernannte k. und k. Consul Julius Havenith in Antwerpen hat am 1. April 1875 seinen Dienstposten angetreten.

— Die einstweilige Leitung der Geschäfte bei dem k. und k. Generalconsulate in Trapezunt hat der demselben zugewiesene Consulareleve Victor Freiherr v. Schweiger-Dürnstein übernommen.

— Die provisorische Leitung des k. und k. Viceconsulates in Kertsch wurde dem dortigen französischen Consularagenten Emil Batta übertragen.

— Die dem k. und k. Generalconsulate in Tunis untergeordneten k. und k. Consularagentien in Biserta, Galipia und Tabarca wurden aufgelassen, da diese Orte als Hafenplätze jede Bedeutung verloren haben, sonach die Handels- und Schifffahrts-Interessen Oesterreich-Ungarns eine Consularvertretung daselbst nicht erheischen.

Handels- und Schifffahrtsverkehr von Reval im Jahre 1874.

Reval. Im Jahre 1874 wurden hier Waaren im Gesammtwerthe von 44,912.308 Silberrubel importirt und dafür an Zollgebühren 2,018.287 S.R. entrichtet, während die Zolleinnahme in 1873 nur 1,515.130 S.R., mithin um 503.157 S.R. weniger betragen hat.

Der Werth der ausserdem noch eingeführten, jedoch unverzollt weiter gesendeten Waaren bezifferte sich mit 7,550.667 S.R., gegen 3,805.043 S.R. im Vorjahre, so dass sich für 1874 eine Zunahme um 3,745.624 S.R. herausstellt.

Noch mehr als der Import ist die Ausfuhr gestiegen, und zwar haben dazu insbesondere wieder Getreide und Flachs beigetragen, wovon sehr bedeutende Quantitäten verschifft wurden.

Zur Ausfuhr gelangten überhaupt Waaren im Werthe von 12,148.998 S.R., was gegen 1873 mit einem Exportwerthe von 4,655.108 S.R. ein Mehr von 7,493.890 S.R. ergiebt.

Der Verkehr zur See wurde mit dem Auslande durch 499 angekommene und 340 abgegangene Schiffe, mit russischen Häfen durch 1961 angekommene und 1932 abgegangene Fahrzeuge vermittelt. Unter den letzteren befanden sich 161 und resp. 152 Dampfer.

Das erste Schiff lief am 1. Januar in den hiesigen Hafen ein, das letzte verliess denselben am 30. December.

An der Schiffsbewegung im hiesigen Hafen, soweit sie den Verkehr mit dem Auslande in sich schliesst, betheiligten sich die einzelnen Flaggen in folgendem Verhältnisse:

Flagge	Einlauf				Auslauf			
	Dampfer		Segelschiffe		Dampfer		Segelschiffe	
	Anzahl	Lasten	Anzahl	Lasten	Anzahl	Lasten	Anzahl	Lasten
Englische	129	51.051	12	4.111	67	14.470	5	1.117
Deutsche	91	17.247	23	2.201	69	11.840	14	1.648
Holländische	15	4.768	9	462	4	1.041	8	533
Schwedische	49	10.300	54	5.557	35	6.440	40	3.790
Amerikanische	.	.	10	4.805	.	.	6	4.009
Russische	47	7.339	20	2.800	46	6.842	13	1.425
Belgische	4	1.348	.	.	4	1.348	.	.
Dänische	17	4.241	12	762	18	4.365	11	711
Französische	6	1.674	1	99	.	.	.	.
Zusammen	358	97.968	141	20.797	243	46.346	97	13.233

Die Einfuhr nach Reval umfasste im Jahre 1874 nachbenannte Hauptgegenstände:

Waarengattung		Menge	Werth, Rubel	Zollbetrag Rubel	Zollbetrag Kop.
Kohlen	Pud	1,759.351	351.870	.	.
Baumwolle	„	2,192.068	26,304.816	.	.
Stärke, Reis, Sago	„	16.297	65.188	.	.

Waarengattung		Menge	Werth, Rubel	Zollbetrag Rubel	Kop.
Rohe unverarbeitete Materialien	Pud	110.299	165.448	724	88
Rohe unverarbeitete Häute und Felle	„	56.158	280.790	.	.
Pflanzen	„	19.473	97.365	.	.
Bier und Porter	Flaschen	15.080	4.524	1.516	84
Maschinen	Pud	287.586	2,300.688	40.730	2
Salz.	„	183.555	100.933	70.668	69
Häringe	Tonnen Pud	12.102 218	121.070	12.131	41
Kaffee und Cacao	„	8.509	119.126	13.742	78
Thee	„	10.211	357.385	149.364	60
Arrac, Rum, Cognac und Wein in Fässern	„	15.570	186.840	43.561	63
Desgleichen in Flaschen . .	Flaschen	39.644	75.323	24.300	63
Leder und Pelzwerk . . .	Pud	18.380	367.600	103.833	4
Garne aus Wolle, Baumwolle, Seide und Flachs	„	102.522	3,690.792	234.613	77
Manufacturen aus Baumwolle, Wolle, Seide u. Flachs	„	49.719	2,784.254	493.694	97
Metallwaaren	„	193.200	1,159.200	241.016	61
Manufacturen aus Holz, Leder, Papier und Gummi . . .	„	17.887	250.418	42.880	20
Kurzwaaren	„	2.724	84.444	35.452	76
Fayence-, Porzellan-, Glas- und Thonwaaren	„	11.847	201.3[illegible]9	19.175	40
Unverarbeitete Metalle . .	„	616.919	2,837.827	144.673	53
Petroleum	„	42.705	93.951	23.487	74
Oele	„	13.715	97.513	23.565	63
Farbholz und derlei Extracte	„	49.585	743.775	45.949	40
Farbwaaren	„	40.543	324.344	44.812	46
Chemische Producte . . .	„	75.488	166.073	2[illegible].870	16
Frische Früchte	„	89.916	359.664	23.484	32
Conserven	„	8.758	113.854	15.741	77
Nüsse und Mandeln	„	17.809	64.112	14.895	65
Käse	„	4.332	45.486	17.326	70
Droguen	„	13.896	86.155	5.289	97

Unter den Waaren, welche im Wege der Durchfuhr von hier nach anderen St[illegible] ten versendet wurden, sind folgende die bedeutendsten:

Waarengattung		Menge	Werth, Ru[illegible]
Kupfer, Eisen und Zinn, unverarbeitet	Pud	101.076	161.3[illegible]
Metallwaaren	„	39.904	239.4[illegible]
Blech	„	8.626	25.[illegible]
Draht	„	2.292	8.[illegible]
Maschinen	„	45.565	364.[illegible]
Parfümerien	„	723	21.[illegible]
Leder und Lederwaaren	„	8.144	110.[illegible]
Tabak und Cigarren	„	384	1[illegible]

Waarengattung		Menge	Werth, Rubel
Garne und Twiste	Pud	46.698	1,681.128
Papier und Tapeten	„	4.147	20.735
Manufacturen aus Wolle, Baumwolle, Seide und Flachs	„	15.017	840.952
Thee	„	60.429	2,115.015
Knöpfe	„	1.124	22.480
Käse	„	6.561	68.891
Röhren	„	12.903	13.122
Mandeln und Nüsse	„	1.014	3.640
Töpferwaaren	„	2.812	5.624
Oele	„	19.079	133.539
Conserven	„	3.905	50.765
Wein, Cognac und Rum in Fässern	„	61.554	738.648
Desgleichen in Flaschen	Flaschen	122.752	233.228
Bier und Porter in Flaschen	„	5.696	2.848
Desgleichen in Fässern	Pud	1.031	6.186
Farbwaaren	„	9.749	77.992
Fayence-, Porzellan- und Glaswaaren	„	7.176	121.992
Tischlerarbeiten	„	1.374	10.992
Kurzwaaren	„	5.265	163.215
Zucker	„	7.551	45.306
Droguen	„	15.538	96.335
Chemische Producte	„	520	1.144
Waffen und Zubehör	„	149	7.450
Kaffee und Cacao	„	3.725	37.250

Die vorzüglichsten Waaren, die im letztverflossenen Jahre aus Reval exportirt wurden, sind in der folgenden Uebersicht zusammengestellt:

Waarengattung		Menge	Werth, Rubel
Roggen	Tschetwert	612.953	4,903.624
Hafer	„	306.461	1,379.074
Leinsaat	„	60.500	786.500
Gerste	„	25.064	175.448
Buchweizengrütze	„	190.229	2,092.519
Weizen	„	1.270	12.700
Spiritus	Wedro	398.104	585.213
Mehl	Pud	5.542	11.084
Flachs	„	298.081	1,490.405
Heede	„	31.725	79.312
Rohe Felle	„	6.232	40.108
Knochen	„	16.282	13.025
Wolle	„	15.018	165.198
Borsten	„	3.857	133.995
Pferdehaare	„	2.606	39.030
Federn	„	4.308	86.160
Tabak	„	5.039	20.156
Papyros	Stück	2,660.680	2.667
Matten	„	61.722	6.172
Bücher	Pud	563	22.520
Eisen	„	5.835	11.670
Tauwerk	„	1.653	8.265

Waarengattung		Menge	Werth, Rubel
Butter	Pud	112	1.120
Düngstoffe	"	1.988	5.964
Gedärme	"	1.662	1.662
Seife	"	1.796	7.184
Möbel	"	207	2.070
Eisenwaaren	"	1.338	8.673
Maschinentheile	"	600	4.200

Die wirthschaftlichen Zustände Smyrna's im Jahre 1874.

I. Allgemeiner Charakter des Geschäftsjahrs.

Smyrna. Zu der allgemeinen kritischen Lage des Handels und der Industrie gesellte sich noch eine Anzahl von localen Calamitäten, um das abgelaufene Geschäftsjahr zu einem nichts weniger als befriedigenden zu stempeln. In mehreren Theilen Kleinasiens herrschte Hungersnoth, die Ernten waren in vielen Gegenden höchst mangelhaft ausgefallen; die grosse Dürre der beiden letzten Jahre hatte den blos auf Weidefutter angewiesenen Viehstand der ersten Lebensbedingung beraubt, und namentlich auf Rinder, Schafe und Ziegen einen so verheerenden Einfluss geübt, dass aus Mangel an Nahrung und nicht, wie man ursprünglich vermuthete, infolge einer Epizootie eine furchtbare Decimirung der Heerden eintrat, und dermalen viele tausend Thierleichen die Ebenen und Abhänge im Innern des Landes bedecken. Unter solchen Umständen ist es nicht zu wundern, wenn Handel und Gewerbe darniederliegen und wenn, obschon namhafte Fallimente im Laufe des Jahrs nicht zu verzeichnen sind, gleichwohl eine allgemeine Abnahme des Wohlstandes constatirt werden muss.

Der Gesammtwerth der Handelsbewegung betrug 84,300.000 fl. (gegen 88,272.000 fl. im Jahre 1873) und selbst diese Summe erheischt noch insofern eine Richtigstellung, als die Höhe dieser Ziffer nicht sowohl durch die Menge der ein- und ausgeführten Waaren, als vielmehr infolge der beträchtlichen Preissteigerung der meisten Importartikel erzielt wurde.

II. Quaibauten.

Die Herstellung der von den französischen Bauunternehmern Dussaud frères ausgeführten Quais ist soweit vorgeschritten, dass diese grossartigen Uferbauten noch im Laufe dieses Jahrs dem öffentlichen Verkehre übergeben werden können. Aus diesem Grunde drängt eine Frage zur Entscheidung, welche seit Jahren den Streitpunkt zwischen dem hiesigen Kaufmannsstande und der genannten Bauunternehmung bildet.

Die türkische Regierung hatte nämlich bei Gelegenheit der Concessionirung der Quaibaugesellschaft infolge einer Intervention der fremden Vertreter dem hiesigen Handelsstande einen freien Raum von hundert Quadrat-Piks längs des alten Zollhauses zur Verfügung gestellt, auf welchem alle Waaren ohne Entrichtung irgend einer andern als der bisher gesetzlich stipulirten Gebühr ein- und ausgeladen werden dürfen.

Durch diese Verfügung sollte das Princip gewahrt und der Bestimmung des zwischen den fremden Mächten und der ottomanischen Pforte vereinbarten Zolltarifes Genüge geleistet werden, nach welcher für alle nach der Türkei eingeführten Waaren kein höherer Betrag als 8 pCt. ihres facturirten Werthes behoben werden darf.

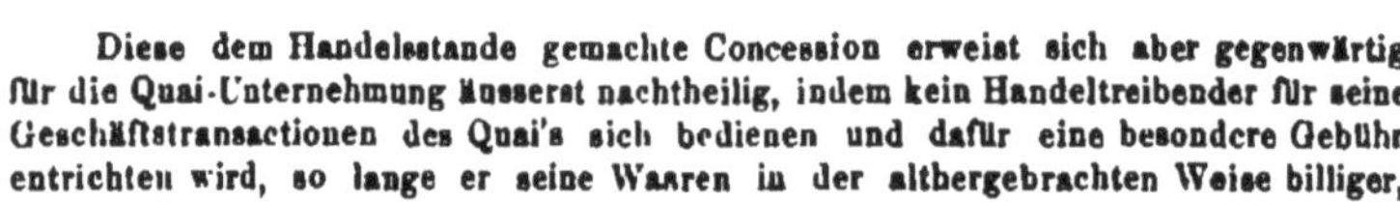

Diese dem Handelsstande gemachte Concession erweist sich aber gegenwärtig für die Quai-Unternehmung äusserst nachtheilig, indem kein Handeltreibender für seine Geschäftstransactionen des Quai's sich bedienen und dafür eine besondere Gebühr entrichten wird, so lange er seine Waaren in der althergebrachten Weise billiger, wenn auch etwas unbequemer, beziehen oder verladen kann.

Die Herren Dussaud frères machen daher auch grosse Anstrengungen, um den Handelsstand zum Aufgeben dieses Zugeständnisses zu bewegen und bringen als Aequivalent dafür eine beträchtliche Reduction der gegenwärtigen Quaigebühren in Vorschlag. Sie willigen ein, den bereits sanctionirten Tarif für die Benützung der Quais derart zu reguliren, dass die Kosten für das Ein- und Ausschiffen der Waaren vom Bord bis in die Magazine und umgekehrt nicht höher zu stehen kommen sollen, als bei dem dermalen geübten System.

Nach authentischen Angaben betragen gegenwärtig die Ein- und Ausschiffungskosten mit Benützung von Lichterschiffen nicht mehr als 2 Francs pr. Tonne, die Quaibau-Unternehmung müsste also in ihrer Forderung unter diesen Betrag herabgehen, um den hiesigen Handelsstand für die Benützung der Quais zu gewinnen.

Die Gebühr von 2 Francs pr. Tonne von 2000 Pfd. erscheint allerdings als eine sehr geringe, dieselbe gewinnt jedoch an Werth und Bedeutung, wenn man in Betracht zieht, dass der jährliche Verkehr zwischen 400.000—500.000 Tonnen beträgt, was also einer Einnahme an Quaigebühren von fast 1 Mill. Francs gleichkommt.

Andererseits ist der Umstand wohl der Berücksichtigung werth, dass die Verladung und Ausschiffung von Waaren bisher nur mittels Lichterschiffen (maone) bewerkstelligt zu werden vermochte, was namentlich während der Sommermonate, wo vorherrschend ein heftiger Nordwestwind weht, ebenso beschwerlich als zeitraubend ist.

Gewährt also die Benützung des Quai's den Handelsschiffen die Möglichkeit, direct am Ufer anlegen und ihre Waaren ein- und ausladen zu können, ohne sich der Lichterschiffe bedienen zu müssen, so erscheint die Entrichtung einer entsprechenden Gebühr als Gegenleistung vollkommen gerechtfertigt, besonders wenn dieselbe, wie schon bemerkt, die Höhe der bisherigen Spesen nicht überschreitet.

Aus diesem Grunde ist auch an einer für beide Theile befriedigenden Austragung der Streitfrage kaum zu zweifeln, wenngleich die Entscheidung in letzter Instanz nicht durch die Betheiligten selbst, sondern nur durch die Intervention der nämlichen Organe geschehen kann, welche seinerzeit auf Grund der Verträge für den hiesigen Handelsstand die 100 Quadrat-Piks freien Raumes längs des Zollhauses erwirkten.

III. Quarantaine-Anstalten.

Die auf der Insel Klazomene ausgeführten Lazarethbauten, 27 verschiedene Baulichkeiten von grösseren und kleineren Dimensionen umfassend, deren Herstellung einen Aufwand von ca. 180.000 fl. erforderte, sind nun vollendet und werden im Falle des Ausbruches einer Seuche gewiss sehr erspriessliche Dienste leisten; gleichwohl bleibt zu wünschen, dass noch recht lange die Nothwendigkeit ihrer Benützung nicht eintreten möge.

IV. Oeffentliche Lasten und Steuern.

Von den verschiedenen im vorigen Jahre angekündigten Steuerreformen, wodurch im Staatshaushalt das Gleichgewicht zwischen Einnahmen und Ausgaben hergestellt werden sollte, sind bisher nur die seit 7 Jahren projectirte Grundsteuer (emlak), sowie eine Barkensteuer endgiltig eingeführt, und zwar dürfte die erstere für die Stadt Smyrna allein eine jährlichen Ertrag von 27.000 türk. Pfd. liefern, was, die Steuer zu 4 Piaster von je 1000 Piaster Werth angenommen, ein Grundeigenthum von 70 Mill. fl.

repräsentirt. Die mit der Schätzung derselben betraute Commission wurde aus Fremden und Einheimischen zusammengesetzt und hat ihre Aufgabe in staunenswerth kurzer Zeit zu Ende geführt.

Was die Barkensteuer betrifft, welche von den Eigenthümern einer jeden zu geschäftlichen Zwecken verwendeten Barke bezahlt werden muss, so beträgt dieselbe je nach der Grösse des Fahrzeuges und den mehr oder weniger günstigen Verhältnissen des Barkenführers 5, 10, 15 Piaster pr. Monat. Da von den hiesigen Bewohnern etwa 500 im Verkehr auf der See ihren Erwerb suchen, so dürfte diese Steuer immerhin an 9000 fl. jährlich einbringen.

V. Anstalten zur Hebung des Verkehrs.

Eisenbahnen. Auf dem Gebiete des Verkehrs ist insofern eine erfreuliche Thatsache zu verzeichnen, als im verflossenen Jahre die 47 engl. Meilen lange Strecke von Cassaba nach Alascheir vollendet wurde, so dass dermalen wenigstens Ein Schienenstrang von 108 engl. Meilen ins Innere des Landes reicht, welcher die fruchtbarsten Districte Kleinasiens dem Weltverkehr beträchtlich näher bringt.

Die Herstellungskosten dieser Strecke, welche schon in der allernächsten Zeit dem Betriebe übergeben werden dürfte, betragen ungefähr 370.000 Pfd. Stlg. oder etwa 8000 Pfd. Stlg. pr. Meile. Zugleich sind Verhandlungen im Zuge, um diese Linie bis nach dem Fabriksorte Onschak zu verlängern.

Auch die zweite in südlicher Richtung sich hinziehende, 82 Meilen lange Bahn, welche Smyrna mit Aïdin verbindet, soll um etwa 75 Meilen bis Denizli verlängert werden, um den für den Handel wichtigsten Städten und Ansiedlungen des Mäanderthales bedeutendere und bequemere Absatzgebiete zu erschliessen. Desgleichen besteht das Project, die productenreichen Städte Oedemisch, Baindù und Thyra durch eine 45 Meilen lange, von der gegenwärtigen Station Turballi abzweigende Eisenbahn mit Smyrna zu verbinden.

Landstrassen. Eine andere wichtige Verkehrserleichterung ist die Verbindung des rosinenreichen Districtes von Vourlà mit dem gleichnamigen Hafenorte durch eine breite, fahrbare Strasse. Diese 4600 Meter lange Strecke wurde von einem Unternehmer im Contract für 75 Piaster pr. Meter gebaut, so dass die ganze Strasse auf etwa 35.000 fl. zu stehen kommt.

Schutzmittel gegen die Versandung des Golfes. Bekanntlich wird am Eingange des Golfes von Smyrna die Bildung von Untiefen durch jene gewaltigen Sandmassen verursacht, welche der in der Nähe des sog. Schlosses mündende Hermus oder Gedysi-Fluss mit sich führt und ins Meer ablagert. Die ottomanische Regierung hat nun kürzlich mit Rücksicht auf die immer bedrohlicher sich gestaltende Versandung des Golfes ein Project des französischen Ingenieurs Galland angenommen, nach welchem die Flussmündung des Hermus an einen andern Punkt ausserhalb des Golfes verlegt und die Einfahrt von der für die Schifffahrt so gefährlichen Sandbarre befreit werden soll. Herr Galland hat die Kosten des Unternehmens auf den erstaunlich geringen Betrag von nur 3000 türk. Pfd. oder kaum 28.000 fl. veranschlagt.

Nach der Ansicht eines andern tüchtigen Ingenieurs, des Herrn C. Margossian, welcher die Frage der Ueberschwemmungen des Hermus und der Versandung des Golfes von Smyrna zum Gegenstande eines speciellen Studiums gemacht hat, erscheint die Verlegung der Flussmündung an einen andern Punkt aus dem Grunde nicht empfehlenswerth, weil der Mangel an Gefäll die Ableitung des Flusses sehr schwierig, wenn nicht unmöglich macht; weil ferner bei der jeweiligen Mündung der Fluss immer eine Sandbarre bilden und die Küstenströmung den vor der Mündung abgelagerten Sand nach Smyrna führen würde. Es erübrigt somit kein anderes Mittel gegen Ueberschwemmungen und Versandung, als die Herstellung von Uferschutzbauten, um die häufigen Ortsveränderungen des Flussbettes zu verhüten, sowie eine systematische Baggerung, um die sich bildenden Sandablagerungen regelmässig zu entfernen.

Postwesen. Eine grosse und bedeutungsvolle Veränderung bereitet sich im türkischen Postwesen vor, und wird von der Pfortenregierung mit dem Aufwande aller Kräfte angestrebt; es ist dies die Aufhebung der auswärtigen Postanstalten im ganzen Umfange des osmanischen Reiches, wozu der vorjährige internationale Postcongress in Bern den längst ersehnten Anlass gab.

Der jährliche Verkehr der sämmtlichen hier bestehenden Postanstalten lässt sich in Ziffern ungefähr wie folgt ausdrücken:

Postämter	Zahl der empfangenen und beförderten Briefschaften Stück	Einnahme fl.
Türkische Post (zumeist für den inländischen Verkehr)	300.000	82.000
Oesterreichisch-ungarische Post	120.000	14.000
Postexpedition des österreichisch-ungarischen Lloyd	100.000	13.000
Französische Post	120.000	.
Englische „	60.000	7.000
Aegyptische „	40.000	.
Russische „	6.000	.
Griechische „	4.000	.

Staatstelegraph. Das hiesige Telegraphenamt befördert und empfängt jährlich durchschnittlich 30.000 Depeschen, von welchen ungefähr 20.000 auf den internationalen Verkehr kommen und welche eine Brutto-Einnahme von 75.000—80.000 fl. ergeben.

Schifffahrtsgesellschaften. Die sehr empfindliche Concurrenz, welche dem österreichisch-ungarischen Lloyd durch die mit namhaftem Erfolge arbeitenden russischen, englischen, italienischen und französischen Dampferlinien erwächst, haben unser grösstes See-Institut genöthigt, eine bedeutende Ermässigung in den Frachtsätzen eintreten zu lassen. Die Lage dieses für unsere Handels- und Transportinteressen so hochwichtigen maritimen Unternehmens wird aber immer eine schwierige bleiben, so lange es nicht gelingt, auch die Landfrachten in ein Verhältniss zu bringen, welches den Transport von Waaren und Producten nach und aus Oesterreich-Ungarn, sowie nach und aus dem südlichen Deutschland über Triest wieder zweckentsprechend und lohnend macht.

Gegenwärtig convenirt es dem Kaufmann weit mehr, die für Deutschland bestimmten Producte mit italienischen Dampfern via Brennerbahn, mit englischen Dampfern via Hamburg oder mit russischen Dampfern über Odessa nach Deutschland zu befördern; ja sogar für die nördlichen Theile der österreichisch-ungarischen Monarchie zeigt sich der Weg über Hamburg oder Russland vortheilhafter, weil beträchtlich billiger als jener über Triest.

Als Beweis für das Gesagte sei bemerkt, dass die Seefracht für die Hauptexport-Artikel, wie: Baumwolle, Südfrüchte, Wolle, Valloneen u. s. w., von Smyrna nach London, Odessa und Marseille nicht höher zu stehen kommt, als nach Triest, nämlich ca. 5—6 Francs pr. 100 Kilo, und dass die Fracht für ein Collo von 100 Kilogr. von Smyrna mittels englischen Dampfers nach Hamburg verladen 6½ Francs, dagegen auf dem bei weitem kürzeren Wege über Triest, mit Benützung der österreichischen und deutschen Bahnen nicht weniger als 17½ Francs kostet.

Die Herstellung von Bahnen, welche die Verbindung mit dem Adriatischen Golfe vermehren, erleichtern und verwohlfeilern, die Einführung von directen, die Concurrenz mit fremden Bahnen ermöglichenden Tarifen wird hoffentlich diesem von unserem

Handel und unserer Industrie schwer empfundenen Zustände abhelfen und es wird dann der Austausch der Producte zwischen Kleinasien und dem südlichen Europa wieder auf dem naturgemässen Wege über Oesterreich geschehen.

Was die Schifffahrtsbewegung im Allgemeinen anbelangt, so ist dieselbe keineswegs hinter jener des Vorjahrs zurückgeblieben, doch ist in derselben eine constante Zunahme des Dampferverkehrs und eine ebenso stete Abnahme der Segelschifffahrt wahrnehmbar.

Im Ganzen sind 712 Dampfer mit 623.530 Tonnen und 660 Segelschiffe mit zusammen 85.442 Tonnen Gehalt im Hafen von Smyrna eingelaufen.

In Bezug auf die verschiedenen Nationen, welchen diese Handelsflotte angehört, ergiebt sich folgendes Verhältniss:

a) Dampfschiffe.

Flagge	Mit Ladung		In Ballast	
	Zahl	Tonnen	Zahl	Tonnen
Oesterreichisch-ungarische	158	157.222	.	.
Britische	127	107.580	19	13.903
Aegyptische	108	85.308	.	.
Französische	106	111.655	.	.
Holländische	1	1.500	5	3.419
Italienische	56	54.343	2	1.171
Russische	58	51.668	.	.
Schwedische	.	.	1	261
Türkische	71	35.500	.	.
	685	604.776	27	18.754

b) Segelschiffe.

Flagge	Zahl	Tonnen	Zahl	Tonnen
Oesterreichisch-ungarische	17	5.524	8	2.536
Amerikanische	7	2.439	1	326
Britische	51	10.640	19	3.461
Dänische	.	.	1	121
Deutsche	1	79	2	611
Griechische	119	15.052	18	2.559
Holländische	5	809	1	111
Italienische	5	2.097	7	2.584
Russische	9	1.362	.	.
Schwedische	20	4.026	5	859
Türkische	345	28.607	19	1.639
	579	70.635	81	14.807

Ausgelaufen sind während des nämlichen Zeitraums 702 Dampfer mit 618.822 Tonnen und 559 Segelschiffe mit 80.007 T. und zwar unter nachfolgenden Flaggen:

a) Dampfschiffe.

Flagge	Mit Ladung		In Ballast	
	Zahl	Tonnen	Zahl	Tonnen
Oesterreichisch-ungarische	158	157.687	.	.
Britische	117	98.469	24	20.823
Aegyptische	106	83.933	.	.
Französische	105	110.662	.	.

Flagge	Mit Ladung Zahl	Mit Ladung Tonnen	In Ballast Zahl	In Ballast Tonnen
Holländische	6	4.919	.	.
Italienische	58	55.274	.	.
Russische	58	51.694	.	.
Schwedische	1	261	.	.
Türkische	69	34.500	.	.
	678	597.399	24	20.823

b) Segelschiffe.

Flagge	Mit Ladung Zahl	Mit Ladung Tonnen	In Ballast Zahl	In Ballast Tonnen
Oesterreichisch-ungarische	21	7.200	5	1.070
Amerikanische	7	2.516	1	249
Dänische	1	121	.	.
Deutsche	2	525	1	165
Englische	55	10.999	23	3.824
Griechische	27	4.518	92	12.022
Holländische	5	701	2	361
Italienische	8	3.119	6	2.092
Russische	.	.	8	1.262
Schwedische	12	2.200	11	2.132
Türkische	31	2.656	241	22.275
	169	34.555	390	45.452

Unter den britischen Handelsfahrzeugen sind 3 mit anglo-malthesischer Flagge; unter den türkischen 2 mit samiotischer und 8 mit walachischer Flagge inbegriffen. Ebenso befindet sich unter den britischen Schiffen 1 Dampfer mit 225 Tonnen, welcher alle 14 Tage einen regelmässigen Dienst zwischen Smyrna, Adalia und allen dazwischen liegenden Echellen unterhält.

Ausserdem sind im Jahre 1874 noch 2685 kleinere Fahrzeuge von weniger als 30 Tonnen unter türkischer und griechischer Flagge eingelaufen, welche von den Küsten Kleinasiens, aus dem griechischen Archipel, sowie aus Griechenland Holz, Cerealien, Oel, Valloneen u. s. w. im Werthe von 240.000 fl. einführten und dagegen europäische Waaren für 120.000 fl. ausführten.

Endlich giebt es noch einige kleine Dampfer unter französischer und griechischer Flagge, welche im Golfe von Smyrna den Küstendienst besorgen und von denen zwei grössere unter französischer Flagge ihre Fahrten bis nach Mytilene und Aivali ausdehnen.

Als eine wichtige Neuerung muss noch hervorgehoben werden, dass vom März d. J. an der österreichisch-ungarische Lloyd eine neue, regelmässige Linie zwischen Odessa und Marseille errichten wird, welche auch Constantinopel, Syra und Messina berühren soll.

Bankwesen. Das von der kaufmännischen Welt mit so grosser Freude und Befriedigung begrüsste Project der Errichtung einer Nationalbank, zu welcher die von englischen Capitalisten gegründete, reichdotirte kaiserlich ottomanische Bank dio Basis und die Mittel bieten sollte, und an welche sich in Bezug auf die Reform des Finanzwesens und die Ordnung des Staatshaushaltes so schöne Erwartungen knüpften, ist noch immer nicht zur Thatsache geworden.

Es haben sich vielmehr, wie man hört, in Betreff der von den englischen Capitalisten geforderten Prärogative, ohne welche Zweck und Gedeihen der Bank völlig in Frage gestellt bleiben würden, so ernste Schwierigkeiten ergeben, dass das Inslebentreten dieses so hochwichtigen nationalen Institutes kaum so bald zu erwarten steht.

Mit ihrer dermaligen Gebarung und Thätigkeit entspricht die ottomanische Bank weder den Bedürfnissen des Handels, noch jenen der Landwirthschaft und der Gewerbe; sie ist gewissermassen nur der Grosscassier und Generalagent der Pforte, welcher die Regierungsgelder im Innern des Landes in Empfang nimmt und Baarsendungen nach und aus dem Innern vermittelt, während die sonstigen Geldoperationen sich fast ausschliesslich auf 12—15 pCt. Darlehen gegen Hypotheken oder Haftung von mehreren Unterschriften beschränken.

VI. Versicherungsgesellschaften.

Die Errichtung einer permanenten, tüchtig geschulten Feuerwehr, welche die verschiedenen hier bestehenden Feuerversicherungsgesellschaften auf gemeinschaftliche Kosten organisirten, hat sich als eine äusserst glückliche, erfolgreiche Schöpfung erwiesen. Während noch vor einem Jahre die Feuersbrünste in so häufiger und verheerender Weise vorkamen, dass die hiesigen Versicherungsgesellschaften sich gezwungen sahen, die Prämie um 25 pCt. zu erhöhen, hat sich durch die gegenwärtig so rasch und so ausreichend gebotene Hilfe die frühere Gefahr bedeutend vermindert, gleichwie auch die Feuersbrünste durch grössere Wachsamkeit und eine exemplarische Bestrafung der Schuldigen seltener geworden sind.

VII. Frachten.

Die Frachten haben im verflossenen Jahre beträchtliche Reductionen erfahren und namentlich für Segelschiffe sind dieselben um 25 pCt. zurückgegangen. An Bord der Lloydschiffe betrugen die Frachtsätze nach Triest 80 kr. bis 1 fl. pr. Centner von 100 Pfd.; russische Dampfer berechneten nach Odessa für Valloneen 68 kr. pr. Ctr. (Cantar), für Baumwolle 95 kr.; nach St. Petersburg für Baumwolle (inclusive Eisenbahnfracht) 4 fl. 41 kr. pr. Centner. Ferner bezahlte man pr. Tonne von 2030 Pfd. oder 1015 Kilogr.:

	Nach Marseille		Nach England		Nach Deutschland (Hamburg)
	auf französischen Dampfern	auf Segelschiffen	auf englischen Dampfern	auf Segelschiffen	auf englischen Dampfern
Für Südfrüchte . .	20 s.	16 s.	40 s.	30 s.	50 s. = 25 fl.
„ Baumwolle .	25 „	.	60 „	.	70 „ = 35 „
„ Schafwolle . .	25 „	.	60 „	.	70 „ = 35 „
„ Valloneen . .	.	.	45 „	37½ s.	50 „ = 25 „
„ Getreide . .	.	.	5 „	5 s.	5 „ pr. Quarter von 8½ Kilo

VIII. Lage des Handels. Umfang des Verkehrs.

Der Werth des Gesammtumsatzes an ausgeführten Waaren und eingeführten Producten vertheilte sich im verflossenen Jahre auf die einzelnen, an diesem Verkehre participirenden Länder wie folgt:

Länder	Werth der Einfuhr fl.	Werth der Ausfuhr fl.	Werth des Gesammtumsatzes fl.
Oesterreich-Ungarn	2.171.064	4,230.944	6,402.008
Amerika	778.344	4,602.500	5,380.844
Belgien	109.564	202.552	312.116
Deutschland	2,038.428	1,061.548	3,099.976
Aegypten	1,544.148	838.880	2,383.028

Länder	Werth der Einfuhr fl.	Werth der Ausfuhr fl.	Werth des Gesammtumsatzes fl.
Frankreich	5,735.612	2,730.004	8,465.616
Griechenland	514.004	77.272	591.276
Grossbritannien	21,899.960	14,941.740	36,841.700
Holland	100.772	321.568	422.340
Italien	1,722.352	1,392.652	3,115.004
Russland	892.600	725.204	1,617.804
Schweden und Norwegen	32.000	.	32.000
Spanien	.	4,430.472	4,430.472
Türkei	7,366.464	3,840.440	11,206.904
Gesammtsumme	44,905.312	39,395.776	84,301.088

Aus dieser Darstellung geht hervor, dass Grossbritannien an dem Gesammt-Umsatz den Löwenantheil hat, indem es daran mit nicht weniger als $43\frac{7}{10}$ pCt. participirt, während die Türkei nur mit $13\frac{8}{10}$, Frankreich mit $10\frac{3}{10}$, Oesterreich-Ungarn mit $7\frac{5}{10}$, Amerika mit $6\frac{4}{10}$, Spanien mit $5\frac{1}{10}$, Deutschland mit $3\frac{6}{10}$, Italien mit $3\frac{7}{10}$, Aegypten mit $2\frac{8}{10}$, Russland mit $1\frac{9}{10}$ und die übrigen Staaten mit $1\frac{0}{10}$ pCt. sich betheiligten.

Im Vergleiche mit den beiden Vorjahren hat der Verkehr Smyrna's mit Oesterreich-Ungarn nicht unbeträchtlich abgenommen, was wohl hauptsächlich dem Umstande zugeschrieben werden muss, dass, wie schon bemerkt, ein grosser Theil des Exports nach Deutschland, statt wie früher über Triest, gegenwärtig den Weg über Italien und Russland nimmt.

Einfuhr.

Was die Einfuhr betrifft, so ergab dieselbe mit Hinblick auf die Menge und den Werth der einzelnen Handelsartikel und mit besonderer Berücksichtigung des Importes aus Oesterreich-Ungarn die nachfolgenden Resultate:

Importartikel		Menge	Werth, fl.	Davon aus Oesterreich-Ungarn Menge	Werth, fl.
Alaun	Colli	756	21.168	.	.
Baryt (Schwerspath)	„	790	9.480	.	.
Baumwollgarne	„	917	411.100	143	76.076
Baumwollwaaren	„	1.708	864.708	118	62.776
Bier	Fässer	2.323	37.696	1.656	26.496
Blei und Schrote	Colli	1.696	94.880	4	320
Butter	Fässer	1.253	264.760	111	13.764
Caviar	„	959	474.136	.	.
Cerealien	Säcke	14.306	51.512	.	.
Cochenille	Colli	222	71.040	.	.
Droguen	„	2.373	302.504	173	22.836
Eisen	Tonnen	8.987	1,437.888	2	320
Eisenblech	Colli	2.383	38.128	10	160
Eisenwaaren	„	4.431	770.000	308	54.208
Farbwaaren	„	920	25.000	155	4.340
Fensterglas	„	6.664	76.028	.	.
Fesse	Kisten	565	200.320	555	199.800
Fische, gesalzene	Colli	6.821	178.564	30	840
Früchte, getrocknete	„	2.435	38.960	.	.

Importartikel		Menge	Werth, fl.	Davon aus Oesterreich-Ungarn Menge	Werth, fl.
Genever	Körbe	5.350	21.400	.	.
Glaswaaren	Colli	3.042	533.132	1.118	201.400
Gold- und Silberdraht	"	29	46.400	.	.
Häute	"	8.089	1,369.168	16	8.512
Henna*)	Stücke	2.167	34.672	.	.
Holz: Bauholz	Tonnen	12.891	1,054.388	895	89.500
Farbholz	"	126	1.488	115	828
Bretter	Stücke	322.106	327.532	108.758	217.516
Indigo	Colli	236	230.336	.	.
Käse	"	4.478	170.920	19	1.216
Kaffee	Säcke	25.210	1,313.296	509	26.468
Kartoffeln	"	3.419	54.704	32	512
Kerzen	Kisten	1.034	71.456	296	8.288
Kupfer	Colli	652	86.384	.	.
Kurzwaaren	"	3.498	1,327.200	326	117.360
Leder	"	834	385.848	12	6.384
Leinöl	Fässer	146	17.520	2	240
Liqueure	Colli	2.858	70.464	27	756
Manufacturen	"	23.013	14,498.424	25	15.000
Marmor und Bausteine	Stücke	20.102	8.040	.	.
Mehl	Säcke	29.219	520.360	330	5.808
Möbel	Colli	844	37.528	24	1.056
Nägel	"	11.357	524.476	278	13.344
Papier	"	6.178	276.876	4.479	197.076
Pappendeckel u. Carton	Ballen	289	12.916	96	6.912
Petroleum	Kisten	94.026	488.932	.	.
Pfeffer	Säcke	1.405	58.516	21	756
Reis	"	54.709	875.376	310	4.960
Rum	Fässer	7.239	210.220	5.297	84.752
Sackleinwand, Cannevas	Ballen	1.582	277.792	.	.
Schwefel	Säcke	14.184	737.568	.	.
Seidenzeuge	Colli	1.270	2,158.832	12	21.120
Seife	"	1.463	34.580	20	720
Seilerwaaren	"	1.004	34.292	316	13.904
Soda	Fässer	2.483	218.344	5	440
Stärkemehl	Colli	1.508	20.412	2	24
Stahl	Kisten	1.646	46.088	1.410	39.480
Steinkohlen	Tonnen	26.473	572.516	.	.
Tabak und Tumbeki	Colli	17.722	2,126.640	.	.
Teppiche	Ballen	255	67.032	23	8.280
Töpferwaaren	Colli	522	57.796	159	20.352
Tuche	Ballen	2.308	2,042.560	70	105.000
Uhrwaaren	Kisten	45	46.224	3	4.800
Waffen	Colli	154	53.920	2	640
Waaren, verschiedene	"	21.121	670.928	1.289	36.092
Wein	"	559	29.132	10	640
Weingeist	Fässer	2.490	142.312	249	26.892
Weizen	Kilo	186.906	376.548	.	.

*) Die Blätter von Lawsonia inermis, von den türkischen Frauen zum Braunfärben der Fingernägel verwendet.

Importartikel		Menge	Werth, fl.	Davon aus Oesterreich-Ungarn Menge	Werth, fl.
Wirk- und Webewaaren	Colli	2.046	1,151.440	58	23.200
Wollwaaren	"	3.210	2,793.600	231	203.280
Zink	"	348	84.792	22	5.808
Zinn	"	545	28.320	.	.
Zucker	Fässer	22.224	963.544	389	15.560
Zündwaaren	Colli	3.351	174.252	3.351	174.252
	Gesammtwerth . .		44,905.308		2,171.064

Von den aus Europa eingeführten Manufacturwaaren kamen die nachfolgenden im Werthe von ca. 625.600 fl. ö. W. aus der Schweiz: 1200 Kisten Cemberia, 66 Kisten Cettaries, 135 Kisten Kopftücher für Frauen, 20 Kisten Cambrics, 4 Kisten feine Mousseline, 12 Kisten ordinäre Mousseline, 120 Kisten verschiedene Manufacte.

Unter der Rubrik der verschiedenen Waaren sind inbegriffen: Bücher, Hüte, Juwelen, Kleider, Modegegenstände, Medicamente, Matten, Parfümerien, Pökelfleisch, Schuhwerkzeug, Schiffpech, Theer, Tinte u. s. w.

Der aus Aegypten importirte Zucker wird dort erzeugt und kommt in Säcken von 100—200 Kilo in den Handel; derselbe ist jedoch von sehr geringer Qualität.

Die aus Griechenland eingeführten Glaswaaren und Baumwollerzeugnisse werden im Piräus und in Syra fabricirt. In der letztgenannten Stadt hat man auch einige Ledergerbereien errichtet.

Ausfuhr.

Die einzelnen Exportartikel ergaben im Jahre 1874 in Bezug auf Menge und Werth, mit besonderer Berücksichtigung des Exportes nach Oesterreich-Ungarn, die folgenden Resultate:

Exportartikel		Menge	Werth, fl.	Davon nach Oesterreich-Ungarn Menge	Werth, fl.
Abba	Ballen	9	3.240	.	.
Alizzari	"	12.048	531.696	.	.
Antimonium	Ctr.	1.751	49.028	.	.
Baumwolle	Ballen	57.407	6,196.536	6.207	695.184
Baumwollwaaren	Colli	1.927	1,387.440	.	.
Bekmès (Traubensirup) . .	Fässer	82	2.952	.	.
Cerealien	Säcke	130.679	784.068	875	5.248
Chromerz	Tonnen	1.881	82.764	.	.
Cocons	Säcke	850	153.000	.	.
Fische, gesalzene	Colli	753	20.684	1	28
Früchte, getrocknete	"	7.069	141.452	64	1.280
Galläpfel	"	911	39.104	44	2.004
Gelbbeeren (Kreuzbeeren) . .	"	2.313	177.432	3	360
Gummi (Mastix und Traganth)	"	2.306	416.616	205	36.900
Hadern	Ballen	4.996	79.936	.	.
Hanf	"	166	20.460	9	1.116
Häute: Ochsenhäute	"	5.931	552.732	195	17.940
Lamm- und Ziegenfelle	"	167	20.144	12	1.488
Hasenfelle	"	205	82.000	8	3.200
Käse	Colli	1.945	70.020	.	.
Kanariensaat (Alpiste) . . .	Säcke	1.362	13.620	.	.
Knochen	Tonnen	2.025	24.300	.	.
Lakritzensaft	Kisten	6.483	313.636	318	15.264

Exportartikel		Menge	Werth, fl.	Davon nach Oesterreich-Ungarn Menge	Werth, fl.
Lakritzenwurzel	Ballen	18.226	364.520	4.543	1.360
Oel	Fässer	177	19.116	34	3.672
Oelsamen	Colli	8.006	512.384	1	64
Opium	Kisten	3.084	6,103.800	33	59.400
Südfrüchte: Feigen	Ctr.	139.384	2,389.084	15.628	250.048
Rosinen, schwarze	„	98.450	511.940	4.543	23.624
„ rothe	„	156.692	2,193.840	30.181	422.532
Saltaninen	„	99.619	2,367.504	47.964	1,151.136
Scammonium	Colli	75	39.900	.	.
Schmirgel	Tonnen	4.900	219.656	23	1.012
Schwämme	Colli	11.298	1,539.532	948	94.800
Sesam	Säcke	5.051	94.912	.	.
Storax	Fässer	266	21.280	230	18.400
Tabak und Tumbeki	Ballen	2.924	321.708	175	17.500
Teftick (Vliesswolle)	„	747	215.432	69	19.872
Teppiche	„	1.826	1,271.880	24	9.600
Valloneen	Ctr.	601.015	7,549.372	84.116	1,345.836
Waaren, verschiedene	„	36.765	1,303.356	512	11.976
Wachs	Colli	705	57.200	187	14.960
Wein	Fässer	3.352	94.208	32	896
Weizen	Kilo	44.674	125.080	92	256
Wolle	Ballen	7.121	917.212	32	3.968
Gesammtwerth			39,543.196		4,230.944

Unter Oelsamen sind 184 Tonnen Mohnsamen inbegriffen, das Uebrige ist Baumwollsamen.

Das über Aegypten exportirte Opium ist nach Singapore bestimmt, woselbst, seitdem sich mehr als 100.000 Chinesen auf der Insel niedergelassen haben, der Verbrauch von Opium beträchtlich zugenommen hat.

Die unter der Rubrik: „Diverse Waaren" ausgeführten, nach Europa und Amerika bestimmten Artikel bestehen in eingemachten Früchten und Zuckerwerk aller Art zum Gebrauche der Orientalen, dann in Halvà, Salep, Rosenessenz, türkischen und persischen Shwals, Schleifsteinen u. s. w.

Nach den beiden vorstehenden Tabellen betheiligten sich somit an der Ein- und Ausfuhr in Percenten:

	Einfuhr pCt.	Ausfuhr pCt.
Grossbritannien	mit 48·7	38
Türkei	„ 16·4	9·8
Frankreich	„ 12·7	6·9
Oesterreich-Ungarn	„ 4·8	10·7
Deutschland	„ 4·5	2·7
Italien	„ 3·8	3·5
Aegypten	„ 3·5	2·1
Russland	„ 1·9	1·8
Amerika	„ 1·8	11·7
Griechenland	„ 1·2	0·2
Spanien	„ .	11·2
Alle übrigen Staaten zusammengenommen	„ 0·7	1·4
	100	100

Eine eingehendere Prüfung der Einfuhrtabelle zeigt nicht nur, dass Oesterreich-Ungarn trotz der Gunst seiner nachbarlichen Lage an der Gesammteinfuhr nach dem zweitwichtigsten Handelsplatze des osmanischen Reichs mit wenig mehr als 2 Millionen Gulden oder ca. 4·8 pCt. participirt, sondern sie belehrt uns auch, dass die vaterländische Industrie weit hinter der Einfuhr aus andern Ländern, selbst in jenen Artikeln zurückbleibt, worin dieselbe durch die Vorzüglichkeit und Preiswürdigkeit ihrer Erzeugnisse zu einer erfolgreichen, lohnenden Concurrenz berechtigt erscheint.

Diese Wahrnehmung bietet den Anlass, einige unserer exportfähigsten Fabrikate namhaft zu machen und die muthmasslichen Ursachen der erwähnten Erscheinung anzudeuten, damit möglicherweise von den betheiligten Kreisen eine Abhilfe getroffen werden könne.

1. In der Tuchbranche, in welcher ein jährlicher Umsatz von etwa 1200 Ballen im Werthe von 1½ Millionen Gulden besteht und worin Oesterreich noch bis vor wenigen Jahren auf dem hiesigen Markte dominirend auftrat, wird unsere Industrie in neuester Zeit durch Deutschland überflügelt. Die Ursache davon liegt hauptsächlich in der grossen Auswahl von Tuchsorten, welche namentlich Sachsen und Preussisch-Schlesien zu bieten im Stande sind, sowie in der Fertigkeit, mit welcher die Fabriken der genannten Länder die Imitationen besorgen und durch Neuerungen dem Verkauf nachzuhelfen wissen. Eine regelmässige Bereisung der Hauptconsumtions-Orte durch gediegene Agenten, um die Localverhältnisse und die Anforderungen des Markts genau kennen zu lernen und darnach die Fabrikation einzurichten, dürfte sich vom einschlagendsten Erfolg erweisen.

2. Von Modestoffen (deren Einfuhr einen Werth von 3½ Millionen Gulden repräsentirt) liefern die österreichischen Fabriksorte, welche sich längs der böhmisch-sächsischen Grenze hinziehen, einige werthvolle und begehrte Specialitäten; doch könnte der dermalige Werth der aus Oesterreich nach Smyrna importirten Modestoffe (etwa 450.000 fl.) durch grössere Anstrengungen und eifrigeres, sorgsameres Studium des Markts noch bedeutend gesteigert werden.

3. Von Metallwaaren, deren Werth über 2 Millionen Gulden ausmacht, sind blos Stahl, Schwarzblech, Eisenblech und Eisenstifte aus Oesterreich nennenswerthe Exportartikel. Insbesondere für österreichischen Stahl bietet sich im Orient noch ein lohnendes Feld der Ausbeute. Auch hier wie in der Tuchbranche kann nur von einer Bereisung der wichtigsten Märkte und Consumtionsorte eine bedeutende Hebung des Absatzes erwartet werden.

4. Der Erweiterung unseres Exportes in Glaswaaren (von welchem Artikel jährlich für etwa 260.000 fl. eingeführt wird) stellen sich namentlich die hohen Eisenbahnfrachten hemmend entgegen, indem bei den dermaligen Tarifsätzen unsere einfachen ordinären Trinkgläser, Weinflaschen aus grünem Glase, sowie Fensterglas, von welchem Artikel der Verbrauch ein massenhafter ist, mit dem französischen und belgischen Fabrikate nicht zu concurriren vermögen. Auch in halbgeschliffenen Glaswaaren behauptet Frankreich, der billigeren Preise und der sorgfältigeren Anfertigung seiner Erzeugnisse wegen, den Vorzug; gleichwie dasselbe ebenso in den, in Formen gegossenen und gepressten ordinären, schweren Artikeln jeder Art sogar die Concurrenz Englands zu beseitigen verstand.

5. In Porzellanwaaren (deren Gesammtimport einen Werth von 300.000 fl. beträgt) leistet Böhmen im Allgemeinen Vorzügliches; doch wären für einzelne Fabrikate, besonders für Tisch- und Kaffeeservice im Interesse des Absatzes leichtere, gefälligere, geschmackvollere Formen zu empfehlen, in welchen die französischen Fabriken so Nachahmungswerthes leisten.

6. Die Einfuhr von Spiegeln aus Oesterreich hat in den letzten Jahren ganz aufgehört, weil unsere Fabrikate in Bezug auf die Verbesserung der Gläser weit hinter den Erzeugnissen Frankreichs (Paris, Lyon) und Belgiens (Namur) zurückgeblieben

sind. Diese beiden Länder liefern grosse, starke, gepresste, gleichmässig belegte Gläser, frei von jenen Fehlern, welche das österreichische Fabrikat fast gänzlich vom orientalischen Markt verdrängt haben und Ursache sind, dass der ganze hiesige Bedarf an Spiegeln im Werthe von etwa 80.000 fl. aus andern Ländern gedeckt wird. Grosse Anstrengungen sind hier nöthig, um das früher behauptete Feld wieder zu erobern, und namentlich müsste der Erzeugung von Gusstafelglas die grösste Aufmerksamkeit und Sorgfalt zugewendet werden.

7. In Kurzwaaren (deren Einfuhr einen Werth von 1,200.000 fl. repräsentirt) beherrschen dermalen Deutschland und Frankreich den Markt. Oesterreich hat durch die geringe Sorgfalt, ich möchte fast sagen, Nachlässigkeit, mit welcher es die ihm in dieser Branche gewordenen Aufträge ausführte, die früheren zahlreichen Kunden im Orient eingebüsst. Nur in einigen feineren und kostspieligeren Artikeln, wie Leder- und Portefeuillewaaren, Drechslerwaaren und der sogenannten Gablonzer Industrie, behauptet Oesterreich noch den alten Ruf und hat fremde Concurrenz nicht zu scheuen.

8. Die Wiener Schuhwaaren, obschon bedeutend billiger als die französischen und englischen Fabrikate, konnten bisher gleichwohl einen namhaften Absatz nicht erringen, was wohl hauptsächlich dem Mangel an Geschmack in Form und Ausstattung, sowie der wenig soliden Arbeit des österreichischen Fabrikates zugeschrieben werden muss.

9. Die österreichischen Gold- und Silberdrahtgespinnste wurden hauptsächlich aus dem Grunde vom levantinischen Markt verdrängt, weil sich die deutschen und französischen Fabrikanten der Galvanisirung bedienen, um ihren Gespinnsten eine schöne goldgelbe Farbe zu verleihen, während man in Wien noch immer die weit kostspieligere Feuervergoldung anwendet. Ein weiteres Hemmniss liegt in dem gesetzlichen Verbote, in Oesterreich Gespinnste unter $^{800}/_{1000}$ Silbergehalt zu erzeugen. Ein ungarischer Fabrikant Namens Kuhmayer in Pressburg bietet in dieser Branche nicht nur den fremdländischen, sondern auch den österreichischen Erzeugnissen eine empfindliche Concurrenz, weil eben in den Ländern der ungarischen Krone Gold- und Silberdrahtgespinnste von einem weit geringeren Silbergehalte als in Oesterreich erzeugt werden dürfen. Aber auch nach Beseitigung dieses Umstandes könnte ein Aufschwung in diesem Industriezweige nur durch Anlage grosser Fabriken und durch Massenproduction erzielt werden.

10. Für Droguen, chemische Präparate und Medicamente ist in der Levante ein ausgezeichneter Markt, denn Smyrna allein führt davon jährlich für einen Werth von 200.000 Gulden ein. Von Oesterreich wurde dieses lohnende Gebiet bisher wenig cultivirt, obschon Wien und Triest ganz besonders geeignet wären, für diese Industrie-Erzeugnisse Stapelplätze zu werden. Gegenwärtig wird der grösste Theil des Bedarfs an Droguen u. s. w. (ca. 150.000 fl. an Werth) aus London und Paris gedeckt.

11. Für Flaschenbier (von welchem in Smyrna bis zu einem Werthe von 50.000 fl. jährlich consumirt wird) wäre aus Oesterreich ein weit beträchtlicherer Absatz zu erzielen, wenn dasselbe von guter und haltbarer Qualität zu einem geringeren Kostenpreis als 18 Francs pr. Dutzend Flaschen loco Smyrna geliefert werden könnte.

12. Butter und Käse werden in sehr grossen Quantitäten eingeführt und steiermärkische Landwirthe müssten gute Rechnung finden, wenn sie diesem Zweige der landwirthschaftlichen Production mehr Aufmerksamkeit und Sorgfalt zuwenden möchten. Dermalen gelangt Butter hauptsächlich aus Russland und Frankreich auf den hiesigen Markt und wird zu 17—19 Piaster pr. Oka verkauft.

13. Schiffsprovisionen aller Art, von welchen sich der jährliche Absatz auf einen Werth von mehr als 1 Million Gulden belaufen dürfte, könnten bei genauer Platzkenntniss und wohlgeleiteter Speculation einen sehr bedeutenden Export aus Oesterreich-Ungarn bilden. Speciell das an Naturproducten so gesegnete Ungarn

besitzt alle Bedingungen, um mit kluger Benützung seiner Hilfsquellen ein Stapelplatz für conservirte Fleischsorten, Gemüse, getrocknete und gesalzene Fische, für Butter und Käse, Maccaroni und andere Teigwaaren, Schiffszwieback u. s. w. zu werden.

14. Tauwerk, in den verschiedensten Qualitäten für Schiffe, Emballagen und sonstige Zwecke verwendet, wird für etwa 20.000 Gulden aus Oesterreich eingeführt. Es könnte aber leicht der grösste Theil des Bedarfs aus Triest gedeckt und die russische und englische Waare vom Markte verdrängt werden, wenn dem Exporte dieses Artikels mehr Interesse geschenkt würde.

15. Zucker wird jährlich für etwa 700.000 Gulden aus Frankreich, Belgien, Holland und England importirt, und es ist nur den hohen Bahnfrachten zuzuschreiben, wenn der so vorzügliche österreichische Rübenzucker nicht im Stande ist, mit Vortheil hier eingeführt zu werden. In neuester Zeit geschehen, soweit bekannt, energische Versuche, um unser Fabrikat über Russland (Odessa) nach der Levante zu befördern, und es bleibt nur zu wünschen, dass diese Versuche mit Eifer und Platzkenntniss unternommen und mit grosser Ausdauer durchgeführt werden, dann wird ein günstiger Erfolg gewiss nicht fehlen.

16. Stearinkerzen werden für etwa 260.000 fl. zumeist aus Belgien, Frankreich und Holland bezogen. Das Wiener Fabrikat geniesst des besten Rufes, kommt aber zu theuer zu stehen, um eine allgemeinere Verbreitung zu finden. Und doch hat die belgische und französische Waare einen weit grösseren Weg zurückzulegen und mit nicht minder schwierigen Arbeitsverhältnissen zu rechnen.

17. Weingeist wird jährlich (bei einem Gesammtverbrauche im Werthe von 250.000 fl.) aus Ungarn in einer Menge von ca. 175—180 Fass im Betrage von 35.000 fl. eingeführt. Es ist dies 90—95gradige Waare, welche in Smyrna zu $14\frac{1}{2}$—$15\frac{1}{2}$ Piaster (1 fl. 5 kr. — 1 fl. 12 kr.) pr. Gallone verkauft wird. Bei der Vorzüglichkeit und Preiswürdigkeit des ungarischen Productes bedürfte es wohl nur einer grösseren Rührigkeit von Seite der Erzeuger, um das Absatzgebiet zu erweitern und nicht allein der russischen, sondern auch der deutschen Waare eine bedeutende Concurrenz zu bereiten.

Schifffahrts- und Handelsverkehr von Ibraila im Jahre 1873.

Ibraila. Der Einfuhrverkehr unter österreichisch-ungarischer Flagge gestaltete sich folgendermassen: 483 Dampfer und 325 Schleppe der I. k. k. priv. Donau-Dampfschifffahrts-Gesellschaft brachten Waaren im Gesammtwerthe von 5,902.864 fl. Da diese Gesellschaft im Jahre 1872 hier nur durch 385 Dampfer und 248 Schleppe mit einem Import von 4,103.206 fl. vertreten war, so ergiebt sich für 1873 eine Zunahme in der Anzahl der Dampfer und Schleppe um 98 und resp. 77, desgleichen bei dem Waarenwerthe ein Plus von 1,799.658 fl. Dagegen zeigt der Betrag der importirten Geldgrupps pr. 815.161 fl. gegen 1872 eine Verminderung um 2,552.731 fl.

Unter den von den Schiffen der Donau-Dampfschifffahrts-Gesellschaft importirten Waaren sind hauptsächlich nennenswerth: Baumwollwaaren 1554 Zollctr., Bier 684 Zollcentner, Branntwein und Spiritus 277 Zollctr., Colonialwaaren und Südfrüchte 1647 Zollctr., Effecten und Möbel 1175 Zollctr., Eisen und Eisenwaaren, dann Emailgeschirr 8633 Zollctr., Roheisen 2411 Zollctr., Essig 4911 Zollctr., Farben und Farbstoffe 287 Zollctr., leere Fässer 3310 Zollctr., Felle und Häute 788 Zollctr., Unschlitt, Stearin, Schmeer, Thran und andere Fettwaaren 766 Zollctr., Garne und Twiste 2081 Zollctr., Kartoffeln, Gemüse und Futterkräuter 556 Zollctr., Glas und Glaswaaren 2131 Zollctr., Nutzhölzer 3200 Zollctr., Brennholz 784 Zollctr., Kerzen, Seife und Fackeln 2267 Zollctr., Leder und Lederwaaren 1955 Zollctr., Leinwand und Zwilch 1367 Zollctr., Manufacturwaaren 4215 Zollctr., Marmor und Steinarbeiten 699 Zollctr.,

Maschinen und Maschinenbestandtheile 4380 Zollctr., Material- und Spezereiwaaren 622 Zollctr., Mehl und Mahlproducte 1245 Zollctr., Metalle 516 Zollctr., Mineralwässer 389 Zollctr., Oel zum Genusse oder zum technischen Gebrauche 1558 Zollctr., Papier 3072 Zollctr., Porzellan, Steingut und Thonwaaren 717 Zollctr., Reis 520 Zollctr., Wein 810 Zollctr., Zucker, Sirup und Candis 453 Zollctr., Zündwaaren 868 Zollctr., 414.185 Zollctr. Weizen, 27.000 Zollctr. Reps, 20.890 Zollctr. Gerste und 40.820 Zollcentner Kohlen.

Der österreichisch-ungarische Lloyd war bei dem diesseitigen Hafenverkehr durch 41 Dampfer mit Waarenladungen im Werthe von 5,270.100 fl. und mit Geldgrupps im Betrage von 4,219.482 fl. vertreten. Im Vergleich zum Vorjahre ist die Anzahl der Schiffe um 1, der Werth der Waarenladungen und Geldgrupps um 62.190 und resp. 2,447.608 fl. gestiegen.

Unter den im Jahre 1873 hier eingelaufenen 21 nationalen Segelschiffen von 4792 Tonnen befanden sich 11 beladene, welche Güter im Werthe von 23.666 fl. importirten. Ihre Ladung umfasste 410.000 Oka ungelöschten Kalk, 107 St. Treppensteine, 186 Fässchen Sardinen und Häringe, 1715 St. Balken, 614 Tonnen Salz, 100 Fässer Cement und diverse Eisen- und Steinwaaren.

Im Vergleich zum Jahre 1872 ergiebt sich zwar bezüglich dieser Einläufe im Allgemeinen eine Abnahme um 5 Schiffe und 4230 Tonnen, dagegen hat sich die Anzahl der mit Ladung angekommenen Segelschiffe um 3 und auch der Importwerth um 7940 fl. erhöht.

Unter fremden Flaggen haben folgende Ankünfte von Dampf- und Segelschiffen stattgefunden:

Flagge	Beladen	Leer	Gesammt-Tonnengehalt	Werth der Einfuhren, fl.
Englische:				
Dampfer	71	60	72.723	6,790.400
Segelschiffe	14	237	63.965	818.320
Französische:				
Dampfer	42	.	?	2,804.500
Segelschiffe	.	1	182	.
Italienische:				
Dampfer	6	1	3.118	240.900
Segelschiffe	22	33	14.586	407.580
Griechische: Segelschiffe	640	656	194.509	2,807.938
Türkische:				
Dampfer	1	.	500	43.100
Segelschiffe	1175	207	205.153	2,189.700
Romanische: Segelschiffe	158	47	29.406	502.006
Russische:				
Dampfer	1	.	500	22.800
Segelschiffe	22	131	21.639	322.600
Deutsche:				
Dampfer	.	1	629	.
Segelschiffe	1	.	222	9.200
Belgische: Dampfer	1	1	1.055	12.000
Schweizerische: Dampfer	1	3	2.272	28.900
Serbische: Segelschiffe	52	1	3.473	94.000
Samiotische: Segelschiffe	1	1	254	3.608
Zusammen: Dampfer	123	66	80.797	9,942.600
Zusammen: Segelschiffe	2085	1314	533.389	7,154.952
Im Ganzen	2208	1380	614.186	17,097.552

Mit Hinzurechnung der durch die österreichisch-ungarischen Dampf- und Segelschiffe importirten Handelsgüter stellt sich der Gesammtwerth der Waareneinfuhr mit 28,294.182 fl. heraus, was gegen das Vorjahr eine Zunahme um nahezu 180.000 fl. ist.

Zu dem obigen Werthe des Importes zur See kommen noch die auf dem Landwege hieher gelangten Kronstädter Waaren, welchen einen Werth von 80.000 bis 85.000 fl. repräsentiren. Uebrigens war der Umsatz am hiesigen Platze nicht viel günstiger als im Vorjahre und viele Zahlungseinstellungen wurden nur durch die von den ausländischen Gläubigern in Berücksichtigung des schlechten Geschäftsgangs gewährten Prolongationen verhütet.

Braila erhielt zwar im Jahre 1873 ein neues Geldinstitut, die Banca Brailei, die Thätigkeit desselben kommt jedoch dem hiesigen Handelsstande nicht zugute, indem die genannte Bank nur unter lästigen Bedingungen Wechsel escomptirt und auch durch den geforderten Zins von 16 pCt. pr. Jahr den anderen hiesigen Bankhäusern fast gleichgestellt erscheint.

Der Verkehr der österreichisch-ungarischen Handelsfahrzeuge lieferte in Betreff der Ausfuhr folgende Ergebnisse:

483 Dampfer und 281 Schleppe der I. k. k. priv. Donau-Dampfschifffahrts-Gesellschaft führten Waaren im Gesammtwerthe von 7,002.605 fl. aus. Im Vergleich zum Vorjahre zeigt sich eine Vermehrung um 98 Dampfer und 77 Schleppe, sowie eine Zunahme des Ausfuhrwerthes um 197.703 fl. Dagegen ist der Betrag der im Jahre 1873 ausgeführten Geldgrupps pr. 3,870.308 fl. um 1,266.139 fl. geringer gewesen.

Unter den durch die Schiffe dieser Gesellschaft ausgeführten Waaren befanden sich zunächst: 12.631 Zollcentner Baumwollwaaren, 933 Zollctr. Branntwein und Spiritus, 27.764 Zollctr. Colonialwaaren und Südfrüchte, 30.980 Zollctr. Eisen, 836 Zollctr. Unschlitt, Stearin, Schmeer, Thran etc., 10.813 Zollctr. Garne und Twiste, 1430 Zollctr. Glas und Glaswaaren, 1288 Zollctr. Kerzen, Seife und Fackeln, 732 Zollctr. Kurzwaaren, 762 Zollctr. Leinwand und Zwilch. 6959 Zollctr. Manufacturwaaren, 649 Zollctr. Material- und Specereiwaaren, 21.258 Zollctr. Mehl und Mahlproducte, 718 Zollctr. Oel zum Genusse oder zum technischen Gebrauche, 6791 Zollcentner Reis, 42.294 Zollctr. Salz und Salpeter, 1144 Zollctr. Schafwolle, 2678 Zollctr. Wein, 10.848 Zollctr. Zucker, Sirup und Candis, 6924 Zollctr. Kalk, 627 Zollctr. Fische, 1800 Zollctr. Hirse, 10.200 Zollctr. Mais, 5000 Zollctr. Roggen, 55.821 Zollcentner Gerste.

Die hier eingelaufenen 41 Loyddampfer verliessen den Hafen beladen mit Waaren im Werthe von 5,006.800 fl. und mit Geldgrupps im Betrage von 246.350 fl. Gegenüber dem Vorjahre hat sich die Anzahl dieser Dampfer um 1, der Werth ihrer Waaren-Ausfuhr um 204.700 fl. und derjenige der Geldgrupps um 25.050 fl. erhöht.

Von den abgegangenen 21 nationalen Segelfahrzeugen waren 19 beladen mit: 7219 Kilo Weizen, 247 Kilo Mais. 2918 Kilo Gerste, 1055 Kilo Rübsamen, 215.000 Oka ungelöschtem Kalk und 314 Fässchen Petroleum im Gesammtwerthe von 415.901 fl., was gegen 1872 eine Abnahme um 192.659 fl. ist.

Der Auslauf unter fremden Flaggen, sowie der Werth des diesfalls stattgefundenen Waarenexportes ist in der nachfolgenden Tabelle dargestellt:

Flagge	Beladen	Leer	Gesammt-Tonnengehalt	Werth der Ausfuhren, fl.
Englische:				
Dampfer	106	25	72.723	6,150.993
Segelschiffe	221	23	61.570	4,786.676
Französische:				
Dampfer	42	.	?	3,330.993
Segelschiffe	1	.	182	14.496

Flagge	Beladen	Leer	Gesammt-Tonnengehalt	Werth der Ausfuhren, fl.
Italienische:				
Dampfer	6	1	3.118	147.685
Segelschiffe	48	7	14.586	1,211.875
Griechische: Segelschiffe	657	553	183.106	9,319.491
Türkische:				
Dampfer	.	1	500	.
Segelschiffe	192	1179	202.239	1,668.896
Romanische: Segelschiffe	36	156	27.398	361.764
Russische:				
Dampfer	.	1	500	.
Segelschiffe	120	30	21.255	2,755.823
Deutsche:				
Dampfer	1	.	629	119.988
Segelschiffe	1	.	222	12.168
Belgische: Dampfer	2	.	1.055	80.457
Schweizerische: Dampfer	4	.	2.272	336.914
Serbische: Segelschiffe	2	50	3.393	151.300
Samiotische: Segelschiffe	1	1	254	24.684
Zusammen { Dampfer	161	28	80.797	10,167.030
Zusammen { Segelschiffe	1279	1999	514.205	20,307.173
Im Ganzen	1440	2027	595.002	30,474.203

Die Waarenausfuhr des Jahrs 1873 erreichte sonach, wenn man zu obigem Belange die diesfalls auf die österreichisch-ungarische Flagge entfallenden Summen hinzuschlägt, einen Gesammtworth von 42,899.509 fl., somit um 6,534.707 fl. mehr als im Vorjahre.

Was speciell die Ausfuhr von Kornfrüchten anbelangt, so gestaltete sich dieselbe im Ganzen genommen viel günstiger als im Vorjahre; trotzdem war es nicht möglich, das gesunkene Vertrauen und den erschütterten Credit wieder herzustellen. Dazu bedürfte es mehrerer aufeinanderfolgender günstiger Geschäftsjahre, während seit geraumer Zeit der hiesige Getreidehandel fast nur mit Verlusten für die betreffenden Firmen verbunden war.

Und da Braila, so zu sagen, nur vom Hafenverkehr lebt, so werden auch die übrigen Geschäftszweige wieder emporkommen, sobald die Cerealienausfuhr in ein günstigeres Stadium tritt.

Die Menge der im Jahre 1873 exportirten Cerealien und die Platzpreise derselben sind aus folgender Uebersicht zu entnehmen:

	Kilo	Zollcentner	Preis pr. Kilo Plaster
Weizen	239.687	962	290—370
Mais	308,063	10.978	156—200
Gerste	387.568	55.821	130—160
Rübsamen	117.357	.	290—330
Leinsamen	915	478	90—95
Hafer	24.527	514	90—115
Roggen	2.969	.	200—215
Hirse	1.928	1.871	120—140

Die Frachten wurden notirt, wie folgt:

Nach England pr. Quarter: Dampfschiffe 6 1/2—10 1/4 Schilling; Segelschiffe 6 1/2 bis 9 3/4 Schilling.

Nach Marseille pr. Charge: Dampfschiffe 5 Frcs.; Segelschiffe $4^1/_4$—5 Frcs.
Nach Genua pr. Charge: Segelschiffe 3—$4^1/_2$ Frcs.
Nach Livorno pr. Charge: Segelschiffe 3—$4^1/_4$ Frcs.
Nach Triest pr. Star: 26—60 Nkr.

Volkswirthschaftliche Verhältnisse von Chicago im Jahre 1873.

Chicago. Die statistischen Tabellen über den Handel und die industrielle Thätigkeit Chicago's während des Jahrs 1873 lassen die unwiderlegbaren Beweise entnehmen, dass der Umsatz gegen den des Vorjahrs in erstaunlichem Maasstabe zugenommen hat. In seiner Aufgabe, die westliche Handelsmetropole der Vereinigten Staaten zu sein, hat Chicago im Jahre 1873 einen grossen Schritt nach vorwärts gethan, obgleich auch hier die Finanzkrisis der letzten vier Monate gewaltige Zerstörungen angerichtet hat.

Auch unter den Fabrikesstädten der Union spielt Chicago schon jetzt eine bedeutende Rolle. Es sind im Fabriksbetriebe unserer Stadt durchschnittlich mehr als 50.000 Personen beschäftigt, die, wenn man im Allgemeinen 4 Personen auf eine Familie rechnet, nahezu die Hälfte der Einwohner Chicago's unterstützen.

Nach genauen Schätzungen beläuft sich das im industriellen Betrieb angelegte Capital auf 45 Mill. Doll. und nach den zur Zeit in Aussicht genommenen Fabriks-Anlagen wird dasselbe im Jahre 1875 muthmasslich über 50 Mill. Doll. betragen.

Dabei ist jedoch die bedeutende industrielle Thätigkeit unserer Vorstädte nicht eingerechnet; nicht die grossartige Uhrenfabrik zu Elgin; die Cornell-Uhrenfabrik; die Fabriken verschiedenster Art von Süd-Chicago; die Rock-Island-Eisenbahnwagen-Fabriken; die Eisenbahnwerke zu Joliet, obwohl alle diese Etablissements in Händen von hiesigen Unternehmern sind, von hier geleitet werden und für ihre Producte hier ihren Markt finden.

Nach officiellen statistischen Angaben wuchs das Capital für den Fabriksbetrieb von 1860 bis 1870 in New-York um 212 pCt., in Philadelphia um 238 pCt. und in Chicago um 707 pCt.

Die Werthe unserer Industrieproduction werden sich kaum unter 130 Mill. Doll. belaufen und ein Theil davon geht über den ganzen Continent. Das Hauptabsatzgebiet ist der Nordwesten, und in dem Maasse, als sich derselbe in immer weiteren Bahnen der Cultur erschliesst, vergrössern sich unsere Absatzgebiete.

Die eigentliche Handelsmarine Chicago's bestand zu Ende 1873 aus 647 Fahrzeugen von 104.235 Tonnen, darunter 3 Dampfer von 327 T., 9 Propeller von 5000 T., 27 Barken von 8245 T., 302 Schooner von 62.903 T., 181 Canalboote von 16.690 T.

Während des Jahrs 1873 haben 11.876 Handelsschiffe von 3,338.803 T. den hiesigen Hafen besucht, und 11.858 Schiffe mit 3,225.911 T. sind von hier ausgelaufen.

Die nachfolgenden, dem officiellen Berichte des Zollhauses entnommenen statistischen Aufstellungen geben Aufschluss über den Küstenhandel, die Ein- und Ausfuhr Chicago's im Jahre 1873.

Im Küstenhandel wurden hauptsächlich eingeführt:

Bretter	1000 Fuss	1,016.825	Cederpfosten	Stück	729.252
Schindeln	1000 Stück	294.548	Eisenbahnschwellen	„	674.000
Latten	„	79.062	Telegraphenpfosten	„	154.968
Fassböden	„	12.497	Eichenrinde	Klafter	21.104
Fassdauben	„	75.139	Brennholz	„	104.151

Kohlen	Tons	737.944	Butter	Fass	12.036
Eisenstangen für Eisenbahnen . .	Stück	107.682	Käse	„	6.112
Gusseisen . . .	Tons	24.953	Kaffee	Säcke	5.854
Eisenerz	„	60.833	Mehl	Fass	47.875
Salz	Fass	596.596	Weizen	Bushel	39.490
„	Tons	10.263	Oel	Fass	21.411
Fische	Kisten	53.590	Wein	Kisten	2.834
Trockene Häute .	Stück	5.721	Branntwein . . .	Fass	8.422
Frische Häute . .	Ballen	4.605	Ale und Bier . .	Gebinde	5.389
Schmalz	Fass	2.269	Ackerbaugeräthschaften	Stück	4.117
Schweinefleisch . .	„	7.595			

Dagegen ausgeführt:

Weizen	Bushel	10,603.828	Pelze	Ballen	4.266
Mais	„	31,735.395	Wolle	Pfd.	71.900
Hafer	„	5,887.383	Bretter	1000 Fuss	1,506.700
Roggen	„	675.972	Latten	1000 Stück	185.000
Gerste	„	768.769	Schindeln	„	900.000
Mehl	Fass	404.197	Backsteine . . .	„	127.500
Maismehl	„	16.663	Liqueure u. Spiritus	Fass	5.503
„	Säcke	4.399	Ale und Bier . . .	Gebinde	4.600
Futter	„	59.538	Eisenstangen für Eisenbahnen . .	Stück	17.751
Grassamen . . .	Pfd.	4,862.400	Heu	Ballen	17.353
Besenkorn	Ballen	3.211	Oelkuchen	Säcke	18.761
Rindfleisch . . .	Fass	4.100	Salz	Fass	7.086
Schweinefleisch . .	„	27.728	Rinder	Stück	1.394
Schmalz	Pfd.	2,894.510	Oel	Fass	6.323
Häute	Stück	38.489			

Die Einfuhr von Canada umfasste folgende Hauptgegenstände:

Ale, Bier und Porter	Gebinde	6.316	Reis	Säcke	1.200
Cement	Fass	7.049	Salz	Tons	12.928
Rindshaare . . .	Ballen	242	„	Fass	85.531
Ellenwaaren . . .	Kisten	383	„	Säcke	12.230
Fische	Fass	939	Soda, rohes . . .	Trommeln	503
Fensterglas . . .	Kisten	586	„ kohlensaures	Fass	268
Colonialwaaren . .	„	1.069	„ crystallisirtes	Kisten	167
Eisenabfälle . . .	Tons	1.875	„ doppeltkohlensaures . .	„	820
Gusseisen	„	6.406	„ Asche . . .	Fass	987
Latten	Stück	625.000	Stahl	Bund	729
Bretter	Fuss	7,516.000	Tabakpfeifen . . .	Kisten	3.115
Liqueure	Fass	1.557	Zinn	„	866
Citronen	Kisten	2.748	Wein	„	3.656
Gurken	Fass	1.840			

Nach Canada wurde hauptsächlich ausgeführt:

Weizen	für	5,737.022 Doll.	Hafermehl . . .	für	11.800 Doll.
Mais	„	1,069.586 „	Besenstroh	„	15.503 „
Hafer	„	29.840 „	Rindfleisch	„	6.300 „
Roggen	„	9.265 „	Schweinefleisch . .	„	65.347 „
Mehl	„	125.141 „	Schinken	„	3.063 „
Maismehl	„	6.755 „			

Der Gesammtwerth dieser Ausfuhr beziffert sich mit 7,107.468 Doll.

Eine deutliche Vorstellung von dem Importgeschäfte Chicago's giebt folgende Tabelle über die im Jahre 1873 bewerkstelligte Einfuhr aus dem Auslande:

Waarengattung	Werth, Doll.	Waarengattung	Werth, Doll.
Ale, Bier und Porter	46.543	Altes Eisenwerk	62.170
Brandies und andere Liqueure	22.440	Schienen	18.579
Bücher	30.915	Andere Eisenmanufacte	42.131
Messer und Scheren	20.196	Blei und Bleiröhren	2.997
Cigarren und Tabak	76.898	Bauholz	54.122
Teppiche	104.517	Latten	1.448
Kalbfelle	9.490	Marmor	14.382
Cement	26.817	Putzwaaren	25.347
Ellenwaaren	1,811.982	Pickles und Sauces	28.378
Droguen	23.601	Reis	27.363
Porzellan- und Glaswaaren	37.119	Soda	60.566
Galanteriewaaren	41.475	Stahl	22.310
Fische	21.848	Salz	183.106
Früchte und Nüsse	80.103	Samen	9.913
Gewehre	13.773	Weine	34.733
Glasscheiben	136.766	Uhren und derlei Material	1.895
Glaswaaren anderer Art	6.625	Verschiedene Waaren	137.235
Eisenwaaren	18.295	Zusammen	3,699.852
Roheisen	418.005		

Die Gesammteinnahme an Zöllen betrug im Jahre 1873 1,535.632 Doll., gegen 2,114.174 Doll. in 1872, somit um 578.542 Doll. weniger. Diese Abnahme ist dem Umstande zuzuschreiben, dass unmittelbar nach dem grossen Brande (9. October 1872) aussergewöhnlich viel Baumaterial zollfrei importirt, ausserdem der Zoll auf Thee und Kaffee abgeschafft wurde.

Von den nach Chicago gehörenden Schiffen gingen im Jahre 1873 8 von 1608 T. verloren; dagegen wurden 10 von 3380 T. hier neu gebaut und registrirt.

Der Umsatz in Mehl ergab gegen 1872 eine Zunahme von 50 pCt. und der Gesammtwerth der im Jahre 1873 hier eingegangenen Brodstoffe beträgt 65,550.000 Dollar. Der Verbrauch der Stadt belief sich auf 4,400.000 Scheffel aller Sorten.

An Mehl und Getreide ging ein:

		1873	1872	1871
Mehl	Fass	2,487.376	1,532.014	1,412.177
Weizen	Bushel	26,266.562	12,724.141	14,439.656
Mais	„	38,157.232	47,366.087	41,853.138
Hafer	„	17,888.724	15,061.715	14,789.414
Roggen	„	1,189.464	1,129.086	2,011.788
Gerste	„	4,240.239	5,251.750	4,069.410

Dagegen wurde von diesen Artikeln ausgeführt:

		1873	1872	1871
Mehl	Fass	2,303.490	1,361.328	1,287.574
Weizen	Bushel	24,455.657	12,160.046	12,905.449
Mais	„	36,754.943	47,013.552	36,710.030
Hafer	„	15,694.133	12,255.537	12,151.247
Roggen	„	960.613	776.805	1,325.867
Gerste	„	3,366.041	5,032.308	2,908.113

Der Viehhandel hat während des Jahrs 1873 einen noch viel bedeutenderen Aufschwung genommen, als der Handel in Brodstoffen. Die Zufuhr von Schweinen belief sich nahezu auf $4^1/_2$ Mill. Stück, gegen $3^1/_4$ Mill. in 1872. Die Zufuhr von Schafen hat etwas abgenommen, jedoch nicht in Chicago allein, sondern in allen Handelscentren des Landes. Dagegen erhöhte sich die Zufuhr von Rindvieh beinahe um 100.000 Stück.

Ueber die Ein- und Ausfuhr von Lebensmitteln und Vieh in den Jahren 1871 bis 1873 giebt folgende Tabelle Aufschluss:

Einfuhr.

		1873	1872	1871
Rindfleisch	Fass	7.158	14.512	53.289
Schweinefleisch	„	43.758	121.023	68.949
Gesalzenes Fleisch	Pfd.	58,782.954	48,256.615	30,150.899
Schmalz	„	26,571.425	19,911.797	17,662.798
Talg	„	8,406.823	.	.
Geschlachtete Schweine	Stück	233.156	235.905	272.466
Lebende Schweine	„	4,337.750	3,252.623	2,380.083
Rinder	„	761.428	684.075	543.050
Schafe	„	291.734	310.211	315.053

Ausfuhr.

		1873	1872	1871
Rindfleisch	Fass	33.938	39.911	89.452
Schweinefleisch	„	191.144	208.664	149.724
Gesalzenes Fleisch	Pfd.	343,986.021	238,727.484	163,113.891
Schmalz	„	89,847.680	86,040.785	61,029.853
Talg	„	11,574.813	.	.
Geschlachtete Schweine	Stück	200.906	145.701	169.473
Lebende Schweine	„	2,197.557	1,835.594	1,162.286
Rinder	„	574.181	510.025	401.927
Schafe	„	106.546	145.016	135.084

Der Umsatz in andern Handelsartikeln stellt sich wie folgt:

Einfuhr.

		1873	1872	1871
Butter	Pfd.	22,283.765	14,574.777	13,231.452
Wolle	„	34,486.858	28,180.509	27,026.631
Häute	„	36,885.241	32,387.995	25,026.034
Samen	„	52,813.468	44,755.412	20,234.154
Kartoffeln	Bushel	1,109.500	1,214.071	.
Salz	Fass	677.343	606.673	703.917
Spirituosen	„	72.942	163.991	120.060
Kohlen	Tonnen	1,300.000	1,398.024	1,081.272
Bauholz	1000 Fuss	1,084.993	1,183.659	1,039.328
Schindeln	1000 Stück	507.878	610.824	647.595
Latten	„	85.113	.	.
Baumwolle	Pfd.	777.745	.	.
Thee	„	11,675.680	.	.
Tabak	„	17,819.204	.	.

Ausfuhr.

		1873	1872	1871
Butter	Pfd.	10,813.422	11,497.537	11,049.367
Wolle	"	31,444.933	27,720.089	23,351.524
Häute	"	31,663.968	28,959.292	22,464.864
Besenstroh	"	6,654.598	.	.
Samen	"	25,382.413	22,328.542	14,213.989
Kartoffeln	Bushel	402.600	94.249	.
Salz	Fass	580.011	510.850	450.138
Spirituosen	"	80.432	169.564	171.031
Blei	Pfd.	.	10,842.717	5,994.751
Kohlen	Tonnen	.	177.087	96.833
Bauholz	1000 Fuss	558.455	417.827	541.223
Schindeln	1000 Stück	405.259	436.827	558.385
Latten	"	56.284	.	.
Baumwolle	Pfd.	73.236	.	.
Thee	"	2,338.773	.	.
Tabak	"	6,160.903	.	.

Die überwiegende Bedeutung des letztjährigen Handels ist hauptsächlich in den reichlicher eingehenden Sendungen von Brodstoffen, Schlachtvieh und Manufacturwaaren zu suchen. Hätten nicht Finanzkrisis und Geschäftsstockung ihren schädlichen Einfluss geübt, so würden sich die Verhältnisse noch weit günstiger gestaltet haben.

Der Verkehr in Häuten war im Jahre 1873 unstät und gänzlich unbefriedigend. Seit dem grossen Brande ist dieser Geschäftszweig fortwährend schwankend gewesen und die Finanzkrisis hat denselben nahezu gebrochen. Die Preise fielen von $12\frac{1}{2}$ auf 8 Cents pr. Pfund und waren seit dem Rebellionskriege nicht so niedrig. Viele Häute werden jetzt von kleineren Inlandsplätzen direct nach dem Osten versendet.

Welchen Umfang der Postverkehr der Stadt Chicago erreicht hat, lässt sich aus nachfolgenden, das Jahr 1873 betreffenden Aufstellungen ersehen:

Empfang für Porto	788.066	Doll.
Geldanweisungs-Departement	10,471.946	"
Ausländische Geldanweisungen	160.000	"
Depositen bei Postmeistern in New-York, Boston und St. Louis	1,718.962	"

Registrir-Departement.

Packete empfangen	175.488	Stück
Packete in Transit	49.340	"
Stempelpackete zur Vertheilung	31.539	"
Briefe zur Vertheilung	185.857	"
Briefe für Stadtvertheilung	12.585	"
Unbestellbare Briefe	358	"
Hier registrirte Briefe	17.721	"
Registrirte Briefe zurückbefördert	488	"
Packet-Converts benützt	83.280	"

Ausländische Briefe.

Briefe von hier ins Ausland	2,900.000	Stück
Zeitungen von hier ins Ausland	1,200.000	"
Briefe aus der Fremde	1,700.000	"
Zeitungen	975.000	"

Träger-Departement.

Postbriefe abgeliefert	15,257.373	Stück
Stadtbriefe abgeliefert	2,738.307	„
Zeitungen	3,538.504	„
Briefe eingesammelt	23,894.360	„
Zeitungen eingesammelt	5,161.766	„
Briefe nach der Post zurückgebracht	85.470	„

Ablieferung am Postschalter.

Briefe abgeliefert	2,006.186	Stück
Briefe angezeigt	137.808	„
Angezeigte Briefe abgeliefert	31.832	„
Unbestellbare Briefe nach dem Hauptpostamte geschickt	105.976	„
Unbestellbare Briefe an die Absender zurückgeschickt	81.125	„

Einheimische Post.

Briefe von Strassenkästen gesammelt	21,156.058	Stück
Briefe von Strassenbahnkästen (vom 8. September bis 31. December)	225.213	„
Briefe im Postamte deponirt	1,825.000	„
Briefe sonstwoher empfangen	7,633.686	„
Briefe von Eisenbahnämtern	15,000.000	„
Circulare im Postamt und in Strassenkästen	4,380.000	„
Säcke mit Zeitungen verschickt	227.500	„
Geschlossene Postpackete versendet	99.788	„
Geschlossene Postpackete empfangen	104.260	„

Die folgende Zusammenstellung bezieht sich auf die Geldanweisungen, die während des Jahrs 1873 durch das hiesige Postamt liefen:

Inland.

	Anzahl	Betrag Dollar
Ausgestellte Orders	33.638	675.621
Bezahlte Orders	349.044	4,358.674
Empfangen von deponirenden Postmeistern	.	5,437.651
		10,471.946

Ausland.

	Anzahl	Betrag Dollar	
Deutsch-International.			
Ausgestellte Orders	1778	35.778	
Bezahlte Orders	1407	38.536	
			74.314
Britisch-International.			
Ausgestellte Orders	3082	66.420	
Bezahlte Orders	686	15.395	
			80.815
Schweizer-International.			
Ausgestellte Orders	139	3.714	
Bezahlte Orders	47	1.280	
			4.994
Im Ganzen			10,632.069
Dagegen in 1872			7,937.751
Zunahme in 1873			2,694.318

Von den in dieser Stadt betriebenen Geschäften sind folgende am zahlreichsten vertreten:

Apotheker und Droguisten 195, Agenten für Feuer- und Lebensversicherungen 116, Aerzte 488, Bäcker 191, Barbiere 229, Buch- und Schreibmaterialienhändler 138, Buchdruckereien 101, Cigarrenfabriken 142, Cigarren- und Tabakhändler (Detail) 282, Commissionsgeschäfte 495, Colonialwaarenhändler (Detail) 1197, Ellenwaarenhändler (Detail) 239, Eisenhändler (Detail) 139, Fleischer 472, Versicherungsgesellschaften 109, Grobschmiede 127, Galanteriewaarenhändler (Detail) 135, Detailhändler in Herrenkleidern 178, Holz- und Kohlenhändler 129, Hôtels 105, Holzhändler (Nutzholz) 193, Kosthäuser 664, Agenten für Ländereien 642, Mehl- und Futterhändler 137, Möbelhändler 153, Maler 189, öffentliche Notare 194, Putzmacherinen und Händler mit Putzwaaren 179, Rechtsanwälte 557, Restaurationen 184, Schuhmacher 276, Schuh- und Stiefelhändler (Detail) 291, Schneiderinen für Damenkleider 229, Schneider 400, Uhrmacher und Goldarbeiter 164, Weinhändler 178.

Die Gesammtzahl aller in Chicago etablirten Geschäftsleute beträgt 12.794. Es erscheinen hier 80 Zeitungen und periodische Schriften. Chicago besitzt 212 Kirchen und 1100 öffentliche Strassen. Eisenbahngesellschaften bestehen hier nicht weniger als 31. Nach glaubwürdigen Angaben beläuft sich die Einwohnerzahl (rund) auf 465.000 Seelen. Eine genaue Uebersicht in dieser Beziehung ist bei der fortwährenden Bewegung eines Theils der hiesigen Bevölkerung kaum möglich.

Obgleich Chicago in seiner commerziellen und industriellen Entwicklung mit gewaltigen Schritten vorwärts strebt, so konnte doch nicht vermieden werden, dass sich, wie in jeder Grossstadt, bereits auch viel Noth und Armuth eingestellt hat.

Von den vielen europäischen Einwanderern hat sich in den letzten Jahren stets ein grosser Theil nach den westlichen Staaten der Union und speciell nach dem Staate Illinois und der Stadt Chicago gewendet; dass diese jedoch nicht in allen Fällen ihre Erwartungen erfüllt sehen, zeigt ein Bericht des Agenten der hiesigen deutschen Gesellschaft.

Darnach war von Mitte December 1872 bis Anfangs Februar 1873 der Zudrang von deutschen Hilfesuchenden in fortwährendem Steigen begriffen, und nahm von da an bis zum März allmälig ab, je mehr die Hilfsmittel der deutschen Gesellschaft sich erschöpften. In den genannten beiden Monaten sprachen im Bureau dieser Gesellschaft 3208 Personen vor, darunter 2057 Arbeitsuchende, dagegen nur 46 Arbeitgeber.

Nur 251 Personen konnte Arbeit verschafft werden; 639 Personen baten um Geldunterstützung, 242 um Rath und Beistand; 30 armen Kranken wurde eine Unterkunft im Hospital, 46 Personen eine Zuflucht im Armenhause verschafft.

Der Arbeitsmangel im Winter 1873/74 hat noch weit grössere Armuth erzeugt und sind allein im Monat Januar von der „Relief and Aid-Society" (welche aus dem Feuer-Unterstützungsfond noch ca. 600.000 Doll. in Verwaltung hatte) und dem „County-Agent" 96.000 und resp. 60.000 Doll. an Hilfesuchende und Bedürftige ausgezahlt worden.

Schifffahrts- und Handelsverkehr von New-Orleans.

New-Orleans. Während des 12monatlichen Zeitraums vom 1. September 1872 bis 31. August 1873 hat in diesem Hafen der nachstehend ausgewiesene Verkehr von Handelsfahrzeugen stattgefunden:

Flagge	Einlauf Schiffe	Einlauf Tonnen	Auslauf Schiffe	Auslauf Tonnen
Amerikanische:				
Küstenschifffahrt	514	280.588	484	268.672
Verkehr mit fremden Häfen	268	243.829	253	178.349
Zusammen: Amerikanische Schiffe	782	524.417	737	447.021

Flagge	Einlauf Schiffe	Tonnen	Auslauf Schiffe	Tonnen
Oesterreichisch-ungarische: Segelschiffe . .	3	1.883	3	1.883
Englische:				
Dampfer	70	106.732	70	106.732
Segelschiffe	192	127.236	182	126.611
Deutsche:				
Dampfer	15	44.238	15	44.238
Segelschiffe	21	14.058	21	14.058
Spanische:				
Dampfer	12	14.454	12	14.454
Segelschiffe	108	46.082	104	54.442
Mexikanische:				
Dampfer	1	280	1	280
Segelschiffe	3	454	3	454
Costa Rica: Dampfer	8	5.772	8	5.772
Norwegische: Segelschiffe	62	29.208	59	28.892
Italienische: „	18	5.882	16	5.741
Französische: „	17	27.181	17	27.180
Schwedische: „	3	3.220	3	3.220
Dänische: „	4	1.408	3	1.116
Russische: „	2	1.420	2	1.419
Holländische: „	1	440	1	440
Zusammen: Fremde Schiffe . .	540	429.948	520	436.932
Gesammtverkehr . .	1322	954.365	1257	883.953

Von obigen Schiffen gehörten 525 von 52.371 Tonnen speciell dem Markte von New-Orleans theils für den Verkehr zur See, theils für die Flüsse und Binnengewässer an. Es befanden sich darunter: 5 See-Dampfschiffe von 2592 Tonnen, 151 Fluss-Dampfschiffe von 36.720 T. und 369 Segelschiffe von 13.059 Tonnen.

Sowohl bei der Anzahl der Schiffe als auch beim Tonnengehalt erfuhr New-Orleans für das bezeichnete commerzielle Jahr wieder eine merkliche Abnahme. Dies ist zwar einerseits für die Prosperität des Hafenplatzes gerade keine erfreuliche Thatsache, anderseits jedoch gestaltet sich dadurch die Rentabilität des schwimmenden Eigenthums um so günstiger.

Die Erfahrungen des Vorjahrs und die Nachfrage nach Schiffsraum für den Transport von Getreide mögen wohl manche Fahrzeuge, welche sonst während der Geschäftssaison gewöhnlich mit New-Orleans verkehrten, von diesem Hafen entfernt gehalten haben.

Mehr als in früheren Perioden trat eine Abnahme des Schiffsverkehrs unter amerikanischer Flagge hervor, denn während dieselbe im Vorjahre noch mit $^{3}/_{4}$ des gesammten Tonnengehalts figurirte, betrug sie diesmal kaum über die Hälfte.

Diese Einbusse der amerikanischen Flagge im überseeischen Verkehr kam zunächst England zugute, von wo 192 Segelschiffe und ausserdem 70 Dampfer mit einer gegen das Vorjahr um 70.000 Tonnen grösseren Tragfähigkeit einliefen; ferner der spanischen Flagge mit 20.000 T., der norwegischen mit 22.000 T. und der französischen mit 17.000 T. Zunahme.

Ein kleiner Dampfer unter der Flagge von Costa Rica machte versuchsweise mehrere Fahrten nach den südlichen Häfen des Golfs, dieselben mussten jedoch wegen mangelnder Unterstützung wieder eingestellt werden.

Unter österreichisch-ungarischer Flagge berührten diesen Hafen 3 Schiffe, von denen 2 mit Wein und gemischter Ladung aus Frankreich, und 1 in Ballast aus Southampton kam. Eines dieser Fahrzeuge segelte von hier mit Tabak nach Neapel, 1 mit Baumwolle und sonstiger Ladung nach Liverpool, beide gegen vortheilhafte Frachtsätze, während das dritte, das bereits in Europa vermiethet wurde, zu ungünstigen Bedingungen Fassdauben nach Marseille führen musste.

Wie bereits angedeutet, hatte die Abnahme der eingelaufenen Schiffe wesentlich höhere Frachtsätze zur Folge, so zwar, dass während des Sommers an 15.000 bis 20.000 Fass Tabak lange Zeit auf Verschiffung warten mussten.

Obgleich nicht in demselben Verhältnisse, behaupteten sich doch die Baumwollfrachten so hoch, dass dabei für die Rheder ein Nutzen erübrigte, wenn man überhaupt die allgemeine Annahme, dass bei $^{1}/_{2}$ Penny Fracht nach Liverpool ein Schiff mehr als seine Unkosten verdiene, als wahr gelten lassen will.

Dieser Satz von $^{1}/_{2}$ Penny dauerte nur für kurze Zeit, stieg dann auf $^{11}/_{16}$, später abwechselnd auf $^{13}/_{16}$ und selbst bis 1 Penny für Segelschiffe, nach Havre auf $1^{1}/_{8}$ bis $1^{7}/_{8}$ Cents.

Dampfschiffe konnten keine entsprechend höheren Raten bedingen, da eine rasche Ankunft speciell von Baumwolle nicht erwünscht schien, sondern man sich durch Verschiffung per Segel eher billigeren Lagerraum verschaffen wollte.

Hand in Hand mit dem reducirten Schiffsverkehr ging der Import aus fremden Ländern. Hinsichtlich des Umfangs desselben sprechen nachstehende Ziffern für sich selbst. Der Werth aller Einfuhren betrug 18,282.527 Dollar, wofür an Eingangszoll 3,735.000 Doll. entrichtet wurden, gegen 5,184.000 Doll. im Jahre zuvor.

Gleichwie in früheren Jahren erreichte der Mississippi mit Eintritt der warmen Jahreszeit vorübergehend eine bedrohliche Höhe, ohne dass jedoch ausgedehntere Ueberschwemmungen stattgefunden hätten; im Uebrigen trat während des grössten Theils des Jahrs ein zu niederer Stand der Flüsse dem Verkehr hindernd entgegen.

Dadurch konnten Dampfboote nach und von jenen Gegenden, welche noch ohne oder zu weit von Eisenbahnen entfernt sind, die höchsten Frachten erzwingen, so z. B. von Shreveport am Red River 10—12 Doll. pr. Ballen Baumwolle, gegen 2 Doll. bei normalem Wasserstand.

Allerdings suchten auch die Eisenbahnen durch Erhöhung ihrer Tarife von solchen Hindernissen des gewohnten Verkehrs Nutzen zu ziehen, wenn auch nicht in gleichem Verhältniss; und mit Rücksicht auf die raschere Beförderung scheute man im Innern einen Transport von 20, 30 und selbst 40 Meilen per Achse nicht, um die Schienenstrasse zu erreichen.

Seitdem durch besseres Ineinandergreifen der verschiedenen Eisenbahnlinien deren Fahrten verlässlicher und rascher geworden sind, verlieren die prächtigen Mississippi-Dampfer immer mehr von dem Personenverkehr mit dem entfernten Westen und müssen gewöhnlichen Schleppdampfern weichen, deren 7 während der vorbezeichneten 12monatlichen Periode 49 Reisen zwischen hier und St. Louis machten und 180 Barken von zusammen 80.000 Tonnen remorquirten, und zwar zu Frachtsätzen, mit denen weder die andern Dampfboote noch die Eisenbahnen zu concurriren vermögen.

Theils durch höhere Preise, theils durch Zunahme der betreffenden Production überstieg der Werth der Ausfuhren aus dem Innern denjenigen des Vorjahrs um 15 Mill. Dollar; er betrug nämlich 185 gegen 170 Mill. bei einem Gesammtexport von 104,406.840 Doll., so dass für New-Orleans und die von hier zu versorgenden Theile der Vereinigten Staaten ein Consum an einheimischen Erzeugnissen im Werthe von ca. 80 Mill. sich herausstellt.

Trotz Imigrationsbureaux, cooperativen Gesellschaften und anderen anscheinend verführerischen Anerbietungen von Seiten der Landeigenthümer können keine Einwanderer nach Louisiana herangezogen werden. Obgleich Arbeitslöhne hoch, Stadt und Land frei von Epidemien waren, kamen im Jahre 1872/73 nur 4199 Einwanderer (gegen 5288 in 1871/72) lediglich aus deutschen Häfen hier an, und zog der grösste Theil derselben, wie seit mehreren Jahren, nach Texas.

Die Leistungen der Neger, wenn sie gut behandelt und ordentlich bezahlt werden, scheinen mehr als seit Aufhebung der Sklaverei zu befriedigen; nichtsdestoweniger wird allgemein eine Reduction der Löhne beabsichtigt, was dem Pflanzer nicht zu verdenken ist, wenn man einerseits die ungünstigen Ernteergebnisse der letzten Jahre, andererseits die Gleichgiltigkeit der Neger in Betreff ihrer Bezahlung, deren grösseren oder geringeren Werth die Wenigsten von ihnen zu schätzen wissen, in Betracht zieht.

Einen sprechenden Beweis von der Leistungsfähigkeit des Südens, sei es mit weissen oder schwarzen Arbeitern, liefert das Erträgniss der Baumwollernte im Jahre 1872/73. Ohne besondere Anstrengungen überstieg dieselbe die vorhergehende um ca. 40 pCt. und steht mit 3,736.897 Ballen (gegen 2,854.351 in 1871/72) als eine der grössten da, die je erzielt wurden. Auch der auf New-Orleans entfallende Theil dieser Ernte ist um $1/_3$ grösser als im Vorjahre, nämlich 1,407.821 gegen 1,070.239 Ballen.

Minder günstig gestaltet sich das Verhältniss in Bezug auf den Werth des gewonnenen Products, der nur eine Zunahme von beiläufig 20 pCt. erfahren hat, nämlich 119 Mill. Doll. gegen 99 Mill. im Vorjahre.

Nach dem schlechten Resultat der vorhergehenden Ernte darf die Zunahme derjenigen des Jahrs 1872/73 nur zum Theil einer grösseren Anpflanzung zugeschrieben werden, weil es eben den meisten Pflanzern an den Mitteln hiezu fehlte. Das namhaftere Erträgniss ist vielmehr in einem äusserst günstigen Spätsommer zu suchen, welcher die Schäden des von Mai bis August andauernden Regens wieder gut machte und auch den Verwüstungen durch Raupen und Würmer ein Ziel setzte.

Ferner ermöglichte das lange Ausbleiben von Frösten und Stürmen das Pflücken bis gegen Ende des Jahrs, und durch die lohnenden Preisverhältnisse angeeifert, sammelte man noch im Frühjahr die an der Pflanze oder auf dem Erdboden vorhandene Baumwolle.

Dass unter solchen Umständen die Steigerung der Menge vielseitig auf Kosten der Qualität erzielt worden sei, zeigte die Erfahrung nur zu bald, denn schon die ersten Ankünfte neuer Baumwolle im October wiesen selbst in den feinsten Sorten Staub und Sand auf; späterhin wurde diese Beigabe zur wahren Plage, so zwar, dass geringe Waare an 40—50 pCt. davon enthielt.

Dass dieses nicht zufällig, sondern absichtlich geschehen, lag auf der Hand; denn man beschränkte sich nicht blos darauf, die Ballen durch Sand oder Wasser schwer zu machen, sondern suchte auch durch jede mögliche und bisher ungekannte fraudulöse Verpackung einen höheren Erlös zu sichern.

Es dürfte daher keine Ueberschätzung sein, wenn man annimmt, dass durch derlei Manipulationen die Ernte sowohl an Zahl der Ballen als an Gewicht um $1/_{10}$ grösser sich herausstellte, als thatsächlich producirt wurde.

Diese Uebelstände konnten indessen der Kauflust keinen Einhalt thun; im Gegentheil, während des grössten Theils der Campagne stritt man sich förmlich um die ausgebotene Baumwolle, und ein Käufer überbot den andern in Preisen, welche der Werth der Waare nicht rechtfertigte und die sich schon im Frühjahr als zu hoch erwiesen, nachdem das Ernteerträgniss wesentlich grösser erschien, als man es ursprünglich geschätzt hatte.

Durch dieses unüberlegte Treiben wurde schon vor Ende des Jahrs die Reihe der so zahlreich eingetretenen Zahlungseinstellungen eröffnet, und zwar nicht allein unter Baumwollkäufern, sondern auch unter Pflanzern und deren Commissionären, wodurch das pecuniäre Resultat der grossen Ernte zu einem problematischen wurde.

Von den hier empfangenen 1,407.821 Ballen gingen nach: England 733.007 B., Frankreich 194.088 B., Deutschland 84.833 B., Holland und Belgien 32.317 B.,

Schweden 4.143 B., Spanien 40.266 B., Mittelmeerhäfen 24.518 B., Russland 63.886 Ballen, nördlichen Häfen der Vereinigten Staaten 228.968 B. Es betrugen sonach die Verschiffungen im Ganzen 1,406.026 Ballen.

Die Cultur des Zuckerrohrs speciell in Louisiana scheint die biblischen sieben fetten und sieben mageren Jahre durchmachen zu müssen, befindet sich aber leider noch immer im Stadium der letzteren und allem Anscheine nach noch nicht im allerletzten derselben.

Das Jahr 1872/73 brachte wieder eine Missernte, und wenn auch während desselben blos 1517 Plantagen, gegen 1542 im Vorjahre, in Betrieb waren, so steht doch der Ausfall, nämlich: 108.520 gegen 128.461 Fass Zucker und 161.276 gegen 188.305 Barrels Melasse, ausser allem Verhältniss zu der Beschränkung des angebauten Landes. Das geringere Erträgniss ist lediglich eine Folge nachtheiliger Witterungsverhältnisse, denn das neu gepflanzte Rohr blieb klein und zuckerarm, und das ein- und zweijährige lieferte fast gar keine Ernte.

Infolge der geschmälerten Production erzielte man sowohl für Zucker als Melasse durch gute Qualität wesentlich höhere Preise als im Jahre vorher, und zwar für Zucker bei 7—11 Cents pr. Pfd. um ca. 10 pCt., für Melasse bei 55—70 Cents pr. Gallone um 20—40 pCt. mehr.

Die Bemühungen, den Tabak wie in früheren Jahren wieder nach dem hiesigen Markte zu leiten, haben auch in 1872/73 ihre, wenn auch bescheidenen Früchte getragen, indem sich die Ankünfte um ca. 10 pCt. vermehrten: 30.191 gegen 27.425 Fass.

Die geringe Qualität der Ernte machte einerseits grössere Preisschwankungen unmöglich, während dadurch anderseits die gewohnte Nachfrage der europäischen Märkte sich so ziemlich fern hielt. Es waren denn auch fast ausschliesslich nur die Contrahenten der französischen und italienischen Regie-Lieferungen thätig, die aber trotz ziemlich gleichmässiger Preise durch hohe Frachten grosse Enttäuschungen erfahren haben.

Von den für die Ausfuhr declarirten 19.984 Fass gingen 3723 (gegen 5471) Fass nach Bremen, 410 (gegen 244) Fass nach England.

Der Reisbau gewinnt von Jahr zu Jahr zum Nachtheil des Zuckerrohrs mehr Ausdehnung, da er wesentlich billiger und sicherer ist und dessen Erträgniss 3—4 Monate früher realisirt werden kann; die Cultur ist eine um so leichtere, als Zuckerland mit wenig Mühe dafür hergerichtet werden kann.

Wenn die Zunahme des Ernteerträgnisses in den letzten paar Jahren nicht sehr beträchtlich war, so liegt der Grund hiefür darin, dass viele Pflanzer vorerst blos Versuche machen wollten, deren Resultat dahin führen dürfte, durch den Anbau von Reis die Nachtheile, welchen man bei dem Zuckerrohr seit Jahren ausgesetzt ist, zum Theil wieder gut zu machen.

Die Ernte von 1872/73 lieferte 52.206 Fass, gegen 49.571 Fass im Vorjahre. Die Preise stellten sich pr. Pfd. auf 6—8 Cents für gewöhnliche und auf 8—9 Cents für beste Qualität. Das Product ging ganz in den einheimischen Consum über.

Der Zunahme der Baumwollernte entsprechend, welche von jeher als Barometer für die commerziellen Verhältnisse von New-Orleans gegolten hat, zeigte der Verkehr in allen andern Producten sowohl dem Werthe als auch der Menge nach eine Vermehrung.

Insofern sich dies auf die dem Süden eigenen Producte: Baumwolle, Zucker und Tabak bezieht, ist darin ein erfreulicher Beweis des Fortschritts zu erkennen. Dieser erscheint jedoch wesentlich geschwächt durch grosse und immer noch zunehmende Bezüge der alltäglichsten Lebensbedürfnisse, als: Mehl, Mais in Körnern und gemahlen, Hafer, gesalzenes und geräuchertes Fleisch, Butter, Schweinefett, selbst Zwiebeln und Kartoffeln, aus dem Westen.

Bis nicht der Süden aufhört, für diese Gegenstände, die so leicht an Ort und Stelle selbst zu produciren wären, beinahe gänzlich vom Westen abzuhängen, kann wohl kaum von einer rationellen oder lucrativen Landwirthschaft die Rede sein.

Die Steigerung in den Zufuhren aus dem Innern brachte neuerdings manche Artikel heran, welche, wie in früheren Jahren, wieder ihren Weg nach Europa fanden und allem Anscheine nach günstige Resultate ergaben, darunter namentlich: gesalzene Häute, Schweinefett, Harz, Moos als Ersatz für Rosshaar, und je nach den jeweiligen Preisen Mehl, Weizen, Mais und Fleischconserven.

Banken, Assecuranzgesellschaften und andere öffentliche Unternehmungen haben wohl grössere oder kleinere Dividenden abgeworfen, doch standen dieselben keineswegs im Verhältniss zu dem angelegten Capital und waren noch viel weniger einem gesunden Geschäftsgange entsprechend.

Die Staats- und Stadtsteuern vom Grundeigenthum waren zwar im Jahre 1872/73 um 1 pCt. geringer als im Vorjahre (4 gegen 5 pCt.), doch wurde die Reduction durch grössere Einschätzung ziemlich aufgewogen, und dadurch insofern wenig erreicht, als viele Steuerpflichtige die Zahlung ganz verweigerten. In den betreffenden Budgets war daher ein Gleichgewicht unmöglich und konnte weder Staat noch Stadt den fälligen Verbindlichkeiten an Zinsen, Gehalten etc. nachkommen.

Wie ungenügend das vorhandene Geschäftscapital ist, zeigte sich recht deutlich, als die verschiedenen Bodenproducte in Bewegung gesetzt und zu Markte gebracht werden sollten, denn gerade zu dieser Zeit (von October bis März) war Geld gegen beste Sicherheit nicht unter 2—3 pCt. pr. Monat zu beschaffen, während es in den Sommermonaten vergebens zu 8 pCt. per annum ausgeboten wurde.

Als erste Folge dieser seit Jahren andauernden Verhältnisse fand die Zahlungs-Einstellung der Crescent City-National Bank statt, welche grösstentheils durch Verluste an Wechseln auf Europa nicht allein ihr ganzes Capital, sondern auch ihre Depositen eingebüsst hat.

Durch regelmässige Verkäufe von baarem Gold hat das Schatzamt der Vereinigten Staaten es dahin gebracht, das Goldagio so ziemlich niederzuhalten. In New-York fluctuirte es im Jahre 1872/73 infolge des bekannten Börsenspiels zwischen 112 und 118, hier dagegen, wo dieser Umstand nicht in Betracht kommt, bewegte es sich zwischen 111 und 117 — Extreme, hinter denen das Vorjahr um 3—4 pCt. zurückblieb.

Obgleich im Allgemeinen diesen Schwankungen folgend, behaupteten sich dennoch Wechsel auf Europa im Durchschnitte höher als während des Vorjahrs, abgesehen von dem momentanen Einflusse von Frage und Angebot. Der Cours auf London stand zwischen 120—128, auf Paris zwischen 450 und 480.

Personalnachrichten.

— Der neu ernannte k. und k. Honorarconsul George d'Auzac in Nizza hat von Seite der französischen Regierung das Exequatur erhalten und hierauf sein Amt angetreten.

— Der k. und k. Generalconsul Dr. Karl Ritter v. Scherzer hat die interimistische Leitung des k. und k. Generalconsulates in Smyrna dem Viceconsul Jellinek übergeben, um auf seinen neuen Posten nach London abzugehen.

— Der k. und k. Consul Rudolf Filek v. Wittinghausen hat die Leitung des k. und k. Consulates in Adrianopel übernommen.

— Der k. und k. Generalconsul Julius Zwiedinek v. Südenhorst in Beirut hat eine Urlaubsreise nach Europa angetreten und für die Zeit seiner Abwesenheit die Leitung der Amtsgeschäfte dem k. und k. Viceconsul Wilhelm Seewald übertragen.

— Der k. und k. Consul Alois Rossi in Tripolis (Barbaresken) ist mit Tod abgegangen. Herr G. B. Gagliuffi hat einstweilen die Führung der Consulatsgeschäfte übernommen.

Namensverzeichniss der leitenden k. und k. österreichisch-ungarischen Consular-Functionäre in sämmtlichen fremden Staaten*).

(Richtiggestellt bis Mitte Juni 1875.)

(Abkürzungen: G. A. = General-Agent; G. C. = General-Consul; G. C. St. = General-Consul-Stellvertreter; C. = Consul; V. C. = Vice-Consul; C. A. = Consular-Agent; G. = Gerent; i. L. = interimistischer Leiter; C. D. = Consular-Delegirter.)

A.

Aagaard Andreas, C., Tromsoe.
Acebal Dionys, C. A., Gijon.
Adae Otto M., C. Cincinnati.
Adam Achilles jun., V. C., Boulogne sur Mer.
Adermann Heinrich, C. A., Swinemünde.
Adler Nathanael, C., Port Elizabeth.
Albergati Marchese Francesco, C., Bologna.
Albon Gustav Baron d', V. C., Roman.
Alby Tranq., C. A., Philippeville.
Alcain Bernhard, C. A., S. Sebastiano.
Ali Joseph d', V. C., Trapani.
Alsen C. H., C. A., Kurachee.
Amirauld Peter G., C. A., La Rochelle.
Anderson William, C., Capetown.
André Georg, C., San José.
Andrews Hugo, C. A., Belfast.
Angeli Robert, V. C., Spezia.
Ardia Lorenz d', C., Civitavecchia.
Auzac George d', C., Nizza.

B.

Baas Andreas Heinrich Julius, C., Sydney.
Baasch Eduard, C., Puerto Cabello.
Bader Adolf, C., New-Orleans.
Banfield John, C. A., St. Mary.
Barana Manuel, C. A., Vigo.
Barbon Philipp, C. A., Scalanuova.
Bargigli Dr. Theodor, V. C., Metelin.
Barissich Alois, V. C., Rhodus.
Barth Robert, C., St. Louis.
Batta Emil, i. L., Kertsch.
Bauer Raphael, C., Brüssel.
Baumbach Moriz v., C., Milwaukee.
Becker Karl, C., Copiapo-Caldera.
Begasse Joseph, C., Lüttich.
Belfiore Francesco, V. C., Siracus.
Benator Joseph, C. A., Rabat.
Benediks Karl, G. C., Stockholm.
Bergh A. L. van den, jun., V. C., Portsmouth-Southampton.
Bertrand Jean, V. C., Damascus.
Beste F., V. C., Harburg.
Beurmann Hermann, C. A., Geestemünde.
Bianchi Karl Rit. v., C., Funchal (Madeira).
Bielefeld Joseph, C., Carlsruhe.
Blyth Hammond Heinrich, C. A., Ramsgate.
Boismenu Franz G., C. A., S. Malo.
Boleslawski Karl Rit. v., C., Tunis.
Bonafin Bonifaz, V. C., Nauplia.
Bourgoin Cölestin, V. C., Bona.
Bratich Peter, C. A., Sta. Maura.
Brazzafolli Domenico A., V. C., Tschesme (Chio).
Breuner-Felsach Ernst Baron, G. C., Warschau.
Briaudeau Peter Tristan jun., C., Nantes.
Brightman Heinrich Ausen, V. C., Northshields und Newcastle.
Broad William, V. C., Falmouth.
Brusca Emil, C. A., Sassari.
Budich Karl, V. C., Santos.
Bulizza Cesare, C., Livorno.

*) Nachtrag zu der im I. Hefte dieser Mittheilungen enthaltenen Uebersicht der k. und k. österreichisch-ungarischen Consular-Aemter.

C.

Caboga-Cerva Bernhard Graf, G. C., Jerusalem.
Cadet Anton, C. A., Rodosto.
Calice Heinrich Freiherr v., G. C., Bukarest.
Calzavara Louis, V. C., Avlona.
Cantoni Eugen Barone, G. C., Mailand.
Cariniani Dr. Friedrich Karl, C., Durazzo.
Casa de Beig Pedro de Alcantara, C. A., Bougie.
Castravelli Marcus, C. A., Mersina.
Catafago Alexander, V. C., Saïda.
Catziflis Theodor, V. C., Tripoli di Soria.
Cavalini Anton, C. A., Cerigo.
Chiari Gerhard Rit. v., G. C., Salonich.
Cischini Joseph Rit. v., G. C., Alexandrien.
Claussenius A., G., Chicago.
Cohon Sigismund, V. C., Manchester.
Cohn Dr. Philipp Isaak, C., Breslau.
Colacichi Bernhard, C. A., Alessandretta.
Coliva Aristides, C. D., Enos.
Collier William F., V. C., Plymouth.
Conighi Alexander, C., Singapore.
Conversano Johann, C. A., Galipia.
Corato Ambrosius, C. A., Taranto.
Coto Marius, C., Lyon.
Cowell Richard, C., Gibraltar.
Csörgeö Eugen v., C., Corfu.
Cunard William, C., Halifax.

D.

Dart Philipp, C. A., Angra auf Terceira (Azoren).
Daveggia Alois, G., Ismaïlia.
Delden Ambrosius J. W. van, G. C., Batavia (Java).
Denis N., G., Bengasi.
Dieckmann Johann, C., Kingston (Jamaica).
Dimisso Karl, C. A., Sciacca.
Dörr Wilhelm, V. C., Malaga.
Dragomanovič Joseph, V. C., Livno.
Dragoritsch Karl, G. C., Danzig.
Drasinos Theodor, V. C., Brindisi.
Dreier C. H., C., Iquique.
Dreifus Theodor Freiherr v., C., Stuttgart.
Drumond Hay John, G. A., Tanger.
Duarte Juan, C. A., Algeciras.
Dubravcich Joseph, C., Syra.
Dwořak Ritter v. Walden Joseph, G. C., Patras.
Dyes Ludwig Gottfried, G. C., Bremen.

E.

Elfenbein Karl, C., Reval.
Elmalek J. A., C. A., Mogador.
Escher Victor, V. C., Aden.
Ewald Otto, V. C., Rio grande do Sul.
Exelbirth Bernhard, V. C., Nowosielitza.

F.

Falkeisen Robert, V. C., Brussa.
Farina Giustino, C. A., Pescara.
Fehling J., C., Lübeck.
Fernandes F. Joaquim, V. C., Belem di Parà.
Fernau Wilhelm, V. C., Callao.
Ferreira da Silva José, V. C., Maranhao.
Ferretti Franz Graf, C., Ancona.
Filek v. Wittinghausen Rudolf, C., Adrianopel.
Fleres Anton, V. C., Messina.
Florio Ignaz, G. C., Palermo.
Fontana Francesco, C., St. Thomas (West-Indien).
Forde Lewis, C. A., Larache.
Francudi Constantin, C. A., Limasol.
Fürth Ignaz, C., Panama.

G.

Gagliuffi G. B., i. L., Tripolis.
Galbraith James, V. C., Glasgow.
Gambino Antonio Sciplino, C. A., Mazzara.
Garrido Antonio, G., Coruña.
Gem Eduard, V. C., Birmingham.
Geofroy Alphons, C. A., Latachia.
George Christoph, C. A., Mazagan.
Gercovich S., C. A., Stanchio.
Gersaglia Cosmus, G., Tenedos.
Ghetti Nikolaus, C. A., Rimini.
Ghezzi Johann, G. C., Algier.
Ghika Johann, V. C., Pyrgos.

Gioffré Santi, V. C., Terranova.
Glocke F. E., C. A., Cuxhaven.
Glücklich H., C. A., Burgas.
Golvao Ferdinand, C. A., Lagos.
Granet Eduard, V. C., Girgenti.
Grimaldi Emanuel, C. A., Catanzaro.
Grimm Eugen, C., Riga.
Groof Louis, V. C., Vlessingen.
Gross Karl Wilhelm, G. C., Rio de Janeiro.
Grüner Joseph Ritter v., G. C., Leipzig.
Guizille August Joh., C. A., Lorient.

H.

Hall William Gilmour, C., Bombay.
Hanewinkel Fr. W., C., Richmond.
Hansal Martin, C., Chartum.
Hansen Johann, G. C., Kopenhagen.
Hanswenzl Johann, C., Jassy.
Haupt Joseph, C., Amsterdam.
Havemeyer Theodor A., G. C., New-York.
Havenith Jules, C., Antwerpen.
Heimendahl Rudolf, C. Buenos-Ayres.
Hellmann Wilhelm, C., Tacna-Arica.
Herzfeld Stephan Rit. v., G. C., Smyrna.
Hill Charles, V. C., Bristol.
Hingston R., C. A., Dartmouth.
Hoffer Ritter v. Hoffenfels Max, G. C., Buenos-Ayres.
Hoffmann Dr. E., C., Honolulu.
Homfray A., V. C., Newport-Mon.
Howard R. N., V. C., Weymouth Portland.

I.

Issandoro Isidor, C. A., Porto Lagos (Xanti).
Issandoro Philipp, C. D., Xanti.
Istar Johann, C. A., Candia.
Ivancich Johann, C. A., Berdiansk.
Ivich Fortunat, C., Piräus.

J.

Jackson T. T., C. A., Milford.
Jaxa-Dembicki Julius v., V. C., Prevesa.
Jerinich Joseph F., V. C., Ismail.
Jouve J. B., V. C., Toulon.
Juhl P., G., Amapala.

K.

Kahil Anton, G., Damiette.
Kallay v. Nagy-Kálló Benjamin, G. C., Belgrad.
Kaufmann Julius, C., Galveston.
Kellner Friedrich, C. A., Saffy.
Kjelland J., C. A., Stavanger.
Klopp Hermann J., C., Leer.
Klünder Rütger, C., Penang.
Knapitsch Franz Edler v., G. C., Monastir.
Kohen Heinrich, C., Cardiff-Newport.
Kohen Ignaz, C., Malta.
Krapf Ritter v. Liverhof Dr. Ferdinand, G. C., Liverpool.
Kremelberg J. D., C., Baltimore.
Krohn Wollert Dankert, C., Bergen.
Krüger Christian, G. C., Lima.
Kulissich Ludwig, C. A., Nikolajeff.
Kulissich Nikolaus, G., Kertsch.
Kummerer Rudolf, C. Sidney.
Kwiatkowski Karl v., C., Galatz.

L.

Labhart-Lutz J. C., C., Manila (Philippinen).
Ladenburg Karl, C., Mannheim.
Ladico Spiridion de, C. A., Mahon.
Laer Thomas, C. A., Surabaya.
Lalande Armand, C., Bordeaux.
Lané Adolf, V. C., Maroim.
Lapeen Jean, C. A., Casablanca.
Latimer W. N., C., San Juan de Puerto Rico.
Le Bidart Anton v., G. C., Moskau.
Leborgne Augustin, C. A., Fécamp.
Lehnhoff Edmund, C., Guatemala.
Lenk v. Wolfsberg August, G. C., Barcelona.
Le Pomellec Eduard, V. C., Brest.
Leseigneur P. A., C. A., S. Valery en Eaux.
Licen Anton, G., Küstendje.
Lippich Friedrich, C., Priserend.
Livramento José Baron de, C., Pernambuco.
Low Andreas, V. C., Savannah.
Lucca Franz de, C. A., Gallipoli.
Lübecke Eduard, C., Stettin.

Lüling Florenz, G., Matanzas (Cuba).
Lutterotti Joseph, V. C., Sofia.

M.

Mair D., V. C., Helvetsluis.
Maissonnave e Cutayar Johann, C. A., Alicante.
Manger Leon, C. A., Cherbourg.
Marichich Johann, V. C., Volo.
Martinez Neale José, C. A., Almeira.
Martyrt Georg v., G. C., Lissabon.
Masius Wilhelm, C., Bangkok.
Matcucci Raphael, C. A., Sinigaglia.
Mathews John, G., Penzance.
Matterazzo Philipp, C. A., Gaëta.
Maurig Ritter v. Sarnfeld Anton, G. C., Marseille.
Mayer Heinrich, G., Charleston.
Mazzorana Anton, C. A., Mariupol.
Meyer Joaquim Theodor, V. C., Trinidad (Cuba).
Meyer Karl, C., Gothenburg.
Michelli Franz, C., Cork und Queenstown.
Michieli E., G., Sinope.
Miklasievicz Joseph, C. A., Saffed und Tiberis.
Mikschc Ferdinand, C., Canea.
Mohr Ferdinand, C. A., Kiel.
Mollnár Karl v., V. C., Krajova.
Montlong Oscar, G. C., Rustschuk.
Moreno y Torres Miguel, C. A., Denia.
Moretti Karl, V. C., Zante.
Müeke Gustav, C., S. Francisco.

N.

Negruss Nikolaus, V. C., Beltsch.
Neil J. O., C. A., Londonderry.
Neil Johann Torlades O., C. A., Setubal.
Nettovich Stanislaus v., G., Antivari.
Neumann Anton, V. C., Giurgevo.

O.

Oculi Peter, C., Janina.
Oehlmann Christ. Ludwig, C., Königsberg.
Oesterreicher Gustav, C., Constantinopel.
Omčikus Nikolaus, V. C., Brčka.
Oppenheim Eduard, G. C., Köln.
Overbeck C. F., C., Rangoon.
Overbeck Gustav Freiherr v., G. C., Hongkong und Macao.
Overzee Friedrich van, V. C., Rotterdam.

P.

Pajno Angelo, C. A., Lipari.
Panunzio Joseph, G., Molfetta.
Parlender Peter, V. C., Barletta.
Pascal Jakob, V. C., Jaffa.
Pascotini Joseph, V. C., Larnacca (Cypern).
Pavlides Giovanni, C. A., Nicosia.
Pedreno Andreas, V. C., Cartagena.
Perez N., G., Ferrol.
Pertazzi Friedrich Rit. v., C., Tultscha.
Petersen Peter, G. C., Christiania.
Philippe Karl, C. A., S. Lucas de Barameda.
Picciotto Moisé Rit. v., G. C., Aleppo.
Pilat Friedrich v., G. C., Venedig.
Pipont Prosper, C. A., Rouen.
Pinto Egyd Carlos Augusto, V. C., Ponta Delgada auf St. Miguel (Azoren).
Pistoretti Jakob, V. C., Susa, Monastier und Media.
Pizzoli Anton, C. A., Mostaganem.
Plaideau Numa, C., Dünkirchen.
Plaisant Dr. Franz de, C. A., Carloforte.
Portelli Franz, V. C., Calamata.
Preuss Hugo, V. C., Plojesti.
Princig Ritter v. Herwalt Dr. Karl, G. C., Odessa.
Prochelle Eduard, C., Valdivia-Corral.

R.

Rákosi Julius, C., Bari.
Ravené Louis, G. C., Berlin.
Real de Asua Raimondo, V. C., Bilbao.
Roglia Paul, C., Ibraila.
Reinecke Robert, C., Arequipa-Islay.
Reinhardt Otto Karl, C. A., Christianssand.
Reinhold Heinrich, C., Calcutta.
Remy-Berzencovich Emil Otto, C., Suez.
Revertere Majo Joseph, C. A., Vinaros.
Ribeiro da Cunha Severino, V. C., Ceará (Fortalezza).
Ricci Sebastian, V. C., Savona.
Richards Tom. P., V. C., Swansea.

Rius y Ballestreri Joaquim, V. C., Tarragona.
Rohlsen Gustav, G. C., Havana (Cuba).
Rosenkranz F. W., C., Libau.
Rothschild Anton Baron v., G. C., London.
Rothschild Gustav Baron v., G. C., Paris.
Rothschild Karl W. Baron v., G. C., Frankfurt a. M.
Royo y Salvador Franz, V. C., Valencia.
Runcaldier Omer, V. C., Ravenna.
Ryan Robert, C. A., Limerik.

S.

Sachsl Leopold, V. C., Philippopel.
Saggiante Jakob, C., Cagliari.
Salomon S., C., St. Helena.
Sanchez-Barcellona Hieronymus, C. A., Torre Vieja.
Sava Georg, V. C., Cefalonia.
Savini Nikolaus Graf, V. C., Fermo.
Sax Karl, C., Cairo.
Sbisa Gregor, V. C., Taganrog.
Scenude Macarius, C. A., Luxor.
Schaeck Adolf Rit. v., C., Genf.
Schäffer Ignaz Rit. v., G. C., Shanghai.
Scheidt Karl, C., Cette.
Scherzer Dr. Karl Rit. v., G. C. St., London.
Schindler-Escher Kaspar, C., Zürich.
Schmidl Dr. Max, C., Tanger.
Schmillinsky Eduard, C., Maracaibo.
Schneider August, C., St. Gallen.
Schoenjahn A. M., C., Mobile.
Scholtz Cornel, V. C., Berlad.
Schuhmann Karl Wilhelm, V. C., St. Jago de Cuba.
Schultze Eduard, C., Montreal.
Schultze Friedrich W., C., Colombo (Ceylon).
Schulz Adolf Rit. v., C., Widdin.
Schumacher Johannes, C., Boston.
Schwarz Theodor, C., Louisville.
Schweiger-Dürnstein Victor Freiherr v., i. L., Trapezunt.
Scopinich Joh. Anton, C. A., Acri und Caiffa.
Scotto Santi, V. C., Porto Longone.
Scutto Tomaselli Alfio, V. C., Catania.
Seaman-Kindred Alfred, C., Belize.
See-Rodrigues Salomon, V.C., Bayonne.
Seput Nikolaus, V. C., Samsun.
Sevastó Stephan, C. A., Aivali.
Sgitcovich Stephan, V. C., Oran.
Shaw Juan Duncan, G. C., Cadix.
Siderides A. C., C. A., Gallipoli.
Sieveking G. H., V. C., Altona.
Silva Luiz Barbosa de, C. A., Viana.
Simmondos Emil, C., Port au Prince.
Simson Alfred, G., Guayaquil.
Small Thomas, C. A., Yarmouth.
Sörnsen Ferdinand, C., Saigon.
Solari-Fröhlich Georg, G., Antwerpen.
Soper John, V. C., Gloucester.
Soretič Franz R. v., G. C., Genua.
Sorvillo Francesco di, G. C., Neapel.
Sosat Johann, G. C., Valparaiso.
Souza Guimaraēs Joaquim de, V. C., Oporto.
Spence Patrick Gordon, C. A., Point de Galle.
Sponti Michael, V. C., Cavalla.
Stade C. Th., C., Bahia.
Stange P. D., C., Akyab.
Stefenelli v. Brendterhof und Hohenmauer Joseph, C., Port Saïd.
Storace Franz, V. C., Castellamare d'Itabia.
Strangmann Joseph, C. A., Waterford.
Strautz Anton, C., Mostar.
Strunz August, C., Barranquilla.
Suhor B. G., C. A., Dedeagatsch (Enos).
Susini Peter, C. A., Isola della Maddalena.

T.

Tapia Georg, C. A., Gerbi und Sfax.
Tapia Paulus, C. A., Biserta.
Tedeschi Adolf, V. C., Varna.
Teltscher Edmund, C. A., Porto Alegre.
Thaulow Christian, C. A., Drontheim.
Theodorovič Dr. Svetozar, G. C., Serajevo.
They Alexander, V. C., Goletta.
Thönemann Louis, C., Melbourne.
Thompson Johann, V. C., Hull.
Thüss J. Ferd., C. A., Honfleur.
Tollens L. F., V. C., Rio Grande do Sul.
Torres Franz de, C. A., Ribadea.
Trifilli Theodor, C. A., Rettimo.
Trotteux Stephan, C., Havre de Grace.
Turri Julius, C., Florenz.

U.

Udrycky v. Udryce Gustav, V. C., Folticzeni.
Udrycky v. Udryce Ludwig, V. C., Bojtuschan.
Umbert Nikolaus, V. C., Palma.

V.

Valery Joseph, V. C., Bastia.
Vendroux Jacques, V. C., Calais.
Vercevich Lucas, V. C., Trebigne.
Verhaeghe Konstantin, C., Gent.
Vidal Leon, C. A., Port de Bouc.
Viscovich Alois, C., Sulina.

W.

Wagenknecht Edmund, C., Montevideo.
Walcher Ritter v. Moltheim Dr. Leopold, G. C. St., Paris.
Waldhardt Joseph, V. C., Adrianopel.
Wallis Wilhelm, C. A., Ivizza.
Wassitsch Konrad, G. C., Scutari (Nord-Albanien).
Welsch Richard, V. C., Dublin.
Westenholz Baron C. F., G. C., Hamburg.
Westergaard L., C., Philadelphia.
Will J. A., C. A., Cocanada.
Wilson W. H. B., C., Port Louis.
Worms Georg, C., Edinburg und Leith.
Wright J. M., V. C., Appalachicola.
Wünsch Adolf, C. A., Santander.
Wyneken Georg Freiherr v., G. C., St. Petersburg.

X.

Xantopulo Nikolaus, V. C., Dardanellen.

Z.

Zagórski Elias, V. C., Fokschan.
Zagórski Kajetan, V. C., Turnu-Severin.
Zamit y Romero Antonio, G., Tetuan.
Ziegler Rudolf, C., Bassein.
Zirilli Basil. Ant., C. A., Milazzo.
Zohrab James, G., Erzerum.
Zurmühlen Kaspar Dietrich, V. C., Nieuwe-Diep.
Zwiedinck v. Südenhorst Julius, G. C., Beirut.

Hamburg's wirthschaftliche Lage im Jahre 1874.

Hamburg. Das letztverflossene Jahr kann nicht den Anspruch erheben, zu den in commerzieller Hinsicht günstig verlaufenen gezählt zu werden.

Die Erschütterungen des Jahrs 1873 waren zu intensiv gewesen, hatten alle Gebiete des Handels und der Volkswirthschaft zu sehr in Mitleidenschaft gezogen, als dass man hätte hoffen dürfen, dieselben so bald überwunden zu sehen.

Im Gegentheil, der Verlauf des Jahrs 1874 beweist, dass der Einfluss der durchlebten Krisis nach manchen Seiten noch unterschätzt worden war, indem jetzt erst die Wirkungen der hereingebrochenen Stockung, als da sind: das Aufhören des Absatzes, infolge dessen die Herabsetzung der Löhne und wieder als Folge davon die Beschränkung des allgemeinen Verbrauchs, den weitesten Kreisen bewusst und fühlbar wurden. Ueberdies mögen die von den Eisenbahnverwaltungen nach verschiedenen Richtungen hin vorgenommenen Tariferhöhungen nicht ohne Einfluss auf den Verlauf der Geschäfte geblieben sein.

Ausser verschiedenen industriellen Unternehmungen haben einige hervorragende Artikel unseres Waarenmarktes als: Kaffee durch die im Frühjahr eingetretene rückgängige Conjunctur, Petroleum durch die anhaltende Ueberproduction, sowie Getreide infolge der günstigen Ernte empfindliche Verluste gebracht, die jedoch im Ganzen glücklich überwunden wurden. Fallimente von Bedeutung kamen nicht vor.

Die Hamburgische Rhederei hat sich im Jahre 1874 um 18 Schiffe und 31.845 Tonnen Tragfähigkeit vergrössert. Gleichzeitig ist die Zahl der Seedampfschiffe von 81 zu Ende 1873 auf 93 am Jahresschlusse 1874 gestiegen.

Die Rhederei bestand am 31. December 1874 aus 429 Schiffen mit 304.740 Tonnen, gegen 411 Schiffen mit 272.895 Tonnen zur selben Zeit 1873.

Unter den erwähnten 93 Seedampfern befinden sich 50 transatlantische, von welchen 19 (gegen 16 zu Ende 1873) mit einer Tragfähigkeit von 48.912 Tonnen Eigenthum der „Hamburg-Amerikanischen Packetfahrt-Actiengesellschaft“ sind.

Wenngleich das letztabgelaufene Jahr auch für diese Gesellschaft nicht zu den günstigen gehörte, indem die Zahl der Auswanderer im Vergleich zu derjenigen der beiden Vorjahre bedeutend geringer war und infolge einer Concurrenz das Passagegeld für Zwischendeckpassagiere von 45 auf 30 Rthlr. ermässigt wurde: so darf man doch wohl die Hoffnung hegen, dass die unter einer tüchtigen Leitung stehende Gesellschaft diese ungünstigen Verhältnisse, die sich natürlicherweise auch in dem Coursstand ihrer Actien kennzeichnen, überwinden und ihren bis dahin unbestrittenen ersten Rang behaupten werde.

Die Geschäftsresultate des Jahrs 1874 dürften wohl um so weniger erfreulich ausgefallen sein, als den schlechten Erträgnissen ein um 3 Millionen Mark erhöhtes Actiencapital gegenübersteht.

Die „Deutsche Transatlantische Dampfschifffahrts-Gesellschaft“ (Adler-Linie), welche im September 1873 ihre Thätigkeit begann, hat die Zahl ihrer Schiffe auf 6 gebracht und expedirt alle 14 Tage eines derselben nach New-York.

Dieses junge Insitut hat mit vielseitigem Missgeschick zu kämpfen. Die Schiffe, zur Zeit der hohen Eisenpreise contrahirt, stehen theuer ein; ferner zwang die mangelhafte Ausführung zur Zurückweisung einiger derselben, wodurch sich der Beginn der im Programm vorgesehenen vermehrten Fahrten verzögert.

Nachdem jetzt von den projectirten 8 Schiffen 6 in Fahrt sind, finden dieselben bei den ungünstigen Verhältnissen im Waarengeschäfte und infolge der Abnahme der Auswanderung nur ungenügende Beschäftigung, während die in Betreff der letzteren ausgebrochene Concurrenz in den Passagepreisen weitere Verluste bringt.

Die „Hamburg-Südamerikanische Dampfschifffahrts-Gesellschaft“ hat voriges Jahr mit ihren 6 Schiffen die regelmässige Verbindung mit Brasilien und dem La Plata-Flusse vermittelt. Wenngleich sie nicht im Stande war, ihren Interessenten pro 1873 eine Dividende zu geben, so darf man bei dem Productenreichthum der erwähnten Gebiete doch wohl eine erspriessliche Fortentwicklung erwarten.

Die Deutsche Dampfschifffahrts-Gesellschaft „Kosmos“ expedirt monatlich eines ihrer 6 Dampfboote nach den Haupthäfen der Westküste Südamerika's und zieht dabei den La Plata-Fluss in den Bereich ihrer Thätigkeit. Eine Dividendenzahlung pro 1873 hat nicht stattfinden können, und auch für 1874 wird keine erwartet, jedoch soll die allgemeine Lage der Gesellschaft eine nicht ungünstige sein.

Die „Deutsche Dampfschiff-Rhederei“, welche für die Verbindung mit Ostindien, China und Japan durch den Suez-Canal ins Leben gerufen wurde, hat leider in dieser Fahrt für ihre 7 Dampfer keine genügende Beschäftigung finden können, was wohl hauptsächlich in dem Uebergewicht der englischen Handelsverbindungen in jenen Gegenden begründet ist. Sie verchartert daher bei passenden Gelegenheiten ihre disponiblen Steamer und erzielt damit eine mässige Rente. Pro 1874 wurden 5 pCt. Dividende, gegen 4 pCt. im Vorjahre, gezahlt.

Der gesammte Schifffahrtsverkehr zur See gestaltete sich, im Vergleich zu 1873, wie folgt:

	1874		1873	
	Schiffe	Tonnen	Schiffe	Tonnen
Ankünfte	5225	2,094.102	5270	2,500.000
Abfahrten	5238	2,100.193	5363	2,502.838

Die Zahl der über Hamburg beförderten Auswanderer blieb 1874 beträchtlich hinter derjenigen der beiden Vorjahre zurück. Sie betrug nämlich 43.443, gegen 69.176 in 1873 und 74.406 in 1872.

Ihrer früheren Heimat nach entfallen von den Auswanderern des letztverflossenen Jahrs 16.543 auf Preussen, 4831 auf das übrige Deutschland, 2719 auf Oesterreich-Ungarn, 14.437 auf andere europäische Staaten und 4913 auf aussereuropäische Gebiete.

Ueber die hervorragendsten Artikel des Hamburgischen Waarenhandels ist in Bezug auf das Jahr 1874 Folgendes zu bemerken:

Das Geschäft in roher Baumwolle verlief sehr ruhig und behielten die Preise infolge der guten Ernteerträgnisse während der letzten Jahre und des schlechten Ganges der Manufacturwaarenbranche ihre langsam weichende Richtung bei, ungeachtet sie bereits in den beiden Vorjahren eine erhebliche Einbusse erlitten hatten.

Bis Anfang März fiel der Marktwerth des Artikels um 5—6 Pfg., stieg ohne besondere Veranlassung bis Ende Mai wieder um eben so viel und ging bei starken Anfuhren während der letzten Monate abermals um ca. 8 Pfg. zurück.

Infolge der neu eröffneten directen Dampferverbindung mit der Westküste von Südamerika trafen im vorigen Jahre zum erstenmal grössere Sendungen Baumwolle aus Peru hier ein, für welche der hiesige Markt gute Chancen bietet und für deren Bezug die Abnehmer bisher fast ausschliesslich auf die englischen Märkte angewiesen waren.

Die Gesammtzufuhr von Baumwolle nach Hamburg betrug 216.755 Packen, wovon 153.460 Packen transitirten. Die Umsätze beliefen sich auf 70.427 Packen.

In Kaffee brachte das Jahr 1874 die interessante Erscheinung eines völligen Zusammensturzes der im Vorjahre mit künstlichen Mitteln erfolgreich in Scene gesetzten steigenden Conjunctur, was in den betreffenden Kreisen zeitweise die grösste Aufregung hervorrief. Trotzdem traten unter den betreffenden Häusern dieses Platzes keine bedeutenden Fallimente ein; auch kann man wohl annehmen, dass die diesmaligen Verluste kaum den grossen Gewinn des Vorjahrs übersteigen dürften.

Seit Juli 1873 waren die Preise stetig und oft sogar sprungweise in die Höhe gegangen, so dass z. B. für reel ord. Rio mit Beginn des Jahrs 1874 107 Pfg. und Anfangs Februar bei günstiger Stimmung sogar 112—114 Pfg. bewilligt wurde.

Nachdem jedoch eine aus New-York eingetroffene Depesche einen Preisabschlag meldete, wurde man hier stutzig, und gelangte bald zur Ueberzeugung, dass man sich auf einem gefährlichen Boden befinde.

Der über alle Erwartung schlechte Ausfall der am 18. März abgehaltenen holländischen Auction brachte sodann ein plötzliches Sinken der Preise um 20 pCt., verbunden mit einem fast gänzlichen Stillstande des Geschäftes.

Die Katastrophe konnte in ihren Wirkungen leicht unberechenbar werden, wenn nicht die hiesigen Inhaber durch ihre besonnene Haltung dem weiteren Umsichgreifen derselben entgegengetreten wären.

Die hiesigen Vorräthe von ca. 25 Mill. Pfund wurden vom Markte zurückgehalten, und es gelangten nur einige kleine, in schwachen oder furchtsamen Händen befindliche Partien zum Verkaufe.

Nachdem so Anfangs April die Preise für reel ord. Rio bei grossem Unterschiede zwischen Käufen und Verkäufen von 77 bis 82 Pfg. schwankten, nahm zu Beginn des

Monates Mai das Geschäft einen erneuerten Aufschwung, da sich das Inland wieder an den Käufen betheiligte, und es stiegen infolge dessen die Preise auf 82 bis 84 Pfg., um bei abermals eintretender Flauheit gegen Ende Mai wieder auf 79 Pfg. herabzusinken.

Von dieser Zeit an bewahrte das Geschäft bei fast unveränderten Preisen einen ruhigen und gemässigten Charakter, bis zum Schlusse des Jahrs, wo abermals ein Umschwung stattfand und eine wesentlich bessere Stimmung sich Bahn brach.

Die Aufmerksamkeit richtet sich hauptsächlich auf das grosse Missverhältniss der Preise für feinere und geringere Qualitäten zu Gunsten der letzteren, was eine Ausgleichung desselben und eine Zurückführung des Geschäftes auf die rationelle Basis von Vorrath und Angebot ohne eine derartige wilde Speculation wie im Vorjahre erhoffen lässt.

Die Gesammtzufuhr von Kaffee betrug 1874 $134^{3}/_{10}$ Mill. Pfd., gegen 122 Mill. Pfd. in 1873, $107^{6}/_{10}$ Mill. Pfd. in 1872, $128^{1}/_{2}$ Mill. Pfd. in 1871. Das hiesige Lager bestand zu Ende December v. Js. in 18 Mill. Pfd.

Ein für das Kaffeegeschäft hochwichtiges Ereigniss war die im Jahre 1874 stattgehabte Eröffnung des Kabel-Telegraphen nach Brasilien. Allerdings machen sich auch die Nachtheile bemerkbar, welche dieser für den Welthandel im Allgemeinen, besonders aber für Hamburg bedeutungsvolle weitere Schritt auf der Bahn der Communications-Erleichterungen mit sich bringt, denn die Geschäfte „auf Lieferung" nehmen infolge der Telegramme aus Brasilien am hiesigen Kaffeemarkte mehr und mehr überhand, was immerhin nicht als ein Umstand zu betrachten ist, der zu Gunsten der Solidität in diesem Artikel wirkt.

Bei bedeutenden Vorräthen von Rohzucker, welche die europäischen Märkte in der ersten Hälfte des Jahrs besassen, blieb der Geschäftsgang bei niedrigen und wenig schwankenden Preisen schleppend.

Im Herbste wendete sich dem Artikel eine bessere Meinung zu, da man einerseits die Erträgnisse der Rübenernte überschätzt hatte, und andererseits ein Theil der europäischen Vorräthe den Weg nach Amerika gefunden hatte.

So stiegen die Preise für braunen Zucker um $1^{1}/_{2}$—2 Mk. pr. 100 Pfd., konnten sich jedoch nicht auf dieser Höhe behaupten, da man jetzt die Rübenernte wieder unterschätzt hatte und dringende Angebote der französischen Producenten die deutschen und englischen Märkte drückten.

Gleichwie bereits im Vorjahre, war auch diesmal wegen der zu Gunsten des inländischen Rübenzuckers eingeführten hohen Steuer der Import von indischem Zucker nach dem deutschen Inlande fast zur Unmöglichkeit geworden und beschränkte sich daher das Geschäft auf den Platzbedarf und einige überseeische Aufträge. Candis und Farin waren gut verkäuflich, und zogen Preise für reinen indischen Syrup sogar um ca. 1—2 Mk. an.

Das Tabakgeschäft blieb während des ganzen Jahres im Allgemeinen ein regelmässiges und ruhiges, ohne bedeutende Fluctuationen in den Preisen, und kann als ein für den deutschen Markt befriedigendes bezeichnet werden.

Mit Ausnahme von Brasil- und Domingo-Tabak, für welchen sich in der zweiten Jahreshälfte lebhafte Frage zeigte, hielt sich die Speculation von dem Artikel ziemlich fern und regelte sich das Geschäft nach dem jeweiligen Bedarf.

Als ein zwar für den gesammten Hamburger Handel, doch ganz besonders für das hiesige Tabakgeschäft wichtiges Ereigniss dürfte die endlich zu Stande gekommene directe Eisenbahnverbindung mit Bremen zu betrachten sein, welche den Verkehr dieser beiden Nordseehäfen derart erleichtert, dass dieselben sich in Zukunft gegenseitig mehr benützen und ergänzen werden.

Die Bremer Tabakhändler treten hier bereits häufig als concurrirende Käufer auf, was schon aus dem Umstande erhellt, dass von Domingo im vorigen Jahre allein schwimmend 21.000 Seronen nach Bremen verkauft wurden.

Von den fünf, den hiesigen Markt regelmässig berührenden Hauptgattungen von Tabak wurden voriges Jahr 211.300 Colli importirt, gegen 178.800 Colli in 1873.

Das Geschäft in Havana-Tabak war auch 1874 kein bedeutendes, da es zwar nicht an Kauflust, wohl aber an besserer Waare mangelte. Von den importirten 22.000 Seronen berührten ca. 11.000 Seronen diesen Platz nur als Transitgut und bestanden die hier an den Markt gekommenen 11.000 Seronen zum grössten Theil aus 1873er Waare, welche zusammen mit den aus dem Vorjahre übernommenen ca. 3600 Seronen in den ersten Monaten 1874 zu mässigen Preisen rasch Käufer fand.

Das später zugeführte Erzeugniss der 1874er Ernte konnte wegen seiner mangelhaften Qualität den Anforderungen der Fabrikanten nicht genügen und war für die Importeure infolge der in Havana herrschenden Schwankungen des Goldagio durchweg verlustbringend, so dass dieselben ihre Zufuhren bald einstellten. In erster Hand blieb ein Vorrath von 1800 Seronen Havana-Tabak.

Die kleinen Zufuhren von 7300 Seronen Cuba fanden trotz der hohen Preise bis auf etwa 160 Seronen Käufer, wobei freilich für die spanische Regie allein 3200 Seronen aus dem Markte genommen wurden.

Von der Gesammteinfuhr von 120.000 Seronen Domingo gehörten 62.000 Seronen der 1873er Ernte an, welche sich auf 111.000 Seronen belief. Das Product dieses Jahrgangs fand wenig Anklang und wurde nur allmälig und oft in kleineren Mengen zu Preisen begeben, welche für geringe Waare auf 40 Pfg. herabsanken.

Die zugeführten 58.000 Seronen Domingo-Tabak der 1874er Ernte fanden der guten Qualität und des sicheren Brandes halber allgemeinen Beifall, obgleich der Blattgehalt durchweg zu wünschen übrig liess. Der grösste Theil der Ladungen wurde bereits schwimmend und zu anhaltend steigenden Preisen verkauft.

Nachdem dieselben im Juli mit 46—48 Pfg. eröffnet hatten, bezahlte man im October für schwimmende Ladungen bereits 52½—54 Pfg. und später sogar 56 bis 59 Pfg., wobei oft die angemeldeten Zufuhren nicht genügten, um die Kauflust der Händler und Speculanten zu befriedigen. Der Markt schloss daher mit dem kleinen Vorrath von 2500 Seronen in erster Hand.

Die vom Vorjahre unverkauft gebliebenen 2700 Packen Nordseiten- und Südseiten-Portorico-Tabak der 1873er Ernte wurden in der ersten Hälfte 1874 zu dem sehr mässigen Preise von ca. 40 Pfg. begeben.

Von den zugeführten 14.300 Packen 1874er Tabak dieser Sorte waren 9000 Packen nur Transitgut und die übrigen 5300 Packen Nordseiten-Tabak blieben unverkauft in den Händen der Importeure, da sich dieselben nicht entschliessen konnten, von ihren hohen Forderungen (über 50 Pfg.) abzugehen.

Obwohl diese Gattung Tabak Anerkennung findet, hatte doch keiner der hiesigen Händler und Speculanten Lust zum Kaufe, da die deutschen Fabrikanten sich fast ganz von dieser Sorte losgesagt haben.

Die letztjährigen Einfuhren von 49.000 Packen Brasil-Tabak, zumeist Product der 1874er Ernte, zeigten eine schöne, kräftige Qualität, welche denselben willige Käufer und hohe Preise hätte sichern müssen, wenn nicht die Unterclassen, hauptsächlich der zuerst angebrachten Ladungen, ungesund und muffig gewesen wären.

So blieb Anfangs der Verkauf schleppend, bis man sich bald daran gewöhnte, diese Eigenschaften der neuen Ernte als ein nothwendiges Uebel zu betrachten; und nun wurde bei stets steigender Tendenz, infolge deren gute Durchschnittspartien von St. Felix Moritiba bis zu 100 Pfg. bedangen, auch weniger gute Waare zu den geforderten höheren Preisen aus dem Markte genommen. In den Händen der Importeure blieb nur noch ein Vorrath von 4500 Packen.

Von den Nebensorten wurden im vorigen Jahre eingeführt: 6000 Körbe Varinas-Blätter, 25.000 Seronen Columbia, 3300 Packen Upata, 4500 Stück Brasil-Rollen, 3300 Packen Rio Grande, 500 Packen ostindischer, 100 Packen chinesischer, 4900 Packen Java, 1000 Packen Esmeralda, 13.000 Kisten Seedleaf, 3300 Fässer Kentucky und Virginier, 5500 Packen ungarischer, 2000 Packen Ukrainer, 1000 Packen Saratow, 900 Packen türkischer, 400 Fässer amerikanischer und 12.000 Packen spanischer Stengel.

Bei dem seit 1870/71 mit jedem Jahre sich steigernden Getreidebedarfe Deutschlands werden die zum Export verfügbaren Mengen immer kleiner und bleiben selbst bei den reichsten Ernten auf ein Minimum beschränkt.

Nachdem man zu Anfang des Jahrs 1874 bei falscher Schätzung der 1873er Ernte einen Theil derselben an das Ausland abgegeben hatte, musste man später diesen Ausfall durch Bezüge aus Nordamerika und Russland wieder zu decken suchen, wodurch die Preise ganz bedeutend in die Höhe getrieben wurden, bis sie wieder infolge der guten und reichlichen 1874er Ernte auf ihren früheren Standpunkt zurückkehrten.

So hatten zu Ende 1874 besonders Weizen und Roggen einen billigen Preisstand, und schloss der Markt in ruhiger Stimmung. Man notirte pr. 1000 Kilogr. netto: Weizen 190—205 Mk., Roggen 145—178, Gerste 180—245, Hafer 178—192, Rappsaat und Rübsen 266—268 Mk.

Das Geschäft in trockenen Häuten war zu Anfang des Jahrs schleppend, besserte sich jedoch bereits im April und blieb bis gegen Anfang October anziehend und umfangreich. Von October an schwächten sich die Preise wieder etwas ab, was wohl seinen Grund in den fortdauernden namhaften Importen von Hemlock-Leder hatte.

Nassgesalzene Häute eröffneten zu den 1873er Schlusspreisen und stiegen bis gegen Ende Juni 1874 allmälig um ungefähr 6—8 pCt.; als aber aus Rio Grande und Buenos-Ayres ein Ausfall in den Schlachtungen um ca. 500.000 Stück gemeldet wurde, trat eine rapide Erhöhung um 15 pCt. ein.

Die in Buenos-Ayres und Uruguay ausgebrochenen Unruhen blieben fast ohne Einwirkung auf den hiesigen Markt. Bahia-Häute fanden ihrer geringen Qualität halber wenig Beachtung.

Am letzten December 1873 lagerten hier in erster Hand 6000 Stück und 10 Ballen Häute. Im Laufe des Jahrs 1874 wurden 734.700 Stück und 11.781 Ballen importirt, davon circa 193.200 Stück und 11.640 Ballen Transitgut und zweite Hand. Hier verkauft wurden 523.500 Stück und 141 Ballen, und der Bestand am Schlusse des Jahrs betrug 18.000 Stück trockene und trocken gesalzene Bahia-Häute.

Von überseeischen Wildhäuten wurden im vorigen Jahre 728.700 Stück und 11.771 Ballen importirt, gegen 766.000 St und 9368 B. in 1873.

Nachdem bereits 1873 die Preise für Petroleum bis auf 13·40 Mk. pr. 100 Pfd. gesunken waren und man allgemein ein weiteres Zurückgehen derselben kaum noch für möglich hielt, wichen dieselben dennoch infolge der Ueberproduction und der bedeutenden Zufuhren, welche wegen mangelnden Raumes oft sogar ein Lagern der Fässer im Freien nöthig machten, im Laufe des vorigen Jahrs derart, dass man Anfangs November sogar nur 9·20 Mk. notirte.

Erst von dieser Zeit an haben sich die Preise wieder bis auf 11·60 Mk. gehoben, da bei vermindertem Angebot von amerikanischer Seite und der durch eingetretenen Frost erschwerten Zufuhr, sowie durch starke Nachfrage und namhaften Abzug nach dem Inlande die hiesigen Lagerbestände erheblich kleiner wurden und allem Anscheine nach auch die früheren grossen Bestände im Inlande, welche das Geschäft drückten, sich ziemlich verringerten.

Die Zufuhr von Petroleum betrug im letztverflossenen Jahre 262.030 Barrels und 9300 Kisten; mit letztem December blieben 33.918 Barrels und 7671 Kisten vorräthig.

Dem Artikel Reis ist seit einer Reihe von Jahren nicht so viel Beachtung und Interesse geschenkt worden, als es 1874 der Fall war. Die Bedeutung desselben nimmt für den hiesigen Platz derart zu, dass er sich bereits den Hauptgegenständen des Verkehrs würdig anreiht. Die Zufuhr, welche in 360.189 Säcken bestand, wurde noch von keiner der früheren Perioden annähernd erreicht; in den 2 Vorjahren 1872 und 1873 betrug dieselbe 267.410 und resp. 312.873 Säcke.

Der Umsatz belief sich auf 62 Mill. Pfd., gegen 51 Mill. Pfd. in 1873, und als schliesslicher Vorrath blieben 215.000 Säcke übrig.

Leider ist der bei dem Reisgeschäfte erzielte Nutzen, trotz der grossen Ausdehnung desselben, nur gering geblieben. Da in den ersten Monaten des Jahrs in Bengalen bei gänzlichem Misswachs eine Hungersnoth in Aussicht stand, bemächtigte sich des Artikels eine wilde Speculation und wurden oft die übertriebensten Gerüchte in Umlauf gesetzt.

Als jedoch die Abladungen nach Europa nicht verhältnissmässig schwächer wurden, erkaltete die Stimmung allmälig wieder und gingen die Preise zurück, so dass die letzten Ladungen Rangoon mit 9 Mk. pr. 100 Pfd. bezahlt wurden, während man für die ersten 12·75 Mk. bewilligt hatte.

Der Absatz in geschälter Waare gestaltete sich während der zweiten Jahreshälfte ziemlich befriedigend, obgleich derselbe nach überseeischen Plätzen hinter dem des Vorjahrs zurückgeblieben sein dürfte. Preise notirten von 13·50 Mk. für Saigon bis 18 Mk. für feinsten Rangoon-Tafelreis.

Die Einfuhr von englischen Steinkohlen nahm gegen das Vorjahr um 4260 Last zu und betrug: 395.800 Last mit Dampfern, 29.600 Last mit Segelschiffen, zusammen also 425.400 Last oder 11,344.000 Hektoliter.

Die Preise blieben ohne wesentliche Schwankungen. Am Schluss des Jahrs notirte man, an Bord zu empfangen: Newcastle-Steam-Kohle 3·90 Mk., Sunderland-Nusskohle 3·50 Mk., böhmische Salonkohle 3 Mk. pr. Doppelhektoliter.

Die zugeführten 12.000 Last böhmische Braunkohle genügten zur Befriedigung des Bedarfes, da diese Sorte hier nicht zu Fabrikszwecken Verwendung findet.

Seitens der Kreise, die sich hiefür besonders interessiren, wurde in letzterer Zeit eine Agitation ins Leben gerufen, um bei den betreffenden Eisenbahngesellschaften auf eine Tarifermässigung für westphälische Kohle hinzuwirken, welche es gestatten würde, besonders die Nordseehäfen als neues Absatzgebiet für diese Kohle zu gewinnen.

Es dürfte sich wohl schon im laufenden Jahre zeigen, ob diese inzwischen bereits in Kraft getretene Frachtermässigung von dem gehofften Erfolge begleitet sein wird.

Das Geschäft in Zink war während des ganzen Jahrs 1874 ein schleppendes und konnte zu keinem Aufschwung gelangen. Die Zufuhr pr. 130.000 Ctr. blieb gegen das Vorjahr um das bedeutende Quantum von 87.000 Ctr. zurück, was zum Theil wohl dem in der zweiten Jahreshälfte herrschenden Wassermangel zuzuschreiben ist, welcher Abladungen pr. Kahn aus Schlesien unmöglich machte.

Die Preise, welche im Januar mit 26 Mk. pr. Ctr. eröffnet hatten, gingen allmälig auf 21·60 Mk. zurück, erfuhren jedoch im Herbst wieder einige Erholung, so dass das Jahr mit 25 Mk. für Waare auf Lieferung schloss, weil es auf dem hiesigen Markte an Vorräthen fehlte.

Der Umfang der an der Hamburger Börse geschlossenen See-Asseculanzen belief sich im Jahre 1874 nach annähernder Berechnung auf 1791 Mill. Mk., gegen 1802,568.100 Mk. in 1873.

Geld blieb im Laufe des Jahrs im Ganzen flüssig und wurde nur zeitweilig durch Erhöhung des Zinsfusses der preussischen Bank vertheuert.

Der Disconto für erstes Papier stellte sich im Jahresdurchschnitt auf 3¼ pCt., gegen 4⅞ pCt. in 1873.

Mit Rücksicht auf die allgemeine Geschäftslage erweisen sich die im vorigen Jahre erzielten Resultate der hiesigen Banken als befriedigend. Selbst die später, zumeist in der Gründungsepoche entstandenen Geldinstitute haben einen Ertrag aufzuweisen, der zu der Hoffnung berechtigt, sie als dem Bedürfniss entsprechend auch für die Zukunft in ihrer Existenz befestigt ansehen zu dürfen.

Eine Ausnahme bildet die „Anglo-Deutsche Bank", die unter Leitung eines theilweise neuen Vorstandes vollständig mit ihrer Reorganisation beschäftigt, sich darauf beschränkte, ältere Engagements, die jedoch hauptsächlich in Betheiligung an schwer realisirbaren industriellen Unternehmungen bestehen, abzuwickeln und das Erhaltenswerthe zu conserviren, ohne einer definitiven Entscheidung vorzugreifen. Sie reducirte ihr Actiencapital von 10 Mill. Thlr., wovon 8 Mill. bereits eingezahlt sind, auf 16 Mill. Mark in vollgezahlten Actien, in der Weise, dass 7,200.000 Mk. als Reserve vorläufig zurückbehalten werden.

Die „Maklerbank", deren Geschäftslage eine günstige ist, hat es trotzdem ebenfalls für angezeigt gehalten, ihr Actiencapital von 1,335.000 Thlr. mit 40 pCt. Einzahlung auf 1 Mill. Thlr. mit 40 pCt. Einzahlung zu vermindern.

Die im Jahre 1873 hauptsächlich durch die hiesige Internationale Bank ins Leben gerufene „Deutsch-Brasilianische Bank" in Hamburg hat sich als eine glückliche Schöpfung erwiesen, indem sie es verstand, die Bankgeschäfte, welche sich an die zwischen Deutschland und Brasilien bestehenden ausgedehnten Handelsbeziehungen knüpfen, in ihre Canäle zu leiten, und darin mit so viel Geschick operirte, dass ihre in Rio de Janeiro etablirte Filiale sich nicht nur den beiden, schon seit vielen Jahren daselbst bestehenden englischen Banken als ebenbürtig angereiht, sondern diese sogar in gewisser Hinsicht zu überflügeln angefangen hat.

Das Actiencapital besteht aus 25 Mill. Mk., wovon 10 Mill. baar eingezahlt sind, auf welchen Betrag das Institut für die Zeit seines Bestehens vom 1. November 1873 bis 31. December 1874, nachdem alle durch die Etablirung veranlassten Einrichtungs- und Reisekosten abgeschrieben und der Reservefond mit 160.000 Mk. dotirt worden, den Actionären die erhebliche Dividende von 13 pCt. bezahlt hat.

Die „Norddeutsche Bank" gab pro 1874 10 pCt., die „Vereinsbank" 11½ pCt., die seit 1870 bestehende „Hypothekenbank" für das mit 30. Juni 1874 abschliessende 3. Geschäftsjahr 13⅓ pCt. Dividende.

Die vor mehr als einem halben Jahrhundert in kleinem Umfang von Privaten gegründete „Norddeutsche Affinerie", die sich mit dem Einschmelzen und Affiniren von Edelmetallen beschäftigt, ist im Jahre 1866 in den Besitz einer Actiengesellschaft übergegangen, die jedoch dieser Anstalt wiederholt eine wesentliche Erweiterung angedeihen liess, so dass sie jetzt den ersten Rang in Deutschland, ja vielleicht in Europa einnimmt.

Es wird ihr von allen europäischen, und Dank den vielseitigen Dampfschiffverbindungen Hamburg's, auch von überseeischen Plätzen Material in ausgedehntestem Masse zugeführt, gleichwie sie seit Jahren auch von der deutschen Reichsregierung beschäftigt wird, um die aus dem Verkehr gezogenen Münzen umzuschmelzen.

Das Erträgniss dieser Anstalt, deren Action sich nur in wenigen Händen befinden, ist denn auch infolge der Umsicht und Sachkenntniss, mit welcher sie geleitet wird, ein von Jahr zu Jahr steigendes und hat auch 1874 wieder eine ungewöhnlich hohe Ziffer erreicht.

Die als Actiengesellschaft unter Mitbetheiligung des Staates errichtete Zollvereins-Niederlage hatte sich in den 5 Jahren ihres Bestandes (seit Mai 1870) einer wachsenden Frequenz zu erfreuen.

Die Zahl der daselbst ansässigen Firmen betrug 141 in den 8 Monaten des Jahrs 1870, 193 im Jahre 1871 und 267 in 1874; der Güterverkehr stieg von 12,765.630 und resp. 28,284.788 Pfd. auf 36,149.171 Pfd. im letztverflossenen Jahre.

Die an der dortigen Zollstätte erzielte Einnahme bezifferte sich 1873 mit 178.987 Rthlr. und 1874 mit 170.690 Rthlr., der Ertrag der Baulichkeiten mit 64.463 und resp. 72.848 Rthlr.

Die Gesammteinnahme des vorigen Jahrs betrug 84.072 Rthlr. und ermöglichte nach Abzug der Kosten und der Abschreibungen die Vertheilung einer Dividende von $6^{1}/_{13}$ pCt. (gegen 6 pCt. in 1873 und $5^{1}/_{4}$ pCt. in 1872), sowie die Ueberweisung von 1 pCt. des eingezahlten Capitals an den Staat zur statutenmässigen Amortisation von 13 Actien.

Die Eisenbahnverbindung Hamburg's hat 1874 eine abermalige Erweiterung erfahren durch die im Juni erfolgte Eröffnung der Strecke Hamburg-Harburg-Bremen, die einen Theil der (Paris-) Venlo-Hamburger Bahn bildet. Durch schwierige Terrainverhältnisse und Differenzen wegen der Bahnhofsanlage erheblich verzögert, ist dieselbe nach bewerkstelligter Vollendung als längst gewünschtes Bindeglied zwischen den beiden Hansestädten auf beiden Seiten freudig begrüsst worden.

Durch die nachfolgende Eröffnung der Strecke Wesel-Venlo, welche durch den Rhein-Uebergang und die Festungsverhältnisse ebenfalls eine Verzögerung erfuhr, ist jetzt die ganze Bahnlinie Hamburg-Venlo dem Verkehr übergeben, und bietet zugleich durch die Abzweigung bei Haltern, auf der Strecke Münster-Wesel, eine weitere Verbindung Hamburg's mit Köln und darüber hinaus.

Die von der Magdeburg-Halberstädter Eisenbahngesellschaft nach Eröffnung der Hamburg-Harburger Elbebrücke zu dem Zwecke gebaute Bahn Stendal-Uelzen, um als Abzweigung der Bahn Berlin-Lehrte der Berlin-Hamburger Eisenbahngesellschaft einen Theil des Verkehrs abzunehmen, wurde voriges Jahr in Betrieb genommen, und ist jetzt damit eine doppelte Schienenverbindung Hamburg's mit der deutschen Reichshauptstadt Berlin geschaffen, auf welcher allein für die Personenbeförderung täglich je 10 Züge, darunter je 4 Eil- oder Courierzüge, nach jeder Richtung verkehren.

Es scheint jetzt Aussicht vorhanden zu sein, die längst gewünschte Ueberbrückung der Elbe an Stelle der Ueberfuhranstalt Hohnstorff-Lauenburg ins Leben treten zu sehen, da die preussische Regierung in ihrer Budgetvorlage hiefür einen Posten eingestellt hat.

Die Berlin-Hamburger Eisenbahngesellschaft zahlte pro 1873 eine Dividende von 10 pCt., die Altona-Kieler 5 pCt. und die Lübeck-Büchener 4 pCt.

Die vom Staate herzustellenden grossen Quai- und Hafenbauten sind rüstig fortgeschritten. Dem „Sandthor-Quai" ist der gegenüberliegende „Kaiser-Quai" gefolgt, an dessen Endpunkte ein grosser Speicher, „Quai-Speicher", allen Anforderungen des Handels entsprechend und versehen mit allen Hilfsmitteln der Mechanik zur Manipulirung mit den Waaren erbaut wurde. Derselbe schliesst das Werk an diesem Punkte in schöner und würdiger Weise ab und bietet in seinen fünf Stockwerken einen Lagerraum von ca. 18.900 Quadratmeter.

Die Verwaltung ist bislang eine städtische, und nach Verlauf von 5 Jahren soll auf Grund der bis dahin gemachten Erfahrungen die Frage geprüft werden, ob dieses Verhältniss beizubehalten oder einer Verpachtung der Vorzug gegeben werden soll.

Auch die Verbreiterung der „Vorsetzen" genannten Strasse am Hafen, die durch Zuwerfen der angrenzenden Elbe von der früheren Breite von 4—6 Meter auf eine solche von ca. 30 Meter gebracht und mit Quais versehen werden soll, nimmt einen guten Fortgang, obgleich dieselbe sehr von den Witterungsverhältnissen abhängig ist, da eine hohe Flut, wie der Herbst und Winter sie oft bringen und gegen welche sie nicht zu schützen ist, leicht die Arbeit von Wochen wieder zerstören kann.

Die aus kleinen Anfängen hierselbst entstandene „Seewarte" ist jetzt zur Reichs-Anstalt erklärt, und wird aus Reichsmitteln erweitert und unterhalten. Dieses Institut, das in dem am Hafen gelegenen „Seemannshause" untergebracht ist, steht mit vielen Seeplätzen, insbesondere mit dem Meteorological Office in London in Verbindung, von dem es die für die Schifffahrt wichtigen Mittheilungen, wenn erforderlich, auf telegraphischem Wege empfängt und dann durch Signale und Kundmachungen bekannt giebt.

Der „Geest-Stammsiel", ein grossartiger unterirdischer Canalbau, hat sich voriges Jahr seiner Vollendung so weit genährt, dass nur noch die letzten inneren Ausführungen erübrigen. Der Bau wurde aus sanitären Gründen beschleunigt, und werden jetzt aus gleicher Rücksicht auch die Zweigsiele rascher fertig gestellt werden, als Anfangs beabsichtigt war.

Die Gaswerke, welche die Stadt und Umgegend versorgen, sind voriges Jahr aus den Händen einer in 1844 gegründeten Actiengesellschaft, laut der Bedingungen des damaligen Contractes, unentgeltlich in den Besitz des Staates übergegangen.

Dieselben erwiesen sich jedoch für das immer mehr sich erweiternde Terrain, das seiner fortschreitenden Bebauung wegen einer Beleuchtung bedarf, ungenügend, weshalb man jetzt im Norden der Stadt ein Filialwerk, das bald dem allgemeinen Dienst übergeben werden kann, erbaut, und auch die auf dem Grasbrook an der Elbe gelegenen Stammwerke verstärkt und erweitert. Die Gesammtanstalt ist verpachtet und beträgt der contractlich festgestellte Preis für die Privatconsumenten 23 Pfg. pr. Kubikmeter Leuchtgas.

Infolge Einführung der seit Anfangs 1875 für das ganze Deutsche Reich geltenden, auf Gold basirten neuen Währung hat hier in Hamburg die bisherige Courantwährung ($2\frac{1}{2}$ Courantmark = 1 Rthlr. oder 3 Reichsmark) mit ihrer Schillingsrechnung (16 = 1 Courantmark) aufzuhören.

Nachdem von Berlin ansehnliche Quantitäten der neuen 10- und 5-Pfennig-Stücke in Nickel und der 2- und 1-Pfennigstücke in Kupfer eingetroffen sind, werden dieselben sich wohl bald auch im kleinen Verkehr einbürgern und die Einziehung der alten Scheidemünze (Schillinge u. s. w.) ohne Schwierigkeit gestatten.

So lange die alte Valuta mit ihrer auf Barrensilber basirten Währung in Hamburg bestand, ermöglichte dieselbe dem Kaufmann, sich durch Einbringung von Barren das legale Zahlmittel zu beschaffen, ein Verhältniss, welches jedoch durch die Einführung der Goldwährung, eine vollständige Umgestaltung erfuhr, indem man jetzt, um aus den durch die überseeischen Verbindungen hier vielfach eingehenden Barren courante Umlaufsmittel zu schaffen, auf die Münzen in Berlin oder Hannover angewiesen war, was Zeit- und Spesenverlust mit sich führte.

Diese Erwägungen führten dahin, die Errichtung einer Münze am hiesigen Platze anzustreben, und nachdem die Zustimmung der hiesigen gesetzgebenden Factoren erwirkt worden, und ebenso auch die Reichsregierung die Genehmigung ertheilt hat, ist mit der Einrichtung derselben schleunig vorgegangen worden, wobei die Verfügbarkeit grösserer Baulichkeiten, die nur einer zweckentsprechenden Veränderung bedurften, zu Statten kam.

Ihre volle Bedeutung wird die Münze, welche dem Vernehmen nach acht Prägewerke anfstellen soll, allerdings erst dann für den hiesigen Handelsstand gewinnen, wenn die Benützung derselben den Privaten factisch zugänglich sein wird (was durch die staatliche Inanspruchnahme derselben wohl noch auf längere Zeit hinaus nicht möglich sein dürfte), und wenn die Münzkosten, für die nur ein Maximum von 7 Mark pr. Pfd. fein Gold vorgesehen ist, gesetzlich auf eine Rate reducirt werden, die bei gewöhnlichen Goldpreisen eine Ausprägung für Private zulässt.

Erst von diesem Zeitpunkte an wird, im Zusammenwirken mit der Norddeutschen Affinerie und begünstigt durch die infolge der vielseitigen directen Dampfschiffverbindungen Hamburg's mit allen bedeutenden Handelsplätzen zugeführten Edelmetalle, die Münze besonders bei geschäftlichen Krisen sich ohne Zweifel als eminent erspriesslich für den gesammten Handelsstand erweisen.

Die Jahre 1872 und 1873 haben bei 57.911 und resp. 72.900 Steuerpflichtigen einen Betrag von 70,500.000 und resp. 86,400.000 Thlr. an Einkommensteuer ergeben. Im letztverflossenen Jahre dürfte sich dieses Erträgniss nur um ein Geringes vermehrt haben.

Nach dem definitiven Resultate der im December 1873 vorgenommenen Zählung betrug die Bevölkerung der Stadt Hamburg mit nächster Umgebung 246.359 Köpfe und diejenige des Landgebietes 68.641 Köpfe, zusammen also 315.000 Köpfe, was seit 1872 einen Zuwachs von 10.000 Köpfen ergiebt.

Im Jahre 1874 hat keine Volkszählung stattgefunden, allein nach den Erhebungen der Steuerbehörde belief sich zu Ende desselben die Bevölkerung der Stadt mit nächster Umgebung auf 253.300, des Landgebietes auf 74.249, also die gesammte Einwohnerzahl auf 327.549 Seelen, wornach gegen 1873 eine Vermehrung um 12.549 Seelen eingetreten ist.

Verkehr österreichisch-ungarischer Handelsfahrzeuge im Hafen von Antwerpen während des Jahres 1874.

Antwerpen. Der im Jahre 1874 in diesem Hafen stattgefundene Verkehr österreichisch-ungarischer Handelsfahrzeuge stellt sich gegenüber dem Vorjahre folgendermassen dar:

	1874		1873	
	Schiffe	Tonnen	Schiffe	Tonnen
Ankünfte:				
In Ladung	38	19.546	56	24.991
Abfahrten:				
In Ladung	17	8.736	32	14.243
„ Ballast	20	10.315	21	9.974
Gesammtverkehr	75	38.597	109	49.208
Abnahme	34	10.611	.	.

Von den in Ladung eingelaufenen 38 Schiffen kamen: 19 aus den Vereinigten Staaten, 7 aus Afrika, 4 aus der Türkei und vom Schwarzen Meer, 3 aus England, je 1 aus Frankreich, Spanien, Griechenland, Buenos-Ayres und West-Indien.

Die Hauptgegenstände der Einfuhr waren: Getreide, Leinsaat, Korinthen, Espartogras und Mineralien.

Von den mit gemischter Ladung abgesegelten 17 Fahrzeugen waren 8 nach den Vereinigten Staaten, 4 nach Italien, 3 nach Constantinopel, je 1 nach Galatz und West-Indien bestimmt.

Nach Triest wurden von hieraus unter fremden Flaggen 6 Schiffe von zusammen 1584 Tonnen abgefertigt, u. z.: 2 niederländische von 431 Tonnen, 1 belgisches von 710 T., 1 deutsches von 156 T., 1 dänisches von 145 T. und 1 englisches von 142 Tonnen. Dieselben waren sämmtlich beladen.

Ein directer Einlauf von österreichisch-ungarischen Seeplätzen hat im Jahre 1874 nicht stattgefunden.

Mit Schluss des Jahres befand sich kein nationales Fahrzeug im diesseitigen Hafen.

Wirthschaftliche Verhältnisse von Trapezunt.

Trapezunt. Die Stadt Trapezunt ist trotz ihrer jüngst entstandenen Rivalin, Poti, der Hauptvereinigungspunkt des Handels zwischen Persien, dem russischen Kaukasus und Constantinopel. Zunächst sind es Persien und die Türkei, welche den Export beherrschen.

Im Jahre 1873 war die europäische Handelsthätigkeit im Zunehmen begriffen, weil, was immer die allgemeinen Bedingungen der Vergrösserung des russischen Handels gewesen sein mögen, der Theil des Landes, der mit Trapezunt eng verbunden ist, nämlich der Kaukasus, und in mancher Hinsicht auch die Uferseite des Caspischen Meeres durch die Hafenbauten in Poti und durch die Eröffnung der Bahnstrecke Poti-Tiflis einen bedeutenden Fortschritt gemacht hat.

Anderseits befindet sich Persien bezüglich seiner Production in einer äusserst gedrückten Lage, wodurch sich auch die Abnahme im Export von Trapezunt erklärt.

Um Trapezunt in seinem Handelsverkehr auf jene Höhe zu bringen, die es vermöge seines so reichen Bodens beanspruchen könnte, wäre die vollkommene Herstellung der Strasse nach Erzerum, dann eine geeignete Verbindung von dort aus mit Kars, Von, Bitlis und andern Städten im Innern dieses Districts eine Grundbedingung. Von der Ernte des Jahrs 1873 konnte wegen Mangel an Strassen und Transportmitteln nur $^{1}/_{4}$ exportirt werden, aber trotzdem ist der Werth des ausgeführten Getreides noch immer ein sehr bedeutender.

Eine zweite Bedingung wäre die Gründung von Banken, Credit- und Vorschuss-Instituten, welche dem Landmann Vorschüsse, gesichert durch dessen Liegenschaften und Bodenproducte, geben könnten; denn so sind die armen Dorfbewohner gezwungen, um ihre Steuern und Abgaben entrichten zu können, Geld bei Privaten zu entlehnen, wofür sie pr. Monat 2 pCt. an Zinsen zahlen müssen. Das jährliche Einkommen, welches eine Bauernfamilie aus ihrem Grundeigenthum zieht, kann kaum höher als auf 850—900 Pstr. (ca. 60 fl.) veranschlagt werden.

Die Stadt Trapezunt hat ungefähr 5000 Häuser und bei 40.000 Einwohner. Von diesen sind $^{3}/_{4}$ Türken, der Rest Griechen und Armenier.

Ackerbau bildet den hauptsächlichsten, um nicht zu sagen, einzigen Erwerbszweig der hiesigen Bevölkerung. Da die Dörfer von hier sehr entlegen sind, müssen die Producenten ihre Waare oft meilenweit schaffen, um sie an Mann zu bringen.

Das Vilajet von Trapezunt besitzt einen grossen Mineralreichthum, der aber nicht ausgebeutet wird. Nachfolgend sind die bisher entdeckten Minen näher specificirt:

District	Anzahl der Minen	Qualität des Metalles	Procent-Verhältniss
Ineboli	12	Kupfer	10—15
	2	Blei, silberhaltig	.
	2	Eisen	40—45
Gumisch-Chané	6	Kupfer	12—22
	13	Blei, silberhaltig	.
	2	Blei, schwefelhaltig	50—65
	2	Eisen	40—50
Otf	2	Eisen	35—40
Atina	2	Blei, schwefelhaltig	50
Batum	3	Blei, schwefelhaltig	65
	2	Eisen	45
Ordu	2	Kupfer	.
	4	Eisen	40—55
	1	Blei *)	50
Onniah	1	Blei, schwefelhaltig *)	45
	3	Eisen *)	42—50
	1	Blei *)	?
Matska	2	Kupfer	.
	1	Blei, silberhaltig	46
	1	Kupfer	.

Die türkische Bevölkerung an der Küste des Schwarzen Meeres beschäftigt sich zumeist mit Schifffahrt und Fischerei.

Die Armenier von hier, namentlich aber aus Von, Bitlis und Konjoh, stellen das grösste Contingent an Lastträgern (Hamal), so zu sagen, für die ganze Türkei. Es sind dies Leute von einer riesigen Stärke, die mit Recht das Staunen der Fremden erregen; denn ein Mann kann auf seinen Schultern bis zu 3 Centner tragen und dies auch auf weitere Strecken.

Der übrige Theil der Bevölkerung beschäftigt sich in den Bazaren mit Kleingewerben etc.

Ein in der Türkei viel geschätzter Artikel ist die Leinwand aus Rize, einem Dorfe am Schwarzen Meere, 7 Stunden von Trapezunt entfernt, in der Richtung gegen Batum. Männer- und Frauenhemden, sowie der von den türkischen Frauen getragene weisse Schleier (Jaschmak) werden aus solcher Leinwand, die sich wie Seide anfühlt, verfertigt. Doch nur die Reichen können sich diesen Luxus erlauben, da diese Leinwand sehr theuer ist. Ein gewöhnliches Männerhemd kostet bis 2 türk. Lire (1 Lira = 9 fl. 10 kr.).

Obwohl die Ernte des Jahrs 1873 im Vergleich zu früheren Perioden verhältnissmässig sehr ergiebig war, hat sie doch für den Export bei weitem nicht genügt. Man erübrigte hiefür nicht mehr als einige 1000 Kilo, die zum grössten Theil aus dem Innern kamen.

Die hohen Preise des Tabak, sowie das für den Bau dieser Pflanze sehr geeignete Terrain bestimmte die Landleute, diesem Culturzweige mehr Sorgfalt zuzuwenden, als es bisher geschehen. Man kann annehmen, dass 1873 in Trapezunt und namentlich in Platana bei 30.000 Oka geerntet wurden; doch ist das gewonnene Product von sehr geringer Qualität und geht zumeist nach Russland und Frankreich.

---

*) Im Betriebe.

Infolge der Zölle, welchem jetzt der Tabak in Russland unterliegt, wohin früher der grösste Theil dieses Erzeugnisses versendet wurde, dann auch wegen fehlender Nachfrage aus Europa wurde jedoch im Jahre 1873 keineswegs eine der Production entsprechende Quantität Tabak exportirt.

Die für den Verbrauch von Trapezunt erforderliche Menge Getreide wurde in früherer Zeit zur See aus Russland bezogen; seit einigen Jahren aber versehen die Districte im Innern des Landes und namentlich Kurdistan diese Stadt mit Kornfrüchten, und zwar in so ausgiebiger Weise, dass davon noch bei 400.000 Scheffel im beiläufigen Werthe von 1 Mill. fl. exportirt werden können.

Verschiedene Ursachen können zur Begründung dieses Umstandes angeführt werden. Vor Allem die Möglichkeit des leichteren Transportes seit der Vollendung der Strasse von Erzerum hieher, obwohl dieselbe nur in den Sommermonaten passirbar ist; ferner die hohen Preise, welche in Europa und namentlich in Frankreich bezahlt wurden, wohin die grösste Menge ging; endlich der Umstand, dass eine grosse Anzahl Kameele, Maulthiere, Esel und Pferde, welche in Samsun der Missernte wegen keine Verwendung fanden, hieher gebracht und zum Getreidetransport benützt wurden.

Von Mais wurde auch 1873 nicht mehr als in früheren Jahren producirt; denn, obwohl sich der hiesige Boden an vielen Orten zum Anbau dieser Frucht eignet, haben doch Versuche an andern, bisher nicht mit Mais bebauten Stellen kein günstiges Resultat geliefert.

Die Anpflanzung von Fisolen wird jedes Jahr mit grösserem Eifer betrieben, wozu die bedeutende Frage nach diesem Artikel in Frankreich und während des Jahrs 1873 auch in Triest den Anlass bietet. Die hier erzeugte Fisole ist eine ganz eigenthümliche und sehr geschätzte Gattung.

Unter den Einfuhren in Marseille erscheinen Fisolen als Provenienz aus Constantinopel, während sie für diesen Platz blos Transitwaare sind; denn selbst die genannte Hauptstadt versorgt sich hier mit Fisolen. Namentlich die für die Armee bestimmten Fisolen werden in Trapezunt selbst und hauptsächlich in dem 2 Stunden von hier entfernten Platana gebaut.

Nüsse und Haselnüsse sind ein sehr bedeutender Ausfuhrartikel dieser Provinz; insbesondere Kirassonda liefert namhafte Mengen dieser Früchte, welche zu den besten der Türkei zählen und deshalb in Constantinopel, wie überall, sehr geschätzt sind. Im Jahre 1873 wurden mehr als 200.000 Ctr. im Werthe von 1 türk. Lira pr. Ctr. exportirt.

Aepfel und Birnen kommen aus Gumisch-Chané, einer Caravanen-Station, die, 8 Stunden von Trapezunt entfernt, an der Erzerumer Strasse gelegen ist. Von diesen in der Türkei ebenfalls sehr beliebten Früchten wurden 1873 ungefähr 30.000 Ctr. von hier nach Constantinopel geschickt.

Kartoffeln fanden erst vor wenigen Jahren Eingang bei den hiesigen Landwirthen, und zwar verdankt man dies einem Engländer, Hrn. Steavens. Im Jahre 1873 wurden davon 75.000 Ctr. exportirt.

Die Rinderpest, die in dieser Provinz einige Jahre hindurch herrschte, hat in einigen Districten ganze Heerden zerstört; doch seit dem Aufhören der Seuche ist wieder Hoffnung vorhanden, dass der Schaden durch den Nachwuchs allmälig gut gemacht werde.

Grepe-Federn waren eine Zeit lang ein ziemlich bedeutender Exportartikel von hier aus nach England; er erreichte jährlich eine Summe von 5000—6000 Pfd. Stlg. Ein Fell dieses Wasservogels wurde bis zu 12 Schilling bezahlt; da aber derselbe jetzt an der hiesigen Küste äusserst selten geworden ist und sein Gefieder in England auch nicht mehr so hoch bezahlt wird, nahm die Ausfuhr bedeutend ab.

Nichtsdestoweniger machen die Eingebornen noch immer Jagd auf diese Vögel, sobald sie sich am Meere zeigen, und schicken sie direct an Kürschner nach London, die aus dem äusserst zarten Felle Damenmuffe u. dgl. machen.

Buchsbaumholz wird aus dieser Provinz jährlich bis zu einer Menge von 40.000 Centner exportirt; beinahe die Hälfte davon geht nach England; der Rest vertheilt sich in kleinen Partien auf verschiedene grössere Seehäfen. Die Ausfuhr wäre noch bedeutender, wenn die Holzhändler nicht so namhafte Transportkosten zu tragen hätten, um die Waare an Bord zu schaffen, indem die Wälder ziemlich weit von der Küste entfernt und, ausser in den Städten, keine Strassen oder doch wenigstens zugängliche Wege vorhanden sind.

Im Walde kostet das Holz gar nichts; es bedarf nur eines Erlaubnissscheines (Teskerés) Seitens der Localbehörde, und Jedermann ist berechtigt, Holz zu fällen. Der Gewinn der türkischen Regierung besteht nur in dem für das Holz zu entrichtenden Ausfuhrzolle. Ausserdem finden die Eingebornen, welche den Transport besorgen, auf diese Art ihren Unterhalt.

Nussbaumholz bildet in diesem Zweige des Exporthandels den bedeutendsten Artikel. Kirassonda, das reich an Wäldern ist, liefert allein 2/3 von sämmtlichen exportirten Hölzern.

Der Localhandel von Trapezunt, insofern er als ein Zweig der Importation betrachtet werden kann, bildet einen Theil des anatolischen Handels.

Die Bewohner dieser Stadt, da sie natürlich im Allgemeinen von europäischen Artikeln mehr sehen und kennen, als die Bewohner im Innern des Landes, stehen auch in Bezug auf den Verbrauch derselben im Vordergrund. Sie trinken Bier und andere aus Europa eingeführte Getränke, kaufen Pariser Waaren, Schmuckgegenstände u. dgl., welche den Bewohnern der entfernteren Dörfer noch ganz unbekannt sind.

Man kann den Localhandel von Trapezunt immerhin auf 40.000 türk. Lire (365.000 fl.) jährlich veranschlagen, wovon die eine Hälfte auf europäische Waaren, die andere auf Producte des ottomanischen Reiches (mit Ausschluss dieses Theils von Klein-Asien) entfällt. Unter den letzteren befinden sich Seidenstoffe, Tuchwaaren etc.

Die Preise der Lebensmittel standen zu Ende 1873 im Allgemeinen um 1/3 höher als am Schlusse des Vorjahrs; einzelne Artikel sind um 100 pCt. gestiegen. Der nächste Grund hiefür liegt in der übermässigen Ausfuhr nach Constantinopel. Wie sich das Preisverhältniss in beiden Jahren stellte, ist aus dem folgenden Nachweis zu entnehmen:

	Menge	Preis, Silberpiaster *) 1872	1873
Rindfleisch	1 Oka **)	2 1/4	3 1/2
Schweinefleisch	1 "	1 1/2	4
Hammelfleisch	1 "	3	4 1/2
Butter	1 "	9	15
Eier	100 Stück	12	18
Käse	1 Oka	4 1/2	9
Hühner	1 Stück	4	6
Holz	1 Cantar ***)	4	8
Holzkohle	1 Oka	1/4	1/2

Eine kleine Gattung Sardellen, Hamsi genannt, welche zur Winterszeit gefangen werden, sind ihrer fabelhaften Billigkeit wegen (pr. Ctr. 70 Para oder kaum 20 kr.) das Hauptnahrungsmittel der Bewohner von Trapezunt und Umgebung.

---

*) 1 Silberpiaster = ca. 10 kr. ö. W.
**) 1 Oka = ca. 2·3 Wr. Pfd.
***) 1 Cantar à 44 Oka = 1 Wr. Ctr.

Zu der bedeutenden Menge dieser Fische, die in frischem Zustande gegessen werden, kommen noch grosse Massen, die eingesalzen werden, um damit über Sommer und bis zum nächsten Fischfang auszureichen.

Man berechnet, dass der jährliche Ertrag dieser Fischerei, welche übrigens 1873 weniger ergiebig als gewöhnlich war, sich auf 10.000 Ctr. belaufe.

Die Preise der vorzüglichsten Export- und Importgegenstände von Trapezunt im Jahre 1873 sind in der folgenden Tabelle zusammengestellt:

Exportgegenstände	Menge	Piaster
Mais	Kilé*)	15—16
Buchsbaumholz	Cantar	30—45
Nussbaumholz	„	125
Tabak	Oka	24—60
Roggen	Kilé	30—40
Fisolen	Cantar	30—45
Wolle	Oka	5—6½
Baumwolle	„	6
Teftik (Häute)	Stück	8—11
Importgegenstände		
Zucker	Oka	7—7½
Kaffee	„	14—18
Thee	„	30—90
Kerzen	„	16—18
Seife	„	6—7½
Petroleum	Fass	75—100

Da Trapezunt bekanntlich keinen Hafen hat, sondern eine offene Rhede ist, ausserdem auch die Schiffe keinen guten Ankergrund finden, so ist es in der Winterszeit für Segelschiffe beinahe unmöglich, hier zu landen. Dampfschiffe müssen, nachdem sie die doppelten Anker geworfen, zu jeder Jahreszeit die Maschine fortwährend geheizt halten, um für alle Fälle die hohe See erreichen zu können, da oft das Wetter von einer Stunde zur andern sich ändert.

Schon seit vielen Jahren ist deshalb die Rede davon, einen Hafen zu bauen, allein die hohen Kosten, welche auf nahezu 1½ Mill. fl. veranschlagt sind, bildeten bisher das wesentlichste Hinderniss gegen die Ausführung dieses Projectes.

In Trapezunt gibt es weder Banken noch Banquiers, und dieser Mangel macht sich in allen Schichten der Bevölkerung fühlbar. Nicht einmal die Ottoman-Bank, die doch in den meisten grösseren Städten der Türkei Filialen besitzt, ist hier durch eine solche vertreten.

Die Seeversicherungs-Gesellschaften „Helvetia", „Schweizer Lloyd", „Lyonnaise", dann die allgemeine Assecuranzanstalt „Gironde" haben hier ihre Agenten. Kein einziges Wohnhaus, Magazin oder sonstiges Gebäude in Trapezunt ist versichert.

Die Wechselcourse richten sich mit nur geringen Differenzen zumeist nach den Notirungen in Constantinopel. Im Jahre 1873 variirten die Sätze für Wechsel 3 Monate à dato wie folgt: London 108½—111 Piaster, Marseille 23—23·60 Pstr. pr. türkische Lira à 100 Pstr.

Die Telegraphenlinie zwischen Poti und Trapezunt, welche im April 1873 eröffnet wurde, verbindet nun das türkische Telegraphennetz mit dem russischen und per-

*) 1 Kilé = ca. 0·6 Wr. Metzen.

sischen. Die grosse Menge der auf dieser Linie beförderten Depeschen spricht für deren Wichtigkeit.

Nebst der türkischen Landpost, die jede Woche einmal von hier nach Erzerum geht und am nächsten Tage wieder zurückkehrt, dann den Gesandtschaftscourieren zwischen hier und Teheran giebt es noch zur See wochentlich einmalige Postverbindungen mittelst österreichisch-ungarischer, französischer, russischer (aus Constantinopel und Batum) und türkischer Dampfer.

Lange währte es, bevor zwischen hier und der Grenze Persiens über Erzerum eine fahrbare Strasse hergestellt wurde. Französische Ingenieure leiteten den Bau, der bei 20 Mill. Francs kostete, aber leider so mangelhaft geführt wurde, dass schon jetzt diese Strasse, die vor kaum 4 Jahren dem Verkehr übergeben wurde, an manchen Stellen ganz unpassirbar ist und selbst für Kameele, die wohl kaum durch gute Strassen verwöhnt sind, den ganzen Winter hindurch unzugänglich bleibt.

Es ist wohl kein Zweifel, dass die Eisenbahnlinie Poti-Tiflis dem hiesigen Transit-Handel sehr geschadet hat, doch keineswegs in dem Maasse, dass derselbe dadurch geringfügig geworden wäre.

Güter von Werth, namentlich Seide und andere kostbare Artikel, zieht man vor, über Poti zu spediren, doch die Masse der anderen Waaren nimmt nach wie vor ihren Weg von hier über Erzerum nach Persien und ebenso die Exportgegenstände denselben Weg zurück.

Nach den übereinstimmenden Angaben der hiesigen Kaufleute ist der Export im Jahre 1873 geringer als im Vorjahre gewesen, und doch sind noch nie so zahlreiche und schwerbeladene Caravanen nach Persien gegangen und von dort zurückgekommen, als es eben in 1873 der Fall war.

Der geringe Marktwerth der Baumwolle in Europa hat es den Kaufleuten unmöglich gemacht, grosse Mengen zu exportiren, da der Preis der Waare im Verein mit den theueren Transportspesen aus dem Innern hieher und mit den Kosten der Weiterversendung den in Europa dafür gebotenen Betrag überstiegen hätte.

Aus derselben Ursache wurden auch getrocknete Früchte nur in unbedeutender Menge versendet, da eine Concurrenz mit den Trauben, Feigen etc. aus anderen Orten der Türkei, wie z. B. aus Smyrna, unmöglich erschien.

Schon seit mehreren Jahren nahm der Export dieser Früchte immer mehr ab und nun ist er gleich null. Dieselben gehen durchgehends über Russland und können für den Transitverkehr mit Persien als verloren betrachtet werden.

Die Hauptgegenstände der Ausfuhr waren Wolle, etwas Seide, Ziegen- und Schaffelle, Teppiche etc.

Baumwollmanufacturen nehmen, wie immer, unter den Importartikeln den ersten Platz ein und sind fast ausschliesslich (ca. 90 pCt. des Ganzen) englische Waare. Nur Shawls und andere farbige Stoffe werden wegen ihrer staunenswerthen und unübertrefflichen Billigkeit aus der Schweiz bezogen; wogegen die Industriellen Oesterreich-Ungarns nicht einmal noch versucht haben, ob es nicht doch möglich wäre, in diesen mannigfaltigen Artikeln irgendwie als Concurrenten aufzutreten. Die Schweizer verstehen es in ganz eigener Weise, den Geschmack jeder einzelnen Stadt der Levante zu erforschen, um darnach ihre Stoffe zu weben und zu drucken; auch gelingt es ihnen, ihre Waare zu einem wahrhaft unglaublichen Preise anbieten zu können.

Die Einführung des neuen Tarifs für den Transithandel mit Persien, wornach von den für jenes Land bestimmten oder von dort kommenden Waaren nicht mehr, wie früher, 10 pCt. bei der hiesigen Douane erhoben werden, hat, wenigstens bis Ende des Jahrs 1873, noch nicht das Resultat herbeigeführt, das man als so heilbringend für den Handel zu erwarten berechtigt war. Doch steht zu hoffen, dass die Kaufleute, welche mit dem Vorgange der türkischen Zollbehörde an der Grenze nicht einverstanden sein mögen, die neue Massregel baldigst ihrem wahren Werthe nach zu schätzen lernen werden.

Gegenwärtig können nämlich die mit Schiffen hier ankommenden Waaren sofort verladen werden, ohne die Förmlichkeiten bei der hiesigen Douane durchmachen zu müssen, die früher überdies noch an der Grenze wiederholt wurden, was bei der Versendung einen grossen Aufenthalt und dadurch oft Schaden brachte.

Die Hauptursache, dass der Transithandel seit Beginn der Wirksamkeit des neuen Zolltarifs nachgelassen hat, dürfte wohl in dem elenden Zustande der Erzerumer Strasse und in dem dadurch äusserst erschwerten Verkehre zu suchen sein. Von November bis März und vielleicht noch länger können weder Fourgons noch Kameele passiren; in dieser Jahreszeit lässt sich der Transport nur äusserst mühsam auf Pferden, Maulthieren und Eseln besorgen.

Deshalb senden die Kaufleute während der bezeichneten Monate ihre Waaren mit Vorliebe über Poti-Tiflis, obwohl dieser Weg bedeutend kostspieliger ist. Dafür sind sie aber auch sicher, dass ihre Waare am Bestimmungsorte ankommt, während sie auf der Erzerumer Strasse besorgen müssen, dass ihre Sendung bis zum Frühjahre im Schnee vergraben bleibt.

Die Umstände, welche beim Transithandel nach und von Persien zu Gunsten Trapezunt's sprechen, mögen folgende sein: einerseits Zeitersparniss durch Sendung der Waaren über Erzerum, anstatt über Tiflis, wegen der häufigen Entgleisungen der Eisenbahnzüge und der Schwierigkeiten beim Uebergang über den Berg Suram; anderseits Zeitverlust bei dem Transport zur See bis Batum, der Umschiffung nach Poti und der abermaligen Verladung auf die Eisenbahn.

Ausserdem ist es wegen der äusserst gefährlichen Brandung bei der Einfahrt in den Rion und wegen der vielen seichten Stellen dieses Flusses sehr oft unmöglich, nach Poti zu kommen.

Ein fernerer Umstand, der für die Erzerumer Strasse günstig wirkt, ist die grössere Billigkeit auf diesem Wege; denn, wie man versichert, kommt der Transport über Russland um 20 pCt. höher zu stehen, daher es sich nur für kostbare Artikel lohnt, diese grössere Ausgabe zu machen.

Wenn aber einmal der Hafen von Sukum-Kalé und die Bahnlinie Sukum-Kalé-Kutaïs vollendet sein werden, ist der Platz- und Durchfuhrhandel für Trapezunt stark gefährdet, wenn nicht gänzlich verloren

Schliesslich sei noch bemerkt, dass, so lange die österreichisch-ungarischen Fabrikanten und Kaufleute nicht den Meter als Längeneinheit und den Franc als Währung für Geschäfte in der Türkei annehmen, es eine Unmöglichkeit ist, nach dieser Richtung Transactionen zu unternehmen.

Handelsverkehr von Rhodus im Jahre 1874.

Rhodus. Der Ein- und Ausfuhrhandel dieses Platzes lieferte während des letztverflossenen Jahrs im Ganzen genommen die gleichen Ergebnisse wie derjenige von 1873. Eine mässige Zunahme ergab sich zumeist nur in Getreide; ebenso hat auch das Geschäft in Schwämmen infolge lebhafter Nachfrage aus England einen grösseren Gewinn abgeworfen.

Der Handelsverkehr mit Oesterreich-Ungarn beschränkte sich, wie gewöhnlich, auf die Ausfuhr von Schwämmen und auf die Einfuhr von Colonialwaaren, Tauwerk,

Butter und anderen Gegenständen durch die Vermittelung von Agenten verschiedener Triester Firmen.

Eine grössere Rührigkeit wurde bei der Ausfuhr nach dem übrigen Auslande bemerkbar; namentlich gingen bedeutendere Partien von Vallonea, ölhaltigen Samen, Schafwolle, Häuten, Schwämmen und anderen Producten nach Frankreich und England.

Wie gewöhnlich, behauptete auch voriges Jahr Marseille bezüglich der Waaren-Einfuhr den Vorzug vor Triest, was mit den besser convenirenden Marktpreisen und Schiffsfrachten daselbst zusammenhängt.

Die Platzpreise stellten sich beim en gros-Verkaufe wie folgt:

Einfuhrwaaren. Kaffee $11\frac{1}{4}$—13 Pstr., Zucker $5\frac{3}{4}$—$6\frac{1}{2}$ Pstr., Pfeffer 12—13 Pstr., Schrot $3\frac{3}{4}$—$4\frac{1}{2}$ Pstr., Seife 4—6 Pstr., Butter 13—18 Pstr., Oel $5\frac{1}{2}$—7 Pstr., Reis $2\frac{1}{2}$—3 Pstr., Alles pr. Oka; Eisen 100—150 Pstr. pr. Kantar.

Ausfuhrwaaren. Wachs $22\frac{1}{2}$—25 Pstr., feine Schwämme 150—280 Pstr., ordinäre 36—60 Pstr., Baumwolle 12—17 Pstr., pr. Oka; Weizen 32—39 Pstr., Gerste 16—19 Pstr., Sesam 42—48 Pstr. pr. Kilo; fichtene Bretter $3\frac{1}{2}$—$4\frac{1}{2}$ Pstr. pr. Stück; Vallonea 80—85 Pstr. pr. Kantar.

Die letztjährige Ernte von Getreide und Oliven konnte leider nur wenig befriedigen. Seidencocons wurden in grösserer Menge als während des Vorjahrs gewonnen.

Die Waareneinfuhr erreichte im Jahre 1874 einen Gesammtwerth von 2,565.700 fl., die Ausfuhr einen solchen von 3,765.800 fl. Zu den bedeutendsten Gegenständen dieses Verkehrs zählen nachbenannte Artikel:

Einfuhr.

	Werth, fl.		Werth, fl.
Stahl	18.000	Baumwollwaaren	300.000
Branntwein	70.000	Leinenwaaren	25.000
Schlachtvieh	100.000	Häute und Felle	67.000
Arbeitsthiere	55.000	Tuche	60.000
Verzinnte Bleche	30.000	Schrot	22.000
Krüge	28.000	Frische und gesalzene Fische	44.000
Tauwerk	23.000	Petroleum	90.000
Holz- und Steinkohlen	96.000	Ruder	20.000
Schreib- und Packpapier	42.000	Rum	14.000
Kaffee	230.000	Reis	100.000
Eiserne Ketten	25.000	Seife	100.000
Caviar	9.600	Stühle	25.000
Lederwaaren	70.000	Rohe Seide	23.000
Quincaillerien	28.000	Zinn	15.000
Eisen	59.000	Segeltuch	12.000
Käse	24.000	Erdgeschirre	12.000
Weizen	120.000	Rauch- und Schnupftabak	42.000
Leinsamen	12.000	Tumbeki	28.000
Indigo	15.000	Wicken	12.000
Brennholz	95.000	Glaswaaren	33.000
Werkholz	60.000	Zucker	28.000
Schafwollwaaren	60.000		

Ausfuhr.

	Werth, fl.		Werth, fl.
Aus Rhodus:		Johannisbrod	10.000
Branntwein	12.000	Zwiebeln	280.000
Aprikosen	34.000	Frisches und getrocknetes Obst	27.400

	Werth, fl.
Schwämme	70.000
Vallonea	9.000

Aus Marmarizza:

Wachs	57.000
Bau- und Brennholz	115.000
Holz	37.000
Flüssiger Storax	75.000

Aus Ikingi und Giuges:

Fischrogen	12.000
Wachs	14.000
Weizen	38.000
Mais	11.000
Leinsamen	40.000
Bau- und Brennholz	110.000
Honig	10.000
Gerste	9.000
Frische und gesalzene Fische	27.000

Aus Macri:

Anis	11.000
Wachs	13.000
Leinsamen	80.000
Weizen	220.000
Mais	25.000
Schafwolle	12.000
Bau- und Brennholz	60.000
Getrocknetes Gemüse	10.000
Gerste	22.000
Ziegenfelle	15.000
Blutegel	10.000
Hirse	10.000
Teppiche	18.000
Vallonea	60.000
Schlacht- und Arbeitsthiere	70.000

Aus Kalamaki und Cacava:

Wachs	8.000
Weizen	49.000
Mais	7.000
Leinsamen	38.000
Bau- und Brennholz	80.000
Gerste	12.000

Aus Antifilo:

Bohnen	7.000
Weizen	18.000
Bau- und Brennholz	53.000
Gerste	11.000

	Werth, fl.

Aus Finica:

Weizen	30.000
Mais	10.000
Leinsamen	28.000
Bau- und Brennholz	25.000
Gerste	6.000

Aus Tazza und Betza:

Getrocknete Feigen	26.000
Mandeln	14.000
Oel	16.000
Vallonea	30.000

Aus Castelrosso:

Schwämme	75.000

Aus Simi:

Schwämme	450.000

Aus Nizzero:

Mandeln	10.000
Vallonea	16.000
Schwefel	19.000

Aus Halki:

Schwämme	390.000

Aus Calimnos:

Schwämme	400.000

Aus Nicaria:

Kohlen	11.000

Aus Patmos:

Honig	7.000
Schwämme	38.000
Erdgeschirre	14.000

Aus Stampalia:

Schwämme	23.000

Aus Leros:

Schwämme	54.000

Aus Budrum:

Schwämme	29.000

Aus Tilos:

Schwämme	15.000

Am hiesigen Platze befindet sich blos eine österreichisch-ungarische Handelsfirma, nämlich jene von Ant. Stalio, welche in Manufacturen, Eisen und Eisenwaaren, Schrot, Colonialwaaren, Wachs, Häuten u. dgl. arbeitet. Das zweite, hierlands ansässige nationale Haus ist dasjenige von A. Casilli & Söhne in Macri, welches in Cerealien, ölhaltigen Samen, Vallonea und Werkholz zumeist Commissionsgeschäfte betreibt.

Schifffahrts- und Handelsverkehr von Alexandrien im Jahre 1873.

Alexandrien. Während des Jahrs 1873 sind in den beiden hiesigen Häfen 3048 Handelsschiffe von 1,314.599 Tonnen eingelaufen; hievon entfallen 2968 Schiffe mit 1,307.890 T. auf den alten und 80 Schiffe mit 6709 T. auf den sog. neuen Hafen.

Vergleicht man diese Ziffern mit den betreffenden Ergebnissen der drei Vorjahre, so zeigt sich, dass im Jahre 1873 die Anzahl der Schiffsankünfte sich gegen früher nicht vermindert hat. Man zählte nämlich:

1870	2797	Einläufe mit	1,199.081	Tonnen
1871	2849	„ „	1,262.602	„
1872	2953	„ „	1,238.740	„

Geht man noch weiter, etwa bis zum Jahre 1864 zurück, so findet man, dass während dieser ganzen Reihe von Jahren, also von 1864 bis 1873, der Tonnengehalt der im Hafen von Alexandrien eingetroffenen Handelsfahrzeuge sich so ziemlich gleich geblieben ist. Er variirte zwischen 1,200.000 und 1,380.000 Tonnen; am höchsten war er im Jahre 1866, wo 3659 Schiffe von 1,373.277 T. hier ankamen.

Unter den in 1873 eingelaufenen Schiffen befanden sich 492 Postdampfer, somit weniger als während der Vorjahre. Es trafen nämlich hier ein:

1867	530	Postdampfer	1870	623	Postdampfer
1868	550	„	1871	573	„
1869	651	„	1872	516	„

Dagegen war die Zahl der im Jahre 1873 eingetroffenen Waarendampfer bedeutend grösser als jene in den genannten 6 Vorjahren, wie aus nachfolgender Zusammenstellung ersichtlich wird:

1867	369	Waarendampfer	1871	330	Waarendampfer
1868	334	„	1872	366	„
1869	283	„	1873	441	„
1870	275	„			

Innerhalb dieser 7 Jahre entfiel sonach auf 1873 die grösste Anzahl Waarendampfer. Dieselbe ist derjenigen von 1864 mit 439 Waarendampfern fast gleich, steht aber den Jahren 1865 und 1866 mit 591, resp. 474 Dampfern nach.

Die Gesammtzahl der in 1873 eingelaufenen Segelschiffe beträgt 2134, wovon 1987 auf den alten und 147 auf den neuen Hafen entfallen. Gegen 1872 mit 2023 Segelschiffen zeigt sich eine kleine, gegen die Jahre 1869, 1870 und 1871 mit 1834, 1899 und resp. 1946 Segelfahrzeugen jedoch eine bedeutendere Zunahme.

Während des Jahres 1873 sind aus den beiden hiesigen Häfen 2967 Handelsschiffe mit 1,408.164 Tonnen Tragfähigkeit, darunter 480 Post- und 467 Waarendampfer ausgelaufen.

Die gesammte Hafenbewegung von Alexandrien im Jahre 1873 umfasste sonach (mit Ausschluss der Kriegsfahrzeuge) 972 Postschiffe, 908 Waarendampfer und 4154 Segelschiffe mit einer Tragfähigkeit von zusammen 2,722.763 Tonnen.

Der grösste Theil der Waarendampfer, nämlich 386, langten unter englischer, die meisten Segelschiffe (1214) unter türkischer Flagge hier an.

Oesterreich-Ungarn war unter den Handelsschiffen nur mit der verhältnissmässig sehr geringen Ziffer von 112 vertreten; es nimmt somit, was die Anzahl der Fahrzeuge anbelangt, den fünften Platz ein. Ihm voran gehen die Türkei, England, Griechenland und Italien.

In Betreff der eingelaufenen Waarendampfer folgen nach England: Frankreich mit 31 und die Türkei mit 15 Fahrzeugen.

Bei den Postdampfern stehen England mit 140, Frankreich mit 115 und Oesterreich-Ungarn mit 109 Schiffen in erster Reihe.

Die Arbeiten, welche hier im grossen Hafen von der englischen Gesellschaft Greenfield & Comp. mit einem Kostenaufwande von ca. 50 Millionen Francs ausgeführt werden und bis 1876 vollendet sein müssen, wurden auch im Jahre 1873 rüstig fortgesetzt.

Es ist nicht zu verkennen, dass durch diese im grossen Style herzustellenden Arbeiten der Hafen von Alexandrien den Schiffen all den Schutz und alle jene Erleichterungen beim Ein- und Ausladen bieten wird, die man nur immer von einem guten Hafen erwarten kann.

Die Anzahl österreichisch-ungarischer Schiffe von geringem Tonnengehalt nimmt jährlich ab; sie können eben die gewaltige Concurrenz der grossen Waarendampfer der Neuzeit nicht mehr aushalten.

Namentlich die hier erscheinenden englischen Fahrzeuge dieser Gattung vermehren sich beständig und verdrängen die kleinen Schiffe immer mehr aus diesem Hafen.

Ein Umstand, der während des Jahres 1873 zunächst für die Dampfer aus Triest und den italienischen Häfen sehr hinderlich wirkte, war die Quarantäne, welche hierorts gegen die Provenienzen aus den genannten Seeplätzen wegen der daselbst ausgebrochenen Cholera angeordnet wurde.

Die wichtigsten Bodenproducte Aegypten's, welche beim Export den Ausschlag geben, sind bekanntlich: Baumwolle, Zucker und Cerealien. Während es sich nun in früheren Zeiten, wenn von dem Export aus Aegypten nach Europa die Rede war, in erster Linie stets um die Cerealien handelte, ist jetzt dieser Ausfuhrartikel gegen die beiden anderen zurückgedrängt worden.

Aegypten war schon im Alterthum als Kornkammer berühmt und bis auf die Gegenwart herab blieb Getreide jederzeit eine bedeutende Exportwaare dieses Landes. Erst in jüngster Zeit kam es vor, dass nicht nur kein Getreide ausgeführt, sondern sogar Einiges davon importirt wurde. Es war das im Jahre 1865, infolge des massenhaften Anbaues der Baumwollpflanze.

Die Getreideausfuhr aus Aegypten ist überhaupt sehr grossen Fluctuationen unterworfen. So wurden, wie erwähnt, in 1865 gar keine Cerealien exportirt; drei Jahre später erreichte diese Ausfuhr 1,147.147 Ardeb, um in 1870 wieder auf 14.991 Ardeb herabzusinken.

In den folgenden drei Jahren hat sich zwar der Getreideexport abermals bedeutend gehoben, ist aber bei weitem nicht mehr so stark und wird auch voraussichtlich nicht mehr so bedeutend werden, als er es in früheren Perioden, beispielweise in den fünfziger Jahren, gewesen ist.

Es wird eben in neuerer Zeit hierlands viel weniger Getreide als früher angebaut, weil man sich immer mehr auf die Production der beiden andern wichtigen Export-Artikel, nämlich der Baumwolle und des Zuckers, verlegt. Was speciell das letztgenannte Erzeugniss betrifft, so hat es damit seine eigenthümliche Bewandtniss.

Die Cultur des Zuckerrohres wird in Aegypten erst seit der jüngsten Zeit, unter dem gegenwärtigen Vicekönig, in grossem Massstabe betrieben. Zahlreiche Fabriken zur Bereitung des Zuckers wurden vom Ismail Pascha in Ober- und Mittel-Aegypten errichtet und mit den besten Maschinen neuester Construction versehen.

Alles das ist Eigenthum der viceköniglichen Daira; sie allein lässt in Aegypten Zuckerrohr pflanzen, in den Fabriken zu Zucker verarbeiten und diesen sodann exportiren. Wie von mancher Seite behauptet wird, soll diese Industrie sehr kostspielig sein und jährlich ein nambaftes Deficit aufweisen.

Die Zuckerproduction wird für die beiden Jahre 1872 und 1873 auf 600.000 und resp. 1,100.000 Cantar geschätzt; davon entfallen ca. 58 pCt. auf weissen und 42 pCt. auf rothen Zucker. Der Consum Aegypten's ist mit 150.000 Cantar anzunehmen, so dass sich also für den Export ungefähr 450.000 Cantar in 1872 und 950.000 Cantar in 1873 ergeben.

Auf die einzelnen Länder vertheilt sich diese Ausfuhr nach ziemlich zuverlässigen Angaben wie folgt:

	Im Jahre 1872 Cantar	Im Jahre 1873 Cantar
Oesterreich-Ungarn	6.884	8.178
Frankreich	243.886	306.608
Italien	85.262	261.973
England	100.812	328.591
Malta	—	26.479
Belgien	—	11.610
Türkei	6.287	13.708
Syrien	12.695	10.222
Griechenland	—	217
Berberei	682	—
Zusammen . .	456.508	967.586

Die Bezüge der Türkei und Syrien's sind wohl zu niedrig angegeben, da sich mit ziemlicher Sicherheit annehmen lässt, dass nach den genannten Ländern bedeutend mehr ausgeführt wurde, ohne das Zollamt zu passiren.

Der Preis für weissen krystallisirten Zucker variirte im Jahre 1872 von 118 bis 138 Piaster, im Jahre 1873 von 111 bis 130 Pstr. pr. Cantar (77·58 bis 90·66 Francs und resp. 73·14 bis 85·20 Frcs. pr. 100 Kilo), frei an Bord.

Die ägyptische Baumwolle hat sich in verhältnissmässig kurzer Zeit eine ganz achtbare Stellung auf den europäischen Märkten errungen und wird dieselbe gewiss auch in Zukunft behaupten. Der grösste Theil dieses Productes geht von hier nach England, kleinere Mengen nach Frankreich, Italien, Oesterreich-Ungarn und Russland.

Während der Baumwoll-Campagne 1873/74 hatten die hiesigen grossen Export-Häuser sehr bedeutende Verluste zu beklagen. Die Lieferungscontracte, welche dieselben vor Beginn der eigentlichen Campagne mit den Producenten oder deren Vermittlern abgeschlossen hatten und in welchen die Preise des Vorjahrs als Grundlage angenommen wurden, brachten manche Baumwollfirma in die grössten Verlegenheiten.

Das Angebot in Liverpool war namentlich auch von Amerika her sehr namhaft und stellten sich infolge dessen die Preise bedeutend niedriger als im Vorjahre. Durch diese unglückliche Conjunctur soll der hiesige Platz mehrere hunderttausend Pfund Sterling verloren haben.

Handels- und Schifffahrtsverkehr von Bassein (Pegu) im Jahre 1874.

Bassein. Infolge der in Bengalen ausgebrochenen Hungersnoth wurden für Rechnung der englischen Regierung 289.534 Tons (à 2240 engl. Pfd.) Reis aus Britisch-Burmah bezogen. Davon lieferte Bassein 34.472 Tons, Rangoon 172.458 Tons, Moulmein 43.139 Tons, Akyab 39.465 Tons.

Der Gesammtexport von Reis aus Bassein hat im letztverflossenen Jahre eine Höhe wie nie zuvor erreicht, und giebt Zeugniss von der Ausdehnung der hiesigen Reisfelder.

Im Vergleich zum Vorjahre stellt sich diese Ausfuhr also:

Bestimmung	1874	1873
Europa	68.016 Tons	65.728 Tons
Calcutta, Madras-Küste und andere indische Häfen	34.419 "	1.016 "
Zusammen	102.435 Tons	66.744 Tons

Die Schiffe, welche an dem Export von Reis in beiden Jahren theilnahmen, vertheilen sich mit Rücksicht auf die einzelnen Flaggen wie folgt:

Flagge		1874 Anzahl der Schiffe	1874 Verschiffte Menge Tons	1873 Anzahl der Schiffe	1873 Verschiffte Menge Tons
Oesterreichisch-ungarische		2	1.896	2	1.687
Amerikanische		5	7.072	4	7.740
Deutsche		4	3.086	3	2.228
Englische	Segelschiffe	31	48.592	23	29.614
	Dampfer	20	31.941	6	8.244
Italienische		9	7.431	12	9.329
Norwegische		1	974	3	2.883
Russische		1	843	4	4.003
Spanische		1	600	—	—
Einheimische		—	—	10	1.016
Zusammen		74	102.435	67	66.744

Von den 2 im Jahre 1874 von hier abgegangenen österreichisch-ungarischen Fahrzeugen führte das eine 865, das andere 1031 Tons Reis auf Order nach Falmouth.

Die hiesigen Preise für Reis richten sich in der Regel nach denjenigen in Rangoon. Man bezahlt in Europa durchschnittlich 3 d. Sterling pr. Cwt. (112 engl. Pfd.) mehr für den Reis, der von Rangoon aus verschifft ist, als für Bassein-Abladungen, obgleich in der Qualität kein wesentlicher Unterschied vorhanden sein kann, da zwischen Rangoon und Bassein grosse Reisdistricte liegen, die beide Häfen zu gleicher Zeit versorgen.

Der erwähnte Preisunterschied bedingt, dass Bassein stets um 5 Rupees pr. 100 Baskets Paddy (ein Basket Paddy oder ungeschälter Reis wiegt ca. 55 engl. Pfd.)

niedriger als Rangoon bleiben muss, um den verhältnissmässigen Verkaufspreis zu erzielen.

Der hiesige Reismarkt eröffnete im Januar 1874 mit 6 s. 6 d. pr. Cwt., frei an Bord. Infolge des sehr dringenden und frühzeitigen Bedarfs kamen Zufuhren in so grosser Menge an den Markt, dass die Käufer bereits zu Ende Januar ihr Preisanbot um 7 d. reduciren konnten.

Da sich aber dann der Bedarf für Bengalen sehr fühlbar machte, war diese Ermässigung im Ankaufspreise nur von sehr kurzer Dauer, denn bereits Anfangs Februar waren die Käufer gezwungen, 6 s. 7 d. zu bieten, um genügende Anfuhren für den Bedarf an den Markt zu ziehen.

Im März liess die Frage wieder etwas nach und die Käufer reducirten dann ihren Preis auf 6 s. 2 d.; derselbe musste jedoch Mitte März um einige Pence erhöht werden, da sich die Zufuhren als ungenügend für den Bedarf erwiesen.

Durch hartnäckiges Zurückhalten ihres Products gelang es den Eingeborenen, dessen Marktwerth rasch in die Höhe zu treiben, und bereits zu Ende März waren die Abnehmer gezwungen, 7 s. 4 d. zu bewilligen. Aber trotz dieser Erhöhung entsprachen die Anfuhren noch immer nicht dem Begehr und Preise blieben im Steigen, bis sie Anfangs April mit 7 s. 9 d. ihren Höhepunkt erreicht hatten.

Dann aber wurden von Rangoon rasch fallende Preise gemeldet und diese Nachricht bewirkte, dass die Käufer, trotz momentanen dringenden Bedarfs, ihren Preis auf 7 s. 6½ d. herabsetzten, welcher Umstand, da er die Eingeborenen beunruhigte, alsbald bessere Anfuhren zur Folge hatte.

Bis Anfangs Mai fluctuirte der Werth des Artikels, je nach dem Bedarfe der einzelnen Käufer, zwischen 7 s. 6½ d. und 7 s. 7¾ d., frei an Bord; gegen Mitte desselben Monats liess jedoch die Frage plötzlich nach, da wegen äusserst ungünstiger Nachrichten von den europäischen Märkten sofort alle weiteren Unternehmungen eingestellt wurden.

Der Bedarf für die im Hafen anwesenden Fahrzeuge war um diese Zeit befriedigt und für später erwartete Schiffe konnten die Exporteure den Rest der Ladungen zu allmälig weichenden Preisen einlegen.

Ende Mai offerirte man blos 5 s. 4 d. pr. Cwt., doch wurden nur geringe Quantitäten zum Verkaufe ausgeboten, und nachdem der letzterwähnte Preis einige Tage lang bezahlt worden war, hörten die Zufuhren gänzlich auf. Ausser den wenigen Bootladungen, welche regelmässig für den localen Consum ankamen, blieb unser Markt von Ende Mai bis zum Jahresschluss ohne neue Sendungen.

Zu Preisen von 5 s. 10 d. bis 6 s. hätten noch bedeutende Partien an den Markt gezogen werden können, doch zeigte sich durchaus keine weitere Nachfrage und fand daher aller nachbleibende Reis aus unseren Districten, wie gewöhnlich, seinen Weg nach Rangoon, woselbst bis Ende des Jahrs ununterbrochen gute Frage für Europa und die Malacca-Strasse herrschte.

Das letzte Schiff der Saison ging am 7. November von hier nach Europa ab.

Der Anbau der Reisfelder für 1875 ist abermals in grösserer Ausdehnung als im letzten Jahre betrieben worden. Der Südwest-Monsoon setzte gegen Mitte Mai mit gewöhnlicher Heftigkeit ein und blieb das Wetter stets der Ernte günstig.

Die Qualität des neuen Paddy ist äusserst zufriedenstellend; das Ergebniss unserer sämmtlichen Districte wird auf 120.000 bis 125.000 Tons für den Export geschätzt.

Im Jahre 1874 wurden nur zwei Ladungen Salz hieher gebracht, nämlich: mit einem englischen Schiffe 1605 Tons von Liverpool, und mit einem italienischen 703 Tons von Trapani. Sowohl der aus dem Vorjahr gebliebene Vorrath, als auch die neuen Anfuhren fanden Abnehmer.

Das englische Salz bedang 4¼ Rupees pr. 100 Viss (= 8 s. 6 d. pr. 365 engl. Pfd.), während das italienische nur 3 bis 3¼ Rupees (= 6 s. bis 6 s. 6 d.) erzielte. Der Eingangszoll von 3 Annas pr. Maund (= 4½ d. pr. 82½ engl. Pfd.) wurde von den Verkäufern getragen.

Von der Küste von Burmah wurden während des letzverflossenen Jahrs 415 Tons Salz eingeführt, und da diese Sorte bei den Eingeborenen beliebter als das europäische Product ist, so ging obige Menge zu ca. 4½ Rup. pr. 365 engl. Pfd. rasch ab.

Die Einfuhr von Kohlen aus England betrug 2069 Tons und zwar wurden 300 Tons von einem englischen, 868 Tons von einem italienischen und 901 Tons von einem russischen Schiffe angebracht. Diese Kohlen waren lediglich für den Gebrauch der hiesigen 4 Reisschälmühlen bestimmt. Die am Platze vorhandenen Lager belaufen sich auf ca. 4000 Tons, sind also genügend, um die 4 Mühlen während der nächsten 2 Jahre zu betreiben.

Der Werth der vorjährigen Ein- und Ausfuhren wird aus nachstehender Zusammenstellung ersichtlich:

Einfuhren	Aus Europa Werth, Rupees	Aus indischen Häfen Werth, Rupees	Aus Burmah-Häfen Werth, Rupees
Kleidungsstücke	410	—	—
Betelnüsse	—	30.499	—
Kohlen	45.565	125	—
Baumwollgarne und derlei Gewebe	—	87	—
Eisenwaaren	170	—	—
Reissäcke (Gunnies)	—	249.430	12.300
Salz	52.900	—	6.705
Teak-Bauholz	—	—	3.500
Tabak	—	19.422	2.000
Zucker	—	560	—
Sonstige Artikel	20.880	43.628	66.983
Ausfuhren			
Rohe Baumwolle	—	120	1.260
Cutch	—	1.800	—
Häute	—	200	—
Petroleum	—	—	445
Reis	4,421.040	2,237.235	—
Teakholz	5.200	—	—
Tabak	4.625	200	1.855
Sonstige Artikel	1.629	1.979	6.944

Der im vorigen Jahre eröffneten Telegraphenlinie via Henzadah und Rangoon nach Europa steht eine für die Schifffahrt sehr wichtige Ausdehnung bis nach Diamond-Island an der Mündung unseres Flusses bevor. Diese Insel liegt äusserst günstig für Schiffe, die auf Order ihres Ladungshafens (sei es Bassein, Rangoon, Akyab oder Moulmein) einlaufen und können die Schiffer nach Vollendung dieser Linie ihre Aufträge telegraphisch erhalten, ohne, wie bisher, den beschwerlichen Weg zur Stadt in dem Schiffsboote machen zu müssen.

Ein weiterer Beweis, dass unser Hafen durch den jährlich sich ausdehnenden Exporthandel an Bedeutung gewonnen hat, ist die seit November 1874 eröffnete erste directe Postverbindung mit allen bedeutenden Häfen zwischen Calcutta und Singapore.

Es werden monatlich Dampfer der British India Steam Navigation Company Limited von Calcutta über Chittagong, Akyab Kyoukhpyoo, Sandoway, Bassein,

Rangoon, Moulmein, Tavoy, Mergui, Pakshan, Kopah, Junk-Ceylon, Penang nach Singapore expedirt, die auf der Rückreise alle eben bemerkten Häfen für die Post und für Güter anzulaufen haben.

Bassein kann demnach mit Calcutta und Singapore, sowie mit den Zwischenhäfen direct correspondiren, während früher alle Briefe kleinen, von drei Leuten geführten Postcanoes anvertraut werden mussten, welche dieselben dann nach dem Postamte in Rangoon brachten, von wo die Weiterbeförderung veranlasst wurde.

Unsere Postverbindung mit Rangoon hat erfreuliche Verbesserungen erfahren. Seit Februar 1874 fährt ein kleiner Dampfer der Irrawaddy Flotilla Company regelmässig wochentlich einmal zwischen Rangoon und Bassein, der die Reise immer in 36 Stunden zurücklegt. Diesem soll noch ein zweiter zugesellt werden, so dass später zweimal pr. Woche eine Fahrgelegenheit mittels Dampfer von Rangoon hieher und umgekehrt zur Verfügung stehen wird.

Der jetzt regelmässig und zuverlässig fahrende eine Dampfer erhält von der Regierung eine angemessene Vergütung für die Beförderung der Post von und nach Rangoon.

Derzeit gehen noch wochentlich drei Postcanoes nach Rangoon, doch wird dieses Verbindungsmittel aufhören, sobald der erwähnte zweite Dampfer, der eben in England gebaut wird, in Fahrt gesetzt ist. Die Postcanoes brauchen 60 Stunden, um Rangoon zu erreichen.

Personalnachrichten.

— Seine k. und k. Apostolische Majestät haben den Kaufmann W. N. Latimer in S. Juan de Puerto Rico zum unbesoldeten Consul daselbst mit dem Rechte zum Bezuge der tarifmässigen Consulargebühren allergnädigst zu ernennen geruht.

(Allerhöchste Entschliessung vom 28. März 1875.)

— Seine k. und k. Apostolische Majestät haben den Handelsmann S. Salomon in St. Helena zum unbesoldeten Consul daselbst mit dem Rechte zum Bezuge der tarifmässigen Consulargebühren allergnädigst zu ernennen geruht.

(Allerhöchste Entschliessung vom 20. April 1875.)

— Seine k. und k. Apostolische Majestät haben den derzeitigen Gerenten des k. und k. Honorar-Generalconsulats in Havana, Gustav Kohlsen, zum unbesoldeten Generalconsul daselbst mit dem Rechte zum Bezuge der tarifmässigen Consulargebühren allergnädigst zu ernennen geruht.

(Allerhöchste Entschliessung vom 16. Mai 1875.)

— Seine k. und k. Apostolische Majestät haben den derzeitigen Gerenten des k. und k. Generalconsulats in St. Petersburg, Friedrich Ludwig Kern, zum Honorarconsul bei dem gedachten Amte allergnädigst zu ernennen geruht. (Allerhöchste Entschliessung vom 19. Mai 1875.)

— Seine k. und k. Apostolische Majestät haben zu gestatten geruht, dass der k. und k. Viceconsul B. Bonafin das Ritterkreuz des päpstlichen St. Gregor-Ordens annehmen und tragen dürfe. (Allerhöchste Entschliessung vom 10. Juni 1875.)

— Der neu ernannte k. und k. Generalconsul Dr. Karl Ritter v. Scherzer hat die Leitung der Commerzkanzlei bei der k. und k. Botschaft und des Generalconsulats in London; ferner der neu ernannte k. und k. Generalconsul Stefan Ritter v. Herzfeld die Leitung des Generalconsulats in Smyrna bereits übernommen.

— Der neu ernannte k. und k. Generalconsul Francesco di Sorvillo in Neapel hat nach erfolgter Anerkennung Seitens der italienischen Regierung die Leitung der Dienstgeschäfte angetreten.

— Der k. und k. Consul Paul Reglia hat die Leitung des k. und k. Consulates in Ibraila bereits übernommen.

— Der neu ernannte k. und k. Consul Andreas Baas in Sydney wurde von der Colonial-Regierung in dieser Eigenschaft anerkannt.

— Der k. und k. Consul Joseph Haupt in Amsterdam, dann der k. und k. Consularagent A. C. Siderides in Gallipoli haben sich auf Urlaub begeben und werden für die Zeit ihrer Abwesenheit, der erstere durch den k. und k. Viceconsul M. Czikann, der letztere durch den k. britischen Consul A. Odoni im Amte vertreten.

Leipziger Ostermesse 1875.

Leipzig, 20. Mai 1875. Die diesjährige Ostermesse, welche ungewöhnlich frühzeitig in den ersten Tagen des April begann, ist im Ganzen sehr unbefriedigend verlaufen. Nur in wenigen Branchen, z. B. im Rauhwaarenhandel, wurden ausnahmsweise günstige Ergebnisse erzielt.

Zu der immer noch andauernden, durch Ueberproduction wesentlich geförderten, hin und wieder bis zur förmlichen Stagnation gesteigerten Gedrücktheit in Manufactur- und Fabrikwaaren gesellte sich auch die unfreundliche Witterung, welche kein flottes Frühjahrsgeschäft aufkommen liess, ja Veranlassung war, dass von den schon vor der Messe bestellten und bezogenen Saisonartikeln nicht unbedeutende Partien den Verkäufern zurückgegeben worden sind, was allerdings ein von Vielen derselben durch frühere Gestattung verschuldeter Missbrauch ist.

Von den regelmässig die hiesige Ostermesse besuchenden Käufern aus dem Norden und Süden, sowie aus transatlantischen Ländern (Nordamerika war kaum halb so zahlreich wie sonst vertreten) fehlten nicht wenige, was zwar durch den auch anderwärts herrschenden trägen Gang des Geschäftes sich erklärte, darum aber nicht minder nachtheilig den Messverkehr beeinflusst hat.

Der jederzeit in die ersten Tage der hiesigen Messen fallende Umsatz in fabricirtem Leder hat jedoch auch diesmal seinen gewöhnlichen raschen Verlauf genommen. Obwohl der lange Winter dem Consum nicht günstig war, hat diese von der Ueberproduction noch nicht heimgesuchte Branche nur wenig von der fast alle Fabricationszweige schädigenden rückgängigen Conjunctur im Handel zu empfinden gehabt.

Die Zufuhr war keine reichliche und die hin und wieder eingetretenen Preis-Ermässigungen wurden durch die mangelhafte Trocknung der Waare wenigstens zum Theil ausgeglichen.

Für französische Rechnung scheint nichts aus dem Markte genommen worden zu sein; man hatte schon vor der Messe seinen Bedarf direct von den Fabriksplätzen bezogen.

Sohlleder von Prima-Qualität war knapp und behauptete seinen Preis; von den anderen Sorten wurden im späteren Verlauf des Geschäftes einzelne Posten etwas billiger abgegeben. Vacheleder gab im Allgemeinen etwas nach, jedoch nicht in den leichteren Qualitäten, die zu Militärzwecken gesucht waren.

Die im Grossogeschäfte gezahlten Preise werden, wie folgt, angegeben: Prima-Sohlleder aus Trier, Luxemburg, St. Vith 67—70 Thlr., geringere Qualitäten 62—66 Thlr.; Malmedyer 62—68 Thlr.; Siegener Prima 66—68 Thlr., dergleichen Secunda 60—64 Thlr.; Eschweger in kräftiger Waare 56—64 Thlr., in minder gewählten Sorten 48—54 Thlr.; starkes deutsches Sohlleder 52—60 Thlr., leichteres Brandsohlleder 44—48 Thlr.

Vache-Leder fand vornehmlich in leichteren, für Militärbedarf tauglichen Gattungen Nachfrage und es galt: Prima 56—62 Thlr., Secunda 48—55 Thlr., extra starkes Riemleder 60—68 Thlr. pr. Ctr.; deutsches Rindleder 16—20 Ngr., vorzüglich feine Waare auch höher; braunes Kalbleder 30—40 Ngr.; Gera'er und aus anderen renommirten Gerbereien 45—50 Ngr.; Kipsleder bei mässigen Zufuhren 15—20 Ngr., feinere Sorten bis 26 Ngr.; Hamlock (amerikanisches Sohlleder) bei reichlichen Vorräthen, aber beschränktem Absatze 40—46 Ngr.; schwarzes Blankleder 17—20 Ngr., dergleichen helles 18—23 Ngr.; deutsches Rossleder 20—25 Ngr. pr. Pfund.

Lohgare Schaffelle haben ihren Preis ziemlich behauptet, während alaungare gegen die Preise der letzten Michaelis-Messe um 10 pCt. billiger waren. Im Allgemeinen zeigten die Gerber sich wenig geneigt, Zugeständnisse an den Preisen zu machen, und Einzelne zogen Partien, für die sie ihre Forderungen nicht durchsetzen konnten, lieber aus dem Markte zurück.

Das mit dem Ausfall der Ledermesse in Beziehung stehende Geschäft in rohen Häuten und Fellen zur Lederbereitung hatte von dem Drucke reichlich vorhandener Vorräthe zu leiden und wurde der ruhigere Verlauf der Ledermesse von den Gerbern zur Vermehrung dieses Druckes möglichst ausgebeutet. Für deutsche Waare sind daher ungleiche Preise gezahlt worden, die den Inhabern mehrfach Verlust brachten, ohne dass die Lager geräumt werden konnten.

Dagegen war das Angebot von überseeischen Häuten ziemlich knapp und wurden die Preise derselben folgendermassen notirt: Trockene schwere Buenos-Ayres-Ochsenhäute 38—43 Thlr., dergleichen Kuhhäute 38—45 Thlr.; trockene Rio Grande Augostura 35—38 Thlr.; trockene gesalzene Pernambuco 28—31 Thlr.; gesalzene Rio-Janeiro-Ochsenhäute 22½—23½ Thlr., derlei Kuhhäute 22½—24½ Thlr.; Augostura Cobello 32—36 Thlr.; nasse gesalzene Montevideo 24—25 Thlr.; Uruguay 24—25½ Thlr.

Für Kipse zeigte sich eine beschränkte, zögernde Nachfrage und gab dieser Artikel im Preise etwas nach, so dass Ima. leichte auf 48—52 Thlr., dergleichen schwere auf 33—38 Thlr.; IIda. leichte auf 36—40 Thlr., schwere auf 25—31 Thlr.; IIIa. leichte auf 28—30 Thlr., derlei schwere auf 20—22 Thlr. und IVta. Sortirung auf 20—23 Thaler sich stellte.

Für die schon seit längerer Zeit in sehr beengter Lage sich befindende Fabrication von Tuchen, Buckskin, Doubles und den vielnamigen Stoffen, welche unter der Tuchbranche zusammengefasst werden, ist die Messe sehr ungünstig verlaufen. Die namentlich im Exportgeschäfte seit Jahresfrist vorherrschende Stille ist noch nicht überwunden und fehlten daher viele von den zahlreichen Grossokäufern aus Holland, den Hansestädten, dem Norden und Süden.

Die entmuthigenden Berichte aus Nord- und Südamerika, Aegypten und Italien, sowie die nicht viel günstigeren Meldungen von den levantinischen und asiatischen Märkten hätten die Fabrikanten bestimmen müssen, ihre Production zu beschränken, was aber nur ausnahmsweise geschah, wie — von alten Beständen abgesehen — die belangreichen Zufuhren wahrnehmen liessen.

Nach den Vereinigten Staaten ist der Export von glatten Tuchen (Wagentuche ausgenommen), Satins und dergleichen auf ein Minimum reducirt und auch auf die importfähigen Artikel, wie feine rheinische, englische und französische Modestoffe, sind nur beschränkte Ordres gegeben worden. Selbst die in erster Linie noch in Betracht kommenden Kammgarnstoffe haben an Beliebtheit bereits sehr eingebüsst.

In glatten, farbigen und schwarzen Tuchen von Burg, Finsterwalde, Döbeln, Nossen, Kirchberg, Lengenfeld, Schwiebus etc. sind daher diesmal sogar sehr bescheidene Ansprüche an die Messe unerfüllt geblieben. In ¾- und ⅞-Tuchen war fast noch weniger Geschäft, da nicht blos die Frage zum Export, sondern auch diejenige für die Confection mangelt, indem die Mode andere und meist gemusterte Stoffe zu Frühjahr-Jaquetten, Mäntelchen etc. bevorzugt.

Sehr beeinträchtigt wurde das Geschäft in Sommerstoffen durch die anhaltend rauhe Witterung, da die nach Gewohnheit schon vor der Messe durch directen Bezug von den Fabrikanten mit dem ersten Bedarf ausgestatteten Lager der Zwischenhändler und Detaillisten nur wenig in Anspruch genommen worden waren und daher dieselben weder zum Besuch der Messe, noch zu weiteren Ankäufen besondere Veranlassung hatten.

Mit gemusterten Stoffen, welche den Markt noch lange dominiren zu wollen scheinen, ist übrigens von einzelnen Fabrikanten immer noch ein leidliches Geschäft gemacht worden. Cottbus fabricirt namentlich nach englischen Mustern, ohne jedoch das Charakteristische der englischen Waare, besonders in der Appretur, bisher erreicht zu haben. Grossenhain, Finsterwalde, Neudamm arbeiten im Musterfache mit mehr oder weniger Glück, und Görlitz, Grünberg, sowie andere Orte folgen ihrem Beispiele, indem sie bemüht sind, sich den von ihnen verlangten Modificationen in der Fabrication zu unterwerfen.

In seidegezwirnten und feinen glatten Stoffen liefern Grossenhain und Luckenwalde sogar Ausserordentliches im Wettstreite mit der belgischen und rheinischen Concurrenz. Spremberg, wo infolge des auf der Tuchbranche lastenden Druckes fast 70 Firmen in einem Jahre freiwillig oder durch Concurs eingegangen sind, producirt trotzdem immer noch zu stark und konnte demnach nur bei beliebten Mustern und kleinen Posten seine Preise behaupten.

Forste weiss sich die Bevorzugung seiner halbschweren Stoffe zu erhalten, indem es im Allgemeinen den Ansprüchen an Qualität und Muster bei mässigen Preisen genügt. Auch die halbschweren Fabrikate von Crimmitschau und Werdau fanden leichten Absatz.

Bei einer Umschau in den Lagern von Musterwaaren entwickelte sich übrigens die Ansicht, dass zwar eine Mannigfaltigkeit an und für sich geschmackvoll disponirter, einfacher Muster ausgestellt sei, dass man aber — gleichsam als habe die auf dem Verkehr lastende, durch den grossen Börsensturz hervorgerufene Krisis der Phantasie und dem Erfindungsgeiste die Schwingen gelähmt — nur wenigen Mustern begegne, die Zeugniss geben von Anstrengungen, darauf gerichtet, die mehr oder weniger betretenen Pfade zu verlassen und in selbstständiger, zeitgemässer Weise vorwärts zu streben.

In Bezug auf das mannigfaltige Fach der Manufacturwaaren, welches bekanntlich das ganze Jahr hindurch bis in ferne Länder besonders eifrig durch Handlungsreisende poussirt wird, liegt eigentlich die Frage nahe, was für den Messabsatz noch übrig bleiben soll.

Den Saisonartikeln (Frühjahrs- und Sommerwaaren) ist die anhaltend rauhe Witterung sehr nachtheilig gewesen. Die bereits vor der Messe für den gewohnten Bedarf ihrer Kundschaft versorgten Detaillisten und Zwischenhändler zeigten sich geneigter, einen Theil der erhaltenen Waaren zurückzugeben, als neue Ankäufe von Belang zu machen, und nicht wenige zogen es vor, den nicht viel versprechenden Verlauf des Saisongeschäftes zu Hause abzuwarten.

Das Messgeschäft war daher ein beschränktes und auch ein sehr ungleiches, indem der Hauptantheil denen zufiel, welche neue oder vorzugsweise beliebte Artikel anzubieten hatten. Meerane und mehr noch Glauchau, welche beide vorzüglich sächsische Stoffe fabriciren, äusserten sich sehr unzufrieden.

In baumwollenen Waaren arbeitet die Elsasser Concurrenz im deutschen Zollgebiete mit wachsendem Erfolg und bemächtigt sich namentlich der Stapelartikel mehr und mehr. Calicots sind besser abgegangen, als erwartet war, und scheinen zu Sommerkleidern begünstigt zu werden.

Sächsische baumwollene Strümpfe, die im Grosshandel nur noch nach Mustern bei dem Messverkehre vorkommen, sind zur Zeit vernachlässigt. Für den Export nach Amerika ist blos eine bunte Sorte, sog. Ringelstrümpfe, so lebhaft gefragt, dass die Effectuirung der Aufträge längere Zeit in Anspruch nehmen wird, weil keine hinreichenden, auf diese Specialität eingerichteten Stühle vorhanden sind.

Für baumwollene Rock- und Hosenstoffe (aus der Lausitz und vom Rhein) fehlte durchaus die gewohnte Nachfrage.

Voigtländische Weisswaaren leiden schon seit vielen Messen an mangelndem Absatz und fehlten hiefür auch diesmal die Haupteinkäufer. Wie es scheint, hat sich diese Fabrication die erweiterte Kundschaft, welche ihr während des deutsch-französischen Kriegs für feinere Artikel (Stickereien etc.) zugefallen war, nicht zu erhalten vermocht. Ausserdem beeinflussten Mode und Jahreszeit diese Branche ebenfalls sehr stark. Die bedeutenderen Fabrikanten besuchen übrigens die Messe nur noch mit Mustern.

Einer Ausnahme von dem ungünstigen Verlaufe der Messe erfreute sich derjenige Zweig der Wollwaarenfabrication, welcher gewirkte, sog. gestrickte, überhaupt wollene Winterartikel producirt, die während des letzten langen Winters im In- und Auslande stark consumirt worden sind. Reichliche Aufträge wurden in dieser Richtung ertheilt.

Die zahlreichen Phantasie-Artikel, wie sie Apolda und Berlin in Wolle liefern, waren auch diesmal beliebt.

In sehr gedrückter Lage befanden sich dagegen die Kammwollstoffe, welche unter den Folgen der Ueberproduction während der letzten Jahre und der immer fühlbarer werdenden Concurrenz des Elsass und auch wieder Frankreichs zu leiden haben.

Die Reuss'schen Fürstenthümer sind ein Hauptsitz dieser Industrie, welche klagt, dass ihr Absatzgebiet immer mehr beschränkt werde. Besonders hart wird von dieser Lage des Artikels die Handstuhlweberei betroffen, welche ausserdem durch die vermehrten Kraftstühle leidet und ihre Production neuerdings einschränken musste.

Seidenwaaren unterliegen seit längerer Zeit auch für den Export einer ungünstigen Conjunctur und das Leipziger Messgeschäft in dieser Branche theilte daher das vorherrschende Missgeschick.

Für kurze Waaren ist die Messe zwar keine gute, aber doch nicht unbelebt gewesen.

Amerika gab Aufträge für Weihnachtsartikel und kaufte auch für dort besonders gangbare Sachen nicht unbedeutend.

Für England wurden feinere Artikel genommen und nach ausgestellten Mustern Aufträge ertheilt, wovon auch die Wiener Fabrikate profitirten, welche durch reichhaltige und geschmackvoll ausgestattete Musterlager auf dieser Messe vertreten waren.

Dänemark, Schweden und Russland sind auf den Kurzwaarenlagern auch nicht unthätig gewesen.

Im Uhrengeschäft blieben namentlich Luxusuhren (Pendulen) vernachlässigt; auch Regulatoren konnten nur zu billigen Preisen verkauft werden. Taschenuhren (Schweizer Fabrikat) hatten zwar einen etwas lebhafteren, aber doch nur beschränkten Absatz.

Böhmische Glaswaaren vermissten viele von den sonst gewöhnlich zur Ostermesse erscheinenden Abnehmern für überseeische Märkte, die wenig zahlreich vertreten waren, nur mässige Auswahlen trafen und auch keine belangreichen Bestellungen hinterliessen.

Etwas lebhafter ist zwar der Absatz an Kunden aus nordischen Ländern gewesen; der Verkauf nach dem deutschen Zollgebiete blieb in Quantität und Qualität gegen sonst zurück, da feinere Waaren nur sehr wenig berücksichtigt wurden.

Das Ergebniss diesser Messe konnte demnach weder für die Fabrikanten, noch für die zahlreich anwesenden Händler mit Glaswaaren ein befriedigendes sein und haben daher mehrere derselben schon frühzeitig wieder den Platz verlassen.

Für den Rauhwaarenhandel ist die Leipziger Ostermesse seit langer Zeit von grosser Bedeutung und hat im Verlauf der letzten Jahrzehnte in dieser Richtung noch stetig zugenommen, so dass sie nicht blos für Europa, sondern überhaupt für den Welthandel in dieser Branche eine hervorragende Wichtigkeit erlangt hat.

Zur Ostermesse wird alljährlich die grösste Menge der in Mittel-Europa während des letzten Winters gesammelten Pelzfelle, die sog. Landwaare, im Gegensatz zu den amerikanischen, russischen und anderen nordischen Pelzfellen, nach Leipzig gebracht und geht von da in den Grosshandel über.

Aus den Vereinigten Staaten von Amerika und aus Canada kommen von dem gesammelten Pelzwerk aller Gattungen direct grosse Sendungen nach Leipzig und haben hiesige Häuser dort eigene Vertreter. Andere bedeutende Partien amerikanischer Pelzwaaren werden auf den Londoner Auctionen für Leipzig erstanden und zur Oster-Messe geführt.

Ebenso werden von den grossen sibirischen und russischen Märkten dortländige Pelzwaaren in grossen Quantitäten auf diese Centralmesse der Rauhwaarenbranche gebracht.

Der lange und strenge Winter liess diesmal einen lebhaften Bedarf voraussetzen und bei der ohnehin günstigen Situation des Rauhwaarengeschäftes trat daher schon vor der Messe an den Bezugsorten eine fast allgemeine Steigerung der Preise ein.

Bisam war in den Londoner Auctionen um 15—20 pCt., Schuppen um 30 pCt. theurer, der letztere als ein sehr gefragter Artikel, der nicht mehr wie früher nur zu Kleidungsstücken für den Winter, sondern auch als Modeartikel zur Garnitur starke Verwendung findet.

Secottern, die für Russland lebhaft gefragt waren, bedangen gegen voriges Jahr um 30 pCt., virginische Otter um 15 pCt. höhere Preise. Amerikanische Zobel in dunklen Sorten, virginische Iltis, die wieder in Gunst gekommenen Nerze, Skunks, Chinchillas hielten die bestehenden hohen und festen Preise.

Wolfspelze waren um 20 pCt. theurer, dagegen erlitten Biber bei starker Zufuhr eine Preisermässigung. Die beliebten Gattungen amerikanischer Füchse waren gefragt und wurden Kreuzfüchse um 30 pCt. und Silberfüchse um 35 pCt. theurer bezahlt.

Von russischen Waaren sind Feh durchschnittlich um 15 pCt., Hermelin um beiläufig 20 pCt. im Werthe gestiegen. Kolinsky und Treibel behaupteten ungefähr dieselben Preise. Auch für Landwaaren stellten sich die Preise entsprechend höher.

Die sonach fast durchgängig eingetretene Vertheuerung blieb jedoch bei dem lebhaften Bedarf ohne erheblichen Einfluss auf den Verlauf des Messgeschäftes, welches im Durchschnitte ein ziemlich gutes gewesen ist und sehr gut ausgefallen sein würde, wenn nicht die amerikanischen Käufer zurückhaltender als sonst sich verhalten hätten und dem entsprechend nicht der Umfang der Aufträge für Amerika an hiesige Commissionäre hinter dem Gewohnten zurückgeblieben wäre.

Auch die deutsche Kundschaft entwickelte angesichts der hohen Preise und der gedrückten Zeitverhältnisse nicht ihre volle Thätigkeit, vielleicht in der Meinung, im Laufe des Sommers mit einem und dem anderen Artikel etwas billiger ankommen zu können.

Von Griechen wurden geringe Sorten Feh- und Hamsterfutter, amerikanische Rothfüchse, deutsche Fuchsrücken, Luchse, geringe Gattungen schwarze Katzen, dann billige Sorten Nerz und französische Kaninchen ziemlich reichlich gekauft.

Oesterreich-Ungarn nahm vorzugsweise Bisam, Schuppen, französisches Kaninchen-, Feh- und Hamsterfutter, schwarze gefärbte Lammfelle und Katzen.

Russland zeigte grossen Bedarf und kaufte von deutschen Füchsen, was zu haben war; ferner nordische Füchse, ein beträchtliches Quantum von bosnischen, serbischen und deutschen Steinmardern, sowie einen Theil von Baummardern, ausserdem amerikanische Biber, Iltis, Schuppen, Bären, Bisam, Seeotter.

Frankreich griff auch lebhaft in den Markt ein, namentlich für Fehrücken, Fehwammenfutter, gefärbte Astrachane und Persianer, Skunks, schwarze Katzen und weisses Hasenfutter (von russischen weissen Hasen, die früher dem Haarschneider verfielen).

Gut vertreten war diesmal auch Schweden und kaufte reichlich Bisam, Schuppen, Landiltisse und Steinmarder, Feh- und Hamsterfutter.

Für England zeigten sich die Käufer nicht sehr animirt und bevorzugten mehr einzelne Artikel.

Die deutsche Kundschaft kaufte ziemlich viel Bisam und Nerz, dann Landmarder und Iltis, und hielt im Uebrigen, wie schon erwähnt, etwas zurück.

Die für deutsche Landwaare erzielten Preise stellen sich für die so gut wie geräumten Füchse auf 16—17 Thlr., für Otter auf 50—53 Thlr. das Bund; für Iltis auf 90—105 Thlr., für Steinmarder auf 235—245 Thlr., für Baummarder auf 250 280 Thaler pr. Zimmer, je nach Qualität.

Hasenfelle sind flau und bisher ohne grössere Umsätze geblieben, da deren Inhaber nur theuere Waare in Händen haben.

Für Zickelfelle, die gewöhnlich bei der Ostermesse eine Rolle spielen, ist dieselbe diesmal zu früh gefallen. Die Hauptsammlungen beginnen erst jetzt heranzukommen. Bisher zeigte sich nur für feine Waare einige Meinung; Mittelwaare ist in gedrückter Lage.

Lammfelle zur Handschuhfabrication werden hoch im Preise gehalten, begegnen aber nur geringer Kauflust und sind noch ohne massgebenden Einfluss geblieben.

Von der gewöhnlich während der zweiten Messwoche in der hiesigen Börsenhalle abgehaltenen Garnbörse lässt sich diesmal nur berichten, dass sie flau und der allgemeinen Stimmung entsprechend ohne nennenswerthe Umsätze verlief.

Die Fremdenfrequenz bei dieser in den meisten Richtungen ungünstigen Messe hat nach den Angaben des Polizei-Amtes 20.184 Personen betragen, steht also derjenigen bei der 1874er Ostermesse, welche 20.444 Personen erreicht hat, nur wenig nach.

Der Cours der österreichischen Bank- und Staatsnoten, welcher zu Anfang dieses Jahres mit 182—183 Mark für 100 fl. österr. Währ. notirt war, hat sich in jüngster Zeit fast unverändert auf 184 Mark bis 184 Mark 60 Pfg. behauptet und ist demnach dem gänzlichen Verschwinden des Silberagio wieder näher gerückt.

Handels- und Schifffahrtsverkehr von Edinburg und Leith im Jahre 1874.

Edinburg. Im Vergleich mit 1873 zeigte das letztverflossene Jahr in Betreff der Handels- und Schifffahrtsbewegung eine geringere Thätigkeit. Der Getreide- und Kohlenhandel, die bedeutendsten Factoren des hiesigen Verkehrs, lagen darnieder, was auch auf die Schifffahrt ungünstig einwirken musste. Im Ganzen aber haben die Kaufmannswelt und der Arbeiterstand wenig gelitten.

Allerdings sind mehrere Fallimente (das bedeutendste mit Passiven im Betrage von 45.000 Pfd. Stlg.) vorgekommen, dieselben betrafen aber zumeist nur Kohlen-Exporteure und zwar solche, die sich bei geringem Capital in nicht zu verantwortende Speculationen einliessen. Manch andere kleine Firma, die sich mit der Ausfuhr von Häringen beschäftigte, ging ebenfalls infolge unkluger Operationen zu Grunde.

Die verschiedenen Banken sind aber ohne Zweifel noch immer sehr solid, obgleich bei einigen die gewöhnlichen Depositen etwas abgenommen haben. Das Hauptmerkmal in den Bankgeschäften des Jahrs 1874 war ebenfalls Leblosigkeit. Es ergaben sich keine ungewöhnlichen Verluste, aber ebensowenig wurde ein ausserordentlicher Gewinn erzielt. Im Disconto waren die Veränderungen gering; der durchschnittliche Zinsfuss war $2^{3}/_{4}$ pCt.

Die Depositen und andere Hilfsquellen erreichten den hohen Betrag von 84,966.879 Pfd. Stlg., haben somit gegen das Vorjahr um 2,303.337 Pfd. Stlg. zugenommen.

Obwohl an Baarem und convertiblen Werthpapieren eine Abnahme um 1,514.219 Pfd. Stlg. eintrat, erreichte doch die in baarem Gelde, Regierungs- und anderen Werthpapieren vorhandene Summe die beträchtliche Höhe von 28,332.354 Pfd. Stlg.

Der folgende Ausweis gibt über die Gebarung der Banken im Jahre 1874 näheren Aufschluss:

Banken	Depositen und Circulation Pfd. Stlg.	Acceptirungen Pfd. Stlg.	Zinsen und Dividenden Pfd. Stlg.	Baares Geld, Noten, Consols und andere Werthpapiere Pfd. Stlg.	Verbindlichkeiten dem Publicum gegenüber Pfd. Stlg.
Bank of Scotland	10,782.149	2,321.917	440.857	4,176.593	13,104.066
Royal Bank of Scotland	10,928.190	810.667	615.988	3,751.748	11,738.857
British Linen Co.	8,379.762	507.385	469.798	2,735.202	8,887.147
Commercial Bank	10,287.680	432.625	497.295	3,484.112	10,720.305
National Bank	11,462.227	1,224.454	578.300	3,625.749	12,686.681
Union Bank	10,429.362	284.151	546.701	3,074.589	10,713.513
Clydesdale Bank	7,223.581	433.042	478.882	2,610.334	7,656.623
City of Glasgow Bank	9,660.645	1,009.946	565.500	2,833.526	10,070.591
North of Scotland B.	2,861.328	.	114.295	921.796	2,861.328
Aberdeen Town and County Bank	1,796.112	.	146.156	687.409	1,796.112
Caledonian Bank Co.	1,155.843	.	82.031	431.296	1,155.843
Summe für 1874	84,966.879	7,024.187	4,535.803	28,332.354	91,391.066
Summe für 1873	82,663.542	6,884.636	4,220.373	29,846.573	89,548.178
1874 Zunahme	2,303.337	139.551	315.430	.	1,842.888
1874 Abnahme	.	.	.	1,514.219	.

Nachstehende Tabelle enthält die Einzelnheiten in Bezug auf den von den verschiedenen Banken erzielten Gewinn, die Zu- oder Abnahme des Depositengeschäftes und die zur Vertheilung gelangten Dividenden:

Banken	Gewinn Pfd. Stlg.	Zunahme der Depositen Pfd. Stlg.	Abnahme der Depositen Pfd. Stlg.	Dividenden pCt.
Bank of Scotland	165.000	554.000	.	14
Royal Bank	202.000	.	175.000	9½
British Linen Co.	163.000	.	131.000	13
Commercial Bank	168.000	234.000	.	15
National Bank	185.000	454.000	.	16
Union Bank	163.000	.	41.000	15
Clydesdale Bank	154.000	274.000	.	14
City of Glasgow Bank	130.000	577.000	.	11
Aberdeen Town and County Bank	30.000	55.000	.	12½
North of Scotland Bank	45.000	277.000	.	11½
Caledonian Bank	19.000	111.000	.	14

In Schottland befinden sich derzeit 52 öffentliche Sparcassen, welche auf 22 Grafschaften (Shires) vertheilt sind. 10 Grafschaften entbehren dieser auf den Wohlstand der untern Volksclassen so einflussreichen Institute, nämlich: Argyll, das reiche Ayr, Clackmannan, Haddington, Kinross, Linlithgow, Orkney und Shetland, Peebles, Sutherland und Wigtown. In diesen Grafschaften haben die Arbeiter ein gutes Einkommen, von dem jedoch der grösste Theil in die Schänken wandert*).

Das Capital, welches sich am Schlusse des Jahrs 1874 in den 52 Sparcassen vorfand, betrug 4,637.427 Pfd. Stlg. Die Interessen bezifferten sich im Durchschnitt etwas unter 3 pCt. und die Verwaltungsspesen mit $^1/_4$—$^1/_4$ pCt. Die Zahl der Einleger wird mit 524.877 angegeben. Im Verhältniss zur Gesammtbevölkerung kam in Edinburg-Shire 1 Einleger auf 7·07 Einwohner; in Aberdeen-Shire auf 8·43 Einwohner; in Bute und Lanark auf 8·48 Einwohner; in Roxburg-Shire auf 9·56 Einwohner; in Banff-Shire auf 62·51 Einwohner; in Dumfries auf 77·74 Einwohner; in Berwick-Shire auf 132·15 Einwohner; in Ross und Cromarty auf 235·2 Einwohner.

Die Gebarung der Edinburg-Leither National-Versicherungs-Sparcasse war im letztverflossenen Jahr eine günstige. Am Schluss desselben befanden sich in der Casse 940.741 Pfd. Stlg. Die Geschäfte dieser Sparcasse haben sich während der letzten 8 Jahre ungemein entwickelt. Zu Ende 1866 war nur eine Summe von 562.000 Pfd. Stlg. vorhanden, also um ca. 378.000 Pfd. Stlg. weniger als in 1874; die gezahlten Interessen betrugen damals 16.000 Pfd. Stlg., dagegen in 1874 25.000 Pfd. Stlg.

Ein Drittel der Einleger sind Personen, welche weniger als 1 Pfd. Stlg. deponirten; ein Umstand, der für die Sparsamkeit der ärmern Classe zeugt. Die Anzahl der Hinterleger war 47.000, wornach mit Rücksicht auf die gesammte Einwohnerzahl von Edinburg und Leith ungefähr ein Sparender auf jede Familie käme.

Vergleicht man den Stand des Getreidehandels am Schlusse des Jahrs 1874 mit demjenigen zu Ende 1873, so findet sich, dass Ende December 1874 die Preise für Weizen sehr gefallen waren und dass jetzt das Publicum gegenüber den hohen Fleisch- und Butterpreisen ein verhältnissmässig billiges Brod geniesst.

Am 31. December 1873 bedang australischer Weizen 70 s. pr. Quarter von 500 Pfd., californischer und Oregon 60—70 s., Ghirka 61—63 s. pr. Quarter von 492 Pfd., amerikanischer Frühlingsweizen 2. Qualität 60 s. und rother Winterweizen 62 s. 6 d. pr. Quarter von 480 Pfd.

Dagegen forderte man am Schlusse des Jahrs 1874 für australischen Weizen ca. 50 s., für californischen und Oregon 48—49 s., für Ghirka 45 s. 6 d. bis 46 s. 6 d., für amerikanischen Frühlingsweizen 2. Qualität 46 s. und für rothen Winterweizen 1. Qualität 47 s.

Es ergiebt sich daher zu Gunsten des Abnehmers ein Unterschied von 18—20 s. pr. Quarter für feinen weissen Weizen, von 15 s. 6 d. bis 16 s. 6 d. für Ghirka, von 14—15 s. für Frühlings- und von 15 s. 6 d. für guten alten Frühlings- und rothen amerikanischen Winterweizen.

Auf dem grossen Markte war der Unterschied noch bedeutender, indem daselbst der Abschlag für baltischen, dänischen, amerikanischen Ghirka und andere russische Sorten, sowie für californischen und australischen 18—20 s. pr. Quarter betrug. Dieser grosse Rückgang in den Preisen ist der letzten günstigen Weizenernte zuzuschreiben.

Auch hierländischer Weizen theilte die fallende Tendenz. Während am 31. December 1873 der Durchschnittspreis auf 61 s. 8 d. pr. Quarter stand, betrug derselbe am 31. December 1874 nur 45 s. 1 d. Die höchste Notirung für britischen Weizen war am 31. Januar 1874 63 s. 9 d., die niedrigste am 21. November 43 s. 9 d., somit ergab sich zwischen beiden Extremen ein Unterschied von 20 s. pr. Quarter.

---

*) Der Consum an Spirituosen in Schottland belief sich im Jahre 1874 auf $6^1/_2$ Mill. Gallonen. Von inländischen Spirituosen kamen in England $^3/_4$, in Irland 1, in Schottland 2 Gallonen auf den Kopf der Bevölkerung, Männer, Frauen und Kinder zusammen genommen.

Die Preise für Farmer-Weizen veränderten sich während der Monate Januar und Februar nur wenig; sie erreichten 63 s. 9 d. pr. Imp. Quarter. Im März notirte man 60 s. 11 d. und im April 60 s. Im Mai stiegen die Preise auf 62 s. 2 d., gingen aber allmälig wieder bis auf 57 s. 7 d. zurück.

Im September nach der neuen Ernte stellte sich ein Durchschnittspreis von 47 s. 7 d., somit ein Abschlag von 10 s. pr. Quarter heraus. Im October trat ein neuerlicher Rückgang auf 44 s. 7 d. und im November auf 43 s. 5 d. ein. Gegen Ende December war der Durchschnittspreis 45 s. 1 d.

Ohne Zweifel ist durch die gute 1874er Ernte viel Unglück verhütet worden, denn selbst bei geringeren Löhnen hatte der Arbeiter stets Brod in Fülle. Auch waren die Anfuhren, namentlich aus Amerika, sehr reichlich.

Während der Monate September, October und November allein wurden aus dem Auslande 2,679.421 Quarter Weizen und 1,388.115 Ctr. Mehl importirt; was mit Einschluss des Mehles für das ganze Jahr eine Zufuhr von 11 Mill. Quarter Weizen gäbe. Nach Beendigung der Ernte kam man jedoch zu der Ansicht, dass bis zur neuen Ernte hin nur 9 Mill. Quarter erforderlich sein würden.

Für die nächsten acht Monate werden wohl die meisten Zufuhren aus den Vereinigten Staaten von Amerika, Californien eingeschlossen, und aus Canada zu erwarten sein.

Deutschland und Dänemark dürften von Jahr zu Jahr weniger importiren, indem sie an Reichthum zugenommen haben. Die Lage der einzelnen Volksclassen daselbst hat sich sehr verändert und Weissbrod dürfte bald das Schwarzbrod verdrängen. Jedenfalls sind die deutschen und dänischen Kaufleute bereits mit den hiesigen als Rivalen auf dem Kornmarkte aufgetreten. Was in Deutschland nicht für den eigenen Bedarf Abnahme fand, wurde meistens nach Holland und Belgien verschifft.

Wie bereits bemerkt, war hier die letzte Ernte eine sehr befriedigende und seit 1868 die beste. Weizen wurde in ausgezeichneter Beschaffenheit eingeerntet und die Hoffnung, dass die Menge des gewonnenen Productes um 25 pCt. eine Durchschnittsernte übersteigen werde, hat sich beim Ausdreschen nicht als falsch erwiesen.

Die Gerstenernte war in Schottland eine mittelmässige, und da in England diese Fruchtgattung noch schlechter ausgefallen ist, war dort die Nachfrage nach schottischer Gerste eine sehr lebhafte.

Die Preise erreichten nahezu die Höhe derjenigen für Weizen, und dies ist auch der Grund, weshalb man sich mit dem Ausdreschen beeilte; man wollte die hohen Preise ausnützen, ehe der Markt mit Weizen reichlicher versorgt wäre. Fremde Gerste fand hier wenig Absatz, da sie fortwährend im Preise zu hoch stand.

Von der Hafierernte versprach man sich Anfangs sehr wenig, kurz vor der Reife erholten sich jedoch Halm und Aehre. Das Schneiden ging bei gutem Wetter vor sich und man fand schliesslich, dass sowohl Menge und Güte als auch das Gewicht der Frucht ziemlich zufriedenstellend waren.

Der Import von fremdem Hafer war begrenzt, indem der Markt mit dem billigeren einheimischen Korn gut versorgt wurde. Die Preise variirten zwischen 28 und 30 s. für 336 Pfd.

Bohnen sind schlecht gerathen und es wurden deshalb für gute Sorten hohe Preise gezahlt, die sich fest hielten, indem die Fluctuirungen nur 2—3 s. pr. Quarter betrugen.

Mais erlitt während der ersten sechs Monate grosse Veränderungen des Preises. Im Juli fand ein Abschlag von 4 s. statt; die Notirungen standen damals auf 32 s. 6 d. pr. Quarter. Im August zeigte sich ein Aufschlag von 1 s. 6 d. Anfangs September fielen die Preise um 1 s., stiegen aber zu Ende desselben Monats wieder um 5 s., im November um 2 s. 6 d. und im December abermals um 2 s. 6 d. Am Schlusse des Jahrs forderte man 41 s. 6 d. bis 42 s. pr. Quarter.

Wie sich der Getreidemarkt künftighin gestalten wird, darüber lässt sich natürlich nichts Bestimmtes sagen. Es hängt sehr viel von der Anzahl der Frühlingszufuhren ab. Doch ist nicht anzunehmen, dass die Weizenpreise, wie im November, auf 43 s. 5 d. pr. Quarter zurückgehen werden. Auch ist zu bedenken, dass der Winter diesmal ausnehmend streng war und die Weizenpflanze möglicherweise bereits gelitten hat.

Von dem im Jahre 1874 nach Leith zugeführten Getreide kam der grössere Theil aus Russland, welches 116.395 Quarter sandte, also nicht ganz die Hälfte der Quantität vom Jahre 1873. Preussen verschiffte nach Leith 106.545 Quarter, vier Mal weniger als in 1873. Die Zufuhren aus Amerika waren denen von 1873 ziemlich gleich; sie betrugen 77.159 Quarter. Der Import aus Dänemark ist auf 16.871 Quarter herabgesunken.

Im Vergleich zu 1873 stellt sich die Zufuhr von Cerealien und Mehl wie folgt:

		1874	1873	1874 Zunahme	1874 Abnahme
Weizen	Quarter	372.242	492.244	.	120.002
Gerste	„	245.118	209.958	35.160	.
Hafer	„	118.381	349.251	.	230.870
Bohnen	„	28.848	39.620	.	10.772
Erbsen	„	36.112	40.442	.	4.330
Wicken	„	3.264	11.869	.	8.605
Roggen	„	25.886	983	24.903	.
Mais	„	11.594	31.290	.	19.696
Mehl	Säcke	283.827	186.769	97.058	.

Der Vorrath in Leith belief sich am Schlusse der beiden Jahre auf folgende Mengen:

		1874	1873
Weizen	Quarter	45.000	80.000
Gerste	„	28.000	10.200
Hafer	„	4.000	18.100
Bohnen	„	850	2.250
Erbsen	„	1.750	850
Mais	„	.	2.100
Mehl	Säcke	15.000	6.250

Der Vorrath der Müller betrug am 31. December 1874 50.000 Quarter Weizen, gegen 100.000 Quarter zur selben Zeit des Vorjahrs.

Im Jahre 1874 waren in Schottland 4.579.821 Acres Landes bebaut, gegen 4.561.982 Acres in 1873; es hat daher eine Zunahme um 17.839 Acres stattgefunden. Mit Getreide wurden jedoch nur 1,410.413 Acres bestellt, während es im Vorjahre 1,420.429 Acres waren.

Mit Weizen waren bebaut 120.991 Acres, gegen 120.726 Acres in 1873; mit Gerste 245.840 (gegen 246.117) Acres; mit Hafer, dem wichtigsten Bodenerzeugnisse Schottlands, um ca. 8000 Acres weniger als 1873, nämlich 1,004.024 gegen 1,012.206 Acres; mit Grünzeug 685.132 (gegen 693.936) Acres, daher um 8804 Acres weniger; mit Kartoffeln 160.480 (gegen 160.327) Acres; mit Turnips 501.636 (gegen 510.780) Acres.

Flachs wird in Schottland wenig cultivirt. Im letztverflossenen Jahre waren damit nur 259 Acres bestellt, gegen 741 Acres in 1873. In Klee, Gras etc. fand eine Zunahme um mehr als 29.000 Acres statt, nämlich von 1,327.952 auf 1,357.009 Acres. Weideland und Wiesen nahmen eine Grundfläche von 1,106.321 Acres ein, gegen 1,096.530 Acres in 1873.

Die Anzahl der ausschliesslich für den Ackerbau bestimmten Pferde, Füllen und Zuchtstuten betrug 180.818, gegen 177.159 im Jahre vorher.

Von Rindvieh waren 1,154.846 (gegen 1,148.057) St., von Schafen 7,389.487 (gegen 7,290.922) St., von Schweinen 150.297 (gegen 147.668) St. vorhanden.

Die Eisenindustrie Schottlands, welche seit den letzten Jahren mehr und mehr an Umfang gewann, hat ihren Höhepunkt im Frühling 1873 erreicht. Seit dieser Zeit herrschte im Eisenhandel grosse Unbeständigkeit und die Geschäfte waren ausserordentlich begrenzt.

Die Eisenpreise, welche Anfangs Januar 1874 mit 109 s. pr. Tonne notirt waren, gingen bis Mitte Februar allmälig auf 90 s. zurück. Die gewöhnlichen Preise von Februar an bis Ende December variirten zwischen 80 und 90 s.; aussergewöhnliche speculative Geschäfte verursachten jedoch einzelne Fluctuationen. So z. B. standen im April die Preise auf 71 s. 6 d., im Juni dagegen auf 105 s. Der Durchschnittspreis für das ganze Jahr berechnet sich mit 87 s. 6 d., gegen 117 s. 3 d. für 1873.

Die Production von 96 Hochöfen betrug nur 806.000 Tonnen (im Vorjahre 993.000 Tonnen), und dieses ungünstige Resultat ist lediglich eine Folge der Streitigkeiten zwischen Arbeitgeber und Arbeiter. Es war vorauszusehen, dass die früheren hohen Preise sich auf längere Zeit nicht werden halten können; die Arbeiter wollten sich aber, als die Geschäfte flau gingen, keine Reduction ihrer Löhne gefallen lassen. Verschiedene Hochöfen stellten daher im März ihre Thätigkeit ein und erst im October wurde wieder voll gearbeitet. Durchschnittlich standen im Jahre 1874 121 Hochöfen im Betriebe, dagegen 122 in 1873.

Der Consum an schottischem Schmiedeeisen war sehr gering; er betrug in den Eisengiessereien nur 193.000 Tonnen und in den Hammerwerken 124.000 Tonnen, zusammen 317.000 T. (gegen 373.000 T. im Vorjahre). 200.000 T. Eisen (gegen 125.000 T. in 1873) wurden aus England importirt und zwar zu billigeren Preisen, als wenn es hier in Schottland gekauft worden wäre.

Die Verchiffung von schottischem Eisen hat ebenfalls stark abgenommen, wie folgende Zahlen darthun:

		1874	1873
Nach dem Auslande	Tonnen	296.803	398.850
Küstenweise	„	166.104	214.061
Zusammen . .	Tonnen	462.907	612.911

Von den im Jahre 1874 nach dem Auslande verschifften 296.803 Tonnen gingen: 25.803 Tonnen nach Frankreich; 130.983 T. nach Oesterreich-Ungarn, Deutschland und Holland; 32.819 T. nach Belgien, Dänemark und Norwegen; 23.295 T. nach Russland; 8830 T. nach Spanien und Portugal; 19.030 T. nach Italien; 36.467 T. nach Nordamerika; 20.984 T. nach den britischen Colonien in Amerika; 16.227 T. nach Asien, Australien und Südamerika.

Der Vorrath an Eisen betrug zu Ende des Jahrs 96.000 T., gegen 120.000 T. in 1873.

Der ausserordentliche Aufschwung des Kohlenhandels, der im Frühling 1872 eingetreten war, fand mit Schluss 1873 sein Ende. Während des letztverflossenen Jahrs, wo neue Kohlenfelder zur Ausbeute gelangten, die alten besser ausgenützt wurden, der auswärtige Begehr sich verminderte und die Löhne der Kohlengrubenarbeiter herabsanken, hat der Kohlenhandel eine wesentliche Umgestaltung erfahren und die Preise gingen endlich um 40 pCt. zurück.

Ordinäre schottische Kohle, die im Jahre 1873 mit 15 s. 6 d. pr. Tonne bezahlt wurde, galt 1874 nur 11 s. 2 d., frei an Bord. Die Preise wären noch niedriger gewesen, hätten nicht einige Firmen unverantwortliche Contracte abgeschlossen, wodurch, wie bereits früher bemerkt, einige Fallimente verursacht wurden.

Gute Gaskohle fand stets zu hohen Preisen schnellen Absatz, während ordinäre vernachlässigt war, indem jetzt gewisse Sorten schottischer Heizkohle zur Gaserzeugung verwendet werden. Kohlen für den Hausbedarf waren und sind noch immer sehr theuer; sie kosten 18 s. bis 21 s. 6 d. pr. Tonne.

Der Wollhandel des Jahrs 1874 begann flau, und wenn sich die früheren hohen Preise erhielten, so geschah dies mit Rücksicht auf den geringen Vorrath an guter Waare. Kaum war aber die neue Wolle zum Verkaufe ausgeboten, als auch die Preise um 20 pCt. für Cheviot und um 10—15 pCt. für blackfaced (Wolle von schwarzköpfigen Schafen) fielen.

Diese Gedrücktheit des Marktes entsprang zunächst daraus, dass dem in 1871/72 eingetretenen ungeheueren Aufschwung der Wollenindustrie eine Reaction folgte, welche wieder eine Ermässigung der Arbeitslöhne herbeiführte. Ferner liess die Nachfrage für Wollmanufacturen nach; die Spinnereien hatten wenig zu thun und ihre Einkäufe waren deshalb beschränkt.

Auch trat ein sehr milder Winter ein und die gute Fütterung der Schafe bewirkte einen reichlichen Ertrag der letztjährigen Schur; was ebenfalls die Käufer abhielt, sich mit grösseren Vorräthen zu versehen.

Im Mai wurden die Geschäfte etwas lebhafter und der Rest der Wolle von 1873, sowie eine gute Partie neuer Waare fanden entsprechenden Absatz. Von Juli an gingen die Preise für feine Wolle in die Höhe; Cheviot-Wolle vom Hochlande, sowie diejenige von unverfeinerten Schafen musste jedoch ihre niedrigen Preise behalten.

Am Schlusse des Jahrs zeigte der Markt grosse Festigkeit, weil man von der Annahme ausging, dass während des starken Frostes im December die Schafe in den höher gelegenen Districten sehr gelitten haben und daher die Quantität neuer Wolle nicht ansehnlich ausfallen könne.

Die Preise standen am Schlusse der letztverflossenen 2 Jahre wie folgt:

	31. December 1873	31. December 1874
Feine Wolle	2 s. . d. bis 2 s. 2 d.	1 s. 9 d. bis 1 s. 11 d.
Mittlere „	1 „ 5 „ „ 1 „ 11 „	1 „ 6 „ „ 1 „ 8 „
Ordinäre „	„ 6½ „ „ 1 „ . „	. „ 7 „ „ 1 „ . „

Die 1873er Ernte von rothem Kleesamen war in Amerika durchschnittlich gut und es fanden ansehnliche Verschiffungen namentlich nach dem Continent statt, von wo der Same oft gemischt und gewöhnlich unter anderem Namen nach englischen Häfen gelangt.

Auch Frankreich hatte nur eine Durchschnittsernte und feine Sorten waren schwer zu erlangen. Von Belgien konnte infolge der dortigen Missernte nur eine geringe Zufuhr erwartet werden; dagegen war diejenige aus Deutschland um so bedeutender. Die Qualität des deutschen Kleesamens ist ziemlich gut; von wirklich feiner Sorte kommt aber nur wenig auf den Markt.

Von weissem Kleesamen gingen während des vorigen Jahrs ansehnliche Ladungen nach den Colonien ab und nur eine geringe Quantität feinen Samens ist hier verblieben. In England fiel die Ernte sehr gut aus. Für feine Qualitäten wurden hohe Preise gezahlt.

Der Vorrath von Graslauch (Ryegrass) war bei Schluss des Jahrs 1873 gering, und da auch die 1874er Ernte nicht zum besten ausfiel, gingen die Preise mehr und mehr in die Höhe.

Der Import von neuen Königsberger Raden war beschränkt, und da man dieselben hier zur Viehfütterung und als Saat sehr stark benöthigt, so stiegen die Preise sehr rasch und bewahrten bis zum Jahresschlusse die steigende Tendenz. Schottische Raden sind in Quantität und Qualität gut ausgefallen; Preise hielten sich mässig.

Am 31. December 1874 notirte man für Sämereien folgende Preise:

Rother Kleesamen:		
Neuer englischer	pr. Ctr.	65—95 s.
Amerikanischer	„	46—50 „
Französischer	„	50—60 „
Deutscher	„	50—60 „
Weisser Kleesamen:		
Feiner	„	80—90 „
Mittlerer	„	70—80 „
Ordinärer	„	58—65 „
Graslauch (ein Jahr während):		
20pfdg.	pr. Qtr.	27—29 „
22 „	„	32—34 „
24 „	„	36—38 „
26 „	„	42—44 „
28 „	„	50—52 „
Französischer und italienischer	pr. Ctr.	20—22 „
Einheimischer	pr. Qtr.	18—25 „
Raden:		
Schottische	pr. Ctr.	58—68 „
Königsberger	„	42—43 „
Grosse fremde	„	48—54 „

Der Ertrag der Häringfischerei im Jahre 1873 war in Betreff der gepökelten, exportirten und der mit dem Kronenstempel versehenen Fische ungewöhnlich gross und übertraf selbst die ungemein günstigen Jahre 1871 und 1872. Die Menge der gepökelten Häringe betrug 939.233 Fässer, der Export 668.008 F. (in 1871: 551.605 Fässer); mit dem Kronenstempel wurden 453.274 F. versehen (in 1872: 422.731 F.).

Nicht ganz so befriedigend wie die Menge war die Qualität des gefangenen Härings, was insbesondere bezüglich der Ostküste gilt, wo sich unter der gemachten Beute sehr viel kleine Fische befanden. Man schreibt das dem Umstande zu, dass gegenwärtig der Häringfang sehr weit in die See hinaus betrieben wird. Andere sagen wieder, dass es an den Baumwollnetzen liege, welche nicht sehr stark und nicht mit den gehörigen Maschen versehen seien, so dass beim Aufziehen derselben die grossen Fische entschlüpfen.

Das Erträgniss der Häringfischerei an der schottischen Ostküste war um 121.575 Fässer und das an der Westküste um 43.798 F. grösser als der Fang im Jahre 1872.

Es war der Wunsch der meteorologischen Gesellschaft in Schottland, zu ermitteln, welchen Einfluss die Temperatur des Meeres und andere meteorologische Zustände auf die Wanderung der Häringe haben. Zu diesem Zwecke benützte man die wochentlichen Berichte der Fischereibeamten vom Jahre 1867 bis zum Jahre 1873. Man berücksichtigte die Temperatur des Meeres; die gewöhnliche monatliche Temperatur auf verschiedenen Stationen und die gewöhnliche tägliche Temperatur in Eyemouth (Berwickshire) und Sandwich (Orkney); die Veränderungen hinsichtlich des Barometers; die Richtung und die Gewalt des Windes; den Regenfall und die zu gleicher Zeit in den einzelnen Districten herrschenden Stürme, Gewitter etc.

Nach sorgfältiger Prüfung ist man zu der Ansicht gekommen, dass eine aussergewöhnliche atmosphärische Temperatur die Wanderung der Häringe beeinflusse. Man fand, dass bei gutem reichlichem Fang das Barometer meistens hoch und fest stand, der Wind nicht zu stark war und es an elektrischen Strömungen fehlte; im entgegengesetzten Falle war das Barometer sinkend, es gab starke Winde, veränderliches Wetter, Sturm und Blitz.

Obschon diese Beobachtungen an und für sich wichtig sind, erledigen sie doch den Gegenstand nicht; man versucht deshalb auf folgende Fragen zufriedenstellende Antworten zu erhalten:

1. Was versteht man unter dem Beginn der Häringfischerei?
2. Woher kommen die Fluctuirungen im Fange der Häringe in verschiedenen oder in einem und demselben Districte und zwar an verschiedenen Tagen?
3. Was verursacht das Verschwinden der Häringe von gewissen Küstenpunkten in den einzelnen Jahreszeiten?
4. Was versteht man unter „Schluss der Fischfangsaison"?

Vorstehende Fragen können leichter gelöst werden, wenn Folgendes geschieht:

1. Man muss die Beobachtungen weiterhin ausdehnen und solche auch in dem Moray Firth, auf den Shetland- und Orkney-Inseln, auf den Hebriden und an der Westküste Schottlands anstellen.
2. Es muss täglich die Anzahl der Boote und deren Fang angezeigt werden.
3. Es müssen auf verschiedenen Punkten der Küste selbstoperirende See-Thermometer aufgestellt werden, wie solche bereits im Hafen von Peterhead bestehen.
4. Die Fischerleute selbst müssen gerade an den Stellen, wo sie den Fischfang betreiben, thermometrische Beobachtungen anstellen und sehr oft den Kälte- und Wärmegrad des Wassers untersuchen, da die Veränderungen in Kälte und Wärme höchst wahrscheinlich auf die Wanderung der Häringe ungemein einwirken.

Die holländischen Fischer sollen durch solche Beobachtungen beim Häringfang bereits ganz ausserordentliche Resultate erreicht haben.

Aus Anlass eines Einschreitens der schottischen Fischer um die Erlaubniss, auch von Kieferholz verfertigte Fässer zum Verpacken der gepökelten Häringe verwenden zu dürfen, hat das Handels-Ministerium den Auftrag gegeben, einen Versuch mit derlei Fässern anzustellen.

Man sandte zu diesem Zwecke eine Partie Fässer, mit Häringen wohl gefüllt, nach Stettin, Danzig und Hamburg, um die Stärke der Fässer beim See- und Eisenbahn-Transport zu erproben. Von den genannten Städten wurden dann diese Fässer wieder nach Leith zurück spedirt und von da nach den Stationen Wick, Fraserburg und Peterhead befördert. Die für diesen Zweck bestellte Commission untersuchte nun die Fässer und kam zu der Ansicht, dass das Verbot bezüglich des Gebrauchs von Fässern aus Kieferholz aufgehoben werden müsse.

Wichtig und interessant ist auch die nachstehende Entscheidung des britischen Handels-Ministerium's. Die Häringfischer waren nämlich bisher der Meinung, dass sie allein das Recht hätten, überall ihre Netze auszuwerfen, und dass die Besitzer von nahe an der Küste versenkten Lachsnetzen dieselben beseitigen müssten, wenn Gefahr vorhanden sei, dass sich die verschiedenen Netze mit einander verwickeln könnten.

Auf die Frage: Im Falle die Regierung nicht entscheiden kann, ob sie in gewissen Localitäten allein das Recht hat, den Lachsfang, vielleicht zum Schaden der Häringfischer, zu betreiben, welche Partei muss da nachgeben? lautete der Spruch des Attorney General, des Lord Advocate und des englischen Solicitor General also: Wenn anscheinend beide Parteien das Recht zum Fischen haben, kann keiner derselben ein Vorrecht eingeräumt werden. Sie müssen sich eben vertragen und Schaden zu verhindern suchen.

Der Stockfisch- und Klippfischfang zeigte im vorigen Jahre eine Zunahme von 14.740 Ctr. getrocknete und 441 Fässern eingesalzene Fische.

Für die gute pecuniäre Lage der Fischer spricht der Umstand, dass die meisten ihrer Boote jetzt mit einem Deck versehen und dass überhaupt diese Leute weniger von Schulden geplagt sind. Streng wurde mit jenen Fischern verfahren, welche bei Auswerfung ihrer Netze während der Nacht es unterliessen, die vorgeschriebenen zwei Laternen anzuzünden, da infolge dieser Unterlassung mehrere Fischerboote von Dampfern und andern grösseren Fahrzeugen niedergesegelt wurden, wobei mehrere Personen ihr Leben verloren.

Von den exportirten 668.008 Fässern Häringe gingen 31.311 nach Irland, 630.993 nach dem Continent und der Rest nach aussereuropäischen Häfen. Russland und Deutschland waren die besten Kunden.

Es wurden nämlich ausgeführt: nach Russland 47.895 Fässer, u. z. nach: Odessa 4080 F., Petersburg 29.529 F., Riga 2550 F., Libau 11.736 F.; nach deutschen Seeplätzen 566.643 F., u. z. nach: Memel 4217 F., Königsberg 69.385 F., Danzig 109.994 F., Stettin 228.417 F., Altona 8975 F., Hamburg 75.353 F., Harburg 64.714 F., Bremen 5588 F.

Die Anzahl der beim Häring-, Stockfisch- und Klippfischfang verwendeten Boote war 15.095, daher um 137 kleiner als im Vorjahre. Die gesammte Tragfähigkeit dieser Boote betrug 106.280 Tonnen. Beschäftigung fanden: 45.594 Fischer und Jungen, 875 Pökler, 2009 Fassbinder und 39.681 andere Arbeiter, im Ganzen daher 88.159 Personen.

Der Werth der Boote wurde auf 3,840.330 fl., der Netze auf 5,329.750 fl., der Leinen auf 1,033.200 fl., sonach der Gesammtwerth auf 10,203.280 fl. veranschlagt.

Die vorzüglichsten Gegenstände der Einfuhr im Jahre 1874, verglichen mit den entsprechenden Ergebnissen des Vorjahrs, stellen sich wie folgt:

Waarengattung		1873	1874
Butter	Fässer	192.534	187.891
	Päcke	.	28.871
Espartogras	Tonnen	14.235	7.838
	Ballen	11.066	7.896
Fassreife	Bündel	105.420	92.981
Flachs	Ballen	29.226	20.520
	Tonnen	.	227
Baumwollgarn	Kisten	644	478
	Ballen	.	504
Jutegarn	„	4.531	21.117
Wollengarn	„	25.744	23.727
Andere Garne	„	27.317	54.062
Weizen	Quarter	492.244	372.212
Gerste	„	209.958	245.118
Hafer	„	349.251	118.381
Bohnen	„	39.620	28.848
Erbsen	„	40.442	36.112
Mehl	Säcke	186.769	283.827
Guano	Tonnen	10.138	9.671
	Säcke	2.120	5.344
Hanf	Ballen	18.692	31.252
	Bündel	11.193	5.829
Hadern	Ballen	8.901	4.040
	Tonnen	16	707
Häute	Bündel	12.505	13.898
Häringe	Fässer	1.375	913
Hopfen	Ballen	3.028	1.800

Waarengattung		1873	1874
Latten	Stück	1,125.278	987.784
	Last	.	99
Bretter	Stück	22.873	10.825
Dielen	"	237.570	303.152
	Last	.	300
Bretter und Dielen	Stück	266.839	315.480
Fassdauben	"	1,208.532	1,346.237
	Last	246	.
Stützen	Stück	550.578	676.801
	Last	470	.
Eisenbahnschwellen	"	1.520	130
	Stück	.	242.062
Käse	"	473.905	610.630
	Kisten	22.199	847
Knochen	Tonnen	3.683	5.167
Knochenmehl	"	2.038	211
	Säcke	1.117	1.073
Nitratsoda	Tonnen	5.489	4.545
	Säcke	.	3.719
Oelkuchen	Tonnen	7.203	7.525
	Säcke	.	12.244
Oel	Fässer	19.121	8.752
Kleesamen	Säcke	12.217	.
	Tonnen	6	.
	Ballen	.	1.651
Baumwollsamen	Tonnen	1.414	734
Grassamen	Säcke	1.806	1.986
Hanfsamen	Ballen	3.640	2.217
	Quarter	.	150
Rübsamen	Tonnen	2.321	765
	Säcke	396	598
	Quarter	2.615	6.860
Leinsamen	Tonnen	4.483	3.277
	Quarter	24.940	30.933
	Fässer	75	1.381
	Säcke	.	1.259
Brandy	Fässer	4.286	1.099
	Kisten	30.120	13.131
Genever	"	10.102	13.669
	Fässer	736	588
	Pipen	16	28
Rinder	Stück	.	8.823
Schafe	"	.	4.104
Wein	Kisten	29.370	15.029
	Fässer	8.851	5.331
	Körbe	1.116	1.626
	Butts	1.613	856
	Pipen	588	384
Wolle	Ballen	6.316	2.019
Zink	Fässer	2.622	2.724
	Platten	9.222	23.611

Waarengattung		1873	1874
Zinkoxyd	Fässer	.	1842
Zucker	Säcke	144.431	164.527
	Fässer	17.377	17.515
	Kisten	6.407	14.050
	Brode	128.168	109.263
	Tonnen	115	.

Im Jahre 1874 wurden von Leith exportirt: 221.558 Tonnen Kohlen, 148.593 T. Schmiedeeisen, 6585 T. gehämmertes Eisen, 7090 Fässer Theer, 3373 F. Bier, 130.100 Stück und 958 Tonnen Backsteine.

Die Verschiffung von Kohlen, Schmiedeeisen und gehämmertem Eisen geschah hauptsächlich nach folgenden Richtungen:

Bestimmung	Kohlen Tonnen	Schmiedeeisen Tonnen	Gehämmertes Eisen Tonnen
Oesterreich-Ungarn	547	.	.
Schottische Häfen	3.524	179	196
England	4.267	5.560	648
Holland	18.421	31.765	111
Hamburg	1.731	40.466	618
Deutschland	35.593	27.116	726
Dänemark	11.455	8.388	300
Norwegen	6.998	155	.
Schweden	6.983	.	.
Russland	37.434	18.922	3266
Belgien	5.901	11.606	.
Frankreich	14.480	3.606	577
Spanien	1.294	180	.
Portugal	3.088	.	.
Italien	14.375	.	.
Malta	3.705	.	.
Griechenland	975	.	.
Türkei	11.110	.	.
Britisch-Amerika	7.769	.	140
Südamerika	16.363	.	.
Westindien	4.654	.	.
Ostindien	2.092	.	.
Vereinigte Staaten	7.594	650	.

Im Vergleich zu 1873 hat bei Kohlen und gehämmertem Eisen eine Zunahme um 36.805 und resp. 2757 Tonnen, dagegen bei Schmiedeeisen eine Abnahme um 83.662 Tonnen stattgefunden.

Während des Jahrs 1874 liefen in den Hafen von Leith 4171 Schiffe von 783.339 Tonnen ein, und 4197 Schiffe von 783.997 T. verliessen denselben.

Unter österreichisch-ungarischer Flagge erschienen 19 Schiffe von 9001 T. und mit Ladungsgütern im Werthe von 857.000 fl. Von diesen Fahrzeugen kamen beladen: 6 aus New-York, je 2 aus Rodosto und Oran, je 1 aus Taganrog, Dedeagatsch, Nicolajeff und Sulina; die übrigen liefen aus schottischen Seeplätzen in Ballast ein.

Den Hafen verliessen 19 nationale Schiffe von 8805 Tonnen und mit einem Ladungswerth von 61.400 fl. Es segelten davon nach New-York 4, nach Constantinopel, Odessa und Alexandrien je 3, nach Triest, Cette, St. Thomas, Sira, Salonich und Athen je 1 Fahrzeug.

Die Ladung der angekommenen österreichisch-ungarischen Schiffe bestand in Getreide und Knochen, während die abgesegelten Fahrzeuge Steinkohlen exportirten.

Die Anzahl der im Jahre 1874 angekommenen und abgegangenen nationalen Schiffe ist mit derjenigen des Vorjahrs gleich; die Tragfähigkeit dagegen hat sich bei den ersteren um 145 und bei den letzteren um 743 Tonnen verringert.

Vergleicht man den Gesammtverkehr von Handelsfahrzeugen im Hafen von Leith mit den Ergebnissen des Vorjahrs, so zeigt sich Folgendes:

	1874		1873		Abnahme in 1874	
	Schiffe	Tonnen	Schiffe	Tonnen	Schiffe	Tonnen
Einlauf	4171	783.339	4806	828.299	635	44.960
Auslauf	4197	783.997	4787	829.611	590	45.614

Schifffahrts- und Handelsverkehr von Taganrog im Jahre 1874.

Taganrog. Der Schiffsverkehr im hiesigen Hafen begann voriges Jahr am 25. April und schloss im Spätherbst, nachdem bereits alle vorhandenen Fahrzeuge den Platz verlassen hatten. Das Eis auf der Rhede war nur von kurzer Dauer, indem der letztjährige Winter im Ganzen mild verlief und immer nur an vereinzelten Tagen schwache Fröste sich einstellten. Für die Fischerei war diese Gestaltung des Wetters von grossem Nachtheil.

Nach Flaggen gesondert, gestaltete sich der letztjährige Hafenverkehr wie folgt:

Flagge	Schiffe	Tonnen	Darunter Dampfer
Oesterreichisch-ungarische	33	11.469	1
Griechische	346	82.268	2
Englische	286	147.834	162
Russische	97	29.746	12
Italienische	86	28.241	.
Norwegische	43	18.688	4
Türkische	43	3.816	.
Deutsche	7	2.968	.
Schwedische	4	1.872	4
Belgische	3	3.796	3
Französische	2	505	.
Zusammen	950	331.203	188
Dagegen in 1873	747	214.228	89
Zunahme in 1874	203	116.975	99

Von den österreichisch-ungarischen Schiffen waren beim Einlauf 7 mit 2054 Tonnen, beim Auslauf 32 mit 10.978 T. beladen. Im directen Verkehr importirten die ersteren aus nationalen Häfen verschiedene Waaren für 335.500 fl., während von den letzteren 7 von 1399 Tonnen mit hiesigen Producten im Werthe von 215.620 fl. ebendahin bestimmt waren.

Ohne Unterschied der Flaggen gingen bei der Ankunft 297 Schiffe von 76.059 Tonnen, bei der Abfahrt 907 Schiffe von 317.812 T. in Ladung. Diese letztere hatte einen Gesammtwerth von 11,682.470 und resp. 52,531.722 fl., welcher im Vergleich zum Vorjahre um bez. 735.819 und 6,840.706 fl. höher erscheint.

Die Hauptgegenstände dieses Verkehrs sind in der folgenden Uebersicht zusammengestellt:

Einfuhren		Menge	Werth, fl.
Olivenöl	Pud	114.432	1,261.612
Reis	„	3.822	19.493
Oliven	„	24.175	15.955
Johannisbrod	„	276.027	538.252
Nüsse und Hasselnüsse	„	145.915	842.660
Mandeln	„	1.725	25.875
Feigen und Korinthen	„	63.401	347.118
Käse	„	806	15.717
Zucker	„	1.179	11.230
Thee	„	894	77.778
Kaffee	„	3.577	88.530
Pfeffer	„	1.864	28.799
Tabak in Blättern	„	26.826	1,690.038
Seife	„	551	3.141
Petroleum	„	8.848	56.403
Weihrauch	„	670	10.602
Bearbeiteter Stahl	„	192.300	427.500
Eisenbahnmaterialien	„	395.544	4,017.000
Landwirthschaftliche Maschinen	Stück	100	27.375
Spiegel	„	178	11.700
Claviere	„	31	9.000
Manufacturen		.	142.500
Gemeine Weine	Wedro	139.573	690.885
Feine Weine	Flaschen	10.547	31.641
Rum	Wedro	431	8.567
Liqueure	Flaschen	3.297	9.891
Champagnerwein	„	8.916	40.122
Bier	„	11.343	4.254
Porter	„	39.312	44.226
Marmor	Pud	3.061	180.000
Pomeranzen und Citronen	Tausend	150.000	540.000

Ausfuhren		Menge	Werth, fl.
Weizen	Tschetwert	1,582.639	24,926.406
Roggen	„	363.885	3,409.621
Gerste	„	226 065	1,797.216
Hafer	„	71.222	416.649
Leinsamen	„	819.241	13,641.362
Rübsamen	„	76.154	599.712
Weizenmehl	„	9.110	81.990
Schwarzer Caviar	Pud	12.818	384.540
Rother „	„	68.896	310.032
Gesalzene Butter	„	77.100	1,110.240

Ausfuhren		Menge	Werth, fl.
Talg	Pud	161.172	1,087.911
Schafwolle	„	209.488	3,362.268
Nussholz	„	143.454	775.905
Thierknochen	„	18.854	18.768
Steinkohlen	„	269.330	64.640
Eisen in Stangen	„	9.550	28.650
Gesalzene Fische	„	22.280	108.615
Matten	Stück	62.510	28.129

Mit Schluss des Jahrs blieben an Cerealien, Lein- und Rübsamen hier in Taganrog 500.000 Tschetwert, in Rostoff am Don 935.000 Tschtwrt. vorräthig.

Die Einnahmen des hiesigen Zollamtes betrugen 1874 im Ganzen 2,803.500 fl.

Die letztjährige Ernte lieferte im Allgemeinen einen guten Durchschnittsertrag und deren Qualität war befriedigend.

Handel und Schifffahrt von Amsterdam im Jahre 1874.

Amsterdam. Infolge der allgemeinen Handelslage konnte im Jahre 1874 auch der Verkehr von Amsterdam keine besondere Thätigkeit entwickeln. Zu grossen Unternehmungen und neuen Geschäften war eben in den Verhältnissen nur wenig Anregung vorhanden; indessen blieb der Verkehr doch von besonderen Störungen verschont und nahmen die Geschäfte durchaus einen regelmässigen Verlauf.

Wesentlich unterstützt fand sich der Handel durch den billigen Stand des Geldes, welches auch andauernd reichlich vorhanden war; der Wechseldiscont war nur kurze Zeit, Anfangs Januar 5 pCt., ging aber bereits Mitte Februar auf 3½ pCt. herab, welcher Satz sich bis Ende 1874 unverändert forterhielt.

Bei dem billigen Geldstande und dem ruhigen Verlauf der Geschäfte haben sich auch sämmtliche Waarenpreise entsprechend ermässigt, namentlich Colonialproducte sind sämmtlich zurückgegangen. Die Importeure konnten jedoch die eingetretene Preisermässigung immerhin gut ertragen, denn die schliessliche Preislage zeigte gegen diejenige der Jahre 1860 bis 1870 noch immer einen Vorsprung von 40—60 pCt. und bei einigen Artikeln, wie Kaffee, Tabak und Zinn, sogar von 50—80 pCt., ein Verhältniss, bei welchem die Producenten und Importeure eingestandenermaassen noch immer gute Rechnung fanden.

Die Ergebnisse des letztjährigen Waarenverkehrs sind mit jenen von 1873 so ziemlich gleich, bei einzelnen Artikeln erreichten die Umsätze sogar ansehnlich höhere Ziffern; es können daher die Gesammtresultate als diejenigen eines eigentlichen Normaljahres befriedigend genannt werden. Wie überhaupt der gesammte holländische Handel stets activ geblieben ist, so ergab auch der Güterverkehr von Amsterdam im Jahre 1874 wieder ein höchst bedeutendes Activum.

Ebenso hatte die Fabriks- und Handwerks-Industrie verhältnissmässig gute Erfolge. Sämmtliche Fabriken konnten das ganze Jahr hindurch arbeiten, da der Bedarf für Consumtion und Handel, wenn auch im Ganzen mässiger, doch ohne Unterbrechung anhielt.

Amsterdam hat eben während der letzten 20 Jahre im Fabrikswesen Fortschritte gemacht; es besitzt gegenwärtig eine entsprechende Anzahl Fabriken, die fast durchgehends mit festen Capitalien fundirt und in gutem Betriebe sind.

Die bedeutendsten davon sind die Zuckerfabriken, deren Amsterdam noch 9 grössere besitzt, nachdem jene der Firma Kooy & Co. durch eine Feuersbrunst gänzlich zerstört wurde und infolge dessen auch liquidirte. Diese Fabriken liefern für Amsterdam einen der wichtigsten und grössten Exportartikel, welcher namentlich nach Italien und der Türkei geht.

Von Bedeutung für die Ausfuhr sind ferner die Reisschälereien, worunter die Fabrik „Akyab" die grösste ist; die Garancine-, Oel- und Leinkuchenfabriken; dann die Liqueurfabriken, von welchen in Amsterdam 3 bestehen; die Bierbrauereien, die sich seit dem Jahre 1870 um 4 neue Etablissements vermehrten; die 4 Diamant- und Edelsteinschleifereien, von welchen jene unter der Firma: „Amsterdamer Diamantschleiferei" auch ihre Arbeiter am Jahresgewinne theilnehmen lässt; die königliche Stearinkerzenfabrik, welche jährlich bei 12 Mill. Packete Kerzen, 1,600.000 Kilogr. Oleïn und 400.000 Kilogr. Glycerin liefert. Obwohl deren Erzeugniss den österreichischen Stearinkerzen an Qualität bedeutend nachsteht, wird es doch auf den indischen Märkten wegen des billigen Preises allen übrigen Provenienzen vorgezogen.

Ausserdem bestehen hier noch 2 concurrirende Gasfabriken, 3 Mehl- und Brodfabriken, 4 grössere Anstalten zur Herstellung von Schiffsbestandtheilen und zum Maschinenbau, 6 grössere Holzsägen, 1 Fabrik zur Imprägnirung von Bauholz, 1 Tufsteinstampfe und 2 Seifenfabriken, sowie einige andere Etablissements, die ebenso wie die vorgenannten Fabriken sämmtlich mit Dampfkraft arbeiten.

Im Ganzen zählt Amsterdam 35 grössere Fabriken mit Dampfbetrieb; was die übrige Fabriksthätigkeit betrifft, so wird noch bei vielen Etablissements mit Windmühlenkraft gearbeitet, vornehmlich bei den Sägewerken, Mühlen, Chocolade-, Farbwaaren-, Bleiweiss- und anderen Fabriken.

Ueberdies bestehen in der Stadt noch einige grössere Industrien mit Handbetrieb, von welchen die Seilereien, Segelnähtereien, Tabak- und Cigarrenfabriken, sowie jene für Conserven besondere Erwähnung verdienen. Bezüglich der letzteren ist zu bemerken, dass die Gemüseconserven nach Ostindien gehen, wo sie wegen ihrer guten Bereitung und vorzüglichen Haltbarkeit der englischen Waare eine erfolgreiche Concurrenz machen.

Die Zahl der eigentlichen Fabriksarbeiter beträgt über 10.000. Strikes und Arbeitseinstellungen sind auch im Jahre 1874 nicht vorgekommen.

Amsterdam zählte zu Ende des vorigen Jahres 286.932 Einwohner; die Zahl der Sterbefälle war 7713, die durchschnittliche Sterbeziffer berechnet sich daher mit 2·7 pCt., wovon auf Typhus, Scharlach, Masern und Fälle von Fieber 0·14 pCt. entfällt.

Der Sanitätsdienst wurde in den letzten Jahren wesentlich reformirt, wie man überhaupt den sanitären Erfordernissen der Stadt nunmehr im Allgemeinen eine grössere Sorgfalt zuwendet. Die Gesundheitsverhältnisse erfordern aber auch eine ernste Berücksichtigung; denn seitdem die Wasserstrassen und Canäle (Grachten) der Stadt durch die Eindämmungen des in der Ausführung begriffenen neuen Nordsee-Canals (Holland op zyn smalst) von der See getrennt sind, und mit dieser nur mittels der grossen Willems-Schleusen in Verbindung stehen, sind die Wässer der Stadt von Ebbe und Flut abgeschnitten, rücksichtlich ihrer Frischung auf die geringen Zuflüsse der Amstel beschränkt und für ihre regelmässige Entladung auf Dampfpumpwerke angewiesen.

Die Pumpwerke arbeiten übrigens sehr wirksam, denn nach den bisherigen Erfolgen zu urtheilen, hat sich seitdem der Zustand der Grachtenwässer keineswegs verschlechtert, wie man allgemein besorgt hatte, sondern laut officieller Gutachten und vielfacher Analysen sogar um etwas gebessert.

Um die Wassergebiete der inneren Stadt möglichst zu verringern, wurden in letzterer Zeit und so auch im Jahre 1874 mehrere Grachten regulirt und eingeengt, einzelne auch ganz verschüttet.

Weitere Arbeiten dieser Art sind bereits projectirt, und wird man aus dringenden Sanitätsrücksichten mit der Ausführung derselben um so energischer vorgehen müssen, als die stets zunehmenden Industrie-Etablissements zur Verunreinigung der Grachtenwässer mehr und mehr beitragen.

Man beabsichtiget seitens der Gemeinde die Einführung einer neuen Canalisirung, durch welche die Cloaken ihre eigene Abzugsleitung erhalten und nicht mehr in die Grachten der Stadt ausmünden sollen, wie dies bisher noch immer der Fall ist.

Bereits wurde auch in dieser Richtung in drei neuen Bezirken der Stadt das System der pneumatischen Röhrenleitung von Lienur versuchsweise eingeführt; über die bisherigen Erfolge desselben divergiren jedoch die Ansichten so sehr, dass sich auf die allgemeine Adoptirung des Systems kaum rechnen lässt.

An grösseren Bauten waren in Ausführung begriffen: 2 Bürgerschulen, 2 katholische Kirchen, das neue Museum, die Eisenbahnviaducte, dann Wasser- und Hochbauten zu dem neu zu errichtenden Centralbahnhofe am Y.

Diese letzteren Werke verdienen eine besondere Beachtung, da sie sämmtlich im Seebette ausgeführt werden; die Pilotirungs- und Einschüttungsarbeiten erfordern höchst bedeutende Anstrengungen und sehr beträchtliche Geldmittel, doch wird das Ganze, insofern das Präliminare eingehalten werden kann, innerhalb 4 Jahren zur Vollendung kommen.

Von der Eisenbahnlinie Amsterdam-Zütphen wurde die Strecke Amsterdam-Amersfoort am 1. Juni 1874 eröffnet; die weitere Strecke bis Zütphen dürfte noch im Laufe des Jahres 1875 zu Stande kommen, wodurch Amsterdam mit der norddeutschen Linie Hannover-Berlin eine förmlich geradlinige Verbindung erhalten wird.

Die Handelsthätigkeit des Stadt- und Hafengebietes von Amsterdam während der Jahre 1872 bis 1874 ist in nachfolgenden vergleichsweisen Tabellen summarisch dargestellt:

Einfuhren	1874	1873	1872
		Kilogramm	
Asche, Potasche	2,549.000	1,132.000	1,540.000
Baumwolle	11,359.000	14,634.000	27,531.000
Bier	273.000	469.000	410.000
Branntwein	2,801.000	2,117.000	2,351.000
Droguen, Farbwaaren, Chemikalien	7,271.000	11,345.000	10,690.000
Fettstoffe	3,244.000	4,465.000	4,542.000
Fische	548.000	557.000	482.000
Flachs und Hanf	1,639.000	1,383.000	1,125.000
Fleisch	640.000	1,061.000	1,155.000
Früchte: frische	1,282.000	1,712.000	3,114.000
andere	6,069.000	6,720.000	6,081.000
Garne	1,038.000	750.000	800.000
Getreide: Weizen	30,089.000	25,632.000	15,757.000
Roggen	37,737.000	25,635.000	33,711.000
Gerste	8,582.000	6,863.000	4,535.000
Buchweizen	1,157.000	1,009.000	2,337.000
Glas und Glaswaaren	2,203.000	1,835.000	1,083.000
Häute, Felle und Leder	1,966.000	3,356.000	2,892.000

Einfuhren	1874	1873	1872
	Kilogramm		
Holz: Schiffbau- und ordinäres Werkholz	143,934.000	150,928.000	126,496.000
feines Werkholz	2,732.000	1,557.000	1,536.000
Farbholz	718.000	1,019.000	1,081.000
Indigo	590.000	410.000	220.000
Irdene Geschirre und Porzellanwaaren	2,383.000	2,322.000	2,000.000
Kaffee	28,913.000	49,069.000	29,574.000
Kurzwaaren	1,305.000	1,517.000	898.000
Manufacturen	3,549.000	3,898.000	3,149.000
Maschinen	2,623.000	1,845.000	1,800.000
Mehl	5,607.000	5,196.000	6,570.000
Metalle: rohe	17,541.000	21,490.000	18,624.000
bearbeitete	5,491.000	6,645.000	6,561.000
Oele	16,890.000	12,753.000	12,064.000
Papier	852.000	1,191.000	608.000
Reis	19,358.000	20,170.000	14,614.000
Salz	684.000	635.000	600.000
Samen und Saaten	35,242.000	25,868.000	20,884.000
Schafwolle	5,413.000	7,530.000	6,041.000
Schwefel	835.000	1,993.000	1,429.000
Syrup, Melasse	545.000	1,060.000	1,270.000
Specereien	1,318.000	1,367.000	852.000
Steinkohlen	171,495.000	176,707.000	202,278.000
Stuhlrohr	1,630.000	1,724.000	1,436.000
Tabak und Cigarren	13,322.000	17,855.000	10,196.000
Thee	2,361.000	2,335.000	1,410.000
Theer und Pech	1,840.000	3,012.000	2,692.000
Thran	433.000	655.000	942.000
Wein: in Gebinden	7,033.000	7,132.000	6,210.000
in Flaschen	476.000	844.000	643.000
Zucker: roher	64,032.000	72,377.000	85,933.000
anderer	838.000	291.000	307.000

Ausfuhren	1874	1873	1872
	Kilogramm		
Asche, Potasche	260.000	155.000	150.000
Baumwolle, rohe	6,864.000	6,048.000	10,341.000
Bier	1,564.000	1,823.000	1,590.000
Branntwein	4,024.000	4,016.000	3,844.000
Butter	291.000	363.000	715.000
Droguen, Farbwaaren, Chemikalien	8,036.000	5,233.000	10,702.000
Essig	89.000	84.000	175.000
Fettstoffe	461.000	506.000	1,421.000
Fische	2,719.000	2,286.000	3,933.000
Flachs und Hanf	6,523.000	8,500.000	7,500.000
Fleisch	530.000	463.000	537.000
Früchte: frische	445.000	232.000	1,083.000
andere	2,110.000	1,528.000	1,639.000
Garne	271.000	266.000	757.000
Getreide: Weizen	14,135.000	16,062.000	11,133.000

Ausfuhren	1874	1873	1872
		Kilogramm	
Getreide: Roggen	13,293.000	20,485.000	9,836.000
Gerste	19,590.000	17,042.000	9,594.000
Hafer	15,500.000	8,000.000	10,000.000
Glas und Glaswaaren	2,495.000	2,108.000	2,133.000
Hadern	761.000	1,022.000	1,554.000
Häute, Felle, Leder	1,850.000	1,919.000	2,620.000
Holz: Schiffbau- und ordinäres Werkholz	28,382.000	33,786.000	15,515.000
feines Werkholz	308.000	351.000	817.000
Farbholz	514.000	237.000	1,037.000
Indigo	518.000	314.000	176.000
Irdene Geschirre und Porzellanwaaren	4,049.000	2,033.000	5,186.000
Käse	6,385.000	3,992.000	5,574.000
Kaffee	14,088.000	17,089.000	15,761.000
Kerzen, Oleïn, Paraffin u. dgl.	3,826.000	3,991.000	4,783.000
Krapp	99.000	101.000	128.000
Kurzwaaren	1,164.000	725.000	512.000
Lohe für Gerber	200.000	143.000	100.000
Manufacturen	4,264.000	4,007.000	6,100.000
Maschinen	739.000	1,679.000	865.000
Mehl	478.000	273.000	363.000
Metalle: rohe	17,663.000	7,596.000	20,971.000
bearbeitete	5,315.000	3,084.000	6,797.000
Oel	13,729.000	9,611.000	13,674.000
Papier	781,000	879.000	763.000
Reis	4,255.000	3,865.000	3,723.000
Saaten	1,899.000	57.000	1,746.000
Salz	87.000	123.000	234.000
Schafwolle	729.000	232.000	579.000
Schwefel	125.000	169.000	850.000
Syrup, Melasse	542.000	144.000	342.000
Speccreien	688.000	729.000	446.000
Stuhlrohr	1,062.000	934.000	1,392.000
Tabak und Cigarren	10,506.000	9,537.000	8,861.000
Thee	1,186.000	847.000	809.000
Theer und Pech	3,369.000	769.000	1,189.000
Thran	207.000	353.000	396.000
Wein: in Gebinden	2,128.000	2,388.000	1,816.000
in Flaschen	1,048.000	935.000	969,000
Zinn	2,005.000	2,320.000	1,977.000
Zucker: roher	9,201.000	9,484.000	11,221.000
anderer	70,955.000	84,619.000	90,287.000

Da die Geschäfte, wie schon früher bemerkt, einen ruhigeren Verlauf nahmen, so blieb auch die Marktbewegung rücksichtlich der einzelnen Waarengattungen fast durchgehends stiller, nur Kaffee, Tabak und Getreide waren zeitweilig bewegter.

Für Kaffee, dessen Preise sich vom Jahre 1870 ab fortwährend gesteigert und mehr als verdoppelt hatten, war schon gegen Ende 1873 die Stimmung eine mässigere und auch bei der Auction im Februar 1874 blieb der Artikel unter Taxe.

Diese Baisse, welche eben als natürliche Reaction der anhaltenden Preissteigerung gelten konnte und auch als eine solche angesehen wurde, diente nun einer Rotterdamer

Combination als Anlass zur Ausführung von Manövern, wie solche bisher auf dem holländischen Markte kaum noch vorgekommen sind.

Man schlug nämlich ein bedeutendes Quantum Kaffee zu 7 Cents unter dem Marktpreise los, und zeigte sich gewillt, noch ein Weiteres zu thun; und wenn die Combination, welcher wenigstens bis jetzt noch grosse Geldmittel zur Verfügung stehen, im vorausgegangenen Jahre für die Haussirung das Aeusserste gethan hatte, so schien sie nun in entgegengesetzter Tendenz ernstlicher operiren zu wollen. Der Artikel war hiemit augenblicklich derontirt und der Markt zu einem completen Stillstande gebracht; die übrigen Kaffeemärkte, namentlich London und Hamburg, geriethen hiebei nicht minder in Nachtheil.

Doch zögerten die vielen Eigner, ihre Waare abzulassen; man hielt sich ziemlich vorsichtig, und so gewann der Markt bald wieder seine ruhige Haltung, die auch von April an bis zum Jahresschlusse andauerte.

Tabak, besonders Java und Sumatra, war auch im Jahre 1874 wieder bis zu den geringsten Sorten herab lebhaft gefragt; doch mussten diese letzteren gegen die Preise des Vorjahres bedeutend ablassen, da die 1873er Ernte verhältnissmässig viel ordinäres Schneide- und Einlegegut geliefert hatte.

Für Mittelpartien und feines Deckblatt gingen übrigens die Preise nur wenig zurück; indessen war die Stimmung mit Ende der Campagne, obwohl der schliessliche Vorrath kaum 20.000 Pakken betrug, doch weniger willig geworden und es lässt sich nicht verkennen, dass, im Ganzen genommen, auch bei diesem Artikel jene natürliche Reaction eingetreten ist, welche nach den continuirlichen Preissteigerungen der letzten 5 Jahre zu erwarten stand.

Uebrigens zeigen die schliesslichen Preise gegen 1870 noch immer ein Mehr von reichlich 60 pCt., wobei die Pflanzer vollauf gute Rechnung finden.

Eine weitere Preisermässigung dürfte nun doch nicht ausbleiben, da die Tabak-Production auf Java unter dem ermuthigenden Einflusse der hohen Preise alljährlich in bedeutendem Masse zunimmt.

Die 1873er Ernte lieferte rund 241.000 Pakken Java-Tabak, mithin beispielsweise gegen die Ernte von 1864 pr. 64.800 Pakken beinahe das vierfache Quantum.

Getreide war wieder für den Amsterdamer Handel einer der grössten Artikel, auch waren die Preisverhältnisse ziemlich bewegt. Die Gesammteinfuhr des Landes in den verschiedenen Körnergattungen erreichte 1874 über 646 Mill. Kilogr., gegen 644 Mill. im Vorjahre.

Die Zufuhren aus Amerika kamen diesmal reichlicher; im hiesigen Hafen allein sind 80 Ladungen amerikanische Frucht eingetroffen.

Unter dieser Concurrenz waren wohl die Preisverhältnisse für ungarische Frucht zeitweilig sehr schwierig, doch konnte diese letztere ebenso wie Mehl aus den österreichisch-ungarischen Kunstmühlen Stand halten, da beide Artikel gegen alle übrigen Provenienzen den Vorzug der Güte geniessen.

Die Uebelstände des nordholländischen Canals, welcher für Amsterdam bekanntlich die einzige Hafenzufahrt ist, werden für die directe Schifffahrt des Platzes von Jahr zu Jahr und in dem Masse empfindlicher, als die modernen Schiffskörper allmälig grössere Dimensionen annehmen.

Schiffe von mehr als 4·8 Ellen Tiefgang können den Canal nicht passiren und sind daher genöthigt, zu lichtern oder aber in Nieuwediep ganz zu löschen. Letzteres wird gewöhnlich vorgezogen, und so sind auch im Jahre 1874 wieder fast alle grösseren Dampfer und schweren Schiffe, zusammen 475 Fahrzeuge mit 254.484 Tonnen, welche für Amsterdamer Order befrachtet waren, in Nieuwediep geblieben.

Abgesehen von diesem wesentlichen Uebelstande geben die Lichterungsspesen gewöhnlich Anlass zu Streitigkeiten zwischen dem Schiffsführer und dem Uebernehmer der Ladung, da weder das holländische Gesetz, noch die städtischen Reglements hierüber irgend eine positive Bestimmung enthalten.

Unter solchen Verhältnissen erscheint es empfehlenswerth, dass sich die Schiffsführer bei Annahme einer Amsterdamer Orders im Schiffscontracte, sowie in der Polizze rücksichtlich der Lichterungsspesen rechtzeitig sicherstellen, da auch später eingebrachte Proteste nur selten Erfolg haben.

Uebrigens schreiten die Arbeiten am neuen Canal „Holland op zyn smalst“ rüstig vorwärts. Das Werk dürfte in spätestens 3 Jahren vollendet sein und dann wird Amsterdam eine directe Verbindung mit der Nordsee besitzen und für Fahrzeuge grössten Kalibers zugänglich sein.

Die Anzahl der hier im Jahre 1874 eingelaufenen Schiffe ist aus nachstehender Tabelle zu entnehmen:

Flagge	Segelschiffe		Dampfer		Zusammen	
	Zahl	Tonnen	Zahl	Tonnen	Schiffe	Tonnen
Oesterreichisch-ungarische	15	7.573	.	.	15	7.573
Niederländische	346	78.370	175	64.459	521	142.829
Englische	55	19.201	170	66.148	225	85.349
Deutsche	79	12.881	10	3.666	89	16.547
Norwegische	154	42.585	22	5.501	176	48.086
Schwedische	15	4.266	23	8.131	38	12.397
Dänische	29	4.406	.	.	29	4.406
Russische	15	3.037	.	.	15	3.037
Französische	4	873	1	464	5	1.337
Italienische	24	8.609	1	2.612	25	11.221
Spanische	2	1.104	.	.	2	1.104
Belgische	.	.	1	551	1	551
Amerikanische	12	10.573	.	.	12	10.573
Türkische	1	426	.	.	1	426
Griechische	2	624	.	.	2	624
Im Ganzen	753	194.528	403	151.532	1.156	346.060

Die Einläufe zeigen gegen das Vorjahr eine Verminderung um 11.884 Tonnen, die zwar an und für sich unbeträchtlich ist, aber doch insofern Beachtung verdient, als bereits in den nächstfrüheren 3 Jahren, eben zufolge der vorbemerkten Uebelstände, ähnliche Erscheinungen eingetreten sind.

Von den unter österreichisch-ungarischer Flagge eingelaufenen 15 Schiffen kamen 2 aus Rangoon mit Reis, 1 aus Montevideo mit gesalzenen Häuten, 1 aus Cette mit Wein, 4 aus Taganrog mit Leinsaat, 2 von Sulina mit Getreide und 5 aus Amerika, gleichfalls mit Getreide. Dieselben haben sich sämmtlich von hier in Ballast nach New-Castle begeben.

Der unmittelbare Verkehr zwischen Amsterdam und den österreichisch-ungarischen Häfen war beim Ein- und Auslauf durch 4 niederländische Dampfer von 4.769 T. vertreten.

Die österreichisch-ungarische Handelsflotte hat voriges Jahr in den holländischen Gewässern weder durch Schiffbruch, noch durch schwere Havarien Verluste erlitten.

Wirthschaftliche Lage von Bosnien, mit besonderer Rücksicht auf das Jahr 1873.

Serajevo. Das Geschäftsjahr 1873 bietet abermals kein wünschenswerthes Bild der ökonomischen Entwicklung Bosniens dar. Dieses mit allen Schätzen der Natur verschwenderisch ausgestattete Land beherbergt trotzdem eine der Verarmung mehr und mehr anheimfallende Bevölkerung.

Mit Eisen bester Qualität und Steinkohlen ausgestattet, mit einem Holzreichthum, der aller Beschreibung spottet, mit einem wahrhaft jungfräulichen Boden sollte Bosnien durch seine geographische Lage, sowie durch seine geologische Gestaltung wahrlich einen hervorragenden Platz unter den übrigen Provinzen der Türkei einnehmen. Leider jedoch entsprechen die Thatsachen nicht dieser Voraussetzung und lassen überhaupt die vorhandenen Zustände eine Ausnützung der natürlichen Hilfsquellen kaum erhoffen.

Die Communicationen sind im Grossen und Ganzen die gleichen wie im Vorjahre geblieben. Ausgebaut wurden die Strassenstrecken Trebinje-Ragusa und Bileć-Metochia; neu angelegt wurde die Strasse von Stolaz nach Ljubine.

Ist einmal der Strassenzug von Serajevo nach Mostar und von letzterem Orte nach Metković hergestellt, dann besteht eine directe Verbindung der Landeshauptstadt mit dem Meere, welches von hier in 3—4 Tagreisen erreicht werden kann, und es wäre dadurch die Möglichkeit geboten, die Waaren unverhältnissmässig billiger, als es bisher über Steinbrück, Sissek und Brood geschah, von Triest über Makarska zu beziehen.

Der Bau der bosnischen Eisenbahnen, nämlich der Strecken Mitrovitza-Serajevo-Banjaluka und Busovača-Doboj-Samac, ist berufen, in den wirthschaftlichen Verhältnissen des Landes eine fühlbare Veränderung hervorzubringen. Der Herstellung der Schienenwege würde die einheimische Industrie, und zwar insbesondere die Metall-Industrie, ihr Entstehen verdanken.

Bosnien ist überreich an Braun- und Spateisenstein, oft mit einem Metallgehalt von 70—80 pCt.; Braunkohlen finden sich allenthalben; ebenso kommt auch Gold, Silber, Kupfer, Blei und Quecksilber vor.

Die Hauptlagerstätten der Eisenerze sind in Foinica, Kreševo, Vareš, Zenica, Foca und Stari-Majdan; des Bleies in Priedor, Tuzla und Zwornik; des Silbers in Srebrenica.

Eisenhüttenwerke von sehr primitiver Art existiren blos in Foinica, Kreševo und Foca. Es werden daselbst Hufeisen, Schaufeln, Sicheln und Nägel erzeugt, und diese Artikel zum grossen Theil im Lande selbst verbraucht; nur geringe Quantitäten davon gehen nach Albanien und in das benachbarte Fürstenthum Serbien. Auf andere Mineralien wird nicht geschürft; die im Mittelalter von den Ragusanern in Betrieb gesetzten Silberwerke sind längst verfallen.

Die Verbesserung der Communicationsverhältnisse, wodurch fremdes Capital herangezogen würde, müsste wohl auf diesem Gebiete einen gänzlichen Umschwung herbeiführen, zumal im Hinblick auf das Vorhandensein einer reichen Wasserkraft, ergiebiger Kohlenlager und Holzbestände, womit Bosnien jedes industrielle Unternehmen zu unterstützen vermag.

Ausser seinen Metallschätzen besitzt das Land einen vorzüglichen Thon für Ziegelbrennereien, dann weissen und grauen Marmor. Es wird jedoch nichts davon benützt; vielmehr zieht das Volk es vor, seine Häuser aus an der Sonne getrockneten Kothziegeln zu errichten, statt dauerhafte Gebäude aus Steinen oder gebranntem Material herzustellen.

Mehr als drei Viertel des spärlich bevölkerten Bosnien sind Waldland. In den Save-Niederungen kommen Buchen und Eichen, in Mittelbosnien nur Buchen, und in den höheren Regionen Föhren, Fichten und Tannen vor. Seit Einführung des Tanzimat in Bosnien sind alle Forste Eigenthum des Staates, welcher den Gemeinden lediglich für ihren Bedarf an Bau- und Brennholz das Schlagrecht gewährt.

Die commerzielle Ausnützung der Forste wird von dem Staate selbst, beziehungsweise dem Forstinspectorat in Serajevo betrieben, und Waldparcellen, welche an der Save, der Unna und dem Verbas gelegen sind, werden im Wege der Versteigerung hintangegeben.

Speciell sind es die in den Save-Niederungen gelegenen Waldungen, welche Käufer aus Oesterreich-Ungarn anlocken. Nebst den Stämmen werden auch Dauben erzeugt, welche über Triest nach Frankreich gelangen. Im Jahre 1873 hat jedoch diese Ausfuhr infolge der schlechten Weinernte in Frankreich einen bedeutenden Rückgang erfahren.

Ausser den erwähnten Holzgattungen tritt stellenweise auch der Nussbaum, jedoch nirgends in grösseren Gruppen auf; am meisten noch bei Vrandak und Zenica.

Während früher die Forstverwaltung die Waldparcellen stammweise hintangab, wird das Handelsholz gegenwärtig nur pr. Kubikmeter veräussert. Bedauerlicherweise wird ein abgestockter Wald nie frisch besäet, und ebensowenig der Boden, auf welchem derselbe stand, culturfähig gemacht; daher kommt es, dass in der Nähe der Save und der Landeshauptstadt nur mehr Waldgestrüpp zu finden ist, da der Eintrieb des Kleinviehes das Aufkommen des jungen Waldes zur Unmöglichkeit macht.

Infolge mangelhafter Controle fällen die Gemeinden Holz weit über ihren Bedarf, und während sich abseit von den Strassenzügen Urwälder in vollster Ueppigkeit vorfinden, sind längs derselben allenthalben mit Baumstrunken übersäete Lichtungen zu sehen. Die herrlichsten Bäume werden angebraunt oder gefällt, um nutzlos zu verfaulen.

Sägemühlen sind in hinreichender Anzahl vorhanden, um das Land mit Bauholz zu versehen. Wegen der Mangelhaftigkeit der Waldwege und der Schwierigkeit des Transportes können jedoch nur Bretter von höchstens $1\frac{1}{2}$ Klafter Länge erzeugt werden. Die Breite ist von 10—12 Zoll und die Dicke 1 Zoll; der Marktpreis stellt sich auf 3 Piaster pr. Stück.

Ausser der Eisen-Industrie, an die sich in Foca, Foinica und Serajevo eine den inländischen Bedarf kaum deckende Fabrication von Hieb- und Schiesswaffen schliesst, muss noch der Leder-Industrie erwähnt werden, welche Saffianleder nicht nur für den Landesbedarf, sondern auch für den Export nach Oesterreich-Ungarn liefert.

Die Haus-Industrie ist nicht unbedeutend und bietet einen sprechenden Beweis von den einfachen Bedürfnissen und der geringen Kauffähigkeit des Volkes.

Im Hause wird das Hemd gewebt, welches der Bauer trägt; seine grobe wollene Jacke und seine Beinkleider werden aus heimischer Wolle gesponnen und gewebt. Ausser dem farbigen Shawl, den er turbanartig um sein Haupt windet, ist Alles, was er am Leibe trägt, ein Erzeugniss der häuslichen Industrie. Ja selbst seine Fussbekleidung, die sog. Opanken, verfertigt sich der Bauer selbst aus Thierfellen.

Man kann annehmen, dass reichlich drei Fünftel der Bevölkerung Bosniens, und zwar insbesonders der christliche Theil derselben, der sich mit der Landwirthschaft befasst, im Ganzen also über 600.000 Köpfe, auf so primitive Bedürfnisse angewiesen sind.

Die hauptsächlichen Hilfsquellen des Landes sind der Bodenbau und die Viehzucht; sein Ausfuhrhandel hängt somit nur von der Gunst oder Ungunst des Wetters und dem Gesundheitszustande des Viehes ab. Bosnien liefert Rinder, Schafe, Ziegen, Pferde und Schweine in grosser Menge.

Der Rinderschlag in den an Kroatien und Slavonien stossenden Districten ist der gleiche wie in den genannten Grenzgebieten. In Mittelbosnien und gegen Dalmatien zu ist die Race klein und schmächtig. Dasselbe gilt von den Pferden, die zwar klein, aber ausdauernd sind.

Schweine werden nur in den Save-Niederungen gezüchtet, Schafe und Ziegen allenthalben, insbesondere aber in dem Mutesarifliek von Jenipazar, wo die Wolle häufig über Scutari und Antivari nach England und Triest verschifft wird.

Da es an den erforderlichen Aufzeichnungen fehlt, lässt sich die Kopfzahl der einzelnen Viehgattungen nicht einmal annähernd angeben. Dieselbe ist jedoch so bedeutend, dass sie nicht nur für den eigenen Fleischbedarf des Landes genügt, sondern noch reichliche Mengen für die Versorgung des österreichisch-ungarischen Marktes übrig lässt. Insbesondere ist es das weidenarme Dalmatien, welches sich mit Rindvieh lediglich aus Bosnien und der Herzegowina versieht.

Auch in Bosnien hat der Viehstand durch das epidemische Auftreten des Milzbrandes unter den Rindern und der Schafpockenseuche schwere Einbusse erlitten. Heimgesucht waren die Sandschaks Travnik, Banjaluka, Serajevo und Zwornik.

Die Grenzsperre für das zum Handel bestimmte Hornvieh gegen Dalmatien und die Militärgrenze, welche ebenfalls von der Epizootie hart betroffen wurde, hat dem Viehhandel einen empfindlichen Nachtheil zugefügt, wenn auch dadurch, dass das zum täglichen Verbrauch in den Grenzstationen bestimmte Rindvieh daselbst nach überstandener 10tägiger Contumaz zugelassen wurde, dieser Nachtheil sich theilweise abschwächte.

In der Agricultur sind keine Fortschritte wahrnehmbar geworden. Wie von altersher benützt der Bauer den Holzpflug, der eine kaum 3 Zoll tiefe Furche zieht, und hält an dem System der Brache fest. Das überwuchernde Unkraut wird nicht beseitigt, und daher kommt es, dass die Frucht nicht nur einen schwachen Kern besitzt, sondern mit Spreu und Wickenkörnern vermischt auf den Markt gelangt.

In guten Jahren wird nicht blos der inländische Bedarf gedeckt, sondern es bleibt noch Manches zur Ausfuhr übrig, insbesondere nach Dalmatien und der oberen Militärgrenze.

Grund und Boden gehört beinahe ausschliesslich dem mohamedanischen Grundadel, der ihn durch Zinsbauern meist christlicher Confession bebauen lässt. Christliche Bauern, welche eigene Grundstücke besitzen, sind nur in geringer Anzahl vorhanden.

Die Haupterzeugnisse der bosnischen Landwirthschaft sind Weizen, Gerste, Hafer, Hirse und Mais.

Die Obstbaumzucht bildet eine der Hauptertragsquellen Bosniens; unter den einzelnen Obstgattungen nimmt jedoch nur die Pflaume im Welthandel einen hervorragenden Platz ein. Sie wird in ganz Bosnien gezogen, wenn auch nie veredelt; insbesonders jedoch kommt sie in der Umgegend von Banjaluka und in der Possavina vor.

Im Jahre 1873 war der Ertrag ein reichlicher, und es belief sich der Werth der diesfälligen Ausfuhr auf 500.000 Ducaten. Der Hauptmarkt für gedörrte Zwetschken ist Budapest, wohin dieselben von der Save-Echelle Rajevosello aus verschifft werden.

In meteorologischer Beziehung gestaltete sich 1873 als ein Ausnahmsjahr; der Winter war ausserordentlich mild und beinahe schneefrei, der Frühling und der Sommer kühl und regnerisch. Bei so bewandten Umständen war ein reicher Ertrag an Kornfrüchten nirgends anzuhoffen. In den Sandschaks Banjaluka, Serajevo, Zwornik und Bihać erzielte man eine gute Mittelernte, während in den an Dalmatien grenzenden Districten Bosniens und der Herzegowina kaum die Aussaat wieder gewonnen wurde und somit das dortige Landvolk dem Nothstande preisgegeben war.

Was unter solchen Verhältnissen bei der Getreideernte eingebüsst würde, machte die Heuernte verhältnissmässig wieder gut.

Infolge der in Croatien und Slavonien, der Militärgrenze und Dalmatien eingetretenen Missernte und der daraus entspringenden grösseren Nachfrage war die Ausfuhr von Körnerfrüchten 1873 stärker als im Vorjahre. Ebenso erhöhte sich die Versendung von Hülsenfrüchten, Kleien, Theer, Hadern und Blutegeln.

Dagegen ergab sich in Betreff des Exportes ein geringer Rückgang bei frischem und gedörrtem Obst, ein sehr bedeutender jedoch bei: Vieh, Fellen und Häuten, Schafwolle, Eicheln und Knoppern, Honig, Wachs und Käse, Unschlitt, Rind- und Schweinfett, Brenn- und Werkholz.

Bosnien bezieht seine Einfuhrartikel ausschliesslich über Wien und Triest. Ein grosser Theil der importirten Waaren sind jedoch nicht österreichisch-ungarisches Erzeugniss, sondern wie: Garne, Baumwollwaaren, Eisen, Colonialwaaren, Teigwaaren, fremder Provenienz und gehen durch Oesterreich-Ungarn blos als Transitgut.

Seit der zweiten Hälfte 1873 liessen sich die Folgen der Börsenkrise von Wien auch in Bosnien wahrnehmen. Mehr und mehr entzogen Triester und Wiener Handelshäuser den bosnischen Handelsplätzen ihren Credit und suchten ihre Forderungen zu liquidiren.

Die Einfuhr erlitt gegen das Vorjahr eine Einbusse bei: Zucker, Bier, Wein, Ziegeln, Arznei- und Parfümeriestoffen, Baumwoll- und Seilerwaaren, Leinenwaaren und Leinengarnen, Seide und Seidenwaaren, Sieb-, Holz-, Glas-, Eisen-, Thon-, Kurz- und Zündwaaren, Wachs- und Unschlittkerzen, chemischen Producten und Hilfsstoffen, Seife und Kornfrüchten.

Eine Zunahme ist zu constatiren in: Obst und Gemüsen, Mehl, Kastanien, Honig, Käse, Hopfen, Heu, Kleinvieh, Fetten und Oelen, Spiritus, Branntwein und Liqueuren, Koch- und Steinsalz, Kupfer, Bleiglätte, Zink und Zinn, Streck- und Gusseisen, Baumwolle und Baumwollgarnen, Wollgarnen und Wollwaaren, Papier, Leder- und Gummiwaaren, Beinarbeiten, Steinwaaren, Instrumenten.

Die folgende Zusammenstellung enthält die hauptsächlichen Gegenstände des auswärtigen Verkehrs von Bosnien im Jahre 1873:

Einfuhr aus Oesterreich-Ungarn.

Artikel	Einheit	Menge
Raffinirter Zucker	Pfund	1,216.934
Gartengewächse	„	385.598
Mehl	„	250.222
Kastanien	„	3.750
Wachs, Honig und Käse	„	5.814
Pflanzen und Heu	„	93.100
Fische	„	1.071
Fette und Oele	„	73.332
Felle und Häute, roh	„	1.547
Bier	„	612.766
Essig	„	20.031
Spiritus, Branntwein und Liqueure	„	485.348
Wein	„	256.752
Esswaaren	„	13.015
Brenn- und Werkholz,	Kubikfuss	73.368
Dach- und Mauerziegel, Kalk und Steine	Pfund	4,852.886
Farbholz, Arznei-, und Parfümeriestoffe	„	11.109
Koch- und Steinsalz	„	17,291.853
Andere Mineralien	„	10.822
Streck- und Gusseisen	„	133.187
Stahl	„	62.002
Kupfer, Bleiglätte und Blei, Quecksilber, Zink, Zinn und sonstige Metalle	Pfund	52.343
Hanf und Flachs	„	1.222
Baumwolle und Baumwollgarne	„	33.390
Baumwollwaaren	„	38.491
Seilerwaaren	„	42.728
Leinengarne und Leinenwaaren	„	14.434
Wollgarne und Wollwaaren	„	193.136
Seide und Seidenwaaren	„	4.221
Pelzwerk	„	1.360
Kleiderwaaren	„	9.604
Bürstenbinder- u. Siebmacherwaaren	„	3.139
Schilf- und Strohwaaren	„	23.336
Papier und Papierarbeiten	„	32.970
Leder- und Gummiwaaren	„	28.663
Beinarbeiten	„	1.007
Holzwaaren	„	51.848
Glaswaaren	„	34.150
Steinarbeiten	„	1.600

Ware	Einheit	Menge
Thonwaaren	Pfund	184.813
Eisenwaaren	„	220.217
Metallwaaren	„	29.338
Kurzwaaren	„	34.960
Chemische Producte und Hilfsstoffe	„	7.398
Wachs- und Unschlittkerzen	Pfund	22.876
Seife	„	13.552
Zündwaaren	„	35.087
Lederabfälle	„	1.995

Ausfuhr nach Oesterreich-Ungarn.

Ware	Einheit	Menge
Kaffee	Pfund	10.521
Südfrüchte	„	2.017
Gewürze	„	1.939
Gartengewächse	„	60.261
Obst, frisch und zubereitet	„	306.197
Nüsse	„	45.024
Weizen	„	2,591.668
Roggen, Halbgetreide und Mais	„	5,812.748
Fisolen, Bohnen und Wicken	„	41.584
Gerste und Hafer	„	13,447.377
Reis	„	11.669
Mehl	„	14.737
Pflanzen und Heu	„	12.006
Oelsaat, Reps und Leinsamen	„	79.440
Fische, frisch und zubereitet	„	88.583
Grosshornvieh	Stück	6.953
Schweine und Spanferkel	„	79.686
Pferde und Esel	„	2.111
Blutegel	„	928.761
Geflügel	„	2.081
Felle und Häute, roh	Pfund	130.696
Fleisch	Pfund	540
Honig, Wachs und Käse	„	5.075
Speck, Schweinfett, Rindschmalz und Unschlitt	„	10.507
Olivenöl	„	5.735
Brenn- und Werkholz	Kubikfuss	264.245
Ziegel	Pfund	600.500
Steine und Steinarbeiten	„	18.064
Eicheln und Knoppern	„	475.733
Petroleum	„	15.622
Eisen und Blech	„	4.687
Kupfer in Bruchstücken	„	2.274
Schafwolle, roh	„	250.899
Baumwollwaaren und Baumwollgarne	„	2.486
Wollwaaren	„	6.071
Lederwaaren	„	11.248
Holzwaaren	„	232.362
Glaswaaren	„	5.213
Thonwaaren	„	1.712
Eisen und Metallwaaren	„	5.539
Hadern	„	140.249
Rosshaar	„	2.127
Kleien	„	31.730
Schiffsthee r	„	193.680

Durchfuhr.

Ware	Einheit	Menge
Kaffee	Pfund	2,374.769
Gewürze	„	126.630
Südfrüchte	„	279.439
Zucker	„	1,218.213
Tabak	„	59.660
Gartengewächse	„	119.043
Getreide	„	3,940.227
Reis	„	1,157.360
Mehl	„	111.032
Pflanzen und Pflanzentheile	„	3.471
Fische	„	19.270
Häute und Pelzwerk	„	159.512
Wachs, Honig und Käse	„	44.205
Fette	Pfund	74.489
Oele und Fette	„	306.627
Wein	„	1,242.613
Gebrannte geistige Flüssigkeiten	„	1,040.651
Esswaaren	„	80.078
Drechslerarbeiten	„	4.064
Mineralien	„	80.664
Arznei- und Parfümeriestoffe	„	12.325
Farb- und Gerbestoffe	„	24.892
Gummi und Harze	„	32.165
Kochsalz	„	11,606.481
Chemische Hilfsstoffe	„	38.611

Blei	Pfund	10.167	Leder u. Lederwaaren	Pfund	88.624
Eisen	„	102.328	Holzwaaren	„	22.038
Andere Metalle . . .	„	20.986	Fensterglas und andere Glaswaaren	„	198.047
Baumwolle	„	19.687	Steinarbeiten	„	2.629
Baumwollgarne . . .	„	823.420	Thonwaaren	„	89.203
Leinengarne, Hanf und Flachs	„	1.891	Eisenwaaren	„	383.361
Baumwollwaaren . .	„	1,133.677	Metallwaaren	„	150.048
Leinenwaaren . . .	„	51.688	Maschinen	„	266.960
Wollwaaren	„	63.073	Schafwolle	„	426.373
Seidenwaaren	„	3.591	Kurzwaaren	„	73.076
Fertige Kleider . . .	„	22.136	Chemische Producte .	„	135.178
Bürstenbinderarbeiten .	„	1.096	Kerzen und Seife . .	„	145.564
Strohwaaren	„	1.523	Zündwaaren	„	8.414
Papier und Papierarbeiten	„	60.072	Bücher	„	77.677
Kürschnerwaaren . .	„	12.623	Kleien	„	1.875
			Petroleum	„	14.563

Ausfuhrwaaren werden comptant gezahlt. Für Einfuhrwaaren wird ein Respiro von 4 bis 6 und 9 Monaten zugestanden.

Der gesetzliche Zinsfuss blieb im Jahre 1873 12 pCt. Das Geld war im Allgemeinen knapp. Die Handelscourse der Gold- und Silbermünzen wurden unverändert notirt, wie folgt: türkische Lira 120 Piaster, 20 Frankenstück 104 Piaster, österreichischer Ducaten 61½ Piaster, Silbermedjidié 24 Piaster, russischer Rubel 20 Piaster, österreichischer Gulden 12 Piaster.

Die Fracht von Serajevo nach Brood betrug im Sommer 3—3½ fl., im Winter 4—5 fl. pr. Zollcentner.

Personalnachrichten.

— Seine k. und k. Apostolische Majestät haben den k. und k. Consul in Nizza George d'Auzac zum unbesoldeten Consul für das Fürstenthum Monaco unter unveränderter Belassung in seinen bisherigen Functionen mit dem Rechte zum Bezuge der tarifmässigen Consulargebühren allergnädigst zu ernennen geruht. (Allerhöchste Entschliessung vom 15. Juni 1875.)

— Seine k. und k. Apostolische Majestät haben die Berufung des k. und k. Consuls Rudolf Schlick zur provisorischen Leitung des k. und k. Generalconsulates in Tunis, sowie die Versetzung des k. und k. Consuls Karl Ritter v. Boleslawski von Tunis nach Shanghai allergnädigst zu genehmigen geruht. (Allerhöchste Entschliessung vom 19. Juni 1875.)

— Seine k. und k. Apostolische Majestät haben die Versetzung des k. und k. Consuls in Galatz Karl v. Kwiatkowski nach Trapezunt als Leiter des k. und k. Generalconsulates daselbst allergnädigst zu genehmigen und den bei dem k. und k. Generalconsulate in Bukarest bisher verwendeten k. und k. Consul Ernst Freiherrn v. Haan zum k. und k. österreichisch-ungarischen Delegirten bei der europäischen Donau-Commission in Galatz und Consul daselbst allergnädigst zu ernennen geruht. (Allerhöchste Entschliessung vom 23. Juni 1875.)

— Seine k. und k. Apostolische Majestät haben den Legationssecretär Nikolaus Fürsten Wrede zum k. und k. diplomatischen Agenten und Generalconsul in Belgrad allergnädigst zu ernennen geruht. (Allerhöchste Entschliessung vom 26. Juni 1875.)

— Seine k. und k. Apostolische Majestät haben allergnädigst zu gestatten geruht, dass der k. und k. Legationsrath und Generalconsul in Venedig Friedrich Edler v. Pilat das Commandeurkreuz des kön. italienischen St. Mauritius- und Lazarus-Ordens, der k. und k. Consul in Corfu Eugen v. Csörgeö das Officierkreuz des kön. griechischen Erlöser-Ordens, und der beim k. und k. Generalconsulate in Venedig angestellte Consul Benedikt Row das Officierkreuz der italienischen Krone annehmen und tragen dürfen.

— Der neu ernannte k. und k. Viceconsul L. F. Tollens in Rio Grande do Sul hat sein Amt angetreten.

— Der k. und k. Consul Josef Haupt in Amsterdam ist vom Urlaub auf seinen Posten zurückgekehrt.

— Der k. und k. Consul G. W. v. Camerloher ist am 27. Juni d. J. in Adrianopel gestorben.

Volkswirthschaftliche Lage von Grossbritannien im Jahre 1874.

London. Obwohl der Handelsverkehr Englands im Jahre 1874 durch keinerlei äussere Ereignisse gestört wurde, ist doch eine allgemeine, schon im Vorjahre sich zeigende Abnahme der Ein- und Ausfuhr eingetreten.

Der Ausfall im Exporte trat besonders bei dem Geldwerthe desselben hervor; der Import trägt zwar denselben Charakter, zeigt jedoch ausserdem bei den Nahrungsstoffen auch eine absolute Abnahme der Quantität.

Der Werth der Ein- und Ausfuhr in den letztverflossenen 2 Jahren stellt sich vergleichsweise wie folgt:

	Einfuhr, fl.	Ausfuhr, fl.
1874	3.684,350.000	2.394,360.000
1873	3.703,890.000	2,551,650.000
Ausfall in 1874	19,540.000 fl. oder 0·5 pCt.	157,290.000 fl. oder 6·1 pCt.

Die Flauheit im Handelsverkehre gilt um so mehr als besorgnisserregend, da sie eine stetige und nicht etwa die Folge einer vorhergegangenen übergrossen Thätigkeit ist. Die Lage ist zwar nicht absolut schlecht, man ist aber der Meinung, dass bei der fortwährenden Zunahme der Bevölkerung selbst der Stillstand einen Rückschritt bedeute, und man sieht erwartungsvoll einer Besserung entgegen. Einigen Einfluss auf die verminderte Einfuhr von Nahrungsstoffen übte zweifellos auch die sehr gute Ernte aus, deren sich im vorigen Jahre das ganze Land zu erfreuen hatte.

Von Seite der britischen Regierung wurden im Jahre 1874 mehrfache Abänderungen im Zolltarife vorgenommen. Nachbenannte Artikel sind seit 1. Mai 1874 zollfrei:

Mandelpasta, getrocknete Kirschen, Confitüren, Zuckerwerk, Ingwer- und andere nicht besonders benannte Conserven, Marmelade, in Zucker eingelegte Pflaumen, Canditen (bisheriger Zollsatz aller dieser Artikel 2 s. 4 d.); Candis, brauner oder weisser, raffinirter oder ähnlicher Zucker und Fabrikate von raffinirtem Zucker (bisher 3 s.); nicht raffinirter Zucker: I. Classe (bisher 2 s. 10 d.), II. Classe (bisher 2 s. 8 d.), III. Classe (bisher 2 s. 5 d.), IV. Classe (bisher 2 s.), Melasse (bisher 10 d.).

Zucker für Brauereizwecke ist von obigem Zeitpunkte an mit einer Accise von 11 s. 6 d. pr. Ctr. belegt. Der Theezoll von 6 d. pr. Pfd. wurde bis zum 1. August 1875 belassen.

Zur Erklärung der obigen Massregel dürfte vielleicht einigermassen der Umstand beitragen, dass die Forderung des sog. „freien Frühstücktisches" (free breakfast table) seit geraumer Zeit eine der populärsten in England geworden ist. Alle öffentlichen Blätter und zahlreiche Petitionen betrieben die Abschaffung des Zolles auf sämmtliche Artikel des Frühstücktisches; übrigens war diese Verfügung noch insbesondere durch den sehr günstigen Ausfall des Staatsrechnungsabschlusses für das Jahr 1873 motivirt.

In Betreff der Hauptgegenstände des Verkehrs mit dem Auslande ist Folgendes zu bemerken:

Gold und Silber. Gold war das ganze Jahr hindurch nur wenig gesucht und Barren flossen daher hauptsächlich in die englische Bank; ausserdem wurden Anfangs 1874 aus der Bank mehrere Millionen in 20-Francs-Stücken nach Frankreich und Belgien verführt. Rechnet man hiezu die grossen nach Aegypten und Südamerika abgegangenen Sendungen in Sovereigns, so ergiebt der ganze Export etwa 13—14 Mill. Pfd. Stlg.

Die Nachfrage nach Gold zur Ausfuhr hat sich gegen Ende des Jahres noch mehr verringert und der Markt blieb in ungewisser Stimmung. Der Preis für Goldbarren war durchschnittlich 77 s. 9 d. pr. Unze.

Silberbarren blieben von Anfang 1873 bis Ende 1874 in fallender Tendenz und erreichten im September des letztabgelaufenen Jahres ihren niedrigsten Stand mit 57½ d. pr. Unze.

Diese Tendenz war hauptsächlich eine Folge der Befürchtung, dass durch das deutsche Bankgesetz der Markt mit Silber überflutet werden könnte; eine Befürchtung, die auch durch einige grosse Silbersendungen aus Deutschland nach Indien gerechtfertigt wurde.

Mexicanische Dollar litten nicht nur durch den Fall des Silberwerthes, sondern auch durch eine verringerte Nachfrage in China im Jahre 1874. Grosse Sendungen derselben liegen hier unverkauft.

Die Ein- und Ausfuhr von Gold und Silber gestaltete sich in den letzten 2 Jahren ungefähr wie folgt:

Einfuhr.

	1873	1874
Gold	20,000.000 L.	17,000.000 L.
Silber	12,000.000 „	14,000.000 „
Zusammen	32,000.000 L.	31,000.000 L.

Ausfuhr.

	1873	1874
Gold	19,070.000 L.	14,000.000 L.
Silber	10,256.000 „	13,000.000 „
Zusammen	29,326.000 L.	27,000.000 L.

Getreide. Die vorjährige Ernte Englands war besonders an Weizen eine sehr ergiebige; was ein Fallen der Preise und eine verminderte Einfuhr zur Folge hatte.

Der grösste Theil des nach England eingeführten Getreides kam aus Amerika, woselbst der Ackerbau einiger Districte, darunter besonders Californien und Oregon, erstaunliche Fortschritte macht.

Die Durchschnittspreise für Getreide waren in den letzten 5 Jahren pr. Quarter notirt, wie folgt:

	Weizen		Gerste		Hafer	
	s.	d.	s.	d.	s.	d.
1870	46	10	34	7	22	11
1871	56	8	36	2	25	.
1872	57	1	27	4	23	2
1873	58	8	40	1	25	5
1874	55	10	44	11	28	11

Ueber die Einfuhr von Getreide und Mehl, sowie über den schliesslichen Vorrath in jedem der genannten 5 Jahre folgt nachstehend eine Zusammenstellung:

Einfuhr.

	Weizen Quarter	Gerste Quarter	Hafer Quarter	Mais Quarter	Weizenmehl Centner
1870 . . .	7,131.053	2,020.851	3,938.411	3,909.916	4,803.909
1871 . . .	9,094.072	2,404.936	4,002.584	3,927.583	3,984.638
1872 . . .	9,690.053	4,221.879	4,206.203	5,731.445	4,396.059
1873 . . .	10,096.530	2,585.096	4,335.540	4,379.230	6,204.260
1874 . . .	9,217.658	3,186.326	4,144.003	4,126.083	6,076.536

Vorrath (am 31. December).

	Weizen Quarter	Gerste u. Malz Quarter	Hafer Quarter	Mais Quarter	Mehl Säcke	Mehl Fässer
1870 . . .	1,180.427	117.706	688.328	193.582	178.981	266.118
1871 . . .	1,565.696	161.016	611.590	284.930	206.093	270.571
1872 . . .	1,258.331	148.322	523.822	678.880	205.364	166.179
1873 . . .	842.171	77.391	302.333	161.010	225.898	176.366
1874 . . .	628.767	221.157	262.474	68.017	299.573	172.991

Colonialwaaren. Der Handelsverkehr Englands in den Artikeln, welche gewöhnlich mit dem Collectivnamen „Colonialwaaren“ bezeichnet werden, als: Thee, Zucker, Kaffee, Reis etc., theilte im Jahre 1874 die gedrückte Stimmung, welche im Mittelpunkte des Weltmarktes vorherrschend war. Die Einfuhr blieb trotz des gesteigerten inländischen Verbrauches hinter der des Vorjahres zurück und Transactionen erfolgten die ganze Zeit hindurch mit der grössten Vorsicht.

Besonders verderblich für den Kaufmann war der Theehandel, welcher schon seit mehreren Jahren in stetigem Verfalle ist.

Die folgenden, hierauf bezüglichen Daten zeigen die Ergebnisse des Verkehrs mit England während der letzten 3 Jahre, wobei die auf den verunglückten Schiffen befindlichen Quantitäten mitgerechnet sind:

	1872 Pfd. engl.	1873 Pfd. engl.	1874 Pfd. engl.
Einfuhr aus:			
China und Japan	147,000.000	149,000.000	141,500.000
Indien	17,164.000	18,000.000	17,500.000
Gesammteinfuhr	166,289.000	165,259.000	168,500.000
Consum	127,792.000	132,022.000	137,500.000
Ausfuhr	38,497.000	33,237.000	31,000.000

Die Preise der Hauptsorten, mit Hinzurechnung des bei Fortschaffung der Waare aus den Docks zu entrichtenden Zolles, stellten sich am Ende des Jahres 1874 bei steigender Tendenz wie folgt:

	s.	d.	s.	d.
Congo: Abfälle	.	4	.	10
schwarzer	.	8	1	.
Kaisow	1	6	2	6
Upack	1	10	2	10
Souchong	1	1	2	6
Pecco: Blüte	1	1	3	6
Orange	.	11	3	1
Hyson	.	8	1	.
Hyson fein	1	1	3	8
Imperial	.	11	3	6

	s.	d.	s.	d.
Japanischer: Nr. 3	.	10	1	3
„ 2	1	4	1	8
„ 1	1	8	2	.

Die Preise für Zucker waren zu Anfang des Jahres günstig, fielen jedoch bald infolge der mittlerweile eingelangten grossen Vorräthe.

Die Abschaffung des Zuckerzolles hatte nur für den Consumenten einen erfreulichen Erfolg, während die Raffinerien durch die ungünstige Ernte in Cuba, und die Kaufleute durch die herrschende Flauheit im Handel bedeutenden Schaden erlitten.

Die Preise schwankten für braunen Zucker zwischen 20 s. 3 d. und 24 s.; die besseren Qualitäten erzielten 22 s. 3 d. bis 26 s.

Für Kaffee herrschte während des ganzen Jahres nur sehr geringe Nachfrage und der Handel mit diesem Artikel war nichts weniger als lohnend.

Die von Seite der britischen Regierung infolge der Hungersnoth in Indien gemachten massenhaften Einkäufe von Reis hatten eine grosse Ungewissheit des Marktes zur Folge.

Dem zu Anfang des Jahres eingetretenen rapiden Steigen der Preise folgte ein ebenso plötzlicher Fall, als man sich von dem ersten Schrecken erholt hatte und die tendenziösen Nachrichten über die Grösse der Gefahr auf das richtige Mass zurückgeführt waren, während gleichzeitig die Regierung weitere Einkäufe einstellte.

Die in Rangoon zum Verkaufe ausgebotenen Quantitäten wurden zu 8 s. 3 d. bis 12 s. 6 d. genommen.

Wein. Die grosse Einfuhr von Wein in 1873, verbunden mit den im letztverflossenen Jahre allgemein herrschenden ungünstigen Verhältnissen, hat auch im Handel mit diesem Artikel einen bedeutenden Ausfall zur Folge gehabt.

Zum erstenmal seit 1869 ist hierlands eine Abnahme des Weinverbrauchs im vorigen Jahre eingetreten, und hat sich dieselbe besonders bei französischen rothen und spanischen weissen Sorten bemerkbar gemacht.

Nur Portweine haben ihre seit Jahren erworbene und immer mehr anerkannte Stellung auch diesmal zu behaupten vermocht.

Einige statistische Daten in Betreff der letzten 3 Jahre dürften geeignet sein, obige Bemerkungen zu rechtfertigen. Die diesfälligen Mengen sind in Pipen (à 108 Gallonen) ausgedrückt:

	Einfuhr	Verbrauch	Ausfuhr	Vorrath am 31. December
1872 . . .	186.048	159.188	18.921	136.919
1873 . . .	207.610	170.067	17.500	147.903
1874 . . .	172.397	163.060	15.571	139.139

Es ist lebhaft zu bedauern, dass unsere vortrefflichen heimischen Producte, welche sowohl für die rothen französischen Sorten, als auch für die Rheinweine bei einigermassen sorgfältiger Behandlung einen würdigen Ersatz bieten könnten, in Ermanglung entsprechender Unternehmungen am hiesigen Platze noch immer nicht den ihnen gebührenden Platz einnehmen.

Branntwein. Die über den Weinhandel Englands gemachten Bemerkungen gelten grösstentheils auch für Branntwein, dessen grösserer Verbrauch im Jahre 1874 wohl ebenfalls nur eine Folge der allgemeinen Geschäftsstockung ist, durch welche das grosse Publicum zum Genusse des ausgiebigeren und billigeren Artikels geführt wurde.

Die Branntweinpreise waren voriges Jahr infolge der eingelaufenen Meldungen über Frühlingsfröste bedeutenden Fluctuationen unterworfen, welche der kühnen Speculation ein freies Feld liessen. Spätere günstige Nachrichten stellten das Gleichgewicht her und das Jahr schloss in ruhiger, wenn nicht flauer Stimmung.

Die betreffenden statistischen Daten (in Puncheons à 108 Gallonen) für die letztverflossenen 3 Jahre sind in der folgenden Tabelle zusammengestellt:

	Einfuhr	Verbrauch	Ausfuhr	Vorrath am 31. December
1872 . . .	30.604	34.302	3025	99.140
1873 . . .	57.809	37.187	3433	107.733
1874 . . .	29.581	37.468	2327	95.129

Baumwolle. Das Jahr 1874 war für diese Handelswaare ein ungünstiges Wohl haben vorübergehende und trügerische Einflüsse zuweilen einen Schein von Thätigkeit hervorgerufen, das Geschäft blieb jedoch im Allgemeinen flau und die Preise sanken stätig.

Der Vorrath an Material war in keinem Verhältnisse zu der geringen Nachfrage und als Resultat blieb ein fortwährendes Streben, zu verkaufen, doch zeigten sich Abnehmer nur in sehr geringer Zahl.

Es ist ein bedauerlicher Umstand, dass die Billigkeit des Rohstoffs bei der im vorigen Jahre herrschenden Geschäftslosigkeit selbst dem Fabrikanten nicht zugute kam, denn die Preise der Erzeugnisse fielen in einem Masse, dass der Gewinn beinahe auf Null reducirt wurde.

Die Baumwollpreise in Liverpool stellten sich während der letzten 2 Jahre pr. Pfund durchschnittlich wie folgt:

	1874	1873
Middling Orleans	$8^{5}/_{16}$ d.	$9^{5}/_{16}$ d.
Middling Mobile	$8^{1}/_{16}$ „	$9^{1}/_{16}$ „
Middling Boweels	8	9 „
Fair Egyptian	$8^{1}/_{4}$ „	$9^{11}/_{16}$ „
Fair Dhollerah	$5^{5}/_{16}$ „	$6^{3}/_{16}$ „
Fair Bengal	$4^{1}/_{4}$ „	$4^{1}/_{8}$ „

Die auf Ein- und Ausfuhr, sowie auf Verbrauch und schliesslichen Vorrath entfallenden Mengen bezifferten sich in beiden Jahren also:

Sorten	Einfuhr 1874 Ballen	Einfuhr 1873 Ballen	Ausfuhr 1874 Ballen	Ausfuhr 1873 Ballen
Nordamerikanische	1,958.210	1,897.790	105.130	120.750
Brasilianische	497.620	471.540	39.980	18.880
Aegyptische	297.120	312.370	10.770	8.110
Türkische	3.310	16.100	1.700	1.880
Westindische	117.810	137.750	25.000	29.270
Surat	824.790	762.690	} 501.000	} 412.600
Madras	203.320	160.330		
Bengal und Rangoon	12.810	145.670		
Summe .	3,914.990	3,904.240	683.580	591.490

Sorten	Verbrauch 1874	Verbrauch 1873	Vorrath 1874	Vorrath 1873
	Ballen	Ballen	Ballen	Ballen
Nordamerikanische	1,738.980	1,664.720	274.780	148.690
Brasilianische	441.630	426.030	82.520	62.510
Aegyptische	296.810	277.640	72.660	75.120
Türkische	3.310	15.420	1.000	2.710
Westindische	96.000	108.850	25.320	27.510
Surat	} 671.390	} 691.050	214.710	232.960
Madras			76.970	85.670
Bengal und Rangoon			38.410	142.920
Summe	3,248.120	3,183.710	786.370	778.090

Hieraus wird ersichtlich, dass 1874 die Gesammteinfuhr Grossbritanniens um 10.750 Ballen und die Ausfuhr um 92.090 Ballen grösser war als im Vorjahre; der wochentliche Verbrauch steigerte sich um 1240 Ballen.

Der scheinbare Widerspruch zwischen diesen günstigen Resultaten und der allgemeinen Missstimmung findet in den obigen Andeutungen seine Lösung.

Schafwolle. Das Jahr begann mit ziemlich befriedigenden Aussichten für das Wollgeschäft, und obwohl die erwartete Besserung in verschiedenen Richtungen, namentlich was die gehoffte Erholung Deutschlands und Amerika's von den finanziellen Krisen des Jahres 1873 betrifft, unerfüllt blieb, war dennoch die Haltung des Markts eine verhältnissmässig stetige.

Die Vorräthe von Rohmaterial waren allenthalben klein, der Verbrauch gross und selten von der Mode so begünstigt wie diesmal.

Die Schwankungen in den Preisen der besseren Gattungen waren nicht bedeutend und merkliche Abschläge blieben immer nur von kurzer Dauer.

Der Werth der verschiedenen Standard-Sorten bezifferte sich am 31. December der letzten 3 Jahre folgendermassen:

	1872	1873	1874
	Pence		
Lincoln, Hoggetsfliesse	28	26	23 1/2
Ostindische, ordinäre gelbe	12	10	9 1/2
Donskoi, weisse Fliesse, Durchschnittsqualität	13 1/2	10	10 1/2
Peru, Mittelsorte	15 1/2	14	14
Buenos Ayres, fair Mestiza in Schweiss	7 3/4	7	7 1/2
Australische Fliesse, Durchschnittsqualität	27	25	23 1/2
Cap-Fliesse, Durchschnittsqualität	18 1/2	16	16 1/2

Die Einfuhr von Wolle aus den vorzüglichsten Productionsländern erreichte folgende Mengen:

	1872	1873	1874
	Ballen		
Aus Australien nach England	522.709	551.994	651.576
„ Südafrika „ „	138.892	156.027	164.194
„ den La Plata-Staaten nach Europa	230.849	256.764	237.458
Zusammen	892.450	964.785	1,053.228

Das hervorragendste Moment in dieser Verkehrsbewegung ist die Zunahme der Einfuhr aus Australien um nahebei 100.000 Ballen oder 18 pCt., die bedeutendste Vermehrung, welche sich je ergeben hat.

Ein- und Ausfuhr, sowie Verbrauch von Schafwolle in Grossbritannien bezifferten sich in den letzten 2 Jahren wie folgt:

	Einfuhr Pfund	Ausfuhr Pfund	Verbrauch Pfund
1874	338,800.481	144,362.359	194,438.122
1873	313,061.244	123,236.636	189,824.608

Nach den Vereinigten Staaten von Amerika hat sich die Ausfuhr mehr als verdoppelt (9,575.775 Pfd., gegen 4,270.252 Pfd. in 1873), steht aber noch weit hinter der des Jahrs 1872 zurück, die sich auf 30,354.618 Pfd. belief.

Die das ganze vorige Jahr hindurch vernommenen Gerüchte über unbefriedigende Exportgeschäfte in Schafwollfabrikaten finden in den folgenden officiellen Angaben über den Werth dieser Ausfuhr ihre volle Bestätigung:

	1874	1873	1872
Wollstoffe	22,794.977 L.	25,349.878 L.	32,383.273 L.
Wollengarne	5,558.963 „	5,393.493 „	6,110.138 „
Im Ganzen . .	28,353.940 L.	30,743.371 L.	38,493.411 L.

Eisen. Der vorjährige Eisenhandel war für alle Betheiligten ungünstig. Die Kaufleute litten unter der verminderten Nachfrage vom Auslande, die Fabrikanten durch das Fallen der Preise und die Arbeiterunruhen, während die Arbeiter selbst die geringen Ersparnisse der früheren Jahre aufzehrten.

Die herrschende Stagnation ist grösstentheils dem vorhergegangenen raschen Steigen der Preise zuzuschreiben, welches eine Abnahme in den Bestellungen zur Folge hatte.

Glücklicherweise war diese Reaction nicht von einer Ueberproduction begleitet, welche gewöhnlich die Folge eines hohen Preisstandes ist; die fortwährenden Strikes und andere Schwierigkeiten hinderten eine solche zur Genüge, und die schliesslichen Vorräthe erwiesen sich trotz der gedrückten Stimmung des Handels als nicht zu bedeutend.

Die nachstehenden amtlichen Daten beziehen sich auf die letzten 3 Jahre:

	Erzeugung von Roheisen in England Tonnen	Ausfuhr von Eisen jeder Art Tonnen	Vorrath am 31. December Tonnen	Durchschnittspreis des Roheisens
1872 . .	6,741.929	3,382.762	235.628	101 s. 10 d.
1873 . .	6,566.451	2,959.314	200.328	117 s. 3 d.
1874 . .	6,000.000	2,480.000	161.000	37 s. 6 d.

Es ist noch zu bemerken, dass der Ausfall im letztjährigen Export besonders dem sehr gedrückten Geschäfte mit Schienen zuzuschreiben ist. Gegen Ende 1874 wurden in Nordamerika über 100 Eisenbahngesellschaften bankerott, und von dem gesammten in amerikanischen Eisenbahnen angelegten Capital erhielt nicht mehr als ein Viertheil Zinsenvergütung.

Der Export von Eisenschienen aus England nach Nordamerika verminderte sich während der letzten 3 Jahre in folgendem Verhältnisse: 1872 441.074 Tonnen; 1873 177.955 T.; 1874 93.445 T.

Aehnliche Zustände herrschten auch bezüglich der Bahnen in Russland.

Kohlen. Die Arbeitslöhne wurden voriges Jahr in sämmtlichen Kohlendistricten herabgesetzt, was von den Arbeitern mit einstimmigem Widerstande aufgenommen wurde.

Die Preise fielen um 30 pCt., und ohne die beinahe gänzlich eingestellte Production wäre ein weiterer Rückgang erfolgt.

Der Export hat sich im Jahre 1874 nicht vermindert und nur der Stillstand der Eisenwerke, welche sonst allein 1/3 der ganzen producirten Menge verbrauchen, konnte eine allgemeine Kohlennoth (hierlands coal-famine genannt) verhindern.

Leder und Häute. Der vorjährige Lederhandel Englands zeigt im Vergleiche mit andern Artikeln nicht ungünstige Resultate. Die Preise waren nur unbedeutenden Schwankungen ausgesetzt und der Umsatz mit dem Auslande erfuhr gegen 1873 sogar eine Zunahme.

Vom 1. Januar bis 30. November der letztverflossenen 2 Jahre erreichte der Werth der ein- und ausgeführten Lederwaaren zufolge der amtlichen Nachweise folgende Beträge:

	Einfuhr	Ausfuhr
1874 . . .	2,137.394 L.	3,227.378 L.
1873 . .	1,946.597 „	3,135.026 „

Die nach England gebrachten Sorten sind hauptsächlich Rohhäute aus Südamerika; und zwar kamen davon: 1870 890.334 Stück; 1871 727.437 St.; 1872 744.453 St.; 1873 829.848 St.; 1874 721.845 St.

Ausgeführt werden Lederfabrikate aller Sorten und gegerbte Felle.

Indigo. Die Preise von Indigo waren voriges Jahr durchschnittlich um 6 d. pr. Pfd. höher als in 1873, was mehr der zunehmenden Nachfrage als schlechten Ernten zuzuschreiben ist. Ausserdem gingen durch den Verlust mehrerer von Indien kommenden Dampfer 6000 Kisten dieses kostbaren Materials zu Grunde.

Ueber den Hafen von London, als Hauptstapelplatz für Indigo, liegen für die letzten 3 Jahre folgende statistische Daten vor:

	1874	1873	1872
	Kisten		
Einfuhr aus:			
Bengal	13.594	10.804	9.363
Madras	11.992	12.511	13.434
Gesammteinfuhr .	25.586	23.315	22.797
Verbrauch	11.565	11.715	11.057
Ausfuhr	12.881	10.044	11.294
Vorrath am 31. December:			
Bengal	8.064	5.632	5.796
Madras	12.401	12.890	10.353
Manilla	883	1.686	2.503
Gesammtvorrath .	21.348	20.208	18.652

In ganz Europa wurden verbraucht: 1874 42.000 Kisten; 1873 37.000 Kisten; 1872 30.950 Kisten.

Seide. Der Handel mit Seide gestaltete sich 1874 fast ganz so unbefriedigend und entmuthigend wie im Vorjahre. Der Rückgang im Werthe betrug wieder 20 — 25 pCt. und die Zukunft bietet keine Aussicht auf Besserung. Als einziger Trost bleibt die Aussicht, dass Preise unmöglich noch tiefer fallen können.

Etwas geringere Verluste haben die Fabrikanten erlitten, die sich jedoch über die fortwährend zunehmende Einfuhr von Seidenzeugen vom Continent beklagen.

Aus China wurden 1874 um 3600 Ballen mehr eingeführt als im Vorjahre; dagegen aus Japan um 400 Ballen, aus Canton um 2700 Ballen und aus Bengal um 1100 Ballen weniger. Im Ganzen blieb daher das Verhältniss für beide Jahre ungeändert.

In Europa war die letztjährige Seidenproduction eine sehr bedeutende und die Einwirkung dieses Umstandes auf die Preise im Allgemeinen machte sich auch hier lebhaft fühlbar.

Gewerbe. Die besonders in den südlichen Kohlen- und Eisendistricten immer mehr an Ausdehnung gewinnenden Arbeitseinstellungen haben auf die gewerblichen Verhältnisse Englands einen sehr nachtheiligen Einfluss geübt.

Gegenüber der einheitlichen Organisation der Arbeitervereine im ganzen Lande, infolge deren die strikenden Arbeiter von ihren Collegen so lange unterstützt wurden, bis die betreffenden Fabrikanten oder Bergwerksbesitzer sich gezwungen sahen, ihren Forderungen nachzugeben, trat endlich an die Arbeitgeber die Nothwendigkeit heran, diesem Vorgehen ebenso einheitlich zu begegnen, und sämmtliche Eisen- und Kohlenwerksbesitzer von Südwales beschlossen, ihre Arbeiter am 30. December 1874 zu entlassen. Dadurch wurden 120.000 Familien mit etwa 500.000 Seelen arbeitslos.

Es wurde vielfach die Gerechtigkeit dieses Schrittes angefochten, durch welchen auch jene Arbeiter ihren Erwerb verloren, welche sich den Bedingungen ihrer Herren bisher willig gefügt hatten. Auch regten sich vielseitig Zweifel darüber, ob die Eisen- und Kohlenindustrie so eng mit einander verbunden seien, um ihr Zusammengehen in einem so wichtigen Punkte zu rechtfertigen.

Gewiss ist, dass dieser entscheidende Schritt in allen Zweigen der Industrie eine heftige Erschütterung hervorbringen muss, deren Folgen noch abzuwarten sind.

Die Eisendistricte Schottlands, welche die südlichen an Bedeutung vielleicht noch überragen, hatten von den erwähnten Unruhen weniger zu leiden.

Schottland besass im vorigen Jahre 154 Schmelzöfen, wovon 125 zu Ende desselben in Thätigkeit waren. Es wurden in dieser Periode 15 Oefen vollendet und 12 neue sind noch im Bau begriffen.

Es trat daselbst nur in den Monaten Mai und Juni durch den Strike der Bergleute in den Eisenminen, welcher jedoch glücklich beigelegt wurde, eine kurze Unterbrechung ein.

Die Production betrug etwa 1,800.000 Tonnen, gegen 1,999.491 T. im Vorjahre.

Die Baumwollindustrie blieb im Jahre 1874 ebenfalls hinter den Erwartungen zurück und der Verbrauch an Rohmaterial betrug nur 1.266,000.000 Pfund, während man zu Anfang des Jahres auf 1.303,000.000 Pfund gerechnet hatte. Die Gesammtzahl der arbeitenden Spindeln war etwa 39,500.000.

Eine bemerkenswerthe Thatsache ist, dass, während der Baumwollverbrauch Grossbritanniens während der letzten 15 Jahre nur um 12·3 pCt. zugenommen hat, der diesfällige Fortschritt des Continents sich für dieselbe Zeit auf 26·5 pCt. stellt.

Die Berichte über den Stand der Schafwollindustrie in 1874 lauten etwas günstiger. Obwohl die früher angeführten Daten über den Werth der in den letzten 2 Jahren exportirten Wollwaaren diese Behauptung nicht zu rechtfertigen scheinen, ist die allgemeine Stimmung doch eine bessere und die Steigerung der Preise eine anhaltende.

Der grösste Theil der aus Grossbritannien exportirten Wollstoffe und derlei Garne wurde nach Frankreich und Deutschland abgesetzt, wogegen der amerikanische Markt von englischen Wollwaaren weniger als die Hälfte dessen an sich brachte, was er noch im Jahre 1871 davon gekauft hatte.

Ackerbau. Auch die Landwirthe blieben im Jahre 1874 in einigen Districten Grossbritanniens von der Plage der Arbeitseinstellungen nicht verschont; diese konnten jedoch, der verschiedenen Natur der Sache wegen, nirgends bedenkliche Dimensionen annehmen.

Der Ackerbau Englands ist im Allgemeinen in fortwährendem erfreulichen Fortschritte begriffen. Im Jahre 1868 gab es daselbst 29,955.000 englische Joch bebautes Acker- und Weideland; im Jahre 1874 stieg diese Bodenfläche auf 31,267.000 Joch, was einen Zuwachs von 4·3 pCt. innerhalb 6 Jahren ergiebt.

Die Agricultur entwickelt sich also trotz der seither vermehrten Einfuhr von Verzehrungsgegenständen, welche infolge der zunehmenden Bevölkerung reichlichen Absatz finden.

Besonders die Ausdehnung des permanenten Weidelandes ist in stetig zunehmender Proportion erfolgt, was hauptsächlich eine Folge des von Jahr zu Jahr grösser werdenden Fleischverbrauches ist.

Während der letzten Jahre war in Grossbritannien die Abnahme der ländlichen Bevölkerung gegen den Zuwachs von Stadtbewohnern auffällig. In England und Wales verringerte sich zwischen den Jahren 1861—1871 die Anzahl der Feldarbeiter von 958.000 auf 798.000 oder um 17 pCt.; in Schottland von 105.000 auf 90.000 oder um 12 pCt.

So lange jedoch sowohl die Bevölkerung im Allgemeinen, als auch das Rein-Erträgniss des Ackerbaues sich erhöht, hält man hier diese Erscheinung nicht für besorgnisserregend und schreibt sie hauptsächlich der zunehmenden Verwendung und Vervollkommnung der Ackerbaumaschinen zu.

Die einzelnen Gattungen von Bodenfrüchten vertheilten sich in den letztverflossenen 2 Jahren auf die gesammte in Grossbritannien bebaute Grundfläche folgendermassen:

	1873	1874
Weizen	3,490.380 Joch	3,630.000 Joch
Gerste	2,335.913 „	2,287.987 „
Hafer	2,676.227 „	2,596.384 „
Kartoffeln	514.682 „	520.430 „
Rüben	2,121.908 „	2,133.336 „
Klee und andere Futtergräser	4,366.818 „	4,040.742 „

Der Viehstand Grossbritanniens hat in den letzten Jahren bedeutend zugenommen, und zwar: Hornvieh von 5,403.000 Stück im Jahre 1870 auf 6,125.000 St. im Jahre 1874, Schafe von 28,398.000 auf 30,314.000 Stück.

Die in letzter Zeit für Pferde gebotenen hohen Preise haben auf die Zucht dieser Thiere ebenfalls einen günstigen Einfluss genommen; für das Jahr 1874 beträgt der Zuwachs 35.000 Stück.

Unter den englischen Colonien ist Australien diejenige, deren Aufblühen die raschesten und erstaunlichsten Fortschritte macht; hauptsächlich wurde dort der Viehzucht in den letzten Jahren eine grosse Sorgfalt zugewendet.

Der Viehstand dieser Colonie betrug im Jahre 1873 nach annähernden Schätzungen 5,560.000 St. Hornvieh und 55,490.000 St. Schafe. Diese Ziffern zeigen im Vergleiche zu 1867 einen Zuwachs von 1,073.000 St. Hornvieh und etwa 8,000.000 Stück Schafen. Die Zahl dieser letzteren hat sich während der letztverflossenen 12 Jahre mehr als verdoppelt und die Folgen dieser Vermehrung machen sich am europäischen Wollmarkte sehr fühlbar.

Verkehrswesen. Das Jahr 1874 wird in den Annalen der Unglücksfälle zu Land und zur See eine traurig hervorragende Rolle spielen.

Eisenbahnunfälle waren in England an der Tagesordnung und es fanden dabei jedesmal 15, 28 bis 34 Personen ihren Tod, ohne der schweren Verwundungen zu gedenken.

Das Board of Trade fand sich endlich veranlasst, die Eisenbahngesellschaften zur Anwendung grösserer Vorsichtsmassregeln aufzufordern und drohte mit legislativen Verfügungen.

Von Seite der Eisenbahndirectionen wurde ferner an die Regierung eine Petition wegen Abschaffung der sehr drückenden Passagiersteuer gerichtet.

Zur Verhütung oder doch Verminderung der Unfälle zur See hat das Parlament durch die sog. „Shipping Survey Bill" entscheidende Schritte gethan. Von der Ansicht ausgehend, dass die meisten Unglücksfälle die Folge des mangelhaften Baues, der mangelhaften Beladung oder Bemannung der Schiffe seien, wurde bestimmt, dass jedes britische Handelsschiff bei den hiezu delegirten Commissionen und Hafenbehörden um ein Certificat einschreiten müsse, welches, für eine bestimmte Zeit giltig, die Seetüchtigkeit des Fahrzeuges zu constatiren hat.

Ausserdem ist die Bemannung und Beladung des Schiffes bei Antritt einer jeden Reise Gegenstand einer besonderen Untersuchung.

Nach den letzten amtlichen Nachweisen besitzt Grossbritannien 36.804 registrirte Handelsschiffe mit 7,213.829 Tonnen Tragfähigkeit und einer Bemannung von etwa 329.000 Köpfen.

Im Jahre 1874 liefen in sämmtlichen Häfen Grossbritanniens englische Schiffe mit 12,752.391 T. und fremde Schiffe mit 6,329.682 T. ein. Die Schiffe unter fremder Flagge nahmen folgende Reihenfolge ein:

Flagge	Tonnengehalt	Flagge	Tonnengehalt
Norwegische	1,720.821	Belgische	200.099
Deutsche	1,150.374	Spanische	198.022
Schwedische	525.426	Holländische	194.518
Amerikanische	522.085	Oesterreichisch-ungarische*)	186.568
Italienische	449.579	Portugiesische	30.584
Französische	395.022	Griechische	22.010
Dänische	390.678	Andere	13.452
Russische	330.480		

Aus englischen Häfen fuhren während derselben Zeit Fahrzeuge mit 19,750.460 Tonnen ab, wovon 14,008.971 T. auf englische und 5,741.489 T. auf fremde Schiffe entfallen.

Es ist hiebei zu bemerken, dass die obigen Ziffern sich nur auf die effective Ladung der Schiffe beziehen.

Die Flauheit im Handelsverkehr und die Arbeiterunruhen äusserten auf die Schiffbau-Industrie Grossbritanniens einen sehr schädlichen Einfluss, welcher durch die fortwährend sich verringernde Auswanderung nach Amerika und durch die Finanzkrise daselbst noch erhöht wurde.

Geldwesen. Der Geldmarkt war voriges Jahr keinen bedeutenden Schwankungen unterworfen und der durchschnittliche Zinsfuss der Bank von England betrug 3·7 pCt., gegen 4·8 pCt. in 1873 und 4·1 pCt. in 1872.

Fremde Anlehen waren weniger gesucht als im Vorjahre. Ausser einem kleinen belgischen dreiperzentigen Anlehen wurde ein türkisches im nominellen Betrage von 15,900.000 L. (als erster Theil des 40 Millionen-Anlehens) abgeschlossen. Die ungari-

*) Die näheren Angaben über den letztjährigen Verkehr österreichisch-ungarischer Handelsschiffe in den Häfen des Vereinigten Königreichs haben wir bereits im IV. Hefte des VII. Bandes dieser Nachrichten mitgetheilt. Anm. d. Red.

schen 6 pCt. Schatzscheine im Betrage von 7,500.000 L. hat das hiesige Haus Rothschild mit 91 1/2 placirt.

Von den Colonien erhielten: Indien 5 Mill. L., Canada 4 Mill. L., Victoria 1,500.000 L.

Internationale Ausstellungen. Im vorigen Jahre wurde die Serie der hier seit 1871 jährlich abgehaltenen internationalen Ausstellungen wegen der fortwährend sich verringernden Theilnahme der Aussteller und des Publicums geschlossen. Es ist dies bei der eminent praktischen Richtung dieser Ausstellungen, deren einziger Preis die Anerkennung des Publicums war, lebhaft zu bedauern. Gute Erzeugnisse und nützliche Erfindungen wurden hier vorgeführt, um das Publicum damit bekannt zu machen und deren Verbreitung zu fördern.

In den 4 Jahren ihres Bestandes wurden diese Ausstellungen nur von 168 österreichisch-ungarischen Ausstellern beschickt, welche leider keine nennenswerthen Resultate erzielten.

Die im Jahre 1874 vom ungarischen Landes-Agriculturvereine veranstaltete collective Weinausstellung nahm in dieser Abtheilung eine hervorragende Stelle ein und erregte bei dem wohl nicht sehr zahlreichen Publicum durch die Reichhaltigkeit und Vortrefflichkeit der zur Schau gestellten Sorten verdientes Aufsehen.

Während jedoch die spanischen, portugiesischen und australischen Aussteller von Weinen diese Gelegenheit zur Anbahnung commerzieller Verbindungen mit England durch wohlorganisirte Gesellschaften benützten, blieb der ungarische Weinexport auch für die Zukunft ein zwar reiches, aber beinahe gänzlich unbebautes Feld.

Die Abtheilung für Leder und Lederwaaren war im letzten Jahre von Seite Oesterreichs und besonders des Hauptsitzes dieser Industrie, der Stadt Wien, reichlich vertreten.

Ungarn hatte nur 1 Repräsentanten in dieser Abtheilung; ein schönes Exemplar des zierlichen ungarischen Pferdegeschirres wurde jedoch von Herrn E. A. Skojlund aus Stockholm ausgestellt und fand sehr günstige Aufnahme.

Auswärtiger Handel. Die statistischen Nachweise über den letztjährigen Ein- und Ausfuhrverkehr Grossbritanniens mit dem Auslande ergeben bezüglich der Hauptgegenstände und im Vergleiche zu 1873 Folgendes:

Einfuhr.

Waarengattung		1874	1873
Alkali	Ctr.	109.527	95.336
Borsten	Pfd.	2,655.316	2,443.513
Baumwolle:			
amerikanische	Ctr.	9,894.161	7,481.041
brasilianische	„	709.998	651.045
türkische	„	10.970	52.154
ägyptische	„	1,528.213	1,823.630
britisch-indische	„	3,676.270	3,289.065
andere	„	242.463	396.537
Baumwollmanufacte	fl.	14,825.130	15,537.720
Cacao	Pfd.	17,853.952	19,661.247
Chemikalien	fl.	10,187.040	9,316.490
Elephantenzähne	Ctr.	13.497	13.390
Kartoffeln	„	3,990.991	7,473.230
Cochenille	„	39.177	40.021
Indigo	„	85.767	87.447
Färberröthe (Madder)	„	64.775	91.902

Waarengattung		1874	1873
Garancine	Ctr.	53.121	43.071
Terra Japonica	Tonnen	16.728	22.567
Scharlachroth (Cutch)	"	4.593	6.991
Vallonea	"	26.153	28.662
Flachs:			
russischer	Ctr.	1,654.031	1,447.877
deutscher	"	143.203	218.448
holländischer	"	257.462	166.249
belgischer	"	287.672	330.876
anderer	"	31.625	31.023
Fische	"	440.705	456.134
Citronen und Pomeranzen	Bushel	2,403.338	2,311.721
Korinthen	Ctr.	967.517	979.370
Rosinen	"	505.427	382.292
Fensterglas	"	533.929	457.684
Glas in Platten	"	51.478	41.992
Geschliffenes, gefärbtes Glas	"	52.334	72.759
Anderes Glas	"	311.134	243.440
Weizen	"	41,479.460	43,751.630
Gerste	"	11,379.736	9,232.485
Hafer	"	11,396.010	11,922.736
Erbsen	"	1,808.980	1,211.068
Bohnen	"	2,363.151	2,976.500
Mais	"	17,683.212	18,768.127
Weizenmehl	"	6,229.608	6,204.260
Indisches Kornmehl	"	8.511	6.836
Zimmt	Pfd.	1,204.622	1,077.753
Ingwer	Ctr.	38.750	36.355
Pfeffer	Pfd.	19,596.843	26,389.781
Guano	Tonnen	112.285	184.921
Gummi	Ctr.	134.290	123.187
Guttapercha	"	29.935	45.878
Hanf:			
russischer	"	362.931	358.258
italienischer	"	248.352	253.771
österreichisch-ungarischer	"	11.316	8.822
britisch-indischer	"	58.485	53.506
von den Philippinen	"	276.381	259.225
anderer	"	283.650	317.448
Jute	"	4,299.336	4,643.438
Häute, trockene	"	554.964	615.548
" nasse	"	711.161	712.040
" zubereitete	Pfd.	30,423.285	31,178.135
Hopfen	Ctr.	146.233	123.228
Hadern, feine baumwollene	Tonnen	17.232	16.151
Esparto	"	119.188	102.751
Kolophonium	Ctr.	1,066.681	954.043
Hefe, getrocknete	"	153.808	141.196
Bretter, Balken	Loads	3,805.247	3,415.723
Fassdauben	"	124.341	86.428
Anderes Holz	"	2,447.394	2,071.390

Waarengattung		1874	1873
Mahagonyholz	Tonnen	65.011	52.343
Kaffee	Ctr.	1,414.071	1,683.678
Kautschuk	„	127.497	154.491
Stiefel und Schuhe	Paar	537.984	481.080
Handschuhe	„	13,504.044	11,016.336
Kupfererze aus:			
Spanien	Tonnen	3.540	3.964
Chili	„	7.456	12.778
Australien	„	484	1.765
anderen Ländern	„	36.439	32.054
Kupfer-Regulus aus:			
Chili	„	22.521	21.261
anderen Ländern	„	5.537	5.493
Verarbeitetes und unverarbeitetes Kupfer aus:			
Chili	„	21.568	20.130
Australien	„	10.269	10.565
anderen Ländern	„	5.774	3.625
Eisen in Barren	„	74.173	74.490
Stahl: verarbeiteter	Ctr.	1,055.424	663.015
unverarbeiteter	Tonnen	7.296	9.556
Zink	„	22.216	20.038
„ verarbeitetes	Ctr.	252.607	249.403
Zinn	„	184.377	155.424
Rindfleisch, gesalzenes	„	231.532	218.563
Schinken	„	186.569	200.377
Speck, Schweinfleisch (Bacon)	„	2,355.112	2,773.037
Butter	„	1,620.674	1,277.729
Käse	„	1,488.223	1,355.267
Eier	Stück	567,204.900	550,027.700
Schweinfett (Lard)	Ctr.	374.582	644.044
Nitrat (Soda)	„	2,117.170	2,393.204
Petroleum aus den Vereinigten Staaten, Britisch-Nordamerika, Britisch-Indien und anderen Ländern	Fässer	85.630	65.630
Thran, Spermacet	„	17.129	17.881
Palmöl	Ctr.	1,045.143	963.926
Cocosnussöl	„	137.374	366.744
Olivenöl	Fässer	22.628	35.145
Oelsamen	„	17.903	17.592
Terpentinöl	Ctr.	275.554	233.331
Oelsamenkuchen	Tonnen	157.476	138.119
Schreib- und Druckpapier aus den Hansestädten, Holland, Belgien, Frankreich und anderen Ländern	Ctr.	192.200	195.336
Andore Papiersorten derselben Provenienz	fl.	5,677.250	4,715.270
Quecksilber	Pfd.	2,998.447	2,391.704
Rinde für Gerber und Färber	Ctr.	322.321	466.113
„ peruvianische	„	41.651	45.419
Reis	„	7,002.798	6,527.464
Schwefel	„	1,036.427	909.352

Waarengattung		1874	1873
Salpeter	Ctr.	294.419	331.517
Baumwollsamen	Tonnen	190.549	207.755
Kleesamen	Ctr.	256.025	278.419
Flachssamen	Quarter	1,682.875	1,443.018
Rübsamen	„	289.781	275.823
Rohseide aus:			
China	Pfd.	2,656.764	3,149.016
Britisch-Indien	„	690.871	522.455
Aegypten (im Transit)	„	149.086	901.006
anderen Ländern	„	2,446.717	1,846.249
Cocons-Abfälle	Ctr.	34.920	32.350
Gezwirnte Seide aus Frankreich und anderen Ländern	Pfd.	114.601	108.794
Seidenstoffe aus Belgien, Frankreich und anderen Ländern	fl.	73,290.740	54,440.940
Seidenbänder aus Frankreich und anderen Ländern	„	20,758.820	17,030.170
Gaze und Krepp aus Belgien und anderen Ländern	„	4,397.749	6,219.240
Indische und andere aussereuropäische Seiden-Manufacte	„	2,377.350	2,856.640
Rum	Gallons	8,188.456	7,018.278
Branntwein	„	3,401.838	6,634.246
Andere Spirituosen	„	2,192.965	1,641.861
Tabak	Pfd.	77,705.327	81,382.733
Thee	„	161,603.410	162,344.395
Lebende Ochsen, Stiere und Kühe	Stück	157.821	157.549
„ Kälber	„	36.041	43.338
„ Schafe und Lämmer	„	758.902	851.035
„ Schweine	„	115.389	80.976
Talg aus Russland, Australien, Südamerika und anderen Ländern	Ctr.	1,154.799	1,521.031
Theer	Fässer	233.810	214.759
Uhren	fl.	4.741.190	4,072.840
Wein	Gallons	18,274.138	22,006.757
Wolle aus den Hansestädten und anderen Theilen Europa's, aus Südafrika, Britisch-Indien, Australien und anderen Ländern	Pfd.	338,800.481	313,061.244
Alpaca, Llama	„	4,186.381	4,422.181
Wollmanufacte: Shawls, Schürzen, Tücher	fl.	39,742.650	38,071.760
Wollengarne (worsted)	Pfd.	13,114.130	13,178.034
Ziegenhaarwolle	„	8,013.706	6,297.447
Manufacte aus Ziegenhaarwolle	fl.	484.040	329.200
Zucker, raffinirter	Ctr.	2,671.861	2,360.836
„ roher	„	14,216.728	14,308.958
Melasse	„	339.352	517.706
Wollabfälle	Pfd.	57,361.920	56,309.120

Ausfuhr.

Fremde und Colonialwaaren		1874	1873
Baumwolle	Ctr.	2,312.211	1,924.836
Baumwollmanufacte	fl.	2,220.660	2,731.230
Cacao	Pfd.	7,731.635	7,531.668
Elephantenzähne	Ctr.	7.970	5.217
Cochenille	„	23.275	19.980
Indigo	„	60.693	67.048
Korinthen	„	143.985	140.134
Rosinen	„	102.246	133.989
Weizen	„	720.792	1,027.594
Mehl	„	111.235	61.321
Guano	Tonnen	11.012	43.684
Zimmt	Pfd.	1,208.855	1,055.910
Pfeffer	„	16,328.943	12,385.786
Gummi	Ctr.	39.940	33.035
Hanf, roh und zubereitet	„	124.532	130.512
Jute	„	716.625	789.504
Häute, trockene	„	301.880	301.637
„ nasse	„	85.869	91.496
Hopfen	„	1.745	4.460
Kautschuk	„	53.970	54.396
Kaffee	Pfd.	106,477.000	137,230.600
Kupfer	Tonnen	24.293	20.441
Zinn	Ctr.	47.378	28.869
Petroleum	Fässer	1.098	1.091
Palmöl	Ctr.	410.194	427.597
Cocosnussöl	„	217.158	202.473
Olivenöl	Fässer	1.673	2.819
Schreib- und Druckpapier	Ctr.	30.934	20.106
Anderes Papier	fl.	286.980	330.280
Quecksilber	Pfd.	2,422.299	2,162.438
Reis	Ctr.	4,122.597	3,286.624
Salpeter	Ctr.	20.869	15.103
Flachs- und Leinsamen	Quarter	10.976	17.778
Rübsamen	„	5.038	9.533
Seide, rohe	Pfd.	2,741.842	2,786.905
Seidenabfälle	Ctr.	4.081	3.188
Gezwirnte Seide	Pfd.	21.761	20.905
Seidenmanufacte	fl.	2,222.540	1,696.860
Rum	Gallons	1,537.605	1,307.142
Branntwein	„	267.665	394.776
Gemischte Spirituosen in Verschluss	„	1,329.120	1,158.704
Talg	Ctr.	78.727	41.499
Thee	Pfd.	30,959.170	33,237.094
Tabak	„	16,789.581	17,244.998
Weine	Gallons	1,650.527	1,855.064
Schaf- und Lammwolle	Pfd.	144,362.359	123,236.636
Zucker, roh und raffinirt, und Melasse	Ctr.	592.139	241.524

Britische und irische Waaren		1874	1873
Alkali	Ctr.	5,010.997	4,758.393
Bier	Fässer	559.403	584.765
Butter	Ctr.	42.470	45.122
Bücher, gedruckte	„	83.904	83.994
Baumwollgarne	Pfd.	220,599.074	214,686.830
Baumwollmanufacte aller Art	Yard	3.603,348.527	3.482,705.186
Baumwollstrümpfe (Hosiery)	Dtzd. Paar	1,020.515	1,128.046
Baumwollzwirn	Pfd.	9,016.212	8,268.000
Baumwollspitzen (Steppwerk)	fl.	11,040.140	11,291.770
Chemische Producte	„	21,124.400	17,455.100
Heringe	Fässer	849.430	723.405
Andere Fische	fl.	2,263.540	2,678.930
Flintglas	Ctr.	101.884	124.299
Fensterglas	„	121.751	117.869
Flaschen	„	892.427	907.327
Spiegelglas	fl.	2,153.500	3,288.790
Hüte	Dutzend	633.939	595.439
Hadern	Tonnen	20.265	16.759
Jute: Manufacturen	Yard	110,567.139	96,539.763
„ Garne	Pfd.	15,458.288	12,278.082
Kerzen	„	5,458.308	6,584.765
Käse	Ctr.	18.790	18.929
Kleidungsstücke	fl.	31,968.360	34,343.920
Kautschukwaaren	„	8,972.550	9,092.050
Steinkohlen	Tonnen	13,908.958	12,632.333
Leder, rohes	Ctr.	148.086	117.586
Stiefel und Schuhe	Paar	4,853.328	6,317.520
Andere Lederwaaren	Pfd.	2,079.790	1,662.053
Sattlerwaaren	fl.	4,627.320	4,551.120
Leinengarne	Pfd.	27,164.268	28,730.138
Leinenmanufacte aller Gattungen in Stücken	Yard	190,409.712	203,444.985
Dampfmaschinen	fl.	32,314.010	29,528.790
Andere Maschinen	fl.	65,395.750	70,412.920
Rohes Puddeleisen	Tonnen	774.280	1,139.664
Stangeneisen	„	259.630	288.422
Eisenbahnschienen	„	782.437	786.800
Reife, Kesselplatten etc.	„	168.628	201.437
Manufacte aus Guss- und Schmiedeeisen	„	257.965	282.165
Draht	„	36.620	29.884
Altes Eisen	„	43.333	60.478
Rohstahl	„	31.442	39.488
Stahlmanufacte	fl.	7,901.680	7,287.260
Rohes Kupfer	Ctr.	215.213	257.927
Verarbeitetes Kupfer, wie: Nägel, Platten etc.	„	212.326	216.502
Messing	„	281.713	232.027
Blei	Tonnen	36.398	32.209
Rohes Zinn	Ctr.	155.068	115.946
Zink	„	78.640	68.783
Malerfarben	fl.	11,566.870	10,169.750
Oel aus Samen	Gallons	13,087.871	11,173.830
Putzwaaren (Haberdashery)	fl.	61,308.890	65,980.910

Britische und irische Waaren		1874	1873
Pferde	Stück	3.038	2.785
Sauere Pickles	fl.	5,680.570	6,491.860
Schreib-, Druck- und anderes Papier, dann Schreibrequisiten (Stationary)	„	8,753.930	9,738.990
Silberplattirte und vergoldete Waaren	„	2,850.030	2,784.680
Säcke	Dutzend	4,721.714	4,419.368
Salz	Tonnen	828.964	841.226
Strickwerk (Cordage)	Ctr.	127.752	120.596
Gezwirnte, geflochtene u. gedrehte Seidengarne	fl.	10,296.820	16,678.370
Seidenmanufacte in Stücken	„	4,584.220	3,312.930
Seidentücher, Shawls etc.	„	3,875.090	2,477.180
Seidenbänder	„	2,072.560	2,354.520
Andere Artikel aus Seide	„	6,839.880	7,759.540
Halbseidene Stoffe	„	3,624.420	2,858.650
Seife	Ctr.	219.284	181.304
Spirituosen	Gallons	1,213.314	1,698.410
Porzellanwaaren	fl.	17,426.530	20,636.330
Telegraphendrähte (Apparate)	„	21.227.720	23,595.630
Schiesswaffen	Stück	235.151	356.294
Andere Waffen	fl.	9,715.410	4,228.130
Schiesspulver	Pfd.	14,788.023	16,429.399
Eisenbahn- und andere Wägen	Stück	3.143	3.121
Schaf- und Lammwolle	Pfd.	10,047.333	7,034.115
Wollengarne	„	34,999.602	34,809.353
Tuchstoffe jeder Gattung	Yard	40,177.001	38,640.389
Gemischte Wollstoffe (worsted)	„	261,154.608	282,853.334
Wollene Decken	„	7,235.102	6,195.411
Schafwollflanelle	„	8,764.597	8,241.206
Schafwollteppiche	„	9,133.604	9,964.383
Schafwollstrümpfe	fl.	2,897.770	2,886.480
Kleine Wollwaaren	„	11,836.590	14,665.100
Raffinirter Zucker	Ctr.	930.729	695.034

Handelsverkehr von Nicolajeff im Jahre 1874.

Nicolajeff. Im Jahre 1874 wurden von hier im Ganzen 1,282.749 Tschetwert Getreide und Oelsaaten exportirt, nämlich: 461.575 Tschtwrt. Ghirka-Weizen, 591.585 Tschtwrt. Roggen, 107.279 Tschtwrt. Gerste, 56.953 Tschtwrt. Hafer, 58.615 Tschtwrt. Leinsamen, 6742 Tschtwrt. Rübsamen.

Von obiger Menge wurden 163.648 Tschtwrt. durch österreichisch-ungarische Dampfer und Segelfahrzeuge nach Seeplätzen im Adriatischen und Mittelländischen Meere verschifft, u. z.: 90.333 Tschtwrt. Ghirka-Weizen, 54.777 Tschtwrt. Roggen, 12.791 Tschtwrt. Hafer, 5747 Tschtwrt. Leinsamen.

Der annähernde Werth der letztjährigen Ausfuhr beträgt 15,950.000 fl., gegen 9,751.000 fl. in 1873, hat also trotz der schwachen Ernte der hiesigen Umgegend eine Erhöhung von 6,199.000 fl. erfahren.

Nicolajeff war fortwährend im Stande, dem Begehr der Verbrauchsplätze zu genügen, welcher mehr oder weniger vom Beginne der Schifffahrt (Ende Februar) bis zum Schlusse derselben anhielt; wobei noch zu bemerken ist, dass dieser Schluss gegen andere Jahre um etwa 40 Tage später eintrat, indem der hiesige Hafen erst Anfangs Jänner 1875 durch Eis abgesperrt wurde.

Im Jahre 1874 wurde Nicolajeff zum erstenmal von österreichisch-ungarischen Handelsdampfern besucht, und zwar erschien hier: die „Narenta" 5mal, der „Michele Vucetich" 3mal, der „Timavo" 2mal, der „Risano" 1mal.

Diese 4 Schiffe exportirten Cerealien und Leinsaat für 1,229.000 fl.; ausserdem verliessen 19 österreichisch-ungarische Segelfahrzeuge diesen Hafen mit gleicher Ladung im Werthe von 850.700 fl., so dass die Ausfuhr unter nationaler Flagge einen Gesammtbetrag von 2,079.700 fl. erreichte.

Die mit Getreide und Leinsaat ausgelaufenen nationalen Fahrzeuge waren zumeist nach Lussinpiccolo bestimmt, um daselbst die Orders zur Abladung in Fiume, Triest oder Venedig zu erhalten.

Die Durchschnittspreise für Getreide und Leinsaat stellten sich im vorigen Jahre pr. Tschetwert, wie folgt: Ghirka-Weizen 8—12 Rubel, Roggen 5½—7 R., Gerste 5—5½ R., Hafer 4—4¼ R., Leinsaat 12½—12¾ R.

Die Platzvorräthe am Schlusse des Jahrs bestanden in 50.000 Tschtwrt. Ghirka-Weizen und 10.000 Tschtwrt. Roggen.

Die Einfuhr nach Nicolajeff beschränkte sich auf 6 Ladungen Steinkohlen aus England, die einen annähernden Werth von 90.000 fl. darstellten.

Wirthschaftliche Verhältnisse von St. Gallen im Jahre 1874.

St. Gallen. Entgegen den gehegten Erwartungen hat das Jahr 1874 in Bezug auf Handel, Verkehr und Industrie einen vollen Ersatz für die in der zweiten Hälfte 1873 eingetretene Geschäftsstille nicht geboten; diese hielt vielmehr mit einer gewissen Stetigkeit bis zum Schlusse des letztverflossenen Jahres an.

Die Nachwirkungen der in den Vereinigten Staaten von Amerika stattgehabten Krisen machten sich noch immer anhaltend fühlbar und liessen den sonstigen regen Absatz der hiesigen industriellen Erzeugnisse, als: Gardinen-, resp. Grobstickereien etc., noch immer nicht recht aufkommen. Die Nachweise der amerikanischen Consulate in der Schweiz über die Ausfuhr nach den Vereinigten Staaten zeigen daher eine Abnahme derselben in derlei Artikeln, und da Amerika überhaupt eines der Haupt-Absatzgebiete für die hierländige Industrie bildet, so konnte schon deshalb ein flotter Geschäftsgang im Allgemeinen nicht Platz greifen. Blos die Maschinen-Plattstich-stickerei, welche das ganze Jahr hindurch in schönster Blüte stand, machte diesfalls eine Ausnahme.

Der Handel mit Spanien und der Absatz von Stickereien dahin, der unter normalen Verhältnissen ein ziemlich bedeutender ist, erlitt infolge der dortigen politischen Wirren ebenfalls einen wesentlichen Rückgang, wie denn auch der Geschäftsverkehr mit den anderen Ländern Europa's infolge der noch stark nachwirkenden Krisen nicht so lebhaft sich gestaltete, als man erwartet hatte.

Der Handel nach der Levante und anderen überseeischen Gebieten hat keine nennenswerthen Veränderungen erfahren.

Die feine Handstickerei, als besonderer Luxusartikel, wird in hiesiger Gegend nur noch wenig betrieben; die Erzeugnisse dieser Industrie sind zwar allerdings glänzend, jedoch für den Arbeiter nicht lohnend.

Was die Handelsbeziehungen zu Oesterreich-Ungarn betrifft, so nahm wie immer die grossartige Getreideeinfuhr aus Ungarn nach der Schweiz über die Bodensee-Häfen Rorschach und Romanshorn den ersten Platz ein, obwohl in neuerer Zeit auch russisches, amerikanisches und ägyptisches Getreide dem ungarischen eine erfolgreiche Concurrenz macht.

Die Industrie der Stickerei, welche in den Cantonen St. Gallen und Appenzell ihren Hauptsitz hat, machte auch während des Jahrs 1874 im benachbarten Vorarlberg weitere Fortschritte; sie gewinnt daselbst immer grössere Ausdehnung und hat auch die Zahl der Plattstichmaschinen wieder bedeutend zugenommen. Wenn auch die vorarlbergische Stickerei-Industrie in einem gewissen Abhängigkeitsverhältnisse zur diesseitigen steht, so nimmt sie immerhin eine achtunggebietende Stellung ein.

Die Bergeisenbahn Rorschach-Heiden, deren Bau von der internationalen Gesellschaft für Bergbahnen übernommen wurde und gegen Ende 1874 begann, wird nach dem Zahnstangensystem, aber mit normaler Spurbreite gebaut. Diese Bahn, welche bis 1. Juli 1876 vollendet sein soll, nimmt unweit des Bahnhofes St. Scholastika bei Rorschach ihren Anfang und zieht sich mit einer Maximalsteigung von 8·8 pCt. in der Nähe des Dorfes Wiehnachten vorbei nach Heiden.

Zu den bereits bestehenden Rheinbrücken kam eine neue zwischen Rheineck und Gaissau, deren Bau im vorigen Jahre vollendet wurde, während man die zwischen Kriessern und Mäder zu errichtende Brücke gegen Ende 1874 in Angriff nahm.

Weitere Brückenbauten, wie diejenigen zwischen Roblach und Montlingen, bei Schmitter, Widnau und Lustenau, befinden sich noch im Stadium der Unterhandlungen; ebenso konnten die zwischen den Gemeinden Au und Lustenau wegen Hebung der dort bestehenden Rheinbrücke und Tragung der diesfälligen Kosten schon seit Jahren schwebenden Differenzen bis nun noch nicht geschlichtet werden.

Betreffend die Leistungen in Herstellung von Schutzbauten entlang dem Rhein-Ufer in diesem Canton, so gehört auch das Jahr 1874 zu den ergiebigsten. Bei Ausführung dieser Correctionsbauten wurde, wie in den letzten Jahren, im Accordwege mit Gemeinden und Privaten vorgegangen, welche unter Benützung günstiger Witterungs- und Bauverhältnisse selbst auch im Sommer fortarbeiteten. Indessen dürfte, dem Vernehmen nach, die Baucampagne 1874/75 bezüglich der Verwendung der im Jahre 1862 zu diesem Zwecke votirten 8 1/2 Mill. Francs die letzte sein.

Für die Landwirthschaft darf das Jahr 1874 im Allgemeinen wohl als ein gutes Mitteljahr bezeichnet werden; Kartoffeln, Mais, Bohnen etc. sind gut, Wein und Obst vorzüglich gerathen.

Besonders das Ergebniss der Weinlese hat quantitativ die Erwartungen bei weitem übertroffen, qualitativ dagegen war das Product sehr verschieden und wohl selten ungleichartiger als im vorigen Jahre. Neben ganz ausgezeichnetem Weine war auch kein Mangel an mittelmässigem und geringem Product, je nach der Masse der Trauben, der Lage des Weinberges und der Zeit der Weinlese.

Letztere wurde gar oft zu früh vorgenommen, woran jedoch die Consumenten nicht weniger als die Weinbergbesitzer Schuld sind; ein Uebelstand, welcher nur durch Einsicht und Verständniss jedes Einzelnen zu beseitigen sein wird, und diese zur Geltung zu bringen, sind die hiesigen landwirthschaftlichen Vereine durch ihr strebsames Wirken unausgesetzt bemüht.

Der Ertrag an Obst war ein sehr grosser. Dasselbe kam massenhaft zum Verkaufe, war aber auch infolge des 1873er Misswachses sehr begehrt: die Preise variirten zwischen 12 und 22 Francs pr. 100 Kilogr.

Die Futterernte fiel in quantitativer Beziehung geringer aus, dagegen war der Nährwerth des Heues ein vortrefflicher.

Tabak und Hopfen scheinen sich hier nicht einbürgern zu können; die Pflege dieser Culturzweige kostet zu viel und liefert ein zu geringes Product, als dass es gesucht und preiswürdig sein könnte.

Das Molkereiwesen und die Viehzucht haben in ihren Ergebnissen etwas getäuscht. Die starke Vermehrung der Käsereien hatte zwar im Jahre 1873 das Steigen der Milchpreise auf eine enorme Höhe zur Folge; allein schon in den letzten Monaten des genannten Jahres und noch mehr in 1874 gingen die Producte der Milchwirthschaft in bedenklicher Weise zurück und scheinen sich in dieser gedrückten Situation noch längere Zeit halten zu sollen, wodurch eben nicht nur Producent und Händler, sondern der ganze bäuerliche Wohlstand leidet. Indessen ist die Nachzucht von Jungvieh im Zunehmen begriffen, und wird hiebei überall auf eine schöne, reine Race ein besonderes Augenmerk gerichtet.

Im Juni 1874 wurde wegen der in mehreren Cantonen ausgebrochenen Maul- und Klauenseuche einfache, und Mitte November strenge Viehsperre gegen Oesterreich und Deutschland angeordnet und bis Ende des Jahrs aufrecht gehalten. Infolge dieser Störung des Verkehrs stockte der sonst so flott betriebene Viehhandel so zu sagen gänzlich.

Von der guten Handhabung der Forstwirthschaft, speciell der Waldanlage und Waldpflege, geben zahlreiche Junghölzer im Canton St. Gallen das beste Zeugniss.

Gegen die Eichhörnchen, welche eigenthümlicher Weise in den Lärchenwaldungen in der Umgebung von Ragatz, Pfäffers und anderen Orten bedeutenden Schaden dadurch anrichteten, dass sie, wie constatirt wurde, die Lärchen zur Saftzeit 5 bis 15 Fuss unter dem Gipfel entrindeten, so dass das Gewächs verdorrte, wurden ausserordentliche Vertilgungsmassregeln getroffen.

Die Regierung von St. Gallen ordnete nämlich die Bezahlung von Schussgeldern für die Erlegung dieser Thiere an, was zur Folge hatte, dass im vorigen Jahre 1495 Stück getödtet wurden.

Schifffahrts- und Handelsverkehr von Barcelona im Jahre 1874.

Barcelona. Die letztjährige Handelsbewegung im Allgemeinen zeigt gegen 1873 einen merklichen Aufschwung, was jedoch nur bezüglich des Verkehrs zur See gilt. Denn dadurch, dass infolge der bedeutend zugenommenen Wirren derjenige zu Lande sich von Monat zu Monat immer mehr einengte, wurde der Wasserweg unendlich ausgenützt.

Nicht nur der ausgedehnte Waarenverkehr, sondern auch die Beförderung der sehr zahlreichen Passagiere fiel der Dampf- und Segelschifffahrt zu, wornach sich trotz aller sonstigen Missverhältnisse eine bedeutende Zunahme sowohl in der Anzahl der Schiffe und Tonnen, als auch in den Einfuhrwerthen ergiebt.

Dagegen war die Ausfuhr in der Abnahme begriffen, da die Güter wegen der bald nach der einen, bald nach der anderen Seite unterbrochenen Zufuhr vom Lande her, nicht mit der gewöhnlichen Regelmässigkeit herbeigeschafft werden konnten.

Zu bedauern ist nur, dass bei der grösseren Lebhaftigkeit im Seeverkehr nicht auch die Anzahl der österreichisch-ungarischen Handelsfahrzeuge in entsprechendem Masse zugenommen hat. Im Gegentheil, abgeschreckt vielleicht durch die in Spanien unaufhörlich wechselnden Zustände, beschränkte sich unsere Schiffahrt blos auf 4 Ankünfte, zusammen von nur 700 T., wobei Hölzer und eine Partie Fassdauben im Gesammtwerthe von 31.000 fl. aus Sign eingeführt, dagegen 20 Säcke Kaffee und etwas Farbhölzer für 1600 fl., dann noch Wein im Werthe von 8000 fl. dahin verschifft wurde.

Auch im Jahre 1873 kamen nur 8 Segelschiffe von 2347 T. nach Barcelona, welche Getreide für 15.000 fl., Kohlen für 28.000 fl., Guano für 29.000 fl., dann Holz und Fassdauben für ca. 23.000 fl. hieher brachten, von denen aber nur 2 mit theilweiser Ladung von Spiritus und Holz, die übrigen in Ballast nach Tarragona, Sign, Constantinopel und Rotterdam ausliefen.

Die namhafte Steigerung in der Gesammtzahl der während des Jahres 1874 hier eingelaufenen Schiffe klärt sich hauptsächlich dadurch auf, dass namentlich Dampfer und Barken unter spanischer Flagge die neue Bestimmung erhielten, Tausende von Reisenden, die sich früher der Eisenbahn bedient hatten, nach den näher gelegenen Küstenorten zu bringen, von wo sie oft noch am selben Tage oder doch Tags darauf hieher zurückkehrten und immer wieder im Tonnen- und Mannschaftsausweise neu verzeichnet wurden.

In gleicher Weise gesellte sich dem einen Messageries-Dampfer, der regelmässig jede Woche von hier nach Marseille fuhr, Monate hindurch ein zweiter hinzu. Ueberdies wurden vom Sanitätsamte die grossen französischen und italienischen La Plata-Steamer, jeder 3000—4000 T. haltend, auch wenn sie während ihres dreistündigen Aufenthaltes nur etliche Passagiere an Bord nahmen, in das Einlaufsregister aufgenommen.

Auf diese Art kam es, dass das Gesammtergebniss des letztjährigen Schiffsverkehrs gegen 1873 eine so namhafte, freilich zum Theil nur scheinbare Zunahme erfuhr, die mit nicht weniger als 1291 Schiffen und über 300.000 T. angegeben wird, in Wirklichkeit jedoch sich auf ungefähr 650 Schiffe und 100.000 T. verringern dürfte.

Der folgende Ausweis enthält die näheren Daten bezüglich der vorjährigen Schiffsankünfte (ohne die österreichisch-ungarische Flagge):

Flagge	Zahl	Tonnen
Spanische:		
Weite Fahrt: Dampfer	456	110.673
Segelschiffe	545	106.297
Küstenfahrt: Dampfer	852	155.623
Segelschiffe	4.683	120.315
Zusammen	6.536	492.908
Englische:		
Dampfer	160	96.908
Segelschiffe	114	22.131
Französische:		
Dampfer	90	58.426
Segelschiffe	146	13.159
Italienische:		
Dampfer	1	790
Segelschiffe	190	37.406
Schwedisch-norwegische:		
Dampfer	17	4.322
Segelschiffe	92	29.312
Deutsche:		
Dampfer	11	14.763
Segelschiffe	29	4.788

Flagge	Zahl	Tonnen
Russische:		
Dampfer	2	935
Segelschiffe	29	13.762
Dänische: Segelschiffe	30	4.133
Amerikanische: Segelschiffe	16	7.252
Argentinische: Dampfer*)	10	10.063
Portugiesische: Segelschiffe	8	1.170
Griechische „	6	1.661
Holländische „	6	1.272
Mexicanische „	2	348
Belgische „	1	394
Türkische „	1	290
Im Ganzen . .	7.497	816.193

Wie aus obiger Zusammenstellung ersichtlich wird, behauptet unter den einzelnen Flaggen (ohne Spanien) die englische den ersten Rang. Dieselbe hat gegen 1873 eine Zunahme von 45.000 Tonnen aufzuweisen, wobei der vermehrte Einlauf von Dampfern den Ausschlag gab.

Mit jedem Jahre tritt das Uebergewicht der Dampfer über die Segelschifffahrt in grösserem Masse hervor. Von den eingelaufenen 160 englischen Dampfern waren allein 89 mit Kohlen beladen, während dieses Frachtgut in früheren Jahren ausschliesslich nur österreichischen, englischen, russischen und deutschen Segelschiffen zufiel.

Der Werth der englischen Importe, worunter sich 1010 Tonnen Petroleum, 14.635 T. Baumwolle und 102.855 T. Kohlen befanden, beträgt über 5,100.000 fl.

Die französische Flagge mit 236 Schiffen, darunter 90 Dampfer von 71.500 T., erwies sich ungemein thätig. Nebst Baumwolle, Sprit, Getreide, Mehl, Chemikalien und vielen anderen Artikeln importirte sie grosses und kleines Hornvieh, und ausnahmsweise auch Schweine.

Diese Flagge besorgt die Verbindung mit Marseille in ungemein pünktlicher Weise. Die Fahrt dahin nimmt gewöhnlich nur 18 Stunden in Anspruch. Sowohl Passagier- als Ladungsräume sind stets überfüllt. Am ersten Platz zahlt man sammt Kost 12, am zweiten 9 Duro, wozu noch eine Peseta als Kriegssteuer zu entrichten kommt. Der Werth der Einfuhren unter französischer Flagge beträgt ca. 5½ Mill. Francs.

Die italienische Flagge, welche im vorigen Jahre durch 191 Schiffe mit etwas über 38.000 T. vertreten war, lieferte eine grosse Menge Holzkohlen, dann Marmor, Schwefel, Fassdauben, Guano etc. im beiläufigen Werthe von 3½ Mill. italienische Lire. Dagegen dürfte deren Export nur bei 160.000 Lire betragen haben.

Die schwedisch-norwegische Flagge deckt, im Verein mit der dänischen und russischen, den Jahresbedarf an Stockfischen, Brettern und Balken. An Stockfischen aus Norwegen und zu beiläufig ⅓ aus Island wurden voriges Jahr 368.296 Voger (à 17½ Kilogramm) im Werthe von 3,680.000 Francs, und an Brettern (tavolones) aus Schweden, Norwegen und namentlich aus Finland zusammen 853.000 Stück (was circa 14.000 Petersburger Standards ausmacht) im Werthe von 4,200.000 Francs hier eingeführt.

Unter den Schiffen der deutschen Flagge befinden sich einige sehr beliebt gewordene Hamburger Dampfer, welche in regelmässigen Monatsfahrten von Hamburg auslaufen und, unter Berührung von Lissabon und Malaga, von hier die Richtung nach Genua, Neapel und Palermo einschlagen, um dann dieselbe Tour mit Einbeziehung der näm-

*) Italienische Schiffe, die unter argentinischer Flagge fahren.

lichen Punkte, je nach Convenienz, wieder zurückzumachen. Nebst Tabak, Cacao und Kohlen bringen die deutschen Schiffe die verschiedensten Stückgüter; der Werth dieser Einfuhren ist aber nicht bekannt.

Von den unter spanischer Flagge eingelaufenen 1001 Schiffen weiter Fahrt kamen 358 mit 77.353 T. (fast durchwegs Segelbarken) aus den Colonien und Amerika überhaupt, dann 643 mit 139.617 T. (davon beinahe $^{2}/_{3}$ Dampfer) von fremden, und zwar zumeist europäischen Seeplätzen.

Der Hafen von Barcelona erhielt voriges Jahr häufige Besuche von spanischen und fremden Kriegsschiffen. Im Sommer ereignete es sich einmal, dass 13 solche Fahrzeuge, grösstentheils gepanzerte Fregatten, zu gleicher Zeit im innern Hafenbecken vor Anker lagen.

Die österreichisch-ungarische Kriegsmarine war dabei glänzend vertreten. Die Flagge des Contre-Admirals, Baron v. Sterneck, wehte am Casemattenschiffe „Kaiser“. Nebstdem gehörten zur Escadre die zwei Corvetten „Fasana“ und „Frundsberg“, dann die Kanonenboote „Velebich“ und „Dalmat“.

Während Jahresfrist hielten sich diese Kriegsfahrzeuge theils hier oder in den anderen Skalen bis Gibraltar und Cadix hinaus auf, theils befanden sie sich auf hoher See, um zu kreuzen und die Bemannung einzuüben.

Officiere und Mannschaft erfreuten sich in sämmtlichen Küstenplätzen einer grossen Beliebtheit; die vorherrschende musterhafte Disciplin war Gegenstand unveränderter Anerkennung.

Das Hafenamt weist für 12 Monate 32 spanische und 40 fremde Kriegsdampfer verschiedener Nationalität, also zusammen 72 mit 449 Kanonen und ungefähr 13.000 Köpfen Bemannung aus.

Wie immer, so hat auch im Jahre 1874 die Waareneinfuhr den Productenexport um ein Bedeutendes überragt. Ausserdem nahm im Vergleich zum Vorjahre der Import sichtlich zu, während gleichzeitig der Export sich verringerte.

Menge und Werth der vorzüglicheren Artikel stellten sich in beiden Jahren wie folgt:

Waarengattung		Menge 1874	Menge 1873	Werth in Gulden 1874	Werth in Gulden 1873
Zucker . . .	Quintal zu 41·60 Klgr.	49.860	45.140	1,151.766	1,042.734
Kaffee . . .	Kilogr.	861.840	541.203	258.000	160.000
Cacao . . .	„	1,584.786	1,094.130	475.358	328.239
Branntwein .	Pipen	1.512	880	146.059	81.346
	Bocoy	4.988	3.007	818.979	493.048
Schwefel . .	Kilogr.	2,757.235	8,522.086	137.862	426.105
Baumwolle .	Ballen zu 200 Klgr.	176.711	120.005	25,369.680	17,160.720
Bau- u. Werkhölzer . .	Stück	864.000	700.000	1,316.000	1,100.000
Stockfisch . .	Kilogr.	6,501.460	5,748.851	1,534.000	1,180.000
Häute . . .	Stück	408.500	359.194	4,738.600	4,166.650
Steinkohlen .	Kilogr.	160,392.284	162,750.767	3,528.630	3,580.522
Fassdauben .	Stück	4,100.000	2,600.000	2,400.000	1,560.000
Stärkmehl . .	Kilogr.	1,895.000	1,750.000	341.187	333.928
Petroleum .	Fässer	37.939	24.382	1,517.560	975.280
	Kisten	5.940	3.275	166.320	91.700
Farbhölzer .	Kilogr.	3,526.312	2,760.766	528.947	414.115
	Stück	46.643	48.744	279.858	292.464

Waarengattung		Menge 1874	Menge 1873	Werth in Gulden 1874	Werth in Gulden 1873
Blei	Lanas	20.071	105.872	200.710	1,058.720
	Kilogr.	13.031	39.952	2.128	9.589
Kleie . . .	Säcke	21.804	25.545	218.040	255.450
	Ballen	300	.	4.500	.
Weizen . .	Quarteras zu 70 Liter	219.683	.	395.429	.
			Gesammtwerth	45,529.613	34,710.610

Ein Import von Weizen vom Schwarzen Meere erfolgte erst nach dem Monate Juli. Obwohl die Ernte des eigenen Landes eine gute war, so traten der Zufuhr doch immer mehr Hindernisse entgegen und überdies standen die auswärtigen Notirungen niedrig. Daher auch die Convenienz, einen Artikel, an dem es hier wahrlich nicht fehlte, von auswärts zu beziehen.

Sehr günstig stellte sich der Verkehr in Baumwolle, wozu die gegen das Vorjahr niedrigeren Preise das Ihrige beitrugen. Zählt man zu den eingeführten 176.711 Ballen à 200 Kilogr. die am 1. Januar 1874 vorhandenen Vorräthe pr. 15.304 B., so ergiebt sich eine Gesammtmenge von 192.015 B., wovon im I. Semester 75.000 B., im II. Semester 69.000 B., zusammen also 144.000 B. verbraucht wurden. 300 B. wurden weiter versendet, so dass mit letztem December 1874 47.715 B. zur weiteren Verfügung blieben.

Dass sowohl Einfuhr als Verbrauch von Baumwolle innerhalb der letzten 10 Jahre nicht unwesentlich zugenommen haben, dafür dienen nachstehende Zahlen zum Beweise:

Jahr	Einfuhr Ballen	Verbrauch Ballen
1865	72.736	70.760
1866	80.960	69.545
1867	91.056	82.590
1868	101.263	101.611
1869	103.184	86.323
1870	107.635	113.900
1871	141.881	132.625
1872	122.881	115.802
1873	120.005	127.450
1874	176.711	144.000

Von den im Jahre 1874 importirten Fassdauben kamen 1,805.428 Stück und 48.000 Kilogr. aus Italien, wobei eine kleine Partie aus Sign mitbegriffen ist. Die amerikanischen Dauben werden hier mit Vorliebe verwendet, weil sie sich leichter verarbeiten lassen.

Die directe Einfuhr aus Oesterreich-Ungarn repräsentirt nur einen bescheidenen Werthbetrag, dagegen werden viele Erzeugnisse der nationalen Industrie zusammen mit Waaren fremder Herkunft über Paris zugeführt. Immerhin dürfte der Gesammtwerth dieser Einfuhr, welche in Papier, gebogenen Holzmöbeln, Ledersorten, Glas, Leinwand, Knopfwaaren und besonders Quincaillerien besteht, jährlich ungefähr auf 1 Mill. Francs und darüber sich belaufen.

Handelsreisende aus Oesterreich-Ungarn gehören hier zu den seltenen Erscheinungen. Eine lobenswerthe Ausnahme in dieser Beziehung macht die Glas- und Galanteriewarenfabrik von Burian & Bunzl in Gablonz, welche in Barcelona allein durch ihre Agenten Bestellungen für mehr als 40.000 fl. jährlich entgegen nimmt.

Zwei andere junge Handelsbeflissene österreichischer Nationalität kamen wohl hier durch, jedoch als Vertreter fremder Häuser; der Eine reiste nämlich für Langsdorf & Herzberg in Frankfurt mit feinen Lederartikeln, der Andere für ein englisches Haus.

Die Ausfuhr von Landesproducten hat im Vergleich zu 1873 eine merkliche Verminderung erlitten; ihr Gesammtwerth betrug nur 55,700.000 Pesetas, gegen nahezu 71 Mill. Pesetas im Jahre vorher.

Die folgende Uebersicht, obgleich sie nur die Hauptexportartikel hervorhebt, lässt dennoch, ausser den eigenen Colonien, jene Punkte in Südamerika, Mexico etc. entnehmen, mit welchen Spanien die lebhaftesten Handelsverbindungen unterhält:

Bestimmung	1874	1873	1874	1873
	Rothwein Pipen		Weisswein Liter	
Cuba	73.102	113.679	741.326	817.539
Portorico	1.234	1.425	195.826	97.404
S. Domingo	140	200	10.180	11.140
Filippinen	632	1.313	17.880	20.926
Rio Plata	62.765	41.043	1,679.051	1,939.446
Brasilien	7.232	3.396	202.247	80.100
Mexico	1.777	1.561	48.586	31.180
Vereinigte Staaten	85	87	.	159
Neu-Granada	882	804	.	4.440
Valparaiso	.	719	.	16.478
Bolivia	42	93	38.886	4.500
Honduras	229	240	1.400	390
Trinidad	150	314	5.170	4.650
Zusammen	148.270	164.874	2,940.552	3,028.352

	Branntwein Liter		Oel Liter	
Cuba	486.145	383.771	438.991	538.253
Portorico	279.260	201.007	33.025	51.127
S. Domingo	550	12.130	3.880	6.247
Filippinen	54.474	128.648	23.406	11.623
Rio Plata	160.003	120.537	832.892	1,229.992
Brasilien	.	.	11.503	9.495
Mexico	59.109	186.383	15.547	25.057
Vereinigte Staaten	.	.	1.380	.
Neu-Granada	64.140	113.276	35.915	38.117
Bolivia	.	150	1.748	6.560
Honduras	7.700	1.450	.	2.250
Valparaiso	.	134.005	.	66.100
Zusammen	1,111.381	1,281.357	1,398.287	1,984.821

	Reis Kilogramm		Mehl Kilogramm	
Cuba	891.175	1,173.236	669.856	1,192.423
Portorico	83.074	177.131	190.150	118.600
S. Domingo	20.150	16.300	9.200	920
Rio Plata	1.514	1.182	.	.

Bestimmung	1874	1873	1874	1873
	Reis Kilogramm		Mehl Kilogramm	
Valparaiso	.	18.446	.	.
Honduras	.	4.534	.	.
Bolivia	.	1.104	9.200	4.600
Filippinen	.	.	73	1.800
Brasilien	.	.	11.720	.
Neu-Granada	.	.	1.840	.
Zusammen	995.913	1,391.933	892.039	1,318.423

	Mandeln Kilogramm		Rosinen Kilogramm	
Cuba	81.133	120.493	5.550	38.507
Portorico	1.368	2.834	1.500	7.870
S. Domingo	1.920	1.119	2.719	1.940
Filippinen	536	1.649	456	2.375
Rio Plata	18.465	26.140	62.235	53.692
Brasilien	396	750	862	16.622
Mexico	23.344	53.983	7.700	3.750
Vereinigte Staaten	5.600	37.500	.	11
Neu-Granada	14.769	21.391	.	.
Valparaiso	.	15.440	.	37.862
Bolivia	460	644	3.162	.
Honduras	.	9.384	.	.
Trinidad	.	700	.	862
Zusammen	147.991	292.027	84.184	163.491

	Haselnüsse Kilogramm		Liqueure Liter	
Cuba	24.948	28.706	11.367	8.810
Portorico	2.410	4.336	5.811	9.224
S. Domingo	1.200	725	894	880
Filippinen	10	322	3.301	1.780
Rio Plata	1.770	8.886	1.481	1.690
Mexico	2.099	19.410	1.645	3.125
Vereinigte Staaten	790	8.740	.	.
Honduras	.	2.000	.	300
Neu-Granada	8.126	13.582	.	120
Bolivia	.	552	.	.
Valparaiso	.	.	610	225
Zusammen	41.353	87.259	25.109	26.154

	Knoblauch Kilogramm		Seife Kilogramm	
Cuba	452.334	514.275	1,370.856	1,516.363
Portorico	69.246	83.387	42.845	310.979
S. Domingo	9.150	13.050	430	115
Rio Plata	11.790	10.800	81.923	52.014
Brasilien	51.450	20.760	690	.

Bestimmung	1874 Knoblauch Kilogramm	1873	1874 Seife Kilogramm	1873
Mexico	8.540	.	270	.
Vereinigte Staaten	12.580	.	.	.
Bolivia	368	.	.	.
Trinidad	4.000	14.500	.	1.840
Honduras	.	.	.	.
Valparaiso	.	.	.	.
Neu-Granada	.	.	270	1.725
Zusammen	619.458	656.772	1,497.284	1,883.036

	Südfrüchte Kilogramm		Teigwaaren Kilogramm	
Cuba	189.076	304.053	622.908	384.825
Portorico	16.982	15.257	20.984	31.605
S. Domingo	942	3.120	1.000	3.140
Filippinen	32.101	48.238	1.296	28.559
Rio Plata	13.356	9.208	662	920
Brasilien	.	.	.	978
Mexico	3.357	7.810	7.566	3.275
Vereinigte Staaten	.	30	.	23
Neu-Granada	1.266	5.134	4.880	2.614
Bolivia	716	1.650	4.370	5.750
Honduras	.	3.480	.	.
Trinidad	.	.	.	2.500
Zusammen	257.796	397.980	663.666	464.189

	Schuhwaaren Paar		Papier Kilogramm	
Cuba	409.211	297.915	141.305	251.636
Portorico	26.100	15.279	25.615	20.118
S. Domingo	192	190	2.230	100
Filippinen	263	129	24.478	51.074
Rio Plata	1.920	1.663	28.138	75.085
Mexico	1.157	40	1.728	1.435
Brasilien	63	408	.	.
Bolivia	924	100	.	250
Neu-Granada	.	.	1.497	1.200
Valparaiso	.	.	.	445
Zusammen	439.830	315.724	224.991	401.343

Was Barcelona von obigen Artikeln nach Marseille, Genua, Lissabon und Hamburg versendet, besteht in verhältnissmässig ganz kleinen Mengen. Dagegen erhält Marseille alljährlich von hier aus Korkwaaren, Bundschuhe, Spartoarbeiten, Stricke und andere minder werthvolle Güter, ausserdem mehrere tausend Schafe.

Bettfedern werden mittels leer zurückfahrender schwedisch-norwegischer Schiffe nach dem Norden geschickt; es ist das ein Artikel, der erst in den letzten Jahren, und zwar mit Erfolg, von einem schwedischen Handelsmanne aufgegriffen wurde. Im Jahre 1873 betrug der diesfällige Ausfuhrwerth über 20.000 Francs.

Nach österreichisch-ungarischen Häfen wurde ausser den kleinen Partien Wein, Kaffee und Farbhölzer, die ein Merkantilcapitän ein- oder das anderemal nach Sign mitnahm, nichts von hier exportirt. Es ist leider ein grosser Uebelstand, dass auf dem hiesigen Markte keine passende Rückfracht für unser Land zu finden ist.

Zwar werden von hier jedes Jahr bei 70.000—80.000 Stück Lammfelle namentlich an zwei Wiener Firmen versendet, doch geschieht dies zur See bis Marseille und von da pr. Eisenbahn weiter.

Die Einnahmen des hiesigen Zollamtes betrugen voriges Jahr 16,785.446 Pesetas an Zollgebühren und Kriegsconsumtaxen und 82.238 Pesetas an Strafgeldern, gegen 13,143.685 und resp. 58.570 Pesetas im Vorjahre, was eine Zunahme um mehr als 3½ Mill. Pesetas ausmacht.

Das vorjährige Ernteergebniss war im Ganzen zufriedenstellend, in Wein sogar eines der besseren und nur für Oelfrüchte entschieden ungünstig.

Bereits seit mehreren Jahren ist hier der Missbrauch eingerissen, das Olivenöl mit fremden Samenölen zu mischen, um aus dem Gewichtsunterschiede Nutzen zu ziehen. Die in letzterer Zeit gestiegene Einfuhr von Lein- und Baumöl lässt merken, dass infolge der Fehlernte das angedeutete Uebel noch mehr überhand nimmt.

Der Preis für russisches Getreide schwankte hier zwischen 15 und 16 Pesetas, während kastilischer Weizen 17½ Pesetas per Quartera von 70 Liter erzielte. Man pflegt die beiden Sorten zu mischen. Mehl war notirt wie folgt: Castilla prima 17—18, Aragon prima 16—16¾, Catalan prima 17½—18½ Pesetas pr. Quintal von 41·60 Kilogr. Oel bedang 21—23½ Colonaten pr. 115 Kilogr.; Weine für Brasilien 38—42, für den La Plata 25—27, für die Antillen 24—25 Pesetas pr. Pipe.

Die Wechselcourse bewegten sich für London zwischen 49—49·50, für Marseille zwischen 5·10—5·20 Francs pr. Duro.

Die Sicherheitsprämie galt durchschnittlich für Cuba 1½, Neu-Orleans, Veracruz und Buenos-Ayres 1½, für die Filippinen 3½ pCt.

Telegramme können schon seit langer Zeit nur mittels Kabels von hier über Marseille nach dem Innern von Spanien befördert werden. Zwanzig Worte kosten nach Madrid und überhaupt nach inländischen Plätzen 36, nach Oesterreich-Ungarn 50, nach Marseille 20½ Realen.

Der Portozuschuss von 2 Quartos oder 2½ Kreuzer für das innere spanische Postgebiet ist als impuesto de guerra (Kriegssteuer) beibehalten worden.

Die Arbeiten im Hafen dauern noch immer fort. Zwar ist derselbe nach der Aussenseite geschlossen, auch schreitet die neue Quaianlage und ebenso die Vertiefung und Reinigung des inneren Beckens fort, die gänzliche Vollendung ist aber noch immer nicht abzusehen. Bis dahin sind nebst der Hafengebühr von 5 Realen noch 8 Realen als Bautaxe, zusammen also 13 Realen pr. Schiffstonne zu entrichten.

Bei der Einfuhr von Colonialwaaren und verschiedenen Verbrauchsgegenständen, wie Fleisch, Wein, Seife, Kohlen etc., ist zu dem Zoll noch ein Zuschlag als Consumgebühr zu bezahlen, und zwar unterschiedslos von fremden und spanischen Importeuren. Nebstdem hebt die städtische Gemeinde für die erwähnten Artikel noch eine Octroisteuer ein, so dass jetzt das Leben hier ungewöhnlich theuer geworden ist.

Die spanische Regierung liess im Mai 1874 in Peñon de la Gamera an der marokkanischen Küste ein neues Leuchtfeuer errichten. Es ist roth und fix, 80 Meter hoch und bei gutem Wetter 8—9 Meilen weit sichtbar. Die Seeleuchte in Villaviciosa an der Westküste wurde vom Blitze beschädigt. Es ist der Punkt „Los Tazones", wo bis zur Wiederherstellung einstweilen ein kleiner Leuchtthurm errichtet wurde.

Das Fabrikswesen hatte bei den obwaltenden Verhältnissen theilweise einen harten Stand. Fabriken feierten oft 8—10 Wochen, arbeiteten aber mitunter wieder Tag und Nacht, um das Versäumte einzuholen.

Aus der Menge der verbrauchten Baumwolle (144.000 Ballen) ersieht man den schwungvollen Betrieb der einschlägigen Industrie; viele andere, wie z. B. Tuchfabriken, Gerbereien, chemische Fabriken, Maschinenwerkstätten etc., waren in ununterbrochener Thätigkeit.

Die Begünstigung in den Zoll- und Tonnenabgaben auf den Filippinen und den Antillen macht eben die vier katalonischen Provinzen concurrenzfähig. Der Absatz ihrer Fabrikate ist ihnen gesichert und auch der Verbrauch im Innern des Landes stellt sich regelmässig, wenn auch nicht immer mit gleicher Lebhaftigkeit, ein.

Wenn es auch an statistischen Daten fehlt, mit deren Hilfe sich der Gesammtumfang des Fabriksbetriebes darstellen liesse, so weiss man doch, dass die Baumwollindustrie in den letzten 5 Jahren um 22 pCt. zugenommen und ein Fortschritt in der Anschaffung wirksamerer Maschinen platzgegriffen hat. Die Arbeiterzahl in einigen Fabriken wechselt von 150—1300 und darüber.

Am schlimmsten erging es den Wachskerzchenfabriken, seitdem sie eine empfindliche Kriegssteuer zu tragen haben. 38 kleinere derlei Fabriken in verschiedenen Theilen Spaniens mussten ihren Betrieb einstellen und konnten denselben erst dann wieder aufnehmen, als man ihnen erlaubte, die Steuer consortienweise abzutragen, wodurch die Last erleichtert scheint.

Schliesslich sei erwähnt, dass trotz der Kriegswirren beinahe gar keine Fallimente vorkamen, so dass von fremden Commissionären Niemand etwas verloren hat.

Handels- und Schifffahrtsverkehr von Mytilene im Jahre 1874.

Mytilene. Die Begierde, welche sich der einheimischen Capitalisten für einen Augenblick bemächtigt hatte, ihre Capitalien in neuen industriellen und finanziellen Unternehmungen der Hauptstadt anzulegen, die 1873 sehr im Schwunge und ganz dazu angethan waren, die den Bewohnern dieser Insel ohnehin eigenthümliche Gewinnsucht noch zu steigern, brachte es natürlich mit sich, dass dem Localhandel die erforderlichen Fonds in geringerem Masse zugewendet wurden und derselbe dadurch theilweise in's Stocken gerieth.

Das Jahr 1874 hat jedoch in diese Verhältnisse einen Umschwung gebracht, indem mit dem Aufhören der Ursachen, durch welche eben jene Lähmung herbeigeführt worden war, auch die für kurze Zeit vermisste Regsamkeit in den Handelsgeschäften wieder zum Vorschein kam.

Der Gesammtwerth der letztjährigen Ausfuhren betrug ungefähr 5,695.000 fl. und umfasste folgende Gegenstände:

Olivenöl und Seife für 5 Mill. fl., das Meiste mit der Bestimmung nach Constantinopel und dem Schwarzen Meere, der Rest nach England, Marseille und Triest;

3000—4000 Ctr. Baumwolle im Werthe von 200.000 fl., zum Theil aus Klein-Asien stammend;

50.000—60.000 Ctr. Vallonea für 400.000 fl., wovon ebenfalls Kleinasien einen grossen Theil lieferte;

Ziegenfelle für 20.000 fl., zumeist Product Kleinasiens und über Triest nach Deutschland bestimmt;

Einheimische Seide und Seidenhülsen für 15.000 fl.;

Citronen, Pomeranzen, Wein, Branntwein, Käse etc. im Gesammtwerthe von 50.000 fl., nach Constantinopel und Aegypten versendet;

Lebende Lämmer für 10.000 fl. nach Constantinopel.

Zur Einfuhr gelangten: Cerealien, Reis, Zucker, Kaffee, Petroleum, Baumwolle- und Seidenstoffe, Quincaillerien, Glaswaaren, Spirituosen, Butter, Specereien, gesalzene Fische, Caviar, Pottasche, Bauholz, Eisen u. dgl. im Gesammtwerthe von 4,100.000 fl.

Der Antheil der einzelnen Gebiete, von wo diese Einfuhr stattfand, beziffert sich also: Oesterreich-Ungarn und Deutschland 700.000 fl., England 300.000 fl., Frankreich 100.000 fl., türkische Häfen, Seeplätze im Schwarzen Meer, Syra und Aegypten 3 Mill. fl.

Bei einem Vergleich der letztjährigen Handelsgeschäfte mit denjenigen des Jahrs 1873 stellt sich für die ersteren eine Zunahme um 20 pCt. heraus.

Mytilene ist, vermöge seiner geographischen Lage, in Bezug auf den Handelsverkehr mehr begünstigt als die übrigen Inseln des Archipel; sein Hafen dient gegenwärtig 5 verschiedenen Dampfschifffahrts-Gesellschaften als Anlaufspunkt.

Die Fahrzeuge des österreichisch-ungarischen Lloyd, der russischen Seeschifffahrts-Gesellschaft, der ägyptischen Gesellschaft „Khedive", der türkischen „Azizie", endlich einer erst vor kurzem in Smyrna neu gebildeten französischen Gesellschaft berühren Mytilene regelmässig jede Woche, um den Güter- und Personenverkehr der Inseln des Archipel, sowie verschiedener Punkte der asiatischen Seeküste zu vermitteln.

Allen diesen Dampfern bietet der Handel des diesseitigen Gebietes mehr oder weniger Beschäftigung, aber keine der genannten Gesellschaften geniesst so sehr wie der österreichisch-ungarische Lloyd das Vertrauen des Publicum's, welches die tadellose Regelmässigkeit des Dienstes, sowie die erprobte Tüchtigkeit der Capitäne dieser vaterländischen Anstalt gar wohl zu würdigen weiss.

Bei der bestehenden grossen Concurrenz der Dampfschifffahrt erscheint es leicht begreiflich, dass der Antheil der Segelschiffe am Waarentransport fast auf Null herabgesunken ist, wenn man die Küstenschifffahrt und einige wenige fremde Segelfahrzeuge, welche ein paar Ladungen Oel nach Triest, Marseille oder Liverpool schaffen, hievon ausnimmt. Die Segelschifffahrt nach Constantinopel und dem Schwarzen Meer wird beinahe ausschliesslich von der griechischen Handelsmarine betrieben.

In der folgenden Tabelle sind die letztjährigen Schifffahrtsergebnisse soviel als möglich im Einzelnen dargestellt:

Dampfer	Anzahl	Werth der Einfuhr fl.	Werth der Ausfuhr fl.
Oesterreichisch-ungarische	101	1,690.430	1,437.500
Aegyptische	106	430.000	720.000
Russische	24	110.000	80.000
Türkische	30	60.000	50.000
Französische	18	5.000	6.000
Zusammen	279	2,295.430	2,293.500
Segelschiffe			
Griechische	7	270.000	190.000
Englische	2	40.000	52.000
Türkische	11	120.000	180.000
Zusammen	20	430.000	422.000
Gesammtverkehr	299	2,725.430	2,715.500

Unter den griechischen Segelschiffen befanden sich 3, welche Colonialwaaren, Bauholz u. dgl. für 150.000 fl. aus Triest importirten, und Oel für 100.000 fl. ebendahin verfrachteten.

Die Küstenschifffahrt bewegte sich im Jahre 1874 mit Lebhaftigkeit; man schätzt die Anzahl der kleinen griechischen und türkischen Fahrzeuge, welche gingen und kamen, auf mehr als 2000, und den Werth der mittels derselben verschifften Handelsgüter auf ungefähr 2 Mill. Gulden.

Handelsverhältnisse von Plojest im Jahre 1874.

Plojest. Im Jahre 1874 war die Ausfuhr von Getreide nach Oesterreich-Ungarn und insbesondere nach Siebenbürgen gegen früher sehr gering und zwar einerseits deshalb, weil die hierländigen Preise für Kornfrüchte fortwährend bedeutend höher als dort standen, anderseits auch wegen fehlender Vorräthe in allen Fruchtgattungen. Aus diesem Grunde fand auch das aus Ungarn und Siebenbürgen in ziemlich bedeutender Menge hieher zugeführte Mehl zu guten Preisen Absatz.

Auch der Viehexport nach Oesterreich-Ungarn blieb sowohl aus diesem, als auch aus den andern Districten sehr klein, denn die hierländige Hornviehzucht wurde durch stets wiederkehrende Seuchen empfindlich geschwächt und ist im Allgemeinen eine verkommene zu nennen.

Dagegen gestaltete sich im letztverflossenen Jahre der Handel mit Borstenvieh von hieraus nach der österreichisch-ungarischen Monarchie ziemlich nambaft.

Die Einfuhr von Pferden aus Ungarn und Siebenbürgen nach Romanien nimmt von Jahr zu Jahr einen bedeutenderen Aufschwung und wird bei hohen Ankaufspreisen ununterbrochen fortgesetzt.

Alle andern Handelsartikel, als: Tuch, Eisen, Leder, Maschinen, Möbeln, Glas-, Galanterie- und Schnittwaaren, Droguen und Kurzwaaren, welche hier, sowie in den andern Städten und Marktorten der diesseitigen Districte consumirt werden, stammen aus Oesterreich-Ungarn.

Die Einfuhr von Bau- und Binderholz in allen Dimensionen, dann von harten und weichen Pfosten und Brettern aus Ungarn und Siebenbürgen bildet einen bedeutenden Verkehrszweig und erfreut sich dieses Material eines grossen und ununterbrochenen Absatzes auf allen hiesigen Märkten.

Die Production von Erdöl in den Districten Plojest und Buzeu steigert sich von Jahr zu Jahr. Dasselbe wird theilweise in den um Plojest befindlichen Fabriken gereinigt und sowohl in diesem als auch in rohem Zustande entweder auf der Donau oder über Siebenbürgen pr. Achse nach Oesterreich-Ungarn ausgeführt.

Personalnachrichten.

— Seine k. und k. Apostolische Majestät haben mit Allerhöchster Entschliesssung vom 8. Juli d. J. dem bei dem k. und k. Generalconsulate in Belgrad in Verwendung stehenden k. und k. Viceconsul Adalbert A n g e r das Ritterkreuz des Franz Joseph-Ordens allergnädigst zu verleihen geruht.

— Seine k. und k. Apostolische Majestät haben dem Bestallungsdiplome des zum kön. italienischen Consul in Wien mit der Amtswirksamkeit über Niederösterreich ernannten Cavaliere Francesco L a m b e r t e n g h i das Allerhöchste Exequatur zu ertheilen geruht.

— Seine k. und k. Apostolische Majestät haben dem mit der Gerenz des k. und k. Consulates in Küstendje betrauten Lloyd-Agenten Anton L i c e n den Titel eines Viceconsuls allergnädigst zu verleihen geruht.

— Seine k. und k. Apostolische Majestät haben den Handelsmann Albert P i c k in Chicago zum unbesoldeten Consul daselbst mit dem Rechte zum Bezuge der tarifmässigen Consulargebühren allergnädigst zu ernennen geruht.

— Der k. und k. Generalconsul Friedrich Edler v. P i l a t in Venedig hat einen dreimonatlichen Urlaub erhalten und die interimistische Leitung der Dienstgeschäfte dem k. und k. Consul Benedict R o w übergeben.

— Der k. und k. Generalconsul Gerhard Ritter v. C h i a r i in Salonich hat sich auf Urlaub begeben und wird während der Dauer seiner Abwesenheit durch den k. und k. Viceconsul Karl G e i l l e r vertreten.

— Der k. und k. Consul Rudolf F i l e k v. W i t t i n g h a u s e n in Adrianopel hat einen dreimonatlichen Urlaub erhalten und wird während dieser Zeit durch den k. und k. Viceconsul J. W a l d h a r d t im Amte vertreten.

— Der k. und k. Consul Eugen v. C s ö r g e ö in Corfu hat sich für zwei Monate auf Urlaub begeben und es wurde für die Zeit seiner Abwesenheit dem k. und k. Viceconsul M. N e n k o v i c h die Leitung des dortigen Amtes anvertraut.

— Der k. und k. Viceconsul und interimistische Leiter des k. und k. Generalconsulates in Trapezunt Victor Freiherr v. S c h w e i g e r - D ü r n s t e i n hat sich auf Urlaub begeben und wird für die Dauer seiner Abwesenheit durch den Lloydagenten R a d c g l i a in den Dienstesgeschäften vertreten.

Handel und Schifffahrt von Bremen im Jahre 1874.

Bremen. Bei einem Rückblick auf das Jahr 1874 drängt sich zunächst die Thatsache auf, dass während desselben die Nachwirkungen der Handelskrisis des Vorjahres sich noch immer in fühlbarer Weise geltend machten und einer ungehemmten Entwicklung der Geschäfte hindernd in den Weg traten.

Das Vertrauen stellte sich nur langsam wieder ein, und die unausbleibliche Folge davon war, dass der Kaufmann den Umfang seiner Operationen einschränkte. Wenn dessenungeachtet die Gesammt-Ein- und Ausfuhr Bremens im letztverflossenen Jahre dem Gewichte nach eine Zunahme gegen 1873 zeigt, so ist der Grund wohl darin zu suchen, dass in den Sommer- und Herbstmonaten des letzterwähnten Jahres, wo die ausgebrochene Krisis, noch frisch im Gedächtniss, lähmend den ganzen Verkehr beeinflusste, Einfuhr und Ausfuhr sich in sehr engen Grenzen bewegten.

Das Jahr 1874 fand daher im Innern vielfach sehr kleine Vorräthe von Rohstoffen vor, während Fabrikate angehäuft lagerten, ohne Abnehmer zu finden. Um die Fabrikation in Gang zu erhalten, trat die Nothwendigkeit ein, erstere zu ergänzen und letztere zu Gelde zu machen, wodurch Strömung und Gegenströmung heftiger wurden.

Wie die Ein- und Ausfuhr des vorigen Jahres im Vergleich zu 1873 sich gestaltete, ist aus folgenden Hauptzahlen zu entnehmen:

	Einfuhr seewärts		Ausfuhr seewärts	
	Bruttocentner	Mark	Bruttocentner	Mark
1874 . . .	17,986.239	342,487.546	6.412.713	162,304.378
1873 . . .	17,814.871	367,314.410	6.047.886	183.862.584
Also 1874	+ 171.368	— 24,826.864	+ 364.827	— 21,558.206
	Einfuhr land- und flusswärts		**Ausfuhr land- und flusswärts**	
1874 . . .	12,789.221	156.400.420	9,804.788	288,787.425
1873 . . .	12,422.897	163.349.314	9,913.757	317.851.215
Also 1874	+ 366.324	— 6,948.894	— 108.969	— 29,063.790
	Gesammteinfuhr		**Gesammtausfuhr**	
1874 . . .	30,775.460	498,887.966	16,217.501	451.091.803
1873 . . .	30.237.768	530,663.724	15,961.643	501,713.799
Also 1874	+ 537.692	— 31.775.758	+ 255.858	— 50,621.996

Während demnach das Gewicht eine Zunahme nachweist, hat sich der Werth bei der Einfuhr um ca. 6 pCt., bei der Ausfuhr um ca. 10 pCt., beim Gesammtverkehr um ca. 8 pCt. vermindert. Es ist dies augenscheinlich eine Folge des Preisrückganges, welcher sich nach der Ueberstürzung der Vorjahre in den meisten Hauptartikeln Bahn brach. Glücklicherweise trat diese Abnahme des Werthes bei vielen Artikeln nur allmälig ein, und wenngleich das Gesammtresultat des Jahres bei dem Weichen der

Preise im Allgemeinen nicht ein günstiges gewesen sein dürfte, so sind dem bremischen Handelsstande doch Fallimente von grösserer Bedeutung erspart geblieben.

Der Werth der Ein- und Ausfuhr in beiden Vergleichsjahren vertheilte sich mit Rücksicht auf Provenienz und Bestimmung in nachstehender Weise:

	Einfuhr		Ausfuhr	
	1873	1874	1873	1874
	Mark	Mark	Mark	Mark
Preussen	85,853.928	81,767.319	147,571.104	143,810.329
Oldenburg	4,822.649	4,855.588	14,692.869	11,161.473
Sachsen.	25.770.746	23.739.327	53.142.508	34,753.825
Sächsische Herzogthümer, Reuss und Schwarzburg	6,432.428	4,838.612	4,429.294	3,625.936
Baiern	10,376.854	9,682.930	15,064.944	14,697.650
Uebriges Zollgebiet	13,965.100	12,261.598	23,771.158	23,118.209
Hamburg	13,947.165	15,638.323	16,083.518	14,451.763
Oesterreich-Ungarn	8,820.431	8,424.444	43,108.047	37,005.557
Schweiz	4,333.179	2,794.564	12,887.584	10,707.441
Europäisches Russland . . .	9,722.216	10,721.010	17,753.131	20,494.490
Grossbritannien	84,773.334	77,744.949	21,259.888	21,207.431
Frankreich	4,607.202	4,764.623	1,050.125	324.696
Uebriges Europa	16,149.146	15,058.234	22,813.573	20,752.056
New-York	64,697.930	54,066.213	82,404.627	74,141.293
Uebrige Unionshäfen	89,261.169	91,563.160	7,960.702	6,059.907
Uebriges Nordamerika . . .	.	.	299.617	531.008
Mexico und Centralamerika .	4,776.119	4,641.144	1,658.230	1,467.622
Südamerika	30,496.696	30,923.285	4,202.544	2,066.101
Westindien	17,338.577	11,904.268	3,130.034	2,341.657
Afrika und Inseln	3,872.478	4.812.723	488.079	620.133
Ostindien	27,585.755	24,323.477	180.601	363.073
Uebriges Asien	837.569	1,994.970	394.894	487.330
Australien u. Sandwichs-Inseln	2,223.053	2,367.205	760.976	950.422
Ausrüstung der Handelsflotte	.	.	6,605.752	5,952.401
Oder:				
Deutsches Zollgebiet	147,221.705	137,145.374	258.671.877	231,167.422
Uebriges Europa	142,352.673	135,146.147	134,955.866	124,943.434
Transatlantische Länder .	241,089.346	226,596.445	108,086.056	94,980.947

Zieht man die einzelnen Waarengruppen in Betracht, welche den Gegenstand des diesseitigen Verkehrs bildeten, so stellt sich der Vergleich folgendermassen:

	Einfuhr		Ausfuhr	
	1873	1874	1873	1874
	Mark	Mark	Mark	Mark
Verzehrungsgegenstände . .	175,725.881	170,481.206	176,542.243	157,965.774
Rohstoffe	186,445.867	181,957.174	176,157.051	165,688.972
Halbfabrikate	40,264.095	34,120.605	37,438.119	31,486.167
Manufacturwaaren	69,370.952	62,880.771	61,090.108	54,513.490
Andere Industrie-Erzeugnisse	58,027.214	48,916.365	50,348.198	41,367.117
	529,834.009	498,356.121	501,575.719	451,021.520
Edle Metalle	829.715	531.846	138.080	70.283

Von den folgenden Hauptartikeln betrug die

		Einfuhr		Ausfuhr	
		1873	1874	1873	1874
Kaffee	Ctr. netto	182.640	136.504	156.690	101.514
Gerste	„	116.842	118.680	39.812	63.470
Hafer.	„	128.288	155.711	22.978	44.724
Roggen	„	1,262.227	1,351.277	791.218	1,177.195
Weizen	„	32.630	145.811	26.831	123.040
Reis	„	1,772.431	1,821.713	1,409.451	1,363.051
Schmalz	„	156.080	135.152	183.041	147.481
Speck.	„	286.898	98.615	259.954	117.710
Tabak, ostindischer . . .	„	20.507	43.511	29.552	12.262
„ westindischer. . .	„	104.694	129.028	84.056	87.492
„ südamerikanischer .	„	316.673	334.165	306.286	267.333
Fässertabak, nordamerikanischer	„	503.887	387.338	402.083	391.733
Kistentabak, nordamerikanischer.	„	57.606	161.846	135.434	94.023
Kistentabak, europäischer .	„	17.060	17.050	27.843	6.933
Tabakstengel	„	100.949	216.092	111.955	113.451
Cigarren, Havana	Mille	32.546	.	29.176	12.402
Cigarren, hiesige	„	.	.	63.106	47.205
Wein (ohne Champagner) .	Liter	8,215.590	7,470.159	6,631.073	6,037.613
Zucker, roher.	Ctr. netto	78.480	119.188	20.193	56.963
„ raffinirter	„	37.136	36.891	42.081	41.520
Baumwolle	„	870.261	1,015.615	949.448	984.449
Pottasche etc..	„	4.582	1.974	1.887	2.126
Farbhölzer	„	43.372	34.009	42.025	73.333
Harz	„	135.551	109.241	73.721	51.913
Petroleum	„	2,055.220	2,413.139	1,785.480	1,999.153
Schafwolle	„	86.981	131.541	109.290	122.239
Thran	Tonnen	4.241	3.932	4.022	2.960
Wallfischbarden	Ctr. netto	327	945	771	415

Bei dem letztjährigen Verkehr Bremens mit der österreichisch-ungarischen Monarchie hat weder Ein- noch Ausfuhr die Belange von 1873 erreicht. Es betrug nämlich die:

	1873	1874
Einfuhr aus Oesterreich-Ungarn	8,773.944 Mark	8,319.447 Mark
Ausfuhr nach „	43,050.308 „	36,921.441 „

Bei der Einfuhr haben sich hauptsächlich die Bezüge von Schafwolle und Tuchen verringert, und konnte dieser Ausfall durch den erhöhten Import von Weizenmehl und Pflaumen nicht ausgeglichen werden. Die noch bedeutendere Differenz in der Ausfuhr ist namentlich durch die kleineren Quantitäten Tabak und Cigarren, Baumwolle und englische Manufacturwaaren, welche von hier nach der österreichisch-ungarischen Monarchie gelangten, hervorgerufen worden.

Die Einfuhr aus Oesterreich-Ungarn auf dem Seewege über England (ein directer Import hat seit 1871 nicht mehr stattgefunden) erreichte einen Gesammtwerth von

104.997 Mark, gegen 46.487 Mark im Vorjahre. Es kamen nebst Anderem: Zwetschken für 11.165 Mark, roher Tabak für 19.664 Mk., Gummi Arabicum für 72.977 Mk.

Landwärts (pr. Eisenbahn) wurden aus Oesterreich-Ungarn im Ganzen Waaren für 8,319.447 (gegen 8,773.944) Mark importirt, darunter: Bier für 21.880 Mk., getrocknete Prünellen für 16.631 Mk., Zwetschken für 1,041.866 Mk., Gerste für 32.618 Mk., Hafer für 15.965 Mk., Malz für 156.917 Mk., Linsen für 136.825 Mk., Bohnen für 15.772 Mk., Hopfen für 17.337 Mk., Butter für 37.125 Mk., Weizenmehl für 795.311 Mk., getrocknetes Obst für 23.864 Mk., Ungarweine für 39.645 Mark, Steinkohlen für 11.242 Mk., Gummi Arabicum etc. für 10.612 Mk., Bettfedern und Dunen für 711.842 Mk., Ziegenfelle für 11.770 Mk., rohes Pelzwerk für 47.320 Mark, Glycerin für 41.310 Mk., Menschenhaare für 18.040 Mk., Eichenholz für 23.581 Mark, Dielen für 14.673 Mk., feine Schwämme für 22.472 Mk., Schafwolle für 1,547.883 Mark, Schuddywolle für 58.470 Mk., gegerbtes Leder für 66.412 Mk., Seidenbänder für 36.573 Mk., Baumwollwaaren für 15.034 Mk., ganz- und halbseidene Waaren für 29.419 Mk., Tuche für 475.635 Mk., wollene und halbwollene Stoffe für 261.462 Mk., Manufacturwaaren für 169.581 Mk., Bücher und Drucksachen für 18.410 Mk., Eisen- und Stahlwaaren für 19.160 Mk., Galanterie- und Kurzwaaren für 435.520 Mk., Möbel für 13.540 Mk., Spiegelglas für 25.024 Mk., andere Glaswaaren für 680.569 Mk., Spielwaaren für 93.231 Mk., feine Holzwaaren für 24.089 Mk., Fässer für 357.675 Mark, ordinäre Holzwaaren überhaupt für 17.352 Mk., Musikinstrumente für 50.729 Mark, Handschuhe für 105.477 Mk., andere Lederwaaren für 131.359 Mk., Maschinerien und Maschinentheile für 27.971 Mk., Metallwaaren für 22.639 Mk., Papier für 60.059 Mk., Porzellanwaaren für 49.895 Mk., feines Steingut für 78.848 Mark.

Nach Waarengruppen zusammengestellt, vertheilt sich diese Einfuhr also:

	1874 Mark	1873 Mark
Verzehrungsgegenstände	2,402.725	1.374.230
Rohstoffe	2,610.864	3,582.458
Halbfabrikate	71.416	96.764
Manufacturwaaren	993.305	1,419.328
Andere Industrieerzeugnisse	2,241.137	2,301.164

Mit Ausnahme der Verzehrungsgegenstände zeigen die übrigen Gruppen niedrigere Ziffern. Die Zunahme bei den Verzehrungsgegenständen rührt von der gesteigerten Einfuhr von Weizenmehl und Zwetschken her; von ersterem kamen in 1873: 103.900 Kilogr. für 87.992 Mk., dagegen in 1874: 1,849.518 Kilogr. für 795.311 Mk.; von letzteren beziehungsweise 1,340.185 Kilogr. für 758.179 Mk. und 1,561.742 Kilogr. netto für 1,041.866 Mk.

Bezüglich der Rohstoffe hat namentlich der geringere Import von Bettfedern und Schafwolle, bei den Manufacturwaaren die schwächere Zufuhr von Tuch den Ausfall hervorgerufen.

Die Ausfuhr nach Oesterreich-Ungarn, u. z. seewärts über Harburg etc., bezifferte sich dem Werthe nach mit 84.116 Mk., gegen 57.739 Mk. im Vorjahre. Von den betreffenden Exportgegenständen sind erwähnenswerth: Reis für 18.571 Mk., Arac für 872 Mk., Droguerien für 1470 Mk., Elfenbeinnüsse für 40.260 Mk., Quercitron für 2734 Mk., Farbwaaren für 7950 Mk., Harz für 8930 Mk., Petroleum für 1728 Mk., Stärkemehl für 896 Mk.

Der Werth des mittels Eisenbahn bewerkstelligten Exportes nach Oesterreich-Ungarn betrug im Ganzen 36,921.441 Mark, gegen 43,050.308 Mk. im Jahre vorher. Die vorzüglichsten Gegenstände dieses Verkehrs waren:

Stärkemehl für 343.843 Mk., Kaffee für 288.273 Mk., gesalzene Häringe für 12.476 Mk., Rosinen für 20.545 Mk., Cassia lignea für 76.022 Mk., Ingwer für 21.800 Mark, Muscatblüte für 10.957 Mk., Gewürznelken für 32.705 Mk., Pfeffer für 272.272 Mark, Piment für 54.540 Mk., Speck für 281.044 Mk., Schmalz für 1,455.190 Mk., Reis für 6,456.915 Mk., Sirup für 33.385 Mk., Arac für 19.161 Mk., Cognac für 18.002 Mk., Rum für 845.108 Mk., Tabak u. z.: Akyab für 24.500 Mk., Havana für 636.248 Mk., Cuba für 296.660 Mk., Domingo für 168.600 Mk., Portorico für 169.630 Mk., Brasil für 492.674 Mk., Kentucky für 47.977 Mk., Maryland für 467.238 Mark, Ohio für 48.447 Mk., Virginier für 587.112 Mk., türkischer etc. für 18.821 Mark, Havanacigarren für 92.754 Mk., hiesige für 69.372 Mk., amerikanische Stengel für 309.921 Mk.; Thee für 171.961 Mk., französische Weine für 41.885 Mk., spanische u. a. für 57.070 Mk., Gummi für 15.481 Mk., Schellak für 236.816 Mk., Borax für 14.158 Mk., Elfenbeinnüsse für 20.469 Mk., Quercitron für 19.292 Mk., Cochenille für 58.759 Mk., Indigo für 443.560 Mk., rohes Pelzwerk für 58.115 Mk., gesalzene Häute für 11.165 Mk., getrocknete für 24.618 Mk., Harz für 17.040 Mk., Baumöl für 10.349 Mk., Cocosnussöl für 65.982 Mk., Petroleum für 6,126.998 Mk., Terpentinöl für 22.817 Mk., ätherische Oele für 55.347 Mk., Stuhlrohr für 15.186 Mk., Baumwolle für 11,554.714 Mk., Schafwolle für 962.906 Mk., Schuddywolle für 12.450 Mk., Talg für 14.921 Mk., englische Baumwollgarne und Twiste für 1,461.532 Mk., englische Leinengarne für 271.680 Mk., englische Wollengarne für 333.616 Mk., englischer Zwirn für 59.190 Mk., gegerbtes Leder für 22.459 Mk., englische Wollen- und Halbwollenstoffe für 29.341 Mk., englische Manufacturwaaren überhaupt für 273.016 Mk., englische Eisenwaaren für 10.133 Mk., amerikanische Galanterie- und Kurzwaaren für 15.385 Mk., hiesige Cigarrenkisten und Bretter für 58.645 Mk., Schuhpflöcke für 117.308 Mark, amerikanische Musikinstrumente für 12.606 Mk., amerikanische Handschuhe für 12.089 Mk., zollvereinsländische Lederwaaren für 11.667 Mk., amerikanische Maschinen und Maschinentheile für 157.427 Mk., englische für 108.110 Mk., Matten für 13.935 Mk., hiesige Metallwaaren für 13.200 Mk.

Auf die einzelnen Waarengattungen vertheilt, stellt sich der Werth der Ausfuhr zu Land wie folgt:

	1874 Mark	1873 Mark
Verzehrungsgegenstände	13,984.836	14,671.598
Rohstoffe	19,870.859	22,172.550
Halbfabrikate	2.149.526	3,042.138
Manufacturwaaren	327.028	1,003.530
Andere Industrieerzeugnisse	589.192	2,160.492

Wie bei der Einfuhr, so sind auch bei der Ausfuhr die Belange des letztverflossenen Jahres im Vergleiche zu 1873 niedriger, und vertheilt sich die diesfällige Differenz auf eine Reihe von Artikeln.

Bei den Verzehrungsgegenständen trifft sie vorzugsweise Tabak und Cigarren; namentlich von Havanacigarren bezog Oesterreich bedeutend weniger, nämlich nur etwa $^1/_{10}$ der in 1873 vorgekommenen Menge. Was die Rohstoffe anbelangt, so wurde von Baumwolle im Jahre 1873 für 13,982.754 Mk., in 1874 aber nur für 11,554.714 Mark nach Oesterreich-Ungarn ausgeführt. Bezüglich der Halbfabrikate ist der Ausfall bei englischen Wollengarnen am grössten.

Auch bei den Manufacten (Webe- und Wirkwaaren) zeigt sich eine Abnahme, und zwar zunächst in englischen Erzeugnissen; dann bei Galanterie- und Kurzwaaren, Maschinentheilen, Messingwaaren u. dgl.

Ein Vergleich der Ein- und Ausfuhrbelange von 1874 mit denjenigen der nächstfrüheren Jahre ergiebt folgendes Resultat:

Einfuhr

Jahr	Seewärts Mark	Landwärts Mark	Im Ganzen Mark
1869	64.970	6,324.618	6,389.588
1871	136.524	9,219.751	9,356.275
1872	45.952	11,092.366	11.138.318
1873	46.487	8,773.944	8,820.431
1874	104.997	8,319.447	8,424.444

Ausfuhr

Jahr	Seewärts Mark	Landwärts Mark	Im Ganzen Mark
1869 . . .	62.207	19,615.474	19,677.681
1871	25.180	25,909.498	25,934.678
1872	41.578	33,555.938	33,597.516
1873	57.739	43,050.308	43,108.047
1874	84.116	36,921.441	37,005.557

Diese Ziffern liefern den thatsächlichen Beweis dafür, dass der Waarenverkehr zwischen Oesterreich-Ungarn und Bremen eine ansehnliche Steigerung erfahren hat.

Die allgemeinen Ergebnisse der Seeschifffahrt sind aus folgender Zusammenstellung ersichtlich:

Ankünfte

Jahr	Beladene Schiffe		Leere Schiffe		Im Ganzen	
	Zahl	Lasten	Zahl	Lasten	Zahl	Lasten
1869	2756	410.643	276	25.780	3032	436.423
1871	3098	560.300	139	17.042	3237	577.342
1872	3543	546.547	95	21.217	3638	567.764
1873	3372	642.149	93	10.523	3465	652.672
1874	3265	642.142	142	17.850	3407	659.992

Abfahrten

Jahr	Beladene Schiffe Zahl	Beladene Schiffe Lasten	Leere Schiffe Zahl	Leere Schiffe Lasten	Im Ganzen Zahl	Im Ganzen Lasten
1869	1889	301.582	1287	145.371	3176	446.953
1871	1910	358.470	1331	200.558	3241	559.028
1872	2070	402.367	1498	141.570	3568	543.937
1873	1929	415.114	1395	187.771	3324	602.885
1874	1851	406.175	1392	195.835	3243	602.010

Nach obigen Zahlen steht die Schiffsbewegung des Jahres 1874 noch um etwas höher als diejenige von 1873, welche als eine der stärksten gilt, die in den bremischen Häfen bis dahin vorgekommen.

Die in obiger Gesammtzahl des Jahres 1874 inbegriffenen Dampfer vertheilen sich ihrer Flagge nach wie folgt:

Flagge	Einlauf Schiffe	Einlauf Registertonnen	Auslauf Schiffe	Auslauf Registertonnen
Bremische	359	413.473	354	400.375
Andere Deutsche	46	11.381	48	11.116
Grossbritannische	135	63.095	109	48.302

Flagge	Einlauf Schiffe	Einlauf Registertonnen	Auslauf Schiffe	Auslauf Registertonnen
Schwedisch-norwegische	12	5.869	9	4.321
Holländische und belgische	37	7.068	37	6.776
Andere europäische	14	7.140	10	6.573
Zusammen . .	603	508.026	567	477.463

Im Jahre 1874 hat von hieraus ein directer Verkehr mit österreichisch-ungarischen Seehäfen nicht stattgefunden.

Unter nationaler Flagge sind 5 Schiffe von 2210 Tonnen beladen und 1 von 217 Tonnen in Ballast eingelaufen. Von den ersteren kam 1 von 322 Tonnen aus Frankreich, 1 von 336 T. aus Romanien, 1 von 938 T. aus Baltimore, 1 von 252 T. aus Brasilien, 1 von 362 T. aus der asiatischen Türkei. 2 österreichisch-ungarische Schiffe von 469 Tonnen gingen in Ballast nach England ab; die übrigen Fahrzeuge dieser Flagge waren zu Ende 1874 theils noch nicht wieder ausgesegelt, theils für nicht bremische Rechnung von hier abgegangen.

Im Jahre 1874 wurden in 152 Schiffen 30.633 Auswanderer über Bremen befördert. Davon gingen in 92 Schiffen 21.372 Personen nach New-York, in 42 Schiffen 8089 Personen nach Baltimore, in 9 Schiffen 1011 Personen nach New-Orleans, in 2 Schiffen 50 Personen nach Galveston, in 1 Schiffe 74 Personen nach anderen Plätzen der Vereinigten Staaten.

Unter den Ausgewanderten befanden sich 226 Ungarn, 5439 Böhmen, 1517 andere Angehörige des österreichischen Kaiserstaates, gegen 198 Ungarn, 5798 Böhmen und 1835 andere Oesterreicher im Jahre 1873.

Von den neuen Eisenbahnlinien, welche das Jahr 1874 für den bremischen Handel ins Leben gerufen hat, ist die am 1. Juni eröffnete Strecke Bremen-Hamburg als besonders wichtig hervorzuheben. Nunmehr ist die ganze Linie Hamburg-Venloo dem Betriebe übergeben. Es ist zu hoffen, dass durch billige Tarife nach Westphalen und dem Rheinlande der Handelsstand von Bremen und Hamburg Gelegenheit findet, in den genannten Districten der Concurrenz Hollands mit Erfolg zu begegnen. Für den Transport von Kohlen auf dieser Bahn aus Westphalen nach Bremen und Hamburg ist bereits ein niedriger Tarif eingeführt.

Der Bau des seit längerer Zeit projectirten Centralbahnhofes ist seiner Verwirklichung noch nicht näher gerückt, da man sich diesfalls mit der Direction der Köln-Mindener Bahn immer noch nicht hat einigen können.

An dem neuen „Kaiserhafen" in Bremerhaven wird mit allen Kräften gearbeitet.

Der Dampfschiffverkehr Bremens mit den Vereinigten Staaten von Amerika wurde auch im letztverflossenen Jahre durch den Norddeutschen Lloyd mit Energie vermittelt; leider war aber das Jahresergebniss dieser Linie ein sehr ungünstiges, indem eine beträchtliche Passivbilanz sich herausstellt.

Verschiedene Gründe trugen hiezu bei, als: die Unproductivität der (seitdem eingestellten) westindischen Linie; die Abnahme der Auswanderung nach Amerika; die durch Concurrenzlinien erzwungene Herabsetzung der Passagepreise auf ein Minimum; zu theueren Preisen contrahirte Schiffe, welche bei dem schwächeren Verkehr nicht alle beschäftigt werden konnten; hohe Kohlenpreise u. dgl.

Es wird einer längeren Zeit bedürfen, bis diese Gesellschaft ihre frühere Blüte wieder erlangt; doch berechtigt das Zusammenwirken der Bremer und Hamburger Gesellschaften zu der Hoffnung, dass eine Besserung nicht mehr lange auf sich wird warten lassen.

Die Gesammtzahl der im vorigen Jahre mit den Schiffen des Norddeutschen Lloyd beförderten Passagiere betrug 47.237, gegen 69.965 in 1873. Es gingen davon:

	1874		1873	
	In Reisen	Personen	In Reisen	Personen
Nach New-York	83	22.850	86	41.114
Von „	83	12.455	86	13.114
Nach Baltimore	37	8.216	26	9.800
Von „	37	1.658	26	1.314
Nach New-Orleans	9	1.301	11	3.633
Nach und von Westindien	7	757	11	990

Die Güterbeförderung betrug:

	1874		1873	
Nach:	In Reisen	Tonnen	In Reisen	Tonnen
New-York	83	70.218	86	64.741
Baltimore	37	13.386	26	12.600
New-Orleans	9	2.055	11	?

Nach London wurden in 101 Reise 505 Stück Rinder und 63.876 Stück Schafe (im Vorjahre in 92 Reisen 2462 Stück Rinder und 94.546 Stück Schafe); nach Hull in 92 Reisen 1515 Stück Rinder und 1637 Stück Schafe (im Vorjahre in 96 Reisen 1322 Stück Rinder und 2178 Stück Schafe) befördert.

Die durchschnittliche Dauer einer Reise betrug: nach New-York 11 Tage 16 Stunden; von New-York 10 Tage 10 Stunden; nach Baltimore 13 Tage 23 Stunden; von Baltimore 12 Tage 6 Stunden.

Der Norddeutsche Lloyd besass am 31. December 1874 94 Fahrzeuge von 95.501 Registertonne, u. z.: 28 transatlantische Dampfer von 79.414 T., 10 Dampfer von 6616 T. für die europäische Fahrt, 14 Fluss- und Schleppdampfer von 1969 T., 42 Leichterfahrzeuge von 7502 Tonnen.

Die Verhandlungen über die Revision der bremischen Seeversicherungsbedingungen vom Jahre 1854, die von Vertretern der Handelskammer und den Versicherungsgesellschaften geführt wurden, blieben leider ohne Erfolg und wurden abgebrochen.

Die Summe der im verflossenen Jahre abgeschlossenen Versicherungen betrug 365,914.600 Mk., gegen 397,048.500 Mk. in 1873, und 388,401.000 Mk. in 1872.

Der Umsatz der Bremer Bank erreichte nicht ganz den des Vorjahres. Derselbe weist für beide Perioden folgende Belange auf:

	1873 Mark	1874 Mark
Discontirte Wechsel auf Bremen	145.423.395	137,737.308
„ „ „ fremde Plätze	59,124.000	50,205.255
Gegen Unterpfand waren durchschnittlich ausgeliehen	10,257.000	9,166.000
In Effecten waren am 31. December angelegt	1,372.815	966.272
Auf Contobücher waren am Schlusse des Jahres deponirt	28,187.012	23,489.993

Der Notenumlauf betrug:

im Maximum	16,914.000 (am 23. April)	17,152.000 (am 14. Oct.)

	1873 Mark	1874 Mark
im Minimum	14,258.000 (am 9. August)	14,728.000 (am 14. Febr.)
durchschnittlich	15,581.000	15,952.000
Der Cassenbestand betrug:		
im Maximum	11,530.000 (am 13. Decbr.)	10,131.000 (am 9. Decbr.)
im Minimum	6.799.000 (am 30. August)	6.571.000 (am 11. Juli)
durchschnittlich	8,976.000	8,147.000

Die zur Verheilung gelangte Dividende betrug im vorigen Jahre 52 Mark (6¼ pCt.) pr. Actie, dagegen in 1873 64 Mark oder 7¾ pCt.

Von den Reichsgesetzen des vorigen Jahres sind, als den allgemeinen Verkehr berührend, hervorzuheben: das Gesetz über die Strandungsordnung; das Gesetz über die Errichtung einer deutschen Seewarte; ferner das Bankgesetz, wonach vom 1. Juli 1875 an die kleinen Banknoten (unter 100 Mark) eingezogen werden, indem die neuen deutschen Goldmünzen an ihre Stelle treten.

Von bremischen Gesetzen ist nur dasjenige über die Vermögens- und Einkommensteuer von speciellem Interesse. Als Basis dieses Gesetzes gilt die durch eigens hiefür erwählte Bürger beaufsichtigte Selbsteinschätzung, oder falls solche nicht rechtzeitig erfolgt, die Einschätzung durch die Schätzungsbürger, während früher die Entrichtung auf den Bürgereid ohne jegliche Controle stattfand. Der Einkommensteuer ist eine progressive Scala zu Grunde gelegt.

Die internationale landwirthschaftliche Ausstellung, welche hier Mitte Juni 1874 stattfand, wurde sehr zahlreich besucht und hat gewiss den Fachmännern nützliche Anregungen hinterlassen, welche segensreiche Früchte tragen werden.

Handelsverhältnisse von Cette im Jahre 1874.

Cette. Trotz der ungünstigen Witterungsverhältnisse und der Verheerungen durch die Phylloxera, welchen ganze Landstriche zum Opfer fielen, hat die 1874er Weinlese im südlichen Frankreich ein sehr reiches Erträgniss geliefert, aber nur ein geringer Theil der gewonnenen Weine kann gut und trinkbar genannt werden, während das Uebrige mangelhaft oder in so schlechter Beschaffenheit eingebracht wurde, dass es nur zur Destillation verwendet werden kann.

Gerade diejenigen Gewächse, welche sonst die vorzüglicheren Sorten von rothen und weissen Weinen liefern, sind diesmal am schlechtesten gerathen, und das wenige Gute stellte sich deshalb auch hoch im Marktwerthe, während alle übrigen Qualitäten nicht einmal die Hälfte der 1874er Preise erzielten.

Je nach der Gattung wechselten die Preise für gesunde Weine zwischen 10 und 25 Francs pr. 100 Liter ohne Fass auf dem Lande, und trotz dieses Rückganges konnte das Geschäft keinen Aufschwung gewinnen.

Bei der Masse von Brennweinen, die hin und wieder zu 5—6 Francs pr. 100 Liter abgingen, durfte man ein reges Leben im Spiritusgeschäfte erwarten, allein bei den derzeit bestehenden fiscalischen Verhältnissen wird nur wenig Weingeist erzeugt. Der Preis für ⁵/₆ oder 85gradige Waare schwankte je nach dem Bedarfe zwischen 62 und 68 Francs pr. 100 Liter, erste Kosten; der 90gradige Rübensprit des Nordens fand daher im Süden noch immer zu 60—61 Francs pr. 100 Liter mit Fass Verwendung.

Infolge der hohen Preise der 1873er Weine wurde davon im vorigen Jahre natürlich weniger, dagegen von Branntwein bedeutend mehr als in 1873, und zwar hauptsächlich nach Algier und Italien ausgeführt. Der letztjährige Export zur See vertheilt sich wie folgt:

Bestimmung	Wein	Branntwein	Essig
	Hektoliter		
Aegypten	5.679	175	.
Algier	250.794	69.037	207
Belgien	1.297	.	.
Berberei	1.411	160	.
Brasilien	29.197	55	10
Dänemark	1.997	153	.
Deutschland	50.464	111	.
England	145	.	
Englische Besitzungen im Mittelmeer	163	32	.
Holland	14.981	615	.
Italien	21.142	11.692	20
La Plata-Staaten	28.265	78	.
Oesterreich-Ungarn	59	16	.
Russland, Ostsee	10.047	11	.
„ Schwarzes Meer	2.553	1	.
Schweden und Norwegen	4.914	155	.
Spanien	526	2.138	50
St. Pierre de Miquelon	2.008	13	19
Türkei	5.997	55	.
Uruguay	5.113	.	.
Vereinigte Staaten von Amerika	64.788	15	.
Verschiedene andere Länder	14.529	36	.
Zusammen	516.069	84.548	306
Dagegen in 1873	533.090	22.231	257
Sonach in 1874 Zunahme	.	62.317	49
Sonach in 1874 Abnahme	17.021	.	.

Mittels Eisenbahn ging von hier ab:

	Wein	Branntwein
	Hektoliter	
1873	1,045.842	15.732
1874	848.384	14.385
Also in 1874 weniger um	197.458	1.347

Die Salzproduction gestaltete sich in den 2 letzten Jahren wie folgt:

Departement	1874	1873
	Kilogramm	
Hérault	60,000.000	60,000.000
Gard	62,000.000	50,000.000
Aude und Pyrénées Orientales . . .	13,000.000	10,000.000
	135,000.000	120,000.000

Darnach hat gegen das Vorjahr nur die geringe Zunahme von 15 Mill. Kilogr. stattgefunden, und da die Erzeugung von rothem Salz nicht vergrössert werden kann, so war bei der stets lebhaften Frage darnach der diesfällige Ertrag bereits vor beendigter Ernte in festen Händen. Die Preise pr. Tonne von 1000 Kilogr. waren dieselben wie früher, nämlich: 12 Francs für gewöhnliche Prima-Qualität weisses, 14 Frcs. für gesiebtes weisses und 15 Francs für rothes Salz.

Die Ausfuhr von Salz fand voriges Jahr nach folgenden Richtungen statt:

Algier	Kilogramm	259.000
Brasilien	„	2,300.100
Deutschland	„	21,519.000
La Plata-Staaten	„	31.400
Russland (Ostsee)	„	3,572.900
Schweden und Norwegen	„	3,100.000
St. Pierre de Miquelon	„	1,015.000
Vereinigte Staaten von Amerika	„	901.200
Zusammen . .	Kilogramm	32,698.600
Dagegen in 1873 . .	„	11,024.900
Zunahme in 1874 . .	Kilogramm	21,673.700

Die Ausfuhr von französischen Steinkohlen hat im vorigen Jahre ebenfalls wieder eine Zunahme erfahren. Es gingen nämlich nach:

Aegypten	Kilogramm	542.000
Algier	„	4,410.000
Italien	„	39,339.900
Spanien	„	4,844.700
Türkei	„	2,974.500
Verbrauch auf dem Meere	„	13,022.900
Zusammen . .	Kilogramm	65,134.000
Dagegen in 1873 . .	„	45,777.300
Zunahme in 1874 . .	Kilogramm	19,356.700

Ferner vergrösserte sich wieder der Transit von Eisenstangen und Eisenbahnschienen. Derselbe bezifferte sich in den letztverflossenen 2 Jahren wie folgt:

Bestimmung		1874	1873
Algier	Kilogramm	113.271	7.886
Italien	„	1,931.701	1,068.200
Spanien	„	184.585	213
Zusammen,	Kilogramm	2,229.557	1,076.299

Zunahme in 1874: Kilogramm 1,153.258

Von chemischen Producten wurden in 1874 folgende Mengen exportirt:

Bestimmung		Roher Weinstein	Kristallisirter Weinstein	Grünspan	Andere
Algier	Kilogramm	8.868	.	829	2.600
Deutschland	„	.	218	.	.
Italien	„	.	.	23.862	645
Russland, Ostsee	„	3.424	3.603	5.350	.
„ Schwarzes Meer	„	.	541	.	
Schweden und Norwegen	„	.	552	2.381	.
Spanien	„	.	.	538	39.958
Vereinigte Staaten von Amerika	„	.	.	2.400	.
Zusammen	Kilogramm	12.292	4.914	35.360	43.203
Dagegen in 1873	„	7.176	14.308	41.198	17.759
Sonach in 1874 Zunahme	Kilogramm	5.116	.	.	25.444
Sonach in 1874 Abnahme	„	.	9.394	5.838	.

Die Hauptgegenstände der Einfuhr sind in der folgenden vergleichsweisen Uebersicht zusammengestellt:

		1874	1873
Ausländische Weine	Hektoltr.	254.350	236.646
Ausländischer Spiritus	„	372	821
Fassdauben, österreichische	Stück	18,060.809	11,701.250
„ italienische	„	1,981.184	1,088.142
„ amerikanische	„	580.240	32.560
„ andere	„	680.112	749.548
Bauholz	Meter	1,105.286	310.194
Korkholz	Kilogr.	1,205.712	892.125
Getreide	„	43,262.600	35,559.000
Reis	„	1,399.484	1,535.476
Zucker, Kaffee und andere Colonialwaaren	„	178.661	253.274
Seefische	„	5,038.245	6,753.546
Oel	„	1,579.413	2,029.746
Oelige Früchte und Samen	„	135.458	78.614
Trockene und frische Früchte	„	8,433.595	6,316.007
Rohes und bearbeitetes Eisen	„	99,705.671	54,997.660
Andere Mineralien	„	16,569.427	13,550.500
Steinkohlen	„	5,061.000	2,574.000
Englisches Pech	„	36,877.255	31,464.210
Wolle und Häute	„	794.296	1,009.490
Knochen und Hörner	„	251.036	414.942
Schwefel	„	28,674.329	30,139.629
Chemische Producte	„	5.612	733.793
Medicinalien	„	1,199.201	1,658.889
Rohes Wachs	„	22.695	27.853

Die letztjährige Einfuhr von Wein zeigt gegen 1873 keine sonderliche Zunahme, weil das spanische Product verhältnissmässig theuer war und in hiesiger Gegend nicht den Anfangs gehofften vortheilhaften Markt fand, so dass auf dieses wie auch auf hiesigen neuen Wein grosse Summen verloren wurden, und mit Schluss des

Jahres infolge der allgemeinen Geschäftsstille noch ziemlich bedeutende Vorräthe davon auf dem Platze vorhanden waren. Fremde Spriete wurden nur wenig zugeführt und, wie immer, lediglich zum Export verwendet.

Die Einfuhr von Fassdauben stieg voriges Jahr wieder auf die frühere Höhe, weil man gleich von Anfang an allgemein auf ein reiches Weinjahr rechnete und in der Hoffnung lebte, die zu erwartenden niedrigen Preise würden vom Ausland einen um so stärkeren Begehr hervorrufen, als die hohen Preise nach der 1873er Lese die Aufträge zurückgeschreckt zu haben schienen.

In Quantität und Preis wurden sogar die Erwartungen übertroffen, allein die Aufträge kamen nicht in gleichem Maasse vor. Da ferner beinahe aus ganz Frankreich, sowie aus den angrenzenden Theilen Deutschlands und der Schweiz entweder die leeren Fässer zum Füllen geschickt, oder die Gebinde von französischer Seite zum Theil geliehen und nachher wieder zurückgesandt wurden, so nahm der Bedarf an neuen Fässern ab, und das Geschäft in Binderholz entbehrte der gewünschten Lebhaftigkeit.

Der Vorrath an Fassdauben bei Jahresschluss wurde auf 11—12 Mill. Stück geschätzt; alle Lager waren voll, und um Platz zu machen, wahrscheinlich auch um Geld in die Hände zu bekommen, wurden hin und wieder consignirte Partien in öffentliche Versteigerung gebracht, deren Resultate gerade nicht glänzend ausfielen.

Auf einer der letzten Auctionen fehlten fremde Käufer gänzlich und die Gebote, namentlich für weisses italienisches, freilich schlecht und ungleich gespaltenes Holz, waren so gering, dass beinahe Alles wieder zurückgezogen wurde.

In Fassdauben aus Triest ging darauf Einiges zu 58 Francs pr. 100 Stück $^{36}/_{1}$ an hiesige Grosshändler ab, während der Durchschnittspreis beim Platzverkauf an Zwischenhändler oder an Fassbinder zu 65—66 Francs angenommen werden kann, was trotz der ungünstigen Verhältnisse immer noch 7—8 Francs mehr als zu Ende 1878 ist.

Die gut hergerichteten italienischen Stäbe behaupten sich in Gunst und die Steigerung in der Zufuhr derselben ist auch verhältnissmässig stärker als bei den übrigen Provenienzen; nur finden die Fassbinder, dass das weisse Eichenholz schwierig zu bearbeiten sei.

Anders verhält es sich mit dem rothen kalabresischen, welches bis jetzt nur zu Sprietfässern diente, neuerer Zeit aber auch mit Vortheil zu grösseren Weingebinden Verwendung findet, seitdem nämlich die langen Stäbe aus den österreichisch-ungarischen Häfen selten werden.

Die Einfuhr von Fassdauben aus Amerika war bedeutender als seit mehreren Jahren, wogegen vom Kaukasus und aus anderen Erzeugungsgegenden weniger zu Markte kam.

Von Bauholz aus den finnischen Häfen wurde zwar eine etwas grössere Menge als im Jahre 1873 hieher gebracht, dem Geschäfte fehlte es aber dennoch an Lebhaftigkeit.

Der Getreide-Import ist, da man in Voraussicht einer magern Ernte frühzeitig Aufträge nach dem Auslande gegeben hatte, abermals gegen das Vorjahr gestiegen.

Als jedoch später sich ergab, dass der Ertrag durchweg alle Erwartungen übertreffe, ja in vielen Gegenden sogar ein reichlicher genannt werden könne, da fand die fremde Waare einen sehr ungünstigen Markt und musste mit Verlust begeben werden.

Inländischer Weizen schloss zu 23 Francs pr. 80 Kilogr., italienischer zu 28, sicilianischer zu 27, solcher vom Schwarzen Meere kaum zu 26 Francs pr. 100 Kilogr. Nur Hafer war stets selten und blieb zu 24—28 Francs pr. 100 Kilogr., je nach dem Ursprunge, gesucht.

Schifffahrts- und Handelsverkehr von Odessa im Jahre 1874.

Odessa. Im Jahre 1874 sind hier 1164 Schiffe mit 872.491 Tonnen angekommen; es hat sich daher im Vergleiche zum Vorjahre die Anzahl der Schiffe um 211 vermindert, dagegen die Tragfähigkeit um 50.804 T. vermehrt. Unter den eingelaufenen Fahrzeugen befanden sich 494 Segelschiffe mit 147.422 T. und 670 Dampfer mit 725.069 T. (gegen resp. 623 und 752 Schiffe mit 159.941 und 661.746 T. in 1873).

Werden hiezu noch 17 Schiffe gerechnet, welche sich am 1. Januar 1874 bereits hier im Hafen befanden, so ergiebt sich für das letztverflossene Jahr bei der Ankunft eine Gesammtbewegung von 1181 Schiffen, gegen 1410 in 1873.

Von diesen Kauffahrern gingen 863 (gegen 922 im Vorjahre) und zwar 220 Segelschiffe und 643 Dampfer beladen nach dem Auslande, die übrigen fuhren in Ballast entweder nach anderen russischen Häfen des Schwarzen und Azow'schen Meeres oder nach dem Auslande zurück. Im hiesigen Hafen verblieben am 1. Januar 1875 57 Schiffe.

Diese Schifffahrtsbewegung, nach Flaggen gesondert, stellt sich dem Vorjahre gegenüber folgendermassen dar:

Flagge	1874				1873			
	Segelschiffe		Dampfer		Segelschiffe		Dampfer	
	Zahl	Tonnen	Zahl	Tonnen	Zahl	Tonnen	Zahl	Tonnen
Oesterreichisch-ungarische . .	91	36.319	115	75.946	152	43.867	56	58.130
Russische	36	8.073	190	329.352	54	8.146	277	292.032
Englische	27	9.052	291	247.440	20	7.528	332	262.465
Italienische	133	56.120	42	39.645	138	51.923	19	17.662
Türkische	81	10.564	.	.	118	12.740	.	.
Griechische	99	18.191	1	684	132	23.981	.	.
Deutsche	6	903	1	807	16	4.707	4	1.930
Schwedisch-norwegische . . .	17	6.513	7	5.166	17	5.565	2	1.378
Belgische	.	.	18	22.306		.	18	17.259
Holländische	.	.	4	3.679	.	.	10	8.484
Französische	1	285	.	.	.	.	1	633
Dänische	.	.	.	.	.	.	2	1.720
Walachische	3	596	1	45	3	419	1	53
Nordamerikanische	.	.	.	.	2	870	.	.
Samiotische	.	.	.	.	1	60	.	.

Gegenüber dem Vorjahre hat sich die Segelschifffahrt um 129 Schiffe und 12.519 T. vermindert; in gleicher Weise ist auch bei der Dampfschifffahrt eine Abnahme um 82 Schiffe eingetreten, dagegen hat aber deren Tragfähigkeit um 63.323 T. zugenommen.

Der in der Schifffahrtsbewegung dieses Hafens seit einigen Jahren sich vollziehende Umschwung hat eine immer bestimmtere und festere Tendenz angenommen. Noch vor etwa 10 Jahren wurde der hierortige Hafenverkehr zu drei Viertheilen durch Segelschiffe vermittelt und nur ein Viertheil entfiel auf die Dampfschifffahrt.

Später änderte sich das Verhältniss zu Gunsten der Dampfschifffahrt derart, dass schon vor 5 Jahren ein Drittel und vor 3 Jahren gar die Hälfte der gesammten Schifffahrtsbewegung von Odessa auf Dampfschiffe entfiel.

Im Jahre 1873 war dann das Uebergewicht dieser letzteren ein auffallendes und 1874 spricht sich dasselbe durch ein Mehr von 176 Dampfern aus.

Die Gründe, welche diesen Umschwung verursachten, sind hauptsächlich in der ausserordentlichen Entwicklung der Dampfschifffahrt, namentlich in England, und in den veränderten Bedingungen des südrussischen Getreidehandels zu suchen.

Die Vertheuerung der Kohlen hat den Aufschwung der Dampfschifffahrt nicht aufgehalten; der hohe Preis des Brennmateriales wird durch die allgemeine Anwendung der ökonomischesten Motorensysteme aufgewogen.

Was dann den südrussischen Getreidehandel anbetrifft, so befindet sich derselbe in den Händen einiger weniger Häuser, welche ihre Rechnung darin finden, die noch nicht wohl conditionirte und feuchte Frucht ohne Aufschub nach den Consumtionsplätzen zu spediren und bei dem zwischen Segel- und Dampfschiffen bestehenden geringen Frachtunterschiede, sowie mit Rücksicht auf die Beschleunigung der Reise den Transport durch Dampfer bewirken zu lassen.

Ein weiterer Grund liegt wohl auch in der Vervollständigung der südrussischen Schienenwege, welche reiche Getreidemassen mit äusserster Beschleunigung aus den Productionsgebieten den Exportplätzen zuführen, woselbst übermässige, den Markt geradezu erdrückende Getreidemengen sich häufen würden, wenn so wie früher nur Segelschiffe von geringerer Tragfähigkeit den Transport nach dem Auslande vermitteln könnten.

Ebenso wie 1873 hat auch während des letztverflossenen Jahres in der hiesigen Dampfschifffahrtsbewegung die englische Flagge den Vorrang behauptet, ungeachtet dieselbe durch 41 Dampfer von grosser Tragfähigkeit weniger als im Vorjahre vertreten war.

Nach der englischen folgten der Reihe nach als die bedeutenderen Flaggen: die russische, die österreichisch-ungarische, die italienische und die belgische. Die übrigen Nationalitäten betheiligten sich an der Dampfschifffahrtsbewegung von Odessa in kaum nennenswerthem Verhältnisse.

Unter all diesen Flaggen zeigen im Vergleich zu 1873 nur die österreichisch-ungarische und die italienische einen Zuwachs, während bei den anderen zumeist ein Rückschritt eingetreten ist.

Von den angekommenen österreichisch-ungarischen Dampfern gehörten 43 mit 40.133 T. dem Triester Lloyd, 48 mit 12.655 T. der I. k. k. priv. Donau-Dampfschifffahrtsgesellschaft und 24 mit 23.158 T. anderen Rhedereigesellschaften an. Von diesen letzteren waren in der Anfahrt 9 mit 8501 T. und in der Abfahrt 6 mit 6021 T. handelsunthätig, während die Lloyd- und Donaudampfer beim Ein- und Auslauf sämmtlich handelsthätig verkehrten.

Bei der Segelschifffahrt haben alle Flaggen nur eine Abnahme gegen 1873 aufzuweisen. Die österreichisch-ungarische Flagge war voriges Jahr bei dem Einlauf durch 91 Segelschiffe von 36.319 T. (gegen 122 Schiffe und 43.972 T. im Vorjahre), bei der Abfahrt durch 80 Schiffe von 30.282 T. (gegen 124 Schiffe und 42.867 T.) vertreten.

Von den ersteren waren 51 mit 21.457 T. und von den letzteren 68 mit 25.995 T. handelsthätig beladen. Der Werth der diesfälligen Importgüter betrug 937.180 fl., jener der Ausfuhren 3,438.928 fl.

Bezüglich der nationalen Dampfschifffahrt lassen sich die Ladungswerthe nicht einmal annäherungsweise bestimmen.

Die Erkenntniss, dass das Segel durch den Dampf in den Hintergrund gedrängt wird, hat auch hierzulande den Unternehmungsgeist wieder angeeifert. Man geht mit dem Gedanken um, eine neue Actiengesellschaft für die Dampfschifffahrt auf dem Schwarzen

Meere zu gründen; das Capital soll schon beschafft und Sebastopol als Sitz der Gesellschaft gewählt sein.

In Südrussland sind im Jahre 1874 zwei neue Schienenwege vollendet worden, welche berufen sind, eine wichtige Rolle im Lande zu spielen, und zwar die Linie Losowo-Sebastopol (500 Werst oder 72 Meilen) und Rostow-Piatigorsk-Wladikawkas (700 Werst oder 100 Meilen).

Die erstere Strecke ist bereits in ihrer ganzen Länge dem Verkehr übergeben und bringt Sebastopol durch Vermittlung anderer Bahnen in directe Verbindung mit Moskau und St. Petersburg.

Sebastopol's Blütezeit scheint zu beginnen. Mit energischem Schwunge erhebt es sich aus den Ruinen und wird voraussichtlich durch seine Lage und seinen vorzüglichen Hafen manchem anderen Hafenplatze Südrusslands die ernsteste Concurrenz bieten.

Sebastopol hat freilich kein unmittelbares Productionsgebiet hinter sich, und Eisenbahnen nach Häfen zu führen, welche kein Hinterland haben, ist jederzeit sehr gewagt erschienen; ein Blick auf die Karte kann jedoch lehren, dass die Losowo-Sebastopoler Bahn dem Güter- und Personenverkehre zugute kommen muss und eine eventuelle Besorgniss höchstens mit Hinblick auf die Rentabilität der Bahn eine Berechtigung hätte.

Die Eisenbahnlinie Rostow-Wladikawkas, welche zwar bereits fertig ist, deren Eröffnung aber wegen einiger elementaren Hindernisse noch mehrere Monate hinausgeschoben werden soll, führt in die Kaukasusländer und ist ein Glied in der projectirten längeren Schienenstrasse, welche einst auf dem zukunftreichen Ueberlandwege nach Indien führen soll.

Als ein wichtiges Moment aus dem vorigen Jahre ist noch die durch den Ausbau verschiedener Eisenbahnlinien vollzogene Schienenverbindung zwischen Königsberg und Odessa, also zwischen dem Osten und dem Schwarzen Meere, zu erwähnen. Diese grosse Waarenstrasse bringt den Königsberger Handel in directen Verkehr mit sämmtlichen westlichen Gouvernements von Russland, also mit jenen Länderstrecken, welche seit jeher durch ihren Productenreichthum sich auszeichnen.

Hinsichtlich des Handels von Odessa ist im Allgemeinen zu bemerken, dass das Jahr 1874 für diesen Platz voll der bittersten Erfahrungen war. Im Exportgeschäfte sind trotz der ansehnlichen Ziffer, die es erreichte, die empfindlichsten Calamitäten, ja eine noch nie dagewesene Krisis eingetreten, welche auf den Import und den inneren Handel mächtig zurückwirkte.

Der Gesammtwerth der Ein- und Ausfuhr stellt sich für die letztverflossenen vier Jahre wie folgt:

Jahr	Einfuhr Silberrubel	Ausfuhr Silberrubel	Gesammtwerth Silberrubel
1874	44,775.499	51,208.498	95,983.997
1873	60.040.872	43,422.017	103.462.889
1872	65,690.254	51,564.986	117.255.240
1871	39,962.875	53,283.776	93,246.651

Sind diese den amtlichen Zoll-Ausweisen entnommenen Ziffern richtig, dann hat der Odessa'er Export gegenüber dem Vorjahre um ca. 7·7 Millionen Silberrubel zugenommen.

Odessa exportirt bekanntlich fast nur Rohproducte und Halbfabrikate der primitivsten Art. Unter den in die Kategorie der Nahrungsmittel gehörenden Ausfuhrartikeln bilden die verschiedenen Getreidearten die grösste Menge.

Weist die Exportziffer auch auf einen bedeutenden Gewinn hin, welchen das Land im Jahre 1874 erzielt haben mag, so darf andererseits nicht unbeachtet bleiben, dass die im Ausfuhrhandel thätigen Häuser die grössten Enttäuschungen zu beklagen hatten, deren Ursachen hier kurz angegeben werden sollen.

Die ökonomische Lage von Odessa ist seit einiger Zeit erschüttert. Die ausländischen Preisnotirungen für Getreide waren im Jahre 1874 stets viel niedriger als am hiesigen Markte.

Von allem Anfang an wurde von hier mit Verlust exportirt, denn mit dem Erlöse der auf englischen und französischen Plätzen verkauften hierländigen Frucht vermochte man meistens nicht einmal die Erzeugungskosten zu decken.

Da die Exporteure den Gebern die Waare in bestimmten Terminen zu bezahlen hatten, infolge der kolossalen Verluste aber nicht bezahlen konnten, so wurde stets in Anhoffung der ausländischen Hausse, welche hier freilich manchen Schaden wieder gut gemacht hätte, dieselbe tollkühne Speculation fortgesetzt.

Das Getreide wurde hier zu jeder, selbst der ungünstigsten Zeitconjunctur eingekauft und ins Ausland versendet, um aus dem um jeden Preis zu bewerkstelligenden Verkaufe Geld herauszuschlagen und damit die früher erlittenen Verluste theilweise zu decken.

Dies ging einige Zeit an, aber nur so lange, bis die Gewagtheit solcher Operationen bekannt wurde, der Credit für diese Art von Geschäften sich schloss und der Sturz vieler Odessa'er Exporthäuser erfolgte.

Nach einer solchen Katastrophe, welche hier in den Monaten August und September vorigen Jahres eintrat, war es nur jenen Capitalisten, welche nicht auf fremden oder imaginären Credit arbeiteten, gegeben, sich besserer Geschäftsresultate zu erfreuen.

Im Herbste hoben sich die Preise im Auslande ein wenig, die Notirungen nahmen einen lebhafteren Charakter an und die Ergebnisse derjenigen Operationen, welche eben möglich waren, gestalteten sich günstiger.

Der Cerealienexport aus Odessa lieferte 1874 gegenüber dem Vorjahre folgende Resultate:

		1874		1873	
		Menge	Werth Silberrubel	Menge	Werth Silberrubel
Weizen	Tschetwert	2,899.970	35,147.618	2,476.916	30,961.914
Roggen	"	267.334	1,872.674	268.713	1,612.275
Erbsen	"	32.383	323.821	11.297	112.970
Hafer	"	205.603	1,028.017	183.151	641.030
Gerste	"	242.006	1,452.039	119.052	595.263
Mais	"	36.293	290.340	427.941	2,567.642
Weizenmehl . .	"	193.364	4,254.013	532.770(Pud)	958.986
Leinsaat . . .	"	74.971	974.629	66.845	868.985
Rapssaat . . .	"	138.099	1,380.990	71.426	857.106
Zusammen .	Tschetwert Pud	4,090.023 .	46,724.141	3,625.341 532.770	39,176.171

Am Schlusse des Jahres 1874 verblieb in den hiesigen Speichern ein Vorrath von 1,050.000 Tschetwert verschiedener Kornfrüchte, gegen 904.400 Tschetwert im Vorjahre.

Die Preisbewegung gestaltete sich pr. Tschetwert wie folgt:

	1874 Silberrubel	1873 Silberrubel
Weizen	5·25 —14·12	9·55 —14·62½
Roggen	4·45 — 7·60	5·30 — 8·20
Mais	7·62½— 8	5·45 — 8·50
Gerste	4·40 — 6·60	4·25 — 6·25
Hafer	4·50 — 5·75	3·40
Leinsaat	10·50 —13·25	11·50 —13·62½
Rapssaat	4·50 — 6	4·12½— 6·80

Aus der nachstehenden Uebersicht sind Menge und Werth der übrigen im Jahre 1874 aus Odessa exportirten Artikel im Vergleich zu 1873 zu entnehmen:

Waarengattung		1874 Menge	1874 Werth Silberrubel	1873 Menge	1873 Werth Silberrubel
Talg	Pud	16.553	66.213	7.664	39.932
Spiritus	„	216.308	1,514.156	131.240	195.360
Lebende Thiere	Stück	4.292	128.214	556	19.460
Rohe Häute	Pud	13.157	52.629	17.498	69.993
Leder	„	550	8.812	172	2.585
Schafwolle	„	214.028	2,047.509	210.518	3,167.135
Tauwerk	„	29.040	58.080	20.857	246.185
Holzwaaren	„	.	100.321	.	121.542
Verschiedene Waaren	„	.	440.321	80.528	329.566
Goldmünzen	„	.	77.757	.	54.089
Gesammtwerth			4,494.012		4,245.847

Der Export von Getreide aus Odessa ist nach den obigen ziffermässigen Angaben, trotz der eingetretenen Calamitäten, im Jahre 1874 im Vergleich zum Vorjahre gestiegen. Nahe an zwei Drittel der ausgeführten Mengen, hauptsächlich Weizen, Roggen, Mais und Gerste, waren wie gewöhnlich nach England bestimmt.

Nächst dem Getreide ist unter den Exportartikeln Odessa's in erster Linie die Schafwolle zu erwähnen, deren Absatz sich 1874 gegen das Vorjahr vergrösserte. Die Einkäufe in unreiner dünner Wolle sind zu dem Preise von 8—9·25 Silberrubel per Pud nur für Frankreich und Russland gemacht worden. Von dünner gewaschener Wolle gingen sehr unbedeutende Quantitäten für Rechnung österreichischer Fabrikanten ab, wogegen sich für ausländische Märkte und Russland in diesem Artikel keine Käufer fanden. Die Preise waren 24—27·50 Silberrubel.

Beachtenswerth ist, dass der Import ausländischer Wolle nach Russland von Jahr zu Jahr steigt. Infolge der durch die auswärtige Concurrenz (Australien und Amerika) zur Geltung gekommenen Einflüsse sind während der letzten Jahre im russischen Wollhandel Veränderungen eingetreten. Die Schafzucht ist hierzulande beschränkt worden, so dass der Stand der russischen Schafheerden, welche noch im Jahre 1870 bei 45 Millionen Köpfe zählten, sich bedeutend vermindert haben dürfte.

Die Ausfuhr von Talg bewegt sich fortan in geringen Verhältnissen, zeigte jedoch während des letztverflossenen Jahres eine Tendenz zur Besserung. Sind auch einerseits im Süden von Russland die Schafheerden reducirt, so wurden doch anderseits grosse Schafschlächtereien errichtet, die ihr Hauptaugenmerk auf die Gewinnung von Talg richten.

Auch der Export von Spiritus hat sich im Jahre 1874 gehoben. Es ist vorauszusehen, dass jetzt bei der Stockung im Kornhandel die Spiritusfabrikation sich bedeutend steigern und der Spiritus im Preise sinken werde. Förderlich auf den Spiritus-Export wirkt die von der Regierung gewährte Rückvergütung der Steuer (7 Kop. pr. Grad).

Die Gesammtproduction Russlands an Spiritus übersteigt jährlich das Quantum von 30 Millionen Vedro (6,454.000 Wiener Eimer). Als Brenngut dient im Innern des Landes fast lediglich Roggen, nur in den westlichen Gouvernements werden dazu vorwiegend Kartoffeln gebraucht.

Nach den veröffentlichten Daten scheint voriges Jahr der Spiritusexport aus Russland im Allgemeinen grosse Dimensionen angenommen zu haben, indem im I. Semester mehr als 700.000 Pud (22.932 Zollcentner) über die verschiedenen Grenzen expedirt wurden.

Unter den zu den Genussmitteln zählenden russischen Ausfuhrartikeln ist auch lebendes Schlachtvieh zu erwähnen. Oesterreich und Deutschland figuriren hiebei als die grössten Abnehmer, doch gelangen die meisten Quantitäten über die Landgrenze dahin.

Das aus Odessa exportirte Vieh geht grösstentheils nach der Türkei und den Donaufürstenthümern; es ergab sich hierin eine Vermehrung gegenüber dem Jahre 1873.

Der letztjährige Viehhandel hat in den südwestlichen Gouvernements, abgesehen von den Geldcalamitäten, durch den wesentlichen Umstand gelitten, dass infolge der anhaltenden Herbstdürre ein grosser Futtermangel eintrat und dadurch die hierzulande herrschende Viehseuche begünstigt wurde.

Der Viehhandel Russlands befindet sich in den Händen einzelner grosser Monopolisten, welche meist blos auf Erzielung hoher Preise bedacht sind; eine bessere Organisirung dieses Handelszweiges namentlich auf dem Wege der Association liesse wohl grossartigere und entsprechendere Resultate erwarten.

Die nachfolgende Uebersicht weist die vorzüglichsten Einfuhrgegenstände Odessa's mit ziffermässiger Angabe der Menge und des Werthes derselben in den letzten 2 Jahren auf:

Waarengattung		1874 Menge	1874 Werth Silberrubel	1873 Menge	1873 Werth Silberrubel
Thee	Pud	36.822	1,979.204	60.106	2,452.323
Pfeffer	"	32.981	197.292	31.565	315.645
Reis	"	257.523	568.128	248.437	622.573
Kaffee	"	80.721	1,240.479	61.831	648.664
Baumöl und andere Oele	"	249.278	2,666.556	241.515	1,643.829
Wein	Fässer	84.268	743.680	175.899	1,487.552
Wein	Flaschen	27.060	41.143	57.260	85.890
Champagner	"	32.700	135.077	76.027	190.073
Geistige Getränke	Pud	11.940	130.920	10.504	77.958
Frisches Obst	"	456.737	1,388.850	501.816	1.103.995
Verschiedene Früchte	"	518.393	1,693.831	551.927	2,227.525
Tabak in Blättern	"	63.013	2,880.031	79.535	3,181.394
Cigarren	"	184	35.725	282	74.576

Waarengattung		1874 Menge	1874 Werth Silberrubel	1873 Menge	1873 Werth Silberrubel
Gegerbtes Leder	Pud	7.628	330.633	11.875	584.749
Rohe Baumwolle	„	184.227	2,864.451	256.687	6,436.686
Baumwollgarn	„	19.593	961.688	25.603	882.751
Verarbeitetes Gold	„	9	105.000	14	165.335
Eisen in Blättern	„	34.367	42.714	70.062	280.248
Rohes Eisen	„	1,174.476	1,715.254	2,468.976	4,243.991
Geschmiedetes Eisen	„	149.496	647.405	189.989	195.721
Erzeugnisse aus Eisen, Stahl und Kupfer	„	48.182	440.812	16.665	435.300
Zündwaaren	„	32.349	263.986	20.987	181.758
Lederwaaren	„	2.841	310.769	4.345	1,738.224
Baumwollmanufacte	„	5.924	634.874	12.596	2,520.160
Seidenmanufacte	„	1.527	445.450	878	697.421
Schafwollmanufacte	„	9.922	472.817	13.941	3,345.995
Leinenmanufacte (Verzollung nach dem Gewichte)	„	5.799	114.284	155.803	7,877.347
Leinenmanufacte (Verzollung nach dem Werthe)	„	.	53.551	.	90.455
Steinkohlen	„	11,110.764	2,205.429	7,009.287	1,403.865
Maschinen und Modelle	„	418.124	1,208.583	469.123	1,239.832
Fayence	„	39.851	86.857	78.472	504.730
Porzellanwaaren	„	1.904	38.144	2.053	42.885
Glas	„	48.939	614.635	112.195	822.592
Bouteillen	Stück	472.980			
Töpferwaaren	Pud	4.285	100.066	6.415	195.721
Blechwaaren	„	5.043	217.457	6.170	154.559
Tischler- und Drechslerwaaren	„	22.374	476.745	22.923	435.033
Papierwaaren	„	30.054	631.310	46.011	626.162
Verschiedene Waaren	„	.	13,701.067	.	5,335.967
Gold- und Silbermünzen	„	.	907.760	.	1,471.360
Russische Creditbillete	„	.	1,492.489	.	3,240.790

Wie bereits bemerkt, erfuhr der hiesige Import im Ganzen eine nicht unbedeutende Abnahme. Der Grund hievon ist in den misslichen Geschäftsverhältnissen überhaupt, die in ganz Europa beklagt werden, namentlich aber in der kaum zu überwindenden Concurrenz zu suchen, welche mehrere neue Verkehrswege diesem Hauptmarkte bereiten.

Königsberg hat einen grossen Theil der Verbindungen von Odessa abgeleitet, und dies hat, wie oben erwähnt, der Ausbau der russischen Eisenbahnen bewirkt; dorthin gehen jetzt die Getreidesendungen aus den Gouvernements Kiew, Wolhynien, einem Theile Podoliens und aus mehreren anderen Gegenden, die früher mit Odessa verkehrten, jetzt aber ihren Import diesem Vermittlungsplatze ebenfalls entziehen.

Weitere Verkehrswege bieten Woloczysk und Nikolajew, denen sich nun auch der Hafen von Sebastopol und die Bahn Kischinew-Jassy zugesellen.

Die russische Handelsbewegung erhält durch den Eisenbahnverkehr mehr und mehr eine andere Gestaltung. Während sich im Ganzen genommen der Landhandel zum Seehandel im Jahre 1851 wie 1 : 5·6 und in 1861 wie 1 : 4·4 verhielt, stellt sich dieses Verhältniss jetzt schon wie 1 : 2.

Es ist wohl mit aller Wahrscheinlichkeit anzunehmen, dass der Güterverkehr zu Lande demjenigen zur See an Bedeutung nicht nur gleichkommen, sondern denselben in verhältnissmässig nicht langer Zeit an Bedeutung überragen werde. Dass man gegenüber einer solchen Annahme dem Odessa'er Handel nicht das günstigste Prognostikon stellen könnte, ist begreiflich.

Von den zu den Genussmitteln gehörenden Gegenständen hat Odessa im Jahre 1874 1,861.400 Pud eingeführt. Hiebei kann selbstverständlich von dem Importe an Kornfrüchten, Mehl u. dgl. keine Rede sein, indem Odessa der vorzüglichste Exporthafen für derartige Artikel ist. Es figurirt in dieser Kategorie eigentlich blos Reis, dessen Zufuhr sich steigert, seitdem dieses Bodenproduct zu den gewöhnlichen Nahrungsmitteln des russischen Volkes zählt.

Unter den Colonialwaaren bemerkte man eine sehr verminderte Einfuhr von Thee, welcher sich von einem Luxusgegenstande, wie er früher war, nunmehr zu einem gewöhnlichen Genussmittel herausgebildet hat, das selbst unter den Bauern eine starke Verbreitung findet.

In den letzteren Jahren hatte man die directe Einfuhr von Thee via Suez mittels russischer Dampfer anzubahnen versucht, doch scheint sich noch immer für Russland die Convenienz herauszustellen, diesen Artikel vorzugsweise durch die Dazwischenkunft des englischen und deutschen Handels zu importiren.

Die Einfuhr von Roh- und Raffinatzucker hat gänzlich aufgehört, seitdem hierlands die Erzeugung dieses Artikels bedeutende Dimensionen erreicht hat.

Unter den Getränken verschiedener Art spielten früher beim hiesigen Import die ausländischen Weine und Spirituosen eine hervorragende Rolle; jetzt scheinen diese Artikel andere billigere Wege zum Eintritte nach Russland gefunden zu haben, indem deren Zufuhr nach Odessa abnimmt.

Tabak ist ein Erzeugniss der russischen Bodencultur. Die Tabakpflanze gedeiht vorzüglich in den südwestlichen und südlichen Gouvernements; selbst türkische Sorten werden da mit Erfolg cultivirt, ein Umstand, der seit der Besteuerung der türkischen Tabakpflanzungen von nicht geringer Wichtigkeit erscheint.

Bessere und feinere Gattungen werden übrigens in ziemlich grossen Mengen eingeführt; speciell im Jahre 1874 hat sich jedoch die diesfällige Importziffer dem Vorjahre gegenüber weit niedriger gestellt.

Rohstoffe und Halbfabrikate der verschiedensten Art werden in grossen Massen nach Russland gebracht; sie bilden die Hilfsstoffe der russischen Industrie, welche sie aber wegen der veränderten Handelsrichtung nicht mehr in gleichem Umfange über Odessa bezieht. Selbst Baumwolle, welche nach Herstellung der Schienenwege über die Häfen des Schwarzen Meeres nach den Industriegebieten im Innern gelangen sollte, scheint andere billigere Wege eingeschlagen zu haben.

Auch in der Einfuhr von Metallen zeigt sich eine Abnahme, was wohl vielleicht der stärker werdenden inländischen Production zugeschrieben werden darf. Der Haupt-Import des Eisenmaterials erfolgt aus England, Deutschland und Schweden.

Für Fabrikate aller Art war Odessa bisher ein wichtiger Importplatz. In Porzellan, Fayence und Glaswaaren hat sich die Zufuhr vermindert. Die Hauptbezugsländer für diese Artikel sind Oesterreich-Ungarn, England und Deutschland. Französisches Porzellan stellt sich zu theuer. Spiegelglas, dessen Einfuhr nach Russland sich auffallend gesteigert hat, liefern zunächst Deutschland, Belgien, England, Frankreich, Holland; Oesterreich steht hierin den genannten Ländern nach.

Unter den Metallfabrikaten treten bei dem hiesigen Import hauptsächlich Maschinen und Werkzeuge für Fabriks- und landwirthschaftliche Zwecke hervor. Auch in diesen Artikeln ist eine Abnahme zu verzeichnen, welche übrigens bei der gegenwärtigen gedrückten Lage der Landwirthe erklärlich erscheint. Von steyerischen Sensen lagern hier aus früheren Jahren noch grosse Vorräthe unverkauft. Für den russischen Eisenbahnbedarf werden fortan sowohl Locomotiven als auch andere Eisenbahn-Materialien recht reichlich importirt; noch vor kurzem hat die Fabrik von Sigl in Wien prächtige Locomotiven für die hiesige Estakade-Eisenbahn geliefert.

Unverändert erhielt sich die Einfuhr von Drechsler- und Tischlerwaaren, dann von Papierfabrikaten aller Art. Für unpolirte Tischler- und Drechslerarbeiten sind England und Deutschland, dagegen für polirte und fournirte, mit Einschluss von überzogenen Möbeln, Oesterreich (Wien) die Hauptbezugsquelle.

Schreib- und Postpapier liefern hauptsächlich England, Deutschland und Oesterreich-Ungarn (Fiume); Cigarrettenpapier Oesterreich und Romanien.

Bei den Lederfabrikaten ist zu bemerken, dass der Import von ausländischem Schuhwerk, und zwar besonders aus Oesterreich-Ungarn, Deutschland und Romanien, sich nachhaltig steigert; nicht in gleichem Maasse steigt die Einfuhr von Handschuhen. Der Absatz der österreichisch-ungarischen Handschuhwaaren wird durch die französische und italienische Concurrenz sehr namhaft beeinträchtigt.

Auch die Einfuhr von Leinen-, Baumwoll- und Wollenwaaren hat sich verringert. Der Bedarf an Leinenmanufacten wird bereits in grösserem Maasse als früher durch die inländische Industrie gedeckt. Von feineren Leinen- und Battistwaaren liefern Oesterreich-Ungarn, Deutschland und England ansehnliche Quantitäten.

An der Einfuhr von gewalkten und ungewalkten Wollzeugen betheiligen sich die meisten Länder Europa's, hauptsächlich aber Oesterreich-Ungarn, Deutschland und England.

In Erzeugnissen aus Baumwolle beherrscht vornehmlich Deutschland den russischen Markt, dann England und Oesterreich-Ungarn. Das russische Baumwollfabrikat ist noch zu theuer, dabei aber vielleicht auch haltbarer und besser als manches ausländische.

Da jedoch der Handel auf die Billigkeit der Waare sieht und das Ausland trotz des auf diesen Fabrikaten lastenden hohen Schutzzolles dem hierländigen Consumenten leichter entgegenkommen kann, so dürfte der Import von Baumwollerzeugnissen noch lange seine jetzige hervorragende Bedeutung bewahren. Ueber die Odessa'er Seegrenze gelangen aber derlei Artikel bereits in geringerer Menge nach Russland.

In Seidenfabrikaten, welche hauptsächlich Oesterreich-Ungarn, Deutschland, die Türkei und Frankreich liefern, hat sich im Jahre 1874 die hiesige Einfuhr zwar der Menge nach gegen das Vorjahr gehoben, es war aber dabei die Qualität und daher der Gesammtwerth der eingeführten Artikel geringer. Auch ist der Absatz im vorigen Jahre wegen der Ungunst der Verhältnisse sehr schwerfällig gewesen.

Mode-, Galanterie- und Kurzwaaren liefern vornehmlich Oesterreich-Ungarn, Deutschland, England und Frankreich. Der Verbrauch der in diese Kategorie fallenden ausländischen Luxusgegenstände hat sich im Verlauf des letzten Decennium's sehr vermehrt; was wohl auf die Steigerung des allgemeinen Wohlstandes in Russland hindeuten mag. Auch hierin war übrigens voriges Jahr der Umsatz geringer als in früheren Perioden.

Zündhölzchen aus Oesterreich-Ungarn, welche ehemals den hiesigen Markt beherrschten, werden jetzt durch verschiedene andere Provenienzen und namentlich durch die italienische verdrängt. Uebrigens besitzt Russland selbst viele leistungsfähige Zündhölzchenfabriken und dürfte in Kürze in der Lage sein, das ausländische Fabrikat ganz zu entbehren.

Wenn auch 1874 bei einzelnen Einfuhrartikeln dem Vorjahre gegenüber eine Zunahme sich ergab, so muss doch erwähnt werden, dass dieselben nicht in gleichem Verhältnisse in den Verbrauch übergegangen sind.

Ueberhaupt blieben viele der bereits früher verschriebenen Waaren im Zollamte eingelagert, da die Empfänger es nicht angezeigt fanden, hiefür den Zoll zu entrichten, und dann die Waare unverkauft im Depôt zu behalten.

Der Verkehr Odessa's mit Oesterreich-Ungarn bewegt sich fortwährend in grossen Dimensionen; dass übrigens voriges Jahr auch dieser Zweig unter den hier herrschenden Geldcalamitäten zu leiden hatte, ist eine selbstverständliche Thatsache.

Der Odessa'er Geldmarkt hat sich im Jahre 1874 so ziemlich stabil erhalten. Man notirte: London 7·15—7·29 (gegen 7·30½—7·48½ im Vorjahre); Marseille 346—353½ (gegen 342½—350). Das russische Papiergeld verlor 14—17 pCt.

Die Enttäuschungen im Exportgeschäfte für Getreide, sowie die durch die Krisis erfolgte Entwerthung des im Jahre vorher zu fabelhaften Preisen hinaufgeschraubten Grundbesitzes haben gezeigt, dass Odessa unbedingt neue Existenzquellen sich schaffen müsste, um nicht seine Bedeutung aufs Spiel zu setzen.

Es ist wenigstens schon die Frage in Anregung gebracht worden, ob nicht vielleicht ein Theil der dem Platze zur Verfügung stehenden Capitalien für industrielle Zwecke verwendet werden sollte, denen jetzt durch die Wasserleitung ein bedeutender Vorschub geleistet würde.

Die Umgestaltung der Stadt Odessa zu einer Fabrikstadt würde freilich grosse Opfer kosten; aber die geographische Lage, sowie andere Verhältnisse wären dieser Umgestaltung nicht eben ungünstig.

Will jedoch Odessa seine Bedeutung als Hafen in Zukunft behaupten, dann ist es wohl nothwendig, dass die seit vielen Jahren in Angriff genommenen Hafenarbeiten energisch betrieben werden. Es muss für einen wirklich sicheren Ankergrund, für Krähne und ähnliche Vorrichtungen zum Ein- und Ausladen gesorgt werden, um die Waaren mit möglichst geringen Kosten zu belasten.

Schifffahrt und Handel von Malaga im Jahre 1874.

Malaga. Infolge der allgemeinen ungünstigen Geschäftslage zeigte dieser Hafen im vorigen Jahre wenig Leben. Wenn auch die Anzahl der eingelaufenen Schiffe derjenigen von 1873 fast gleichkam, so blieb doch der Tonnengehalt bedeutend zurück, wie aus folgender Zusammenstellung der Schiffsankünfte zu ersehen ist:

		Beladene Schiffe		Schiffe in Ballast	
		Zahl	Tonnen	Zahl	Tonnen
	1873	2.047	577.660	238	60.698
	1874	2.077	443.839	192	35.992
In 1874	Mehr	30	.	.	.
	Weniger	.	133.821	46	24.706

Unter österreichisch-ungarischer Flagge liefen nur 2 Schiffe hier ein, und zwar das eine mit Getreideladung aus Bona, das andere infolge einer ihm auf der Reise von Triest nach Bordeaux zugestossenen Havarie.

Der spärliche Besuch von nationalen Kauffahrern erklärt sich einerseits durch den Mangel an directem Verkehr zwischen den beiden Ländern, andererseits durch den Umstand, dass der hiesige Export sich mit grosser Vorliebe den Dampfern zuwendet. Alljährlich werden neue Linien mit englischen, holländischen, französischen und deutschen Dampfschiffen errichtet und die Segelschiffe treten immer mehr in den Hintergrund.

Unter diesen Verhältnissen ist es denn auch nicht zu verwundern, wenn die englische Flagge hier grosse Fortschritte macht. Während im Jahre 1871 nur 169 derselben angehörende Fahrzeuge mit 65.186 Tonnen hier erschienen sind, zählte man 1874 bereits 271 mit 138.447 T., darunter grösserentheils Dampfer.

Die Frachtpreise waren das ganze Jahr hindurch niedrig; sie gingen gerade während der Expeditionsperiode sowohl hier als in den Nachbarhäfen noch mehr zurück. Manche Schiffe mussten mit halber Ladung segeln, mehrere in Ballast, und verschiedene Frachtcontracte wurden annullirt. Der Hafen von Malaga ist frachtsuchenden Segelschiffen heute durchaus nicht mehr zu empfehlen; die Dampfschiffe nehmen ihnen Alles weg.

Bis Mitte 1874 wurde von einlaufenden Schiffen nur folgende Abgabe pr. Tonne erhoben: 5 Realen (52½ kr.), wenn von europäischen Häfen, und 10 Realen (1 fl. 5 kr.), wenn von Amerika anlangend.

Seitdem besteht eine neue Auflage, welche von den diesen Hafen verlassenden Schiffen erhoben wird, und zwar mit: 4 Realen (42 kr.) pr. Tonne bei Versegelung nach europäischen Häfen und 8 Realen (84 kr.) pr. Tonne bei Versegelung nach Amerika.

Ausserdem müssen jetzt die im Hafen liegenden Schiffe eine Consumsteuer von $^{18}/_{100}$ Realen (nicht ganz 2 kr.) pr. Kopf und Tag bezahlen.

Bezüglich der mit Steinkohlen anlangenden Fahrzeuge, und zwar namentlich bei grösseren Dampfern, geschieht infolge der zur Zeit vorgeschriebenen Aichungs-Directiven, wornach weder gemessen noch gewogen wird, die Abschätzung in der Weise, dass gewöhnlich nur für $^{2}/_{3}$, oft gar nur für die Hälfte der vorhandenen Menge die Tonnenabgabe berechnet wird.

Alle amtlichen Daten über den Import dieses Platzes müssen stets weit hinter der Wirklichkeit zurückbleiben; denn Malaga ist durch die Nähe Gibraltar's das grosse Emporium des spanischen Schmuggelhandels.

Bei politischen Unruhen, bei einem Zustande wie derjenige, in welchem sich das Land im Jahre 1873 befand, wo der unerlaubte Handel leicht und ohne Gefahr zu betreiben war, da öffnen sich die Schleusen Gibraltar's und überschwemmen uns mit englischen Waaren. Wiebald aber die Lage der Dinge wieder eine mehr geordnete ist, dann wird dieser Betrieb schwieriger; und so war es auch im letztverflossenen Jahre.

Nach den Aufschreibungen des hiesigen Zollamtes wurden 1874 von den Hauptgegenständen der Einfuhr folgende Mengen bezogen:

Gusseisen	Ctr. à 46 Klgr.	24.810	Verzinntes Blech .	Kisten	2.756
Stangeneisen . . .	Stück	830	Stahl	„	1.383
Schienen	„	8.036	Steinkohlen . . .	Ton. à 1000 K.	31.318
Eiserne Fassreife	Bund à 25 Klg.	16.460	Holzkohlen . . .	„	3.350
Nägel	Fässer	646	Baumwolle . . .	Ballen	9.276
Eisenblech . . .	Bund	787	Garne	„	1.277
Maschinentheile . .	Colli	2.630	Baumwoll- u. Schafwollmanufacte .	„	1.111
Eisen- und Kurzwaaren	„	1.712	Gewebte Stoffe . .	Colli	654

Dielen (aus Russland u. Schweden)	Stück	290.812	Petroleum	Fässer	9.066
Bretter (aus Portugal)	„	165.621	Sprit	„	2.021
Eisenbahnschwellen	„	13.229	Klippfisch	Ctr. à 100 Klg.	66.523
Fassdauben (aus Amerika) . . .	„	1,746.289	Zucker	Kisten	5.352
Petroleum	Kisten	45.608	Kaffee	Säcke	1.299
			Cacao	„	1.548
			Pfeffer	„	1.428
			Häute	Stück	10.750

Der Import aus Oesterreich-Ungarn ist unbedeutend. Im vorigen Jahre beschränkte er sich auf einige Maschinen und Geräthschaften aus Klosterneuburg und auf geringe Mengen von Kurzwaaren aus Wien, im Gesammtwerthe von 7000—8000 fl.

Die Verbindungen liessen sich jedoch voraussichtlich erweitern, wenn unsere Fabrikanten sich entschlössen, diesem Lande in der Weise Beachtung zu schenken, wie es die Engländer, Franzosen und Deutschen thun. Der guten Handelshäuser, die volles Vertrauen verdienen, giebt es hier genug; auch findet der unternehmende Fabrikant Absatz für seine Waare, ohne grössere Gefahr als anderswo zu laufen, wenn er nur mit der gehörigen Vorsicht operirt und seine Informationen bei zuverlässigen Persönlichkeiten sucht.

Einige wenige Häuser, darunter nur zwei fremde Firmen, stellten im vorigen Jahre ihre Zahlungen ein, was zumeist blos die Folge von zu gewagten Speculationen oder unerwartet eingetretenen Conjuncturen war. So z. B. fielen amerikanische Fassdauben und Werkholz überhaupt plötzlich um 30 pCt., wodurch Mancher den Gnadenstoss erhielt.

Für den Export ist Malaga der bedeutendste Markt Spaniens. Im Jahre 1874 gelangten von hier, soweit bekannt, folgende Hauptgegenstände zur Ausfuhr:

		Menge	Werth, fl.
Muscatelrosinen	Kisten à 25 Pfund*)	1,711.734	7,000.000
	Körbe „ 50 „	30.163	150.000
	Fässer „ 100 „	11.898	156.000
Mandeln	Kisten	22.053	350.000
	Körbe	2.004	12.000
	Säcke „ 100 „	3.374	35.000
Feigen	Centner „ 100 „	11.000	75.000
Grüne Weintrauben	Fässer	6.782	80.000
„ Citronen	Kisten à 1200 Stück	22.107	450.000
„ Orangen	„ „ „	8.225	150.000
Orangen- und Citronenschalen	Centner	4.236	60.000
Wein	Fässer à 480 Liter	16.550	2,300.000
Olivenöl	Centner	232.600	5,000.000
Seife	„	8.200	160.000
Weizen	Metzen	5.000	35.000
Spitzerbsen	„	16.000	170.000
Spartogras	Ballen à 115 Kilogramm	17.000	200.000
Blei	Centner	163.466	1,600.000
		Gesammtwerth	17,983.000

*) 100 Pfund = 46 Kilogramm.

Der Hauptconsument der von hier exportirten Früchte ist immer Amerika. Von Muscatelrosinen erhalten die Vereinigten Staaten immer $^2/_3$ der ganzen Ernte, voriges Jahr 1,200.000 Kisten. Nach England gingen 180.000 Kisten und der Rest vertheilte sich auf andere Länder.

Von Olivenöl bezog England 80.000 Centner, Deutschland 50.000 Ctr., Russland 45.000 Ctr., Frankreich 30.000 Ctr., Holland und Belgien (theilweise im Transit für Süddeutschland) 15.000 Ctr., Schweden und Norwegen 5000 Ctr.

Der Hauptabnehmer der hiesigen Weine ist Central- und Südamerika; Nord-Amerika und England wenden sich mehr nach Cadix und Jerez. Unter den europäischen Ländern steht Deutschland obenan bei dem Bezuge von Malaga-Weinen, die dort wohl hauptsächlich zur Verbesserung der schwachen Landweine dienen.

Auch mit Frankreich hat sich hier in den letzten Jahrzehnten ein ganz bedeutendes Geschäft in feinen Weinen entwickelt, wozu das Kaisserreich den Ton angab. Namentlich die süssen Sorten scheinen jetzt in der That dort Modeartikel geworden zu sein; sie verdienen auch alle Beachtung, da sie durch Alter und sorgfältige Behandlung gute Eigenschaften entwickeln.

Blei geht hauptsächlich nach England, Frankreich und Russland.

Die österreichisch-ungarische Monarchie bezieht nur Weine und Rosinen. Bei dem gänzlichen Mangel an einer directen Verbindung mit Triest geschieht die Verladung über Holland und Deutschland, so dass sich diesfalls keine genauen Daten geben lassen. Nach annähernder Schätzung dürfte jedoch dieser Verkehr derzeit die Werthsumme von 30.000—40.000 fl. nicht übersteigen.

Malaga kann nicht als Fabriksstadt gelten, seine Verhältnisse sind mehr der Landwirthschaft zugewendet; auch stehen die hohen Preise der Wohnungen und Lebensmittel im Wege. Trotzdem werden in dieser Hinsicht Fortschritte gemacht und kommen alljährlich neue Gewerbszweige in Betrieb.

Nebst zwei grossen Spinnereien hat Malaga drei Zuckerraffinerien, die jährlich bei 45.000 Ctr. Zuckerrohr auspressen. Auch in den weiteren Umgebungen der Stadt befinden sich noch einige derlei Fabriken.

Wie in allen andern Städten, musste auch hier die Bank von Malaga ihre Noten einberufen. Statt sich mit der Succursale der neuen Nationalbank zu fusioniren, zog die Anstalt vor, zu liquidiren, und löste auch ihre Circulationsmittel redlich ein.

Die momentane Werthverringerung der umlaufenden Banknoten, die Befürchtungen, welche ein grosser Theil des Publicums für die Solidität der Malagabank hegte, sowie der Mangel an baarem Gelde waren die Hauptursachen der aussergewöhnlichen Fluctuationen, welche die hiesigen Wechselcourse im vorigen Jahre zeigten.

Es variirten nämlich dreimonatliche Wechsel auf: London zwischen 48—51 d., Paris zwischen 5—5·30 Francs, Hamburg zwischen 4—4·35 pr. Piaster von 20 Realen Vellon.

In Rosinen war die letztjährige Ernte kleiner als 1873 und die Frucht nicht so schön. Preise hielten sich mässig. Citronen und Orangen gaben einen reichen Ertrag. Die Anpflanzungen von diesen Früchten nehmen jährlich zu. In Feigen erzielte man bei schlechter Qualität nur eine sehr knappe Ernte, infolge der grossen Dürre.

Das Ergebniss der Weinlese zeigte wohl einen Ausfall in der Menge um ungefähr $^1/_3$ im Vergleich zum Vorjahre, dagegen war die Qualität sehr zufriedenstellend, namentlich in süssen Weinen. Die anderen Sorten sind im Allgemeinen etwas zu herb ausgefallen.

Von Olivenöl wurde nur sehr wenig gewonnen, so dass der Export des Jahres 1875 um ein Bedeutendes hinter 1874 zurückbleiben wird.

Nach dem neuesten Census zählt Malaga 92.611 Einwohner; mit Einbeziehung der Vorstädte dürften es jedoch nahezu 110.000 sein. Die Fabriken ziehen immer mehr Arbeitskräfte heran. Das Klima ist gesund; erwachsene Personen erreichen gewöhnlich ein hohes Alter, nur unter den Kindern sind besonders während der Sommermonate die Todesfälle unverhältnissmässig häufig. So starben im vorigen Jahre 1122 Männer, 841 Frauen und 2850 Kinder.

Die Herbeileitung der erforderlichen Menge trinkbaren Wassers von dem 10 Kilometer entfernten Torremolinos aus ist leider noch immer ein frommer Wunsch der Bevölkerung von Malaga.

Ein anderes Werk von besonderer Wichtigkeit für den hiesigen Handel ist die Vertiefung des Wasserbeckens im Hafen, der rasch versandet. Es ist kaum noch genug Wasser da, um Schiffe von grösserem Tiefgang aufzunehmen. Auf der Binnenseite des Leuchtthurmes, wo früher Schiffe von 15 Fuss Tiefgang ankern konnten, kann man jetzt trockenen Fusses spazieren gehen.

Der Handelsstand hat sich entschlossen, die Sache selbst in die Hand zu nehmen, und es wird projectirt, den alten Hafen nicht nur auszubaggern, sondern ihn durch Verlängerung des Molo um mehrere hundert Meter zu erweitern und ihn auf solche Weise mehr gegen die hier so gefährlichen Ostwinde zu schützen. Die nothwendigen Mittel zur Ausführung des Projectes hofft man durch Einhebung einer neuen Taxe auf Schiffe und Ladungen zu gewinnen.

Die neu eingeführte Consumsteuer wird nicht nur von den am Platze verbrauchten Gegenständen, sondern auch von solchen Waaren erhoben, die nur für den Transit bestimmt sind. Hundert Liter ordinärer Rothwein zahlen 24 Realen (2 fl. 52½ kr.) Consumgebühr.

Schifffahrts- und Handelsverkehr von Finnmarken im Jahre 1874.

Tromsö. Im letztverflossenen Jahre ist kein Schiff unter österreichisch-ungarischer Flagge in den Häfen dieses Bezirkes erschienen, und ebensowenig hat eine directe Waarenzufuhr aus nationalen Häfen mittels fremder Fahrzeuge stattgefunden. Dagegen lässt sich vermuthen, dass eine nicht unbedeutende Menge österreichisch-ungarischer Erzeugnisse, namentlich Manufacturwaaren und Weine, auf indirectem Wege hieher importirt wurde.

Vom Auslande liefen 922 Schiffe von 43.209 norwegischen Commerzlasten (89.873½ österreichisch-ungarische Aichungstonnen) in den diesseitigen Häfen ein und 893 Schiffe von 43.053½ Lasten (89.550½ Aichungstonnen) wurden ebendaselbst ausclarirt.

Nach Häfen des Mittelländischen und Adriatischen Meeres haben im vorigen Jahre folgende Expeditionen stattgefunden:

Verschiffungshäfen	Schiffe	Aichungs-Tonnen	Ladungsmenge Rundfische Woge	Ladungsmenge Thran Tonnen
Tromsö	11	1513	71.751	.
Hammerfest	19	2808	132.673	.
Wadsö	13	1496	79.845	.
Wardö	13	2048	103.780	46
Zusammen	56	7865	388.049	46
Dagegen in 1873	53	6467	317.293	.

Von den Ladungen des Jahres 1874 ist ohne Zweifel viel nach Triest dirigirt worden, eine genaue Angabe hierüber lässt sich jedoch von hieraus nicht machen, weil die Bestimmungsorder für Rundfischsendungen nach dem Adriatischen Meere selten bei Zeichnung des Connossements, sondern in der Regel erst in den gewöhnlichen Anlaufshäfen Gibraltar, Messina, Ancona oder Pirano gegeben werden.

Die letztjährige Gesammtausfuhr von hiesigen Producten betrug folgende Mengen:

Verschiffungshäfen	Rundfische	Rothscheer	Getrocknete Seyfische	Gesalzene Fische	Thran Tonnen	Häringe Tonnen	Guano Pfd.
	W	o	g	e			
Tromsö . . .	94.247	30.539	28.809	19.080	6.128	32.019	.
Hammerfest .	157.676	16.687	14.838	104.365	14.515	1.218	.
Wadsö . . .	80.045	4.895	3.102	47.621	10.536	1.013	2,367.508
Wardö . . .	103.780	13.443	.	197.832	8.114		.
Zusammen . .	435.748	65.564	46.749	368.898	39.293	34.250	2,367.508

Ihrer Bestimmung nach vertheilen sich diese Mengen folgendermassen:

Bestimmung	Rundfische	Rothscheer	Getrocknete Seyfische	Gezalzene Fische	Thran Tonnen	Häringe Tonnen	Guano Pfd.
	W	o	g	e			
Mittelländ. und Adriat. Meer	388.049	.	.	.	46	.	.
Russland . .	.	62.664	8.988	364.032	.	1.143	.
Deutschland .	3.341	397	273	.	36.679	13.533	1,880.108
England . . .	.	.	.	4.866	1.280	.	32.000
Holland . . .	44.358	154	.	.	70	.	.
Schweden . .	.	7	36.850	.	.	15.441	.
Dänemark . .	.	2.342	638	.	1.218	4.133	455.400
Zusammen . .	435.748	65.564	46.749	368.898	39.293	34.250	2,367.508

Die Ausbeute der Fischerei an den Lofoten-Inseln wird auf 19 Mill. Stück Dorsch geschätzt. Davon wurden ca. $11^1/_2$ Mill. zu Klippfischen gewirkt, während der Rest von $7^1/_2$ Mill. als Rundfisch zur Versendung gelangte. Das geringe Ergebniss dieser Fischerei wurde durch ungewöhnlich hohe Preise völlig aufgewogen.

Bei dem Winter- und Frühjahrsfange in Finnmarken wurden ungefähr 16 Mill. Stück gewonnen, was für diese Fischerei, die selten über $^1/_3$ der Ausbeute der Lofotener Fischerei zu betragen pflegt, als ein aussergewöhnlich grosses Quantum angesehen werden kann. Von diesen 16 Millionen wurden ungefähr $7^1/_2$ Mill. zu Klippfischen und der Rest zu Rundfischen gewirkt. Der grösste Theil des Fanges wurde in einem ganz kurzen Zeitraume gemacht, was auf die Preise einen ganz empfindlichen Druck ausübte.

Die Sommer- und Seyfischerei misslang beinahe gänzlich.

Der Fang von Grosshäringen, der in den Monaten November bis Februar auf der Strecke von Helgoland in Nordlands-Amt bis zur Stadt Tromsö stattzufinden pflegt, wird für die Saison 1874/75 auf 240.000 Tonnen veranschlagt, was gegen 1873/74 eine kleine Abnahme bildet. Von dieser Menge wurden ungefähr 60.000 T. im Amte Tromsö und der Rest in Nordlands-Amt gefischt.

Die auf den Wallross- und Robbenfang im nördlichen Eismeere zunächst von den Städten Tromsö und Hammerfest ausgerüsteten Fahrzeuge kamen mit einem durchschnittlich guten Fange zurück, wogegen die auf den Weissfischfang nach denselben Gewässern ausgesendeten Expeditionen beinahe gar keinen Fang machten.

Handels- und Schifffahrtsverhältnisse von Calcutta im Jahre 1874.

Calcutta. In Bezug auf die Schifffahrtsbewegung in diesem Hafen sind wesentliche Aenderungen zu verzeichnen. Während früher verhältnissmässig nur wenige Dampfer mit Calcutta verkehrten, sieht man hier jetzt eine grosse Anzahl solcher Schiffe Handelsgüter bringen oder wegführen, welche früher fast ausschliesslich Segelschiffen Beschäftigung gewährten.

Der directe Handel mit dem Mittelmeer, welcher durch die Eröffnung des Suez-Canals in lebhaften Aufschwung gekommen ist, hat hauptsächlich zur Ausdehnung des Verkehrs von Dampfern beigetragen.

Auch in den Häfen der Provinz Birma (Akyab, Rangoon etc.) nehmen jetzt Dampfschiffe in grossem Maassstabe zu günstigen Frachtsätzen an dem Reisexporte Theil.

Die Einrichtungen für die Entlöschung von Dampfern und Segelschiffen in Calcutta sind in den letzten Jahren bedeutend verbessert worden. Wo sich noch vor wenigen Jahren längs der Stadt ein unbeschütztes und offenes, mit primitiven und kostspieligen Hilfsmitteln zur Manipulation der Frachtgüter versehenes Ufer hinzog, findet sich heute eine Reihe stattlicher Magazine mit Dampfkrahnen, Aus- und Einladebrücken, sowie jede moderne und zweckmässige Vorrichtung zur Handhabung der Ladungen.

Dadurch ist es Dampfern jeder Grösse möglich gemacht, das Geschäft des Entlöschens und Beladens innerhalb weniger Tage zu beendigen, wobei eine namhafte Ersparniss gegen das frühere ebenso langsame als kostspielige System mit den Leichtern (cargoboats) erzielt wird.

Diese Anlagen sind der Aufsicht eines aus Kaufleuten bestehenden Ausschusses (Port Trust Committee) anvertraut, welches unter der Controle und dem Beistande der Regierung, sowie mit ausreichenden Capitalien zur Schaffung weiterer Erleichterungen für die Schifffahrt arbeitet.

Noch bleibt zu erwähnen, dass mit einem Kostenaufwand von 220.000 Pfd. Stlg. eine eiserne Schiffbrücke in grossartigem Styl über den Fluss Hugli bei Calcutta gebaut wurde, um diese Stadt mit dem am gegenüberliegenden Ufer befindlichen Bahnhofe der Calcutta-Bombay-Eisenbahn zu verbinden.

Mit dem Bau von neuen Bahnlinien, Strassen und Verkehrsmitteln jeder Art sind voriges Jahr in Britisch-Indien sehr bedeutende Resultate erzielt worden. Dank den Unterstützungsoperationen, welche von Seiten der Regierung zur Abhilfe gegen die einen dichtbevölkerten Theil von Bengalen bedrohende Hungersnoth in ausgedehntem Maassstabe organisirt wurden und diese Calamität auch in sehr erfolgreicher Weise bekämpften.

Ausser der Lösung der genannten grossen Aufgabe hat das Departement für öffentliche Arbeiten überhaupt neuerer Zeit eine ungewöhnlich grosse Thätigkeit entwickelt, welche in den benachbarten unabhängigen Staaten Nachahmung im Bau von Eisenbahnlinien findet.

Die Herstellung einer Schienenstrasse längs des Irawaddy-Flusses — die erste Linie in Britisch-Birma — wird einen neuen wichtigen Handelsweg in der Richtung nach dem westlichen China hin eröffnen.

Concessionen für neue Eisenbahnlinien an Privatgesellschaften sollen in Zukunft nicht mehr ertheilt werden. Die Verwaltung der Staatsbahnen hat durchweg das System der engen (Meter-) Schienenstränge angenommen.

Vielleicht in keinem Lande der Welt ist es wichtiger, Wasser anzusammeln und in Canälen und Reservoirs aufzubewahren, als in Indien, wo während 9 Monaten im Jahre fast kein Regen fällt und künstliche Bewässerung nöthig ist, um den Ernteertrag zu fördern und zu vergrössern.

In den nordwestlichen Provinzen und im Pendschab, den hauptsächlichsten Getreidedistricten, verfolgt man ein weitverzweigtes Canalsystem, doch wird es noch eine Reihe von Jahren dauern, bis eine genügende Anzahl von Canälen hergestellt sein wird, um die Productionsfähigkeit dieser Districte vollständig zu entwickeln.

Ungeheuere Strecken Landes liegen wegen Wassermangel noch unbebaut, denn der Charakter des indischen Bauern sträubt sich gegen die Annahme von Neuerungen, und die Verbesserung seiner Lage kann nur langsam erreicht werden. Die Regierung hilft indessen in allen Fällen, wo ihre Massregeln von Nutzen sein können, und thut ihr Möglichstes für die allgemeine Wohlfahrt des Landes.

Der Handel Ostindiens, welcher seit 1864 mehr oder weniger darnieder lag, hat auch im letztverflossenen Jahre kein zufriedenstellendes Resultat geliefert; und zwar bezieht sich dies ebensowohl auf den Import europäischer Manufacturwaaren, als auf den Export indischer Producte.

Die hiesigen Märkte scheinen immer noch als Abzugscanäle für manche in Europa unverkäufliche Fabrikate benützt zu werden, und so lange dies fortdauert, ist eine Besserung nicht zu erwarten.

Der Fehler ist weniger in ungünstigen hiesigen Marktverhältnissen, als vielmehr in der Unkenntniss oder Unerfahrenheit der Verschiffer in Europa zu suchen.

Die Errichtung zahlreicher Baumwollspinnereien in grossem Maassstabe bei Calcutta, Bombay und auf mehreren Plätzen im Inlande beeinträchtigt jetzt das Importgeschäft in europäischen Baumwollwaaren nicht wenig.

Letztere sind dem indischen Zoll unterworfen, während die hiesigen Fabrikate Steuerfreiheit geniessen; dabei sind die Arbeitslöhne hierzulande billig und das Rohmaterial nebst Kohlen in nächster Nähe zu bekommen.

Alles das macht es erklärlich, warum mit den importirten Waaren so schlechte Resultate erzielt werden. Die Kaufleute und Fabrikanten von Manchester drängen bei der Regierung auf Abschaffung des Importzolles, haben aber bis jetzt ihren Vorschlag noch nicht durchgesetzt.

Ein anderer Industriezweig, der hier neuerer Zeit sehr in Aufschwung kam, ist die Fabrikation von Juteartikeln. Bekanntlich versorgt das östliche Bengalen beinahe ausschliesslich den Bedarf der ganzen Welt an roher Jute.

Man nimmt mit Recht an, dass sich dieser Artikel hier billiger verarbeiten lasse, als an weit entfernten Plätzen, und somit sind hier mehrere sehr bedeutende Jute-Fabriken entstanden, welche das Rohmaterial zu Packleinwand und Gunnysäcken verarbeiten. Ebenso wie die hiesigen Baumwollspinnereien mit Manchester, so concurriren die hiesigen Jutefabriken mit Dundee.

Es ist eine einigermassen auffallende Erscheinung, dass Europäer in Indien so wenig Antheil am Ackerbau nehmen. Nur Indigo- und Theepflanzer machen hievon eine Ausnahme und behaupten eine hervorragende Stellung unter den hier ansässigen Europäern.

Der Indigobau ist manchen Wechselfällen unterworfen; die letztjährige Ernte betrug ca. 80.000 Maunds, blieb also um ungefähr 20.000 Maunds hinter dem Durchschnitte zurück.

Die Theepflanzungen befinden sich in einer ausserordentlich günstigen Lage; die Ausdehnung bereits eingerichteter Plantagen und die Anpflanzung neuer Gärten wird mit grossem Eifer betrieben.

Die Production von indischem Thee ist bereits so sehr entwickelt, dass sie dem chinesischen Theegeschäfte ernsthafte Concurrenz macht. Der indische Thee ist in Qualität viel stärker und besser als der chinesische, weil er hier unter europäischer Aufsicht gezogen und fabricirt wird, während in China nur Eingeborene sich damit beschäftigen.

Da die Nachfrage nach gutem Thee stets im Wachsen ist, so haben die indischen Theepflanzer ohne Zweifel eine gute Zukunft vor sich. Bei sorgfältiger Auswahl und gehöriger Bewirthschaftung des Bodens hat die Theecultur in letzter Zeit 30 bis 50 pCt. abgeworfen.

Die gedrückte Lage der hierländigen kaufmännischen Interessen scheint Ursache zu sein, dass man am hiesigen Platze und im Inlande den industriellen Unternehmungen mehr Aufmerksamkeit zuwendet. So enstanden Baumwoll- und Jutespinnereien; indessen blieb man dabei nicht stehen.

Mit Ausnahme des Betriebes von Kohlenbergwerken ist der Mineralreichthum dieses Landes bisher wenig berücksichtigt worden. Man hatte lohnende Beschäftigung und hinreichende Verwendung für Zeit und Geld an den gewöhnlichen merkantilischen Unternehmungen.

Da fanden sich plötzlich Spuren von Eisenerz in verschiedenen Districten, ganz nahe den Kohlenbergwerken, und eine von Regierungsgeologen angestellte Untersuchung ergab ein so günstiges Resultat, dass sich sofort einige Gesellschaften zur Ausbeutung dieses neuen Industriezweiges bildeten.

Trotz der grossen aussergewöhnlichen Ausgaben der Regierung während der Hungersnoth wurde für 1875 eine Anleihe von nur $2^1/_2$ Million Pfd. Stlg. ausgeschrieben, und sollte dieselbe nur in Indien zur Unterschrift aufgelegt werden. Die Finanzlage Indiens ist eine sehr günstige.

Die deutschen Silbersendungen nach dem Osten dauern fort und die dadurch entstandene Umwälzung in den Wechselcoursen zwischen Indien und Europa ist deshalb noch immer vorherrschend. Der Cours auf Europa zeigte zu Ende 1874 eine Entwerthung der indischen Münze (Rupie) von ca. 6 pCt. im Vergleiche zu deren Durchschnittswerth in den diesen Silbersendungen unmittelbar vorhergehenden 16 Jahren.

Schiffe unter österreichisch-ungarischer Flagge haben im vorigen Jahre den Hafen von Calcutta nicht besucht.

Personalnachrichten.

— Seine k. und k. Apostolische Majestät haben die Erhebung der k. und k. Consular-Agentien in Limerick und Belfast zu Honorar-Viceconsulaten allergnädigst zu genehmigen und den Handelsmann John Richard Tinsly in Limerick, sowie den Handelsmann Robert Andrews in Belfast zu unbesoldeten Viceconsuln in den gedachten Städten mit dem Rechte zum Bezuge der tarifmässigen Consulargebühren huldreichst zu ernennen geruht.

(Allerhöchste Entschliessung vom 1. Juli 1875.)

— Seine k. und k. Apostolische Majestät haben dem ehemaligen Gerenten des k. und k. Generalconsulates in Moskau, L. G. Planoher, den Orden der eisernen Krone III. Classe taxfrei allergnädigst zu verleihen geruht. (Allerhöchste Entschliessung vom 3. August 1875.)

— Seine k. und k. Apostolische Majestät haben den Handelsmann Friedrich Perret in Livorno zum unbesoldeten Consul daselbst mit dem Rechte zum Bezuge der tarifmässigen Consular-Gebühren allergnädigst zu ernennen geruht. (Allerhöchste Entschliessung vom 22. August 1875.)

— Seine k. und k. Apostolische Majestät haben den Handelsmann Ernst v. Baumbach in Milwaukee zum unbesoldeten Consul daselbst mit dem Rechte zum Bezuge der tarifmässigen Consulargebühren allergnädigst zu ernennen geruht.

(Allerhöchste Entschliessung vom 29. August 1875.)

— Seine k. und k. Apostolische Majestät haben dem k. und k. Generalconsul in Genua Franz Ritter v. Soretić das Comthurkreuz des Franz Josef-Ordens allergnädigst zu verleihen geruht. (Allerhöchste Entschliessung vom 4. September 1875.)

— Seine k. und k. Apostolische Majestät haben allergnädigst zu gestatten geruht, dass der k. und k. Ministerialrath und Generalconsuls-Stellvertreter Dr. Leopold Walcher Ritter v. Moltheim das Commandeurkreuz des päpstlichen St. Gregor-Ordens, den türkischen Medjidje-Orden III. Classe und das Ritterkreuz des kön. italienischen St. Mauritius- und Lazarus-Ordens, der k. und k. Generalconsul Svetozar Theodorović den türkischen Medjidje-Orden III. Classe, sowie der k. und k. Generalconsul Georg v. Martyrt das Commandeurkreuz des kön. portugiesischen Christus-Ordens annehmen und tragen dürfen.

— Der k. und k. Consul Karl v. Kwiatkowski hat sich auf seinen neuen Dienstposten nach Trapezunt begeben und die interimistische Leitung des Consulates in Galatz dem k. und k. Viceconsul Kiparissi übertragen.

— Der für San Juan de Puerto Rico ernannte k. und k. Consul W. N. Latimer hat Seitens der kön. spanischen Regierung das Exequatur erhalten und sofort die Führung der Dienstgeschäfte angetreten.

— Der zum k. und k. Consul für das Fürstenthum Monaco unter unveränderter Belassung in seinen bisherigen Functionen ernannte k. und k. Consul George d'Auzac in Nizza hat sein Amt in ersterwähnter Eigenschaft angetreten.

— Der neu ernannte k. und k. Viceconsul John Richard Tinsly in Limerick hat nach erhaltener Anerkennung Seitens der kön. britischen Regierung seinen Posten angetreten.

— Der k. und k. Viceconsul V. Escher in Aden hat von den Localbehörden das Exequatur erhalten und sofort die Dienstesgeschäfte übernommen.

— Der k. und k. Consul Eugen v. Csörgeő in Corfu ist von seinem Urlaube zurückgekehrt.

Schifffahrts- und Handelsbewegung von Kiel im Jahre 1874.

Kiel. Der letztjährige Verkehr im hiesigen Hafen stellte sich trotz der im Allgemeinen ungünstigen Handelsverhältnisse sowohl bezüglich der Schiffzahl als auch bezüglich des Tonnengehaltes etwas höher als in 1873; dagegen dürften die Geschäfts-Resultate in den Hauptbranchen: Getreide, Holz, Kohlen und Eisen bei den durchwegs nachgebenden Preisen minder günstig als im Vorjahre ausgefallen sein, wenn auch die Handelsleute von Kiel fast ohne Ausnahme nur mit grosser Vorsicht operirten.

Die Gesammtzahl der im Jahre 1874 ein- und ausgelaufenen Handelsfahrzeuge vertheilt sich auf die einzelnen Flaggen in nachstehender Weise:

Einlauf.

Flagge	Segelschiffe Zahl	Segelschiffe Lasten à 2000 Kilogr.	Dampfer Zahl	Dampfer Lasten
Norddeutsche	1953	36.949	303	18.330
Dänische	847	17.210	546	58.732
Schwedische	124	8.974	3	443
Norwegische	35	2.787	1	236
Russische	42	5.146	.	.
Englische	22	2.429	14	4.909
Holländische	25	1.113	.	.
Zusammen	3048	74.608	867	82.650

Auslauf.

Flagge	Segelschiffe Zahl	Segelschiffe Lasten à 2000 Kilogr.	Dampfer Zahl	Dampfer Lasten
Norddeutsche	2010	38.532	298	18.547
Dänische	846	17.191	549	59.572
Schwedische	125	8.906	3	443
Norwegische	36	2.918	1	236
Russische	41	5.091	.	.
Englische	21	2.383	13	4.898
Holländische	24	1.081	.	.
Zusammen	3103	76.102	864	83.696

Die Kieler Rhederei zählte am Schluss des Jahres 81 Schiffe mit 30.304 Kubikmeter Tragfähigkeit. Im Bau verblieben auf der Werfte der Norddeutschen Schiffbau-Actiengesellschaft: 4 Dampfer; auf der Werfte von A. Conradi & Sohn: 2 Barkschiffe; auf der Werfte von G. Ihms: 1 Barkschiff. Unter diesen neu zu bauenden Fahrzeugen befanden sich 2 (1 Dampfer und 1 Barkschiff) für hiesige Rechnung.

Am Getreidemarkte von Kiel herrschte in den ersten Monaten des vorigen Jahres ein recht lebhafter Verkehr bei fester Stimmung, welch' letztere indessen im April und Mai durch grössere Zufuhren wesentlich geschwächt wurde. Der Umsatz gestaltete sich schleppend und Preise gaben bei glänzenden Aussichten für die neue Ernte nach.

In der zweiten Jahreshälfte war nur vereinzelt eine etwas regere Frage bemerkbar. Die hiesigen Getreidefirmen operirten mit grosser Vorsicht und erfuhren durch den abnormen Preisfall während des Monats September, indem Weizen innerhalb weniger Tage beiläufig um 6 Mark, Roggen, Gerste und Hafer je um 3 Mark pr. 100 Kilogramm netto fielen, nur einzelne Verluste.

Der Preis für bessere Gattungen Weizen eröffnete mit 26—27 Mark pr. 100 Kilogramm netto und ging bis Ende März allmälig auf 23—24 Mark zurück, welchen Stand er bis in den September hinein behauptete. Der reiche Ausfall der neuen Ernte bewirkte dann einen plötzlichen Rückgang bis auf 18 Mark und gegen Ende des Jahres war bei stets genügendem Angebot auch dieser Preis nur für feinste Qualitäten zu erzielen.

Roggen bedang in den ersten Monaten 19—20 Mark pr. 100 Kilogramm netto. Bei günstigen Ernteaussichten ging alte Waare nach und nach bis auf 17 und 16 Mark zurück, während das neue Gewächs gleich nach der Ernte mit 20—21 Mark, fast ausschliesslich zu Saatzwecken, willig bezahlt wurde. Nach Befriedigung des Saatbedarfs stellten sich die Preise auch für neuen Roggen sehr bald auf 16—17 Mark und gegen Ende December war bei schleppendem Absatz nur mehr 15—16 Mark zu erlangen.

Gerste galt bis gegen die Ernte 19—20 Mark pr. 100 Kilogr. netto und wurde davon, ausser für Brennereien, auch Manches zu Saatzwecken versendet. Nach beschaffter Ernte, deren Resultat ein sehr befriedigendes zu nennen ist, wurde nur noch kurze Zeit 17—18 Mark bezahlt; denn das reichlichere Angebot veranlasste sehr bald einen Rückgang auf 16—17 Mark, welcher Stand nur schwer behauptet wurde.

In Hafer fand fast nur Umsatz für den Consum statt. Preise hoben sich pr. 100 Kilogramm netto zwischen Januar und September stufenweise von 17—18 auf 19½ bis 20½ Mark und fielen nach beschaffter guter Ernte rasch auf 16½—17½ Mark.

Oelsaaten lieferten bei schöner Qualität mit geringen Ausnahmen ein befriedigendes Erträgniss. Die ersten Partien Raps wurden pr. 100 Kilogr. netto mit 25½ bis 26 Mark, Rübsen mit 25—25½ Mark bezahlt. Bei grösserem Angebot gingen später diese Preise um ca. 1 Mark zurück. Einiges kam zum Versand nach Holland und Westphalen, aber das Meiste ging an hiesige und inländische Mühlen ab.

Die Ernte war im Ganzen sehr gut, stellenweise so vorzüglich, wie seit Jahren nicht. Der Ertrag an Körnern stellte sich im Durchschnitt wie folgt: Weizen 1·06; Roggen 1·02; Gerste 1·01; Hafer 1; Erbsen 0·89; Kartoffeln 0·96; Oelsaaten 0·96.

Ein- und Ausfuhr zur See umfassten folgende Hauptartikel:

Waarengattung		Einfuhr	Ausfuhr
Weizen	Ctr.	88.233	2.732
Roggen	„	192.037	33.760
Gerste	„	103.067	2.791
Hafer	„	52.203	1.936
Buchweizen	„	371	3.296
Erbsen	„	16.140	759
Bohnen	„	339	376
Wicken	„	3.649	30
Graupen etc.	„	12.773	2.951
Oelsaaten	„	56.421	1.133
Kartoffeln	„	22.751	8.591
Kleesaat etc.	„	680	4.461
Kleie	„	1.830	15.799
Mais	„	.	522
Steinkohlen	„	1,307.214	.

Waarengattung		Einfuhr	Ausfuhr
Torf	Lasten	778	.
Bauholz	„	19.549	1.162
Brennholz	Kubikmeter	2.420	.
Felle	Ctr.	8.911	8.885
Hadern	„	10.894	829
Roheisen	„	2.550	.
Eisen in Stangen und Platten	„	19.958	1.602
Altes Eisen	„	438	3.586
Butter	„	21.108	2.391
Käse	„	1.509	4.924
Mauersteine und Dachziegel	Tausend	14.843	.
Kalksteine	Faden	875	.
Cement	Tonnen	10.788	1.308
Salz	Hektoliter	640	701
Seegras	Ctr.	1.907	.
Soda	„	4.768	.
Hanf	„	9.653	.
Knochen	„	8.249	.
Schiefersteine	Tausend	671	.
Zucker und Syrup	Ctr.	.	30.413
Oelkuchen	„	.	44.220
Oel	„	.	5.111
Dünger	„	.	18.471
Hornvieh	Stück	1.941	284
Pferde	„	18	55
Schweine	„	54.401	13
Schafe	„	6.130	13
Kälber	„	3.027	14
Lämmer	„	202	.

Der Verkehr am hiesigen Buttermarkte kann im Allgemeinen als befriedigend betrachtet werden. Winterbutter auf Lieferung bis 1. Juni bedang im Januar durchschnittlich 124 Mark pr. 50 Kilogramm. Bis in den Mai hinein blieb der Preis stationär, dann aber trat ein plötzlicher Rückgang bis auf 115 Mark ein.

Für Vorsommerbutter wurde im Juli 116—124 Mark bewilligt und fanden Käufer gute Realisirung auf englischen Märkten.

Weniger lohnend war das Herbstgeschäft; für hiesigen und inländischen Consum wurde Stoppelbutter mit 139—142 Mark bezahlt. Da sich die Qualität stellenweise mangelhaft zeigte, war der Absatz nach England schleppend.

Die industriellen Etablissements der hiesigen Gegend haben, wie fast überall, unter der Ungunst der Verhältnisse leiden müssen; was zunächst aus den Berichten der Actiengesellschaften hervorgeht.

Die Norddeutsche Schiffbau-Actiengesellschaft zu Gaarden lieferte in dem Geschäftsjahre von Juli 1873 bis Juli 1874 Schiffe und sonstige Arbeiten im Werthe von 2,962.500 Mark und behielt Aufträge auf Dampfer im Werthe von ca. 3 Mill. Mark.

Die Gesellschaft musste ihre Rechnung mit einem Verluste von 299.780 Mark schliessen, welcher im Wesentlichen noch den bereits im Vorjahre schädlich wirkenden Umständen, als: theuere Arbeitslöhne, höhere Preise für Eisen, Kohlen und andere Materialien, als bei Uebernahme der Bestellungen berechnet wurde, zuzuschreiben ist.

Der Jahresbericht der Gesellschaft constatirt, dass eine beträchtliche Verminderung des Verlustconto durch Gewinn aus inzwischen abgelieferten Schiffen eingetreten sei, und da durch Begebung der zu Anfang des Jahres beschlossenen Prioritätsanleihe genügende Mittel zum ungestörten Fortbetriebe zur Verfügung stehen, hat der Credit der Gesellschaft eine dauernde Schädigung nicht erfahren. Auch hegt man allerseits das Vertrauen, dass die trüben Erfahrungen der 2 letztvergangenen Jahre das Einlenken in die Bahn grösster Vorsicht zur Folge haben werden.

Neuerdings wurde der Gesellschaft von Seiten der kaiserlichen Admiralität der Bau einer kaiserlichen Yacht im Werthe von 900.000 Mark (exclusive Maschine) übertragen, und waren weitere Verhandlungen über den Bau einiger Kanonenboote, resp. Dampf-Avisos, im Zuge. Was die technische Ausführung der Bauten anbelangt, darf das Etablissement den besten auswärtigen Werften ebenbürtig zur Seite gestellt werden.

Auch die hiesige Actien-Braugesellschaft schloss ihr Geschäftsjahr (October 1873 bis dahin 1874) mit einem Verluste von 20.200 Mark ab. Begründet wird derselbe durch aussergewöhnlich hohe Gersten- und Malzpreise, dann durch die schädliche Nachwirkung des im Jahre 1873 stattgefundenen Kellereinsturzes, der eine Verringerung der Production wie des Absatzes zur Folge hatte; die erstere blieb um ca. 8000 Hektoliter, der letztere um ca. 4800 Hektoltr. gegen 1873 zurück.

In den Sommermonaten nahm der Verkauf wesentlich zu; das Bier ist auch stets gleichmässig schön und sehr in der Gunst des Publicums gestiegen; es steht deshalb für die nächste Zukunft ein besseres Resultat in Aussicht, um so mehr, als mit Beginn des Jahrs 1875 der Bierpreis von sämmtlichen hiesigen Brauereien von 18³/₄ auf 20 Pfg. pr. Liter erhöht wurde.

Das bedeutende Mühlenetablissement der Gebrüder Lange zu Neumühlen wurde im Lauf des vorigen Sommers aus bisher noch unermitteltem Anlass durch Feuer zerstört. Die Eigenthümer betreiben mit grosser Energie den Aufbau in noch grösserem Umfange (64 Mahlgänge anstatt, wie bisher, nur 48) und steht die Wiedereröffnung des Betriebes bis zum Herbste 1875 in Aussicht.

Die Geldgeschäfte werden am hiesigen Platze durch einige Privatbankiers, ferner durch die königliche Bank, die Spar- und Leihcasse, die Vereinsbank, die Creditbank und die erst vor einigen Jahren errichtete Kieler Bank vermittelt.

Der Geschäftskreis der königlichen Bank beschränkt sich auf Incasso und Discontirung von Wechseln, resp. Lombardirung von Werthpapieren und Waaren. Besondere Nachweise über die Rentabilität der Kieler Branche liegen nicht vor.

Das Vermögen der Spar- und Leihcasse stellte sich mit Ende Juni 1874 auf 747.689 Mark. Von dem Ueberschuss pr. 83.126 Mark wurden 36.115 Mark für gemeinnützige Zwecke verwendet. Die Spar- und Leihcasse vergütet für Einlagen bei 3monatlicher Kündigung 4 pCt. und giebt auf 3, eventuell 2 Unterschriften, resp. auf Hypotheken Vorschüsse zu 5 pCt.

Die Creditbank vermittelt zunächst den Verkehr des kleinen Handels- und Gewerbestandes. Das Capitalconto derselben betrug am letzten Juni 1874 116.074 Mark; es wurde eine Dividende von 8 pCt. vertheilt und zählte die Bank 403 Genossenschaften.

Die Vereinsbank und die Kieler Bank arbeiten je mit einem eingezahlten Actien-Capital von 600.000 Mark; erstere brachte voriges Jahr an Dividende 14 pCt., letztere 8¹/₄ pCt. zur Vertheilung.

Der Verkehr in Speculationspapieren ist hier von jeher sehr klein gewesen und blieben deshalb die traurigen Verhältnisse der grossen Börsenplätze ohne nennenswerthen Einfluss. Soweit der hiesige Capitalist seine Gelder nicht in Hypotheken anlegt, nimmt er Staats- und Communalpapiere oder solide Prioritäten, resp. Pfandbriefe gut renommirter Hypothekenbanken.

Der Zinsfuss erfuhr bis über die erste Jahreshälfte hinaus nur geringe Schwankungen, und durchweg war im Privatverkehr zu 5—5¹/₂ pCt. willig zu discontiren.

Im October erhöhte sich die Rate auf 6 pCt. und im December bei allgemein knapperem Geldstande bis auf 7 pCt.

Ländliche Hypotheken stellten sich in erster Priorität auf 4 pCt., weiter hinauf reichend auf $4\frac{1}{2}$ und auch 5 pCt. Städtische Hypotheken bedangen $4\frac{1}{2}$—5 pCt. und war im Ganzen die Anschaffung guter Posten leicht zu bewerkstelligen.

Die dänischen Münzen sind so ziemlich ganz aus dem hiesigen Verkehre verschwunden; aus früherer Zeit datirende Zahlungsverbindlichkeiten wurden fast ausnahmslos pari in deutscher Münze geordnet und bildeten preussische Banknoten das vorwiegende Zahlungsmittel.

Die Bauthätigkeit für Private war weniger rege als in früheren Jahren, immerhin aber noch recht befriedigend. Die Bauten für die Marine, als: Casernen, Docks- und Werfte-Einrichtungen, ferner für die Universität werden nach Kräften gefördert. Die hiesige Spar- und Leihcasse bezog ein neu erbautes Gesellschaftshaus und für die königliche Bank ist mit der Errichtung eines eigenen Gebäudes der Anfang gemacht.

Dass im vorigen Jahre die Einfuhr von Mauersteinen gegen 1873 um circa 3.200.000 Stück gestiegen ist, muss hauptsächlich den grösseren öffentlichen Bauten zugeschrieben werden.

Die Einnahmen der Schleswig-Holsteinischen Bahnen betrugen im vorigen Jahre um 676.612 Mark mehr als in 1873; für die Altona-Kieler Gesellschaft kam eine Dividende von 6 pCt. zur Vertheilung. Die Eröffnung der Neumünster-Segeberg-Oldesloer Bahn wird voraussichtlich im Herbst 1875 stattfinden.

Im Uebrigen haben die neuen Projecte, abgesehen von der Linie Oldesloe-Hagenow, deren Ausbau, den Wünschen unseres Handelsstandes entgegen, in unbestimmte Ferne gerückt scheint, in neuerer Zeit günstige Aussichten genommen. Für die Linie Neumünster-Tönning ist die Betheiligung des Staates mit 468.900 Mark genehmigt und dürfte noch im Laufe des Jahrs 1875 mit dem Bau begonnen werden.

Ebenso hat das Westbahnproject Itzehoe-Heide, nachdem die betreffenden Communen durch erhebliche Zeichnungen ihr reges Interesse bewiesen, beste Aussicht auf demnächstige Realisirung.

Weniger Chancen zeigte bisher das wieder neu aufgenommene Project Kiel-Eckernförde-Flensburg. Dasselbe wird jetzt als Secundärbahn vorgeschlagen, erfordert dabei aber immer noch die nicht geringe Bausumme von 4,600.000 Mark. Hoffentlich werden die Bemühungen des Comité's auch für diese Linie allmälig in den betreffenden Kreisen das wünschenswerthe und nothwendige Interesse erwecken.

Schifffahrts- und Handelsbewegung von Marseille im Jahre 1874.

Marseille. Die Resultate der Schifffahrts- und Handelsbewegung von Marseille im Jahre 1874 weisen, wie fast überall, einen nicht unbedeutenden Rückgang nach. Marseille wurde durch die andauernde und fast allgemeine Handelsstockung bedeutend in Mitleidenschaft gezogen. Ueberproduction und nicht entsprechender Verbrauch werden als die einzige natürliche Erklärung der so lange währenden Krisis angenommen.

Für Marseille kommt in dieser Hinsicht noch der Umstand in Betracht, dass die meisten Länder am Mittelmeere sich bezüglich der bedeutendsten Artikel schon seit Jahren von Marseille zu emancipiren trachten und zumal mit den amerikanischen Bezugsquellen sich direct in Verbindung setzen.

Endlich muss in dem ausnehmend reichen Ergebnisse der vorjährigen Ernte dieses Landes und den dadurch bedingten besonders ungünstigen Conjuncturen für den Getreidehandel, dem wichtigsten Zweige der hiesigen Handelsthätigkeit, eine der Hauptursachen der hierorts so hartnäckig andauernden Flauheit gesucht werden, deren Aufhören lediglich durch die mehr oder weniger günstigen Aussichten der diesjährigen Ernte bedingt erscheint.

Die vorjährige Schifffahrtsbewegung im Hafen von Marseille bezifferte sich in der Einfahrt: mit 8478 Schiffen von 2,423.927 Tonnen, in der Ausfahrt: mit 8641 Schiffen von 2,468.441 Tonnen. Es zeigt sich demnach, Ein- und Auslauf zusammengenommen, ein Gesammtverkehr von 17.119 Schiffen mit einer Tragfähigkeit von 4,892.368 Tonnen.

Im Vergleiche mit den entsprechenden Resultaten des Vorjahres, welche eine Gesammtbewegung von 18.449 Schiffen mit 4,966.263 T. ergaben, stellt sich für 1874 ein Rückgang um 1330 Schiffe von 73.895 T. heraus.

An dem oberwähnten Gesammtergebnisse der letztjährigen Schifffahrt betheiligten sich beim Einlaufe 5133 französische Schiffe von 1,537.033 T. und 3345 fremde von 886,894 T., bei der Ausfahrt 5166 Schiffe von 1,528.447 T. und rücksichtlich 3475 Schiffe von 939.994 Tonnen.

Nach den einzelnen Flaggen vertheilt sich die fremde Schifffahrt wie folgt:

Flagge	Schiffzahl	Tonnengehalt
Italienische	1680	332.067
Spanische	474	71.722
Griechische	364	90.348
Englische	287	169.865
Oesterreichisch-ungarische	213	79.275
Russische	79	33.576
Schwedisch-norwegische	79	33.414
Deutsche	49	20.899
Türkische	33	5.517
Amerikanische	32	13.649
Holländische	15	13.186
Dänische	10	1.680
Andere	30	21.696

Aus dieser Uebersicht ist zu entnehmen, dass im Jahre 1874 Oesterreich-Ungarn unter den fremden Flaggen hinsichtlich der Schiffsanzahl den fünften und hinsichtlich der Tonnenanzahl den vierten Platz eingenommen hat.

Auffallend gegen das Vorjahr ist die bedeutende Zunahme des Schiffsverkehr unter griechischer und englischer Flagge. Bezüglich der ersteren wird dieses Resultat durch die Aufhebung der Schiffsdifferentialgebühren, welche diese Flagge beinahe ausschliesslich trafen, bezüglich der letzteren dadurch erklärlich, dass dieselbe zum weitaus grössten Theile durch Dampfer von grosser Tragfähigkeit vertreten war.

Unter der Gesammtzahl der Handelsfahrzeuge befanden sich 3281 Dampfer mit einem Gehalte von 1,602.981 Tonnen und zwar: 2619 französische von 1,253.522 T. und 662 fremde von 349.459 Tonnen. Im Vergleiche zum Vorjahre, in welchem unter französischer Flagge 2668 Dampfer mit 1,278.499 T., und unter fremden Flaggen 613 Dampfer von 273.502 Tonnen einliefen, ergiebt sich demnach für 1874 bei den ersteren eine Verminderung um 49 Dampfer und 24.977 T., bei den letzteren eine Zunahme um 49 Dampfer und 75.957 Tonnen.

Seit 1872, also in einem Zeitraume von 2 Jahren, hat die Dampfschifffahrt im Hafen von Marseille um 221.299 Tonnen zugenommen, während gleichzeitig die Segelschifffahrt mehr als 20.000 Tonnen einbüssen musste.

Diese Steigerung, welche hauptsächlich der englischen Flagge zu Statten kommt, sollte unserer Handelsmarine zur Mahnung dienen, zumal es feststeht, dass die Frachtpreise letzterer Zeit, sei es für Dampfer oder Segelschiffe, keinen oder doch nur einen sehr geringen Unterschied zeigten, dass ferner Reisen mit Dampfschiffen ungleich rascher zurückgelegt werden und die Assecuranzauslagen dabei namhaft geringer ausfallen — lauter Verhältnisse, welche es erklärlich machen, dass die Segelschifffahrt aus dem Mittelmeere, unbedeutende Häfen ausgenommen, immer mehr verdrängt wird.

Während des Jahres 1874 haben sich in der bei dem hiesigen Marinecommissariate registrirten Dampferflotte von Marseille manche Veränderungen ergeben. Die bezüglichen Gesellschaften verfügen nunmehr über folgende Dampfer:

	Anzahl	Tonnengehalt	Pferdekraft
Messageries maritimes	54	62.132	18.530
Valery fils & Comp.	28	11.108	4.710
Société générale des transports maritimes	15	11.749	2.790
A. & L. Fraissinet & Comp.	20	7.264	2.320
Compagnie de navigation mixte	11	4.954	1.620
N. Paquet & Comp.	5	2.074	645
Cyprien Fabre & Comp.	3	1.873	340
Andere Rheder	15	4.212	1.460

Ausserdem befanden sich zu Ende 1874 im hiesigen Hafen: 29 Dampfremorqueure von 918 Tonnen und 1052 Pferdekraft, dann 693 Schiffe von verschiedenen Dimensionen, gewöhnlich embarcations de servitude genannt.

Die Gasammtzahl der Marseiller Rhedern gehörigen Segelschiffe betrug am Schlusse des vorigen Jahres 229 mit 74.820 Tonnen, mithin gegen 1873 um 10 Schiffe und 4046 T. weniger.

Auf den hiesigen Schiffswerften, welche seit einer Reihe von Jahren gänzlich unthätig waren, sind im Laufe von 1874 3 grosse Barkschiffe mit 1400 T. Tragfähigkeit, 2 kleine Dampfer und mehrere kleinere Segelfahrzeuge erbaut und vom Stapel gelassen worden.

Es dürfte jedoch hieraus ein Schluss auf die fernere Entwicklung des Schiffbaues in hiesigen Werften kaum gestattet sein, insolange für die Nationalisirung von im Auslande gebauten Schiffen die gesetzlich vorgeschriebene Verpflichtung zum Erlage von nur 2 Francs pr. Tonne des angekauften Schiffes in Geltung bleibt.

Zwar erklärt ein jüngst erlassenes Gesetz die Schiffe für ein verpfändbares Gut. Ausserdem ist, zur Aneiferung und thunlichen Unterstützung des inländischen Schiffbaues, zugleich mit dem Inslebentreten des erwähnten Gesetzes die Errichtung einer Schiffsconstructions-Bank beabsichtigt, deren vorzüglichste Bestimmung in der Gewährung von Geldvorschüssen an Constructeure von Schiffen gegen Verpfändung der letzteren bestehen soll. Nach dem Dafürhalten betheiligter Kreise wären jedoch von einer solchen Institution günstige Resultate kaum zu gewärtigen.

Die Resultate der nationalen Schifffahrt im hiesigen Hafen haben während des letztabgelaufenen Jahres einen bedeutenden Rückgang gegen 1873 erfahren.

Wenn einerseits als vorzüglichste Ursache dieses Rückganges, wie bereits erwähnt, die besonders ergiebige Getreideernte Frankreichs angeführt werden muss, so kann andererseits auch nicht geleugnet werden, dass die Concurrenz, welche unserer Marine durch die griechische Flagge und insbesondere durch die zahlreichen englischen Dampfer, von denen ein einziger die Ladung von 3—4 Segelschiffen führt, bereitet wurde, in nicht geringem Maasse mit zu jenen minder günstigen Ergebnissen beigetragen hat.

Die im vorigen Jahre hier eingelaufenen 213 österreichisch-ungarischen Handelsschiffe von 79.275 Tonnen haben eine Waareneinfuhr im beiläufigen Werthe von 10,183.000 fl. vermittelt. Im Vergleiche mit den diesfälligen Belangen des Vorjahres zeigt sich eine Verminderung um 68 Schiffe und 30.750 Tonnen, bei gleichzeitiger Abnahme des Waarenwerthes um 3,148.000 fl.

Ausgelaufen sind 234 nationale Schiffe von 85.573 Tonnen und beladen mit Waaren im Werthe von 1,426.000 fl.; was gegen das Vorjahr ein Rückgang um 34 Schiffe, 9976 Tonnen und 1,657.500 fl. Ladungswerth ist.

Unter den ein- und ausgelaufenen Schiffen der österreichisch-ungarischen Flagge befanden sich 13 Dampfer von 12.298 Tonnen (gegen das Vorjahr um 1 Dampfer und 1797 Tonnen mehr), welche sowohl in der Ein- als Ausfuhr sämmtlich handelsthätig waren.

An dem directen Verkehre zwischen Marseille und den Häfen des österreichisch-ungarischen Küstenlandes betheiligten sich unter nationaler Flagge bei der Einfuhr 43 Schiffe mit 13.747 Tonnen und einem Ladungswerthe von 1,502.000 fl., bei der Ausfuhr 17 Schiffe mit 5609 Tonnen und einem Ladungswerthe von 175.000 fl.

In den übrigen Häfen dieses Bezirkes sind im Jahre 1874 unter österreichisch-ungarischer Flagge eingelaufen, u. zw. in:

	Schiffe	Tonnen	Ladungswerth, fl.
Cette	93	28.854	2,162.300
Toulon	1	320	50.000
Nizza	2	544	84.000

Sonach betrug die Gesammtzahl der 1874 in den diesseitigen Häfen erschienenen nationalen Handelsfahrzeuge 309 mit 108.993 Tonnen und einem Einfuhrwerthe von 12,479.300 fl.

In der nachstehenden Uebersicht sind die Resultate der letztjährigen Ein- und Ausfuhr nach Gattung und Menge der Waaren und im Vergleiche zum Vorjahre dargestellt:

Einfuhr.

Waarengattung		1874	1873
Zucker aus den französischen Colonien .	Kilogramm	23,459.153	21,105.292
Zucker aus andern Productionsländern .	„	31,077.717	38,315.163
Kaffee	„	20,183.862	20,809.244
Andere Colonialwaaren	„	17,244.288	17,250.981
Olivenöl	„	11,578.997	16,498.121
Wolle	„	21,080.319	22,569.010
Gusseisen	„	2,937.466	4,213.211
Eisen	„	1,778.428	1,303.181
Blei	„	20,681.670	23,500.031
Farbhölzer	„	7,581.755	7,140.941
Fassdauben	Stück	33,615.250	12,171.523
Bretter	„	11,540.063	10,807.761
Bauholz	Stères (à 29 Kubikschuh)	20.716	12.707
Erdmandeln	Kilogramm	77,030.398	67,433.172
Sesam	„	57,943.518	47,029.956
Schwefel	„	15,904.102	13,232.433

Waarengattung		1874	1873
Andere Oelsämereien	Kilogramm	71,082.992	87,947.818
Rohe Häute	"	8,742.732	8,732.190
Baumwolle	"	24,003.307	20,050.533
Steinkohlen	Metr. Ctr.	744.718	863.872
Reis	Kilogramm	9,981.481	10,426.833
Getreide aller Art	Metr. Ctr.	5,635.597	5.017.486
Mehl	"	22.147	64.572
Wein und Liqueure	Liter	8,029.541	4,920,091
Alkohol	"	1,916.162	1,362.581
Hanf	Kilogramm	2,980.241	3,513.477
Gold in Barren und Münzen	Gramm	22,162.436	21,748.220
Silber " " " "	"	100,711.656	35,664.137
Seide	Kilogramm	3,367.507	2,241.062
Talg und Schweinfett	"	5,584.550	10,951.374
Petroleum, geläutertes	"	3,785.570	5,649.841
" ungeläutertes	"	5,877.397	4,893.484

Ausfuhr.

Waarengattung		1874	1873
Schwefel, Salpeter, Salzsäure	Kilogramm	2,394.513	3,085.405
Weine	Liter	32,592.731	34,197.609
Geistige Getränke	"	8,685.057	11.151.192
Cerealien	Metr. Ctr.	514.541	745.287
Mehl	"	350.404	1,100.096
Kardendisteln	Kilogramm	329.800	481.345
Garne aus Wolle	"	21.777	19.224
" " Baumwolle	"	231.840	195 646
" " Flachs und Hanf	"	910.335	295.477
Krapp	"	3.612.207	4,614.522
Garancine	"	191.847	436.601
Fertige Kleider	Francs	826.745	660.461
Steinkohlen	Metr. Ctr.	2,317.072	1,121.306
Oel aus Sämereien	Kilogramm	7.864.863	4.534.039
Olivenöl	"	4,835.668	4,856.828
Maschinen und mechanische Arbeiten	Francs	5,517.896	6,197.211
Gold in Barren und Münzen	Gramm	14,447.240	9,274.861
Silber " " " "	"	171,503.534	78,558.870
Möbeln aller Art	Francs	3,130.436	3.571.407
Bleiarbeiten	Kilogramm	3,797.651	2.495.407
Kupferwaaren	"	439.802	567.268
Andere Metallarbeiten	"	19,660.013	18,193.181
Häute, zubereitete und gegerbte	"	2.154.350	2,049.297
" sonst verarbeitete	"	878.115	263.301
Seife	"	8,158.961	7,301.889
Meersalz	Metr. Ctr.	150.999	152.898
Soda	Kilogramm	7.423.214	6,476.298
Raffinirter Zucker	"	57,346.876	54,449.027
Seide	"	1,490.271	623.396
Seidenwaaren	"	379.985	439.872
Wollwaaren	"	4.012.186	3,706.040

Waarengattung		1874	1873
Baumwollwaaren	Kilogramm	11,142.186	9,030.076
Oelkuchen	„	28,757.254	22,488.523
Glas- und Kristallwaaren	„	725.923	12,085.761

Die Einnahmen des Marseiller Zollamtes bezifferten sich 1874 mit 31,741.693 Francs. Gegenüber dem Vorjahre mit einem Gebührenerträgnisse von 34.207.951 Francs zeigt sich für 1874 eine Abnahme um 2,466.258 Francs, die lediglich durch die allgemein beobachtete Einschränkung des Verbrauches erklärt werden will.

Die Menge der im vorigen Jahre aus dem Auslande hieher eingeführten Cerealien betrug, wie oben angeführt, 5.635.597 Zollctr., gegen 5,017.486 Zollctr. im Vorjahre. Der grösste Theil dieser Einfuhr fand in der ersten Jahreshälfte statt und nahm bei der immer günstiger sich herausstellenden Ernte in Frankreich allmälig ab; ja, es trat in den letzten Monaten des Jahres ein förmlicher Stillstand der Getreidezufuhren ein, da es an Kaufaufträgen aus dem Innern und der Schweiz gänzlich fehlte.

Mit Ende des Jahres bezifferte sich der disponible Vorrath an Getreide in den hiesigen Entrepôts mit ungefähr 80.000 metrischen Centnern, gegen mehr als 300.000 metr. Ctr. im Vorjahre.

An der Getreideeinfuhr nach Marseille betheiligten sich in 1874: die Häfen des Schwarzen und Azow'schen Meeres mit 3,099.360 Hektoliter, die Donauhäfen mit 600.800 Hektltr., Rumelien, Bombay und Samsun mit 862.400 Hektltr., Spanien und Italien mit 289.600 Hektltr., Algier mit 652.800 Hektoliter.

Die hinter dem Vorjahre zurückgebliebene Mehlausfuhr (im Ganzen nur 350.404 metr. Ctr.) erklärt sich lediglich durch jeden Mangel an Nachfrage aus Spanien, der Schweiz und namentlich aus dem Innern Frankreichs infolge der sehr günstigen Ernte-Ergebnisse.

Die Durchschnittspreise für Weizen bewegten sich im Laufe des Jahres zwischen 37—48·50 Francs pr. Charge à 160 Liter.

Dem Getreideverkehr reihen sich zunächst die Transactionen in Oelsämereien an, welche einen der wichtigsten Handelszweige von Marseille bilden und zur Versorgung der innerhalb der Bannmeile dieser Stadt gelegenen, die Anzahl von 40 übersteigenden Oelfabriken, von denen die meisten Dampfbetrieb haben, mit dem nöthigen Rohmaterial dienen.

Hiezu gehören insbesondere: Sesam aus Indien, Ost-Afrika, Spanien und der Türkei; Erdmandeln aus West-Afrika und Spanien; Baumwollsamen aus Aegypten, dem Orient, Sicilien, Spanien und von den Antillen. Die nachstehende Uebersicht giebt die Menge von Oelsämereien aller Art an, welche in den letzten 10 Jahren nach Marseille eingeführt wurden; es lässt sich daraus auf die stets zunehmende Wichtigkeit des hiesigen, mit der Oelfabrikation sich befassenden Industriezweiges schliessen. Es wurden nämlich eingeführt:

Jahr	Metr. Ctr.	Jahr	Metr. Ctr.
1865	1,358.340	1870	1,812.400
1866	1,057.770	1871	1,704.120
1867	1,383.180	1872	1,691.160
1868	1,699.680	1873	1,919.230
1869	1,647.990	1874	2,059.889

Das Jahr 1874 hat die bedeutendste Einfuhr dieses Artikels aufzuweisen. Die dadurch hervorgerufene Ueberproduction bei nicht entsprechendem Verbrauche hatte in den letzten Monaten des Jahres einen gewaltigen Rückgang der Oelpreise zur Folge, wodurch sich die starken Verluste erklären, welche die bezüglichen Importhäuser und Industriellen zu erleiden hatten, ohne dass übrigens deshalb von Zahlungseinstellungen und ähnlichen Calamitäten etwas verlautete.

Durch die besonders ergiebige Weinernte des Jahres 1874 gestaltete sich auch die diesfällige Ausfuhr zu einer der namhaftesten. Marseille exportirte nämlich im Ganzen 26,585.878 Liter, u. zw. nach:

England	97.544	Liter	Aegypten	3,254.831	Liter
Belgien	2.766	„	Nordamerika	2,142.830	„
Deutschland	188.950	„	Brasilien	3,286.828	„
Italien	520.660	„	Algier	454.133	„
Schweiz	38.354	„	Anderen Ländern	16,598.982	„

Nebst dieser in Fässern versendeten Menge wurden noch 1.275.339 Liter Wein in Flaschen ausgeführt. An süssen Liqueuren aller Art gingen 3 Millionen Liter ausser Landes, doch macht die Concurrenz des gleichartigen holländischen Productes dem Absatze des hierländigen Erzeugnisses auf allen Märkten einen empfindlichen Eintrag.

Bei dem Spiritusgeschäfte, worin eine grössere Regsamkeit erwartet wurde, sind die diesfalls gehegten Hoffnungen nicht in Erfüllung gegangen, was man den in letzterer Zeit eingeführten bedeutenden Verbrauchssteuern zuschreibt.

Der Marseiller Holzhandel gestaltete sich, namentlich was die Einfuhr aus dem öserreichisch-ungarischen Küstenlande betrifft, günstiger als im Vorjahre.

An eichenen Fassdauben wurde eine Quantität von 6,500.000 Stück eingeführt, während die Einfuhr von 1873 sich mit 5,065.000 Stück bezifferte. Diese Zunahme war eine Folge der günstigen Aussichten für die Weinernte, und würde sich noch viel bedeutender gestaltet haben, wenn nicht gleichzeitig ungeheuere Zufuhren dieses Artikels in Bordeaux und Cette (in letzterem Hafen an 18 Millionen Stück) stattgefunden hätten.

Eichene Fassdauben galten durchschnittlich 52—65 Francs pr. 100 Stück für Bordelaises von 30 Mm. Dicke, während die übrigen Dimensionen nach Verhältniss bezahlt wurden.

An buchenen Fassdauben betrug die Einfuhr etwa 3 Millionen Stück, die einen Preis von 6—7·75 Francs pr. 100 Stück à 3 Palmi, andere Dimensionen nach Verhältniss, erzielten.

An Bauholz österreichisch-ungarischer Provenienz wurden 7500 Stéres Fichtenbalken (gegen 6000 Stéres im Vorjahre) eingeführt und dafür 41—53·50 Francs pr. Stère bezahlt.

Die Einfuhr von Fichtenbrettern betrug 85.000 Stück, welche zu 24—30 Francs pr. Dutzend willige Käufer fanden.

Die nach Aufhebung der Differentialgebühren hierorts zahlreich eintreffenden englischen Dampfer und die auffallende Vermehrung der Schiffe unter griechischer Flagge äusserten auf das hiesige Frachtengeschäft einen ungünstigen Einfluss. Dasselbe bewegte sich wie folgt:

Trapezunt 10—12; Poti 10—14; Taganrog 15—18; Odessa 8—10; Galatz und Ibraila 10—12; Constantinopel 5—9 Francs pr. Tonne gemischte Ladung.

Salonich 6—8; Smyrna 6—10; Beirut 12—14; Mersina 12—14; Alexandrette 10—12 Francs pr. Tonne Steinkohlen oder gemischte Ladung.

Alexandrien 9—13; Port-Saïd 10—15 Francs pr. Tonne Steinkohlen oder Kalk.

Algier, Bougie, Philippeville 6—10; Tenes 9—10; Mostaganem 12 Francs pr. Tonne gemischte Ladung.

England 13—17 Francs pr. Tonne Oelkuchen, 3 s. 6 d. bis 3 s. 9 d. pr. Quarter Getreide.

Quebeck und Montreal 7—9; Boston 4—6; New-York 2½—4; New-Orleans 7—9 Dollar pr. Tonne gemischte Ladung.

La Guayra, Porto Cabello, Maracaibo 75—80; Rio Janeiro 35—45; Bahia, Pernambuco 35—40; Rio Grande del Sud 50—60 Francs pr. Tonne gemischte Ladung für Hin- und Rückfahrt.

Antillen 25—35 Francs pr. Tonne gemischte Ladung.

La Plata-Staaten 45—60; Valparaiso 65—70; San Francisco 80—85 Francs pr. Tonne gemischte Ladung.

Nach den Häfen an der Westküste Afrika's für Hin- und Rückfahrt 55—80 Francs pr. Tonne Erdmandeln.

Trotz der allgemeinen und lauten Klagen über stets zunehmende Theuerung und Mangel an Verdienst, infolge der neuen Steuern und der andauernden Handelsflauheit, fanden im Laufe des Jahres keinerlei Arbeitseinstellungen oder sonstige Unzukömmlichkeiten in den zahlreichen Fabriksetablissements der Bannmeile statt.

In den letzten Monaten des Jahres 1874 hat eine Blatternepidemie ziemlich zahlreiche Opfer dahingerafft, keine Altersclasse verschont und ungeachtet der von der Behörde angeordneten Vorsichtsmassregeln, worunter namentlich die in den verschiedenen Stadttheilen errichteten Impfungsbureaux erwähnt werden müssen, an Intensität kaum nachgelassen.

Handel und Schifffahrt von Tarragona im Jahre 1874.

Tarragona. Der vorjährige Handel dieses Platzes unterlag mehrfachen Störungen und ebenso erschien die Industrie hie und da gelähmt, doch zuletzt schaffte sich das Vertrauen Bahn, wie dies auch zu erwarten war, denn der District von Tarragona besitzt viele Elemente, um der Verkehrsbewegung den nöthigen Impuls zu verleihen. Die politischen Verhältnisse tragen an den Unterbrechungen die meiste Schuld, doch verursachten auch ungewöhnliche Wolkenbrüche in Dörfern und Feldern namhaften Schaden.

Die Weinfechsung war im Ganzen nur mittelmässig und die Qualität gegen das Vorjahr geringer. Die während der Lese eingetretenen starken Regengüsse verminderten die Kraft und Farbe der Trauben. Es wurden 1,210.000 Hektoliter gewonnen. Je nach der Qualität bezahlte man 10—22 Colonaten pr. 480 Liter ohne Fass. Die geringe Nachfrage aus Südamerika, woran ebenfalls die politischen Zustände Schuld trugen, rief eine Stockung im Weinexport hervor.

Eine besonders wichtige Rolle spielt hier der Import von Fassdauben, welche beinahe ausschliesslich aus Amerika bezogen werden.

An Sprit wurden voriges Jahr 7,200.000 Liter erzeugt. Die Preise, welche sich nach den Graden richten und daher sehr verschiedenartig sind, stiegen infolge des genügenden Vorrathes von minderen Weingattungen nur wenig. Bei der Ausfuhr war 35gradiger Spiritus, welcher zum Verstärken des Weines dient, besonders vorherrschend.

Mandeln in der Schale von der Sorte „Mollar", welche hauptsächlich nach Nord-Amerika gehen und auch voriges Jahr in grossen Mengen dahin versandt wurden, lieferten einen Ertrag von 15.000 Säcken à 50 Kilogr. und wurde pr. Sack 10—10½ Colonaten bezahlt. Von der Gattung „Esperanza" gewann man 600.000 Kilogr. und erzielte dafür einen Preis von 13½—15 Colonaten pr. 46 Kilogramm.

Die Ernte an Hasselnüssen war eine regelmässige und erreichte 120.000 bis 130.000 Säcke zu 7½—8 Colonaten pr. 48 Kilogr. Der Export dieser Frucht, der fast ausschliesslich nach England bestimmt ist, war voriges Jahr, wo auch einige Ladungen nach Nordamerika gingen, von Bedeutung.

Die Oelernte fiel nicht genügend aus. Man erzielte nur ca. 250.000 Arrobas à 35—42 Realen. Im Ganzen herrschte wenig Nachfrage.

Die vorgenannten Artikel sind diejenigen, welche den Reichthum der Provinz ausmachen, während Johannisbrod und Getreide minder wichtig sind.

Die mit so günstigem Resultate unternommenen Reinigungsarbeiten im Hafen mussten leider wieder eingestellt werden, da es hiefür an den nöthigen Geldmitteln fehlt. An demselben Uebel scheiterte momentan auch die begonnene Verlängerung des Hafendammes, wodurch Tarragona viel gewinnen würde.

Im hiesigen Hafen haben voriges Jahr die nachstehend ausgewiesenen Ankünfte von Handelsschiffen stattgefunden:

Flagge	Beladen		Leer	
	Schiffe	Tonnen	Schiffe	Tonnen
Spanische	2414	177.798	367	35.149
Französische	107	7.947	5	315
Englische	89	13.112	17	3.017
Italienische	51	8.848	16	6.717
Schwedisch-norwegische	31	7.180	9	3.921
Deutsche	10	4.496	2	652
Dänische	9	1.068	6	732
Amerikanische	5	2.090	3	1.499
Russische	3	1.144	1	317
Holländische	2	234	.	.
Belgische	.	.	1	394
Griechische	1	284	.	.
Oesterreichisch-ungarische	1	247	.	.
Portugiesische	.	.	1	187
Türkische	1	150	.	.
Im Ganzen	2724	224.598	428	52.900

Ueber Menge und Werth der Waaren-Ein- und Ausfuhr, sowie über die Richtung dieses Güterverkehrs gibt die folgende Zusammenstellung nähere Auskunft:

Einfuhr.

Waarengattung		Menge	Werth, fl.	Herkunft
Weizen	Kilogr.	1,806.000	270.600	Frankreich und Algier
„	„	1,393.000	207.480	Marianopel und Odessa
Mehl	„	143.000	24.950	Frankreich
Kleie	„	56.000	38.000	Frankreich und Algier
Gerste	„	267.000	20.440	„ „ „
Kartoffeln	„	53.000	3.160	Frankreich
Cement	„	340.000	102.000	„
Schwefel	„	2,105.400	165.664	Italien
„	„	83.600	7.540	Frankreich
Steinkohlen	„	14,583.000	349.912	England
Holzkohlen	„	462.100	22.176	Italien
Stockfisch	„	3,061.700	1,090.000	Norwegen
„	„	48.865	31.700	„
Guano	„	1,744.000	260.000	Peru
Leder	„	48.030	295.000	Italien und Frankreich
Eisenwaaren	„	921.000	44.186	England

Waarengattung		Menge	Werth, fl.	Herkunft
Eisen	Kilogr.	39.600	11.880	England
Seidenbänder	„	73.800	2.200	Frankreich
Raffinirter Zucker . .	„	94.600	63.168	„
Chemische Producte .	„	112.000	5.100	Frankreich und England
Colonialien	„	115.000	98.700	„ „ „
„	„	92.100	49.500	Frankreich
Stärkmehl	„	36.500	3.210	England
Materialien	„	288.500	65.700	„
„	„	193.600	39.720	Frankreich
Eisenbahnmaterialien .	„	113.200	22.750	Belgien
Leere Fässer	Stück	6.811	105.000	Frankreich
„ „	„	1.026	12.300	Italien
Hölzerne Fassreife . .	Ladung	1.250	10.000	Frankreich
Fassdauben	Kilogr.	781.200	520.800	Nordamerika
„	„	695.000	117.000	Italien
„	„	12.000	8.000	Frankreich
„ (aus Kastanienholz)	„	1,760.000	158.400	Italien
Petroleum	Fässer	4.192	167.600	Nordamerika
„	„	200	8.000	Frankreich
Baumwolle	Ballen	976	176.600	England
Bauhölzer	Dutzend	14.112	518.320	Russland, Schweden und Norwegen
		Gesammtwerth . .	5,096.756	

Ausfuhr.

Waarengattung		Menge	Werth, fl.	Bestimmung
Rothwein	Liter	6,702.800	1,248.000	England
Mandeln	Kilogr.	6.500	36.400	„
Haselnüsse	„	3,096.800	926.600	„
Oel	Liter	67.000	26.800	„
Sprit	„	1.500	670	„
Eisenerz	Kilogr.	160.000	1.620	„
Rothwein	Liter	3,914.000	403.420	Frankreich
Oel	„	20.000	8.100	„
Mandeln	Kilogr.	70.850	39.676	„
Haselnüsse	„	12.500	35.000	„
Hadern	„	150.000	7.600	„
Wein	Liter	3,916.120	469.920	Brasilien
Oel	„	10.000	4.000	„
Pfeffer	Kilogr.	3.050	2.650	„
Weisser Wein	Liter	115.000	18.400	„
Mandeln	Kilogr.	5.050	28.028	„
Salz	„	64.400	1.288	„
Rothwein	Liter	944.000	94.110	Italien
Weisser Wein	„	25.000	3.500	„
Oel	„	66.500	26.600	Rio della Plata
Pfeffer	Kilogr.	31.000	28.500	„
Haselnüsse	„	22.500	6.300	„
Mandeln	„	1.100	748	„
Wein	Liter	9,771.840	1,075.500	„

Waarengattung		Menge	Werth, fl.	Bestimmung
Mandeln	Kilogr.	405.420	227.700	Nordamerika
Haselnüsse	„	37.000	10.360	„
Süssholz	„	98.000	11.760	„
Wein	Liter	1,429.940	317.720	„
Sprit	„	29.120	3.648	Mexico
Mandeln	Kilogr.	10.000	5.600	„
Haselnüsse	„	50.000	14.200	„
Rothwein	Liter	56.500	7.200	„
Mandeln	Kilogr.	17.500	9.800	Canada
Haselnüsse	„	3.250	910	„
Rothwein	Liter	297.500	59.280	„
„	„	2,021.500	252.720	Nordeuropäische Häfen und Hamburg
Weisser Wein	„	52.600	6.650	Nordeuropäische Häfen und Hamburg
Tapi	Kilogr.	1.350	5.916	St. Petersburg
Federn	„	7.200	4.200	„
		Gesammtwerth	5,531.094	

Handelsbewegung von Widdin im Jahre 1874.

Widdin. Die Einfuhr aus Oesterreich-Ungarn donauabwärts betrug im vorigen Jahre 14.995 Zollcentner im Werthe von 645.113 fl. und umfasste folgende vorzüglichere Gegenstände:

Waarengattung	Menge Zollctr.	Werth, fl.
Baumwolle	291	29.100
Baumwollwaaren	899	89.900
Branntwein und Spiritus	613	12.260
Eisen und Eisenwaaren, Emailgeschirr	1.077	129.240
Roheisen	1.654	16.540
Häute und Felle	231	12.250
Garne und Twiste	911	72.880
Glas und Glaswaaren	403	12.100
Kerzen, Seife, Fackeln	228	9.100
Kurzwaaren	286	28.600
Leder und Lederwaaren	157	39.250
Leinwand und Zwilch	613	8.200
Manufacturwaaren	285	28.500
Material- und Specereiwaaren	569	28.450
Mehl und Mahlproducte	742	8.050
Papier	663	16.800
Seide und Seidenwaaren	7	10.500
Zucker, Syrup und Candis	2.604	52.800

Ueber Galatz-Ibraila stromabwärts sind theils aus Triest und theils aus Constantinopel 18.424 Zollcentner Handelsgüter im Werthe von 621.855 fl. eingeführt worden. Die wichtigeren derselben sind:

Waarengattung	Menge Zollctr.	Werth, fl.
Baumwolle	364	36.400
Baumwollwaaren	128	25.600
Branntwein und Spiritus	293	5.860
Colonialwaaren und Südfrüchte	2.871	57.400
Eisen und Eisenwaaren, Emailgeschirr	390	7.800
Roheisen	902	9.020
Häute und Felle	938	49.000
Garne und Twiste	154	9.300
Gemüse und Futterkräuter, Kartoffeln	597	5.900
Glas und Glaswaaren	412	12.360
Kerzen, Seife, Fackeln	663	9.945
Krämereiwaaren	931	46.550
Kurzwaaren	67	6.700
Leder und Lederwaaren	396	79.200
Manufacturwaaren	752	75.200
Material- und Spccereiwaaren	159	5.600
Oel zum Genusse oder zu technischem Gebrauche	319	9.590
Petroleum	2.567	38.505
Reis	1.634	21.240
Schafwolle	540	32.400
Tabak	156	15.600
Butter, Schmalz und andere derlei Esswaaren	201	12.060
Fische	1.050	16.800

Von Widdin sind nach den oberen Donaugegenden 17.894 Zollctr. Waaren im Werthe von 1,122.000 fl. ausgeführt worden. Davon sind erwähnenswerth:

Waarengattung	Menge Zollctr.	Werth. fl.
Abfälle	336	3.360
Häute und Felle	4.027	280.000
Flachs, Hanf, Werg	98	1.960
Gerbestoffe	2.085	6.255
Gemüse und Futterkräuter, Kartoffeln	99	500
Krämereiwaaren	51	2.550
Kurzwaaren	14	1.400
Leder und Lederwaaren	1.174	176.100
Leinwand und Zwilch	28	570
Manufacturwaaren	33	3.300
Material- und Specereiwaaren	23	920
Papier	12	480
Schafwolle	8.278	620.850
Tabak	89	8.900
Butter, Schmalz u. dgl.	51	2.040
Wein	49	490
Nüsse	1.003	8.000

Ebenso sind nach den unteren Donaugegenden 4299 Zollctr. für 145.425 fl. abgegangen; darunter hauptsächlich:

Waarengattung	Menge Zollctr.	Werth, fl.
Baumwolle	23	1.200
Branntwein und Spiritus	166	3.350
Chemische Producte	24	2.400
Effecten und Möbeln	176	1.760
Roheisen	638	6.900
Häute und Felle	53	4.240
Flachs, Hanf, Werg	242	2.950
Garne und Twiste	57	6.560
Gemüse und Futterkräuter, Kartoffeln	289	2.890
Glas und Glaswaaren	80	2.400
Kerzen, Seife, Fackeln	115	4.600
Leinwand und Zwilch	201	3.015
Manufacturwaaren	83	12.450
Material- und Specereiwaaren	59	2.950
Mehl und Mahlproducte	264	2.640
Obst	114	1.150
Papier	139	5.560
Tabak	561	56.100
Butter, Schmalz, Eier u. dgl.	197	9.850
Zucker, Syrup und Candis	78	1.560

Die diesseitige Handelsbewegung war in den ersten 6 Monaten befriedigend, in der zweiten Jahreshälfte trat jedoch bei dem Import eine fühlbare Stockung ein, welche dem durch die fehlende Getreideausfuhr hervorgerufenen Geldmangel und der hiemit im Zusammenhange stehenden Geschäftslosigkeit und Armuth der hiesigen Bevölkerung zuzuschreiben ist.

Den Manufacturwaarenhändlern ging es auch diesmal wieder nicht zum Besten und es sind auch einige Zahlungseinstellungen vorgekommen, die jedoch im gütlichen Wege mit Wiener und Triester Häusern ausgeglichen wurden.

Das Ausfuhrgeschäft in Rohproducten, namentlich in Lamm- und Schaffellen, sowie in Wolle, war ziemlich lebhaft und wurden für diese Artikel in Wien und Pest gute Preise erzielt.

Oeffentliche Märkte, zu welchen eine Zufuhr von Rohproducten in grösseren Quantitäten stattfände, werden weder in Widdin noch sonstwo in dem dazu gehörigen Bezirke abgehalten.

Den Einkauf von derlei Artikeln vermitteln Kleinhändler, welche die Dörfer bereisen, dort die Waare in kleinen Partien erstehen und dann dem hiesigen Rohproductenhändler en gros verkaufen. Letztere geben in der Regel Geldvorschüsse auf 3—5 Monate.

Bei den Käufen von Schurwolle werden bereits im December Geldvorschüsse geleistet und bis zur Uebernahme der Waare, welche gewöhnlich erst im Juni oder Juli erfolgt, fortgesetzt.

Die hiesigen Grossisten in Wolle, zu denen die Firma Samuel Pincas, dann die Albanesen Abdulfitah, Figli di M. Sina und Abdurahman Sina zählen, lassen zumeist die angekaufte Wolle waschen und manipuliren, worauf sie dieselbe ihren in Wien und Pest etablirten Geschäftsfreunden zum commissionellen Verkaufe zusenden.

Bei den hiesigen Rohproductenhändlern Einkäufe in loco zu machen, ist einem Fremden ohne vorhergegangene Verständigung schwierig, da die ersteren ihren Wiener und Pester Geschäftsfreunden gegenüber stets engagirt sind; es wäre denn, dass der

Fremde sich erbieten würde, höhere Preise zu bezahlen, als in Pest und Wien erzielt werden könnten.

Somit erübrigt dem Fremden, falls er auf hiesige Rohproducte reflectirt, nichts anderes, als deren Einkauf durch eine der bereits genannten Firmen zu bewerkstelligen.

Ungewaschene Wolle ist übrigens hier leichter einzukaufen, denn die hiesigen Rohproductenhändler übernehmen nicht gern das Waschen und Manipuliren für fremde Rechnung.

Das Ergebniss der Wolle nach der Wäsche beträgt 50—65 pCt., so dass von 100 Oka ungewaschene Wolle 50—65 Oka gewaschene übrig bleiben.

Wirthschaftliche Verhältnisse der Moldau im Jahre 1874.

Jassy. Für die Moldau, deren allgemeiner Wohlstand lediglich von dem Absatze ihrer Naturproducte abhängt, muss das Jahr 1874 als eine Periode völligen Stillstandes bezeichnet werden.

Verschiedene Ursachen haben dazu beigetragen, dass der innere Handelsverkehr gelähmt und der Export nach dem Auslande gehemmt wurde.

Was die Ausfuhr anbelangt, so sind es die niedrigen Getreidepreise auf den auswärtigen Märkten, welche die hierländigen Exporteure nicht aneifern konnten, die von einer guten Mittelernte herrührenden grossen Getreidevorräthe dem Auslande zuzuführen.

Die Producenten, welche sich in den letzten Jahren die Erfahrung geholt haben, dass ein rascher Verkauf ihrer Getreideproducte für sie wegen des später sich steigernden auswärtigen Begehrs mit wesentlichem Nachtheil verbunden war, hielten diesmal mit dem Verkaufe zurück, und wurden durch den inzwischen eingetretenen Preisrückgang auf allen europäischen Handelsplätzen gezwungen, ihr Getreide und namentlich ihren Weizen entweder aufgespeichert liegen zu lassen oder um Spottpreise herzugeben.

Die Getreidehändler und Müller, welche für den Consumtionsbedarf in den ersten Herbstmonaten Sorge zu tragen hatten, kauften im Juli und August den Kilo Weizen um 5—5¼ Ducaten. Als sich aber zeigte, dass weder die benachbarten österreichisch-ungarischen Provinzen, noch das Ausland überhaupt als Concurrenten auftreten, fielen die Preise auf 3¾—4 Duc. und es trat eine solche Flauheit ein, dass die Notirungen für Weizen nur mehr eine nominelle Geltung hatten.

Anders verhielt es sich in den Herbstmonaten mit Gerste und Hafer. Einzelne Gegenden der Moldau, namentlich die Districte von Neamtz, Roman, Bacau und Suczawa, hatten in diesen Getreidegattungen eine geringe Ernte und deshalb richtete sich die Speculation vorzüglich auf diese beiden Artikel. Da sich aber die hierländigen Producenten mit dem Anbau von Gerste und Hafer überhaupt wenig befassen, so waren die Vorräthe davon bald erschöpft, und es erlosch somit auch auf diesem Gebiete die Nachfrage, obwohl die Preise bis zum Jahresschluss sich behaupteten. Gerste stieg per Kilo von 2¼ auf 3¼ Duc. und Hafer fast in gleichem Verhältnisse.

Das Wenige, was in den Monaten September bis December exportirt wurde, ging zum grössten Theile nach Zürich und auch nach einigen westphälischen Orten. Die Nachbarprovinzen der österreichisch-ungarischen Monarchie reflectirten diesmal gar nicht oder doch nur in sehr beschränktem Maasse auf hierländiges Getreide.

Durch das im Jahre 1873 eingeführte Licenzsteuergesetz hat der Spiritus und daher auch der Cerealienhandel im Lande selbst einen überaus empfindlichen Schlag erlitten. Ein grosser Theil der in Betrieb gewesenen Branntweinbrennereien haben ihre Thätigkeit eingestellt und es herrscht auf diesem Gebiete eine solche Stagnation, wie es seit Jahren nicht der Fall war.

Eine hieraus für Oesterreich-Ungarn entspringende nachtheilige Folge besteht darin, dass eine bedeutend kleinere Anzahl Mastochsen auf die Märkte von Oswiecim und Wien gebracht werden können.

Ein anderes Landesproduct von grosser Wichtigkeit ist die Wolle, worin jedoch mit dem Aufschwunge der Agricultur eine Abnahme sich bemerkbar macht. Die hier gangbaren Wollgattungen sind:

Zackelwolle, wovon hauptsächlich die obere Moldau jährlich 10.000—11.000 Ctr. graue und 4000—5000 Ctr. weisse liefert. Ungefähr 2000 Ctr. graue und weisse werden im Lande verwendet, bei 4000 Ctr. nach Kronstadt in Siebenbürgen, bei 3000 Centner nach Wien und Breslau, der Rest über Galatz nach England exportirt. Der vorjährige Locopreis dieser Wollsorte war 18—20 fl. pr. Ctr. graue und 21 bis 22 fl. pr. Ctr. weisse im ungewaschenen Zustande.

Zigaie wird zumeist in der unteren Moldau und in Romanisch-Bessarabien in einer Menge von ca. 10.000—12.000 Ctr. gewonnen und davon beiläufig 3000 Ctr. gereinigt, aber ungewaschen nach Marseille, 2000 Ctr. nach Kronstadt, 4000 Ctr. ungewaschen nach Moskau und der Rest nach Neutitschein und Wien versendet. Locopreis 35—36 fl. pr. Ctr. ungewaschene Wolle.

Tonca und Mettis liefert vornehmlich Romanisch-Bessarabien, jährlich ungefähr 5000—6000 Ctr., wovon nahezu die Hälfte ungewaschen nach Moskau und das Uebrige nach Neutitschein und Wien gelangt. Der vorjährige Preis war 40—42 fl. pr. Ctr. loco, in rohem Zustande.

Mit der Ausfuhr von Wolle beschäftigen sich die hiesigen Firmen W. Lothringer & Comp. und Moriz Weiss aus Bielitz, dann einige Händler aus Siebenbürgen und Russland.

Nicht minder wichtig für den Export sind die Felle, wovon die Moldau jährlich 100.000—120.000 Stück erzeugt und zwar: 35 pCt. Ochsenhäute, 50 pCt. Kuhhäute und 15 pCt. Häute von jungem Hornvieh. Ungefähr 40 pCt. der obigen Gesammtmenge gelangen nach den Gerbereien in Siebenbürgen, Galizien und der Bukowina, während der Rest im Lande selbst verarbeitet wird. Die vorjährigen Preise pr. Stück waren 11—12 fl. für Ochsenhäute, 9—10 fl. für Kuhhäute und 6—7 fl. für Häute von Jungvieh, Alles in rohem Zustande.

Den Handel mit Fellen betreiben die hiesigen Firmen W. Lothringer & Comp. und Aron Kirschen.

Nach den Aufschreibungen der österreichisch-ungarischen Grenzzollämter Jtzkany, Sinoutz, Boszancze, Bajaschestie, Gura negri, Tolgyes, Czik Gyimes und Soosmezö gestaltete sich die Waarenausfuhr aus der Moldau im Jahre 1874 folgendermaassen:

Waarengattung		
Colonialwaaren und Südfrüchte	Zollpfund	147.902
Gartengewächse, frische	„	269.195
Obst, frisches	„	487.071
„ zubereitetes	„	406.580
Nüsse	„	330.972
Weizen	„	13,656.638
Roggen	„	4,188.767
Mais	„	63,615.141
Bohnen, Erbsen, Linsen	„	141.772
Gerste und Malz	„	18,009.782
Hafer	„	9.376.262

Waarengattung		
Reis	Zollpfund	7.717
Mehl und Mahlproducte	„	162.750
Pflanzen und Pflanzentheile	„	397.269
Fische, frische	„	48.834
Fische, nicht besonders benannte	„	96.820
Ochsen und Stiere	Stück	20.942
Kühe	„	205
Jungvieh und Kälber	„	100
Schafe und Ziegen	„	10.146
Lämmer und Kitzen	„	2.612
Schweine und Spanferkel	„	10.623
Pferde und Füllen	„	396
Felle und Häute	Zollpfund	606.477
Pelzwerk	„	341
Haare, Borsten und Federn	„	48.419
Fleisch, frisches	„	2.363
„ zubereitetes	„	102
Honig	„	2.941
Wachs	„	13
Schafkäse, moldauischer	„	305.731
Milch, Rahm und Topfen	„	11.857
Schwein- und Gänsefett, Speck	„	3.858
Oele, fette	„	2.075
Branntwein und Rum	„	3.357
Wein, moldauischer, in Fässern	„	1,941.821
Weintrauben, moldauische	„	11.786
Brod, gemeines	„	9.745
Esswaaren, feine	„	3.525
Brennholz	Kubikfuss	241.034
Werkholz	„	5.250
Hörner und Knochen	Zollpfund	268.195
Mühlsteine	„	111.170
Sumach	„	45.160
Bergtheer	„	413.790
Steinöl, schwarzes, weisses und rothes	„	499.827
Theeröl	„	176.845
Pottasche	„	19.800
Brucheisen	„	7.950
Kupfer, altes	„	18.974
Schafwolle, rohe	„	1,119.169
Baumwollgarne, rohe	„	2.341
Leinenwaaren, gebleichte und ungebleichte	„	8.799
Kürschner- und Lederwaaren	„	188
Holzwaaren	„	11.600
Glas, gemeines	„	173
Thonwaaren	„	6.277
Eisenwaaren	„	1.325
Metallwaaren	„	568
Lastwägen	Stück	10
Maschinen aus Holz	Zollpfund	7.070
Maschinen aus Gusseisen	„	1.154

Waarengattung		
Maschinen aus Schmiedeeisen	Zollpfund	52.202
Wagenschmiere	„	405
Wachskerzen	„	290
Stearinkerzen	„	10
Seife, gemeine	„	2.560
Bücher und Bilder	„	773
Glasscherben	„	24.882
Kleien	„	70.775
Abfälle	„	76.239

Selbstverständlich hat das Grenzzollamt in Itzkany die höchste Verkehrsziffer aufzuweisen. Laut Mittheilung der Betriebsdirection der Lemberg-Czernowitz-Jassy'er Eisenbahngesellschaft für die romanische Linie sind pr. Bahn über Itzkany unter anderem 4478 Stück Hornvieh und 8732 Stück Borstenvieh nach Oesterreich befördert worden.

Ferner gelangten auf diesem Wege 430.762 Zollpfd. Weizen, 454.514 Zollpfd. Mais, 12.886 Zollpfd. frische und getrocknete Fische, 4446 Zollpfd. Häute und Felle, 21.556 Zollpfd. Wein, 9668 Zollpfd. Wolle zur Ausfuhr.

Der Verkehr auf der genannten Bahnstrecke war im Laufe des vorigen Jahres lebhaft und gewinnbringend. Die Strecke von Jassy bis Ungheny an der russischen Grenze ist zwar bereits dem Verkehr übergeben, da aber die Verbindung mit der russischen Strecke von Ungheny nach Kissenew noch fehlte, so war die Güterbewegung auf der bezeichneten Linie ganz unbedeutend. Der Anschluss soll, wie man hofft, im Herbst 1875 vor sich gehen; aber selbst dann ist keine Aussicht vorhanden, dass die in der Verwaltung des Staates befindliche Strecke Jassy-Ungheny die Administrations- und Erhaltungskosten decken werde, weil dieselbe zu kurz ist (etwa 3 deutsche Meilen).

Ueber die früher genannten Grenzzollämter sind im Jahre 1874 folgende Waaren nach der Moldau eingeführt worden:

Waarengattung	Gesammteinfuhr	Davon aus Oesterreich-Ungarn	Davon aus dem Auslande
	Zollpfund	Zollpfund	Zollpfund
Kaffee, roher, und Surrogate	289.092	47.947	241.145
Gewürze	22.203	195	22.008
Südfrüchte	10.533	583	9.950
Thee	23.661	182	23.479
Zucker	4,211.366	4,205.877	5.489
Gartengewächse, frische	1,826.608	1,826.608	.
„ zubereitete	51.853	50.781	1.072
Obst, frisches	4.939	4.939	.
Weizen	155.930	155.930	.
Roggen	247.077	247.077	.
Mais	1,913.214	1,896.494	16.720
Bohnen und Erbsen	49.411	49.411	.
Gerste	758.829	758.829	.
Hafer	1,019.764	1,019.764	.
Mehl	48.083	45.454	2.629
Mehl und Mahlproducte	21.051	21.051	.
Hopfen	10.259	10.259	.
Oelsaat	28.981	28.981	.
Kleesaat und andere Sämereien	146.623	145.613	1.010

Waarengattung	Gesammteinfuhr Zollpfund	Davon aus Oesterreich-Ungarn Zollpfund	Davon aus dem Auslande Zollpfund
Anis, Kümmel und sonstige Pflanzentheile	40.678	40.678	.
Häringe	68.618	7.336	61.282
	Stück	Stück	
Ochsen und Kühe	257	257	.
Kälber	2.801	2.801	.
Pferde	638	638	.
	Zollpfund	Zollpfund	
Felle und Häute	8.435	2.968	5.467
Pelzwerk	37.629	12.884	24.745
Honig und Wachs	20.258	20.258	.
Käse	34.120	18 010	16.110
Fette	377.412	233.993	143.419
Bier in Flaschen	4.232	3.701	531
„ „ Fässern	511.175	511.175	.
Branntwein und Rum	85.289	1.165	84.124
Liqueure	2.142	2.142	.
Wein in Flaschen	9.577	8.165	1.412
„ „ Fässern	67.870	7.606	60.264
Brod	46.019	11.879	34.140
	Kubikfuss	Kubikfuss	Kubikfuss
Brennholz	3.882	3.882	.
Werkholz	3,419.633	3,416.989	2.644
	Zollpfund	Zollpfund	Zollpfund
Holzkohlen	420.400	420.400	.
Stein- und Braunkohlen	11.063.851	11,063.801	50
Mühlsteine	148.108	148.108	.
Dach- und Mauerziegel	42.676	10.617	32.059
Kalk	13,888.870	13,888.870	.
Gyps und Cement	11.905	11.905	.
Kreide und Farberden aller Art	60.544	60.544	.
Arznei- und Parfümeriestoffe	25.857	3.167	22.690
Farb- und Gerbestoffe	1,147.040	1.135.762	11.278
Harze und Gummi	77.696	48.825	28.871
Gemischte Hilfsstoffe	70.508	50.621	19.887
Mineralwässer	743.563	743.563	.
Blei und Bleiglätte	25.972	19.025	6.947
Eisen	224.819	140.003	84.816
Eisenguss	78.136	78.136	.
Eisenblech, schwarzes	50 289	50.289	.
Eisenblech, polirtes	18.688	18.688	.
Zink	19.746	17.395	2.351
Metalle, unedle	22.349	15.670	6.679
„ edle	15.231	15.106	125
Hanf und Flachs	45.186	44.823	363
Schafwolle, rohe	4.942	3.773	1.169
Seide, gefärbte	437	42	395
Baumwollengarn	88.446	5.689	82.757
Leinengarn	17.589	5.387	12.202
Wollengarn	12.047	750	11.297

Waarengattung	Gesammteinfuhr	Davon aus Oesterreich-Ungarn	Davon aus dem Auslande
	Zollpfund	Zollpfund	Zollpfund
Baumwollwaaren	601.692	169.324	432.368
Seilerwaaren	368.352	368.352	.
Leinenwaaren	412.728	320.765	91.963
Wollenwaaren	804.808	481.790	323.018
Seidenwaaren	30.677	445	30.232
Kleidungsstücke und Putzwaaren	115.320	44.602	70.718
Papier und Papierwaaren	401.138	369.448	31.690
Leder und Lederwaaren	407.286	324.015	83.271
Holzwaaren	918.229	828.675	89.554
Glas und Glaswaaren	596.744	567.692	29.052
Steinarbeiten	10.005	7.580	2.425
Thonwaaren	771.870	748.849	23.021
Eisenwaaren	1.728.550	878.592	849.958
Metallwaaren	34.349	12.942	21.407
	Stück	Stück	Stück
Wägen und Schlitten	3.450	3.450	.
Eisenbahnwägen	239	115	124
	Zollpfund	Zollpfund	Zollpfund
Instrumente, musikalische	7.125	7.125	.
Claviere	16.549	16.549	.
Instrumente, nicht besonders benannte	83.122	29 284	53.838
Maschinen aus Holz, Gusseisen und edlen Metallen	3,412.680	1,807.967	1,604.713
Kurzwaaren	323.452	167.917	155.535
Chemische Producte und Arzneiwaaren	355.528	281.586	73.942
Kerzen und Seife	295.602	259.017	36.585
Zündwaaren	156.037	151.436	4.601
Literarische und Kunstgegenstände	48.314	25.900	22.414
Abfälle	17.675	17.675	.
Tabak und Tabakfabrikate	34.605	.	.

Wie aus obiger Darstellung zu ersehen ist, hat Oesterreich-Ungarn ausser Cerealien von folgenden Artikeln das grösste Quantum geliefert: Zucker, Pelzwerk, Bier in Flaschen und Fässern, Wein in Flaschen und Fässern, Werk- und Brennholz, Holz- und Steinkohlen, Baumaterialien, Farb- und Gerbestoffen, chemischen Hilfsstoffen, Mineralwässern, Seiler-, Leinen- und Wollenwaaren, Papier-, Leder-, Holz-, Glas-, Thon-, Eisen- und Zündwaaren.

Wenig hat es aber geleistet in: Parfümeriestoffen, Baumwoll-, Leinen- und Wollengarnen und Baumwollwaaren; in Seidenwaaren fast gar nichts. In allen derlei Artikeln vermag es der starken Concurrenz Englands, Frankreichs und Deutschlands gegenüber den Markt nicht zu behaupten. In Kurzwaaren setzt Oesterreich-Ungarn bedeutende Mengen ab, kann jedoch den Mitwerb anderer Länder nicht verdrängen.

Eine erfreuliche Erscheinung bietet der Absatz von Zucker dar. Noch vor einigen Jahren wurde in der Moldau nur französische Waare consumirt, diese ist jedoch gegenwärtig von dem hierländigen Markte fast ganz verschwunden und deren Stelle hat das österreichisch-ungarische Fabrikat eingenommen, welches sich hoffentlich den Absatz nicht wird streitig machen lassen.

Der Verbrauch von in Oesterreich erzeugtem Bier könnte hier ein viel stärkerer werden, wenn nicht die auf dieser Waare lastenden hohen Abgaben dieselbe so sehr vertheuern würden.

Der bedeutende Absatz von Steinkohlen, Werkholz und Kalk österreichisch-ungarischer Provenienz könnte durch eine Ermässigung der Bahnfracht noch mehr gesteigert werden.

Männerkleider aus Wien behaupten seit Jahren einzig und allein den hierländigen Markt und scheuen keine Concurrenz. Nicht so ist es mit den Damenmantillen, die nur aus Berlin bezogen werden.

Papier kommt ausschliesslich aus Oesterreich, nur wäre zu wünschen, dass unsere Fabrikanten in Aufmachung, Qualität und Preis ihrer Waare mit dem Auslande gleichen Schritt hielten, sonst könnte es unversehens geschehen, dass sie von hier verdrängt würden.

Cigarrenpapier aus Oesterreich-Ungarn hat jede ausländische und namentlich die französische Concurrenz aus dem Felde geschlagen.

Oesterreichisches Glas, insbesondere in feineren Sorten, hatte hier bis jetzt keinen Concurrenten zu befürchten, in minderer Waare jedoch hat es gegen den Mitwerb der französischen und belgischen Erzeugnisse zu kämpfen.

Die Leinenindustrie scheint in Oesterreich-Ungarn keine Fortschritte gemacht zu haben, wenigstens lässt dies die Wahrnehmung denken, dass dieser Artikel, der vor Jahren ausschliesslich aus Oesterreich kam, sich in neuerer Zeit von dem belgischen Fabrikat das Terrain hat abgewinnen lassen. Die belgische Waare soll feiner und solider sein.

Noch vor kurzer Zeit waren es nur Brünner und schlesische Tuche, welche hier den Platz beherrschten, jetzt werden aber auch englische und französische Stoffe importirt, weil, wie die Kaufleute behaupten, die österreichischen Fabrikanten nicht schnell genug der Mode folgen, welche hierlands bekanntlich eine grosse Rolle spielt.

Es würde zu weit führen, alle Artikel aufzuzählen, die Absatz finden könnten, wenn unsere Fabrikanten dem hiesigen Geschmacke und Geschäftsgebrauche etwas mehr Aufmerksamkeit schenken möchten. Von Seite der deutschen Fabrikanten wird hierin Ausserordentliches geleistet.

Aus Handelskreisen erfährt man, dass sich im Lande fortwährend deutsche Geschäftsreisende befinden, welche die hiesigen Verkehrsverhältnisse studiren; auch ist zu erwähnen, dass, während die österreichisch-ungarischen Häuser nur einen viermonatlichen Credit einräumen, die deutschen Firmen ohne Ausnahme für 6 Monate Credit bewilligen, was bei dem hierländigen hohen Zinsfusse nicht wenig dazu beiträgt, die hiesige Kundschaft nach Deutschland zu locken.

Eine erfreuliche Thatsache ist, dass auch im vorigen Jahre Ackerbaugeräthschaften, Pflüge und landwirthschaftliche Maschinen aller Art, mit Ausnahme von Locomobilen, fast nur aus Oesterreich importirt wurden, wofür besonders eine hier etablirte Wiener Firma sehr thätig wirkt, und welcher es gelungen ist, dem nationalen Erzeugnisse den Vorzug vor allen anderen zu sichern.

Auch der Absatz in vielen Artikeln der Eisenbranche aus Steiermark, Böhmen und Schlesien, sowie speciell in Erzeugnissen aus Wien steigt von Jahr zu Jahr. Gleiches gilt jedoch nicht von Dachblech, verzinntem Blech, ordinärem Eisen in Stangen, Drahtstiften, Zinn, Blei und Kupfer, welche Artikel aus England und Frankreich viel billiger bezogen werden, als aus Oesterreich-Ungarn.

Eine Ermässigung der Fracht auf den Bahnen könnte diesen Gegenständen die Möglichkeit verschaffen, auf dem hiesigen Markte concurrenzfähig aufzutreten.

Mit Bedauern muss aber auch erwähnt werden, dass die Sorglosigkeit einzelner unserer Industriellen ihnen manchen Verlust gebracht und dem Handel mit österreichischen Fabrikaten den Weg versperrt hat.

Als z. B. hierlands die Naftaquellen entdeckt wurden und dieser Beleuchtungsstoff allgemeine Verbreitung erlangte, waren es die Lampen der Gebrüder Brünner und später auch die von R. Ditmar in Wien, welche hier bedeutenden Absatz fanden. Gegenwärtig jedoch, wo der Lampenbedarf ein enormer ist, sieht man hier nur Berliner Lampen; das österreichische Erzeugniss verschwindet ganz. Die Ursache dieser unerfreulichen Erscheinung soll, nach der Behauptung der betreffenden Kreise, einfach darin liegen, dass die Berliner Lampen eine gefälligere Form haben und von besserer und soliderer Construction sind.

Ein reiches Feld der Thätigkeit bietet sich hier für Möbelfabrikanten, und da diese Industrie besonders in Wien anerkennenswerthe Fortschritte gemacht hat, so ist fast mit Bestimmtheit anzunehmen, dass es einer leistungsfähigen Fabrik gelingen kann, sich hier Absatz zu verschaffen.

Ein derartiger Versuch wäre vielleicht dem Wiener Tischlervereine zu empfehlen. Ist es doch den Gebrüdern Tonnet durch Leistungsfähigkeit und umsichtige Leitung gelungen, ihrem Fabrikate einen fast europäischen Ruf zu verschaffen.

Eisenmöbel aus Wien hatten Anfangs mit der englischen und besonders mit der französischen Concurrenz zu kämpfen; nichtsdestoweniger erfreute sich dieses Erzeugniss eines stets zunehmenden Absatzes, so dass jetzt nur mehr derlei Möbeln von österreichischer Provenienz hier zu finden sind.

In der ganzen oberen und mittleren Moldau existiren keine eigentlichen Bank-Institute, mit Ausnahme der moldauischen Bank in Jassy, welche als Nachfolgerin eines früher bestandenen grösseren Institutes deren Annuitäten übernahm und sich ausschliesslich mit der Abwicklung derselben befasst. Für den Handel und namentlich zur Beschaffung billiger Capitalien für denselben hat dieses Institut keine Bedeutung.

Die Gelder, welche aus dem Auslande und zwar grösstentheils aus Wien, Leipzig, Berlin und Paris hereingebracht werden, fliessen aus der Vermittlung einiger Bankhäuser, welche ihre Credite auf den genannten Plätzen haben und solche für Zinsen und Escomptespeculation benützen.

Dieser Geldzufluss hat sich aber im vorigen Jahre auf einer Seite um ein Bedeutendes vermindert, weil infolge der vielen in früheren Jahren hier vorgekommenen Fallimente die im Auslande und namentlich in Leipzig aus alter Gepflogenheit tolerirten sog. Domicilwechsel der hiesigen Banquiers durch die dortigen Bankinstitute vom Escompte gänzlich ausgeschlossen wurden; auf der anderen Seite jedoch erfuhr derselbe einen Zuwachs, weil ein Hauptzweig der Geldspeculation, nämlich die hypothecirten Darlehen auf Güter, mit der jüngst ins Leben getretenen hierländigen Boden-Creditanstalt lahmgelegt wurde, welche zu billigen Bedingnissen diese Hypothekar-Darlehen mit Amortisation besorgt, so dass wieder ein grösseres Capital, welches früher anderen Zwecken zu dienen hatte, für den Handel flüssig gemacht wurde.

Die in Jassy etablirten Bankhäuser sind: Michel Daniel & Sohn; J. Neuschotz & Comp.; Leib Mayerhoffer; W. Lothringer & Comp.; A. M. Byk & Söhne.

Im Versicherungswesen ist voriges Jahr eine Aenderung eingetreten. Die nationalen Anstalten: I. Ungarische Allgemeine Assecuranzgesellschaft, Oesterreichischer Phönix, Pester Versicherungs-Anstalt, Assicurazioni Generali, welche bei den im Lande sich mehrenden Bränden, und namentlich bei den vorjährigen Unglücksfällen in den Städten Bottuschan, Stefanesti und Husch empfindliche Verluste zu erleiden hatten, benützten nämlich die Gelegenheit der Gründung der einheimischen Versicherungs-Anstalt „Romania“, um sich von den hierländigen Operationen zurückzuziehen.

Nur die Azienda Assicuratrice setzt ihre Thätigkeit in Romanien fort, während die früher genannten Anstalten ihre Assecuranzgeschäfte an die hier bestehenden zwei Institute „Romania“ und „Dacia“ unter Zurücklegung der für dieses Land erworbenen Concessionen abtraten.

Diesem Beispiele folgte auch die Baseler Versicherungsgesellschaft „La Bâloise“ und die englische „Fire Insurance Company“, so dass den zwei inländischen Anstalten, so zu sagen, das ganze Versicherungsgebiet überlassen blieb, auf welchem sie, ihrer Bilanz nach zu schliessen, mit mehr Erfolg operiren.

Die bedeutendsten Grosshandlungsfirmen in Jassy für die Manufacturbranche sind: W. Axelrad & Schiller; M. Finkelstein & Hermann; Moses Wassermann & Nachbar; Moses Kandel; Waiser & Sefrin.

Der en gros-Handel in Colonialwaaren hat seit Einführung der Communal-Octroi-Gebühren fast ganz aufgehört. Da der Transitverkehr nicht gestattet, und eine Steuerrestitution nicht eingeführt ist, so hat sich der Consumbedarf für die Provinz aus der Stadt Jassy zurückgezogen, um sich seine Bezüge auf eigenen Wegen zu beschaffen, wodurch der Umsatz im Grossen auf ein Minimum reducirt ist.

Die Handelskrisis des Jahres 1873 war namentlich für die hierländige Manufacturbranche von empfindlichen Folgen begleitet. Was nicht auf solider Grundlage ruhte und Existenzberechtigung hatte, musste unerbittlich zusammenstürzen, wodurch der Kaufmannsstand derart gesichtet wurde, dass während des ganzen Jahres 1874 kein Falliment von einiger Bedeutung vorkam und überhaupt das Geschäft eine solidere Richtung gewann.

Die Commissionäre auf den europäischen Handelsplätzen, durch herbe Erfahrungen gewitzigt, werfen nicht mehr dem erstbesten Commis, der seines Brodherrn überdrüssig geworden und von Selbstständigkeitsgelüsten angetrieben, sich ohne Fonds auf eigene Rechnung etablirt, ihre Waare leichtfertig zu. Auf solche Weise ist die Möglichkeit geboten, das Vertrauen in dem Masse allmälig wieder erstarken zu sehen, als der Handel in reellere Bahnen gelenkt wird.

Trotzdem hierlands seit längerer Zeit die Francswährung eingeführt ist und bereits auch im Volke sich allgemeine Geltung verschafft hat, wird hier in Jassy die Rechnung für den Waarenverkehr und für die Wechselcourse noch immer in Piastern gemacht.

Es hat dies darin seine Begründung, dass die hierlands coursirende Goldmünze nicht der Napoleon, sondern der Ducaten ist, welcher den Cours von 37 Piastern hat.

Die Wechselcourse gestalten sich in folgender Weise: 1 Thaler preuss. courant (= 3 Reichsmark) hat immer den Paricours von 11 ¹⁰/₄₀ Pstr., gehandelt wird blos das Agio. Wenn nämlich der 3monatliche Wechselcours auf Berlin oder Leipzig 2 ¹/₂ pCt. notirt, so versteht man darunter den Paricours eines Thalers mit 11 ¹⁰/₄₀ Pstr. und nebstdem 2 ¹/₂ pCt. Agio.

Der Paricours für Wechsel auf Paris ist 3 ⁵/₄₀ Pstr. pr. Franc; nur die Notirung für Wien geschieht laut telegraphischem Tagescourse des Ducaten.

Bei Wechselcoursen besteht die Usance, dass, wenn 3monatliche Domicil-Wechsel auf Leipzig gehandelt werden, diese nicht auf 3 Monate, sondern auf 95 Tage lauten, weil sich der Verkäufer die Tage des Postlaufes zugute halten will.

Im Getreidehandel besteht der Gebrauch, dass Weizen zu 22 Demerlie, dagegen Gerste und Hafer zu 24 Demerlie pr. Kilo ohne Wurf gemessen wird. Sonst giebt es keine nennenswerthen Usancen.

Die Zahl der Geburten in Jassy betrug voriges Jahr 2792, welchen jedoch 3934 Sterbefälle gegenüberstanden. Ein ähnliches Missverhältniss ist überall in der Moldau wahrgenommen worden.

Wenn man berücksichtigt, dass die fremde israelitische Bevölkerung bei den hierlands bestehenden Verhältnissen wenig Lust zur Einwanderung nach der Moldau findet, dass vielmehr ein nicht geringer Theil der hier sesshaft gewesenen fremden Israeliten das Land verliess, so muss das zu dem berechtigten Schlusse führen, dass die Bevölkerung in den letzten Jahren sich um ein Bedeutendes vermindert habe.

Schifffahrts- und Handelsverhältnisse von Suez im Jahre 1874.

Suez. Im Vergleiche zum Vorjahre hat Suez in commerzieller Beziehung an Wichtigkeit weder zu- noch abgenommen. Wie Alexandrien und Cairo hat auch diese Stadt durch die Eröffnung des Suezcanales ihren europäisch-ostasiatischen Transithandel eingebüsst, und begnügt sich, in Erwartung besserer Dinge, mit der Eigenschaft einer Handelsstation der Küstenländer des Rothen Meeres.

Die Vortheile, welche Suez durch seine geographische Lage, seine sichere Rhede, seinen grossartigen und zweckmässig angelegten künstlichen Hafen bietet, werden in nicht entfernter Zeit ausgebeutet werden.

Bereits haben mehrere neu creirte französische und englische Schifffahrtsgesellschaften ihren Centralsitz hieher verlegt, um ausschliesslich den Transport der Erzeugnisse zwischen den Häfen des Rothen Meeres und Suez zu vermitteln.

Der Werth der Ein- und Ausfuhr von Waaren und Producten von Suez nach den afrikanisch-arabischen Küstenländern, und umgekehrt, lässt sich auf beiläufig 40 Mill. Francs beziffern, jener des directen Import- und Exportverkehrs der genannten Orte mit Syrien und Europa via Suezcanal ungefähr auf je 10 Mill. Francs.

Die für den örtlichen Bedarf und für die Küstenländer des Rothen Meeres aus Europa kommenden Waaren bestehen in: Spirituosen, Esswaaren, Getreide, Hülsenfrüchten, Zucker, Gewürzen, Käse, Oel, Mehl, getrockneten Früchten, Seife, Terpentin, Petroleum, Schwefel, Alaun, Stangeneisen, Stahl, Kupfer, Blei, Blech, Hanfseilen, allerlei Werkzeugen, Nägeln, Quincailleriewaaren, Waffen, Gold- und Silberfäden, Thongeschirren, Glasperlen, Papier, Cigarrettenpapier, Schuhwerk, Hausgeräthen, Manufacturen aus Baumwolle, Seide, etc.

Unter den von den Küstenländern des Rothen Meeres nach Europa und der Türkei exportirten Artikeln befinden sich: Thierhäute und Hörner, Kaffee, Weihrauch, Gummi, Elefantenzähne, Straussfedern, Moschus, Matten, Rohrfedern, Datteln und Dattelbast, allerlei Gewürze, Schwämme, getrocknete Kräuter, Harze, Riechholz, Baumwolle, Teppiche, Zeltkotzen, Tücher, Perlen, Schildpatt, Muscheln, Honig, Sesam, Wachs, Butter, Kohlen, Soda etc.

Nach den Angaben der verschiedenen Schifffahrtsgesellschaften beziffert sich die Anzahl der im Jahre 1874 hier aus- und eingeschifften Colli und Tonnen wie folgt:

	Colli	Tonnen
Durch die englische Peninsular and Oriental Company:		
Von Ostasien und Aden kommend	14.304	1788
Dahin eingeschifft	4.121	515
Ausserdem Geldsendungen im Werthe von 252.871 Pfd. Stlg.		
Durch die französischen Messageries maritimes:		
Aus Europa kommend	7.000	875
Aus Ost-Asien	680	85
Durch die italienische Gesellschaft „Rubattino“:		
Importirt	2.900	215
Exportirt	1.356	232
Durch die Schiffe der ägyptischen Gesellschaft „Khedive“, welche nur die Hafenorte des Rothen Meeres berühren:		
Importirt	10.500	1166
Exportirt	8.000	889
Durch die Schiffe anderer Privatgesellschaften:		
Ein- und ausgeschifft, im Ganzen	12.000	1200

	Colli	Tonnen
Durch die Schiffe des österreichisch-ungarischen Lloyd, welche auf ihrer Tour Triest-Bombay allmonatlich einmal Suez berühren, und ausserdem in unregelmässigen Fahrten und gegen eine besondere Subvention seitens der Pforte den Transport türkischer Truppen zwischen Constantinopel und den türkischen Besitzungen im Rothen Meere besorgen:		
Importirt	11.313	1258
Exportirt	8.600	955
Ueberdies Geldsendungen im Werthe von 92.000 fl.		
Gesammter Waarenverkehr	80.774	9208

Der Ausfuhrzoll loco Suez beträgt 1 pCt. und jener der Einfuhr $7^1/_2$ pCt. des Werthes. Bei Differenzen in Betreff der Schätzung ist es freigestellt, den Zoll in natura zu entrichten.

Die Schiffe haben ausser den Canalgebühren noch folgende Taxen zu bezahlen: an Leuchtthurmgebühren für die ganze Strecke des Rothen Meeres 21 kr. ö. W. pr. Tonne bis zu 800 Tonnen und $10^1/_2$ kr. für jede die Ziffer von 800 übersteigende Tonne; an Sanitätstaxen 6 fl. 83 kr. pr. Schiff. Postschiffe entrichten um 5 pCt. weniger an Gebühren.

Die Frachtgebühr von Suez nach den Küstenorten und umgekehrt, soll einer Bemessung nach Waarenkategorien unterliegen, hängt aber von der Concurrenz ab und kann durchschnittlich mit 1 fl. 10 kr. pr. Ctr. angenommen werden.

Die handelsüblichen Maasse und Gewichte sind: Kantar, Oka und Rotl, dann Ardeb. 1 Kantar à 44 Oka = 100 Wiener Pfd., 1 Rotl entspricht dem Wiener Pfund. Der Ardeb enthält gewöhnlich 3 Centner und wird als Maasseinheit für Kornfrüchte benützt. Als Längenmaass sind zweierlei Pick im Gebrauche, der eine zu $^3/_4$ Yard, der andere zu $^2/_3$ Meter.

Europäisches Gold ist in sämmtlichen Küstenorten, und von Silbergeld der österreichische Maria Theresia-Thaler gangbar.

Suez ist Telegraphenstation und steht mit allen Ländern sowohl durch den elektrischen Draht als auch durch die Post in Verbindung, für welch' letztere hier ein ägyptisches, englisches und französisches Postamt besteht.

Trinkwasser, Proviant und Ballast sind leicht zu bekommen.

Trockendocks und sonstige Anstalten zu Schiffsreparaturen giebt es an den entfernteren Küstenorten des Rothen Meeres keine; Suez allein vermag allen diesfälligen Anforderungen der Schifffahrt zu entsprechen.

Bei Benützung des hiesigen Trockendocks sind für den ersten Tag 70 und für jeden folgenden Tag 35 Pfd. Stlg. an Gebühr zu entrichten. Dieses Dock ist eines der besten und schönsten, die es gibt: 130 Meter lang, 25 Meter breit und bei mittlerer Flut 22 Schuh tief. Die ägyptische Regierung liess dasselbe durch die Herren Dussaud frères aus Marseille mit einem Kostenaufwande von 9 Mill. Francs erbauen.

Mit Schluss des Jahres 1874 wurden auch die hiesigen Hafenbauten ihrem Ende zugeführt. Dieses Werk, welches die vorgenannte Firma im Jahre 1861—1862 um den Abfindungsbetrag von 25 Mill. Francs übernahm, umfasst: den Arsenalhafen, der 750 Meter lang und 214 Meter breit ist; den Handelshafen mit einer Länge von 750 Meter, einer Breite von 300 Meter und mit einer von Ebbe und Flut abhängigen gemeinschaftlichen Tiefe von 8—10 Meter.

Diese zwei Häfen sind durch einen 560 Meter langen und 100 Meter breiten Molo getrennt, an welchem die Schiffe bequem anlegen, laden und löschen können. Ein Theil des Molo ist gedeckt und durch einen doppelten Schienenweg mit der Eisenbahn von Suez verbunden.

Die Einfassung der beiden Häfen ist durch steinerne Dämme gebildet. Die durch die Ausgrabungen gewonnene und ringsum nivellirte Grundfläche beträgt 310.000 Quadratmeter und könnte vortheilhaft zu Waarendepôts verwendet werden; auch wird sich daselbst in der Zukunft wahrscheinlich das handeltreibende Element der Bevölkerung niederlassen.

Der Schiffsverkehr im Suezcanal und das Erträgniss an Canalgebühren gestaltete sich seit dem Jahre 1870 wie folgt:

Jahr	Schiffe	Tonnen	Ertrag an Canalgebühren Francs
1870	486	654.915	5,159.327
1871	765	1,142.200	8,993.732
1872	1082	1,744.481	16,407.591
1873	1173	2,085.072	22,897.319
1874	1264	.	24,849.972

Bekanntlich wurde durch die zur Feststellung des Tonnenausmaasses im vorigen Jahre nach Constantinopel berufene internationale Commission die Bemessung der den Suezcanal befahrenden Schiffe im Sinne des Moorsom'schen Systems empfohlen und für jede Registertonne ausser den ursprünglichen 10 Francs eine Taxerhöhung festgestellt u. zw.: 3 Francs für die bereits nach obigem System bemessenen und 4 Francs für andere Tonnen.

Die Canalgebühr beläuft sich also auf 13 und 14 Francs pr. Registertonne. Diese Taxe soll aber nach der nämlichen Entscheidung (Art. 5) fortschreitend vermindert und endlich ganz aufgelassen, d. h. auf den ursprünglichen Maximalsatz von 10 Francs zurückgeführt werden, sobald die Tonnenanzahl der während eines Jahres im Canal verkehrenden Schiffe die Höhe von 2,600.000 erreicht hat.

Einstweilen hat die fortschreitende Taxverminderung in folgendem Verhältnisse zu geschehen:

Nach Ausweis von 2,100.000 Tonnen Verkehr pr. Jahr soll die Canalverwaltung 50 Centimes weniger an Uebertaxe pr. Tonne beheben und hat diese Verminderung von 50 Cts. im Verhältniss zur weiteren Zunahme des Verkehrs um je 100.000 Tonnen fortzuschreiten, bis endlich die erwähnten 2,600.000 Tonnen pr. Jahr erreicht sind.

Nach einer genauen Berechnung haben die 1264 Schiffe, welche im Jahre 1874 den Canal passirten, folgenden Tonnenverkehr vermittelt: vom 1. Januar bis 29. April, von welchem Tage angefangen die Tonnenbemessung nach dem Moorsom'schen System anempfohlen wurde, 827.713 Gross-Tonnage; vom 30. April bis Ende December 1,087.989 Registertonnen.

Wird aber die Tragfähigkeit der 1264 Schiffe nach dem Canalsystem, d. h. nach Gross-Tonnage bemessen, so ergiebt sich eine Anzahl von 2,428.605 Tonnen.

In diesen Ziffern ist die Tonnenzahl der im Canal verkehrenden Barken nicht mitbegriffen; dieselbe beträgt ungefähr 12.000 Tonnen.

Aus den vorstehenden Angaben erhellt, dass im Jahre 1874 der Canalverkehr die 2,100.000 Registertonnen nicht überschritten hat. Eine Reduction der Gebühr um 50 Cts. hängt vom Aufschwung der Schifffahrt ab und ist vielleicht erst in 2—3 Jahren zu gewärtigen.

Einstweilen behebt die Canalverwaltung die Registertonnen-Gebühren unter der Benennung „tonnage imposé".

Im Sinne ihrer seinerzeit gemachten Gegenbemerkungen wünscht die Canalverwaltung die Uebertaxe von 3 und 4 Francs so lange aufrecht zu erhalten, bis 1. das Canaleinkommen es ihr ermöglichen wird, den auf 30 Mill. Francs bezifferten Rückstand der fälligen Coupons zu begleichen; 2. bis die ebenfalls auf 30 Mill. Francs veranschlagten Arbeiten zur Verbesserung des Canals beendet sind; endlich 3. bis die Einkünfte es erlauben werden, den Actionären 8 pCt. Zinsen des gezeichneten Capitals zu verabfolgen.

Die Gesammteinnahmen der Canalverwaltung im Jahre 1873 beliefen sich auf 24,830.000 Francs, die Ausgaben auf 17,340.000 Francs, somit die reine Einnahme auf 7,490.000 Francs.

Der Canalbau und dessen Instandhaltung erheischte bis 31. December 1873 einen Gesammtbetrag von 437 Mill. Francs. Die Einnahmen an Tonnengebühren allein beliefen sich in der Zeit vom Jahre 1870 bis Ende 1873 zusammen auf 53,457.969 Francs, und im Jahre 1874 auf 24,849.972 Francs, somit im Ganzen auf 78,307.941 Francs.

Das Erträgniss von den Domänen, vom Telegraphen, vom Süsswasser u. dgl., ebenso jene 124 Mill. Francs, welche der Viceкönig bei verschiedenen Gelegenheiten für Terrainabtretungen, Entschädigungen etc. bezahlt hat, sind in der obigen Summe nicht mitbegriffen.

Mit Rücksicht auf den Verkehr im Canal nach der Tonnenanzahl stehen die österreichisch-ungarischen Schiffe in dritter Reihe. Seit Eröffnung des Canals bis Ende 1873 haben nämlich denselben passirt: 761 englische Schiffe mit 1,059.976 Tonnen, 80 französische mit 162.621 T., 61 österreichisch-ungarische mit 53.066 T., 66 italienische mit 48.001 T. u. s. w. Seit der Zeit, wo der österreichisch-ungarische Lloyd die Bombay-Linie zu befahren anfing, lässt sich der Triester Handelsverkehr mit den ostasiatischen Ländern in folgendem Verhältnisse darstellen:

Jahr	Import fl.	Export fl.	Zusammen fl.
1870	8.279.922	1.362.003	9.641.925
1871	17,383.692	1,673.403	19.057.095
1872	17.131.442	1,489.821	18,621.263
1873	15.443.214	1.147.932	16.591.146

Die in den 2 letztgenannten Jahren gegenüber von 1871 eingetretene Abnahme des Verkehrs lässt sich dadurch erklären, dass die englische Peninsular and Oriental Company seither eine directe Schiffsverbindung zwischen Venedig und den österreichisch-ungarischen Ländern zu Stande gebracht und auf diese Weise einen Theil der Ein- und Ausfuhr nach jener Seestadt verlegt hat.

Der jährliche Werth der durch den Canal stattfindenden Güterbewegung lässt sich nicht genau bestimmen; wird aber bei annähernder Durchschnittsberechnung die Tonne mit 1000 fl. angenommen, so stellt sich für 1874 bei einem Verkehr von 2 Mill. Tonnen ein Werth von 2000 Mill. fl., und für die ganze Zeit seit Eröffnung des Canales ein solcher von 7500 Millionen fl. heraus. Von letzterer Summe entfallen auf Oesterreich-Ungarn ca. 82 Mill. Gulden

Der Handel in den Küstenländern des Rothen Meeres hat letzterer Zeit unmerklich zugenommen. Djedda und Massaua sind die Hauptverkehrspunkte. In ersterer Stadt sammeln sich die europäisch-indischen Einfuhrartikel, welche von da nach den anderen Uferplätzen versendet werden; in Massaua dagegen concentrirt sich ein Theil des Exports von Abyssinien und des Innern von Afrika.

Infolge der Besitznahme der abyssinischen Küstenplätze durch Aegypten hat der Caravanenhandel seine Richtung nach den im Golfe von Aden gelegenen Plätzen Zeyla und Berbera genommen, von wo aus die Waaren theils nach Indien, theils nach Amerika, die für Europa bestimmten Güter jedoch, und zwar zumeist Kaffee und Thierhäute, nach Aden gelangen.

Der Werth der Ein- und Ausfuhr nach und von den genannten zwei Küstenpunkten, welche die bereits früher erwähnten Waaren umfasst, lässt sich auf beiläufig 100 Mill. Francs veranschlagen.

Die Ausfuhr von dort war bisher bedeutender als der Import, doch könnte das Gleichgewicht in dieser Richtung bald hergestellt und der Import mit den sich fühlbar machenden Bedürfnissen der Civilisation bedeutend erhöht werden, wenn der Handelsverkehr durch eine regelmässige Schifffahrtsverbindung unterstützt würde.

Mit Rücksicht auf die geographische Lage Oesterreich-Ungarns wäre unsere Handelswelt berufen, diese Bahn sowohl durch Schiffe, als durch den Absatz der mannigfaltigen Producte der Monarchie zu beherrschen. Schifffahrt und Handel im Rothen Meere haben noch eine grosse Zukunft.

Wirthschaftliche Lage von Baltimore im Jahre 1874.

Baltimore. Ungeachtet die Nachwehen der grossen Krisis vom September 1873 während des ganzen vorigen Jahres fühlbar geblieben und noch nicht verschmerzt sind, hat der Handel dieses Platzes dennoch sehr befriedigende Ergebnisse geliefert, und wenn auch einzelne Branchen weniger günstige Resultate aufzuweisen haben, so gewährt doch das Ganze ein vortheilhaftes Bild.

Von fremden Häfen kamen 1034 Seeschiffe hier an, darunter 84 Dampfer aus Europa; es ist dies gegen 1873 eine Zunahme um 29 Fahrzeuge.

Der Gesammtwerth der Einfuhren beziffert sich mit 26,578.554 Dollar, ist also gegen das Vorjahr mit 31,319.033 Dollar bedeutend zurückgeblieben; was zum Theil als Beweis dienen mag, dass mehr Sparsamkeit geübt wurde und dass das frühere allgemeine Uebermass in diesem Lande in engere Grenzen trat, denn auch New-York, Philadelphia und andere Plätze zeigen in ihren Einfuhren ähnliche Resultate.

Sehr günstig gestaltete sich der Export, der noch nie zuvor solche Bedeutung erreicht hat. Dessen Werth beziffert sich mit 28,617.590 (gegen 22,548.616) Dollar.

Die wichtigeren Gegenstände des letztjährigen Imports waren Kaffee aus Brasilien, Zucker und Syrup aus Westindien, und umfassten dieselben einen Werth von ca. 20 Mill. Dollar; dann folgen als englische Provenienzen: Zinnblech für 1.200.000 Dollar, Stahlschienen für 500.000 Dollar.

Die übrigen Einfuhren bestanden in verschiedenen Producten und Fabrikaten, zumeist europäischen Ursprunges.

Unter den Exporten ragen Weizen, Mais, Mehl, Tabak, Baumwolle, Petroleum, Kohlen und verschiedene Verzehrungsgegenstände hervor.

Während des Jahres 1874 hat die Eisenbahnverbindung mit dem Westen eine weitere Ausdehnung gewonnen, wobei die Anknüpfung der Baltimore- und Ohio-Linie an Chicago besonders hervorzuheben ist. Die neue und vortheilhafte Communication kommt namentlich dem Getreidegeschäfte zugute, und hat den stattgefundenen grossen Aufschwung hauptsächlich herbeigeführt.

Ebenso ist es dem Unternehmungsgeiste der Baltimore- und Ohio-Eisenbahn-Gesellschaft zu danken, dass der Artikel Petroleum für unsern Platz so wichtig zu werden scheint, indem sie für den Transport hieher Vortheile bietet, die den Concurrenzlinien nach Philadelphia und New-York voraus sind.

Bei den ausgezeichneten Verbindungen Baltimore's mit dem Süden und Westen und seiner allgemein günstigen geographischen Lage richtet sich die Aufmerksamkeit der Handelswelt immer mehr nach diesem Platze, dessen Aussichten für die Zukunft wohl niemals besser waren als eben jetzt.

Auch im vorigen Jahre ist eine grössere Anzahl österreichisch-ungarischer Handelsschiffe im Hafen von Baltimore erschienen, um daselbst Ladung einzunehmen.

Frachtsuchenden nationalen Schiffen wäre in ihrem Interesse zu empfehlen, Baltimore hauptsächlich im Auge zu haben oder in Hampton Roads zu ankern*). Dieser letztere Punkt ist günstig gelegen, um von da Baltimore, Richmond, Philadelphia und New-York leicht zu erreichen.

Ueber die Waarenbezüge aus Oesterreich-Ungarn lassen sich keinerlei zuverlässige Mittheilungen geben, da fast alle Güter indirect über Hamburg und Bremen, zum Theil auch über New-York importirt werden. Es lässt sich übrigens nicht bezweifeln, dass viele Erzeugnisse der nationalen Industrie mit denjenigen Englands, Frankreichs, Deutschlands und der Schweiz vortheilhaft zu concurriren vermöchten, und dass deshalb der diesfällige Absatz nach den Vereinigten Staaten grösser sein sollte, als er es in Wirklichkeit ist.

Das Interesse und die Theilnahme für die im Jahre 1876 in Philadelphia stattfindende internationale Ausstellung hat sich in allen Staaten der Union lebhaft gesteigert. Es wäre zu wünschen, dass auch die österreichisch-ungarischen Industriellen sich thätig daran betheiligten, denn die von dem Unternehmen zu erwartenden Vortheile werden, wenn auch nicht sofort, doch gewiss in späterer Zeit dessen Bedeutung erkennen lassen.

Infolge der unbefriedigenden Arbeitsverhältnisse hier im Lande ist die letztjährige Einwanderung bedeutend kleiner ausgefallen und umfasste nur 9061 Personen, unter denen sich 8525 Deutsche befanden. Im Jahre 1873 kamen 16.179 Einwanderer, davon 14.568 Deutsche.

*) Der k. und k. Consul J. D. Kremelberg in Baltimore ist auf telegraphische oder briefliche Anfrage gern erbötig, auch durch sein Handlungshaus in New-York den Capitänen über die verschiedenen Frachtmärkte zu berichten, um darnach die vortheilhafteste Wahl treffen zu können.
Anm. d. Red.

Personalnachrichten.

— Seine k. und k. Apostolische Majestät haben den derzeitigen Gerenten des k. und k. Honorar-Viceconsulates in Ponta Delgada auf S. Miguel (Azoren) João Bernardes de Abreu e Lima zum unbesoldeten Viceconsul daselbst mit dem Rechte zum Bezuge der tarifmässigen Consulargebühren allergnädigst zu ernennen geruht.

(Allerhöchste Entschliessung vom 6. September 1875.)

— Seine k. und k. Apostolische Majestät haben allergnädigst zu gestatten geruht, dass der k. und k. Consul Karl Ritter v. Boleslawski die grosse Decoration des tunesischen Nischan-Iftikhar-Ordens annehmen und tragen dürfe.

(Allerhöchste Entschliessung vom 14. September 1875.)

— Seine k. und k. Apostolische Majestät haben den bei der k. und k. Gesandtschaft in Teheran in Verwendung stehenden Consulareleven Guido Freiherrn v. Call-Rosenburg zum Viceconsul bei dem k. und k. Consulate in Constantinopel allergnädigst zu ernennen geruht.

(Allerhöchste Entschliessung vom 22. September 1875.)

— Seine k. und k. Apostolische Majestät haben mit Allerhöchst unterzeichnetem Diplome dem k. und k. Consul zu Shanghai Rudolf Schlick als Ritter des Ordens der eisernen Krone III. Classe in Gemässheit der Ordensstatuten den Ritterstand allergnädigst zu verleihen geruht.

— Der neu ernannte k. und k. Consul Ernst Freiherr v. Haan in Galatz hat sein Amt angetreten.

— Der k. und k. Generalconsul und Legationsrath Friedrich Edler v. Pilat in Venedig ist nach mehrmonatlicher Abwesenheit auf seinen Posten zurückgekehrt.

— Der neu ernannte k. und k. Viceconsul Robert Andrews in Belfast hat sein Amt angetreten.

— Der k. und k. Generalconsul Dr. Karl Prinelg Ritter v. Herwalt in Odessa hat nach der Rückkehr von seiner Urlaubsreise die Leitung der Amtsgeschäfte wieder übernommen.

— Der k. und k. Consul Josef Haupt in Amsterdam ist von seinem Urlaub zurückgekehrt und hat die Leitung der Dienstgeschäfte wieder übernommen.

— Der k. und k. Consul Rudolf Filek v. Wittinghausen in Adrianopel ist von seinem Urlaube zurückgekehrt und hat die Leitung des Consulates wieder übernommen.

— Der k. und k. Consul Ignaz Kohen in Malta hat nach der Rückkehr vom Urlaube die Dienstgeschäfte wieder übernommen.

— Der k. und k. Consul Eugen v. Csörgeö in Corfu ist mit Tod abgegangen.

Handelsverhältnisse von Russland (sammt Polen) in den Jahren 1873 und 1874.

Warschau. Wenn auch die im Jahre 1873 ausgebrochene und zum Theil noch fortdauernde Finanzkrisis nicht ohne allen Einfluss auf Russland und Polen bleiben konnte, so machte sich dieselbe in ihren Folgen doch nicht so bemerkbar wie in den Nachbarländern.

Namentlich gilt dies von Polen, wo die Capitalien sich nicht so sehr der Speculation in Effecten, als vielmehr der lohnenden Anlage in Industrie- und Fabriksunternehmungen zuwendeten.

Zu diesem günstigen Resultate trug namentlich der durch die Missernte in dem grössten Theile von Mitteleuropa veranlasste, durch die zeitweise Aufhebung des Einfuhrzolles in Oesterreich-Ungarn begünstigte reichliche Getreideexport, sowie der rapide Ausbau des russisch-polnischen Eisenbahnnetzes bei, welcher dem Verkehre grosse Erleichterungen brachte. Demnach zählen die Jahre 1873 und 1874 zu den günstigsten für den Handelsverkehr Polens.

Seit einigen Jahren ist auch eine bedeutende Verbesserung der wirthschaftlichen und materiellen Verhältnisse dieses Landes bemerkbar. Neben der rationelleren Pflege der Landwirthschaft und der mit ihr verbundenen Productionszweige ist es die stetig zunehmende Entwickelung der gewerblichen und Fabriksthätigkeit, welche schon sehr günstige Resultate aufweist und durch den bereits begonnenen Bau der Weichselbahn und die Concessionirung der Bahn von Jwangród nach Dabrowa, dem Hauptorte eines sehr ergiebigen Kohlenbezirkes, eine mächtige Förderung erfahren wird.

Bei dem Umstande, dass die abgesonderte Verwaltung der Finanzangelegenheiten Polens bereits seit mehreren Jahren aufgehört hat, und der Ex- und Import über die Landesgrenzen gegen das Ausland nunmehr in die Nachweise über die Handelsbewegung Russlands mit aufgenommen wird, ist es beinahe unmöglich, eine ziffermässige Darstellung desselben zu geben, und auf solche Weise dessen von Jahr zu Jahr sich vergrössernde Zunahme zu constatiren.

Hiebei muss gleich bemerkt werden, dass ein grosser Theil der aus Oesterreich-Ungarn, Deutschland und dem Westen Europa's über die polnische Grenze importirten Gegenstände hier nur transitirt und nach dem eigentlichen Russland bestimmt ist.

Polen als Agriculturland kann eben nur seine Bodenproducte in der Ausfuhr verwerthen, vor Allem Getreide und Holz. An der enormen Getreideausfuhr Russlands in den letzten 2 Jahren participirte Polen nicht in dem Maasse, als dies bei so günstigen Verhältnissen zu erwarten war. Ursache dessen sind vor Allem die mittelmässigen Ernten von 1872 und 1873 und der geringe Wasserstand der Weichsel, sowie andere Schwierigkeiten, welche sich der Schifffahrt auf diesem Flusse entgegenstellen.

Das polnische Getreide, namentlich Weizen aus der Gegend von Sandomir, der seiner vorzüglichen Qualität wegen auf englischen Märkten sehr beliebt ist, wird seit jeher in bedeutenden Mengen auf dem Wasserwege nach Danzig ausgeführt.

Im Jahre 1873 betrug die Ausfuhr von Cerealien und Oelsamen zusammen 66.364 Tonnen à 1000 Kilogramm, im Gesammtwerthe von 2,574.300 Silberrubel. Dieselbe umfasste: 41.095 Tonnen Weizen, 2522 T. Roggen, 2737 T. Gerste, 1331

Tonnen Hafer, 8961 T. Hülsenfrüchte, 9718 T. Oelsamen. Ausserdem wurden per Achse 14.000 Centner Getreide nach Preussen ausgeführt. Während desselben Jahres beförderte die Warschau-Wiener Eisenbahn 9,379.000 Pud und die Warschau-Bromberger Bahn 2,211.000 Pud Getreide.

Welch' grossartige Dimensionen die rapid steigende Holzausfuhr angenommen hat, zeigen die nachstehenden Angaben über den Werth dieses Exportes in den letzten 6 Jahren: 1869 für 11,658.334 Silberrubel; 1870 für 13,145.568 Silberrubel; 1871 für 14,026.287 Silberrubel; 1872 für 22,404.229 Silberrubel; 1873 für 29,904.584 Silberrubel; 1874 für 33,738.685 Silberrubel.

Von Sachverständigen wurde die Ansicht ausgesprochen, dass eine in diesem Maassstabe weiter andauernde Ausfuhr im Verlaufe weniger Jahre die Waldungen Russlands vernichten würde. Die Umsätze seit Beginn des laufenden Jahres berechtigen jedoch zu der Annahme, dass der diesmalige Werth des Holzexportes gegen den des Vorjahres bedeutend zurückstehen werde.

Neben dem Getreide bildet Holz den Hauptgegenstand der Ausfuhr aus Polen. Die Wälder in Galizien und Polen liefern vorzügliches Material zum Schiffbau, zu Eisenbahnschwellen und zu Bauzwecken überhaupt.

Dieses Holz, von den grössten Eichenstämmen bis zu den dünnsten Mauerlatten, wird auf Flössen nach Danzig geschwemmt und von dort nach England, Frankreich und Holland verschifft. Mit Rücksicht auf die Dimensionen dieses Ausfuhrartikels wird für denselben der Wasserweg auf der Weichsel wohl immer bevorzugt werden.

Die Zahl der galizischen Flösser, welche das Holz bis Danzig führen, beträgt jährlich 10.000—12.000. Zufolge der monatlichen Ausweise kamen im Jahre 1873 aus Galizien auf dem Wasserwege mit der Bestimmung nach Warschau: 140 Flösse im Werthe von 140.000 Silberrubel; mit der Bestimmung nach Preussen: 2100 Flösse im Werthe von 6,300.000 Silberrubel. Dagegen im letztverflossenen Jahre: mit der Bestimmung nach Warschau: 238 und resp. 1560 Flösse im Werthe von 238.000 und 4,680.000 Silberrubel.

Der Werth der Holzausfuhr auf der Weichsel nach Danzig betrug im Jahre 1873 zusammen 7,374.400 Thlr., nämlich: weiches Holz für 4,178.200 Thlr. und hartes für 3,196.200 Thlr. Ausserdem ist noch die Ausfuhr von Spiritus und Häuten von ziemlichem Belange.

Von der Gesammteinfuhr nach Russland entfällt auf Polen ein beträchtlicher Theil. Was speciell den Import aus Oesterreich-Ungarn anbelangt, so sind es namentlich folgende Artikel, welche hier trotz der grossen Concurrenz lohnenden Absatz finden:

Ungarische Weine, welche sich von jeher in Polen einer grossen Beliebtheit erfreuen; landwirthschaftliche Maschinen; Galanterie- und Lederwaaren, sogenannte Wiener Artikel, welche namentlich seit der Weltausstellung 1873 der Pariser Waare erfolgreich Concurrenz machen; fertige Kleider und Wäsche; Leinwand, namentlich in den feineren Sorten; Claviere und musikalische Instrumente (Blechinstrumente aus Böhmen für die russische Militärmusik); Möbeln aus gebogenem Holze; Lampen, Parfümerien und Toiletteseifen; Mehl und sonstige Mahlproducte. (Die Actien-Dampfmühle in Sokal unterhält hier ein ständiges Lager ihrer Erzeugnisse.)

Seit der im vorigen Jahre hier veranstalteten landwirthschaftlichen Ausstellung hat auch die Bierbrauerei in Tenczyn hier eine eigene Niederlage. Bei dem bedeutend gesteigerten Bierconsum würde überhaupt Polen für unser Bier ein sehr lohnendes Absatzgebiet sein, wenn nicht der sehr hohe Eingangszoll hindernd im Wege stünde.

Auch den grössten Theil seines Bedarfes an Südfrüchten und Colonialwaaren bezieht Polen aus Oesterreich. Das Triester Haus Mauro hat in Warschau ein en gros-Lager etablirt, welches den Detailhändlern in der Provinz ihren Bedarf liefert.

Ist schon eine ziffermässige Darstellung des Handelsverkehrs von Polen mit dem Auslande aus den früher erwähnten Gründen kaum möglich, so entzieht sich noch weit mehr sein Handel mit den übrigen Provinzen des russischen Reiches jeder Controle. Derselbe ist namentlich im Export ziemlich bedeutend.

In den letzten Jahren hat die Fabriks- und Gewerbethätigkeit in Polen einen bedeutenden Aufschwung genommen. Die vortheilhaften Bodenverhältnisse, die unmittelbare Nähe des Auslandes und die hiedurch bedingte Möglichkeit des leichteren Bezuges von Rohmaterialien und Halbfabrikaten, das Herbeiströmen zahlreicher geübter Arbeiter, die vermehrten Communicationen, der relativ billigere Arbeitslohn führten naturgemäss zur Anlegung von Fabriken und zu industriellen Unternehmungen, deren Erzeugnisse nach dem Ausbau des russischen Eisenbahnnetzes im Innern des Reiches einen sehr lohnenden Markt finden und in einigen Artikeln mit dem Auslande erfolgreich concurriren.

Vor Allem ist die Zuckerfabrikation bedeutend, welche bis in die neueste Zeit von der Regierung mannigfach begünstigt, sowohl in Russland als Polen zu grosser Blüte gelangte. Letzteres zählte zu Ende 1872 38 grosse Fabriken, welche in jenem Jahre 1½ Mill. Pud Sandzucker erzeugten. Das Fabrikat der bedeutenderen derselben, als: Ostrów, Dobrzelin, Jozefów, Walentynów und Leonów etc., ist in Petersburg und Moskau sehr beliebt.

Ein lebhafter Export hat sich auch in manchen Artikeln der Warschauer Industrie entwickelt, so namentlich in Schuhwaaren und Handschuhen; dieselben geniessen eines sehr guten Rufes und brauchen die Concurrenz des Auslandes nicht zu scheuen.

Dasselbe gilt von Wägen und Equipagen, welche aus einigen renommirten Fabriken (Rentel, Sommer, Augustynowicz u. A.) hervorgehen; dann von Stearinkerzen (wiewohl von geringer Qualität), Parfümerien und chemischen Producten.

Beträchtlichen Absatz finden auch die Erzeugnisse der zwei grössten Fabriken in Polen, der von Zyrardów (Leinenwaaren) und jener von Czechy (Glaswaaren). Beide Etablissements sind Eigenthum österreichischer Staatsangehörigen. Die erstere beschäftigt ca. 4000, die letztere über 1200 Arbeiter, gleichfalls zum grössten Theil Personen aus Oesterreich-Ungarn.

Ueber den Ein- und Ausfuhrhandel Russlands in 1873 und 1874 wurde der folgende summarische Ausweis veröffentlicht, welcher jedoch nur die wichtigsten Artikel enthält:

Einfuhr.

Waarengattung		1873	1874
Rohzucker und Zuckermehl	Pud	119.871	337.844
Raffinirter Zucker.	„	927	918
Chinesischer Thee	„	729.999	723.406
Kaffee	„	409.470	442.798
Oel	„	1,269.699	1,399.852
Wein	„	1,072.450	966.480
„	Fässer	373.913	346.619
Champagner.	Flaschen	1,191.940	1,159.331
Salz	Pud	12,407.559	12,419.018
Gesalzene Häringe	„	3,665.565	4,344.169
Andere Fische.	„	574.170	590.723
Tabak in Blättern	„	225.095	229.991
Geschnittener Tabak und Cigarren	„	3.707	3.687
Rohe Baumwolle	„	3,393.945	4,445.260
Baumwollgarn	„	314.962	331.932

Waarengattung		1873	1874
Färbeholz	Pud	363.113	506.112
Indigo	„	44.725	53.419
Samenöl	„	2,701.144	2,522.329
Rohes Eisen	„	2,334.657	2,795.130
Eisenstäbe	„	4,475.205	5,178.690
Eisen- und Kesselblech	„	1,587.123	1,262.530
Eisenbahnschienen	„	7,119.175	5,221.537
Blei	„	864.558	1,019.190
Rohe Schafwolle	„	148.515	253.225
Nichtgesponnene Schafwolle	„	19.243	54.949
Künstliche Wolle	„	17.646	8.666
Gesponnene Schafwolle	„	185.037	219.212
Seide	„	15.031	15.935
Soda	„	1,168.236	1,173.541
Steinkohlen	„	50,853.965	62,870.453
Locomotive	„	2,059.947	2,455.512
Baumwollfabrikate	„	95.103	93.090
Seidenfabrikate	„	11.920	11.971
Schafwollfabrikate	„	136.259	156.433
Leinwand	Silberrubel	2,579.317	2,534.844

Ausfuhr.

Waarengattung		1873	1874
Weizen	Tschetwert	6,957.164	8,225.353
Roggen	„	7,389.128	9,708.479
Gerste	„	1,160.717	2,174.133
Mais	„	663.990	140.951
Erbsen	„	173.377	363.591
Hafer	„	3,437.940	5,373.027
Mehl	„	305.769	337.310
Anderes Getreide	„	617.014	526.885
Zusammen	Tschetwert	20,705.099	26,849.729
Lein- und Hanfsamen	Tschetwert	2,496.207	2,948.458
Leinöl	Pud	12.250	54.040
Butter	„	112.925	156.942
Spiritus und Kornbranntwein	„	707.100	1,987.697
„ „ „	Grade	.	229,724.769
Honig	Pud	125.672	302.155
Tabak in Blättern und geschnitten	„	94.652	199.783
Grossvieh	Stück	44.928	33.689
Kleinvieh	„	761.328	570.857
Pferde	„	18.986	27.411
Talg	Pud	784.922	544.690
Lein	„	9,091.480	9,989.269
Leinwerg	„	610.545	690.784
Hanf	„	3,776.270	3,808.890
Hanfwerg	„	55.400	60.356
Leinen- und Hanfgarn	„	396.882	291.398
Rohe Häute	„	319.042	244.244

Waarengattung		1873	1874
Häute und Juchtenleder	Pud	17.682	20.836
Knochen	"	908.497	1,147.192
Rohe Schafwolle	"	919.007	1,081.647
Borsten	"	120.529	101.526
Rosshaar	"	51.346	20.717
Pottasche	"	255.394	238.747
Eisen	"	939.137	338.575
Kupfer	"	9.862	6.449
Hadern	"	703.172	596.832
Taue	"	268.349	196.717
Leinwand	Stück	14.753	7.551
Grobe Leinwand	Arschinen	6,988.517	6,501.680
Webwaaren	Pud	12.933	8.629
Holz	Silberrubel	29,904.584	33,738.658
Pelze	Pud	38.373	.

Wie aus den vorstehenden Ziffern zu entnehmen ist, hat gegen das Jahr 1873 die Ausfuhr von Getreide um 30 pCt., von Hanf um 10 pCt., von Holz um 13 pCt., von roher Schafwolle um 15 pCt., von Spiritus um 160 pCt. zugenommen.

Die Getreideausfuhr war noch in keinem Jahre so bedeutend wie 1874. Dieselbe betrug nämlich:

Jahr	Tschetwert	Jahr	Tschetwert
1868	12,222.068	1872	15,950.449
1869	10,337.322	1873	20,705.099
1870	21,071.185	1874	26,849.729
1871	23,244.191		

Abgenommen gegen das Vorjahr hat die Ausfuhr von Vieh, Talg, Häuten, Borsten und Eisen. Die Ausfuhr von Vieh weist einen Rückgang von 25 pCt. auf. Ursache hievon sind die beinahe nie aufhörenden Viehseuchen, welche nicht nur den Viehstand Russlands bedeutend verringern, sondern auch das Ausland veranlassen, sich gegen die Einfuhr von Vieh abzusperren.

Am bedeutendsten hat die Ausfuhr von Eisen abgenommen; der Unterschied gegen das Vorjahr beträgt ca. 65 pCt., und dürfte der Erklärungsgrund hiefür in dem gesteigerten einheimischen Bedarfe zu suchen sein.

Zu den hauptsächlichsten Einfuhrartikeln gehören: rohe Schafwolle und Baumwolle und derlei Fabrikate, Steinkohlen, Metallwaaren, Senföl und Petroleum, Olivenöl, Maschinen, Farbwaaren, Wein, Thee. Von jedem dieser Artikel wird jährlich für mehr als 1 Mill. Rubel eingeführt.

Auch im letztverflossenen Jahre hat die Einfuhr bedeutend zugenommen; von den in dem vorstehenden Ausweise enthaltenen 35 Importartikeln weisen 23 eine bedeutend höhere Ziffer als in 1873 auf.

Die stetige Zunahme des russischen Aussenhandels ist aus den Zolleinnahmen der letzten 5 Jahre zu entnehmen. Dieselben betrugen:

Jahr	Rubel	Jahr	Rubel
1870	42,145.042	1873	55.185.548
1871	49,279.359	1874	57,680.682
1872	54,358.341		

Diejenigen Artikel, welche 1874 den höchsten Zollertrag lieferten, sind: Thee 13,192.952 Rubel, Salz 4,612.903 Rubel, Getränke 3,824.119 Rubel, Schafwollwaaren 3,506.543 Rubel, rohe Schafwolle 3,373.833 Rubel, Holzöl 2,550.400 Rubel, Seidenwaaren 1,655.664 Rubel.

Die Auslagen für die Erhaltung der Zollämter betrugen voriges Jahr 2,998.100 Rubel, jene für die Grenzwache 3,387.100 Rubel, so dass der Staatsverwaltung ein Reinertrag von 51,295.482 Rubel oder 88·9 pCt. der Gesammteinnahme blieb.

Schifffahrt und Handel von Valencia im Jahre 1874.

Valencia. Die Provinz Valencia wurde im vorigen Jahre in noch ausgedehnterem Maasse zum Kriegsschauplatze der Karlisten auserkoren, wovon die reichen Ortschaften dieses Gebietes die traurigsten Spuren an sich tragen. Aus mehreren derselben wurde der arbeitsame Landmann gänzlich verscheucht und die fruchtbaren Felder blieben brach liegen. Mehrere der unternehmenderen Speculanten hielten mit ihrer Thätigkeit völlig inne, andere wieder beschränkten dieselbe auf ein bescheidenes Maass.

Infolge dessen hatten auch die Operationen der österreichisch-ungarischen Flagge einen geringeren Umfang als im Vorjahre. Zwei Segelschiffe von 156 und resp. 664 Tonnen, die noch im December 1873 hier eingelaufen waren, gingen mit Cacahuet (Feldpistazien zur Oelerzeugung) beladen nach Dünkirchen ab. Vier andere, zusammen von 1786 Tonnen, welche in Ballast angelangt waren, wurden mit gleicher Ladung ebenfalls nach Frankreich verfrachtet.

Der Schiffsverkehr unter spanischer Flagge ist dadurch, dass der Betrieb der Litoral-Eisenbahn 9 Monate hindurch gegen Tortosa und Tarragona zu unterbrochen war, gegen 1873 gestiegen; die diesfälligen Einläufe betrugen 2488 von 298.355 Tonnen, gegen 1644 von 241.776 T. in 1873. Man ersieht hieraus, dass die im vorigen Jahre stattgefundene bedeutende Zunahme der Segelfahrzeuge und insbesondere der für den Transport von Reisenden gewidmeten Dampfer zunächst die Küstenfahrt betrifft, welche 2280 Fahrzeuge aufweist.

Die übrigen Flaggen waren beim Einlauf durch 582 Segel- und Dampfschiffe von 193.771 Tonnen vertreten, unter welchen sich aber nur 219 beladene von 58.000 Tonnen befanden.

Am meisten betheiligt war hierbei die französische Flagge; nach dieser die englische (35 pCt.), die italienische (5 pCt.), die norwegische, holländische, amerikanische, portugiesische, dänische und venezuelische (diese sechs zusammen mit nur 5 pCt.). Aus österreichisch-ungarischen Häfen hat eine directe Ankunft von Schiffen nicht stattgefunden.

Was die letztjährige Waareneinfuhr anbelangt, so war dieselbe bedeutend in: Guano und Zucker aus Cuba; Bacalà und Bauholz aus Skandinavien; Mehl, Quincaillerien und Luxuswaaren aus Frankreich; Kohlen und bearbeitetem Eisen aus England; Petroleum aus Amerika.

Ausgeführt wurden: Safran, Wein, Cacahuet, Seidencocons und Orangen. Von letzteren wurden in der Zeit vom 17. October 1873 bis 30. Juni 1874 ca. 379.757 Kisten im beiläufigen Werthe von 2,600.000 fl. und darüber verschickt.

Im Jahre 1874 fing man mit der Versendung erst am 10. November an, und es sind innerhalb 40 Tagen 73.000 Kisten (andere Jahre in einem gleichen Zeitraume etwa 25.000 Kisten) verladen worden.

Bis zu Weihnachten geht die grosse Gattung dieser Frucht, ohne Rücksicht auf Qualität, ausschliesslich nach Frankreich; dann aber, nach einer sechswochentlichen Pause, wird dieselbe auch nach dem Norden Europa's, nach England und den Vereinigten Staaten verführt.

In der Ufergegend des nahen Jucar verschwinden Maulbeer- und Olivenbäume immer mehr und werden statt dessen Orangensetzlinge gepflanzt. In anderen Theilen der Provinz wird der Johannisbrodbaum, dessen Cultur man nach den unteren Gebirgsschichten überträgt, durch den einträglicheren Weinbau sichtlich verdrängt.

Wein und Brodfrüchte geriethen im Jahre 1874 regelmässig, auch die Ernte von Cacahuet und Reis war ziemlich ergiebig; dagegen lieferte der Oelbaum kaum 10 pCt. eines mittleren Ertrages. Es wurde deshalb auch schon mit einer Ladung Oel aus Italien ein Versuch gemacht, doch stellte sich der Preis der Waare zu hoch, um die Concurrenz bestehen zu können.

An Seidencocons fehlte es nicht, denn die Ernte war befriedigend. In den zwei Districten von Alcira und Sueca allein erzielte man über 35.000 Arrobas. Nicht genau bekannt ist das diesfällige Erträgniss der Gegend von Torente, Gandia, Sagunto und Liria, wie auch der Dorfschaften um Valencia, die alle in wenn auch geringem, aber immerhin genügendem Maasse Cocons erzeugen.

Die mittleren Jahrespreise der Hauptartikel stellen sich wie folgt: Olivenöl 46 Realen (à 10½ kr.) pr. 10 Kilogr.; Reis „Cilindrado“ prima 26½ R., „tres pasadas“ 22 R. pr. Barchilla; amerikanische Fassdauben 5600 R. das Tausend (andere Sorten fehlten); Safran 74 R. pr. Pfd.; Cacahuet 9½ R. pr. Barchilla; Mehl C. O. S. 202 R. pr. 122½ Kilogr.; weisse feine Schafwolle 105 R. pr. Arroba; Weizen 106 R. pr. Hektoliter; Wein 7½ R. pr. Cantar; Orangen 60 R. pr. Kiste; Cocons 60 R. pr. Quarteron.

Jener Küstenstrich, welcher, obwohl in die Nachbarprovinz Alicante hinüberreichend, dennoch gewohnheitsmässig unter dem Collectivnamen „Marina“ als Bestandtheil des Gebietes von Valencia betrachtet wird, lieferte früher minder guten Wein, während man sich jetzt daselbst in immer ausgedehnterem Maasse und mit dem besten Erfolg auf die Cultur von geeigneten Rosinensorten für den Export verlegt, der namentlich aus den Hafenplätzen Denia, Javea, Altea, Oliva und Gandia stattfindet. Zu diesen führt eine an die Valencia-Eisenbahn in Carcagente sich anschliessende Pferdebahnlinie. England und Amerika sind die grössten Abnehmer dieser Frucht. In der Periode vom 18. August bis 12. November 1874 verliessen 92 beladene Dampfer die eben genannten 5 Häfen. Ausserdem besorgen noch zahlreiche kleinere Seebarken die Verschiffung von Rosinen nach Marseille und Algier, wie auch nach verschiedenen spanischen Echellen.

Der Export betrug 393.497 Quintal, eine Menge, die nur einmal, nämlich im Jahre 1872, wo man 405.254 Quintal verschiffte, übertroffen wurde. Noch vor 20 Jahren schwankte die Ausfuhr der Rosinen zwischen 150.000—200.000 Quintal, hat sich also seitdem verdoppelt. Der schmale Landstrich leistet in dieser Beziehung wirklich Unglaubliches, denn der Werth der aus den 5 unbedeutenden Marina-Häfen abgegangenen Rosinenladungen beläuft sich über 30½ Mill. Realen, also über 3 Mill. Gulden. Der Preis der Frucht wechselte zwischen 80 und 100 Realen pr. Quintal.

Die verladenen Mengen vertheilen sich ihrer Bestimmung nach wie folgt:

London	204.040	Quintal	Baltimore	4.250	Quintal
Liverpool	66.037	„	Boston	1.500	„
Bristol	4.300	„	Montreal	19.962	„
Dublin	100	„	Marseille	5.617	„
New-York	73.791	„	Algier und Oran . . .	2.000	„
Philadelphia	10.750	„	Spanische Echellen . .	1.160	„

England bezog somit im Ganzen 274.477, Nordamerika und Canada 110.253 Quintal. Bezüglich der zwei letzteren Kundschaften gestaltete sich das Ergebniss um so erfreulicher, als sie im Jahre 1873 nur für 52.000 Quintal Abnehmer waren, und es bekannt ist, welche namhafte Mengen nebstdem Malaga und Griechenland, vielleicht auch Smyrna dahin abliefern.

In den Wechselcoursen auf andere spanische Plätze stand Valencia stets im Nachtheil, aber auch jene auf London, Paris und Marseille, nämlich 49·85 und resp. 5 Francs 16 Cent. pr. Duro, 9 und 8 Tage Sicht, begünstigten den Platz keineswegs.

Was schliesslich das Bankwesen betrifft, so sah es mit den einzelnen Geldinstituten und Creditgesellschaften trüb aus, denn es ist dahin gekommen, dass man sich ihrer aus Misstrauen gar nicht mehr bedient. Vertrauen verdient dermalen nur die Succursale der Banco de España. Die Eisenbahngesellschaften fristen ein noch traurigeres Dasein, denn theilweise ist der Betrieb derselben ganz eingestellt, theilweise werden sie weniger denn je in Anspruch genommen, und haben nur mit den Actionären entstandene Streitfragen auszugleichen und zu lösen.

Schifffahrts- und Handelsbewegung von Galatz im Jahre 1874.

Galatz. Die Gesammtzahl der im Jahre 1874 hier eingelaufenen Seeschiffe beträgt 877 mit 267.349 Tonnen, darunter 538 Segelschiffe mit 87.668 Tonnen und 339 Dampfer mit 179.681 Tonnen.

Die gleiche Anzahl Kauffahrer sind auch von Galatz abgegangen und zwar 631 mit 195.404 Tonnen in Ladung, 246 mit 71.945 Tonnen in Ballast.

Die Seeschifffahrt unter österreichisch-ungarischer Flagge umfasste 19 Segelfahrzeuge mit 3927 Tonnen, davon 16 mit 3435 T. in Ladung, und 96 beladene Dampfer mit 46.414 T., nämlich: 46 Lloyddampfer von 33.164 T. und 50 Propeller der I. k. k. priv. Donau-Dampfschifffahrtsgesellschaft (Linie Galatz-Odessa) mit 13.250 Tonnen.

Das Gesammtergebniss der nationalen Schifffahrt im Jahre 1874 betrug sonach 115 Fahrzeuge mit 50.341 Tonnen, gegen 103 Schiffe mit 43.825 T. in 1873, 88 Schiffe mit 41.829 T. in 1872 und 105 Schiffe mit 48.102 T. in 1871.

Der Verkehr der einzelnen Schiffsgattungen unter österreichisch-ungarischer Flagge weiset für die letzten 6 Jahre nachstehende Belange auf:

Jahr	Segelschiffe		Lloyddampfer		Donaupropeller	
	Zahl	Tonnen	Zahl	Tonnen	Zahl	Tonnen
1869	38	8185	45	26.128	37	9.070
1870	26	6739	67	41.602	32	9.295
1871	24	5982	41	31.470	40	10.650
1872	24	5949	39	29.130	25	6.750
1873	26	6286	44	29.304	33	8.235
1874	19	3927	46	33.164	50	13.250

Hiernach ergiebt das Jahr 1874 bezüglich der Segelschiffe eine Abnahme, wird in der Anzahl der Lloyddampfer nur vom Jahre 1870 übertroffen, tritt dagegen hinsichtlich der Donaupropeller mit dem günstigsten Resultate hervor.

Der Verkehr der österreichisch-ungarischen Lloyddampfer und der Seepropeller der I. k. k. priv. Donau-Dampfschifffahrtsgesellschaft hatte voriges Jahr mit keinerlei Quarantänemassregeln in Sulina zu kämpfen, während bekanntlich in den Jahren 1872 und 1873 die periodischen Fahrten dieser Schiffe häufige Störungen dieser Art erlitten.

In der Anzahl der Lloydboote sind auch 5 ausserordentliche Dampfer inbegriffen, welche ausser Tarif über Requisition hiesiger Exportcure in Galatz einlangten und mit Getreide beladen, nach England und dem Mittelländischen Meere ihre Richtung nahmen.

Ausser den oben angeführten Seefahrzeugen unter österreichisch-ungarischer Flagge betheiligten sich auch die Flussdampfer der I. k. k. priv. Donau-Dampfschifffahrtsgesellschaft lebhaft an der Schiffsbewegung in diesem Hafen und vermittelten den Personenverkehr und Waarentransport auf der Donaulinie Wien-Pest-Baziasch-Orsova-Galatz. Der Verkehr derselben war besonders gegen den Herbst infolge erhöhter Waarenzufuhr aus dem Auslande auf diesem Platze stark.

Ein bedeutender Ausfall zeigt sich bei den Eildampfern, indem ihre Fahrten von Giurgevo-Rustschuk abwärts bis Galatz mit 1. Juni eingestellt wurden, weil die ins Ausland reisenden Geschäftsleute die Eisenbahn vorziehen, mit welcher sie von Galatz via Roman, Czernowitz, Lemberg und Krakau in 39 Stunden nach Wien gelangen.

Der auf der Strecke Galatz-Tultscha-Ismail verkehrende Localdampfer „Árpád", der wochentlich 3 Fahrten, davon eine bis Kilia, machte, hat bei seinen während des ganzen Jahrs zurückgelegten 125 Reisen einen guten Gewinn erzielt. Ebenso der Localdampfer „Austria", welcher auf der Strecke Galatz-Ibraila im Laufe des Jahres 1114 Fahrten unternahm.

Unter fremden Flaggen sind im Ganzen 762 Seeschiffe von 217.008 Tonnen ein- und ausgelaufen, die sich folgendermassen vertheilen:

Flagge	Beladene Segelschiffe		Beladene Dampfer	
	Zahl	Tonnen	Zahl	Tonnen
Griechische	154	26.114	1	684
Türkische	171	25.495	.	.
Russische	18	2.684	2	1.023
Englische	14	2.826	67	48.541
Romanische	11	1.671	.	.
Italienische	7	1.687	2	782
Deutsche	.	.	2	1.728
Französische	.	.	1	361
Zusammen	375	60.477	75	53.119
Schiffe in Ballast	144	23.264	99	48.189
Gesammtverkehr	519	83.741	174	101.308

Hiezu kommen noch 69 beladene Postdampfer von 31.959 Tonnen, nämlich: 39 französische von 22.029 Tonnen und 30 russische von 9.930 Tonnen.

Der Verkehr der fremden Kauffahrer im hiesigen Hafen gestaltete sich während der letzten 5 Vorjahre wie folgt:

Jahr		Zahl	Tonnen	Im Ganzen Zahl	Im Ganzen Tonnen
1869	Segelschiffe	647	125.258	897	220.338
	Dampfer	250	95.080		
1870	Segelschiffe	608	116.773	831	206.519
	Dampfer	223	89.746		

		Zahl	Tonnen	Im Ganzen Zahl	Tonnen
1871	Segelschiffe	710	128.494	930	238.617
	Dampfer	220	110.123		
1872	Segelschiffe	740	129.226	971	245.934
	Dampfer	231	116.708		
1873	Segelschiffe	641	105.708	841	206.120
	Dampfer	200	100.412		

Vergleicht man das letztjährige Ergebniss, soweit es sich auf die fremden Flaggen bezieht, mit den obigen Vorjahren, so steht es hinsichtlich der Segelschiffe denselben nach, übertrifft sie jedoch, mit alleiniger Ausnahme des Jahres 1869, in der Anzahl der Dampfer.

Das Gesammtergebniss der Seeschifffahrt, ohne Unterschied der Flaggen, stellt sich für die letzten 5 Jahre folgendermassen:

Jahr	Schiffe	Tonnen	Jahr	Schiffe	Tonnen
1874	877	267.349	1871	1033	286.719
1873	944	249.945	1870	956	264.155
1872	1059	287.763			

In Bezug auf die Anzahl der Schiffe ist sonach das letztverflossene Jahr das schwächste; der auf dasselbe entfallende Tonnengehalt der Fahrzeuge übersteigt jedoch die diesfälligen Belange der Jahre 1870 und 1873, zunächst wohl aus dem Grunde, weil der Verkehr der Dampfer sich erhöht hat.

Die vorstehend über den Seeverkehr gelieferten ziffermässigen Nachweise lassen unzweideutig erkennen, dass die Verhältnisse der Segelschifffahrt in diesem Hafen sich von Jahr zu Jahr ungünstiger gestalten. Ja, der letztjährige Besuch von Segelfahrzeugen mit grösserer Tragfähigkeit aus den Häfen Westeuropa's (19 österreichisch-ungarische und 36 fremde) erscheint gegenüber den früheren Perioden kaum nennenswerth; die russische und die romanische Flagge bewahrten hierin ihren früheren Stand.

Die stetige Abnahme der Segelschiffe wird durch nachstehende Daten bekräftigt, welche sich auf die Anzahl der Einläufe in den Jahren 1870—1874 beziehen:

Flagge	1870	1871	1872	1873	1874
Englische	111	68	26	27	21
Italienische	39	33	31	20	13
Französische	13	4	2	.	1
Belgische	1	.	.	.	1
Deutsche	9	8	5	2	.

Schwedisch-norwegische, holländische und dänische Segelschiffe sind gar nicht im hiesigen Hafen erschienen. Nur griechische und türkische, aber von geringerer Tragfähigkeit, haben sich zahlreich eingefunden, und sind eigentlich sie es, welche den diesfälligen Verkehr aufrecht erhalten, wenngleich auch ihr Ergebniss gegen das Vorjahr eine auffallende Abnahme zeigt. Es kamen nämlich hier an:

	1874	1873	1872	1871	1870
Griechische Segelschiffe	235	301	335	330	203
Türkische „	210	235	293	220	173

Die Gründe, welche für die Wahl des Dampfschiffes als Transportmittel sprechen, nämlich: schnelleres und mit grösserer Sicherheit verbundenes Eintreffen der Waare am Bestimmungsorte, bedeutendere Tragfähigkeit und der namentlich im Jahre 1874 zu Tage getretene geringe Unterschied der Frachten gegenüber den Segelschiffen lassen für die Folge mit Bestimmtheit auf eine noch ferner sich steigernde Verwendung von Dampfern für den hiesigen Export nach den Häfen Westeuropa's und des Mittelmeeres, sowie für den Import nach Galatz schliessen. Infolge dessen wird auch der Verkehr der griechischen und türkischen Segelschiffe nach dem Auslande nach und nach sich vermindern, und werden diese letzteren dann nur mehr in kurzen Fahrten nach dem Schwarzen Meere und den griechischen Gewässern zum Versand von Getreide und Bauholz Beschäftigung finden.

Der durch die Dampfer beim Getreideexport erzielte Vortheil hat sich auch auf den Handel mit Bauholz übertragen, indem Dampfboote seit 2 Jahren auch verschiedene Gattungen Werkholz, zumeist aber Pfosten als Rückfracht bis Constantinopel, dem Hauptdepôt für diesen Artikel, nahmen. Dadurch ist den griechischen und noch mehr den türkischen Segelschiffen, die bisher ausschliessliches Transportmittel für Schiffbauholz waren, eine gefährliche Concurrenz erwachsen.

Im Laufe des Jahres 1874 sind 339 Dampfer mit einer Gesammttragfähigkeit von 179.681 Tonnen (gegen 538 Segelschiffe mit 87.668 T.) im Hafen von Galatz angekommen und von hier wieder abgegangen; ihr Verhältniss stellt sich wie 3:5 dar, ihre Tragfähigkeit übertrifft aber diejenige der Segelschiffe um 92.013 Tonnen.

Die englische Flagge tritt hierbei in den Vordergrund; die Anzahl ihrer Dampfer beträgt 156 mit 92.245 Tonnen, so dass daher ihre Tragfähigkeit allein den gesammten Tonnengehalt der Segelschiffe noch übersteigt. In nächster Reihe folgt Oesterreich-Ungarn mit 96 Dampfern, in seiner doppelten Verkehrsbeziehung zu Constantinopel und Odessa. Den dritten Rang im Seeverkehr der Dampfer behaupten die in wochentlichen Fahrten zwischen Constantinopel und Galatz coursirenden Dampfboote der französischen Messageries maritimes; dann folgen die russischen Dampfer, welche wochentlich einmal zwischen Odessa und Galatz fahren.

Ausser der Bewegung der Seefahrzeuge ist auch der Verkehr der verschiedenen Flussdampfer auf der Donau, sowie jener der Schleppschiffe, türkischen Tschams und kleineren Barken von Wichtigkeit und deren Betheiligung am Import- und Export-Geschäfte von Galatz besonders hervorzuheben.

Die Flussdampfer der I. k. k. priv. Donau-Dampfschifffahrtsgesellschaft spielten hierbei die Hauptrolle, mussten aber für die directe Verbindung Pest-Baziasch-Galatz im Personenverkehr der Concurrenz der Eisenbahn weichen, und, wie bereits erwähnt, die Eilfahrten einstellen, da sie von Giurgevo abwärts oft nur einen Passagier nach Galatz mitbrachten oder umgekehrt von hier mitnahmen.

Die seit Januar 1875 in Betrieb getretene Eisenbahnlinie Bukarest-Verceriova, die sich an die Strecke Galatz-Ibraila anschliesst, dürfte auch auf den bisher lebhaften Personenverkehr der Dampfer auf der unteren Donau, insbesondere bezüglich der linken Uferstationen nachtheilig einwirken und nur jenem mit dem rechten Donauufer das Feld belassen.

Was aber den Waarentransport betrifft, so fällt die Wahl zwischen Dampfer und Eisenbahn zu Gunsten des ersteren aus, sowohl der Billigkeit halber als auch wegen des geringen Eingangszolles von $^1/_2$ pCt. für die auf dem Wasserwege in diesem Freihafen einlangenden Güter, entgegen dem Zoll von $7^1/_2$ pCt., welcher für die mittels Eisenbahn hier eintreffenden Waaren zu entrichten ist.

Die Flussdampfer der I. k. k. priv. Donau-Dampfschifffahrtsgesellschaft haben im Laufe des vorigen Jahres auf der Strecke Orsova-Galatz 239 Fahrten gemacht und weisen eine Tragfähigkeit von 75.815 Tonnen aus. Die Localdampfer sind hierin nicht mitbegriffen.

An der Flussschifffahrt, und zwar zunächst mit Rücksicht auf den Personenverkehr, betheiligten sich auf der Donaulinie Widdin-Tultscha auch die beiden türkischen Dampfer „Abdul Aziz" und „Mehmet Akif". Dieselben hatten eine Tragfähigkeit von 12.330 Tonnen und machten 135 Reisen.

Eine Anzahl von 1948 Kerlaschen, Tschams und Schleppschiffen verschiedener Flaggen und mit einer Gesammttragfähigkeit von 151.572 Tonnen vermittelten an beiden Donauufern von Kalafat und Widdin bis Sulina und auf dem Pruth einen sehr lebhaften Waarenverkehr; trotzdem ist gegen das Vorjahr mit 2043 derlei Fahrzeugen von 174.963 Tonnen eine Abnahme um 95 Fahrzeuge und 23.391 Tonnen eingetreten.

Fasst man alle die verschiedenartigen Fahrzeuge zusammen, welche sich an der letztjährigen Hafenbewegung von Galatz betheiligten, so ergiebt sich eine Gesammtzahl von 3199 Schiffen und 507.066 Tonnen, welche sich folgendermassen vertheilt:

Segelschiffe und Dampfer für den Seeverkehr:			
Oesterreichisch-ungarische	115	mit	50.341 Tonnen
Fremde	762	„	217.008 „
Flussschiffe:			
Donaudampfer	239	„	75.815 „
Türkische Dampfer	135	„	12.330 „
Schleppschiffe	1948	„	151.572 „

Während der ersten Jahreshälfte machte sich infolge der hierlands vorherrschenden hohen Getreidepreise eine erhebliche Stockung im Exporte bemerkbar, welche auch auf den mit der Ausfuhr in engem Zusammenhange stehenden Import nachtheilig einwirkte. Dafür hat sich aber im zweiten Semester mit dem Eintreffen des neuen Getreides die Schiffsfrequenz gesteigert und fällt die Hauptthätigkeit in diesen Zeitabschnitt, so dass die letztjährige Schifffahrt im Ganzen genommen doch als lebhaft bezeichnet werden kann.

Die Schiffsfrachten waren je nach der Gestaltung des Exportgeschäftes verschiedenen Schwankungen unterworfen. In den Monaten März und April notirte man:

Für Segelschiffe nach: Marseille $3^1/_2$ Franc pr. Charge; England 6 Schilling pr. Quarter; Triest 36—38 kr. Conv.-Mze. pr. Star; Constantinopel 65—70 Para pr. türkisches Kilo.

Für Dampfer nach: Marseille $5—6^1/_4$, England $6^1/_2—7$ Schilling pr. Quarter; für eigens contrahirte Dampfer nach: England $8^1/_2—9$, Triest 6 Schilling pr. Quarter.

In den Monaten Mai und Juni fielen diese Frachten infolge schwachen Exports und geringer Nachfrage nach Schiffen, wurden aber dann durch das Eintreffen des neuen Getreides, welches eine grössere Frequenz der Schiffe, besonders zur Versendung der vom Auslande begehrten bedeutenden Quantitäten Gerste und Hafer erheischte, wieder um 1 Schilling pr. Quarter emporgehoben und erhielten sich bei geringem Unterschiede zwischen den Sätzen für Dampfer und Segelschiffe bis zum Jahresschlusse günstig.

Die höchsten und niedrigsten Notirungen zeigt die nachstehende Uebersicht:

Segelschiffe nach:		Niedrigster Stand	Höchster Stand
England	pr. Quarter	6 s.	7 s. 6 d.
Triest und Venedig	pr. Star	30—32 kr.	38—42 kr.
Marseille	pr. Charge	$2^1/_4$ Francs	$3^3/_4$ Francs
Constantinopel	pr. türkisches Kilo	65 Para	72 Para

Dampfer nach:		Niedrigster Stand	Höchster Stand
England	pr. Quarter	7 s.	9 s.
Marseille	„	4½ s.	6½ s.
Neapel	„	5 s. 6 d.	5 s. 9 d.
Triest	„	5½ s.	6½ s.

Der Gesammtwerth der unter österreichisch-ungarischer Flagge importirten Güter beziffert sich auf 16,934.429 fl., darunter Waaren für 13,182.620 fl. und Baargeldsendungen im Betrage von 3,751.809 fl.

Die Segelschiffe brachten: 825 Tonnen Kalk und Bausteine, 5620 Kisten Glaswaaren, 130 Fässer Nägel, 210 Tonnen Kohlen, 150 Colli Eisenwaaren, 3150 Fässer Cement, 80 Fässer gesalzene Fische, 20 Fässer Schiffstheer, 400 Kilo Mais, 111 Kilo Roggen und 79 Kilo Weizen (das Getreide kam aus Ibraila), Alles zusammen im Werthe von 175.755 fl., also gegen das Vorjahr um 98.415 fl. weniger.

Die von den Lloyddampfern importirten Waaren hatten ein Gesammtgewicht von 70.357 Centnern und einen Werth von 4,317.665 fl. Dieselben bestanden in: 2569 Ballen Manufactur- und 2020 Ballen Baumwollwaaren, 199 Ballen rohe Baumwolle, 8303 Ballen Lederwaaren, 16.282 Ballen Tabak, 850 Fässern Zucker, 756 Kisten Stearinkerzen, 745 Kisten Seife, 795 Kisten Rum und Liqueur, 818 Kisten Mehlwaaren, 1220 Fässern Olivenöl, 450 Fässern gesalzene Oliven, 3575 Colli Limonen und Pomeranzen, 1140 Colli gesalzene Fische, 500 Colli Gemüse, 320 Säcken Haselnüsse, 15 Ballen Werg, 41 Fässern Caviar, 89 Kisten Gummiarabicum, 1180 Tonnen Roheisen. Ausserdem hatten diese Dampfer beim Einlaufe 724 Passagiere und Geldgrupps pr. 2,895.733 fl. an Bord.

Mittels der Donaudampfer sind aus den oberen Stationen der Donau, aus Ismail und Tultscha, dann aus Odessa Waaren im Gesammtgewichte von 134.820 Ctr. und im Werthe von 8,689.200 fl. nach Galatz eingeführt worden. Die vorzüglichsten derselben sind:

	Von der oberen Donau	Von der unteren Donau
	Centner	
Baumwolle	255	105
Baumwollwaaren	2.496	.
Bier	867	.
Branntwein	.	310
Effecten und Möbeln	2.493	356
Eisen und derlei Waaren	7.079	.
Roheisen	.	215
Leere Fässer	9.120	4.869
Flachs und Hanf	.	254
Gemüse	.	721
Glas und Glaswaaren	5.570	.
Brennholz	4.400	.
Kerzen und Seife	1.509	6.609
Kurzwaaren	2.966	.
Manufacturen	16.974	186
Maschinen	6.714	.
Spccereiwaaren	1.255	.
Mehl	.	552
Oel	147	151
Papier	2.125	12
Seidenwaaren	1.342	.

	Von der oberen Donau	Von der unteren Donau
	Centner	
Talg	.	9.083
Tabak	.	4.021
Butter, Schmalz, Honig	200	1.239
Zwetschken	300	379
Zündwaaren	11.341	.
Fische und Caviar	80	21.496

Ausserdem brachten diese Schiffe 72 Wägen und 19 Claviere, dann Geldgrupps pr. 747.221 fl. von aufwärts und 108.855 fl. von abwärts.

Der Werth des unter fremden Flaggen stattgefundenen Importes beträgt 47,650.405 fl., wovon 42,976.245 fl. auf Segelschiffe und Dampfer von grösserer Tragfähigkeit und 4,674.160 fl. auf 1085 beladen hier eingelaufene Schleppschiffe (cabotaggi) entfallen.

Die durch die ersteren eingeführten Waaren sind folgende: 15.924 Tonnen Steinkohlen, 6748 Säcke Kaffee, 24.890 Säcke hydraulischer Kalk, 946 Kisten Conserven, 57.581 Stück Asphalt, 458 Gallonen Schwefelsäure, 860 Centner Kastanien, 3259 Ballen Leder, 1031 Fässer Caviar, 12.185 Ctr. Johannisbrod, 765 Fässer Schiffstheer, 1142 Gallonen Spiritus, 14.815 Fässer Eisennägel, 116.938 Stück und Bund Eisen, 6875 Kisten Bestandtheile für Ackerbaumaschinen, 3650 Kisten Maschinenbestandtheile für die Eisenbahn, 3760 Stück Eisenröhren, 30 Locomotive, 1020 Stück Pflüge, 36.524 Stück Räder, 46.695 Stück Bausteine, 225.000 Stück Ziegeln, 2627 Säcke Anis, 633 Ctr. süsse Mandeln, 1827 Kistchen Senf, 42.555 Kisten Limonen und Pomeranzen, 7900 Ctr. getrocknete Feigen, 2682 Säcke Pfeffer, 5945 Fässer gesalzene Fische, 3210 Fässer gesalzene Oliven, 2945 Fässer Sardellen, 8891 Ctr. getrocknete Fische, 1210 Ctr. Brennholz, 1880 Stück Nussholz, 2215 Kisten Stearinkerzen, 1391 Gallonen Branntwein, 3160 Stück Marmorstatuen, 1052 Kisten Liqueur, 933 Fässer Rum und Spiritus, 445 Fässer Petroleum, 1015 Ctr. Mehlwaaren, 2205 Ballen verarbeitetes Leder, 5.714 Stück Blei, 1476 Kisten Seife, 395 Ctr. Meersalz, 45.447 Säcke Reis, 12.187 Kuffen Zucker, 11.556 Colli Colonialwaaren, 1500 Kisten Thee, 209 Ballen Tabak, 40 Kisten Möbeln, 6953 Ballen Sackleinwand, 10.218 Stück Erdgeschirre, 4670 Kisten Glaswaaren, 73 Kisten Spiegelglas, 955 Dutzend Strohsessel, 11.914 Colli diverse Waaren, 1227 Ballen rohe Baumwolle, 5399 Colli Baumwollwaaren.

Die Schleppschiffe brachten folgende Gegenstände: 26.000 Oka und 103.800 Kilogramm Meersalz, 545.500 Oka Kalk, 379 Klafter, 186 Tonnen und 1600 Stück Steine, 7500 Stück Donauhäringe, 1 Fass Caviar, 220.000 Weidenstöcke für Weingärten, 621 $^1/_4$ Klafter und 6000 Ctr. Holz, 5000 Oka Oliven, 70.000 Stück Fassdauben, 250 Stück Rohrdecken, 63.000 Stück Ziegeln, 1000 Oka Oel, 14.831 Ctr. und 330 Tonnen Kohlen, 133 Bund Werg, 254 Bund Stricke, 150 Oka Butter, 39 Kisten Dynamit, 26.000 Oka Reis, 50 Tonnen und 25.000 Oka hydraulischen Kalk, 1912 Stück Lavasteine, 8300 Oka Quitten, 2000 Oka Aepfel, 12.000 Oka Kartoffeln, 8000 Oka Zwiebel, 3000 Oka Eisenwaaren, 52 leere Fässer, 8900 Stück Kraut, 767.969 Oka Fische, 159.000 Oka Krebse, 11.600 Oka Leinsamen, 28.667 Oka Wolle, 817 Oka Käse, 33.128 Kilo Weizen, 12.146 Kilo Mais, 17.202 Kilo Roggen, 11.119 Kilo Gerste, 94 Kilo Hafer, 761 Kilo und 13.940 Oka Rübsamen.

Der Import unter nationaler Flagge, vertheilt auf die einzelnen Gattungen Fahrzeuge, welche denselben vermittelten, gestaltete sich in den Jahren 1870 bis 1874 wie folgt:

	1870	1871	1872	1873	1874
	fl.	fl.	fl.	fl.	fl.
Segelschiffe . . .	172.900	326.732	276.122	274.170	175.755
Lloyddampfer . .	9,144.577	7,141.023	4,105.589	6,022.140	7,213.398
Donaudampfer . .	9,044.383	14,794.329	15,440.870	7,881.116	9,545.276
Im Ganzen . .	18,361.860	22,262.084	19,822.581	14,177.426	16,934.429

Das Ergebniss von 1874 übertrifft sonach das Vorjahr 1873, steht aber den anderen 3 Vergleichsjahren nach; der grösste Ausfall zeigt sich bei den Segelschiffen, was daher rührt, dass diesmal nur 12 solche Fahrzeuge (gegen 24 im Jahre vorher) mit Ladung hier ankamen.

Die Dampfer weisen ein befriedigendes Resultat aus. Speciell in Bezug auf die Donaudampfer muss hervorgehoben werden, dass das günstige Verhältniss mehr aus dem Waarentransporte hervorgegangen ist, indem der Betrag der Baargeldsendungen, welcher in früheren Jahren immer einige Millionen Gulden ausmachte und dadurch den Gesammtwerth der Einfuhr, wie namentlich in den Jahren 1871 und 1872, bedeutend erhöhte, diesmal sehr gering war.

Die aus Wien und anderen Orten mittels Dampfer einlangenden Baargeldsendungen haben seit 2 Jahren sehr abgenommen, denn sie werden jetzt pr. Eisenbahn hieher bezogen, und treffen so viel schneller am Bestimmungsorte ein; nur die Sendungen zwischen den Stationen der unteren Donau besorgen die Dampfer.

Der Import unter fremder Flagge ist im Vergleiche zum Vorjahre, wo dessen Werth 42,421.200 fl. betrug, um 5,229.205 fl. gestiegen.

Das ganze Importgeschäft ergab eine Gesammtziffer von 64,584.834 fl., somit um 7,986.208 fl. mehr als 1873.

Die allgemeine Krisis, welche sowohl in den Productions- als auch in den Verbrauchsländern bis zum Beginn der zweiten Jahreshälfte währte, hat auf den Import nachtheilig eingewirkt, die Einfuhr muss daher als mittelmässig bezeichnet werden.

Erst im Sommer hob sich auch der Import, viele Waaren langten in beiden Richtungen, sowohl zur See als auch auf dem Donauwege, hier an und wurden theilweise an Grossisten, welche sich aus dem Innern der Moldau und Bessarabiens am Platze eingefunden hatten, zu guten Preisen abgesetzt.

Der Markt war bis zum Spätherbst, wo sich das Importgeschäft noch erhöhte, gut besucht und nahm bis zum Schlusse der Schifffahrt einen sehr günstigen Verlauf. Der Absatz war, namentlich was die mannigfaltigen Colonialwaaren betrifft, lohnend und in den Monaten November und December am bewegtesten, weil für den Bedarf über die Winterszeit vorgesorgt werden musste.

Die Hauptthätigkeit beim Importgeschäfte fällt auf die durch die fremden Schiffe eingeführten Colonialien, Eisen-, Manufactur- und anderen Waaren.

Die vorzüglichsten Gegenstände, welche diese Schiffe hieher bringen, sind die vielerlei Colonialwaaren sowohl für den hiesigen Bedarf, als auch zum Export ins Innere des Landes.

Zucker, meist aus Frankreich und England, wurde viel bezogen (13.037 Kuffen), daher der Preis gegen früher etwas fiel, nämlich pr. Oka auf $4^{32}/_{40}$ bis 5 Galatzer Piaster.

Kaffee kam in bedeutender Menge an den Markt und blieb, wenngleich etwas gesunken, noch immer hoch im Preise; die beste Qualität wurde mit 19, die mittlere mit 16 Piaster bezahlt, gegen 20—24 Piaster im Jahre 1873.

Reis, dessen Verbrauch hier stark ist und wovon 45.447 Säcke importirt wurden, blieb sich im Preise gleich; er galt 20—22 Piaster für je 10 Oka.

Olivenöl, in namhaften Mengen bezogen, hatte ebenfalls gute Preise, 13—14 Pstr. pr. Oka.

Im Allgemeinen war der Platz mit Colonialwaaren genügend versehen und das Geschäft hierin lohnend. Ein Gleiches gilt von Südfrüchten, Limonen und Pomeranzen; letztere kosteten 40—46 Piaster pr. Kiste, waren daher billiger als im Jahre 1873, wo sie aus Anlass der Cholera und der grösseren Nachfrage einen sehr hohen Preis erreicht hatten.

Der gesteigerte Bedarf an Steinkohlen aus England erheischte auch eine erhöhte Zufuhr hievon nach Galatz; grosse Partien waren von der Eisenbahnunternehmung requirirt worden. Der Verkauf im Detailhandel für die Stadtbevölkerung war gut; Cardiff-Kohle kostete pr. Tonne 55—60 Francs, Kohle von New-Castle 50 Francs.

Die Einfuhr von rohem Stangeneisen, wovon grosse Vorräthe am Lager sich befanden, war geringer als in 1873, aber der Saison nach doch entsprechend. Das Schweizer Haus Jacques Brunner hält in diesem Artikel noch immer die grösste Niederlage.

Die Nachfrage nach Ackerbaumaschinen war häufiger und traf deshalb davon mehr als im Vorjahre hier ein. Die Maschinen aus den englischen Fabriken Clayton & Shuttleworth und Ramson & Sons erhalten noch immer den Vorzug.

Das Geschäft in Manufacturen, zumeist Baumwollwaaren, Madapolam, Garn, Cattun etc. war mittelmässig; Vieles wurde sowohl auf dem Platze abgesetzt, als auch nach Bessarabien und dem Inneren der Moldau verkauft.

Ausnahmsweise stark war der Bezug von Asphalt, Cement (aus Marseille) und Bausteinen für den Bau des Canales hier in der Stadt und des neuen Molo im Hafen, sowie zur Pflasterung der Hauptstrasse, welche ganz mit Asphalt hergestellt werden soll.

Nach den fremden Flaggen betheiligten sich am Importe zur See in zweiter Linie die österreichisch-ungarischen Lloyddampfer. Der durch dieselben eingeführte Tabak (16.282 Ballen) wurde aus Constantinopel hieher gebracht, und zwar theils für die hiesige Regie, theils im Transit nach Oesterreich. Die importirten Manufactur- und Baumwollwaaren sind englisches und Schweizer Fabrikat, die Lederwaaren stammen aus Syra und Scio.

Auch der Antheil der Lloyddampfer am Transporte von Colonialwaaren und Südfrüchten war lebhaft, sowie sie andererseits auch im Verein mit den französischen Messageries-Dampfern die vielen Gemüsearten für den hiesigen Platz mitbrachten.

Der durch die französischen und russischen Dampfer vermittelte Import steht jenem der englischen, sowie der österreichisch-ungarischen Lloyddampfer bei weitem nach; übrigens waren die Zufuhren mittels der französischen Schiffe weit stärker als die der russischen, welche sich mehr mit dem Personenverkehre beschäftigen und den Waarentransport den hiefür besser eingerichteten österreichischen Donaupropellern „Metternich“ und „Giurgevo“ überlassen haben.

Von besonderer Wichtigkeit für Galatz ist der Import, welcher durch die Dampfer der I. k. k. priv. Donau-Dampfschifffahrtsgesellschaft vermittelt wird und zumeist Industrieerzeugnisse der verschiedenen Kronländer der österreichisch-ungarischen Monarchie umfasst, wenn auch einzelne derselben im Verlauf der Jahre durch die fremde Concurrenz in ihrem Absatze geschwächt wurden.

Manufacturwaaren weisen hierbei die höchste Importziffer auf; das Meiste davon sind fertige Kleider aus den österreichischen Fabriken, und viele hiesige Kaufleute besitzen reichhaltige Lager von derlei Artikeln. Die solidesten Firmen sind: Altmann, Weintraub, Schwarzmann und das österreichische Haus Marcus & Lamberger (früher Jakob Hirsch).

Dieselben verschleissen auch Schuhwaaren, meist Wiener Fabrikat; in diesem Artikel arbeiten aber auch andere Kaufleute, darunter einige Oesterreicher, mehr aber Romanen.

Tuch aus den Brünner Fabriken behauptet noch fortan den Platz, wenn es auch an der englischen und französischen Waare starke Concurrenten hat; die bessere Classe der hiesigen Bevölkerung, welche im Allgemeinen den französischen Erzeugnissen den Vorzug giebt, besucht mehr die Kaufläden der französischen Händler, welche aber unter ihren Vorräthen auch mit der französischen Etiquette versehenes österreichisches Fabrikat besitzen und durch letzteren Umstand an den Mann bringen. Dasselbe ist auch der Fall bei Kleiderstoffen, wovon jedoch der grössere Theil von französischer Herkunft ist.

Baumwollwaaren und Cotone sind meist englisches, französisches und Schweizer Fabrikat; die Seiden- und Sammtwaaren deutsches und französisches, theilweise auch Wiener Erzeugniss. Kurzwaaren werden mehr aus Oesterreich und Deutschland (Nürnberg) bezogen.

Die Concurrenz Deutschlands und Belgiens in Glas und Glaswaaren hat dem Absatze des böhmischen Artikels, welcher bis vor einigen Jahren den Platz behauptete, bedeutend geschadet. Der höhere Preis des österreichischen, aber an Qualität viel besseren Fabrikats, hervorgerufen durch den Werth des Artikels selbst, durch die hohe Fracht, die Coursschwankungen und die Commissionsspesen, erschwert hier dem Kauflustigen dessen Bezug und führt ihn dazu, dem fremden Erzeugnisse den Vorzug zu geben, welches durch seine gleich schöne äussere Form ebenso guten Absatz findet, und dem Verkäufer, da er es billiger in Händen hat, einen besseren Gewinn abwirft. Spiegelglas ist überwiegend Wiener Fabrikat.

Zündwaaren werden noch immer ausschliesslich aus Oesterreich bezogen, und zwar das Meiste aus den Fabriken von A. M. Pollak und B. Fürth, weniger aus derjenigen von Sam. de Majo. Uebrigens sind auch mit englischen und italienischen Zündhölzchen Versuche gemacht worden. Eine Turiner Fabrik liefert ein ebenso gutes als billiges Erzeugniss, welches die Einfuhr der österreichischen Waare im Laufe der nächsten Jahre schmälern dürfte.

Oesterreich bleibt noch immer die Hauptbezugsquelle für Möbeln, wenn auch nebstbei Berliner Waare Absatz findet. In eisernen Einrichtungsstücken herrscht wohl auch Begehr nach englischem Fabrikat, aber das österreichische behält doch die Oberhand.

Eisen- und Stahlwaaren, als: Schlösser, Feilen etc., aus Steiermark haben gute Preise; die Fabriken Deutschlands, namentlich Iserlohn und Remscheid, senden fast ausschliesslich Fenster- und Thürbänder hieher. Ihren Commissionären, die alljährlich hier erscheinen, ist dieses günstige Resultat zu danken; da infolge directer Bestellung alle Commissionsspesen entfallen, so kommen den Verschleissern die von ihnen gewählten Artikel billiger zu stehen.

Unter der Rubrik der Maschinen befinden sich viele Locomotiven aus der Wiener Fabrik von G. Sigl, dann von Clayton & Shuttleworth in Wien und Pest; ausserdem Wiener, deutsche, französische und englische Nähmaschinen.

Der Bezug von Droguen und Specereiwaaren geschieht aus Wien, Stuttgart und Dresden; Einiges wird auch aus Frankreich importirt.

Die Einfuhr von Kerzen und Seife aus Oesterreich und Deutschland war diesmal geringer als im Vorjahre, indem noch ein grosser Vorrath unverkauft lagerte.

Die in bayerischen und holländischen Fabriken nachgemachte Waare mit der Wiener Etiquette „Apollokerzen" hat ihrer Billigkeit wegen (42 Kreuzer pr. Pfund engl., gegen 50 Kreuzer für das Wiener Fabrikat) noch immer den Vorrang. Eine starke Concurrenz macht hierin auch das russische Erzeugniss, wovon alljährlich bedeutende Quantitäten aus Odessa hier eintreffen.

Das auf diesem Wege importirte Quantum von 6609 Centnern, worunter auch Wachskerzen und die sehr gesuchte schwarze und gelbe Waschseife mitbegriffen sind, übersteigt die diesfällige Einfuhr aus West-Europa um mehr als das Vierfache. Letzterer Zeit hat auch ein Triester Etablissement mit der Einfuhr von Seife und Stearinkerzen begonnen.

Toilettescifen und Parfümerien gelangen, wie bisher, meistentheils aus Oesterreich und Frankreich zur Einfuhr. Die Oele aus der Fabrik von J. M. Farina in Cöln werden dem Fabrikate von W. Rieger und Gellé frères, sowie demjenigen von Treu & Nuglisch vorgezogen.

Von dem Anatherin-Mundwasser des Dr. Popp in Wien wird hier viel abgesetzt, die Flasche zu 1 fl. 60 kr.; mit demselben concurrirt jedoch das französische Wasser von Dr. Pierre, welches um 40 kr. billiger gegeben und, weil französische Waare, vorgezogen wird. Eine Imitation von Dr. Popp's Erzeugniss wird zu 1 fl. pr. Flasche unkundigen Käufern als echte Waare geboten.

In Papier liefert Oesterreich das Meiste, Einiges auch Berlin. In letzter Zeit wurden Versuche mit siebenbürgischem Papier gemacht, mussten aber, da die Waare durch die Landfracht und den $7\frac{1}{2}$percentigen Eingangszoll zu sehr vertheuert wird, wieder fallen gelassen werden.

Auffallend gering im Vergleich zu früheren Jahren war der Bezug von Bier aus Pilsen und Wien, dessen Verbrauch durch die Concurrenz der beiden hiesigen Brauereien, welche von Oesterreichern geleitet werden, und ein billigeres, dabei aber gutes Getränk liefern, abgenommen hat. Das Krügel hiesiges Bier kostet 20 Bani, gegen 40 Bani (8 gegen 16 kr. Silber) für das erstere.

In Blech- und Holzinstrumenten wird österreichisches Fabrikat vorgezogen; französische Pianinos concurriren stark mit den österreichischen und deutschen. Versuche, die man voriges Jahr mit englischen derlei Instrumenten machte, sind gelungen.

Wägen werden nur aus Wien und Neutitschein bezogen. Der Transport derselben findet seit zwei Jahren mittels Bahn statt, wobei sie viel schneller als auf dem Wasserwege hieher kommen und gleichzeitig auch das öftere Ueberladen vermieden wird.

Unter den Gegenständen, welche, wie früher erwähnt, Donau abwärts hieher eingeführt wurden, entfallen auf Talg, Tabak und Wolle die bedeutendsten Quantitäten; sie kamen aus Russland, Wolle auch aus Bessarabien.

Fische und Caviar im Gesammtgewichte von 21.496 Zollcentnern lieferte das fischreiche Kilia in Romanisch-Bessarabien sowohl für den hiesigen Consum, als auch zum Export pr. Bahn nach Galizien und der Bukowina, wohin besonders Hechte und Karpfen bestimmt waren. Vieles hievon wurde auch von hiesigen Fischhändlern zerlegt, eingesalzen, und in Fässern oder Säcken verpackt nach Serbien exportirt.

Ein fühlbarer Rückgang der Absatzverhältnisse und eine Schmälerung der commerciellen Thätigkeit wird sich für die fremden Nationen in Romanien bemerkbar machen, wenn, wie zu erwarten steht, das neue Zollgesetz sammt Tarif auch in den bisherigen Freihäfen Galatz, Ibraila und Ismail zur Ausführung gelangt. Hier in Galatz soll es am 1. Januar 1878 in Kraft treten.

Der Zwischenhandel, den Galatz und Ibraila betrieb, und der alljährlich wiederholt fremde Käufer aus den jenseitigen Donau-Echellen (Bulgarien und Dobrudscha) herbeizuführen pflegte, wird dann wahrscheinlich aufhören; und da ausserdem die hohen Hafengebühren und städtischen Umlagen forterhoben werden, so dürfte manches Handlungshaus sich veranlasst sehen, infolge der Abnahme in der Consumtionskraft des Landes seinen Geschäftsumfang zu beschränken oder gar Galatz zu verlassen.

Der letzjährige Export der österreichisch-ungarischen Segelschiffe hatte einen Werth von 246.970 fl. und umfasste folgende nach dem Auslande bestimmte Artikel: 2175 Kilo Mais, 878 Kilo Weizen, 2394 Kilo Roggen, 1212 Kilo Hafer, 12.000 Stück Pfosten, 200 Säcke (13.092 Oka) Rübsamen, 200 Oka Käse; ausserdem 7500 Kisten Glaswaaren, 130 Fässer Nägel, 300 Fässer Cement, 70 Tonnen Bausteine und Eisen als Restladungen zur Löschung in Ibraila oder Giurgevo.

Von den ausgeführten Getreidemengen vertheilen sich Weizen, Mais und Roggen ihrer Bestimmung nach wie folgt:

		Weizen	Mais	Roggen
Cittavecchia	Kilo	878	.	.
Curzola (auf Order) . . .	„	.	540	.
Lussin „ „ . . .	„	.	590	610
Zante „ „ . . .	„	.	.	1030
Triest	„	.	.	754
Ragusa	„	1045	.	.

Der Hafer ging nach Neapel; Rübsamen nach Marseille. Von den ausgeführten Pfosten hatten 6000 Stück die Bestimmung nach dem letztgenannten Platze, 6000 Stück nach dem Piräus, der auch die 200 Oka Käse erhielt.

Die österreichisch-ungarischen Lloyddampfer exportirten 65.076 Ctr. Waaren im Gesammtwerthe von 1,952.280 fl., darunter 837.920 fl. für Getreide; ausserdem Geldgrupps im Betrage von 642.211 fl.

Unter den verschifften Waaren befanden sich: 16.069 Kilo Weizen, 9145 Kilo Mais, 1780 Kilo Roggen, 4015 Kilo Gerste, 1255 Kilo Hafer, 1,489.114 Oka Weizenmehl, 7700 Oka Leinsamen, 132.400 Oka Fisolen, 385 Fässer Wein, 26 Fässer Bier, 4576 Stück Rindshäute, 391 Ballen Schaffelle, 12 Ballen Schafwolle, 12 Ballen Packpapier, 65 Colli getrocknete Früchte, 29 Schläuche Rindsfett, 3 Stück Marmor, 7 Fässer Olivenöl, 40.994 Oka Käse, 12 Kisten Stärkmehl, 36 Körbe Seidenwürmer, 1061 Stück Kupfer, 134 Ballen Heu, 455 Colli diverse Waaren, 4 Pferde, 1 Wagen. Auch sind mit diesen Schiffen 765 Passagiere abgegangen.

Die Donaudampfer exportirten: 243.489 Zollctr. verschiedene Waaren, 179.835 Centner Körnerfrüchte, 4500 Ctr. Kohlen für die eigene Regie der Donau-Dampfschifffahrtsgesellschaft, 15 Wägen, 4 Stück Borstenvieh.

Die vorzüglicheren Waaren sind: Baumwolle 4735 Ctr., Baumwollwaaren 1651 Centner, Bier 1011 Ctr., Branntwein und Spiritus 10.093 Ctr., Colonialwaaren 62.549 Centner, Effecten und Möbeln 2052 Ctr., Eisen und Eisenwaaren 37.101 Ctr., Roheisen 17.579 Ctr., Farbhölzer 1684 Ctr., leere Fässer 736 Ctr., Felle und Häute 1579 Ctr., Fette 88 Ctr., Flachs, Hanf und Werg 167 Ctr., Gemüse 340 Ctr., Glas und Glaswaaren 10.340 Ctr., Hadern 79 Ctr., Nutzhölzer 165 Ctr., Kerzen und Seife 14.145 Centner, Kurzwaaren 1082 Ctr., Leder und Lederwaaren 3876 Ctr., Leinwand und Zwilch 684 Ctr., Manufacturen 8296 Ctr., Steinarbeiten 225 Ctr., Maschinen 1635 Centner, Material- und Speccreiwaaren 288 Ctr., Mehl 2384 Ctr., Metalle 50 Ctr., Mineralwässer 150 Ctr., Oel 154 Ctr., Petroleum 2042 Ctr., Papier 297 Ctr., Porzellan 326 Ctr., Reis 15.851 Ctr., Schafwolle 92 Ctr., Seide und Seidenwaaren 21 Ctr., Soda und Natron 265 Ctr., Steinkohlen 120 Ctr., Tabak 595 Ctr., Butter und Schmalz 776 Ctr., Wein 3639 Ctr., Zucker 6426 Ctr., Zwetschken 2548 Ctr., Eisenbahnschienen 9675 Ctr., Fische 9773 Ctr.

Die Körnerfrüchte bestanden in: 50.440 Ctr. Weizen, 25.393 Ctr. Mais, 103.197 Centner Roggen und 805 Ctr. Gerste.

Alle diese Gegenstände repräsentiren einen Werth von 5,580.425 fl., wozu noch Baargeldsendungen pr. 604.810 fl. kommen, so dass sich 6,185.235 fl. als Gesammtbelang dieser Ausfuhr ergeben.

Die nationale Flagge vermittelte nach Obigem überhaupt einen Export von 7,779.675 fl. an Waaren und von 1,247.021 fl. an Baargeldsendungen, daher zusammen von 9,026.696 fl.

Die fremden Schiffe exportirten: 148.452 Kilo Weizen, 96.945 Kilo Mais, 34.890 Kilo Roggen, 41.464 Kilo Gerste, 43.918 Kilo Hafer, 632 Kilo Leinsamen, 1270 Kilo Rübsamen, 485.400 Oka Weizenmehl, 34.455 Oka Wolle, 750 Stück Widder, 578 Stück Ochsen, 2000 Oka Knochen, 8000 Oka Salz, 15.800 Oka Käse, 212.308 Oka und 114 Kilo Fisolen, 28.000 Oka Hadern, 546.780 Stück Pfosten,

54.540 Stück Bretter, 686 Stück Segelstangen, 997 Stück eichene Bretter, 2365 Stück Fassdauben, 3653 Stück Schwellen, 551 Stück Balken, 2805 Stück Latten.

Die Ausfracht der Schleppschiffe umfasste: 56.918 Kilo Weizen, 64.027 Kilo Mais, 26.491 Kilo Roggen, 112.613 Kilo Gerste, 8146 Kilo Hafer, 193.597 Oka Weizenmehl, 578.714 Oka Maismehl, 432.150 Oka Knochen, 12.460 Oka Salz, 21.700 Oka Fisolen, 12.500 Oka und 50 Ballen Hadern, 10.060 Oka Kleien, 12.595 Oka Zwetschken, 4 Fässer und 51.734 Vadra Wein, 5515 Vadra und 25 Fässer Branntwein, 46 Fässer und 82 Vadra Bier, 10 Kuffen Weintrauben, 800 Oka Aepfel, 3000 Oka Birnen, 2000 Oka Reis, 2075 Oka Kaffee, 150 Fässer und 432.500 Oka Nüsse, 50 Ctr. Galleten, 50 Fässer Schiffstheer, 300 Fässer und 11.800 Oka Gas, 26 Stück Pferdehäute, 76.630 Stück Pfosten, 334.783 Stück Bretter, 300 Stück Eichenbalken, 1000 Stück Fassdauben, 16.216 Stück Balken, 35.235 Stück Latten, 300 Stück Flossruder, 1690 Stück Plafondlatten.

Der Werth der durch die fremden Fahrzeuge und die Schleppschiffe exportirten Waaren beziffert sich auf 18,160.625 fl. Die vorjährige Ausfuhr aus Galatz ergab sonach im Ganzen einen Werth von 27,187.321 fl., wovon das Meiste den fremden Flaggen zufällt. Gegen das Vorjahr zeigt sich ein Ausfall von 905.161 fl., theils wegen der geringeren Summe der Baargeldsendungen (1,247.021 gegen 1,911.084 fl.), theils wegen des namhaften Rückganges, den im vorigen Jahr der durch die österreichisch-ungarischen Segelschiffe und Lloyddampfer vermittelte Getreideexport (32.265 gegen 52.568 Kilo) erfahren hat.

Der Ausfuhrwerth der Donaudampfer und der fremden Flaggen hat dagegen eine Erhöhung erfahren.

Der Gesammtwerth des Galatzer Exportes vertheilte sich in den letzten 3 Jahren wie folgt:

	1872 fl.	1873 fl.	1874 fl
Oesterreichisch-ungarische Flagge:			
Segelschiffe	280.715	487.715	246.970
Lloyddampfer	2,277.372	4,565.783	2,594.491
Donaudampfer	4,202.871	5,618.089	6,185.235
Zusammen	6,760.958	10,671.587	9,026.696
Fremde Flaggen	16,831.347	17,420.895	18,160.625

Das Ergebniss der österreichisch-ungarischen Segelschiffe in 1874 ist somit schwächer als in den beiden Vergleichsjahren, muss aber dennoch insofern als befriedigend bezeichnet werden, als von den angekommenen 19 Schiffen 16 mit Ladung abgingen und nur 3 leer den Hafen verliessen. Der Ausfall bei den Lloyddampfern beziffert sich gegen 1873 mit ca. 2 Mill. fl. und gründet sich auf den schwächeren Antheil an der Getreideausfuhr und auf den geringeren Betrag der Baargeldsendungen.

Die Getreideüberschiffung auf die grossen englischen Dampfer der Rhederfirma Bebby & Sons, nun Friedrich Leyland & Comp. in Liverpool, welche der österreichisch-ungarische Lloyd seit 10 Jahren in Constantinopel bewerkstelligte, werden heuer aufhören, da sich hier eine englische Schleppschifffahrtsgesellschaft (Wats Foscolo & Comp.) etablirte, welche die auf ihren Schleppschiffen verfrachteten Getreidemengen in Sulina auf die bereits nach jenem Hafen kommenden grossen Dampfer der genannten englischen Firma verladen wird.

Der Export unter fremder Flagge gestaltete sich günstiger, indem das Jahr 1873 mit einem Waarenwerthe pr. 17,420.895 fl. von der letztverflossenen 12monatlichen Periode um 739.730 fl. überboten wird. Diese Zunahme wurde durch die gegen das Vorjahr um 143,546 Kilo höhere Getreideausfuhr erzielt.

Die durch fremde Schiffe vermittelte Ausfuhr von Cerealien erreichte während der letzten 4 Jahre folgende (in Galatzer Kilo ausgedrückten) Mengen:

	1871	1872	1873	1874
Weizen	158.815	244.219	211.106	205.371
Mais	130.667	190.862	215.013	160.972
Roggen	35.976	36.793	32.923	61.382
Gerste	10.816	16.209	16.204	154.078
Hafer	.	.	15.077	52.065
Zusammen	336.274	488.083	490.323	633.868

Die Gesammtmenge der im Jahre 1874 durch die Segel- und Dampfschiffe aller Flaggen ausgeführten Cerealien beträgt 702.816 Galatzer Kilo in nachstehender Vertheilung:

	Weizen	Mais	Roggen	Gerste	Hafer
Oesterreichisch-ungarische Seeschiffe	16.948	11.321	4.174	4.015	2.467
Flussdampfer der I. k. k. priv. Donau-Dampfschifffahrtsgesellschaft	7.760	4.296	17.792	175	.
Fremde Schiffe	205.371	160.972	61.382	154.078	52.065
Zusammen, Galatzer Kilo	230.079	176.589	83.348	158.268	54.532

Die Ausfuhr jener Gegenstände, welche nach den Cerealien als die relativ wichtigsten für diesen Platz zu gelten haben, stellte sich 1874 also: Weizenmehl 2,168.111 Oka, Maismehl 578.714 Oka, Fisolen 389.208 Oka, Wolle 39.455 Oka, Käse 56.994 Oka, Knochen 20.460 Oka, Wein 214.247 Oka, Obst 451.895 Oka, Bauholz 1,079.031 Stück.

Von Lein- und Rübsamen, deren Ernte missrathen ist, wurden nur ganz geringe Partien exportirt.

Die letztjährige Getreide-Ausfuhr aus Galatz war grösser als in den nächstfrüheren 3 Jahren, zunächst aus Anlass der namhafteren Verschiffung von Gerste und Hafer, deren Ernte sehr ergiebig ausfiel, und wornach ausnahmsweise die Nachfrage vom Auslande gleich beim Beginne der Zufuhren sich einstellte und bis Ende Herbst anhielt. Die in 1871 bis 1873 stattgefundene Ausfuhr von Gerste war um ca. 140.000 Kilo kleiner und jene von Hafer fast ganz ohne Belang.

Die exportirten Mengen der anderen Getreidegattungen, als Weizen und Mais, stehen der Ziffer der Vorjahre 1872 und 1873 nach, weil der Begehr hiefür schwächer war. Besser hielt sich derselbe für Roggen, da aber in dieser Kornfrucht nur eine mittelmässige Ernte erzielt wurde, so genügten die Vorräthe nicht für den Bedarf zur Verschiffung.

Ueberhaupt waren in der ersten Jahreshälfte die Lager mit Cerealien schwach bestellt, so dass der Export sich nicht zu entfalten vermochte. Erst nach der neuen Ernte nahmen die Geschäfte wieder einigen Aufschwung, wenn auch nicht in dem Masse, wie man vor derselben gehofft hatte; denn auch das Ausland hatte gute Ernte-Resultate, wodurch die Preise der Kornfrüchte herabgedrückt wurden.

Von den ausgeführten 702.816 Kilo Cerealien wurde das Meiste nach England, von wo die zahlreichsten Bestellungen kamen, verladen; in zweiter Reihe folgen als Bezugsorte Triest und Venedig, sowie andere Häfen des Adriatischen Meeres, wohin vorzüglich in der ersten Jahreshälfte viel Weizen und Gerste ausgeführt wurde; ferner Marseille und einige Nordseehäfen, welch' letztere grösstentheils Roggen und Mais erhielten.

Die englischen Dampfer waren das Haupttransportmittel für Cerealien; auch der österreichisch-ungarische Lloyd betheiligte sich bei jeder Fahrt an diesem Verkehr.

Die Preise der Cerealien hielten sich im I. Semester fest und günstig für diesen Platz. Käufe und Lieferungen in Gerste und Hafer wurden über Bestellungen aus England, Marseille, Italien und verschiedenen Häfen des Adriatischen Meeres effectuirt; einzelne Partien von Weizen und Roggen nahmen im September und October ihre Richtung auch nach Amsterdam und Rotterdam.

Gegen Ende Herbst zu traten aber auch Verluste ein, indem die Speculanten wegen des Fallens der Preise ihre Waare zumeist am Platze zurückbehalten hatten, endlich aber trotz augenfälligen Schadens theilweise verladen mussten, um den eingegangenen contractlichen Verbindlichkeiten nachzukommen.

Mais aus der 1873er Ernte, wovon mit Ausnahme der für den einheimischen Bedarf erforderlichen Menge fast Alles verschifft wurde, behauptete das ganze Jahr hindurch einen guten Preis.

In Weizen (Ghirka), dem Hauptexportartikel dieses Hafens, entsprachen die Operationen nicht der erzielten reichen Ernte; der Preis desselben fiel im Spätherbst und das Meiste musste am Lager verbleiben.

Von Roggen ist verhältnissmässig viel exportirt worden, wenn man erwägt, dass das Ernteergebniss hievon im Vergleiche zur Aussaat nur mittelmässig ausgefallen ist.

Die niedrigsten und höchsten Preise der einzelnen Getreidegattungen stellten sich folgendermassen:

Getreidegattung	Niedrigster Preis Galatzer Piaster	Höchster Preis Galatzer Piaster
Ghirka	245	340 vor der Ernte, dann 250—260
Weicher Weizen . . .	220	250 vor der Ernte, dann 240
Mais	186	220
Roggen	160	240 vor der Ernte, dann 164—180
Gerste	120	178
Hafer	120	130

Die Preise von Weizen und Roggen variirten am meisten; im I. Semester 1874, wo der Vorrath nicht so gross war und die Notirungen im Auslande sich sehr günstig zeigten, standen sie am höchsten, fielen nach der Ernte infolge des auch im Auslande eingetretenen Rückganges und besserten sich um ein Geringes gegen Ende der Schifffahrt. Die Preise für alten Mais und für Hafer änderten sich wenig. Neue Gerste stieg infolge der grossen Nachfrage und des vielseitigen auswärtigen Bedarfes am meisten, ging aber gegen Ende des Herbstes wieder zurück.

Nach Getreide war Weizenmehl der vorzüglichste Exportartikel. Die ausgeführten 2,168.111 Oka aus der hiesigen Dampfmühle von Lambrinidi & Consorten waren nach Constantinopel bestimmt. Ebendahin ging auch der grösste Theil des nächstwichtigen Gegenstandes der hiesigen Ausfuhr, nämlich Bauholz, worunter zunächst Pfosten und Bretter begriffen sind, welche die Wälder der Bukowina und Siebenbürgens liefern. Von Brettern und Balken nahm Einiges die Richtung nach der unteren Donau.

Käse und Hülsenfrüchte wurden nach Constantinopel und den gegenüberliegenden Stationen der Dobrutscha, Knochen nach England für die dortigen Zuckerfabriken, Wolle nach Oesterreich-Ungarn, England, Deutschland und Frankreich versendet.

Ausser den vorerwähnten Bodenproducten dieses Landes wurde auch Wein und Bier in ansehnlichen Quantitäten exportirt. Ersterer ist für diesen Platz mehr Durchfuhrartikel für Ismail, Tultscha, Sulina und Constantinopel; er ist ein Erzeugniss von Odobesti, der vorzüglichsten Weingegend der Moldau, und gelangt mittels Eisenbahn nach Galatz.

Die letztjährige Fechsung sowohl in Odobesti, als auch in Pancia, Nicoresti und anderen Gegenden lieferte eine beträchtliche Menge Wein und die Qualität war eine vorzügliche.

Infolge dieses sehr günstigen Resultates fielen auch die Preise, so dass die Vadra in Odobesti mit 4 Jassy'er Piastern ($1^1/_2$ Francs) bezahlt wurde und mit Hinzurechnung der Transportkosten und Steuern loco Galatz auf $3^1/_2$ bis 4 Francs zu stehen kam.

Voriges Jahr hat auch der Agent einer ungarischen Gesellschaft, Herr Marcus Politzer aus Vágujhély (ein Oesterreicher), beträchtliche Einkäufe von Wein in Odobesti und Pancia, dem Vernehmen nach 600 Fässer oder 30.000 Vadra (à 10 Oka), gemacht.

Bier erzeugen in Galatz 2 Brauereien, von denen die eine ein Oesterreicher, Herr Josef Helm aus Eger, gepachtet hat. Das Fabrikat sowohl dieser als auch der anderen Brauerei, welche einem Herrn Marcus Schein gehört, macht dem Bier aus Wien und Pilsen, welches bis nun den Platz behauptete, eine empfindliche Concurrenz; es wird davon auch viel nach anderen Donaustationen exportirt. Der Preis eines niederösterreichischen Eimers ohne Gebünde ist 18 bis 20 Francs.

Ausnahmsweise fand voriges Jahr auf dem Seewege die Ausfuhr einer grossen Anzahl von Hornvieh (578 Ochsen und 750 Widder) statt, welches auf englischen Schiffen für Rechnung eines englischen Hauses nach Malta transportirt wurde.

Unter den übrigen Ausfuhrgegenständen weisen nur noch Colonial- und Eisenwaaren eine höhere Ziffer aus; sie sind fremdländisches, von anderwärts auf dem Galatzer Markte gekauftes Erzeugniss. Aehnliches gilt von Kerzen und Seife, da die hiesige, in den Besitz einer Actiengesellschaft übergegangene Kerzenfabrik die Concurrenz Oesterreich-Ungarns, dann auch Bayerns, besonders mit seiner Imitation von Apollokerzen, und Russlands mit seiner besseren Seife nicht bestehen kann.

Ausser der eben erwähnten Kerzenfabrik, einer Mehldampfmühle und einer Dampfsägemühle, die sich alle drei in Händen fremder Staatsangehörigen befinden, gibt es im diesseitigen Bezirke keine anderen Fabriksetablissements. Die hiesige Fabrik für Fleischconserven ist seit einigen Jahren unthätig und geht ihrem Verfalle entgegen.

Der Handel im Allgemeinen liegt, sowohl was Ein- als Ausfuhr betrifft, meist in Händen der Fremden, während die Romanen grösstentheils Krämer und Handwerker sind. Dieselben befassen sich nur in einzelnen Fällen mit industriellen Unternehmungen und betheiligen sich neuerer Zeit auch weniger am Importgeschäfte.

Der romanische Landmann entwickelt eine anerkennenswerthe Thätigkeit, betreibt stark die Viehzucht und ist der ausschliessliche Ackerbauer.

Der Detailhandel mit Spacereiwaaren, der Verkauf von Lebensmitteln, die Brodbäckerei wird von Griechen und anderen Fremden betrieben, gegen welche der Einheimische, der diese Geschäfte in früheren Jahren ausschliesslich führte, jetzt nicht mehr zu concurriren vermag.

Die seit 1873 fortdauernde allgemeine Krisis hat hier auch während des vorigen Jahres Vorsicht und Beschränkung im Gewähren von Credit und in den Bankgeschäften auferlegt. Trotzdem muss es als eine erfreuliche Thatsache hervorgehoben werden, dass keine Fallimente am Platze vorgekommen sind und dass Geschäftsleute, welche durch Verluste an ihrem Vermögen gelitten hatten, ihre Differenzen im Vergleichswege mit den Gläubigern ordneten, welche im Hinblick auf die Geschäftslage sich mit geringeren Anboten als sonst je zufriedengestellt fanden.

Noch immer ist auf dem hiesigen Platze die Banque de Roumanie das einzige Bankinstitut, das mit den ausländischen Handelsplätzen operirt. Zwar bestehen hier noch einzelne Privatbanken, welche aber nur zu weit höheren Zinsen Darlehen gewähren.

Die Geldoperationen geschehen, wie immer, zumeist in der Richtung nach England, theilweise auch nach Marseille und Wien, nach letzterem Platze infolge der gesteigerten Geschäftsabmachungen mit Oesterreich-Ungarn.

Die höchsten und niedrigsten Notirungen der Wechselcourse waren, wie folgt:

	Niedrigste Notirung	Höchste Notirung
London, Pfund Sterling . . .	24·75 Francs	24·95 Francs
Marseille, 100 Francs . . .	98 „	99 „
Amsterdam, 100 Francs . .	207 „	207·75 „
Wien, 1 Gulden	2·10 „	2·25 „

Die von der Direction der I. k. k. pr. Donau-Dampfschifffahrtsgesellschaft seiner Zeit ins Leben gerufene Einrichtung, durch tägliche Fahrten eigens dazu eingerichteter Dampfer die Hafenstadt Galatz mit den zu diesem Platze in sehr regen Geschäftsbeziehungen stehenden Donauhäfen Ibraila, Tultscha und Ismail in leichtere und schnellere Verbindung als zu Land zu bringen, hat seit ihrem mehrjährigen Bestehen bei der Bevölkerung dieser Städte die vollste Anerkennung gefunden.

Wennauch Galatz mit Ibraila seit 2 Jahren durch den Schienenweg näher verbunden ist, so zieht doch Jedermann die Reise mittels des Localdampfers „Austria“ wegen des billigeren Fahrpreises, der grösseren Bequemlichkeit und der kürzeren Fahrzeit vor.

Die diesfällige Frequenz war auch voriges Jahr sehr lebhaft und übertraf das Ergebniss von 1873. Es sind von hier in 1114 Fahrten 44.424 Passagiere, und zwar 8081 I. und 36.343 II. Classe, ausserdem 29 Personen mit Saisonkarten nach Ibraila abgegangen; ferner wurden 13.844 Centner diverse Waaren und 2 Wägen ausgeführt.

Unter solchen Umständen wird die Eisenbahn nicht leicht gegen den lebhaften Verkehr des Dampfers zu concurriren vermögen, und zwar umsoweniger, als derselbe zur grösseren Bequemlichkeit des Publicums täglich vier Fahrten macht.

Den Dienst auf der längeren Donaustrecke Galatz-Tultscha-Ismail versieht der Localdampfer „Árpád“ in wochentlich dreimaligen Fahrten, deren zweite (am Dinstag) jedesmal bis Kilia, dem Hauptsitze des Fischhandels, ausgedehnt wird.

Dieser Dampfer hat voriges Jahr 125 Touren gemacht und war auf jeder Hin- und Rückfahrt mit einer erheblichen Anzahl Passagiere besetzt, oft sogar bis zur Ueberfüllung. Nach den bezüglichen Ausweisen sind 5574 Passagiere nach den vorbezeichneten, abwärts gelegenen Donaustationen abgegangen.

Auch der Waarentransport liess nichts zu wünschen übrig. Ausser den vom Auslande zur Weiterbeförderung hier angekommenen Transitgütern wurden viele Colonialwaaren, Südfrüchte etc. nach Tultscha und Ismail ausgeführt, und umgekehrt Wolle, Schaffelle, namentlich aber bedeutende Quantitäten Fische und Rogen nach Galatz importirt. Von Zwischenhändlern wurden zahlreiche Partien Fische aus Kilia, besonders Karpfen, in Körbe verpackt pr. Bahn nach Czernowitz und Lemberg expedirt. Die Gesammtmenge der auf dieser Flussstrecke von hier ausgeführten und hieher importirten Waaren kann auf 20.000 Centner geschätzt werden.

Das durch den Verkehr der Localdampfer auf beiden Linien vermittelte Geschäft ergab namentlich in Bezug auf den Transport von Reisenden ein Resultat, wie es die übrigen Dampfer der Gesellschaft nicht so günstig aufzuweisen haben.

Die Gesammtmenge der durch die hiesige Agentie der Donau-Dampfschifffahrts-Gesellschaft expedirten Transitgüter beträgt 121.688 Zollcentner und übertrifft das Vorjahr mit 105.637 Zollcentnern um 16.051 Zollcentner. Bezüglich der Provenienz der Waaren vertheilt sich dieselbe wie folgt:

Von	Zollcentner	Nach	Zollcentner	Im Ganzen Zollcentner
Constantinopel . . .	14.839	Constantinopel . . .	18.558	33.397
Odessa	31.403	Odessa	35.518	66.921
Tultscha und Ismail .	13.394	Tultscha und Ismail .	7.976	21.370
Zusammen	59.636	Zusammen	62.052	121.688

Darnach steht die Verkehrsthätigkeit auf der Linie von und nach Odessa im Vordergrunde, ihr zunächst folgt Constantinopel. Tultscha und Ismail zeigen die niedrigste Ziffer.

Die vorzüglichsten Durchzugsgüter nach Odessa waren: Manufacturen, Möbeln, Eisen-, Glas- und Porzellanwaaren, Droguen, Kurz- und Spezereiwaaren, Wägen. Von den in umgekehrter Richtung nach dem Auslande gesendeten Erzeugnissen Russlands sind Tabak, Schafwolle, Thee, Meerschaum, Fischrogen hervorzuheben.

Nach Constantinopel, Tultscha und Ismail wurden zumeist Industrie-Erzeugnisse aus Oesterreich-Ungarn, Deutschland und Frankreich durchgeführt und von Constantinopel aus Südfrüchte, Colonialwaaren und Baumwolle für das Ausland bezogen, während Tultscha und Ismail hauptsächlich Fische für die Stationen der unteren Donau und Serbien als Transitgut hieher sendeten. Aus Tultscha, noch mehr aber aus Romanisch-Bessarabien kam auch Schafwolle.

Der vorjährige Durchfuhrhandel war lebhaft und entwickelte besonders im Herbst unter dem Einflusse der in den hiesigen Geschäftsverhältnissen eingetretenen Besserung im Allgemeinen eine grosse Regsamkeit.

Dies zeigte sich namentlich in der Richtung nach Odessa, wohin der Dampferverkehr einen seit Jahren nicht gesehenen Umfang erreichte. Die beiden Dampfer „Metternich“ und „Giurgevo“ der Donau-Dampfschiffahrtsgesellschaft hatten stets volle Ladung; der Seepropeller „Giurgevo“ machte ausnahmsweise 12 Fahrten, also mehr wie sonst, auf der Odessa'er Linie, die übrigens an und für sich die wichtigste für den Transitverkehr von Galatz mit dem Auslande ist.

Der durch die Lloyddampfer vermittelte Transithandel aus Constantinopel nach Oesterreich-Ungarn ist von geringerer Bedeutung und beschränkt sich mehr auf den Verkehr mit den oberhalb Galatz gelegenen Donau-Echellen bis Orsova, welche ihren Bedarf an Südfrüchten und Colonialwaaren zumeist durch Geschäftsfreunde in Constantinopel direct über Varna und Rustschuk und nur Weniges am hiesigen Platze selbst beziehen.

Der frühere regsame Transit von Constantinopel via Galatz nach Oesterreich-Ungarn hat durch die Concurrenz der rumelischen Eisenbahnen eine sehr empfindliche Benachtheiligung erfahren. Viele Artikel, insbesondere unsere wichtigeren und werthvolleren Erzeugnisse, werden auf der Bahnlinie Rustschuk-Varna expedirt, und gelangen somit viel schneller und ohne die mannigfaltigen Verzögerungen, welche der Wechsel des Wasserstandes der Donau sehr häufig verursacht, erleiden zu müssen, an ihre Bestimmung.

Ausser der im Vorhergehenden dargestellten Schifffahrts- und Handelsbewegung ist für Galatz auch der Verkehr auf dem Pruth von Wichtigkeit.

Die hier tagende internationale Pruth-Commission hat seit ihrem dreijährigen Bestande Vieles zur Erleichterung der Schifffahrt auf diesem Flusse gethan, indem sie die seit langen Jahren darin gelegenen Pfähle, Baumstämme, Schiffstrümmer und Mühlenreste entfernen liess, so dass jetzt die Strecke von der Mündung bis oberhalb Rogoseni ganz gereinigt ist und Dampfer und Schleppschiffe ohne Gefahr verkehren können.

Die Commission hat die weitere Reinigung des Flusses von Rogosenі aufwärts beschlossen und sollten die diesbezüglichen Arbeiten durch einen eigens hiefür bestellten Fachmann im Laufe des Jahres 1875 in Angriff genommen werden.

Der Verkehr auf dem Pruth war 1874 minder lebhaft als in den beiden Vorjahren, weil der Cerealientransport nach Galatz infolge der durch die niedrigen Preise veranlassten geringen Zufuhren sich diesmal als sehr mittelmässig erwies, und die Gutsbesitzer, um empfindlichen Verlusten auszuweichen, es vorzogen, ihr Getreide in den Speichern aufbewahrt zu halten.

Die am Pruth liegenden Districte von Galatz, Cahul und Falciu, wo sich ein ausgedehntes und vorzügliches Ackerland befindet, hatten voriges Jahr einen reichen Erntesegen, und es blieben den Gutsbesitzern grosse Vorräthe von Cerealien übrig, welche sie, wiebald der Export sich heben würde, dem Verkehre zur Verfügung zu stellen gedachten.

Auf dem Pruth bewegten sich 1874 im Ganzen 413 Fahrzeuge mit 29.396 Tonnen, darunter Privatgesellschaften gehörende Remorqueure mit ihren Schleppschiffen, dann Schlepper, Granitzen und Tschams einzelner Unternehmer.

Die I. k. k. priv. Donau-Dampfschifffahrtsgesellschaft hat sich auch voriges Jahr an der Pruth-Schifffahrt betheiligt und hiezu ihren kleinen Dampfer „Schabatz" mit 6 Schleppschiffen beigestellt; der äusserst niedrige Wasserstand (kaum 3 Fuss) liess aber kein nutzbringendes Geschäft zu.

Die Schifffahrt auf dem unweit Galatz in die Donau mündenden Sereth beschränkt sich auf die Herabflössung des aus der Bukowina und der oberen Moldau nach Galatz gelangenden Bauholzes. Schleppschiffe verkehren nicht mehr auf diesem allzu seichten Fahrwasser, und das Getreide aus den umliegenden Ortschaften wird theils mittels Bauernwägen, mehr aber auf der Eisenbahn, welche sich von Roman weg dem Flusse entlang bis nahe an dessen Mündung in die Donau hinzieht, hieher zugeführt.

Die hierländigen Eisenbahnen, das wichtigste Transportmittel zu Land, haben voriges Jahr durch ihren starken Betrieb wesentlich zur Hebung des Verkehrs mitgewirkt.

Die Linie Galatz-Roman ist im Vergleich zu derjenigen nach Bukarest viel wichtiger, weil sie den hiesigen Platz direct mit den für denselben massgebenden ausländischen Märkten verbindet, und weil sie den Personenverkehr mit Europa am schnellsten vermittelt.

Dies wird auch nach dem Anschlusse der Linie Verceriova an die österreichischen Bahnen so bleiben, weil diese Linie für Galatz zu entfernt liegt und die Reisenden über Roman-Czernowitz-Lemberg viel schneller in Wien ankommen.

Das Gleiche wird auch für Ibraila gelten, welches dieser Strecke näher liegt, als jener über Verceriova, die in allen Fällen für Bukarest, den Centralpunkt der Walachei, die meisten Erleichterungen zu bieten vermag.

Im Handelsverkehr ist die Linie Roman für Galatz die wichtigste und wird es auch fortan sein, weil sie den Transport der mannigfaltigen und wichtigen Waaren aus und nach den nahe an Galatz liegenden Districten besorgt, mit denen dieser Platz fortwährend in lebhaften Geschäftsbeziehungen steht.

Der Antheil der Eisenbahn am Importe war sehr lebhaft, zu wiederholten Malen trafen starke Züge mit Getreide in Galatz ein, oft reichte die Zahl der disponiblen Güterwägen nicht hin, so dass solche von der Lemberg-Czernowitzer Bahn requirirt werden mussten. Auch aus dem Auslande kamen bedeutende Quantitäten von Waaren aller Art, sowie verschiedene Bodenproducte aus den oberen moldanischen Districten.

Der Export war nicht minder belebt und bestand meistentheils in Colonialwaaren, Eisen, Baumaterialien und Holzwaaren.

Der Gesammtverkehr auf der Linie Galatz-Roman-Bukarest gestaltete sich im Jahre 1874 wie folgt:

Die Einfuhr erreichte im Ganzen 71,983.832 Kilogr. und umfasste folgende Waarengattungen: 53,920.000 Kilogr. Getreide und Mehl, 5,640.000 Kilogr. Brennholz, 4,010.000 Kilogr. Wein, 4,213.420 Kilogr. diverse Waaren, 240.000 Kilogr. Petroleum, 192.440 Kilogr. Eisen und Maschinen, 189.410 Kilogr. Tabak, 149.800 Kilogramm Salz, 97.350 Kilogr. Manufacte, 72.995 Kilogr. Colonialwaaren, 3,258.417 Kilogramm Regie-Effecten.

An dieser Waarenzufuhr war die Strecke Galatz-Roman mit 7748 und die Bukarester Linie mit 810 Expeditionen betheiligt. Die Frachteneinnahme bezifferte sich auf 1,176.108 Francs; an Nachnahmen gingen 110.183 Francs ein.

Das Importgeschäft im Jahre 1873 betrug 72,612.960 Kilogr., wovon 69,826.276 Kilogramm auf die Strecke Roman-Galatz entfielen. Das Ergebniss von 1874 zeigt sonach blos eine geringe Differenz gegenüber dem Vorjahre.

Der Waarenexport mittels Eisenbahn weiset eine Gesammtmenge von 39,213.498 Kilogramm auf, darunter: 9,424.607 Kilogr. diverse Waaren, 6,422.795 Kilogr. Colonialwaaren, 4,079.567 Kilogr. Eisen, 1,334.822 Kilogr. Manufacturwaaren, 2,009.774 Kilogramm Tabak, 654.669 Kilogr. Fische, 964.491 Kilogr. Getreide und Mehl, 390.147 Kilogr. Zündwaaren, 1,924.551 Kilogr. Holz, 2,213.672 Kilogr. leere Säcke und Fässer, 6,794.423 Kilogr. Regie-Effecten.

Zur Fortschaffung dieser Waarenmengen wurden auf der Strecke von Galatz nach Roman 12.349 und auf jener nach Bukarest 3874 Expeditionen gemacht. An Frachten wurden 779.242 Francs und an Nachnahmen 206.889 Francs eingenommen.

Der Export im Jahre 1873 ergab eine Summe von 42,143.846 Kilogr., davon 23,899.492 Kilogr. für die Strecke Roman-Galatz, übersteigt somit das Ergebniss des letztverflossenen Jahres um mehr als 3 Mill. Kilogr. Dabei muss jedoch bemerkt werden, dass im Vorjahre das auf Regie-Effecten bezügliche Quantum 16,794.733 Kilogr. ausmachte, somit gegen 1874 um 10 Mill. Kilogr. grösser war, und dass die Quantität der auf Rechnung des Handelsstandes expedirten Waaren jene von 1873 übersteigt.

Die vorstehenden Daten erweisen zur Genüge, dass der Betrieb der Romauer Strecke sowohl am Import als am Export einen weit grösseren Antheil als die Strecke Bukarest hat.

Die Eisenbahn hat den früher viele Jahre hindurch lebhaft betriebenen Frachtenverkehr zu Land mittels der üblichen Bauernwägen sehr geschmälert. Dieses Transportmittel wird jetzt nur noch für Gebietstheile, welche die Bahn nicht durchzieht, seiner Billigkeit halber benützt, damit die Bauern nach Abladung des hieher geführten Getreides nicht mit leeren Wägen die Rückkehr nach ihrem Wohnorte zu machen brauchen.

Die Personenbeförderung mittels der früher zahlreich vorhandenen jüdischen Fuhren hat gänzlich aufgehört; die Reisenden, welche nach von der Eisenbahn abseits liegenden Ortschaften sich begeben, finden an jeder Station Wägen zur Weiterfahrt bereit.

Die Strassen in vielen Districten sind noch immer nicht hergestellt, und die bestehenden Feldwege sind bei schlechter Witterung nicht fahrbar, was ein verspätetes Eintreffen der auf Lastwägen fortgeschafften Waare an ihrem Bestimmungsorte zur Folge hat.

Andererseits ist auch das Gespann der Wägen schlecht, da die Bauern, deren Wohlstand gegen früher herabgekommen ist, für eine bessere Instandhaltung der Zugthiere nicht mehr zu sorgen vermögen.

In unmittelbarer und nächster Geschäftsbeziehung zu Galatz steht Berlad. Beide Städte sind durch die Verlängerung der Eisenbahnlinie Galatz-Roman von Tekutsch bis Berlad (51 Kilometer Entfernung) in raschere Verbindung gebracht worden und wird die Strecke Galatz-Berlad über Tekutsch (141 Kilometer) in 6 Stunden zurückgelegt.

Berlad, die grösste Stadt in den mittleren Districten der Moldau, ist für Galatz ein wichtiger Abnehmer seiner Waarenvorräthe und führt anderseits auch nicht geringe Quantitäten Getreide diesem Hafen zu.

Die 84.500 Seelen zählende Bevölkerung des Berlader Districts gehört meist dem Ackerbaustande an und treibt eine ausgedehnte Hornviehzucht. Unter den daselbst wohnenden Angehörigen der österreichisch-ungarischen Monarchie (etwa 1000 an der Zahl) befinden sich ca. 150 israelitische Familien, welche sich mit dem Handelsbetriebe beschäftigen.

Die Ausfuhrartikel von dort sind: Weizen, Gerste, Roggen, Mais, Reps, Schaf- und Lammwolle, Rinds- und Pferdehäute, Felle, Talg, grosses Hornvieh, Honig.

Der Werth der gesammten Handelsbewegung betrug im letztabgelaufenen Jahre bei der Einfuhr 3,365.000 fl., bei der Ausfuhr 5,930.000 fl. Unter den Gegenständen der Einfuhr befanden sich: Manufacturwaaren für 1,750.000 fl., Colonialwaaren für 800.000 fl., Quincaillerien für 80.000 fl., Lederwaaren für 100.000 fl., Eisenwaaren für 125.000 fl., diverse Waaren für 470.000 fl., Holzwaaren für 15.000 fl., Droguen für 25.000 fl.; unter denjenigen der Ausfuhr: 140.000 Kilo Weizen für 2,800.000 fl., 80.000 Kilo Gerste für 1,280.000 fl., 40.000 Kilo Roggen für 600.000 fl., 40.000 Kilo Mais für 600.000 fl., 3000 Kilo Reps für 150.000 fl., diverse Waaren für 500.000 fl.

Wirthschaftliche Lage von Canada im Jahre 1874.

Montreal. Das Jahr 1874 war in geschäftlicher Beziehung im Allgemeinen kein sehr befriedigendes. Die Gedrücktheit, welche während des Vorjahrs in Handel, Verkehr und Fabrikation geherrscht hatte, dauerte in gesteigertem Masse fort.

Die Ernte in den hauptsächlichen Ausfuhrproducten Canada's war zwar im Durchschnitt eine ergiebige, allein infolge des Rückganges der Getreidepreise auf den englischen und continentalen Märkten war der Getreideexport gegen 1873 bedeutend geringer.

Mehrere Grosshändler in Cerealien waren durch empfindliche Verluste genöthigt, ihre Zahlungen einzustellen, und die Frachten nach europäischen Häfen fielen noch tiefer als im Vorjahre.

Der Exporthandel in Bauholz lag ebenfalls in hohem Grade darnieder; die Vereinigten Staaten waren infolge der dortigen gedrückten Geschäftsverhältnisse nur schwache Abnehmer von Holz.

Die Gesammtausfuhr der Dominien erreichte im Jahre 1874 einen Werth von 85,711.413 Doll., gegen nahezu 88 Mill. Doll. im Vorjahre; der Werth der Einfuhren bezifferte sich im Ganzen mit 122,422.458 Doll., gegen 125 Mill. Doll. in 1873. Der Ertrag an Einfuhrzöllen stellte sich mit 13,799.458 (gegen 12½ Mill.) Doll. heraus, was in den erhöhten Zollsätzen seinen Grund hat.

Der Gesammthandel Canada's hat seit 1868 in ganz bedeutendem Masse zugenommen, während jedoch bis zum Jahre 1871 die Ausfuhr immer bedeutend grösser als der Import war, findet seither das umgekehrte Verhältniss statt.

Der letztjährige Winter war aussergewöhnlich streng und langanhaltend. Er zeichnete sich durch fortdauernde, äusserst heftige Schneestürme aus, welche namentlich in der Provinz Ontario den Verkehr wochenlang hemmten, und Eisenbahnen und Strassen vollständig verschneiten.

Die Farmer waren infolge dessen nicht im Stande, ihre Producte zu Markte zu bringen, und den Grossisten und Fabrikanten blieben deswegen die Rimessen von ihren Kunden auf dem Lande aus, so dass mehrere Engroshäuser auf hiesigem Platze ihre Zahlungen einstellen mussten.

Einer der vorzüglichsten Berathungsgegenstände bei der fünften Jahresversammlung der canadischen Handelskammer, welche in Ottawa stattfand, war der projectirte Handelsvertrag mit den Vereinigten Staaten. Das von der Handelskammer zur Prüfung der Frage niedergesetzte Comité berichtete in ungünstigem Sinne, indem es dafür hielt, dass die den Vereinigten Staaten in dem Vertragsentwurfe gemachten Concessionen die Vortheile, welche Canada daraus ziehen würde, bedeutend überwögen. Es mag hier bemerkt werden, dass der in Rede stehende Vertrag vorläufig fallen gelassen werden musste, weil der Senat der Vereinigten Staaten denselben verwarf.

Die Handelskammer beschloss, in einer Denkschrift an die Regierung die Errichtung eines eigenen Handels-Ministerium's anzuregen, dessen Functionen von denen des Ministerium's für Ackerbau zu trennen wären.

Die Erweiterung der verschiedenen Canäle und die Verbesserung des gesammten der Schifffahrt dienstbaren Wassersystems von Canada nimmt ihren regelmässigen Fortgang. Es sind bereits bedeutende Summen dafür verausgabt worden.

Die Einwanderung aus den europäischen Ländern nach Canada hat im Vergleich zum Vorjahr ziemlich zugenommen. Die Vergünstigungen und Vortheile, welche die Regierung der Dominien und namentlich auch die Provinzialregierung von Ontario den Einwanderern gewährt, sind sehr liberal.

Aus Südrussland sind im Jahre 1874 eine namhafte Anzahl Mennoniten angekommen und dürfte sich dieselbe in 1875 noch bedeutend vermehren. Das Parlament hat die Regierung ermächtigt, diesen Einwanderern, welche sich sämmtlich in der Provinz Manitoba niederlassen, ein Darlehen im Betrage von 100.000 Doll. zu machen.

Bei dem gegenwärtigen gedrückten Zustande aller Geschäfte, welcher die temporäre Schliessung der bedeutendsten Fabriken zur Folge hatte, ist jedoch von der Einwanderung abzurathen.

Die Grand Trunk-Eisenbahngesellschaft hat im Herbst 1874 auch in ihrem östlichen Bezirk die Spurweite ihrer Linie zu der Norm der amerikanischen Bahnen verengen lassen, so dass jetzt auf den Hauptschienenwegen Canada's und der Vereinigten Staaten ein ununterbrochener Verkehr stattfindet.

Behufs Vertretung Canada's auf der Weltausstellung in Philadelphia ist vom Parlament ein Credit ausgeworfen worden, und die Regierung hat für diese Angelegenheit eine besondere Commission ernannt.

Ausser den österreichisch-ungarischen Handelsfahrzeugen besitzen auch die deutschen, italienischen, norwegischen, schwedischen und dänischen Schiffe die Erlaubniss zur Küstenfahrt in den canadischen Gewässern und machen vorkommenden Falles davon Gebrauch.

So hat z. B. vergangenen Sommer ein Dampfer der Flensburger Dampfschifffahrtsgesellschaft, welcher keine lohnende Rückfracht nach Europa finden konnte, verschiedene Reisen nach Neuschottland unternommen und Kohlen nach dem hiesigen Hafen gebracht.

Handels- und Schifffahrtsverkehr von Saigon im Jahre 1874.

Saigon. Das letztverflossene Jahr bot dem hiesigen Handel im Allgemeinen minder günstige Verhältnisse als das Jahr 1873. Die Ernteergebnisse des Hauptartikels Reis waren bedeutend geringer und der Export deshalb wesentlich kleiner. Diese Verminderung der Reisausfuhr hatte natürlicherweise einen Ausfall im Geldzuflusse von aussen zur Folge, welcher Umstand dem Importgeschäfte seinerseits wieder verhältnissmässigen Abbruch that.

Es ist sehr zu bedauern, dass man sich bis jetzt in dieser Colonie nicht auch auf die Cultur anderer Erzeugnisse, wie Zucker, Pfeffer, Tabak, Indigo etc., verlegt hat, wofür Boden und Klima günstig zu sein scheinen; denn dadurch würden dem Handel neue und bedeutende Hilfsquellen erschlossen. Es scheint jedoch an dem nöthigen Gelde und ordentlichen Arbeitskräften zu fehlen.

Das Gouvernement hat einem hiesigen englischen Hause die Concession für eine Eisenbahn zwischen Cholon und Saigon ertheilt, und soll der Bau derselben, wenn die hiezu erforderlichen Fonds im Betrage von 500.000—600.000 Dollar flüssig gemacht werden können (es soll ein Actienunternehmen werden), im Laufe des Jahres 1875 in Angriff genommen und in 1876 zur Vollendung gebracht werden.

Cholon, welches ungefähr eine Stunde von hier entfernt liegt, ist ein Ort von grosser Bedeutung, zählt ca. 100.000 Einwohner, grösstentheils Chinesen, und ist als Hauptlagerplatz für die Exportartikel zu betrachten. Reis, Baumwolle, sowie alle andern Waaren werden bei ihrer Ankunft aus dem Innern und bis sie zur Verschiffung kommen, gewöhnlich in Cholon eingelagert.

Kann nun die Bahn den Personen- und Güterverkehr zwischen den beiden Plätzen monopolisiren, dann wird das Unternehmen Erfolg haben; daran ist aber schwerlich zu denken, denn der Transport zu Wasser auf dem Viam Ben-ghé oder Aroyo chinois wird fortbestehen, so dass man dem Eisenbahnunternehmen kein besonders günstiges Prognostikon stellen kann. Dabei lässt sich übrigens nicht bestreiten, dass die Bahn dem hiesigen Handel Vortheile bringen wird.

Einem zwischen Frankreich und dem Königreich Anam abgeschlossenen Vertrage zufolge soll binnen kurzem Tonkin dem Handel geöffnet werden; man verspricht sich davon im Allgemeinen sehr viel Gutes, und glaubt, es werde das Geschäft sich eines wesentlichen Aufschwunges zu erfreuen haben.

Der Handel von Tonkin kann unter Umständen eine grosse Bedeutung erlangen, wenn es nämlich gelingt, den Producten der reichen chinesischen Provinz Yunnan den Ausfuhrweg nach dieser Seite hin zu bahnen, was der geographischen Lage nach auch nicht sehr schwierig erscheint.

Die vorjährige Ausfuhr von Reis ist im Vergleich zu 1873 um mehr als 1½ Mill. Piculs kleiner gewesen; sie betrug nämlich 3,095.802 gegen 4,634.452 Piculs. Diese 3,095.802 Piculs repräsentiren, zu einem Durchschnittspreise von 1½ Doll. gerechnet, einen Werth von 4,643.703 Doll.

Ungefähr ein Drittheil der obigen Menge fand seinen Weg nach China; nicht unbeträchtliche Quantitäten wurden auch nach Calcutta, Singapore und Europa verschifft. Der Rest ging nach den Philippinen, Java, Japan, Australien und Südamerika. Nach letzterer Richtung (Südamerika) kommt meistens nur geschälter weisser Reis zur Verschiffung.

Nachstehende Aufstellung zeigt, in welchem Verhältnisse sich die einzelnen Gebiete an dem Bezuge des von hier exportirten Reis betheiligten:

China erhielt 1,093.831 Piculs, Japan 20.600, die Philippinen 140.715, Java 132.514, Singapore 509.398, Calcutta 701.542, Mauritius und Bourbon 76.831, Europa 329.404, Montevideo 26.180, Buenos-Ayres 7000, Rio de Janeiro 17.075, Havana 22.500, Valparaiso 13.530, Australien 4682 Piculs.

Auch der Export von Baumwolle war wesentlich kleiner als im Vorjahre. Laut den amtlichen Listen wurden nur ca. 31.000 Piculs von hier abgeschifft, gegen 50.000 Piculs in 1873. Der Durchschnittspreis stellte sich pr. Picul auf 4½ Dollar.

Von Seide wurden 380 Piculs im Gesammtwerthe von ca. 120.000 Doll. versendet, und zwar grösstentheils nach Singapore, von wo sie ihren Weg wahrscheinlich zumeist wieder nach den Burmah-Häfen gefunden haben werden.

Die Zuckerdampfmühle in Bienhoa (etwa 20 engl. Meilen von hier gelegen) hat seit längerer Zeit ihre Arbeiten eingestellt und wurde infolge dessen auch beinahe kein Zucker verschifft. Diese Mühle ist nach dem neuesten System eingerichtet, und man hätte erwarten dürfen, dass damit gute Resultate erzielt werden, was jedoch nicht der Fall zu sein scheint.

Die Ausfuhr von Pfeffer beläuft sich auf ca. 8500 Piculs; derselbe war meistentheils Erzeugniss von Cambodge und pr. Picul ca. 11 Doll. werth.

Auch die von hier versendeten Fische stammen zum grossen Theile aus dem benachbarten Königreiche Cambodge, das ungemein ergiebige Seen besitzt. Im vorigen Jahre betrug diese Ausfuhr ca. 120.000 Piculs im beiläufigen Werthe von 600.000 Dollar.

Von anderen Ausfuhrgegenständen sind noch zu erwähnen: 150 Piculs Cardamomen, der Picul zu 160 Doll.; 350 Piculs Gummigutti für 20.000 Doll.; 3500 Piculs Kuh- und Büffelhäute, die ersteren zu 14—15, die letzteren zu 8—9 Doll. pr. Picul; endlich 1000 Piculs Hörner im Werthe von 8000 Dollar.

Unter den einzelnen Gegenständen der Einfuhr sind englische Manufacturen, als: Grey Shirtings, T-Cloths und White Irishes, als die wichtigeren zu betrachten. Die Einfuhr derselben haben die Chinesen, welche ihre Bezüge von Singapore machen, so zu sagen ganz in Händen. Angaben über die eingeführten Quantitäten und deren Werth sind nicht vorhanden.

Die Einfuhr von Kohlen ist neuerdings gestiegen; sie belief sich auf nahe an 8000 Tons australisches und ungefähr 2000 Tons englisches Product. Das Gouvernement war Käufer für ca. 5000 Tons australische und 1000 Tons englische Kohlen, während beiläufig je 1000 Tons von beiden Sorten in die Hände von Industriellen und Kaufleuten übergingen. Der Werth der gesammten Kohlenzufuhr wird auf ca. 85.000 Doll. veranschlagt.

Französische Weine werden in bedeutenden Quantitäten importirt, jährlich etwa 4000—5000 Fässer und 10.000—12.000 Kisten, zusammen für 130.000—150.000 Dollar.

Auch Bier wird in grosser Menge consumirt; schwedisches mit der Marke ML erhält den Vorzug.

Cognac, Wermuth und Absinthe finden hier ebenfalls ziemlich guten Absatz.

Eisen, Cement, Farben, Lein- und Terpentinöl, Petroleum, Kerzen und Mehl sind Artikel, die in nicht geringen Partien hier eingeführt werden; doch lässt sich weder von diesen, noch von mancherlei anderen, minder wichtigen Importgegenständen die jährliche Zufuhr und deren Werth ziffermässig bestimmen.

Die Schifffahrt lenkt mehr und mehr in ihre neuen Bahnen ein, indem Dampfschiffe immer zahlreicher erscheinen und in gleichem Masse die Segelfahrzeuge in den Hintergrund treten.

Im Jahre 1874 sind hier 243 Handelsschiffe, darunter 126 Dampfer (ohne die Packetboote), ein- und ausgelaufen. Der Flagge nach waren es: 135 englische, 42 französische, 41 deutsche, 7 dänische, je 5 holländische und siamesische, 4 spanische, 3 schwedische und 1 belgisches Fahrzeug.

Das Gouvernement erzielt bei der Versteigerung des Opiumpachtes eine jährliche Einnahme von 3,250.000 Francs und bei dem Pacht der Spirituosen eine solche von 971.000 Francs.

Personalnachrichten.

— Seine k. und k. Apostolische Majestät haben den Geranten des k. und k. Consulates in Saigon Ernst Grün zum unbesoldeten Consul daselbst mit dem Rechte zum Bezuge der tarifmässigen Consulargebühren allergnädigst zu ernennen geruht.

(Allerhöchste Entschliessung vom 11. October 1875.)

— Seine k. und k. Apostolische Majestät haben allergnädigst zu gestatten geruht, dass der k. und k. Generalconsul und Geschäftsträger in Leipzig Ministerialrath Joseph Ritter v. Grüner das fürstlich Reuss'sche Ehrenkreuz I. Classe; der k. und k. Consul in Canea Ferdinand Mischke den Medjidiè-Orden III. Classe; der k. und k. Viceconsul in Warschau Theodor Neumann den kaiserlich russischen St. Annen-Orden III. Classe, und der Official des dortigen k. und k. General-Consulates Vincenz Ritter v. Wislocky den kaiserlich russischen St. Stanislaus-Orden III. Classe annehmen und tragen dürfen. (Allerhöchste Entschliessung vom 14. October 1875.)

— Seine k. und k. Apostolische Majestät haben den bei dem k. und k. Generalconsulate in Smyrna in Verwendung stehenden k. und k. Viceconsul Franz Jellinek zum Consul unter vorläufiger Belassung auf seinem bisherigen Posten, und den bei dem k. und k. Generalconsulate in Bukarest verwendeten k. und k. Consulareleven Stefan v. Burian zum Viceconsul bei dem gedachten Amte allergnädigst zu ernennen geruht. (Allerhöchste Entschliessung vom 1. November 1875.)

— Seine k. und k. Apostolische Majestät haben die Errichtung eines Honorar-Viceconsulates in Menton huldreichst zu genehmigen und den Louis Martini de Chateauneuf zum unbesoldeten Viceconsul daselbst mit dem Rechte zum Bezuge der tarifmässigen Consulargebühren allergnädigst zu ernennen geruht. (Allerhöchste Entschliessung vom 1. November 1875.)

— Seine k. und k. Apostolische Majestät haben allergnädigst zu gestatten geruht, dass der zur provisorischen Gerenz des k. und k. Consulates in Philippopel berufene Consulatssecretär Julius Ritter v. Adelburg den türkischen Medjidiè-Orden IV. Classe und der Kanzler des k. und k. Generalconsulates in Leipzig Friedrich Herga das fürstlich Schwarzburgische Ehrenkreuz IV. Classe annehmen und tragen dürfen. (Allerhöchste Entschliessung vom 13. November 1875.)

— Seine k. und k. Apostolische Majestät haben mit Allerhöchst unterzeichnetem Diplome dem k. und k. Generalconsul zu Beirut Julius Zwiedinek Edlen v. Südenhorst als Ritter des Ordens der eisernen Krone III. Classe in Gemässheit der Ordensstatuten den Ritterstand allergnädigst zu verleihen geruht.

— Der zur provisorischen Leitung des k. und k. Generalconsulates in Tunis berufene k. und k. Consul Rudolf Ritter von Schlick hat sein neues Amt bereits angetreten.

— Der k. und k. Consul Dr. Friedrich Karl Cariniani hat die Leitung des k. und k. Consulates in Corfu übernommen.

— Der neu ernannte k. und k. Consul S. Salomon in St. Helena hat seinen Dienst angetreten.

— Der k. und k. Generalconsul Dr. Ferdinand Krapf Ritter v. Liverhof in Liverpool hat sich auf Urlaub begeben und wird während der Dauer seiner Abwesenheit durch den Honorar-Viceconsul Koch im Amte vertreten.

— Der k. und k. Viceconsul Jakob Pistoretti in Susa ist gestorben und wurde infolge dessen der dortige Kaufmann Julius Arnaud mit der einstweiligen Fortführung der Amtsgeschäfte betraut.

Leipziger Michaelismesse 1875.

Leipzig, Anfangs November 1875. Die diesjährige Michaelismesse hat im Allgemeinen keine Ausnahme von der den Handel mit fabricirten Waaren dominirenden sehr flauen Conjunctur gemacht, von deren Rückwirkung natürlich auch der Verkehr mit Rohproducten mehr oder weniger in derselben Tendenz beeinflusst wird.

Die knappen Geldverhältnisse und das im Geschäftsverkehr noch immer überwiegende Misstrauen lähmen die Speculation; das unzuverlässige Eingehen der Aussenstände behindert viele oder verstimmt wenigstens auch gut situirte Geschäftsleute, namentlich im Zwischenhandel.

Dazu kömmt die nicht zu verkennende Beschränkung, welche sich der Consum in verschiedenen Richtungen auferlegt, ja vielfach wegen Ungunst der Zeitverhältnisse auferlegen muss.

Lähmend wirkt ferner die Ungewissheit über die Neugestaltung der Creditverhältnisse unter dem Reichsbankgesetze.

Diese und andere damit in Verbindung stehende Momente tragen sammt den noch lange nicht überwundenen Nachwehen der grossen Krisis dazu bei, dass sich jene eingeschüchterte abwartende Tendenz aufrecht erhält, welche in den mannigfaltigsten Schattirungen den Charakter der geschäftlichen Conjunctur im Zollvereine kennzeichnet.

Die Verhältnisse waren daher nicht danach angethan, sanguinische Erwartungen in Bezug auf die Resultate dieser Michaelismesse wachzurufen. Das Angebot von Waaren fehlte nicht, aber die Frequenz der Käufer liess sehr viel zu wünschen übrig.

Es wurden diesmal so manche und gewichtige Abnehmer vermisst und auch die vom Fremdenbureau des hiesigen Polizeiamtes gelieferte Zusammenstellung über die zur Anmeldung gekommenen Fremden zeigt einen Abfall in der Personenfrequenz, indem diesmal nur 18.923 Fremde, somit um 2742 weniger als bei der Michaelismesse 1874, angemeldet wurden.

Wie gewöhnlich, begann das Messgeschäft in fabricirtem Leder am ersten Tage und anscheinend sehr lebhaft, war aber doch nicht so flott, wie es gehofft wurde. Obwohl von diesem im Ganzen als bevorzugt zu betrachtenden, an Ueberproduction höchst selten leidenden Artikel die Zufuhr nur mässig war, zog sich diesmal die Ledermesse über drei Tage hin.

Nur Primasorten, besonders von stärkerem Sohlenleder, waren schnell vergriffen. Notirt wurde Primasorte von Sohlenleder und zwar: Luxemburger 67—68 Thlr., Secunda 64—66 Thlr.; Prima Trier 68—70 Thlr., Secunda 63—65 Thlr.; Prima Rheinisch 66—68 Thlr., Secunda 60—64 Thlr.; Prima Malmedy 66—67 Thlr., Secunda 62—64 Thlr.; Eschweger Prima und stark 56—58 Thlr., Secunda 50—53 Thaler; bayerisches Zahmsohlenleder 48—52 Thlr.; bestes Vacheleder 58—66 Thlr., 2. Qualität 50—55 Thlr.; Maschinenriemenleder 1. Qualität 63—66 Thlr., 2. Qualität 56—62 Thlr.; schwarze Geschirrleder 16—18 Gr., helle 19—22 Gr., gefalzte verhältnissmässig höher; Rindsleder, Oberleder 16—20 Gr., dergleichen leichtes von bester Gerbung 22—25 Gr.; Kalbleder gedrückt, $1-1\frac{1}{4}$ Thlr., feinere Gerbung Gera'er u. s. w. $1\frac{1}{3}-1\frac{3}{4}$ Thlr.; Kipsleder, leichte feine Waare 22—26 Gr., geringere 15 bis 20 Gr.

Lohgares Rossleder ging etwas billiger als zu Ostern ab; alaungares und lohgares Schafleder erzielte Anfangs Preise wie bei der Ostermesse, dagegen drückte sich schwere Waare später um 3—4 Thlr. pr. 100 Stück. Amerikanisches Leder, Hemlock, galt je nach Qualität 40—52 Thlr. pr. Ctr.

Das zur Ledermesse in Beziehung stehende Geschäft in rohen Häuten und Fellen zur Lederbereitung blieb stark hinter den Erwartungen zurück. Auf deutsche Waare kamen mitunter so niedrige Gebote vor, dass dieselbe dazu nicht zu begeben war. Von Wildhäuten ist ein mässiger Vorrath am Platze gewesen und hielt sich auch hierin der Absatz in bescheidenen Grenzen.

Man notirte: Kipse Ia. 40—48 Thlr., IIa. 30—36 Thlr., IIIa. 22—28 Thlr., IVa. 16—20 Thlr.; Rio Janeiro-Ochsenhäute 21—23 Thlr., Kuhhäute 21—23 Thlr.; schwere trockene Buenos Ayres-Ochsenhäute 38—44 Thlr., derlei Kuhhäute 40 bis 44 Thlr.; trockene Rio Grande 35—38 Thlr.; Puerto Cabello 31—34 Thlr.; Angostura, Cearo 31—32 Thlr.; Montevideo gesalzene 25—26 Thlr.; Uruguay 25—26½ Thaler; Rio Grande-Ochsenhäute 23½—25 Thlr.; derlei Kuhhäute 23—25 Thlr. pr. Centner.

Vom Tuchmarkt und den dahin gehörenden Buckskins und zahlreichen anderen Stoffen ist wenig Vortheilhaftes zu berichten. Das Exportgeschäft in dieser Branche liegt der Hauptsache nach immer noch darnieder.

Glatte Tuche, deren Zufuhr diesmal infolge der ungünstigen Lage dieses Artikels geringer als sonst war, erreichten insofern gegen die Ostermesse einige Besserung, als sich etwas Nachfrage für dieselben, sowie für ½- und ¾-Tuche bemerklich machte. Finsterwalde, Goldberg, Schwiebus, Sagen, Sorau, auch Kirchberg und Lengenfeld erfreuten sich infolge dessen eines ungewohnten Absatzes. Im Allgemeinen geben jedoch viele Fabrikanten die Erzeugung farbiger Tuche auf und wenden sich den Musterstoffen zu. Namentlich hat Grossenhain und auch Görlitz diese Richtung eingeschlagen. In matten schwarzen Tuchen, Croisés und Satins arbeitet Bischofswerda mit Erfolg neben den rheinischen Fabriken für den Export.

Grosskäufer hatten sich diesmal nur wenige eingefunden. Aus den starken Vorräthen von gemusterten Modestoffen sind geschmackvolle neue Muster unter starker Betheiligung der zahlreich vertretenen Detaillisten zu befriedigenden Preisen stark abgesetzt und einzelne Muster geräumt worden.

Aber auch jene Fabriksorte, welche wie: Crimmitschau, Werdau, Leisnig an der Erzeugung einfacher, längst eingebürgerter Dessins festhalten, haben befriedigend verkauft.

Dagegen dürften diejenigen, welche wie: Cottbus, Forst, Grünberg u. a. sich in der Nachahmung englischer Stoffe versucht haben, nicht auf ihre Rechnung gekommen sein, weil es ihnen noch nicht gelungen ist, den originellen Charakter der englischen Waare und die Vollkommenheit der Appretur zu erreichen.

Luckenwalde macht mit seinen Velours und Ueberzieherstoffen lohnende Geschäfte, während Rosswein, Braunschweig, Quedlinburg mit ihren Velours, Coatings u. s. w. einen schweren Stand haben.

Für Spremberg brachte diese Messe bei starken Zufuhren ein sehr mittelmässiges Geschäft und gedrückte Preise. Sein allerdings billiges Fabrikat besitzt die schlimme Eigenschaft, beim Krumpfen über alle Berechnung zurückzugehen, so dass der Käufer auch bei dem billigsten Einkaufe sicher ist, sich zu täuschen.

Was andere Artikel der Wollbranche anbelangt, so machten Flanelle ein normales Geschäft. Gewirkte und gestrickte Artikel für den Winter wurden im Wege der Bestellung viel bezogen, und da zur Zeit der Messe noch keine kalte Witterung eingetreten ist, konnte neuer Bedarf nicht namhaft auftreten.

Wollene Strumpfwaaren fanden im Allgemeinen befriedigenden Absatz, insbesondere die sog. Fantasie-Artikel (Apolda, Berlin) verkauften sich gut und schnell, während schwere Winterwaare vernachlässigt blieb.

Für baumwollene Waaren erschwerte die ungünstige Conjunctur des Fabriksmaterials das Geschäft, bei welchem sich überdies die Concurrenz des Elsass fortwährend fühlbar macht.

Voigtländische Weisswaare blieb auf der Messe vernachlässigt und war auch nur mangelhaft vertreten. Besonders gefragt waren weisse Strümpfe; dagegen fanden baumwollene Rock- und Hosenstoffe, sowie baumwollene Shawls und Umhängtücher nur zu gedrückten Preisen einen beschränkten Absatz.

Auf der im Laufe der Messe in der hiesigen Börsenhalle stattfindenden Garnbörse war diesmal bei minder zahlreichem Besuch als zur Zeit der Ostermesse der geschäftliche Verkehr etwas lebhafter.

In baumwollenen Garnen fanden belangreiche Umsätze zu etwas gedrückten Preisen statt. In Flachsgarnen erhielt sich die durch mangelhafte Ernteberichte aus den Flachs bauenden Ländern eingetretene feste Stimmung.

Böhmische Spinner, welche sich stark unter Contract befanden, hielten auf höhere Notirungen, die auch bei belangreichen Umsätzen zugestanden wurden. In wollenen Garnen blieb dagegen das Geschäft sehr begrenzt.

Aus der Leinenbranche ist, namentlich was feinere Waare betrifft, von namhaften Geschäften nichts zu berichten. In billigen Artikeln und gemischten Waaren hat dagegen ein ziemlich guter Absatz stattgefunden.

In Seidenwaaren kommt grössentheils ein regelmässiges Platzgeschäft vor, welches auf der Messe keine wesentliche Rolle mehr spielt.

Auch diesmal waren für Seidenstoffe, Sammet, Bänder etc. nur wenige inländische Käufer zugegen, und die russische Kundschaft könnte in dieser Branche nur dann für den hiesigen Platz wieder von Bedeutung werden, wenn die ausserordentlich hohen russischen Eingangszölle herabgesetzt würden.

Für kurze Waaren, die eigentlichen Verbrauchsartikel ausgeschlossen, hat die Michaelismesse besondere Wichtigkeit, die sich auch diesmal nicht verleugnete, jedoch nicht ohne einige Beschränkungen. Es fehlten nämlich mehrere ausländische Käufer, besonders aus überseeischen Ländern, die auch für österreichische Erzeugnisse (Wiener Kurzwaaren, böhmische Glasquincaillerie) wesentliches Interesse besitzen.

In böhmischen Glaswaaren (Hohl- und Luxusglas) hat sich dem Vernehmen nach der Absatz hauptsächlich auf Verbrauchsartikel und elegante, sog. Luxusgegenstände erstreckt, die nicht besonders hoch im Preise standen. Auch hier fehlten die gewohnten nordischen und überseeischen Käufer fast gänzlich.

In der Rauhwaarenbranche bot diese Messe einen ganz neuen Vorgang: die Auction eines direct aus Amerika importirten grösseren Lagers.

Diese Branche befindet sich dermalen nach grosser Steigerung unter einer rückgängigen Conjunctur und gingen auf den letzten Londoner September-Auctionen, wo sehr reiche Vorräthe ausgeboten wurden, fast sämmtliche Artikel wesentlich zurück.

Die erwähnte, zu Anfang der Messe hier abgehaltene Auction, welche nicht wie die Londoner gegen baare Zahlung stattfand, sondern wo vielen Käufern auch Credit bewilligt wurde, hemmte natürlich schon durch ihre Neuheit die regelmässige Entwickelung des Messgeschäftes.

Als aber dieselbe nach dem Verkaufe des grösseren Theiles der ausgebotenen Waare zu ungefähr den letzten Londoner September-Auctionspreisen, also schwerlich mit Gewinn für den Unternehmer vorbei war, nahm das gewöhnliche Messgeschäft in Rauhwaaren einen recht befriedigenden Verlauf und hat dem einer mittelmässigen Michaelismesse vollständig entsprochen.

Besonders thätig waren die russischen Käufer, welche Ursache hatten, mit ihrem Sommergeschäfte zufrieden zu sein. Sie nahmen grosse Posten von Bibern, Schuppen, virginischen Iltis, Silber- und Kreuzfüchsen, Ottern und Seeottern aus dem Markte.

Der Absatz an die deutschen Händler und Kürschner war, wie in der Regel zu dieser Zeit, spärlich; nur die sehr billig gewordenen Nerze hatten besonderes Interesse für sie.

Die ungarischen Käufer zeigten sich diesmal als starke Abnehmer für geringe Sorten Bisam und gefärbte Persianer, dann für Lammfelle, während die französische Kundschaft eine besonders gute Meinung für Feehrücken, sowie in hervorragendem Masse für Feehwammenfutter an den Tag legte, welch letzterer Artikel auch in russischer Arbeit stark gesucht war.

Wie gewöhnlich in der Michaelismesse, fehlten die Händler aus dem Oriente gänzlich und hatten wohl infolge der politischen Lage auch von der Ertheilung von Aufträgen abgesehen.

Von den aus Russland eingeführten Artikeln fanden rohe Persianer, Feeh, Feehschweife trotz ansehnlich gestiegener Preise raschen und auch ziemlich lohnenden Absatz, wogegen Hermelin und Kolinsken ganz vernachlässigt blieben. Iltis haben ihren alten Werth behalten, wogegen Stein- und Baummarder nur zu mässigen Preisen Käufer fanden.

Von Halbfabrikaten waren Kaninchenfelle und Futter nur schwer und billig zu verwerthen, während Hamsterfutter zu etwas ermässigten Preisen gesucht blieb.

Auf dem Geldmarkte sind während dieser Messe keine bemerkenswerthen Störungen vorgekommen. Der Cours der österreichischen Bank- und Staatsnoten, welcher sich bei der letzten Ostermesse auf 184 Mark für 100 fl. ö. W. gehoben und seitdem mit 180—181 behauptet hatte, ist neuestens bis auf 177 Mark 85 Pfg. zurückgegangen.

Wirthschaftliche Verhältnisse von Schweden im Jahre 1874.

Stockholm. Der directe Handelsverkehr zwischen Oesterreich-Ungarn und Schweden umfasste im Jahre 1874 bei der Einfuhr folgende Gegenstände:

Anis 5989 Pfd., Fenchel 12.627 Pfd., Farben für 1200 Kronen, Galläpfel 12.537 Pfd., Gummi 18.800 Pfd., Hanf 1647 Ctr., Korinthen 6618 Pfd., Lorbeerblätter 12.792 Pfd., Lakritzen 3429 Pfd., Oele 3348 Pfd., Pflaumen 101.301 Pfd., Senf 3005 Pfd., Schwefel 67.600 Pfd.

Die Ausfuhr nach Oesterreich-Ungarn bestand in: 10.487 Ctr. Theer, 1152 Kubikfuss Holz, 20 Kubikfuss Bretter und 14 Kubikfuss Sparren.

Das Jahr 1874 war für den Ackerbau dieses Landes nicht so günstig als sein nächster Vorgänger, doch hat die Wintersaat, und zwar sowohl Weizen als Roggen, im Allgemeinen einen befriedigenden Ertrag gegeben, während die Sommerfrüchte und auch Heu an den meisten Orten infolge der starken Dürre des Vorsommers unter dem Durchschnitte ausfielen.

Erntemaschinen wurden besonders während des letztverflossenen Jahres in sehr bedeutender Anzahl in allen Theilen des Reiches mit grossem Vortheile angewendet und haben den Bedarf an theueren Arbeitskräften ganz wesentlich verringert. Derlei Maschinen wurden grösstentheils in Amerika und England angekauft, doch hat sich voriges Jahr eine Gesellschaft für die Anfertigung landwirthschaftlicher Maschinen in Schweden selbst gebildet.

Die Fischerei wurde im Jahre 1874 unter besonders günstigen Umständen betrieben. Nicht allein der Fang von Heringen und Strömlingen (Clupea harangus minor) fiel ungewöhnlich ergiebig aus, sondern auch die Lachsfischereien haben ein reichliches Erträgniss geliefert.

Die Verschiffung von Eisen aus Stockholm erreichte eine Gesammtmenge von 664.826 Ctrn., woran sich folgende Exporthäuser betheiligten: N. M. Höglund mit 209.319 Ctrn., A. W. Frestadins mit 98.773 Ctrn., G. S. Billing & Sohn mit 88.905 Centnern, Godenius & Co. mit 43.255 Ctrn., Schön & Co. mit 40.282 Ctrn., andere Firmen mit 184.292 Ctrn.

Der Durchschnittspreis pr. Centner ordinäres Stangeneisen stellte sich auf 11·50 Kronen, frei an Bord. Für Dannemora-Stahleisen wurde je nach den verschiedenen Stempeln 20—24 Kronen pr. Centner bezahlt.

Von Holzwaaren wurden aus Schweden folgende Mengen verschifft:

Jahr		Balken und Sparren	Dielen und Bretter
1870	Kubikfuss	15,000.000	77,500.000
1871	„	14,600.000	80,700.000
1872	„	18,400.000	90,700.000
1873	„	20,500.000	88,700.000
1874	„	18,840.000	81,640.000

Die Holzpreise des letzterwähnten Jahres überstiegen diejenigen von 1872 um ca. 50 pCt.

Im Jahre 1874 wurden 189 Actiengesellschaften neu concessionirt, davon: 10 für Eisenbahnen, 135 für Industrie- und Fabriks-, 26 für Handelsunternehmungen, 18 für verschiedene andere Zwecke.

Auf Grund des Münzgesetzes vom Jahre 1873 wurden bis zum 23. December 1874 ausgemünzt und in Umlauf gesetzt:

Goldmünzen:	
20-Kronen-Stücke für	7,092.160 Kronen
10-Kronen-Stücke für	4,235.000 „
Zusammen . .	11,327.160 Kronen
Silbermünzen:	
25-Öre-Stücke für	525.000 Kronen
10-Öre-Stücke für	287.500 „
Zusammen . .	812.500 Kronen
Bronzemünzen:	
5-Öre-Stücke für	43.310 Kronen
2-Öre-Stücke für	38.280 „
1-Öre-Stücke für	23.700 „
Zusammen . .	105.290 Kronen

Von den erwähnten Goldmünzen wurden bis zu demselben Zeitpunkt 9,550.000 Kronen von der Reichsbank umgewechselt.

Die Obligationenschuld der Allgemeinen Hypothekenbank (Allmanna Hypotheks-Banken) belief sich am Schlusse des Jahres 1873 auf 139,276.933 Kronen 32 Öre. Von den 5perc. Obligationen dieser Bank wurde bis Mitte Juli 1874, von wo an der Verkauf bis auf Weiteres eingestellt blieb, theils zum Paricourse, theils zu 101 ein Gesammtbetrag von 5,403.700 Kronen realisirt.

Die Amortisirung der 5perc. Obligationen begann im Jahre 1874 und wurde im Laufe desselben der Betrag von 3,243.400 Kronen ausgelost. Von den im Jahre 1872 ausgegebenen 4perc. Obligationen wurden im vergangenen Jahre 432.900 Kronen zum Course von 89, 88½ und 88 verkauft.

Ferner wurde der Rest von 992.300 Thalern preuss. Conr. von der 1862er ausländischen 4½perc. Anleihe verkauft und eine neue Anleihe in Obligationen, verschrieben in deutscher Sprache und zu einem Zinsfusse von 4½ pCt., am 9. Juli 1874 zum Betrage von 36 Mill. Deutsche Reichsmark aufgelegt und davon im Laufe des Jahres 12 Mill. Reichsmark begeben.

Handelsverhältnisse des Donau-Vilajet im Jahre 1874.

Rustschuk. Unter den Ländern der europäischen Türkei nimmt die bulgarische Donauprovinz in Bezug auf den Reichthum an Producten der Landwirthschaft eine der ersten Stellen ein.

Bulgarien versorgte im Verein mit Romanien und Bessarabien namentlich in den sechziger Jahren Westeuropa mit seinem Ueberfluss an Getreide, eine lebhafte Speculation bemächtigte sich dieses Handels, dessen Mittelpunkte Braila, Galatz und Odessa wurden.

Das bulgarische und walachische Getreide gelangte auf schwerfälligen türkischen Segelfahrzeugen die Donau abwärts nach Braila und Galatz, um von dort nach England, Frankreich und theilweise auch nach Italien verschifft zu werden.

Während der Zeit dieses lebhaften Exportes erfuhr auch der Wohlstand des Landes eine ansehnliche Steigerung; vorab die Donauprovinz nahm einen ersten Aufschwung und infolge der grösseren Wohlhabenheit vermehrten sich auch die Bedürfnisse der Bevölkerung. Die Einfuhr europäischer, insbesondere österreichisch-ungarischer und deutscher Industrie-Artikel stieg mit der Zunahme des Exportes.

Allein nicht blos die Getreideschätze der Provinz wurden dem Auslande zum Kauf angeboten, man war auch darauf bedacht, andere Zweige der Landwirthschaft mit Eifer zu cultiviren, und so machte der allgemeine Aufschwung weitere Fortschritte.

Vor Allem war die Speculation in Cocons und Seidenraupeneiern eine sehr lebhafte. Französische und italienische Spinnereien bezogen ihren Bedarf an Samen aus dieser Provinz, in welcher die Zucht der Seidenraupe seit vielen Jahrhunderten, freilich in höchst primitiver Art, betrieben wurde.

Ebenso fand ein lebhafter Export von Rindern und Schafen theils nach dem Auslande, namentlich Oesterreich-Ungarn, theils nach anderen Provinzen der europäischen Türkei statt.

Allein diese kaum zur ersten Blüte gelangte Provinz litt gar bald unter den, bei fast ausschliesslicher Beschäftigung mit der Landwirthschaft unvermeidlichen Wechselfällen des internationalen Handelsverkehres. Zunächst machte die in der Provinz ausgebrochene Raupenkrankheit der Speculation in Cocons und Eiern ein rasches Ende.

Die Missernten dieser Provinz in den Jahren 1869 und 1870, sowie die reichen Erträgnisse der Landwirthschaft in Böhmen und Ungarn zu Ende der sechziger Jahre gaben dem englischen Getreidehandel eine andere Richtung. England begann hierauf sich zum Theile aus Nordamerika und Australien zu versorgen; der hiesige Getreide-Export nahm rasch ab.

Die durch den deutsch-französischen Krieg verursachte Handelsstörung machte sich, wie im ganzen Orient, so auch in dieser Provinz fühlbar und mit der Verminderung der Ausfuhr nahm auch die Einfuhr, namentlich aus Westeuropa, zusehends ab.

Der Nothstand in Ungarn, namentlich in den Jahren 1872 und 1873, schien dem hiesigen Getreidehandel neue Absatzquellen zu eröffnen; ansehnliche Quantitäten Getreide wurden hauptsächlich durch die Schiffe der österreichischen Donau-Dampfschifffahrtsgesellschaft stromaufwärts verführt und es hatte den Anschein, als ob der Getreideexport eine neue Richtung über die Länder der österreichisch-ungarischen Monarchie nach dem stets getreidebedürftigen Westen und Norden Europa's einschlagen würde. Allein die vorzüglichen Ernten Frankreichs und Englands im Jahre 1874, sowie das immerhin sehr günstige Ergebniss des Feldbaues in Mitteleuropa machten gar bald diese Hoffnung zunichte.

Hiezu kam noch das gänzliche Missrathen des Mais, jenes Hauptnahrungsmittels der Bewohner der Donauprovinz. Auch die in Kleinasien ausgebrochene Hungersnoth, sowie der Misswachs in den östlichen, an das Schwarze Meer grenzenden Bezirken Bulgariens trugen zur Erhöhung der ungünstigen Lage bei.

Als im Herbst vorigen Jahres die Regierung grosse Mengen Vieh in Bulgarien ankaufen liess, um damit den Nothleidenden in Kleinasien zu Hilfe zu kommen, konnte man den anhaltenden und strengen Winter nicht voraussehen, der das ganze Land mit einer hohen Schneeschichte bedeckte und dadurch die, wie gewöhnlich, nur wenig mit Stroh und Heu versehenen Viehbesitzer zwang, eine grosse Anzahl ihrer Rinder und Schafe zu schlachten.

Die Futterpreise haben jetzt eine unerschwingliche Höhe erreicht und die bedeutende Schwächung des Viehstandes wird nicht ermangeln, in ihren Folgen für die Landwirthschaft und mithin für den allgemeinen Wohlstand des Landes sehr fühlbar zu werden.

Der schneereiche Winter sicherte zwar die nothwendige Bodenfeuchtigkeit und man durfte auf eine ergiebige Ernte hoffen; allein das gänzliche Fehlschlagen des Mais im vorigen Jahre, sowie die lange Dauer des Winters haben einen grossen Nothstand, namentlich unter der ärmeren Landbevölkerung hervorgerufen, der sogar das zur Sommeraussaat nothwendige Korn fehlt.

Wenn auch die Regierung in vielen Fällen helfend eingreift, und das als Zehent eingehobene Getreide aus den Regierungsmagazinen in die Hände der Nothleidenden zurückgelangen lässt, so kann wohl hiedurch den am meisten Bedrängten vorübergehend geholfen werden, allein die Landwirthschaft im Allgemeinen geht einer schweren Zukunft entgegen, um so mehr, als infolge der ansehnlichen Schwächung des Viehstandes auch die Bearbeitung der Felder zunächst nur in beschränktem Maasse wird geschehen können. Dass dabei auch der Handel dieser Provinz stark ins Mitleid gezogen wird, ist nach dem Gesagten selbstverständlich.

Wenn man die Waarenverkehrsausweise der in diesem Consularbezirke befindlichen Agentien der Donau-Dampfschifffahrtsgesellschaft für die Jahre 1873 und 1874 mit einander vergleicht, so ergiebt sich ein gewaltiger Unterschied in den Ziffern der Ein- und Ausfuhr.

Während nämlich der Export von Rustschuk im Jahre 1873 auf 3,208.000 fl. bewerthet wurde, gegen eine Einfuhr für beiläufig 730.000 fl., so dass der erstere den Werth der letzteren um mehr als das Vierfache überstieg, zeigt sich bei den im letztverflossenen Jahre durch die hiesige Agentie eingeführten und expedirten Gütern eine ganz entgegengesetzte Erscheinung. Die Einfuhr hat zugenommen und repräsentirt einen Werth von 1,360.680 fl., wogegen die Ausfuhr nur 635.427 fl. erreichte, wobei freilich berücksichtigt werden muss, dass 1874 die Getreide-Ausfuhr nur 39.878 Zollcentner im Werthe von 90.277 fl., gegen 104.594 Zollctr. im Vorjahre, betrug.

Auch in 1874 war die Ausfuhr von Getreide hauptsächlich nach Ungarn, und zwar fast ausschliesslich nach dem Pester Markte gerichtet, wo sie die zahlreichen Dampfmühlen mit dem nöthigen Rohproducte versieht.

Nach Galatz und Braila gingen nur sehr wenige Getreidesendungen auf Segelschiffen ab, da die dortige Handelsstockung jede Speculation mit Getreide verhindert. Ansehnliche Mengen Getreide, das die Regierung als Naturalzehent eingehoben hatte, wurden mittels Eisenbahn nach Varna und von dort zur See nach Kleinasien geführt. Allein dieser Export brachte kein Geld ins Land und diente nicht zur Anregung der Speculation.

Nicht nur in Getreide, sondern auch in den andern Haupterzeugnissen des Landes zeigt sich eine Verminderung der Ausfuhr; so bei: Häuten und Fellen 1481 Zollcentner, gegen 2605 Zollctr. im Vorjahre; Schafwolle 361 gegen 880 Zollctr.; Leder 396 gegen 412 Zollctr. Nur bei Abfällen (Hörner, Knochen u. s. w.) fand eine Steigerung der Ausfuhr von 3216 auf 5160 Zollctr. statt.

Dagegen hat sich bei der Mehrzahl der von auswärts bezogenen Handelsgüter ein grösserer Import ergeben, so dass die Gesammteinfuhr um die beträchtliche Summe von 630.680 fl. das Vorjahr übersteigt.

An diesem günstigen Resultate participiren hauptsächlich: Eisenwaaren mit 8274 Zollctrn., Zucker mit 3786 Zollctrn., Colonialwaaren mit 2881 Zollctrn., Mehl mit 2279 Zollctrn., Papier mit 1872 Zollctrn., Glas mit 1821 Zollctrn., Baumwollwaaren mit 1706 Zollctrn., chemische Producte mit 1220 Zollctrn., Garne und Twiste mit 1165 Zollctrn., Seilerwaaren mit 1007 Zollctrn.

Die ansehnliche Vermehrung der Einfuhr ist wohl nicht zum geringsten Theile der Thätigkeit des österreichisch-ungarischen Handelsstandes zuzuschreiben, welcher, um die Folgen der Krise des Jahres 1873 abzuschwächen, mit anerkennenswerthem Eifer bemüht war, neue Absatzquellen aufzusuchen. Mehrere für den Export arbeitende Firmen und namentlich Pester Häuser sandten ihre Reisenden nach den Donauprovinzen, andere suchten durch Vermittlung des Consulates Verbindungen mit hiesigen Kaufleuten anzuknüpfen, und wenn auch die dadurch erzielten Resultate vielleicht nicht alle Erwartungen erfüllten, so lässt sich doch mit Sicherheit annehmen, dass es bei ausdauernden Bemühungen dem österreichisch-ungarischen Handelsstande gelingen werde, der fremden Concurrenz gegenüber sich einen ansehnlichen Erfolg zu sichern.

Folgende Artikel werden fast ausschliesslich aus den Ländern der Monarchie bezogen: Papier, Glas, chemische Producte, Bier, Möbeln, Farben, Galanterie- und Kurzwaaren, Manufacte, Wein und Wägen.

Einen grossen Antheil hat die einheimische Industrie auch an der Einfuhr von Eisenwaaren, Mehl, Zucker, Branntwein, Baumwoll- und Seidenwaaren; und es ist zu hoffen, dass bei fortdauernder Anstrengung unseres Handelsstandes und nach Beseitigung der unsern Export im Allgemeinen lähmenden Hindernisse die Einfuhr nationaler Industrieproducte auf dem hiesigen Platze auch in diesen Artikeln eine fast ausschliessliche Stellung erringen werde.

Dieselben Erscheinungen wie die Handelsbewegung des Rustschuker Platzes zeigen auch die letztjährigen Ein- und Ausfuhrlisten der Donaustationen Sistow und Silistria. Darnach bezifferte sich 1874 der Gesammtwerth des Waarenverkehres der Station Sistow in der Einfuhr mit 2,086.510 fl. (gegen 1,689.350 fl. im Vorjahre), und in der Ausfuhr mit 1,816.340 fl. (gegen 2,157.890 fl.). Bei Vergleichung des Gesammtwerthes der Waareneinfuhr mit jenem der Ausfuhr ergab sich im Jahre 1874 rücksichtlich des Importes ein Mehrwerth von 270.170 fl.

Wie schon oben in Bezug auf Rustschuk nachgewiesen wurde, stellt sich auch in Sistow bei dem Gesammtwerthe der eingeführten Waaren gegen das Vorjahr die bedeutende Zunahme von 397.160 fl. heraus. Dieses günstige Ergebniss wurde vorzugsweise veranlasst durch den gesteigerten Import von: Roheisen 19.715 Zollcentner,

Zucker 9421 Zollctr., Colonialwaaren 6131 Zollctr., Eisenwaaren 2528 Zollctr., Reis 4959 Zollctr., Zündwaaren 1533 Zollctr.

In der Ausfuhr dagegen trat bei folgenden Gegenständen eine ansehnliche Verminderung ein: Getreide 984.300 Zollctr. (gegen 1,251.400 Zollctr. im Vorjahre), Corduan 2642 Zollctr., Felle und Häute 1542 Zollctr. Nur bei Hörnern und Knochen zeigt sich eine Vermehrung der Ausfuhr von 2275 auf 3634 Zollcentner.

Ganz analoge Erscheinungen weist auch der Waarenverkehr der Station Silistria auf. Die Ausfuhr verminderte sich gegen das Vorjahr von 521.831 auf 97.718 fl., was hauptsächlich der geringen Versendung von Getreide (8035 Zollctr.) und thierischen Esswaaren (915 Zollctr.) zuzuschreiben ist.

Der Werth der Waareneinfuhr in Silistria stieg von 375.740 auf 820.640 fl. An diesem günstigen Resultate participiren hauptsächlich: Colonialwaaren mit 17.108 Zollcentnern, Nutzhölzer mit 8525 Zollctrn., Eisenwaaren mit 3229 Zollctrn., Branntwein mit 1442 Zollctrn.

Die allgemein beobachtete Vermehrung der Einfuhr in den genannten Donauhäfen während des letztabgelaufenen Jahres liesse die Vermuthung berechtigt erscheinen, dass sich der Wohlstand der Bevölkerung dieser Provinz gehoben habe und dass für die Zukunft eine noch grössere Steigerung des Handelsverkehres zu hoffen sei.

Leider jedoch ist dem nicht so. Die gesteigerte Einfuhr erklärt sich vielmehr zum grossen Theile nur dadurch, dass die Speculation infolge des allgemeinen Stockens des Getreidehandels sich mit Eifer auf den Import warf und dadurch eine Ueberfüllung des Marktes hervorrief, während die Nachfrage gering blieb. Der wenig befriedigende Ausgang der Messe von Eski-Dschuma ist gewiss diesem Umstande zuzuschreiben.

Dass übrigens die Steigerung der letztjährigen Einfuhr nur eine zufällige ist und weit hinter den Ziffern des Importes früherer, namentlich der 60er Jahre zurückblieb, sowie dass die gesammte Handelsbewegung in den letzten 4 Jahren bedeutende Rückschritte gemacht hat, lässt sich aus der nachfolgenden Uebersicht der Ein- und Ausfuhr bei der hiesigen Agentie der Donau-Dampfschifffahrtsgesellschaft während der letzten 11 Jahre entnehmen:

	Einfuhr		Ausfuhr	
Jahr	Zollcentner	Werth in Gulden	Zollcentner	Werth in Gulden
1864	84.374	3,026.958	22.883	2,617.285
1865	88.888	5,101.579	31.569	3,028.771
1866	144.568	5,430.789	11.657	3,612.389
1867	103.121	5,783.000	11.384	818.000
1868	90.874	?	23.590	?
1869	92.117	?	14.401	?
1870	67.395	?	13.922	?
1871	63.005	999.974	18.802	411.291
1872	48.440	911.768	178.763	4,429.844
1873	47.128	730.000	124.639	3,208.000
1874	63.957	1,360.680	59.054	635.427

Die Einfuhr von Rustschuk war demnach seit 1867 in steter Abnahme begriffen, und während in den ersten 4 Jahren dieses Zeitraumes die mittlere Jahreseinfuhr sich auf 4,835.581 fl. bewerthete, erscheint der Werth der Einfuhr in den letzten 4 Jahren durchschnittlich nur mit 1,000.605 fl. beziffert.

Die Ausfuhr ist wohl im Ganzen gleich geblieben, und unterscheidet sich der mittlere Werth derselben während der ersten 4 Jahre (2,519.111 fl.) nicht wesentlich von demjenigen der letzten 4 Jahre (2,171.140 fl.).

Man muss jedoch bedenken, dass zu Ende der 60er Jahre der so schwungvoll betriebene Getreidehandel sich fast ausschliesslich der Segelschiffe bediente, um die Kornschätze Bulgariens donauabwärts nach Braila und Galatz und von dort nach Westeuropa zu verschiffen.

Den Fahrzeugen der Donau-Dampfschifffahrtsgesellschaft wurden nur jene Getreidesendungen anvertraut, welche nach dem in jenen Jahren ohnedies mit reichen Ernten gesegneten Ungarn gingen.

Seit den letzten 4 Jahren ist jedoch, wie bereits früher bemerkt wurde, die Getreideausfuhr über die Donaumündungen ins Stocken gerathen. Die Segelschiffe liegen zum grossen Theile abgerüstet in den verschiedenen Donauhäfen, und die ohnedies arme türkische Bevölkerung derselben sieht eine Hauptquelle ihres Verdienstes gänzlich versiegen.

Nachdem nun auch die in den Jahren 1872 und 1873 besonders lebhafte Getreideausfuhr nach Ungarn so sehr abgenommen hat, sieht der hiesige Handelsstand mit banger Erwartung der Zukunft entgegen, und seine Existenz hängt mehr denn je von den unberechenbaren Schwankungen des internationalen Getreidemarktes ab.

Um dem hiesigen Handel angesichts dieser so wenig erfreulichen Lage ein sicheres Pfand des Gedeihens zu geben, beantragte der Generalgouverneur dieser Provinz bei der Pforte die Umwandlung Rustschuk's in einen Freihafen.

Eine mit mehr als 500 Unterschriften hiesiger Handelsleute versehene Petition wurde zu diesem Zwecke nach Constantinopel abgeschickt, und der Generalgouverneur ermangelte nicht, dieselbe auf's Wärmste zu befürworten.

Die Pfortenregierung hat sich hierüber dahin ausgesprochen, dass sie zwar nicht geneigt sei, auf das Freihafenproject einzugehen, wohl aber die Errichtung von Entrepôts hier und in Tultscha gestatten wolle, falls sich der Kaufmannsstand dieser beiden Städte zum Baue solcher Lagerhäuser verpflichten würde.

Man ist nun hier der Ansicht, dass die Verwirklichung einer derartigen, den Freihäfen ähnlichen Einrichtung dem österreichisch-ungarischen Einfuhrhandel ganz besonders zu Statten käme. Unstreitig erscheint Rustschuk, welches durch die Donaustrasse mit dem Herzen der Monarchie in Verbindung steht, und dem romanischen Städtchen Giurgevo, dem Endpunkte einer Eisenbahn gegenüber liegt, welche bald die Entfernung von dem industriereichen Kronstadt bis auf wenige Stunden verkürzen wird, als ein hauptsächlich dem österreichisch-ungarischen Kaufmanne zugänglicher Markt, auf welchem derselbe die fremde Concurrenz viel weniger als in Galatz zu fürchten hat, wohin englische und französische Waaren auf Seeschiffen um einen billigeren Frachtsatz geliefert werden, als österreichische oder deutsche Erzeugnisse über den Donauweg und mittels Eisenbahn.

Rustschuk hingegen liegt fast auf halbem Wege zwischen Orsova und Galatz und bietet, infolge der bei Seetransporten nothwendigen Umladungen und Verfrachtungen auf seichter gehende Flussschiffe, der westeuropäischen Einfuhr manche Hindernisse, welche, wenn von dem österreichisch-ungarischen Handelsstande und den Transportgesellschaften mit Eifer und Geschicklichkeit ausgenützt, gewiss dazu beitragen, dem nationalen Handel in der noch so wenig ausgebeuteten Donauprovinz ein fast ausschliessliches Absatzgebiet zu sichern.

Handel und Schifffahrt von Rangoon im Jahre 1874.

Rangoon. Der Handel dieser Provinz gewinnt mit jedem Jahre eine grössere Ausdehnung und hat dies der ausserordentlichen Productionsfähigkeit des Landes, sowie der günstigen Lage und Beschaffenheit der diesseitigen Seehäfen zu danken, welche die Ausfuhr der einheimischen Producte wesentlich fördert.

Die Baumwollcultur wurde im letztverflossenen Jahre wegen des derzeitigen niedrigen Marktwerthes der indischen Baumwolle ein wenig vernachlässigt; um so mehr Aufmerksamkeit verwendete man dagegen auf den Reisbau, der wieder vom Wetter sehr begünstigt war und deshalb eine reiche Ernte lieferte.

Der Export von Rangoon allein belief sich auf 465.760 Tonnen (à 2240 Pfd. engl.) Reis, gegen 368.869 Tonnen im Vorjahre, ist sonach um 96.891 T. gestiegen.

Infolge der Hungersnoth in Bengalen trat eine dringende Frage für Reis auf, was die Preise in die Höhe trieb, so dass fast die ganze grosse Ernte ungefähr zu 50 pCt. über dem gewöhnlichen Durchschnittspreise begeben wurde.

Nach den neuesten Vermessungen ist im englischen Territorium bis jetzt nur etwa $^{1}/_{14}$ des urbaren Bodens, d. i. von ca. 44.000 englischen Quadratmeilen beiläufig 3000, dem Ackerbau gewidmet.

Da es der Provinz nur an arbeitenden Händen fehlt, so wurde während der Hungersnoth in Bengalen die Einwanderung von Coolies von dort durch ein Gesetz geregelt und dieselbe unter die Aufsicht der Regierung gestellt, wodurch man einen immer bedeutenderen Zuwachs der Bevölkerung zu erzielen hofft.

Während der letztverflossenen 4 Jahre hat die Reisausfuhr von hier folgende Ergebnisse (in englischen Tonnen ausgedrückt) geliefert:

Bestimmung	1874	1873	1872	1871
Europa	273.393	298.270	298.642	199.458
Amerika	1.649	531	673	.
China, Strasse von Malacca und indische Häfen	189.723	66.917	90.710	54.786
Australien	634	3.150	.	.
Cap-Colonie	361	.	.	.
Zusammen	465.760	368.868	390.025	254.244

Infolge des Umstandes, dass für den neuen Reis, wiebald er reif war, für Rechnung der indischen Regierung ungefähr das Doppelte der gewöhnlichen Preise geboten wurde, gelangte die Waare um einen Monat früher als sonst an den Markt.

Die Regierung beabsichtigte mit ihrem hohen Anbote zweierlei: einmal wollte sie Bengalen so schnell wie möglich mit einem kleinen Theil der benöthigten Frucht versorgen, und dann war es ihr Bestreben, dem allgemeinen Reishandel von Burmah so wenig als möglich Abbruch zu thun.

Die Eröffnung der neuen Saison findet gewöhnlich Anfangs Februar statt, wo dann die Exporteure ihre bereits 4—6 Monate früher gemachten Engagements zu realisiren beginnen; wäre nun die Regierung für die ungeheure Menge Reis, welche bis März nach Calcutta zu liefern war, im Februar als Käufer aufgetreten, dann hätte der commercielle Bedarf nur theilweise befriedigt werden können und die Folge davon wären empfindliche Verluste für die Exporteure und theilweiser Ruin des Handels dieser Provinz gewesen.

So aber konnten die Agenten der Regierung nach den von ihnen getroffenen Vorkehrungen schon im Januar, während von anderer Seite noch gar keine Nachfrage auftauchte, einen grossen Theil ihrer Aufträge ausführen und wurden dadurch zugleich in den Stand gesetzt, während der Monate Februar bis April ruhig und ohne besonders drückenden Einfluss auf den Exporthandel ihre weiteren Einkäufe zu machen.

Die indische Regierung bezog von Burmah im Ganzen 276.984 Tonnen Reis, nämlich von: Rangoon 172.458, Moulmein 43.139, Bassein 34.472, Akyab 26.915 Tonnen Reis. Dieses ganze Quantum wurde in beiläufig $3^1/_2$ Monate gekauft und in ca. 5 Monaten nach Calcutta befördert.

In Europa stieg der Werth des Artikels im Verhältnisse zu den hiesigen Preisen und behauptete sich dort bis zum Juni, so dass die Exporteure durch die hohen Notirungen des Marktes von Burmah wohl kaum Verluste erlitten.

In der ersten Hälfte Januar galt Natsain-Paddy 90 Rupies pr. 100 Baskets, doch kauften zu diesem Preise nur die Agenten der Regierung. Derselbe fiel dann allmälig und war Anfangs Februar bei 75 Rupies (= 6 s. 6 d. pr. engl. Cwt. frei an Bord) für 5 Parts Cargo-Reis angelangt.

Auf diesem Stande hielt sich der Markt längere Zeit; als aber Anfangs April die Nachfrage für Verschiffungen nach Europa dringend wurde, nahmen die Preise eine steigende Tendenz an und erreichten 102 Rupies pr. 100 Baskets Natsain-Paddy.

So behauptete sich der Werth des Artikels bis Ende Mai, fiel dann langsam und fluctuirte von Juni bis November zwischen 80 und 85 Rupies (6 s. 4 d. und 6 s. $7^1/_4$ d.). Im December endlich hörte die Frage für Europa ganz auf und die nominelle Notirung des Marktes war 50 Rupies (4 s. $9^1/_2$ d.), zu welchem mässigen Preise man hoffte, dass die neue Saison eröffnen werde.

Die Ausfuhr von Baumwolle zur See hat gegen 1873 eine kleine Zunahme erfahren. In den letzten 4 Jahren gestalteten sich die diesfälligen Verschiffungen folgendermassen:

Bestimmung		1874	1873	1872	1871
Europa	Ballen	11.034	14.532	44.961	32.845
China, Strasse von Malacca und indische Häfen	„	16.218	7.944	11.212	4.260
Zusammen,	Ballen	27.252	22.476	56.173	37.105

Im letzten Jahre wurde weniger Baumwolle angepflanzt, als in den beiden früheren, da die niedrigen Preise, welche nun schon seit mehr als 2 Jahren für indische Baumwolle herrschen, die Pflanzer etwas entmuthigt haben. Die Baumwolle von Rangoon wird der gewöhnlichen Bengalwolle theilweise vorgezogen, trotzdem blieben deren Preise in 1874 sehr niedrig; sie fluctuirten zwischen 55 und 50 Rupies pr. 100 Viss à 365 Pfd. ($4^1/_4$ und $3^7/_{10}$ d. pr. Pfd.), frei an Bord.

Der grösste Theil der letztjährigen Ernte wurde wieder landwärts nach dem westlichen China exportirt.

Die Ausfuhr von Cutch bezifferte sich in den letzten 4 Jahren also:

Bestimmung		1874	1873	1872	1871
Europa	Cwt.	92.862	124.754	107.621	93.219
China, Strasse von Malacca und indische Häfen	„	51.877	101.361	72.730	54.612
Zusammen.	Cwt.	144.739	226.115	180.351	117.831

Der sehr bedeutende Ausfall im letztjährigen Export wurde durch die schlechten Marktverhältnisse verursacht, welchen dieser Artikel in Europa zu begegnen hatte. Preise waren dort infolge der grossen Zufuhren im vorhergehenden Jahre sehr zurückgegangen, während die bedeutenden Vorräthe in London und Liverpool eine Besserung vor August oder September nicht aufkommen liessen.

Es war deshalb in den ersten 8—9 Monaten des Jahres wenig Begehr für Cutch, dann trat aber eine merkliche Besserung ein, und bei fortwährend steigenden Notirungen in Europa wurde die Nachfrage sehr lebhaft. Die äussersten Preise waren: 15 s. 1 d. (Januar bis April) und 20 s. 9 d. (December) pr. Cwt., frei an Bord. Das Jahr schloss mit einem lebhaften Bedarf und der letzterwähnte Maximalpreis behauptete sich trotz sehr reichlicher Anfuhren.

Das Geschäft in getrockneten Kuhhäuten hat in den letzten paar Jahren einen bedeutenden Aufschwung genommen. Die Waare von Burmah ist sehr beliebt, hauptsächlich in Oesterreich und Italien, und man muss es dem Mangel an Verschiffungs-Gelegenheiten zuschreiben, wenn ein directer Export nach diesen beiden Ländern nicht vorkommt. Die Ausfuhren stellen sich wie folgt:

Bestimmung		1874	1873	1872	1871
Europa	Stück	245.377	218.853	40.463	14.304
China, Strasse von Malacca und indische Häfen	„	51.304	118.587	226.767	134.181
Zusammen,	Stück	296.681	337.440	267.230	148.485

Die Preise waren keinen bedeutenden Schwankungen unterworfen; die höchste Notirung mit $7^{3}/_{10}$ d. pr. Pfund, frei an Bord, kam in den Monaten April und October bis December, die niedrigste mit $6^{4}/_{10}$ d. im Juni und September vor.

Teak-Bauholz war das ganze Jahr hindurch in sehr lebhafter Frage für den örtlichen Bedarf und hatte deshalb den hohen Preis von 8—9 L. pr. Tonne von 50 engl. Kubikfuss, frei an Bord. Trotzdem ist die Menge des Exportes im Vergleich zu derjenigen vom Vorjahre ziemlich unverändert geblieben; es wurden nämlich in 13 Schiffen 13.598 Tonnen versendet, gegen 10.841 T., bei gleicher Anzahl der Fahrzeuge, im Vorjahre.

Die Einfuhr von Kohlen belief sich voriges Jahr auf 29.250 Tonnen, gegen 15.165 T. in 1873. Preise fluctuirten von 18—22 Rupies pr. Tonne, doch wurde wenig umgesetzt, da Kohlen hauptsächlich für eigenen Gebrauch und wenig für Verkauf importirt werden.

Von Salz wurden 19.478 Tonnen, gegen 23.399 T. in 1873, eingeführt; der schliessliche Vorrath an unverzollter Waare belief sich auf 4975 (gegen 5474) Tonnen. Preise hielten sich zwischen 3 Rupies 8 Annas und 4 Rupies pr. 100 Viss (365 Pfd.) vom Lager.

Der Markt schloss sehr flau zu 3 Rupies 12 Annas, da ausnahmsweise viele Ladungen für den hiesigen Hafen unterwegs waren, und es herrschte die Meinung vor, dass den Importeuren von Salz herbe Verluste bevorstehen.

Die Unkosten für das Löschen und Einlagern der Waare, für den Einfuhrzoll etc. belaufen sich auf ca. 1 Rupie 8 Annas pr. 100 Viss, so dass bei einem Preise von 3 Rupies 12 Annas nur 2 Rupies 4 Annas pr. 100 Viss (= 4 s. $3^{3}/_{4}$ d. pr. Cwt.) verbleiben.

Das Geschäft in Manufacturwaaren gestaltete sich auch im letztverflossenen Jahre nicht zufriedenstellend. Der Markt war fast in allen Artikeln überfüllt, und als Folge davon gingen Preise sehr niedrig und traten herbe Verluste ein. Grey Shirtings und andere Baumwollwaren, sowie seidene Tücher wurden mit 10—25 pCt. Verlust verkauft; wollene Tuche bedangen zu Anfang der Saison schlechte Preise, gegen Ende des Jahres erholten sich dieselben jedoch und schlossen in zufriedenstellender Weise.

Der letztjährige Schiffsverkehr in diesem Hafen lieferte im Vergleich zu 1873 nachstehende Ergebnisse:

Flagge	1874 Schiffe	1874 Engl. Tonnen	1873 Schiffe	1873 Engl. Tonnen
Oesterreichisch-ungarische	7	4.853	9	5.688
Amerikanische	10	8.433	6	5.968
Belgische	1	585	.	.
Dänische	.	.	2	799
Deutsche	26	19.249	37	22.381
Englische	264	275.120	193	146.301
Französische	9	4.715	11	4.280
Holländische	3	3.011	5	3.174
Italienische	56	35.333	91	55.068
Norwegische	8	5.620	23	15.477
Portugiesische	1	554	1	311
Russische	6	4.352	6	4.091
Schwedische	2	1.285	8	4.631
Siamesische	2	480	3	528
Spanische	5	2.538	1	753
Zusammen	400	366.128	396	269.450

Leider haben voriges Jahr mehrere nationale Schiffe ihre Ladungen in beschädigtem Zustande abgeliefert, und man glaubt, dass die Construction dieser Fahrzeuge mangelhaft oder wenigstens nicht solid genug sei, um bei stürmischem Wetter eine schwere Ladung trocken zu halten. Dieser Umstand ist von grösster Bedeutung für die Interessen und den Ruf unserer Handelsmarine und verdient eine besondere Beachtung.

Erfahrene Capitäne gaben ihre Ansicht in der Sache dahin ab, dass sich an dem Bau der Schiffe selbst nichts aussetzen lasse, sondern dass nur der Verband ungenügend sei.

Die eisernen Bolzen, Kniee etc., welche die Schiffsrippen verbinden und dieselben an dem Schiffskiel festhalten, sollen zu schwach und deren zu wenig angebracht sein, so dass die Schiffe bei stürmischem Wetter in den Fugen nachgeben und dadurch leck werden.

Als Schiffsfracht von hier nach England und dem Continent bezahlte man in den ersten 3 Monaten des Jahres 3 L. 15 s. bis 4 L. pr. Tonne von 2240 engl. Pfd., dieser Satz ging aber im April auf 3 L. 5 s. zurück und blieb so den ganzen Rest des Jahres.

Schifffahrt und Handel von Cartagena im Jahre 1874.

Cartagena. Dieser Platz, sowie dessen viele Stunden weit sich erstreckende Umgebung, wo der Bergwerksbetrieb sonst eine reiche Quelle des Einkommens bot, vermag sich von den durch die politischen Zustände herbeigeführten Schlägen nur schwer zu erholen.

Noch in der ersten Hälfte 1873, also vor Ausbruch der cantonalen Wirren, herrschte eine unbeschreibliche Lebhaftigkeit im Handels- und Schifffahrtsverkehr und der durch die Minenarbeiten erzielte Verdienst war ein äusserst ergiebiger. So wurden z. B. in den ersten 6 Monaten 1873 mehr Erze zu Tage gefördert, als von da an bis zu Ende 1874.

Mit diesen traurigen Verhältnissen hängt auch der Rückgang in der Anzahl der Schiffseinläufe zusammen, welche im Jahre 1874, mit Hinzurechnung der Küstenbarken, 2316 von 579.800 Tonnen, darunter 742 leere Schiffe, betrugen.

Von den letzteren führten 331 die englische Flagge, welcher nebstdem 177 beladene Dampfer und Segelschiffe angehörten. Die Tonnenzahl der hier angekommenen englischen Schiffe beträgt über $^1/_3$ der ausgewiesenen Gesammttragfähigkeit, nämlich 219.155.

Die französische Flagge figurirt mit 213 Schiffen und 101.300 Tonnen, die italienische mit 138 Schiffen und 55.250 Tonnen.

Die österreichisch-ungarische Flagge war nur durch 6 Barken von beiläufig 2600 Tonnen vertreten, welche hier Mineralien für England, Frankreich und Italien verluden.

Die in den Grund geschossenen Gebäude werden zwar allmälig wieder durch Neubauten ersetzt, der viele Schutt wird noch immer mühevoll weggeschafft, aber die auseinander gestobene Bevölkerung findet sich nur langsam wieder zusammen. Aus diesem Grunde ist der Consum bedeutend zurückgegangen und daher auch die Einfuhr von Verbrauchsartikeln gegen früher sehr stark im Rückstande geblieben. Detaillirte Angaben hierüber fehlen.

Nicht besser gestaltete sich die Ausfuhr, denn ausser Spartogras und Mineralien gab es nichts zu exportiren. Selbst die im Auslande gesuchte hiesige Gerste schlug voriges Jahr fehl und genügte kaum für die örtlichen Bedürfnisse.

Ein- und Ausfuhr der Hauptartikel ergaben folgende annähernde Resultate:

Einfuhr.

Waarengattung	Menge	Werth, fl.	Provenienz
Cokes	1,900.000 Quintal	1,900.000	England
Kohlen	500.000 „	400.000	„
Bacalà	18.000 „	198.000	Skandinavien
„	100.000 Pfund	52.600	Amerika
Weizen	10.000 Fanegas	50.000	Algier
Mehl	40.000 Colli	640.000	Frankreich und Algier
Bretter und Balken .	100.000 Stück	200.000	Norwegen
	Gesammtwerth	3,440.600	

Ausfuhr.

Waarengattung	Menge	Werth, fl.	Bestimmung
Silberhaltiges Blei .	500.000 Quintal	6,500.000	England und Frankreich
Zinkerz	1,400.000 Kilogr.	22.800	England, Frankreich, Belgien
Spartogras	9,000.000 „	459.900	„ „ „
Eisenerz	150,000.000 „	360.000	England und Frankreich
		7,342.700	

Zu bemerken ist noch, dass die Ausfuhr des sog. Pasta-Silbers nicht gestattet war.

Unendliche Mühe bereitet es, die von Projectilen noch übersäeten Felder wieder für den Anbau zu gewinnen; im Umkreise von vielen Stunden sind die urbaren Gründe in wahre Kugelfelder umgewandelt.

Ueber den Bergwerksbetrieb lässt sich im Allgemeinen so viel sagen, dass er noch eine volle Zukunft vor sich hat. Im Jahre 1872 zählte man 591 Minen, 60 Erzhügel, 31 Schlackenhaufen und 36 Schürfe, zusammen also 718 Montan-Pertinenzien; diese Anzahl hat sich aber seitdem gesteigert. Bei dem Mangel an den erforderlichen Betriebscapitalien, sowie an geeigneten Entwässerungs- und anderen Maschinen ist es augenscheinlich, dass die Ausbeute in armseliger Weise betrieben wird.

Deshalb erreichte man hier auch noch nirgends eine Tiefe von 200 Meter, wie dies in der Sierra Almagrera (Almeria) und auch in den Gruben von Linares der Fall ist.

Der Betrieb in den hierländigen Minen stirbt nahezu ab, denn bei den hohen Löhnen, dem theueren Transport und den Kosten der Einschiffung ist es unmöglich, fortzubestehen; auch die Entrichtung der neuen Kriegsauflage von 1 Peseta pr. Tonne erklären die Minenbesitzer für unerschwinglich. Diese Umstände wirken auf die Rückfracht suchenden Handelsschiffe empfindlich ein.

Der gewöhnliche Grubenarbeiter erhält 12 Realen pr. Tag; für einen Karren mit zwei Pferden werden 40—60 Realen bezahlt. Auch erhöht sich der Verdienst des Arbeiters, wenn er eine gewisse Leistung auf eigene Rechnung übernimmt.

Wirthschaftliche Lage von Havanna, mit besonderer Rücksicht auf das Jahr 1874.

Havanna. Die finanzielle Lage der Insel ist nicht erfreulich. Durch fortgesetzte Notenausgabe wurde das Papiergeld derart entwerthet, dass die Prämie für Gold 198 pCt. erreichte. Um nun einem weiteren Sinken seines Werthes Einhalt zu thun, wurde die Emission von Noten eingestellt und zur allmäligen Amortisation der ausgegebenen Bankbillets eine Einkommensteuer von 10 pCt., zahlbar in Bankbillets, die damit gleichzeitig ausser Cours gesetzt werden, aufgelegt.

Bis Ende April 1875 waren auf solche Weise von den ausgegebenen Noten im Belaufe von 60 Mill. Dollar 5,387.061 Dollar amortisirt, so dass ein Notenumlauf von ca. 54½ Mill. Doll. verblieb.

Um die für den Krieg nöthigen Fonds herbeizuschaffen, müssen die Ein- und Ausgangszölle, welche bisher in Papiergeld erhoben wurden, seit August 1874 in Gold entrichtet werden und sind dadurch um mehr als 50 pCt. erhöht. Nebstdem wurde eine ausserordentliche Kriegssteuer von 10 pCt. des Einkommens ausgeschrieben und schliesslich eine Vermögenssteuer von 5 pCt., zahlbar in 2 Jahren, eingeführt.

Der erste Eindruck dieser Massregeln war insoweit ein günstiger, als die Goldprämie von 198 pCt. im Juni auf 83 pCt. als Durchschnittsprämie für den Monat September fiel; bis gegen Ende des Jahres jedoch war sie bereits wieder auf 123 pCt. gestiegen.

Das Experiment mit der Vermögenssteuer schlug fehl; nur die Kaufleute und Industriellen konnten dazu herangezogen werden, während die Grundbesitzer, welche ihr Capital festgelegt hatten, passiven Widerstand leisteten, der auch durch die strengsten Massregeln nicht zu brechen war.

Schliesslich ersetzte man die Vermögens- durch eine neue, schwere Einkommensteuer von 15 pCt. in Gold, welche für die Industriellen und Kaufleute den Nachtheil brachte, dass dabei ein Nachweis über wirkliches Einkommen nicht zugelassen wird, sondern ein ganz willkürlicher Ansatz für die Municipalsteuer zu Grunde gelegt wird.

Es werden also jetzt ausser erhöhten Ein- und Ausgangszöllen noch folgende Steuern von dem Einkommen erhoben: Municipal- und ausserordentliche Kriegssteuer mit je ca. 4 pCt., und neue Einkommensteuer mit 15 pCt. in Gold; dann Noten-Amortisationssteuer mit 10 pCt. in Bankbillets.

Der Bankdisconto war im Laufe des vorigen Jahres 10 pCt. für 3monatliches und 12 pCt. für 6monatliches Papier, die Banken vermochten aber nur in beschränktem Umfange dem Bedürfnisse des Platzes zu genügen. Am offenen Markt war der Disconto 10—15 pCt. pr. Jahr.

Der Import an gemünztem Golde betrug 1874 5,886.281 Doll., gegen 1,767.605 Dollar in 1873. Die bedeutende Einfuhr von Gold hat auch in den ersten Monaten des laufenden Jahres fortgedauert, und besonders diesem Umstande ist es zuzuschreiben, dass die schlimme Lage sich nicht in einer noch höheren Goldprämie ausspricht, als dies ohnehin schon der Fall ist.

Das Gesetz vom 4. Juli 1870, wonach alle seit September 1868 geborenen Farbigen, sowie alle Sclaven, wiebald sie das 60. Lebensjahr erreicht haben, frei sind, fährt in seiner Wirkung einer allmäligen Emancipation fort. Auch die der spanischen Regierung im Kampfe gegen die Insurgenten von Sclaven geleisteten Dienste werden häufig durch das Geschenk der persönlichen Freiheit, unter Entschädigung der betreffenden Eigenthümer, vergolten.

Die Einfuhr von Chinesen hat im Laufe des vorigen Jahres allmälig ganz aufgehört.

Im Jahre 1874 kamen hier im Ganzen 1847 Schiffe mit 836.187 Registertonnen an, gegen 2194 Schiffe mit 921.632 Registertonnen in 1873. Nach der Flagge vertheilen sich die letztjährigen Ankünfte wie folgt:

Flagge	Schiffe	Tonnen
Amerikanische	807	454.814
Spanische	509	179.296
Britische	218	77.276
Französische	43	35.833
Ialienische	6	2.945
Dänische	2	673
Deutsche	36	53.335
Norwegische	63	21.773
Schwedische	11	4.774
Andere	9	2.777

Unter österreichisch-ungarischer Flagge kam am 10. April die „Jona", Cap. Federico Bussanich, hier an und segelte mit Zuckerladung am 17. Juni nach Hâvre.

Die Zuckerausfuhr von Havanna betrug 878.578 Kisten und 66.271 Fässer, gegen 1,150.099 Kisten und 59.531 Fässer im Vorjahre. Ausserdem wurden von hier exportirt:

		1874	1873
Syrup	Fässer	13.769	29.970
Honig	„	1.425	1.412
Wachs	Arroben	5.665	11.554
Rum	Pipen	13.334	19.574
Kaffee	Arroben	7.788	3.159
Tabak	Ctr.	164.376	133.876
Cigarren	Millionen Stück	213¾	224½

Aus sämmtlichen Häfen der Insel wurden in 1874 617.656 Tonnen Zucker und 175.230 T. Sirup verschifft, gegen 714.960 und resp. 189.333 Tonnen im Vorjahre.

Die Verschiffungen von Tabak aus dem Hafen von Havanna beziffern sich wie folgt:

Bestimmung	1874 Ctr.	1873 Ctr.
Vereinigte Staaten	110.994	90.648
Grossbritannien	8.213	1.790
Deutschland	7.036	14.756
Belgien	131	375
Frankreich	2.855	3.739
Spanien	32.500	21.058
Andere Länder	2.647	1.200
Zusammen	164.376	133.566

Soweit die vorhandenen Nachweise entnehmen lassen, wurden folgende Hauptartikel beim hiesigen Zollhause zur Einfuhr declarirt:

		1874	1873
Getrocknetes Fleisch (tasajo)	Ctr.	290.005	378.000
Klipp- oder Stockfisch	„	139.926	124.923
Weizenmehl	Fässer	444.358	406.843
Ostindischer Reis	Ctr.	789.626	739.156
Spanischer „	„	32.512	13.530
Schmalz	„	162.910	134.064
Catalan-Wein	Pipen	68.682	95.548
Bauholz, Bretter etc.	Tausend Fuss	16.168	26.376
Zuckerkisten-Bretter	Colli	633.451	669.820
Fassdauben	„	11.867	30.928
Kohlen	Tonnen	176.587	265.168
Petroleum	Kisten	98.270	76.460

Volkswirthschaftliche Lage von Cincinnati im Jahre 1874.

Cincinnati. Das Jahr 1874 muss für Cincinnati wie für die Vereinigten Staaten im Allgemeinen zu den mageren gezählt werden. Die in den ersten Monaten desselben gehegten Hoffnungen, dass die Folgen der im September 1873 über das Land hereingebrochenen Geschäftskatastrophe sich schnell verwischen und noch vor Jahresabschluss Alles wieder im gewohnten Geleise sein werde, haben sich nicht erfüllt.

Im Gegentheil, die in der ersten Betäubung unterschätzte Tragweite jener Panique machte sich mehr und mehr geltend; man fand, dass man direct und indirect weit mehr Schaden gelitten habe, als Anfangs geglaubt wurde, und ein allgemeines Misstrauen gegen jedwedes Geschäft, das nicht auf solidester Grundlage gemacht wurde, machte sich geltend.

Wohl selten oder nie hat das so sehr zu Speculationen geneigte amerikanische Volk sich von denselben so fern gehalten, als während des ganzen Jahres 1874.

Infolge dessen sind die Waarenvorräthe fast ohne Ausnahme stetig im Preise gesunken, und viele Fabrikate, wie namentlich einheimische Webstoffe, stellten sich niedriger im Werthe als selbst vor dem Kriege.

Unter solchen Umständen konnte natürlich von grossen Gewinnsten in der Kaufmannswelt keine Rede sein, und aus reiner Nothwendigkeit hat man angefangen, sich einzuschränken und zu sparen. Da aber den Amerikanern das Sparen weder angeboren noch anerzogen ist, so erzeugte diese erzwungene Sparsamkeit ein unbehagliches Gefühl.

Wie lange dieser Zustand dauern wird, ist nicht abzusehen; man kann nur im Allgemeinen sagen, dass kein Zustand, ob gut oder schlecht, hier sehr lange währt, und man nach einer gewissen Zeit immer auf einen Umschwung rechnen kann.

Dass unter den obwaltenden widrigen Umständen und bei den Einschränkungen seit der Panique in Cincinnati kaum mehr Fallimente als gewöhnlich vorgekommen sind, legt ein beredtes Zeugniss für die Solidität des Platzes ab.

Man hat einerseits nicht viel verdient, andererseits durch Rückgang der Preise und kleinere Fallimente auf dem Lande ziemliche Verluste erlitten, aber weitaus die meisten Geschäftshäuser blieben davon unerschüttert und finden sich einigermassen dadurch entschädigt, dass sie, gegenüber von Städten wie Chicago und St. Louis, ein viel weniger ausgedehntes und mehr im Verhältnisse zu den disponiblen Capitalien stehendes Geschäft machen.

Nach einer zuverlässigen Zusammenstellung haben in den letzten 4 Jahren in den Vereinigten Staaten folgende Fallimente stattgefunden:

1871 .	. 2915 mit	85,252.000 Doll.		1873 .	. 5183 mit	228,499.000 Doll.	
1872 .	. 4069 „	121,056.000 „		1874 .	. 5830 „	155,239.000 „	

Es kam demnach in 1874 eine grössere Anzahl Fallimente, freilich wohl mit einer geringeren Summe der Passiven, als im Paniquejahre vor, und dies bestätigt wieder, dass die Folgen jener Katastrophe sich erst lange nachher in vollem Umfange fühlbar machten.

Die hierländigen Fabriken sind von der allgemeinen Einschränkung nicht verschont geblieben. Infolge des verminderten Verbrauches konnte einer Ueberproduction nur durch theilweise und in vielen Fällen durch gänzliche Arbeitseinstellung vorgebeugt werden.

Es haben in 1874 und speciell in den Wintermonaten jenes Jahres nur sehr wenige der hiesigen Fabrikanten volle Zeit gearbeitet; die meisten liessen, um nicht geübte und werthvolle Arbeiter fortschicken zu müssen, nur halbe oder Drittelzeit arbeiten und halfen sich auf diese Weise durch.

Dem Arbeiterstande hat dies freilich schlimme Tage gebracht, und er musste grossentheils von seinen Ersparnissen zehren.

Der Abfall in den Fabrikserzeugnissen belief sich in dem mit 1. März 1874 abschliessenden Finanzjahre auf 16 Mill. Dollar gegen die nächstfrühere 12monatliche Periode. Seitdem hat sich die Production wieder in ziemlichem Maasse gehoben, so dass das Jahr 1872 sogar noch übertroffen wurde. Es betrug nämlich der Gesammtwerth aller hier fabricirten Artikel im Jahre 1872: 143,486.675 Doll.; 1873: 127,698.850 Doll.; 1874: 144,207.371 Dollar.

Löhne aller Art haben eine ziemlich bedeutende Reduction erlitten, mit Ausnahme einiger wenigen Handwerksinnungen, welche durch festgeschlossene Organisation den Meistern wahrhaft tyrannische Normen nicht nur in Betreff der Löhne, sondern auch über die Zahl der zu haltenden Lehrlinge aufnöthigen. Hieher gehören die meisten Bauhandwerke, und ganz besonders die Eisengiesser, eine in Cincinnati sehr zahlreiche Classe.

In einigen Fällen sind diese Arbeitervereinigungen durch ebenso starkes Auftreten der Arbeitgeber gebrochen worden, wie z. B. um die Mitte 1874 der ziemlich bedeutende Bund der in Schuhwaarenfabriken Arbeitenden, der sog. „Knights of Saint Crispin“. Es hat dies eine bedeutende moralische Wirkung gehabt und zur Mässigung der allzu hoch gespannten Ansprüche viel beigetragen.

Die Bankinstitute dieser Stadt sind von der Panique des Jahres 1873 und deren Nachwehen in bemerkenswerther Weise unversehrt geblieben. Kein einziges derselben hat fallirt, und wenn auch manche ihre geheimen Schäden davon getragen haben mögen, so präsentiren sie sich doch dem Publicum gegenüber ungebrochen.

Die hiesige „Clearing House Association“, eine nach dem Muster anderer Städte gegründete Vereinigung sämmtlicher Banken behufs Erleichterung des Verkehrs unter einander, zählt 22 Firmen mit 6,654.000 Doll. Capital, was an und für sich, sowie im Vergleich mit anderen Plätzen ein auffallend kleiner Betrag ist.

Es lässt sich dies nur dadurch erklären, dass viele hiesige Capitalisten sich mit dem Ausleihen von Geld an Geschäftsleute und Fabrikanten beschäftigen, wobei sie den Vortheil haben, kein Geschäftslocal zu gebrauchen und Unkosten zu ersparen, überdies aber noch höhere Zinsen bekommen, als respectable Bankinstitute ihren Kunden abverlangen können.

Sparbanken existiren hier nur drei mit Depositen im Gesammtbetrage von ungefähr 2 Mill. Dollar, eine im Verhältniss zu anderen gleich grossen Städten der Vereinigten Staaten verschwindend kleine Summe.

Die Stelle der Sparbanken vertreten hier seit einigen Jahren die sog. Building Associations oder Bauvereine, welche sich nur in wenigen Fällen mit Banten abgeben, sondern vollständig das Gepräge von Spar- und Hypothekenbanken haben.

Obgleich diese Institute erst seit ca. 5 Jahren hier eingeführt sind, beträgt deren Zahl für Cincinnati und dessen unmittelbare Umgegend bereits über 100, und haben dieselben eine solche Macht erlangt, dass sie sogar die Erlassung eines Gesetzes zu verhindern vermochten, wonach sie wie andere Banken und Capitalisten auf ihre Hypothekaranlagen besteuert werden sollten.

Diese Bauvereine sind fast alle auf die Dauer von 5 Jahren und mit einem Capital von 100.000—500.000 Dollar gegründet. Alle bedingen wochentliche Einzahlungen von 1—2 Dollar pr. Actie, und das so eingezahlte Geld gelangt dann, wenn es sich zu ziemlich namhaften Summen angesammelt hat, an solche Mitglieder, welche darauf Anspruch machen und auf liegendes Eigenthum Hypotheken geben können, im Wege der Verloosung oder der Versteigerung.

Wenn das ganze ursprünglich bestimmte Capital eingezahlt ist, so liquidirt der Verein und vertheilt den Gewinn. Wer die wochentliche Einzahlung unterlässt, wird mit strenger Geldstrafe belegt, so dass diese Bauvereine eigentlich Sparanstalten mit Zwang darstellen. Die Beamten derselben, mit Ausnahme eines Cassiers und Buchhalters, sind unbesoldet.

Dadurch, dass diese Bauvereine von den bestehenden Staats- und Localsteuern (in 1874 2½ pCt. vom eingeschätzten Werthe des Eigenthums) befreit sind, geniessen sie einen bedeutenden Vortheil, und es ist fraglich, ob sie so gedeihen würden, wenn diese Vergünstigung entfiele.

Der Geldmarkt von Cincinnati war lange Zeit nicht so leicht, als während des letztvergangenen Herbstes und Winters. Die Ansammlung von brachliegenden Geldern in den Händen von Capitalisten und Banquiers steht im schroffsten Gegensatz zu der im vorigen Sommer von einer grossen Partei angestrebten Vermehrung des Regierungs-

Papiergeldes, welche als durchaus nothwendig und für die Prosperität des Landes unerlässlich hingestellt wurde.

Geld ist in Masse vorhanden, aber trotzdem sind die Geschäfte flau und beschränkt; ein klarer Beweis, dass es nicht etwa an Circulationsmitteln, wohl aber an dem nöthigen Vertrauen fehlt.

In Cincinnati fand die Mehrausgabe von Papiergeld immer nur wenige Fürsprecher, und es wurde sogar seinerzeit eine grosse Versammlung hiesiger Geschäftsleute abgehalten, um Beschlüsse gegen diese Massregel zu fassen und an den Congress zu leiten.

Dem directen Handelsverkehr mit Europa von hier aus steht die herrschende Ungewissheit über die Finanzpolitik der Vereinigten Staaten-Regierung störend entgegen; denn die von dort bezogenen Waaren müssen meistens schon lange vorher bestellt werden, und unsere Händler wollen sich nicht stark im voraus engagiren.

Während des mit 30. Juni 1874 abgeschlossenen Jahres wurden Waaren im Werthe von 471.888 Doll. direct aus Europa hier eingeführt und darauf beim hiesigen Zollamte 172.032 Doll. in Gold an Zollgebühren entrichtet. Während derselben Periode wurden den hiesigen Entrepôts Waaren im Werthe von 184.466 Doll. entnommen und darauf 103.748 Doll. Zoll bezahlt. Es wurde mithin an direct aus Europa bezogenen Waaren ein Gesammtwerth von 656.354 Doll. hier verzollt und hiefür im Ganzen ein Zoll von 275.780 Doll. erlegt.

So klein diese Ziffern auch erscheinen, wenn man sie mit den riesigen Waaren-Declarationen in New-York vergleicht, so zeigt sich doch immerhin ein Fortschritt, und man kann mit Zuversicht annehmen, dass das Bestreben der hiesigen Kaufleute, mit den Fabrikanten Europa's in directe Verbindung zu treten, immer stärker werden wird.

Allerdings ist es schwer, mit den New-Yorker Importeuren, welche in grossen Quantitäten kaufen und deren auswärtiger Credit seit vielen Jahren begründet ist, in Concurrenz zu treten; aber andererseits sind die Vortheile einer Umgehung dieser zweiten Hand für unsere Kaufleute so gross, dass es bedeutender Anstrengungen werth ist, den directen Import nach und nach zur Geltung zu bringen.

Man sieht hier aus diesem Grunde mit Spannung der Weltausstellung in Philadelphia entgegen, welche als eine willkommene Gelegenheit betrachtet wird, mit vielen Fabrikanten Europa's in persönliche Berührung zu kommen und ihre Producte auf einem verhältnissmässig kleinen Raume vereint in Augenschein zu nehmen.

Der Besuch der Ausstellung von hier und dem Inlande im Allgemeinen wird jedenfalls ein ganz enormer sein, weil der Amerikaner ohnehin ein Freund des Reisens ist, und weil im ganzen Lande das Interesse immer mehr wächst, je näher die Zeit der Ausstellung herankommt.

Mit Rücksicht auf die Centennialfeier in Philadelphia wird die Industrie-Ausstellung, welche in jedem der letzten 4 Jahre hier in Cincinnati stattfand, im Jahre 1876 ausgesetzt werden, und es wäre wünschenswerth, dass diese Unterbrechung womöglich zur Errichtung einer solid gebauten Industriehalle benützt würde, da das gegenwärtig für obigen Zweck verwendete Gebäude nur leicht aus Holz aufgeführt und nie für eine längere Dauer berechnet war.

Den Leitern dieser jährlich wiederkehrenden Ausstellung wird es übrigens schon ziemlich schwer, dieselbe anziehend zu machen; denn die Fabrikanten, welche bereits mehrmals ausgestellt und dabei nicht mehr viel zu gewinnen haben, scheuen die Opfer an Zeit und Geld.

Die Ausstellungen wurden bis jetzt ohne Capital und nur auf Grund eines von Bürgern unterschriebenen Garantiefonds veranstaltet, den man bis jetzt noch nicht anzugreifen brauchte; doch wurde von einem Jahr zum anderen ein kleines Deficit mit herüber genommen, welches auch im vorigen Jahre wieder einen mässigen Zuwachs erfuhr.

Sollte sich bei der nächsten Ausstellung hierin nichts ändern, so wird doch wohl für die Bürgen die Nothwendigkeit entstehen, Geldzuschüsse zu leisten. Da übrigens der Garantiefond ein sehr bedeutender (ca. 250.000 Doll.) ist und das Deficit nur ca. 15.000 Doll. betragen dürfte, so wird der umzulegende Procentsatz jedenfalls nur ein geringer sein.

Seitdem man anlässlich der ersten Ausstellung auf den Gedanken verfiel, einen Garantiefond zu bilden, ist in Cincinnati bereits bei mehreren grösseren Unternehmungen, so z. B. bei dem in 1873 abgehaltenen grossen Musikfeste, zu diesem Mittel, und zwar mit Erfolg, gegriffen worden.

Anstatt Actien auszugeben, hat man es viel leichter gefunden, die Bürger zum Zeichnen von mehr oder weniger namhaften Summen für einen Garantiefond zu veranlassen, und hat dann, was für die Betriebskosten nöthig war, gegen Hinterlegung der von den Bürgen gegebenen Noten leicht aufbringen können.

Was den Handelsverkehr Cincinnati's in dem mit 31. August 1874 abgeschlossenen Fiscaljahre*) anbelangt, so beziffert sich der Gesammtwerth der Einfuhr auf 331,777.055 Doll., gegen 326,320.075 Doll. im Vorjahre, und der Gesammtwerth des Exports auf 221,536.852 (gegen 213,320.768) Dollar. Die hauptsächlichsten Gegenstände der Ein- und Ausfuhr waren:

Einfuhr.

	1874	1873
	Werth in Dollar	
Cerealien	6,531.700	4,683.100
Butter und Käse	2,659.920	2,785.186
Weizenmehl	5,114.440	5,741.000
Weine, Liqueure, Whisky	20,656.500	16,430.100
Gebraute Getränke	1,324.100	1,079.190
Zucker und Melasse	7,172.100	7,086.530
Colonialwaaren	7,116.870	5,980.720
Pferde, Rinder, Schweine	27,294.152	22,522.900
Schweinefleisch	5,953.907	6,935.530
Häute und Leder	2,935.530	3,121.530
Stiefel und Schuhe	7,604.470	7,033.470
Baumwolle und Garne	15,258.125	11,607.834
Manufacturwaaren	159,828.950	166,231.000
Roheisen	3,835.376	7,062.900
Eisen und Stahl	4.481.308	6,810.100
Eisenwaaren und Nägel	10,139.100	10,910.000
Blei	701.000	848.900
Petroleum	1,636.690	1,533.310
Tabak in Blättern und fabricirt	19,830.500	13,314.400
Bauholz und Bretter	2,331.600	3,570.080

Ausfuhr.

	1874	1873
Gebraute Getränke, Alkohol, Whisky	19,697.295	20.614.300
Cerealien	1,916.106	1,076.500
Mehl	3.172.700	3,645.300
Baumwolle	15,046.640	10,613.400
Manufacturwaaren	69,873.500	76,944.300

*) Die hiesige Handelskammer schliesst ihr Jahr jedesmal mit dem 31. August und die Gewerbekammer mit dem 1. März ab.

	1874	1873
	Werth in Dollar	
Colonialwaaren	9,481.700	7,779.900
Butter und Käse	1,484.170	1,343.200
Oele, Stearin, Kerzen und Seife	6,862.460	6,899.250
Stärke	673.160	600.000
Häute und Leder.	2,671.230	2,824.900
Schuhe und Stiefel	4,295.970	4,066.600
Pferde, Schafe, Rinder und Schweine	10,302.300	7,600.600
Schweinefleisch	14,536.300	14,661.600
Schmalz	4,066.130	3,504.400
Roh- und Gusseisen	3,832.380	6,304.400
Eisen und Stahl	3,234.000	4,102.000
Eisenwaaren und Nägel	7,544.900	8,085.500
Möbeln und Böttcherwaaren	7,507.200	7,331.030
Tabak	22,161.115	14,794.940

Der Cerealienhandel von Cincinnati ist gegenüber demjenigen anderer Städte, wie Chicago und selbst St. Louis, von keiner grossen Bedeutung. In rohem Zustande kommt beinahe gar kein Getreide von hier aus zur Versendung, dagegen wird Weizenmehl und Maisstärke in ziemlich grossen Mengen, theilweise auch nach Europa exportirt.

Bei der zahlreichen Fabriksbevölkerung Cincinnati's und seiner unmittelbaren Umgebung ist der örtliche Verbrauch von Getreide immerhin bedeutend, und es ist ein sehr günstiger Factor für die weitere Entwicklung Cincinnati's als Fabrikstadt, dass es der Mittelpunkt einer reichen Agriculturgegend ist, indem ein von hier aus gezogener Kreis von 100 Meilen Durchmesser so ziemlich die besten Ländereien Ohio's und Kentucky's umfasst.

Die Cerealienernte des Staates Ohio erreichte 1873/74 im Ganzen 128,105.426 Bushel, die sich folgendermassen vertheilen:

Fruchtgattung	Ernteertrag Bushel	Bebaute Grundfläche Acre
Mais	84,049.328	2,400.295
Hafer.	20,501.904	791.927
Weizen	21,974.385	1,742.756
Gerste	1,074.906	49.872
Roggen	291.829	27.927
Buchweizen	213.074	21.002
Zusammen . .	128,105.426	5,033.779

Maisstärke wird von zwei hiesigen Fabriken in sehr grossem Massstabe erzeugt. In 1873/74 betrug die diesfällige Menge 421.901 Kisten oder 17,719.824 Pfd. zum Durchschnittspreise von $4^1/_2$—5 Cents pr. Pfund, gegen $4^3/_4$ Cts. im Vorjahre. Ungefähr ein Drittel des hiesigen Productes wird direct nach Europa exportirt.

Infolge hoher Kornpreise war das Geschäft im vergangenen Jahre nicht gewinnbringend und die Fabriken hätten vielleicht lieber ihre Thätigkeit eingestellt, wäre nicht die Besorgniss gewesen, dadurch ihren Markt zu verlieren. Kommt für Mais ein gutes Jahr, dann ist der aus diesem Geschäftszweige sich ergebende Nutzen sehr bedeutend, und glücklicherweise schlägt hier diese Fruchtgattung niemals ganz und nur selten theilweise fehl.

In Tabak, diesem für Cincinnati höchst wichtig gewordenen Artikel, war das Jahr 1874 eines der denkwürdigsten, seit die hiesige Stadt überhaupt als Tabakmarkt existirt.

Nachdem im Frühjahr bis gegen Mai hin, infolge starker Vorräthe und der Aussicht auf grosse Production, Preise nieder und schwankend gewesen, kamen im Mai die ersten Gerüchte von bedeutendem Schaden, den der Wurm unter den Setzlingen angerichtet habe. Diese Anfangs mit Unglauben aufgenommenen Berichte bestätigten sich mehr und mehr, je näher die Zeit der Auspflanzung kam; aber was noch weit schlimmer war, gerade um diese Zeit stellte sich eine ganz unerhörte Dürre ein und nach einem weiteren Monate war das Schicksal der Tabakernte von 1874 entschieden.

In Cincinnati und Louisville, beides Plätze, die mitten im Tabakdistricte liegen, erkannte man dies sofort. Alles kaufte, was an Waare vorkam. Preise gingen besonders für niedere Qualitäten fort und fort in die Höhe, ohne auch nur einmal einen Rückgang zu erfahren.

Im Osten und in den Stapelplätzen Europa's schien die Nachricht von einer totalen Missernte so unglaublich zu klingen, dass man sich dort erst nach und nach auf die Höhe der Situation erhob und mit den Preisen nachkam.

Tausende von Fässern, welche im Sommer nach Europa verkauft worden waren und theilweise schon in Bremen lagerten, wurden zurückgekauft und im Herbst mit nambaftem Gewinn abgesetzt.

Wie schnell und ununterbrochen die Preise aller Sorten vom Monate Mai angefangen in die Höhe gingen, erhellt aus folgender Tabelle:

	Trash Dollar	Lugs Dollar	Leaf Dollar
Januar . . .	2·50 bis 3	4 bis 7	9 bis 13
Februar. . .	2·50 „ 3·50	4 „ 7	9 „ 13·50
März	3 „ 4·50	4 „ 7·50	9 „ 14
April	2·50 „ 4	5 „ 7	9 „ 16
Mai	3 „ 5	6 „ 8	10 „ 16·50
Juni	5 „ 6·50	7 „ 10	12 „ 20
Juli	6 „ 7·50	10 „ 14·50	12 „ 25
August . . .	7·50 „ 9	12 „ 16	15 „ 25
September. .	8 „ 9	12 „ 18	15 „ 35
October. . .	8 „ 9·75	12 „ 20	16 „ 35
November . .	8 „ 10	13 „ 23	18 „ 36
December . .	8 „ 13	15 „ 25	19 „ 38

Cincinnati ist als Tabakmarkt in stetiger Zunahme begriffen, weil es gerade im Mittelpunkt von Ohio, Kentucky und Indiana gelegen ist und mit Tennessee in nächster Verbindung steht. Virginia und Maryland, die anderen zwei Tabak bauenden Staaten von Wichtigkeit, sind dem hiesigen Markte ziemlich fremd, aber mit Ausnahme des Productes dieser beiden Gebiete finden sich hier alle Sorten. Die directe Zufuhr hieher von den Productionsplätzen betrug:

Jahr	Oxhoft	Kisten	Jahr	Oxhoft	Kisten
1870 . . .	19.798	2239	1873 . . .	35.019	8354
1871 . . .	23.228	1861	1874 . . .	41.512	9708
1872 . . .	26.608	5538			

Die Verkäufe der fünf hiesigen Auctionshäuser betrugen dem Werthe nach: 2,811.357 Doll. in 1870; 3,250.143 Doll in 1871; 3,599.810 Doll. in 1872;

3,873.581 Doll. in 1873; 6,663.408 Doll. in 1874. Die Verkäufe aus Privatmagazinen sind hiebei nicht mitbegriffen.

Die Tabakernte des Staates Ohio stellte sich in den Jahren 1871, 1872 und 1873 also:

Jahr	Bebaute Grundfläche Acre	Ertrag Pfund
1871	28.862	36,177.630
1872	46.227	34,900.996
1873	43.850	39,572.550

Ohio nimmt unter den Tabak producirenden Staaten den dritten Rang ein; es wird nur von Kentucky und Virginia übertroffen. Die sechs grössten Staaten reihen sich wie folgt:

	1872		1873	
	Bebaute Grundfläche Acre	Ertrag Pfund	Bebaute Grundfläche Acre	Ertrag Pfund
Kentucky	167.741	130,000.000	207.000	152,000.000
Virginia.	64.000	48,000.000	82.200	50,300.000
Ohio	46.227	34,900.996	43.850	39,572.558
Tennessee	33.422	25,000.000	85.185	28,750.000
Maryland	22.216	13,330.000	22.000	19,300.000
Indiana	22.965	16,250.000	19.500	15,600.000

Nach dem Berichte des hiesigen Steuereinnehmers der Vereinigten Staaten wurden hier fabricirt und versteuert:

	1873/74		1872/73	
	Menge	Steuerertrag Dollar	Menge	Steuerertrag Dollar
Cigarren . . .	83,133.400 Stück	415.667	81,155.824 Stück	405.779
Kautabak . . .	2,647.422 Pfund	529.404	2,183.489 Pfund	436.692
Rauchtabak . .	1,421.011 „	284.202	1,382.250 „	276.450
Schnupftabak. .	14.891 „	4.766	.	.
Summe des Steuerertrages . .		1.234.039		1,118.921

In Whisky hat sich Production und Umsatz gegen das Vorjahr kaum verändert. Von rohem Whisky (High Wines) wurden 307.707 Barrel zugeführt und 335.384 Barrel entweder einfach rectificirt oder durch Zusätze in alle möglichen Liqueure verwandelt zur Ausfuhr gebracht.

Cincinnati nimmt in dieser Branche den ersten Platz in den Vereinigten Staaten ein und versendet seine Producte durch das ganze Land, von New-York bis San Francisco und von Main bis Texas.

Die grosse Ausdehnung des Destillationsgeschäftes wurde hier in erster Linie durch die enormen Quantitäten von Mais bester Qualität veranlasst, welche die beiden in nächster Nähe von hier auslaufenden Miami-Thäler liefern; ausserdem wussten die hiesigen Händler sich einen guten Ruf zu erwerben und auch zu bewahren.

In dem Verfahren des Rectificirens ist neuerer Zeit insofern eine Aenderung eingetreten, als jetzt in den meisten Etablissements anstatt der einfachen Entfuselung durch Holzkohle der rohe Whisky nochmals überdestillirt wird.

Im Ganzen genommen hat die Destillation des rohen Whisky den damit Beschäftigten im vergangenen Jahre keinen grossen Gewinn gebracht, zum Theil weil der Marktwerth des Mais ziemlich hoch stand, aber ganz besonders auch deshalb, weil, während im hiesigen Steuerdistricte die Controle eine scharfe ist, in einigen anderen Hauptplätzen, wie New-Orleans und St. Louis, Steuerdefraudationen im grossartigsten Massstabe getrieben wurden, und die dortigen Producenten in den Stand gesetzt waren, eine erfolgreiche Concurrenz zu machen.

Erst in ganz neuester Zeit sind diese Schwindeleien, nachdem von hier aus lange vergeblich Klage geführt worden war, von der Regierung aufgedeckt und eine Untersuchung hierüber eingeleitet worden.

Aber auch bei der strengsten Controle wird es immer schwierig sein, eine Steuer auf einen Artikel richtig einzutreiben, wenn sich dieselbe zu den Productionskosten wie 4 zu 1 verhält, wie dies eben bei dem gewöhnlichen Whisky der Fall ist, welcher zu 15—20 Cents die Gallone hergestellt werden kann, während die Taxe 90 Cents pr. Gallone beträgt.

Laut Bericht des hierländigen Steuereinnehmers wurden im verflossenen Jahre in dem diese Stadt und deren nächste Umgegend umfassenden Districte 5,413.771 Doll. Steuer für Whisky bezahlt, ein Betrag, der grösser ist, als in irgend einem anderen Districte dieses Landes.

Der Weinbau, an welchen sich vor einigen zwanzig Jahren im Ohiothale grosse Erwartungen knüpften, ist eher zurück als vorwärts gegangen, was in dem wiederholten gänzlichen Fehlschlagen der Lese seinen Grund hat.

Statt der jedesmal stark faulenden Catawba-Traube hat man sich in den letzten Jahren mehr auf die Cultur von Delaware, Concord und Toes Seedling. lauter einheimische veredelte Reben, verlegt, weil diese Sorten, von denen die erstere einen weissen, die beiden letzteren einen rothen Wein liefern, den klimatischen Einflüssen besser zu widerstehen scheinen.

Viel zuverlässiger als im südlichen Theile von Ohio hat sich die Production im Norden des Staates Ohio, an den Ufern des Erie-See's erwiesen, wo die Traubencultur einen ganz bedeutenden Aufschwung gewonnen hat.

Grosse Massen von Esstrauben, speciell Catawba und Delaware, werden von dort in Körben und kleinen Holzkisten, die eine Menge von je 2—25 Pfd. enthalten, über das ganze Land versandt und bilden bereits einen ganz ansehnlichen Handelsartikel. Wenn nicht zu reif gepflückt und von Fäulniss ganz frei, halten sich diese Trauben lange und erscheinen auf dem hiesigen Markte bis tief in den Winter hinein.

Der einheimische Wein leidet an dem Uebelstande dass er neben übergrossem Alkoholgehalt viel freie Säure enthält, und es ist die Frage, ob durch fortgesetzte Cultur hierin eine Aenderung eintreten wird.

Aus Californien wurden in den letzten paar Jahren viele Weine hieher zugeführt, welche sich durch Billigkeit und grössere Annäherung an die europäische Bereitungsart empfehlen.

Von europäischen Weinen werden hier Rheinweine am meisten consumirt, diesen zunächst französische Rothweine. Ungarische Weine sind hier beinahe ganz unbekannt, und es sollte fast scheinen, dass hier in gewissen Sorten derselben etwas zu machen wäre, wenn Jemand die zur Begründung eines Geschäftes nothwendigen Opfer an Zeit und Geld nicht scheuen wollte.

Die Erzeugung von Bier ist in steter Zunahme begriffen, ohne dass jedoch deshalb die Anzahl der vorhandenen Brauereien grösser geworden wäre; vielmehr herrscht die Tendenz vor, das Geschäft in einigen wenigen grossen Etablissements zu concentriren.

Mehrere Brauereien haben angefangen, ein dem Pilsener Bier ähnliches Getränk zu erzeugen, welches viel Anklang findet.

Ein bisher noch sehr wenig gekanntes Geschäft, der Verkauf von Flaschenbier, hat eine grosse Zukunft, namentlich für die Versendung nach dem Süden, wohin während des Sommers die Beförderung in Fässern immerhin ihre Schwierigkeiten hat.

Beim hiesigen Steueramte wurden während des verflossenen Jahres 465.886 Fässer Bier à 36 Gallonen versteuert und dafür 34.944 Doll. Steuer bezahlt.

An Hopfen wurden hier in 1873/74 7330 Ballen zugeführt, und war der Preis zu Ende 1874 30 Cents pr. Pfund. Bei den unablässigen grossen Schwankungen in diesem Artikel, welche bald einen Export nach Europa, bald eine Einfuhr von dort gestatten, lässt sich über diesen Artikel wenig sagen.

Die Bedeutung Cincinnati's als Baumwollmarkt hat wieder recht erfreulich zugenommen. Eine wesentliche Steigerung der Zufuhren wird jedenfalls stattfinden, wiebald die Cincinnati-Southern-Railroad, welche in raschem Bau begriffen ist, in Betrieb gesetzt sein, und diesen Platz mit dem südlichen Eisenbahnnetze in directe Verbindung gebracht haben wird. Am hiesigen Markte betrug die:

Zufuhr		Abfuhr	
1873/74 . . .	195.895 Ballen	1873/74 . . .	188.008 Ballen
1872/73 . . .	137.575 „	1872/73 . . .	127.489 „

Bedeutendere Baumwollspinnereien finden sich in unmittelbarer Nähe Cincinnati's nicht vor, und die hier verkaufte Baumwolle geht zum grossen Theil nach den Spinnereien in New-England.

Der directe Export nach Europa ist bis jetzt nicht umfangreich, doch steht hierin eine Aenderung in Aussicht, da die nach dem Osten führenden Eisenbahnen, entgegen ihrer früheren Gepflogenheit, jetzt den Transit ermuthigen und directe Frachtbriefe von hier nach europäischen Hafenplätzen ausstellen.

Es ist somit kein Grund vorhanden, warum nicht europäische Spinner ihre Aufträge speciell für gewöhnliche Sorten direct hieher in die Hände von zuverlässigen Häusern legen und die Zwischenhändler in den Seehäfen hüben und drüben umgehen sollten.

Seit Errichtung des neuen grossen Viehhofes der Vereinigten Eisenbahnen, in nächster Nähe der Stadt, hat sich der hiesige Viehhandel bedeutend gehoben. Dieser viele Acre umfassende Viehhof ist mit allen modernen Einrichtungen zur Aufnahme, Fütterung, Tränkung und Weiterbeförderung des Viehes ausgestattet und enthält ausserdem zur Bequemlichkeit der dort Geschäfte Machenden ein grosses Hôtel.

Die Zufuhr von Rindern und Kühen betrug in 1873/74 199.426 Stück, was gegen das Vorjahr eine Zunahme um 49.797 Stück bildet. Der Durchschnittspreis stellte sich für gute Qualität auf 3 Doll. 89 Cents pr. 100 Pfd. brutto.

An Schafen wurden dem hiesigen Markte in 1873/74 101.979 Stück zugeführt und für beste Sorte 4½ Doll. pr. 100 Pfd. brutto erzielt. Die Schafzucht im Staate Ohio hat abgenommen. Das dazu geeignete Land wird seltener und die Concurrenz mit Staaten wie Californien mit seinen ungeheueren Weidestrecken schwerer.

Die Anzahl der Schafe hat seit 1868, wo sie ihren höchsten Stand mit 7,688.000 Stück erreichte, abgenommen und betrug im letzten Jahre 4,338.868 Stück. Trotzdem ist Ohio, was die Schafzucht anbelangt, immer noch der zweitgrösste Staat und wird nur von Californien mit 4,683.000 Stück überflügelt. Die Gesammtzahl der in den Vereinigten Staaten vorhandenen Schafe wird mit 33,938.200 Stück ausgewiesen.

An Wolle producirte der Staat Ohio in 1873/74 20,539.643 Pfd. (Gesammtproduction der Vereinigten Staaten 146 Mill. Pfund), wovon der hiesige Markt 17.723 Ballen à 100 Pfund (gegen 9213 Ballen im Vorjahre) erhielt. Preise variirten wie folgt:

		1873/74	1872/73
Gewaschene Wolle	Cents	45—52	42—65
Ungewaschene Wolle	„	28—34	27—43
Ohio-Schur	„	43—48	40—55

Die Verarbeitung von Häuten und Fellen wird hier in 35 theilweise sehr bedeutenden Gerbereien betrieben und nimmt das hier fabricirte Leder einen hohen Rang ein. Zum weitaus grössten Theile wird Sohlleder fabricirt und sind in den letzten Jahren mehrere Sendungen davon nach Europa, speciell nach Frankfurt, gemacht worden.

Der Export dieses Artikels dürfte ferner zunehmen, da hier das Rohmaterial verhältnissmässig noch billig ist. Fremde Häute werden hier nicht verarbeitet.

Die Notirungen für Häute waren pr. Pfund: trockene 15½—20 Cents, trocken gesalzene 15 Cents, nass gesalzene 9½—10 Cents. Sohlleder galt während des ganzen Jahres zwischen 38—40 Cents pr. Pfund.

Seit einigen Jahren hat die Schuhwaarenerzeugung im Grossen hier sehr zugenommen und absorbirt einen bedeutenden Theil des hier producirten Leders. Boston und der Staat Massachusetts, welche früher diesen Fabrikationszweig beinahe monopolisirt hatten, können jetzt nur noch ihre ordinärste und billigste Waare hier absetzen.

Die Production von Butter und Käse hat in Ohio fortwährend zugenommen und im nördlichen Theile des Staates (Cheesedom oder Käseviertel genannt) wird die Käse-Fabrikation in grossartigem Massstabe betrieben. Von Butter werden nur geringe Quantitäten, von Käse dagegen grosse Massen nach Europa, namentlich nach England, exportirt.

Ohio steht in der Käseproduction allen anderen Staaten voran und producirte im Jahre 1873/74 36,668.530 Pfund zu einem Durchschnittspreise von 14½ Cents pr. Pfund. Der meiste Käse geht von den Productionsplätzen direct nach dem Osten und Europa. Dem hiesigen Markte wurden in 1873/74 54.134 Kisten zugeführt, gegen 54.821 Kisten im Vorjahre.

In der verflossenen Saison wurden in Cincinnati von den „Packern" weniger Schweine geschlachtet, als im Vorjahre, und zwar aus dem Grunde, weil fast gleich bei Beginn der Schlachtzeit im November die Preise für lebende Schweine sehr schnell und stark anzogen und unsere Packer gegenüber von denen in Chicago, Louisville und Indianopolis sich ablehnend verhielten, letztere also eine grössere Anzahl Schweine an sich zogen.

Die Preise schwankten pr. 100 Pfd. brutto zwischen 6 Doll. für ordinäre und 7 Doll. 75 Cents für beste Gattung, und zeigten infolge der hohen Maispreise und der ungewöhnlich starken Nachfrage nach Schmalz für Europa eine bedeutende Festigkeit. Wenn selbst zu solchen Preisen ein starker Export von Schmalz und Fleisch nach Europa stattfindet, so lässt sich daraus schliessen, dass das amerikanische Product dort sich stark eingebürgert habe.

In der mit 1. März 1875 abgelaufenen Saison wurden hier 540.334 Stück Schweine (um 40.919 Stück weniger als im Vorjahre) geschlachtet; das Durchschnittsgewicht war 278·25 Pfd. (um 2½ Pfd. weniger als im Vorjahre); das Gesammterträgniss an Schmalz erreichte 23,400.157 Pfd. oder pr. Stück 41·7 Pfd. (um 2·07 Pfd. pr. Stück mehr als im Vorjahre); der Gesammtbetrag für den Einkauf dieser Schweine bezifferte sich mit 10,511.809 Doll. oder 6·09 Doll. pr. 100 Pfd. brutto (gegen 4½ Dollar im Vorjahre). Die Anzahl der im ganzen Westen geschlachteten Schweine betrug 5,537.124 oder 2·84 pCt. mehr wie im Vorjahre.

Das Einmachen von Früchten ist für Cincinnati, so zu sagen, ein neuer Fabrikszweig, doch sind jetzt schon 6 Etablissements damit beschäftigt. Dieselben präparirten in der Fruchtsaison 1874: Tomatoes 200.000 Kisten; Pfirsiche 100.000 Kisten; Himbeeren 75.000 Kisten; Brombeeren 45.000 Kisten; Kirschen 35.000 Kisten; Pflaumen 30.000 Kisten; Mais 18.000 Kisten (jede Kiste zwei Dutzend Quart-Blechkannen enthaltend). Ferner wurden 200.000 Kisten assortirte Gelées, ebenfalls je zwei Dutzend Gläser enthaltend, verpackt.

Die Eisenindustrie im Ohiothale liegt immer noch sehr darnieder und die Hochöfen, soweit sie noch im Gange sind, machen schlechte Geschäfte. Das Gleichgewicht zwischen Production und Verbrauch von Eisen scheint, trotzdem erstere so bedeutend abgenommen hat, immer noch nicht hergestellt. Die Eisenbahnen, welche immer die grössten Consumenten waren, behelfen sich auf die dürftigste Weise und von neuen Eisenbahnbauten ist fast nicht die Rede. Einen schlagenden Beweis dafür, wie niedrig die Preise für rohes und fabricirtes Eisen stehen, lieferten unter Anderem die Contracte in Betreff der Schienenlieferung für die von hier nach Chattanooga im Bau begriffene südliche Eisenbahn. Die Angebote für beste Qualität lauteten auf 48—53 Dollar pr. Tonne, also ungefähr so viel, als vor zwei Jahren das Roheisen kostete, und für Stahlschienen auf 75—79 Dollar, weniger als der vormalige Preis für Eisenschienen.

Der Gebrauch von Stahlschienen nimmt mehr und mehr überhand. Bei der genannten südlichen Eisenbahn wird ungefähr ein Drittel der Strecke mit solchen Schienen belegt.

Der Staat Ohio producirt nächst Pennsylvanien am meisten Roheisen in der ganzen Union, nämlich: im Jahre 1872 426.626 Tonnen in 83 Hochöfen; 1873 394.751 Tonnen in 88 Hochöfen.

Im Jahre 1874 war die Erzeugung jedenfalls bedeutend kleiner, da eine Anzahl Hochöfen ganz ausgeblasen haben.

Cincinnati ist als Roheisenmarkt von Wichtigkeit und bietet eine grössere Varietät von Eisensorten, als irgend ein anderer Punkt in den Vereinigten Staaten.

Die Kohlenpreise waren während des verflossenen Jahres im Ganzen niedrig und sind den ganzen Winter so geblieben. Man hat neuerdings angefangen, auch pr. Eisenbahn Kohlen hieher zu bringen, und dadurch vorgebeugt, dass, wie früher, wenn die Schifffahrt lange unterbrochen war, die Kohlenpreise unvernünftig in die Höhe geschraubt wurden. Der Fluss wird dabei immerhin noch lange die Hauptbezugsquelle bleiben. Für den Gebrauch in der Haushaltung wird neuerdings ziemlich viel Anthracit, sog. harte Kohle, von Pennsylvanien hieher gebracht.

Es ist alle Aussicht vorhanden, dass das Eisenbahnnetz von Cincinnati in der nächsten Zeit sich bedeutend vervollständigen werde. Die schon mehrfach erwähnte südliche Eisenbahn, welche in einer Länge von 334 Meilen Cincinnati mit Chattanooga (im Staate Tennessee), einem der Knotenpunkte des südlichen Eisenbahnnetzes, verbinden soll, ist in raschem Vorwärtsschreiten begriffen und wird aller Wahrscheinlichkeit nach im Laufe des Jahres 1876 dem Betriebe übergeben werden können.

Infolge der niederen Preise für Eisen, Löhne und Materialien aller Art sind die Baucontracte sehr günstig abgeschlossen worden und die von der Stadt ausgesetzten 10 Millionen Dollar werden voraussichtlich nur um ein Geringes überschritten werden.

Fünf Millionen städtische Bonds, $7^3/_{10}$ pCt. Zinsen tragend, sind bis jetzt zu diesem Zwecke ausgegeben, und zwar hat sie ein Syndicat von New-Yorker Banquiers zum Paricourse übernommen.

Die städtische Schuld, welche bis jetzt verhältnissmässig klein war, wird natürlich durch diese südlichen Eisenbahnbonds eine bedeutende Steigerung erfahren, doch hofft man hier allgemein, dass die der Stadt durch Herstellung einer directeren Verbindung mit den Südstaaten erwachsenden Vortheile dies mehr als aufwiegen werden.

Eine Zusammenstellung der Schulden verschiedener Städte der Union ergiebt Folgendes:

New-York	137,283.076 Doll.	Chicago	19,922.500 Doll.
Philadelphia	51.697.147 „	St. Louis	15,767.500 „
Boston	43,300.607 „	Dersey City	12,256.462 „
Brooklyn	37,158.900 „	Cincinnati	16,297.000 „
Baltimore	32,095.725 „	Louisville	8,989.000 „
New-Orleans . . .	21,740.500 „		

In dieser Aufstellung sind bei der Municipalschuld Cincinnati's schon die ganzen 10 Millionen für die südliche Eisenbahn eingerechnet.

Ein anderes für Cincinnati sehr wichtiges Project besteht darin, eine Eisenbahn von hier nach Huntington in West-Virginia, dem Thal des Ohioflusses entlang, zu bauen. Es sind zwei Linien vorgeschlagen: eine auf der Ohio- und eine auf der Kentucky-Seite des Flusses, und es ist im Interesse Cincinnati's sehr zu hoffen, dass eine oder die andere in nicht entfernter Zeit in Ausführung gebracht werde, da die Verbindung mit der bereits bis Huntington im Betriebe stehenden Cheasapeak- und Ohio-Bahn eine neue werthvolle Route nach der Seeküste und insbesondere nach den südlich gelegenen Seehäfen Baltimore, Richmond und Norfolk eröffnen und ausserdem eine dem Ohiothale folgende Bahn grosse Kohlenfelder der Stadt näher bringen würde. Von neuen Eisenbahnunternehmungen in anderen Theilen des Landes ist im Augenblick fast gar nicht die Rede.

Die Flussschifffahrt ist für Cincinnati, wenn sie auch von ihrer früheren Bedeutung viel verloren hat, immer noch wichtig genug. Der Passagierverkehr wendet sich mehr und mehr den Eisenbahnen zu, doch suchen schwere Frachtgüter nach wie vor die billigere Beförderung auf dem Flusse, und für lange Strecken, wie die ununterbrochene Wasserstrasse von hier bis New-Orleans, werden die Eisenbahnen nie erfolgreich concurriren können.

Die Canalschifffahrt scheint dagegen mit der Zeit ganz aufhören zu wollen und die früher so wichtigen Canäle in Ohio auf den Aussterbe-Etat gesetzt zu sein. Der hier ausmündende und den Ohiofluss mit dem Eriesee in einer Länge von etwas über 300 Meilen verbindende Miami-Canal wird nur noch wenig frequentirt.

Eine Privatgesellschaft, welcher der Staat Ohio vor einer Reihe von Jahren seine sämmtlichen Canäle unter der Bedingung übergab, sie in Reparatur zu halten und alljährlich eine nominelle Pachtsumme zu bezahlen, erzielte in den letzten paar Jahren nicht viel mehr als den Betrag für die Kosten. Von neuen Canalunternehmungen ist unter solchen Umständen natürlich nicht die Rede.

Was den directen Import hieher aus Oesterreich-Ungarn betrifft, so wird zwar schon jetzt Mehreres von dort durch hiesige Händler bezogen, als: Leder- und Galanteriewaaren aus Wien, Glas- und Porzellanwaaren aus Böhmen, levantinische Früchte aus Triest u. dgl., das Feld scheint aber für das hiesige Inland noch lange nicht ausgebeutet.

Mit Circularen und Preiscouranten kann wohl Manches geschehen, namentlich wenn dieselben durch Vermittlung der k. und k. Consularämter an die richtigen Firmen gelangen; weit werthvoller wäre es aber jedenfalls, wenn Fabrikanten oder deren Repräsentanten persönlich und mit Mustern ihrer Erzeugnisse versehen hieher kämen und von der Sachlage, den Möglichkeiten und Bedürfnissen des Marktes selbst Einsicht nehmen würden.

Ein derartiges, wohl gross scheinendes Opfer dürfte sich mit der Zeit gut lohnen, und es würden solchen Reisenden die k. und k. Consulate gewiss bereitwilligst an die Hand gehen.

Wie eine langjährige Erfahrung und Beobachtung lehrt, wäre für den Import weniger mit allgemeinen Assortimenten, sondern vorzüglich mit solchen Specialitäten, welche entweder durch ihre Billigkeit oder durch hohe Vollkommenheit in's Auge fallen, etwas zu machen.

Handelsverkehr von Akyab im Jahre 1874.

Akyab. Der vorjährige Reishandel war für die hiesigen Verschiffer im Ganzen genommen ein günstiger, denn der Werth des Artikels in Europa erreichte in den ersten Monaten eine ausserordentliche Höhe, während sich hier die Preise den grösseren Theil der Geschäftsperiode hindurch verhältnissmässig ruhig hielten; denn die grossen Einkäufe, welche die indische Regierung behufs Linderung der in einigen Districten der Provinz Bengalen ausgebrochenen Hungersnoth machen liess, wurden mit der grössten Schonung aller Interessen bewerkstelligt.

Die Ausfuhr blieb unbeschränkt und die Gesammtmenge der Verschiffungen nach Europa war nur unbedeutend geringer als im Vorjahre, trotzdem Bengalen und andere Theile Indiens beträchtliche Quantitäten Reis von hier bezogen.

Dieses Resultat ist hauptsächlich der grossen Ernte zuzuschreiben und die Eingeborenen der Provinz Aracan zogen unbedingt den grössten Vortheil aus den durchweg aussergewöhnlichen Conjuncturen des letztjährigen Handels.

Die Frage nach Reis für Bengalen stellte sich frühzeitig ein und da für inländisches Product gute Preise geboten wurden, so kamen schon zeitlich im Januar Zufuhren an den Markt.

Die Saison eröffnete mit 5 s. 11½ d. pr. Cwt. engl. für gewöhnlichen Reis und zeigte sich dazu eine sehr lebhafte Frage. Da gleichzeitig die Pflanzer willig waren, zu diesem Preise ihr Product zu verkaufen, so blieb der hiesige Markt ohne wesentliche Veränderungen bis gegen Ende März, zu welcher Zeit die Eingeborenen durch den erzielten hohen Erlös für einen Theil ihrer Waare hartnäckig gemacht wurden und den Rest ihrer Vorräthe zurückhielten.

Durch die günstige Lage des Artikels in Europa wurde nun bald ein dringender Bedarf hervorgerufen, derselbe konnte aber nur langsam und zu rasch steigenden Preisen gedeckt werden.

Die Saison schloss mit 7 s. 1½ d. pr. Cwt., und da die Vorräthe im Lande beinahe gänzlich erschöpft waren, so fanden während der Regenzeit keine weiteren Abladungen statt.

Im Ganzen betrugen die Verschiffungen von Reis aus diesem Hafen 111.982 Tons engl. nach Europa und 53.844 Tons nach indischen Häfen, zusammen also 165.826 Tons im beiläufigen Werthe von 1 Mill. Pfd. Stlg. An der Beförderung der erstgenannten Menge betheiligten sich 103 Kauffahrer, und zwar mit Rücksicht auf die einzelnen Flaggen, unter welchen die österreichisch-ungarische fehlte, in folgendem Verhältnisse:

Flagge	Schiffzahl	Registertonnen	Verladungsmenge Tons
Amerikanische	9	9.817	13.476
Belgische	1	1.047	1.548
Italienische	18	10.819	16.131
Englische	38	32.580	47.525
Französische	6	3.373	4.407

Flagge		Schiffzahl	Registertonnen	Verladungsmenge Tons
Deutsche		7	5.894	8.635
Norwegische		16	10.408	14.277
Schwedische		6	2.775	3.997
Russische		2	1.454	1.986
	Zusammen	103	78.167	111.982

Der für Rechnung der indischen Regierung gekaufte Reis wurde von hier ausschliesslich in englischen Dampfschiffen nach Calcutta befördert, und dafür 12 Rupien pr. Ton engl. an Fracht bezahlt. Für Europa wurden im Ganzen nur 6 Dampfer (5 englische und 1 deutscher) mit Reis beladen und werden Segelschiffe stets den grösseren Theil dieser Ausfuhr besorgen.

Der Ertrag der letztjährigen Reisernte war ausnehmend gut, aber leider kommen keine neuen Artikel hinzu, die sich für den Export eignen würden, indem die Eingeborenen trotz der Güte des Bodens und günstiger klimatischer Verhältnisse in ihrer Abneigung verharren, mehr Sorgfalt und Arbeit erheischende Pflanzen zu bauen.

Die Arbeitskräfte sind in der Provinz äusserst spärlich vorhanden und der Lohn stellt sich so hoch, dass europäisches Capital kaum nutzbringend im Ackerbau anzulegen wäre. Der einzige in der Provinz bestehende Theegarten liefert jetzt im Jahre ca. 21.000 Pfd., die über Calcutta ihren Weg nach Europa finden.

Die Arbeiten für den auf dem Oysterreef zu erbauenden Leuchthurm nehmen einen befriedigenden Fortgang, so dass man dessen Vollendung innerhalb einiger Jahre entgegensehen darf.

Personalnachrichten.

— Seine k. und k. Apostolische Majestät haben den Consulareleven Stanislaus v. Wysocki zum Viceconsul allergnädigst zu ernennen geruht.

(Allerhöchste Entschliessung vom 9. December 1875.)

— Die im Amtsbezirke des k. und k. Consulates in Ancona befindliche Consularagentie in Sinigaglia, ferner die Consularagentien in Sciacca und Mazzara im Bereiche des k. und k. Generalconsulates in Palermo, die zum Bezirke des k. und k. Generalconsulates in Neapel gehörende Agentie in Gaëta, endlich die Consularagentie in Pombino im Amtsbezirke des k. und k. Consulates in Livorno wurden aufgehoben.

— Der neu ernannte k. und k. Consul Friedrich Perret in Livorno hat sein Amt bereits angetreten.

— Der neu ernannte k. und k. Consul Albert Pick in Chicago hat die Amtsleitung bereits übernommen.

— Der für Ponta Delgada auf S. Miguel (Azoren) neu ernannte k. und k. Viceconsul João Bernardes de Abreu e Lima hat die Amtsgeschäfte übernommen.

— Der k. und k. Generalconsul Julius Zwiedinek Ritter v. Südenhorst in Beirut hat nach der Rückkehr von seiner Urlaubsreise die Leitung der Amtsgeschäfte wieder übernommen.

— Der k. und k. Generalconsul Karl Wilhelm Gross in Rio de Janeiro hat nach der Rückkehr von seinem Urlaube die Leitung der Amtsgeschäfte wieder übernommen.

— Der Conceptspraktikant der k. k. niederösterreichischen Statthalterei Victor Graf Folliot-Crenneville, ferner die Stiftlinge der k. und k. orientalischen Akademie Karl Oliva, Heinrich Müller, Gilbert Graf Hohenwart und Victor v. Steinbach wurden zu Consulareleven ernannnt.